KB045163

래방 목적(目的)에서 본명(本命), 운(運) 풀이까지
현장 통합 상담서(現場 統合 相談書)!!!

사주명법 四柱命法

통합요체 統合要諦

편저 : 方外士
"潤(윤)"역 천문 학술원

현장!!!
상담사(相談士)를 희망하신다면

이제, "통합(統合) 통변술(通辯術)"입니다.
시작도!!!, 마무리도!!!

법문 북스

래방 목적(目的)에서 본명(本命), 운(運) 풀이까지
현장 통합 상담서(現場 統合 相談書)!!!

사주명법 四柱命法
통합요체 統合要諦

편저 : 方外士
"潤(윤)"역 천문 학술원

현장!!!
상담사(相談士)를 희망하신다면

이제, "통합(統合) 통변술(通辯術)"입니다.
시작도!!!, 마무리도!!!

 법문 북스

명법命法, 기초基礎부터 실전實戰!!!

사주四柱 명법命法 통합統合 요체要諦

래방 목적目的에서 본명本命, 운運 풀이까지~

현장 통합 상담서!!!
現場 統合 相談書!!!

자평子平. 두수斗數. 구성九星의
실용적 지식들을
상담에 바로 활용할 수 있도록 체계화한,

"사주 명법 통합 요체"

강의교재, 電擊 公開 斷行!!!
전격 공개 단행

"실전예시實戰例示" 수록收錄!!!

본서本書에서 담아내고 있는 통합統合 지식들 중,
특히, 자평 법에서는
10간 육갑 일주별,
본명과 운에서의 12운성 활용기와,
상담 현장에 계시는 분들 중,
상위의 술사 분들이 주로 취한다고 구전口傳되고 있으나,
제대로 알려지지 않았던,
12신살의 활용지식들을 공개하였고,
자평의 또 다른 주요 관법인 허자虛字를 다루고 있으며
통합統合 래정에서는,
래정사의 적확성的確性을 높여주는
체體, 용用 래정 활용기를 함께 수록하고 있습니다.

두수〈＝紫微斗數〉!!! 에서는
남파, 중주파, 북파 등~에서 현실적 실용성을 갖추는 주요
지식들이 본문과 실전 예시의 곳곳에 수록收錄되어 있습니다.

또한, 본서本書의 말미末尾에는
현장 상담 시 필요로 하는 주요 지식들을
일람표 화하여 상담에 바로 활용 할 수 있도록 하였습니다.
보다 세세한 항목은 목차에서 확인할 수 있습니다.

래방 목적目的에서 본명本命, 운運 풀이까지~

사주四柱 명법命法
통합統合 요체要諦

현장!!!

상담사相談士를 희망하신다면

이제, "통합統合 통변술通辯術"입니다.

시작도!!!, 마무리도!!!~

본, 명법 통합 요체에서 담아내고 있는
실용적 지식들과, 그 기법들은
역易에 대한 회의懷疑와 혼돈混沌에서
나름의 질서秩序를 잡는데 도움이 되었던
박 일우님과 설 진관님을 비롯한,
시류학파와 박 청화님의 관법들이 고려된 것이며
결코 적지 않은 시간들을 통해
여러 명법들을 연구, 탐색하는 과정을 거쳐
응축凝縮된 실용적 활용지식을 근간根幹으로 하고 있습니다.

위, 박 일우님, 설 진관님,
시류학파와, 박 청화님 등으로 부터의 직접적인
가르침을 받은 바는 없으나
명법 학습에 큰 도움을 얻을 수 있었기에
이렇게 지면상으로나마 감사의 예禮를 표表하는 바입니다.

※우선 명법을 제대로 학습, 활용하시기 위해서는 한문漢文을 이해하셔야 합니다. 그러나 근래에 역易을 학습하시는 분들 중에는 한글세대가 많아 한글과 한문을 혼용混用하고 있으나 완벽하게 한글 토 달기 작업이 이뤄지지 못했음에 대해 송구함을 표합니다.

더불어 본서는 이제라도 보다 많은 분들과 사주 명법의 실용지식들을 공유하고자 본 학술원의 현장 상담용 강좌인 "명법 통합 요체"의 강의 교재를 그대로 공개하는 것으로, 여기에 현장 가치성이 높은 지식들을 추가하여 서책書冊화 한 것이다 보니, 전개 방식에 있어 기존 역학서들의 서술방식에 익숙한 분들께는 다소~ 낯설게 느껴질 수도 있겠습니다. 만, 본서에서 담아내고 있는 지식들의 질적 내용이나 실용적 효용성 측면에서도 그 활용가치는 결코 가볍지 않을 것이요!!!~ 書體서체의 시각적 차별화와 박스형 묶음 등으로 최대한의 학습효과를 이룰 수 있도록 細心세심한 부분까지 정성을 다하고자 하였습니다.

아무쪼록 역술적 성취가 있으시기를 기원祈願합니다.!!!~

※본서를 학습, 활용하심에 있어 불편함이 있으신 부분들에 대해서는, 문의하시면 되겠습니다.

□문의□ ;
매주, 수. 목요일, 오전 10시 ~ 12시.
010. 5380. 7644

☆명학命學의 大海를 항행航行하기에 앞서...

사주명법命法〈사주 명리학〉의 기초지식은 기본지식만으로 끝나지 않으며 그
기초지식基礎知識들이야 말로 상위上位의 기법技法들을 제대로 활용活用
할 수 있는 기본요소基本要素 임을 인지認知해야 합니다.

더불어, 선학先學들에게서 회자膾炙되듯, 역易을 공부한다는 것은 결코 만
만치 않다는 것이요, 각 인人들이 취取하게되는 각각의 명법命法〈명리/기문
/구성/수리 매화역수/하락이수/자미두수 등〉과 학습방식學習方式에 따라 그
여정旅程은 1년 이내에서, 때로는 5~ 10년을 훌쩍 넘겨가며 시간과 금전만을
허비虛費한 채, 회한悔恨을 남기게 되는 경우도 적지 않습니다.

대부분의 경우, 역易 공부工夫의 시작始作은 자평명리로 시작되며 십간 십
이지/오행의 생극生剋으로 부터 연.월.일.시 주柱 세우는 법/ 합合/ 형刑/
충沖/ 파破/ 십성十星 육친六親/ 지장간地藏 干/ 십이 운성十二 運星/ 신
살神煞/ 격국格局/ 용신用神~ 등의 순順으로 학습하게 되는데, 어떠한 방식
方式으로 공부해야하며 어떤 관법觀法들을 익혀야 할 것인가? 하는 문제들
에 대해서는 이제 막~ 역학의 대해大海를 유영遊泳하려는 초보자 입장에서
는 주도적主導的으로 풀어내기 어려운 문제요, 항해航海가 난관難關에 봉착
逢着되는 원인原因은 이렇듯 첫 출발에서 부터 비롯되니, 수많은 역학서易
學書들 중 어느 책을 텍스트로 선택選擇〈하지만, 책을 통通해 얻을 수 있
는 지식은 유한有限하다〉하는가!!! 어떤 분을 스승으로 만나는가는, 각 인
에게 주어진 인연因緣의 복福일 것입니다.
물론 여타餘他의 문제들도 내재內在하겠지만...

각 인人에 따라, 학습과정의 양태樣態는 다르게 나타난다 해도, 종국終局에
이르러 상담현장에 나서보면, 자신이 쌓아올린 역술적 지식들을 제대로 활용
活用할 수 없다는 사실을 목도目睹하게 되는 것, 또한 일반적一般的인 현상
現狀이기도 합니다.

왜???
무엇 때문일까!!!

이러한 문제들에 대해서는 견해가 분분紛紛 할 수 있으니 차치且置하더라도, 선학先學들로 부터 역학계에 형성形成되어 온 기류氣流〈역학 전반全般에 대한 왜곡歪曲된 고정관념固定觀念〉들을 무의식적無意識的으로 받아들여 온 것에 기인基因하지 않을까합니다.

물론 모든 경우가 그러하다거나 절대적絶對的 현상은 아니겠지만, 자의自意든 타의他意든, 본인 자신이 선택한 학습서나 스승들로부터 일방적一方的으로 주입注入되는 이론과 학습방식, 현실적 효용성效用性과는 괴리乖離를 갖는 지식들이 전달傳達〈강의자 입장〉되고, 이를 수용收容〈수강자 입장〉해 왔다는 사실을 인지認知하지 못한 채, 영년永年〈긴 세월〉을 이어왔다는 것이요, 버려야할 군더더기에 속하는 지식들이 신봉信奉의 대상이 되는 등, 불필요不必要하거나, 비현실적인 지식들을 무비판적無批判的으로 교수敎受〈가르침을 받다〉해 왔다는 일면一面 또한 부정不正할 수 없다 할 것입니다.

이로 인因하여, 시간과 금전적인 부담을 감수甘受할 수밖에 없었으며 이런저런 관법과 기법, 비급秘笈이라 불리어지는 술법들로부터도 농락籠絡되어 왔음 또한, 부인否認 할 수는 없지 않나 싶습니다.

우리는 명命, 운運, 래정來情 등을 풀어내는 술법에 절대적絶對的 진리眞理란 없다는 것~ 수많은 기법技法들을 다!!!~ 배울 수도, 알 수도 없다는 사실事實에 숙연肅然해야 하며 속칭俗稱 온갖 비술秘術로 부터도 자유自由로울 수 있어야 한다고 봅니다.

역易의 대해大海로 항행을 나선 이후, 수십 년의 세월~ . . . . 번민煩悶. 회의懷疑. 연구. 상담. 탐색探索의 기간들을 거치면서 얻어진 소중한 결론은, 방식方式〈강의자의 「강의 방식」이나, 학습자 입장에서의 「학습 방식」에 해당되는 「방법론」을 말합니다.〉에 있다는 것이요, 열린 시각!!!〈오픈, 열린 마인드〉이었습니다.

앞서 명법의 기초지식은, 기초로 끝나고 마는 것이 아니라고 단정적斷定的으로 피력披瀝하였으며 대략적大略的 학습의 수순에 대해서도 언급言及하였습니다~ 만, 현장 상담에서는 기본 수준의 지식들을 어떻게, 얼마나 유용有用하게 현실적 기법으로 활용活用하느냐에 있다 해도 틀리지 않습니다.

즉, 십성 육친을 구분할 수 있는 정도의 지식수준만으로도 각 인의 명命/운運/ 래정來情/ 점단占斷 등의 관법을 구사驅使하는데 어려움이 없으며 현장에서 활용活用되는 술적術的 기법들은 결코 복잡複雜하거나 어려운 이론들이 아니라는 것입니다.

이시기時期에 이르면, 역易을 바라보는 시각視角이 한층 여유餘裕로워지고, 타 관법들에 대해서도 보다 객관적 시각을 갖게 되지요.

또한, 심정적心情的으로도 안정적安定된 상태狀態에서, 상담을 통해 살아있는 경험을 축적蓄積해가다보면, 상위의 술사로서 갖춰야 할 부분部分들에 대해서도 능能히 스스로 취사선용取捨善用 할 수 있는 내공內攻이 쌓이게 되며〈모든 경우가 그러하지는 않겠지만〉, 계속하여 명리가命理家로 나갈 것인가???~
아니면, 기문奇門/ 구성九星/ 육임六壬/ 두수斗數 등으로 전환轉換 할 것인지? 이들 중 타 명법〈각 인의 성향에 따라 선호選好하는 명법命法이 선택選擇 되는 것도 대부분 이 시기다〉을 추가追加하여, 보다 심도深度있는 현장 술사術士로 살아갈 것인가!!!~ 하는 문제에 대해서도 보다 현명賢明한 판단判斷을 할 수 있게 될 것입니다.

기존既存의 사유체계思惟體系에 어떤 변화를 시도試圖해야다는 것은 일면一面 사건 일수도 있습니다!!!.

실험적 도전挑戰으로 인해 실패失敗. 좌절挫折. 회한悔恨 등이 수반隨伴될 수도 있기 때문일 터인데, 무엇에 도전해 본다는 것은 그 자체만으로도 가치價値가 있는 것이며 역을 학습함에 있어 시간, 금전적 부담負擔을 최소화하면서도 양질良質의 관법을 얻기 위爲한 방법은 수강受講이라는 수단手段〈바로 이점이 강의의 목적目的이 되어야 하며 수강의 목적이라 생각합니다〉일 것인바, 그 누군가로부터 배움을 청請하려 한다면 현장 술사로 있거나 상당기간의 현장경험을 거쳤는가 하는 사실만은 확인해 보아야 하지 않을까~ 하는 것입니다.

그렇지 않다면, 현실성이 결여缺如된, 이론을 위한 이론들을 반복적反復的으로 답습踏襲하기 쉽고, 시간과 금전金錢을 낭비浪費해 가며 이것저것~, 이곳저곳을 기웃거리는, 또 다른 역학易學 나그네가 될 가능성이 높아지기 때문이지요.

학문적學問的 이론理論이나, 피상적皮相的〈겉/ 밖〉으로 보여 지고, 보여주기 위한 간판看板을 쫓는 것이 작금昨今의 보편화普遍化된 실상實相이기도 하지만, 그러다보면 현장경험을 통해 얻어진 현실감現實感을 어떻게, 얼마나 체감體感할 수 있겠으며 후일後日, 본인 스스로가 인정할 만한 강의자講義者. 상담가相談家를 희망希望할 수 있을지에 대해서는 의문스럽습니다.

각 인人의 삶이라는 것이, 주어진 복福대로 살아가며 인연因緣을 맺어 가는 것이니 천리天理의 조화調和에 의한 것이겠지만 말이죠!!!~
아무쪼록 좋은 인연과 더불어, 역술적易術的 성취가 있으시를 기원드립니다.

※위와 같은 방식을 취하고 있는 것이, 東洋 占星術 易 哲學 學術院. "潤" 역 천문 철학관의 「命法 統合 通辯 術」로, 현실적 실용성과 효용성을 추구하는 "강의 방식"이요, "학습방법"입니다.

대부분 명命/ 운運命을 판단判斷하고 예측豫測하는 方便 中, 優先的으로 명리命理를 학습學習하게 되지만, 어느 정도定度의 시간이 흐르고, 역에 눈이 떠질 때 즈음이면 <u>"이게 다는 아닌 것 같다"</u>라는 사념思念에 빠지게 되면서 관심關心 밖 이였거나 도외시度外視되었던, 타他 논법論法들에 대한 관심이 높아지기 시작하며 그 시각視覺 또한 너그러워지게 됩니다.

보통 이러한 시점時點에 이르면 적게는 1~3년에서 5~ 10년 이상 돈, 시간을 버려가며 남는 것은 별로 없는, 역학 나그네가 되는 경우가 적지 않게 되지요!!!~

물론 한 분야分野에 정통正通하여 대가大家의 반열班列에 오르신 분들도 계시겠지만, 학문적學問的으로나 술수적術數的인 面에서도 100% 완벽完璧한 이론理論이나, 기법技法은 부존否存한다는 것이 주지周知의 사실事實입니다.

개인個人의 성향性向이나, 지적知的 학습능력에 따라 각기各其 다른 현상으로 나타날 수 있겠지만, 역자譯者 또한 운명運命을 논論할 수 있는 여러 방편方便〈命理/ 斗數/ 奇門/ 六壬/ 九星/ 六爻/ 梅花易數 等.....〉들을 연구研究 탐색探索하는 과정過程을 거치면서, 혼란混亂과 회의懷疑. 능력의 한계限界를 느껴 몇 차례의 포기抛棄와 다시 돌아섬을 거듭하는 지리함을 체험體驗한 바 있습니다.

더욱이나 저는 누군가를 만나고, 서로 부딪치면서 발생되는 세사世事의 오묘奧妙한 이치理致와, 상호간의 대응관계에서 빚어지는 이야기들을 역易 술적術的인 기법技法으로 풀어내고자 하는, 우둔한 술사術士에 불과하며 易의 원리原理를 이론적 학문의 대상對象으로 삼는 역학 연구가研究家는 아니라는 말씀을 드립니다.

본서, "명법命法 통합統合 요체要諦"는 선학先學분들의 역술적 산물産物과 더불어 저의 체험體驗과 연구. 탐색探索의 과정을 거치면서 얻어낸, 역술적易術的 활용지식의 결과물을 책자로 구성하여 사용해 오던 상담서相談書를 강의교재로 재再 편집編輯한 강의록講義錄에 현장지식을 추가追加하여 그대로 공개하는 것으로, 상담현장에서 느낄 수 있었던 문제점들을 다소나마 해소解消할 수 있는, 가치성 갖는 학습서로서뿐만 아니라, 현장 상담 기법서技法書로서의 效用性을 가져주었으면 하는 바램입니다.

또한 本書는 문점자가 왜???~ 무슨 일로 방문하였는지를 알 수 있는 래정來情 으로부터~ 사주로는 풀어내기 어려운 목적사별 점단. 한해 운기運氣의 길.흉/ 성.패를 다루는 신수!!!, 本命을 읽어 내는 방법 等, 효용성效用性을 갖추는 활용 지식들로 구성되어 있습니다.
단, 본서本書가 얼마가 유용有用하게 활용活用되는가!!!~ 하는 것은 각 인人의 몫으로 남겨지겠지만 말이지요!!!~

앞서 이미 밝혔듯, 특히 본 "명법 통합 통변요결"은 부족함도 많겠지만, 자평명리/ 허자/ 두수/ 구성학 등의 특. 장점만을 취합聚合하여 **현실적 실용성과 취용상의 간편성을 만족시킬 수 있도록, 단일單一 체계화體系化한 기법技法**으로 현장, 상담사로 활동하시고자 하는 분들이라면, 학습기간과 경제적인 부담까지 해소解消할 수 있는 방편이 되어 줄 것입니다.

아무쪼록 易의 대해大海를 항행航行하려 하시거나, 易의 신비神秘함에 매료魅了되어 있거나, 혹은 혼돈混沌의 소용돌이에서 易에 대한 회의 懷疑와 포기抛棄 상태에 계신다거나, 再 도전挑戰의 과정에 있으시거나, 上位의 현장 상담사相談士로서 목표目標한 바를 이루고자 하시는 모든 분들에게 유익有益한 쓰임이 되었으면 하는 바입니다.

※<u>두수든 자평이든 그 어떤 方便을 취하여 命/運을 觀하든, 복잡하고 어려운 관법觀法일수록 적중的中 할 것이라고 생각하신다면, 편견偏見이 아닐까 하며 복잡하지 않은 명료明瞭함을 갖으면서도 현실적 효용성을 갖출 때, 더 없는 가치성價値性를 갖추게 될 것입니다.
더불어 명학命學은 선대先代 현인賢人들께서 이루신 학문적 연구와 현실적 성과물成果物들을 탐색探索하며 술법적術法的 측면側面으로 궁구窮究 발전시켜 나가야 할 대상對象이지, 결코 학문적 연구와 폐쇄閉鎖적 성취에 자족自足하는 고독한 무기물無機物로 남겨져서는 안 될 것이라는 所見을 갖습니다</u>.

애초의 계획은 **"명법命法의 통합統合 통변술通辯術"**에 의한, 상담 실전 예시例示 서書를 출간하려 하였으나 "통합 통변술"에 대한 사전 예비 지식이 없는 상태에서 실전 예시를 이해하기에는 무리가 따를 것 같았고, 통합 통변술의 지식체계와 실 예를 한 권으로 한다거나, 그렇다고 분권分卷을 하려 하니, 그 또한 부족함, 아쉬움이 클 것이라 생각되어 다소의 아쉬움과 부족함이 따르겠으나, 지금 이 시간에도 이런 저런 사유로 많은 어려움을 갖고 계시는 분(현재 역 공부 중이거나 포기상태이시거나, 상담현장에 계시는)들을 위해, "동양 점성술 역 철학 학술원", "潤"역 천문 철학관의 강좌 중, 통합 통변을 다루는 "명법 통합 요체"의 강의교재를 오픈함으로써, 명법命法의 활용지식과 술법術法의 대중화에 조금이라도 도움이 되고자 하였습니다.

더욱이나, 평소!!!~
역학계 현실에 대한 아쉬움이 컸었기에 기존의 강의교재 원본에 실용적 지식들을 부기附記하여 사주 명법의 학습과 더불어 상담 현장에서 조금이라도 더!!!~ 도움이 될 수 있도록 하였습니다.

물론 이러한 통합적 방식에 준하여 상담에 임하고 계시는 분들도 있으시리라 사려思慮되지만, 무엇보다 이렇게 활자화하여 오픈하는 목적은, 역학계에 대한 아쉬움을 말씀드렸듯, 역학계에서 전반적全般的으로 강의되고 있는 명법 강좌들이, 각각의 명법들을 분리分離, 독립적으로 강의하고 있으며 학습하시는 분, 입장에서도 피동적被動的으로 그대로 따를 수밖에 없는 방식들로 주류主流를 이루고 있으나, 상담 현장에서 상담을 할 정도의 역 지식을 갖추기 위해서는 어느 한 과목만으로는 한계가 있음을 인지認知하게 되면서 여타餘他의 명법을 또 다시 추가해야 하다 보니, 수강기간은 자연이 길어질 수밖에 없으며 수강료 또한 결코 만만치가 않게 된다는 점에 있습니다.!!!~

아울러 상담 현장에서 활용되는 명법의 실용적 지식들은 결코, 이론적 지식이나 학습으로 얻어지기에는 부족함이 클 수밖에 없고 한계限界가 있어, 이러한 기존의 타성惰性에서 이제!!!~ 그 시각視角을 넓히고, 그 마인드에 유연성柔軟性이 부여附與되기를 희망하며 지난 2011년 **"명법命法 통합通合 요결要訣"**을 선보이면서 명법, "학습법"과 "교수법"에 새로운 패러다임을 제시한 바 있으니, **"명법命法 통합通合 요결要訣"**에서 취取하고 있는 "명법 통합 통변술"은, **학습, 수강 기간의 단축과 수강비용에 대한 부담**으로부터도 보다 자유自由롭게 한, 선도적先導的인 학습學習!!!, 교수教授 체계體系임을 말씀드립니다.

□본서를 활용하는 방법과 "동양 점성술 역 철학 학술원". "윤" 역 천문 철학관의 "명법 통합 요체〈=명법 통합 통변술〉" 학습學習체계體系에 대하여..

무엇보다, 본서와 인연된 분들〈독자讀者; 이 책을 구매하시는 분들〉의 입장에서 記述하고자 하였으나 방식方式 상, 체계적이 못한 부분이 있고, 글 솜씨마저 보잘 것 없다보니, 사뭇 민망함 또한 큽니다.

거기에 "강의교재"를 원본으로 하다 보니, 다소 낯선 부분도 있겠고~, 하지만, 의미意味없는 이야기 형식의 서술이 아닌, 현실적 실용성을 갖추는 현장 지식들로 구성되어 있어 학습하고 활용하기에는 오히려 더!!!~ 편리할 것이라 안위安慰해~ 보지만, 부족한 부분들에 대해서는 혜량惠諒을 청請하는 바입니다.

주지하시다시피 본서는 명법 통합 통변술의 강의록이자, 역 철학 학습서요, 옆에 두고 바로 활용할 수 있는 현장 상담서로, 다음의 방법으로 본서를 활용하시면 더욱 유용하게 쓰일 수 있을 것인 바, 제 1부 자평 명리부터~ 제 4부 래정來情까지는 "명법 통합 요체"에서 추구하는 실용적 활용지식들이므로 제 5부, "명법 통합 요체 실전 예시"를 이해하시는 기본적 자료로 활용하면 될 것입니다.

제 5부, 통합 통변의 예들에서 감지하실 수 있듯, "명법 통합요체"에서는 자평子平과 허자虛字, 두수를 주로하며 구성은 단법과 통합 래정來情으로 활용되고 있습니다.

이렇게 몇 가지의 명법을 혼취混取한다는 것은 불편하고 매우 번거로울 것이라는 선입관先入觀을 기질 수 도 있겠습니다. 만, 전혀 문제될 것이 없다〈그야말로 잠시 눈동자만 왔다~ 갔다하면 되는 것이니...〉는 것입니다.

주요 명법命法~〈자평/기문의 명법과 점법/육효/육임/매화역수/두수 등〉들을 통한 명命과 운運을 판단함에 있어서는, 그 무엇보다 현실적 적확성的確性에서 앞서야 하며 대동소이한 결과〈적중도〉를 보인다면!!!~ "현실적 실효성을 갖추면서도 학습방법과 실전활용에 있어~ 편리성과 간편함에서 앞서야 한다!!!"는 기본基本 원칙原則하에 체계화體系化된 것이 본서本書!!!~ **명법 통합 요체**"로, 혹!!!~ **명법 통합 통변술**의 학습법에 대해!!!~

이것도, 저것도 아닌, 어중치기로 끝나버리는 거 아냐~ 하며 의심~, 염려하는 분들이 계시다면, 변죽만 울리고 마는 어설프다거나 허술한 학습체계가 아닌!!! 10여년 이상의 현장 경험과 연구, 탐색探索을 통해 얻어진, 인고忍苦의 결과물結果物임을 말씀을 드립니다.

아직 이러한 방식에 낯설고 익숙해 있지 않다면 다소, 번거롭게 여겨질수도 있으시겠으나!!!~ "통합 통변술"의 통변通辯과, 상담 방식을 활용하면서 어느 정도의 상담 시간들이 흐르다보면 **보다 합리적이요, 현실적 적효適效함과 명료성明瞭性을 함께 느낄 수 있으실 것**입니다.

이어서 본, 동양 역 철학 학술원."潤"역 천문天文 철학관에서 상용常用하고 있는 "명법 통합 요체"에 근간根幹한, "명법 통합 통변술"의 구성構成과 학습체계에 대해 말씀드리고자 합니다.

"명법 통합 요체<=명법 통합 통변술>"의 학습 순서와 구성 체계는 다음과 같습니다.

※먼저 자평 명리. 허자虛字와 자미두수. 통합 래정의 순으로 학습되며 각각의 명법들이 서로 별개가 아닌, 서로 구조적으로 유기성有機性을 갖는 방편들이라는 점을 이해하고 계신다면, 보다 자연스런 소통疏通이 이뤄질 것입니다.

□구성방식에 있어, 자평 명리는 통합 학습체계의 전 구성에서 주主를 이루고 있으며 본명과 운運<대한, 유년>!!!~ 그리고 래정來情의 기본 지식으로 활용됩니다. 그러니까!!!~ 자평의 역술적易術的 지식은 기초지식부터~ 실전 활용에 이르기까지 전 부분을 다루고 있다는 것입니다. 즉, 명리를 통해 본명을 관觀함에 있어, 年柱부터~ 時柱까지의 전체적인 삶의 양태樣態와 운기에 따른 변화의 흐름을 조망眺望하며 본명을 기저基底로 대한, 세운과의 관계에서 조성造成되는

운기 변화와 세운에 드러나게 되는 암시暗示등으로 당 해에 구체화
되어 표출되는 각각의 사안들을 판단判斷하는 방편方便으로 삼는다
는 것이지요!!!~

여기에, 세운歲運〈유년〉의 정황情況〈사건, 사고 등〉을 보다 정밀精密하
게 읽어낼 수 있는 유익有益한 도구인 허자虛字가 추가追加됩니다.
다만, 각 인人의 사주에서 드러나는 육친이나 육십갑자에 의한 일주
日柱들의 성격적 성향과 특징 등을 자평학으로 세밀細密하게 읽어
내기에는 제한성이 있어!!!~ 이러한 부분에 있어서는 그 적효適效
함을 드러내는 **"자미두수"**를 활용하게 됩니다.

□다음~ 자미두수!!!~ 입니다.
자미두수!!!~ 하면, 일반적으로 복잡하다!!!~, 어렵다!!~
등입니다. 그러나 그렇지만은 않음을 말씀드립니다.
두수는 명命/형/부처/자녀/재백/질액/천이/노복/관록/관록/전택/복덕/부모 등,
12개의 궁〈=12개의 방〉을 이루면서 그 각각의 방房〈=궁〉에 주성과
보좌, 살, 잡성 등을 포진시키게 되는데, 네 개의 주柱와 여덟 글자
로 구성되는 사주에 익숙해져 있다 보니~ 낯설고 복잡해 보이는 것
은 어쩌면 당연當然 할 수 있겠으나, 이미 12개로 구분된 각 사안별
구체성이 이미 드러나 있고, 그 각 방에 위치해 있는 별들과 그들의
어울림을 읽어내면 되는 것이니...~
어렵고 복잡한 것이 아니고!!!~ 오히려 상황과 사건의 추이推移를
명료화明瞭化 시켜주고 있다고 볼 수 있겠지요!!!~
또한 자미두수는 그 무엇보다, 아〈나〉와 각 육친들의 성격과 성향적
특질 등에서 탁월한 현실성을 드러내 보이고 있으며 대한, 세운의
발동사發動事를 한 눈에 파악把握할 수 있다는 것입니다.

두수 명반 상, 해당 대한과 세운 방의 정황만으로도 말이지요!!!~
물론~ 두수를 좀, 공부해 보셨다면 본명과 후천의 사화들을 운용하
여 구체적인 사건의 발단과 발현사의 추이推移 등을 읽어내게 되지
만, "명법 통합 요체"에서는 사화四化의 쓰임을 최대한 단순화하며
사화 등, 타 관법의 무리한 확장으로 발생되는 복잡성과 오류誤謬를
해소解消하고 있습니다.

이렇게 말씀드리면 다소의 오해誤解도 있을 수 있겠으나, 자평이나, 두수, 구성 등, **"명법 통합 요체"** 강의에서 다뤄지지 않는 부분들이라 하여 실효성을 갖지 못한다는 의미는 아님을 밝히며 명리나 두수의 현실적 활용지식들을 보다 확장擴張시키고자 하신다면, 함께 출간을 예정하고 있는 **"자평명리 명법 요체"**와 **"두수 요체"**를 참고하실 수도 있으시겠습니다.

참고적 첨언添言을 드린다면, 여타餘他의 모든 명법은 본명本命을 근간根幹으로 해야 한다는 너무나도 평이平易한 사고思考가 참으로 중요성을 갖는다는 것으로, 두수에서도 결국은 본本 명반으로 회귀回歸가 이뤄져야 한다고 보는 것이며 "통합 통변 술"에서 취取하는 자미두수의 적용법위는 본명에 해당되는 각, 육친의 성향적 특징과 각 인의 적성, 직업적 유형!!!~ 선, 후천으로 드러나는 질병과, 운에서 단적端的으로 보여주는 외연적外延的 사건의 일면을 파악하고 판단합니다.

□그 다음으로는 구성과, 래정來情을 위한 지식을 학습하게 되는데, 다소 경솔한 표현이 될 수도 있겠으나 구성학은 본명을 논하는 명법으로서의 쓰임에는 한계限界가 있는 듯하며~ 단법이나 래정으로 취할 때, 그 효용성이 갖춰진다고 봅니다.
래정은 구성과 일진 명반 법, 그리고 체용 래정〈<u>문점 사주를 본명 사주에 대비하는 방식</u>〉을 주主 취取하고 있으며 두수斗數 래정!!! 또한 사정事情이 여의如意하다면 함께 다뤄보기로 하겠습니다.

이상~ "명법 통합 요체"의 학습순서와 구성에 체계 등에 대해 말씀드렸으며 통합 통변 술에서 추구하는 바를 한 마디로 표현한다면, **"<u>쉽고 간단하면서도 잘~ 맞아야 한다</u>"**는 것입니다!!!~

"명법 통합 요체"를 학습하여 두려움 없이 현장상담에 임할 수 있으려면 몇 개월이 소요所要될까!!!~

이를 수치화數値化해 본다면, 명리 3개월, 허자 1개월. 두수가 각, 1~ 3개월. 구성과 래정이 각 1개월 정도면 부족함이 없는 현장 실전

지식을 갖추게 되므로 7~ 10개월이면 족족足하다 하겠습니다.

말이 되느냐, 사기 정당히 쳐라!!!~ 하실 수도 있겠습니다. 만, 학술적 연구가 목적이 아닌, 현장, 상담사를 목적으로 하신다면 본 "명법 통합 요체"의 학습법을 통해 허언虛言이 아님을 경험하게 될 것입니다.

※각, 강의와 수강 코스 등에 대해서는 본서 말미末尾의 "강의 안내"를 참고하시면 되겠습니다.

⊡모두冒頭의 글이 너무 길어졌습니다. 만, 우선 "<u>명법 통합 요체</u>"에 대한 이해가 있으셔야 학습에 동기부여가 될 수 있고, 동기가 부여되었을 때, 그 학습의 효과는 클 것이기 때문이었습니다.

아무쪼록!!!~ 본서를 통해 귀하의 명법학습에 도움이 되었으면 하는 바램을 갖으며 본서에 관심을 가져주신 분들과의 인연因緣을 소중히 하겠습니다. 성취成就하십시요!!!~

모든 분들의 역술적 성취를 기원祈願드립니다!!!~

lawb.co.kr(bubmun) http://www.lawb.co.kr(bubmun) http://www.lawb.co.kr(bubmun)

태운을 행할 때.

※**천살**※ ; 124~ 127.
천살 대, 세운.
천살 방향, 개운법.
래방 일진이 천살 일 때.
천살의 12운성, 양.
양운을 행할 때.

※**지살**※ ; 128~ 131.
지살 대, 세운.
지살 방향, 개운법.
래방 일진이 지살 일 때.
지살의 12운성, 장생.
장생 운을 행할 때.

※**년살**※ ; 132~ 135.
년살 대, 세운.
년살 방향, 개운법.
래방 일진이 년살 일 때.
년살의 12운성, 욕.
욕운을 행할 때.

※**월살**※ ;136~ 139.
월살 대, 세운.
월살 방향, 개운법.
래방 일진이 월살 일 때.
월살의 12운성, 대.
대帶 운을 행할 때.

※**망신살**※ ; 140~ 144.
망신 대, 세운.
망신 방향, 개운법.
래방 일진이 망신 일 때.
망신의 12운성, 관.
관운을 행할 때.

i9wb.co.kr(pnpwnn) Nffb://www.i9wb.co.kr(pnpwnn) Nffb://www.i9wb.co.kr(pnpwnn)

※**장성살**※: 145~ 148.
장성살 대, 세운.
장성살 방향, 개운법.
래방 일진이 장성살 일 때.
장성살의 12운성, 왕.
왕운을 행할 때.

※**반안살**※: 149~ 153.
반안살 대, 세운.
반안살 방향, 개운법.
래방 일진이 반안살 일 때.
반안살의 12운성, 쇠.
쇠운을 행할 때.

※**역마살**※: 154~ 157.
역마살 대, 세운.
역마살 방향, 개운법.
래방 일진이 역마살 일 때.
역마살의 12운성, 병.
병운을 행할 때.

※**육해살**※: 158~ 161.
육해살 대, 세운.
육해살 방향, 개운법.
래방 일진이 육해살 일 때.
육해살의 12운성, 사.
사운을 행할 때.

※**화개살**※: 162~ 166.
화개살 대, 세운.
화개살 방향, 개운법.
래방 일진이 화개살 일 때.
화개살의 12운성, 묘.
묘 운을 행할 때.

lawb.co.kr(bubmun) http://www.lawb.co.kr(bubmun) http://www.lawb.co.kr(bubmun)

　　혼인은 언제 이뤄지나???~

▷자평의 또 다른 활용지식, 허자虛字◁ : 181~184.

1. 비합飛合.
2. 도충倒沖.
3. 공협拱挾.
4. 특합特合※자요사격子遙巳格※.

두수!!!~ 학습에 들어가기 앞서. . .

lawb.co.kr(bubmun) http://www.lawb.co.kr(bubmun) http://www.lawb.co.kr(bubmun)

자미 화권. 화과.
자미성의 적성과 직업/ 사업.
자미의 질병.

☆**천기성**☆: 222~ 228.
천기성의 특징. 일반적 성향. 단점. 곤명. 상호작용.
천기 화록/권/과/기.
천기성의 적성과 직업/ 사업.
천기의 질병.

☆**태양성**☆: 229~ 234.
태양성의 특징. 일반적 성향. 단점. 곤명. 상호작용.
태양 화록. 화권. 화과. 화기.
태양성의 적성과 직업/ 사업.
태양의 질병.

☆**무곡성**☆: 235~ 240.
무곡성의 특징. 일반적 성향. 단점. 곤명. 상호작용.
무곡 화록. 화권. 화과. 화기.
무곡성의 적성과 직업/ 사업.
무곡의 질병.

☆**천동성**☆: 241~ 246.
천동성의 특징. 일반적 성향. 단점. 곤명. 상호작용.
천동 화록. 화권. 화기.
천동성의 적성과 직업/ 사업.
천동의 질병.

☆**염정성**☆: 246~ 252.
무곡성의 특징. 일반적 성향〈장, 단점〉. 곤명. 상호작용.
염정 화록. 화기.
염정성의 적성과 직업/ 사업.
염정의 질병.

lawb.co.kr(bubmun) http://www.lawb.co.kr(bubmun) http://www.lawb.co.kr(bubmun)

☆**천상성**☆ ; 274~ 277.
　천상성의 특징
　일반적인 성향
　단점
　곤명〈여명女命〉
　他 별들과의 상호작용.
　※형수협인※ 천상 화기.
　천상성의 적성과 직업/ 사업.
　천상의 질병.

☆**천량성**☆ ; 278~ 282.
　천량성의 특징. 일반적인 성향. 단점.
　곤명〈여명女命〉
　他 별들과의 상호작용.
　천량 화록, 권, 과, 기.
　천량성의 적성과 직업/ 사업.
　천량의 질병.

☆**칠살성**☆ ; 283~ 286.
　칠살성의 특징. 일반적인 성향. 단점.
　곤명〈여명女命〉
　他 별들과의 상호작용.
　칠살 화권, 기.
　칠살성의 적성과 직업/ 사업.
　칠살의 질병.

☆**파군성**☆ ; 287~ 291.
　파군성의 특징. 일반적인 성향. 단점.
　곤명〈여명女命〉.
　他 별들과의 상호작용.
　파군 화록, 권, 기.
　파군성의 적성과 직업/ 사업.
　파군의 질병.

※**보좌 살성의 질병**※; 292~294.

천괴, 천월/ 좌보, 우필/ 곡, 창/ 녹존. 천마.

삼태, 팔좌/ 홍란, 천희.

경양, 타라/ 화성, 령성/ 천형/ 지겁, 지공. 절공.

고진,과숙/ 천곡,천허.

□**3부, 구성기학**□

※**구성학의 실용적 활용지식**※; 295

lawb.co.kr(bubmun) http://www.lawb.co.kr(bubmun) http://www.lawb.co.kr(bubmun)

□4부. 일진日辰 명반命盤 결結□
※일진 래정의 실용적 활용지식※; 331

lawb.co.kr(bubmun) http://www.lawb.co.kr(bubmun) http://www.lawb.co.kr(bubmun)

5부, "명법 통합 요체" 實戰 例示.

※실전예시는 소제목으로 설정되어 있지는 않지만, 통합 래정/ 자평
  으로 보는 명, 운/ 두수로 보는 명, 운의 순으로 진행됩니다.

실전實戰 예시例示- 1; 350~.
甲午 年 癸巳 日, 방문. 57年 生, 坤命.

·통합統合 래정來情·
남편분이 관련되어 있으며 건강, 금전적인
손재사가 있으시네요!!!~

·자평子平으로 보는 명命, 운運·
※어찌하여 건강, 금전이 문제인가???~
※丁未 대한의 정황과 현실적으로 발현되는 사건!!!.
※丁丑 일주에게 부여된 전제적 조건!!!.
※사주에 인성印星이 결여缺如되어 있다는 것!!!~

※두수, 십 천간 사화※

·두수斗數로 보는 명命, 운運·
※명주의 명/형제/부처/자녀/부모 궁의 정황.
※인/신 좌, 기/월 조합의 특징, 성향.
※두수 12사항 궁에 내재內在된 함의含意.
  명궁~ 부모 궁.
※두수로 파악되는 직업적 분야와 질병.
※신체 건강이 문제되는 庚戌 대한의 정황과 발현사.

실전實戰 예시例示- 2; 375~.
乙未 年 乙酉 日, 방문. 83年 生, 坤命.

·통합統合 래정來情·
남자!!!~, 혼인 문제로 오셨을 텐데. . . ,
이번에도 인연은 아닌 듯!!!~ 합니다.
금전적인 손실도 따르겠구요!!!~

·자평子平으로 보는 명命, 운運·
※근/묘/화/실, 년/월/일/시주에 따른 각, 대한의 정황.
※坤命으로 木/火, 양陽의 기운이 부족하다는 것의 의미!!!~
※왜???~ 혼인이 문제인가???~
※乙丑/ 丙寅 대한의 정황과 발현되는 사건!!!.
※혼인은 언제 성사되는가!!!~
※자식과의 관계는!!!.

·두수斗數로 보는 명命, 운運·
※차성안궁借星安宮이란!!!
※유酉궁, 천기/거문 조합의 특징, 성향.
※명주命主의 재백/질액/천이/노복/관록/전택/복덕 궁의 정황.
※두수, 12궁 좌, 안성安星※
※甲子 대한의 정황과 발현되는 사건!!!.
※대한이 선천, 자-전선을 행한다는 것!!!~

실전實戰 예시例示- 3; 390~.
丙申 年 甲寅 日, 방문. 79年 生, 坤命.

·통합統合 래정來情·
자녀 분 문제로 답답하신 모양입니다. 만,!!!~
그러지 않으셔도 되겠습니다!!!~

·자평子平으로 보는 명命, 운運·
※공망되어 있다는 것!!!.
※坤命으로 해/자/축 북방北方 수운水運을 행하고 있는 것!!!

lawb.co.kr(bubmun) http://www.lawb.co.kr(bubmun) http://www.lawb.co.kr(bubmun)

※丁丑 대한의 정황과 발현사!!!~
※허자虛字로 유입誘入되는 글자의 작용!!!
※대한과 유년의 연계連繫에 의해 드러나게 되는 사건!!!.
※왜???~ 아직, 혼인 전인가!!!~
※乙丑/丙子 대한의 정황과 혼인.
※모친母親, 자녀와의 상응相應관계.
※전공 학과 직업.
※좌표 상, 년/월/일/시 각 주柱별 함의含意※

⊡두수斗數로 보는 명命, 운運⊡
※축 궁, 자미/파군 조합의 특징, 성향.
※곤명, 자미의 혼인 관!!!.
※명주의 명궁~ 부모 궁의 각, 궁 별 정황.
※丁丑 대한의 정황과 발현사!!!.

실전實戰 예시例示- 4; 412~.

⊡두수斗數로 보는 丁巳 年 庚辰 日柱, 坤命⊡
※인/신 좌, 자미/천부 조합의 특징, 성향.
※乙巳 대한의 정황과 발현되는 사건!!!.
※두수 사화 운용 기.

실전實戰 예시例示- 5; 414~.

⊡두수斗數로 보는 癸卯 年 生, 坤命⊡

*남편 분으로 인한, 정신적 스트레스, 속 앓이가
만만치 않으시겠습니다!!!~*

※두수, 태세 입괘법으로 보는 대對 타他, 상응관계相應關係.

실전實戰 예시例示- 6; 417~.

전공 학과를 물어 온 예- 1.

⊡자평子平으로 보는 명命, 운運⊡
※근/묘/화/실에 의한 년/월/일/시주 파악!!!

※ 형.충.파.해 등에 의한 왜곡!!!
※ 해/자/축, 신/유/술 대한의 상황과 발현사!!!~
※ 학과는???~
※ 기己 일간의 배연配緣.

⦁두수斗數로 보는 명命, 운運⦁

※ 두수로 파악되는 전공학과!!!
※ 寅/申 궁의 천동/천량 조합!!!
※ 명주의 배연!!!.
※ 전택과 부처 궁으로 드러나는 배연配緣의 정황!!!~

실전實戰 예시例示- 7; 421~.

전공 학과를 물어 온 예- 2.

그러시군요!!!~
중학교를 졸업할 시기부터~ 였겠습니다.
~ . . . ~

. . . 전공은~, 미대美大 디자인 계열이 되겠습니다.!!!~
사년 제는 어렵겠고, 여대女大가 되겠구요!!!~

⦁자평子平으로 보는 명命, 운運⦁

※ 근/묘/화/실 상의 전개展開와 甲申/乙丑 대한의 정황.
※ 대한의 흐름과 신살神殺의 취용取用!!!
※ 丁丑 일주에게 부여附與된 전제적專制的 조건條件!!!.
※ 사주에 인성印星이 결여缺如되어 있다는 것!!!~

⦁두수斗數로 보는 명命, 운運⦁

※ 巳/亥 좌, 천기/태음 조합의 특징, 성향!!!
※ 명주命主의 직업분야.
※ 별이 세勢를 갖춘다는 것~
  평平, 함陷의 지地를 점한다는 것의 의미!!!
※ 자화성自化星!!!
※ 자화 기忌를 갖고 있다는 것!!!~

lawb.co.kr(bubmun) http://www.lawb.co.kr(bubmun) http://www.lawb.co.kr(bubmun)

실전實戰 예시例示- 8; 427~.
丙午 年 壬申 日柱, 坤命.

□자평子平으로 보는 명命, 운運□
※재성財星을 년 주로 내 놓았다는 것!!!~
※21~ 丙申 대한의 정황과 발현사!!!.
※大限과 流年의 연계連繫.
※정正/편偏과 직업, 배우자로서의 관성!!!!~
※공망, 지장地藏 간干으로 존재한다는 것의 의미!!!~
※51~ 癸巳 대한의 정황과 발현되는 사건!!!.
※해당 운에 활용해야하는 육친 성.

□두수斗數로 보는 명命, 운運□
※巳/亥 좌, 천동/천량 조합의 특징, 성향.
※巳/亥 좌, 천동/천량~ 포탕지명飄蕩之命???~
※23~ 丁酉 대한의 상황과 드러나는 사건!!!.
※53~ 甲午 대한의 정황과 발현사!!!.

실전實戰 예시例示- 9; 434~.
乙未 年 甲午 日, 방문. 66年 生, 坤命.

□통합統合 래정來情□
열심히~, 분주하게 살아가고 계시네요!!!~
. . . ~,
금전, 재물적인 측면으로 손실이 따르겠습니다!!!!~
그 원인 중에는 남편 분도 한 몫 하시겠구요.!!!~

□자평子平으로 보는 명命, 운運□
※명주에게 주어진 전제적前提的 부여附與 조건條件!!!.
※도충倒沖된 편관성의 작용력.
※월/일/시로 중첩重疊되는 편관은 어떻게 읽어내야 하나???~
※충沖에 의해 관성이 교체交替된다는 의미意味!!!~
※55세~ 己丑 대한의 정황과 발현사.

awb.co.kr(bubwum) http://www.lawb.co.kr(bubwum) http://www.lawb.co.kr(bubwum)

⊡두수斗數로 보는 명命, 운運⊡

※왜!!!~, 남편이 문제인가???~
※묘유 좌, 자미/탐랑 조합의 특징, 성향.
※선천 재백/신身궁, 己亥 대한의 정황과 발현되는 사건!!!.
※제왕절개帝王切開로 낳은 자녀!!!~
왜???~ 수술로 낳았는가!!!~
※辛丑 대한!!!.

실전實戰 예시例示- 10; *443~.*
甲午 年 庚寅 日, 방문. 70年 生, 坤命.

⊡통합統合 래정來情⊡

교육 분야의 사업을 시도試圖하시려는 듯~ 합니다 만,~
성사되기 어렵겠습니다!!!~
더우이나 주도권主導權도~ 내가 갖고 있지 못합니다!!!~

⊡자평子平으로 보는 명命, 운運⊡

※격각隔角, 형刑의 작용력!!!
※대한의 흐름과 직업.
※사주에 수기水氣가 결여缺如되어 있다는 것의 의미!!!!.
※왜???~ 아직 혼인을 못하고 있는가!!!~
※모친母親 동거.

⊡두수斗數로 보는 명命, 운運⊡

※명궁命宮의 천형天刑!!!~
※丁亥 대한의 정황과 발현되는 사건!!!.
※大限 궁宮 간干, 록祿/기忌의 전개展開.
※대한과 유년, 소한小限의 상응에 의한 발현사!!!.
※혼인의 불리함!!!.

lawb.co.kr(bubmun) http://www.lawb.co.kr(bubmun) http://www.lawb.co.kr(bubmun)

lawb.co.kr(bubmun) http://www.lawb.co.kr(bubmun) http://www.lawb.co.kr(bubmun)

http://www.i3wp.co.kr(피앤피엠엔엔) http://www.i3wp.co.kr(피앤피엠엔엔)

第 一部;
☆자평子平 요결要訣☆
자평 명법의 실용적 활용!!!

위 목차에서도 확인하셨 듯~ 본서를 활용함에 있어, 학습의 효율성과 사용상의 편리便利함을 고려하여 제1부, 자평 명리. 제2부, 자미두수. 3부, 구성기학. 4부, 래정의 순으로 기술한 다음, 제5부인 **명법 통합 통변술**에서는 손님과 마주 앉으면서부터 구사驅使되는 상담 수순에 따르는 방식方式으로, 기술記述하였습니다.

부언附言코자하는 바는, 제 1부터~ 4부의 각 단원별로 예시를 두려하였으나 그리되면 부분별 통변으로 그칠 수밖에 없으며 더욱이나 본서는 몇몇 명법들이 유기적有機的으로 통합된 **통합 통변술**을 제시提示함에 있으므로, 따로, 제 5부를 두어 **통합 통변술이 어떻게 운용되는가!!!~** 에 대해 예시例示하고 있음을 말씀드립니다.

먼저 자평 명리의 실용적 활용지식입니다.
명리는 명과 운을 논하는 모든 명법命法의 제왕帝王이라 지칭指稱되고 있는데, 타, 법수法手들을 이해하고 활용할 수 있으려면 자평 명리의 지식들이 우선적으로 학습, 이해되어야 하기 때문일 것입니다.

또한, 본, **통합 통변술**에서는 자평의 또 다른 유익한 지식!!!~ 허자 虛字를 활용하여 운運을 파악함에 있어 정밀精密함을 추구追求하고 있습니다.

※현장에서 바로 활용되는 십간十干 함의含意※

甲 갑 木 목	□천상의 천둥/벼락이요, 비와 번개를 동반하며 권위/성냄/놀람을 뜻함. ■놀람. 우레, 새로운 시작. 창출과 통하며 갑 일주면 다~ 털어먹은 이후, 다시 일어나는 자수성가를 의미한다. □甲은 잘 굽히지 않고, 자신이 추구하는 바를 일관성 있게 밀고나가는 의지/고집이요, 소신/사명감/행동력이 강하며 추상적. 정신적 성분이요, 명예를 뜻하며 청년의 시기요, 남보다 앞서 가고자 한다. ※사주에 甲木이 드러나면 통솔력/ 책임감을 갖추며 지도자의 기질이 있는가 하면, 타인에 나서는 것을 좋아한다. □甲 木의 인체, 질병/ 인물, 직업측면□ 머리/ 담(쓸개)/ 허리/ 관절.무릎/ 안면顔面/ 동맥/ 정신. 신경. ⊙교육적 분야/ 창작/ 기획력/ 발명/ 독특한 아이디어. 기자/ 저술가/ 학자/ 교육가/ 언론, 문화인/ 건축, 설계/ 장식. 섬유/ 의류, 의류 디자이너/ 관리, 감독자/ 전자/ 의약⊙ □甲 木의 물상物像□ 산림/ 조경/ 목재/ 가구/ 건축/ 기둥/ 가로등/ 고층건물/ 단체나 조직의 총무.
乙 을 木 목	□乙 木은 천상의 風~ 이요, 지상에서는 초목이 되며 유연성을 뜻함. ▷乙 干은 지혜/ 모사, 책략이 뛰어나고, 변화에 민감하며 대인 친화적이요, 풍파를 의미하는 굴신. 곡직성의 성분이요, 유랑流浪/ 표류漂流/ 여행/ 항공/ 해운 등과도 통한다. □乙木은 말〈言語〉과 관련되므로 사주에 乙자가 유기有氣하면 일생 한번쯤은 말로 먹고사는 세월을 갖게 되는데, 년주라면 선조, 월주면 부모나 형제 중에 시주면 자식이 그러하다. □乙 木의 인체/질병/ 직업측면□ 간, 담/ 목. 뒷목/ 손, 발/ 신경계. 幼兒/ 청년/ 장남/ 技士/ 馬夫/ 지휘자/ 세일즈/ 외교. 미용사/ 디자이너/ 화가/ 목공/ 수공예기사/ 재주꾼/ 야구, 골프, 당구 인〈선수〉. □乙 木의 물상物像□ 묘목/ 유실수有實樹/ 화초花草/ 과일, 채소/ 곡식, 쌀. 지류紙類, 서적/ 섬유, 의류/ 공예, 장식품/ 교육/ 언어言語.

丙 병 火 화	□丙火는 天上에서의 **太陽**, 번개 불 / 발광체發光體요, <u>地上</u>에서는 담겨진 불 / 열기熱氣로, <u>밝고 쾌활, 화끈하고, 열정적 / 적극성을 뜻하나 실증이 빠르며 失手가 많기도.</u> □丙 火는 두뇌가 명석하고 학문/문장에 능〈재주〉하며 권위/지도력/명성을 위해 주력注力하는가 하면, 社交에 能해 對人들에게 人氣도 많다. □丙 日干은 他人의 視線을 받는 역할이나 직업에 적합하며 四柱가 아무리 신약身弱하다해도, 무조건 쾌속성〈自身이 必要性를 느끼는 境遇〉을 갖는다. □丙 火의 인체/질병/직업측면□ 심장 / 소장 / 고혈압 / 열병 / 정신신경계 / 눈. 안과眼科 /어깨. ・교육자/ 방송, 언론계 / 문화 예술계 / 화가. 디자이너. 인테리어 / 미용, 염직공. 방사선 기사/ 안과 의사. 안경사 / 기수騎手 / 전자제품 / 용접 / 세일즈 / 보살. □丙 火의 물상□ 빛, 전기, 전자, 조명 / 네온 싸인 / 간판 / 광학기계 / 안경 / 사진. 예술 / 연예 / 음악 / 언론, 방송 / 정보情報 / 스포츠.
丁 정 火 화	□丁火는 천상의 별 / 달이요, <u>지상地上에서는 촛불/ 등잔불/ 가스불 등 작은 불꽃/ 폭죽과 같다.</u> □부드러운 듯, 폭발적인 면이있으며 내면적으로는 집념/ 자존심/ 정신력이 강하고, 상/하 관계를 확실히 함. ※丁火 또한, 지혜와 통하며 사려思慮가 깊고 신중한가 하면 행동력이 강한 별이요, <u>꽃이 무성하고 화려하게 피어있는 상태로,</u> <u>장식裝飾/ 치장治粧/ 요염妖艶함과 더불어</u> **폼생폼사**의 인자요, 생명의 수태受胎/임신姙娠의 별이기도 하다. □丁 火의 인체/질병/직업측면□ 마음〈心〉, 정신/ 심장/ 소장/ 저혈압/ 신경/ 흉부胸部/ 눈目 / 치아. 교육자/ 수학/ 과학/ 전자공학/ 컴퓨터/ 전자정보/ 전자제품/ 서예가. 언론계 종사자/ 문화 예술계의 화가. 디자이너. 인테리어/ 염직공/ 방사선 기사. 안과 의사. 안경사/ 기수騎手/ 전자제품/ 화공. 유류업. □丁 火의 물상□ 빛/ 불꽃/ 광선/ 석양夕陽.영화/ 예술/ 음악/ 악기/모든 소리/ 방송, 통신/ 서예書藝.

戊 무 **土** 토	□戊土는 天上의 불꽃이요, 석양/ 저녁 노을/ 큰 산山/ 大 人. ※**개성이 뚜렷하고 주장이 강하며 아집我執, 독선적이요,** **의지가 강하고 적극적이요, 포용/중화/중용中庸을 지키며 친화력을 갖춤.** □보수적/과묵/고집/고독/비밀/포용/신용 등과 통通한다. ※戊土는 전통적 예절을 중시重視하는 성분이요, 丙火와 같은 華麗함, 폼생폼사의 속성이 내재內在하며 피상적으로 드러나는 외형에 집착하는 面이 있어 폼은 나지만 내실, 실속이 적다. □戊 土의 인체/질병/직업측면□ 위장/ 비장/ 옆구리/ 척추, 뼈/ 혈관. 자궁질환. ·중개인/ 토목/건축, 목재상/ 광고업자/ 행정관료/ 법관. 교도관/ 수사기관. 어부. 어물상/ 종교인/미용사/ 도배/ 주택관리사. □戊 土의 물상□ 대지大地/ 언덕/ 성곽/ 빌딩/ 토목/농업/ 부동산/ 창고/ 금융/은행/ 증권.
己 기 **土** 토	□己 土는 天上의 구름이요, 지상에서는 야산/ 들판의 흙〈대지大地/전원田園〉이다. □己土는 부드럽고 자애로운 면이 있으며 포용력을 갖추나 우유부단하다거나 표리부동表裏不同 하는 등, 결단력이 부족하기도. □主로 內面 활동의 시작이요, 정신적이며 침묵의 成分이다보니 대인對人 들에게는 비밀이 많은 것처럼 보여 질수도 있지만 드러나 보인다거나 나서지 않으려는 성향性向〈隱者〉 때문이다. □己 土의 인체/질병/직업측면□ 비장. 하복부/ 허리. 뼈/ 뒷골/ 신경. ※丑 土※; 비장/위장胃腸/복부/맹장/횡격막橫膈膜/치질/냉증/잇몸/자궁/항문. ·교육/ 연구, 학자/ 금융/ 의료/ 행정관료/ 세무관리, 경리사원/ 군, 경, 검찰/ 소개, 중개업/ 숙박업/ 농장農場/ 원예園藝/ 조류鳥類/ 환경단체. 혼인 상담소/ 기사技士/ 건물 수리업· □己 土의 물상□ 평야平野/ 전답/ 정원/ 화원/ 잔디밭/ 도로/사토沙土/공 예/ 사무/ 경리/ 세무/ 법률/ 중개仲介

庚 경 金 금	□天上의 달〈Moon〉. ※ 만물이 팽창膨脹하는 단계에서 수렴收斂/결실을 이루는 시기요, 새로운 개혁/ 질서/ 창출創出을 의미. □庚金은 강건/정의감/결단, 추진력/의리의 상象이요, 일 처리가 빠르며 지도, 통솔력을 갖추나, 정에 약한 면이 있고 애정 사에 문제가 따르기 쉬운가 하면, 과도한 욕심으로 구설을 자초自招하기도 한다. ※ 彼我〈我.他〉를 구분하며 자를 것은 자르는 속성을 갖는데, 庚 日柱는 辛에 比해 그 예리銳利함이 덜하며 둔탁鈍濁한 面이 있다. □庚 金의 인체/질병/직업측면□ 대장/ 배꼽/ 척추/뼈, 뼈대/ 근육. ※申 金※ ; 폐. 호흡기/ 피부/ 기침. ·군, 경/ 법조계/ 통신사/ 기계, 금속 등, 철강/ 철도, 운전기사/ 비행사. □庚 金의 물상□ 기계/ 철강/ 농기구/ 중장비/ 자동차/ 무기고/ 총,포/ 수렵狩獵. 금고/ 은행/ 보안/ 경비/ 스포츠/ 군, 경, 검찰.
辛 신 金 금	□辛金은 天上의 서리요, 금은 보석과 같다. ※ 자존심/책임감이 강하고 행동함에 있어 냉혹, 냉철한 면이 있으며〈外柔內剛을 갖춤〉기획력을 갖는가 하면, 정확성을 기하려는 경향이 있어 대인 조화調和에는 어려움이 따름. ·辛 金은 개혁성이 강하고 이성적이요, 유연함을 갖지만, 조급하며 칼. 보석. 수술. 이별. 판단. 成성/ 敗패의 因子로, 실질적實質的인 문제를 풀어내고 해결하는 능력, 실력자요, 예리함〈그러나 예의는 바르다〉을 갖으며 매사를 명확하게 처리한다. ▷신고辛苦. 고충스럽다는 뜻이요, 고초살枯草煞로서 육친 간에 어려움〈육친 간의 무덕/분탈〉이 따르게 된다. □辛 金의 인체/질병/직업측면□ 대장/호흡기. 폐/기관지/허벅지/종아리. ※酉 金※ ; 대장/폐/피부/배꼽. ·식모/ 가수/ 접대부/ 군,경/ 금융/ 금은 세공기사/ 침구. 마취사. □辛 金의 물상□ 금속/정밀기계/비철금속/도금/칼. 귀금속/보석/장식품, 장신구/반도체/ 계산기.

壬 임 **水** 수	□天上의 봄 이슬 / 가을의 서리요, 大海 / 큰 강물 / 넓은 호수 / 연못이다. ※萬物만물의 근원이요, 생명의 원천이 되는 성분으로, 두뇌가 총명하고 창의력을 갖으며 문학/예술적 재능을 갖추는가 하면, 대인관계에 친화력을 갖지만, 내면적으로는 淫蕩음탕함, 색욕적인 면이 內在하며 욕심을 채우기 위한, 음험陰險함이 숨겨져 있기도. ■壬水는 내면內面으로 숨겨진 야심野心이요, 재물창고로 금전 인연이 강하여 사주에 壬水 字가 드러나면 富 命이요, 그 數가 많으면 大富의 象象으로 論하기도...■ □壬 水의 인체/질병/직업측면□ 방광 / 자궁 / 신장 / 허리, 하체 / 종아리 / 피부질환 / 정액/성병 / 분비물. ※亥 水※ ; 혈관 / 혈액 / 신장 / 생식기 / 자궁 / 방광 / **두부.** ·賢人 / 해운/선박/잠수사 / 임신부 / 산부인과 / 소아과 의사. 경찰/검찰/ 봉사직. 연구직/ 운동선수 / 부동산 / 목욕탕 / 장의사 / 숙박 / 유흥업. □壬 水의 물상□ 정보 / 광고, 선전宣傳 / 상표 / 특허 / 연구 / 교육 / 무역 / 선박船舶.
癸 계 **水** 수	□天上의 춘우春雨요, 봄에 내리는 이슬 / 빗물 / 눈물과 같다. ※壬水는 대해/심해지만, 癸水는 天上의 빗물이요 얕은 물이다※ ※임기응변〈環境 適應力〉에 능하나 사기당하기 쉽고, 경망스러운가 하면, 표리부동의 이중성二重星, 비밀을 갖기도... ·癸水는 정신적 측면의 소극성/음험함과 편집성이 내재하며 癸 日柱는 평형성, 즉 좌우를 조정調整하는 일과 通하므로 主로 판. 검사에 많으며 참모의 역役으로 적합하다※ ※癸水 日柱는 교육자/신앙 인/욕심/질투가 많다〈好勝心 强〉. □癸 水의 인체/질병/직업측면□ 신장 / 정액/ 전립선 / 뇌. 정수리 / 골수 / 뼈 / 손. 발. 허리 / 피부질환 / 털體毛. ※子 水※ ; 자궁/생식기/陰部/ 방광/ 난자/ 신장/요도/ 허리〈요통〉/엉덩이. ·임신부/ 맹인/ 승려/ 작가/ 철학자/ 의사〈의료계〉. 간첩/ 군. 경찰/ 해운. 선박/ 유흥업/ 도둑/ 매춘부. 작부酌婦〈술집여자〉. □癸 水의 물상□ 종자/ 씨앗/ 음료/ 요리/ 유흥/ 서비스/ 유통/ 마트/ 백화점. 야간/ 비밀/ 밀애密愛/ 여행/ 서점. ※癸水가 丙을 보면 콘택트. 丁을 보면 안경이다.

☆12地 象意상의, 物象물상☆

⊡寅 木은 봄〈春〉의 始作이요,
새로운 것을 보고, 배우는 유아기幼兒期에 해당된다.

※寅 木은 天干의 甲木으로 새로운 시작/ 창안/ 창출,
신통력/ 권력의 成分이요, 성패/ 번영의 기복起伏이 따르며
조업, 본업을 파破한 이후, 다시 일으켜 세우는 등,
몇 차례 삶의 방식, 형태가 바뀔 수 있다는 것이기도 하다.

⊡새로운 시작. 창출의 인자因子이다 보니,
전기/ 전자/ 통신/ 항공/ 자동차.
교육/ 의료/ 창작/ 장식/ 건축 분야와 인연因緣하기 쉽다.

☐寅日 生으로 토기가 없으면 성격이 괴팍하고 까다로우며
고독/허망虛妄/자포자기가 쉬워지고, 四柱에 寅木이 과過하다면
덕이 없고, 시비, 구설/ 배신/ 관재官災 等이 따르게 된다.

※직업의 형태 또한 다양해져
제조, 기술/ 가공, 조립/ 역마성의 전자, 통신, 방송, 언론, 컴퓨터.
건축/ 교육/ 의료/ 형벌/ 법률 등과 더불어
차/ 주酒/ 미용/ 목욕/ 숙박/ 목욕업과도 통한다.

☐寅 木의 인체/질병/직업측면☐
위장질환/ 간/ 담/ 손. 발/ 허리/ 다리/ 체모體毛/탈모脫毛/건망증.

전기. 전자/ 통신. 항공.
土木. 건축/ 목재. 가구/ 지물. 섬유/ 출판/ 인테리어. 장식.
교육/ 교사〈도덕, 윤리담당〉/ 의료〈정형외과〉/ 법무/ 세무.
군, 경,검/ 판, 검사/ 자동차.
연극, 연출/ 종교 신앙 인/ 정육점〈主로 돼지고기〉.

☆寅 물상物象☆
寅은 광곡〈廣谷 : 넓은 골짜기〉이요, 나무. 숲. 약초. 햇빛이 비추는 골짜기.
경마장, 종소리. 목재. 가구. 문구.
지물紙物. 화폐. 섬유纖維. 의류. 경마장. 종소리. 버스. 얼굴.
산림/ 목재소/ 건축/ 기획/ 학교/ 학원/ 서점/ 우체국/ 신문사/ 극장.
전기, 전자/ 전자제품/ 악기점/ 안테나/ 인공위성/ 터미널.

寅

木

卯
木

■卯 木은 늦은 봄春, 화초花草 / 물오른 나무요,
학업 / 학습의 시기인 소년기少年期에 해당된다.

▫卯토끼는 걷기보다는 뛰는 동물로 **활동성 / 교육 / 기획 / 설계 / 계획**
등과 통하며 매매를 통한 부동산의 전변轉變이 많고,
직장이나, 아이들의 학교 문제로 이사移徙를 자주하게 되는
〈2~3년에 한 번씩은 하게 된다〉 현상이 드러난다.

▷卯는 乙木과 동자同字로 만물을 새롭게 기획, 창출하는 인자요,
면모가 미려하며 입히고 꾸미는 등의 <u>창작. 장식. 인테리어.
디자인. 데코레이션. 의류. 섬유. 조경. 건축. 설계</u> 등과
송신탑의 물상을 갖기 때문에 **방송, 언론. 교육**과도 통한다.

※식복食福이 있으며 사교력, 인기가 좋은가 하면,
질투 / 멸시蔑視 / 의부疑夫, 의처疑妻의 현상이 있게 되며
도박으로 신세身世를 한탄, 원망할 수 있고,
성욕이 충족되지 못하면 불평불만으로 표출되는가 하면,
자식 덕이 약하고, 한번 틀어진 관계는 되돌리기 힘들어지는 것이
卯木의 특질이이기도 하다.

□卯 木의 인체/질병/직업측면□

간.담 / 눈目 / 손. 발 / 무릎 / 관절 / 체모**體毛** / 우울증憂鬱症.

건축. 설계 / 조경 / 장식 / 인테리어. 디자인 / 의류. 섬유 /
교육〈유치원. 탁아소. 피아노 학원〉/ 육영사업 / 문학 / 기획, 설계, 건축 /
방송. 언론 / 법 관련〈主로 判事〉/ 화훼 / 약초 / 채소. 과일 /
음식 / 한의사 / 모자. 귀막이, 等 中, 저가의 주니어용 방한防寒 용품.
지압 / 미용사 / 모델 / 골프선수.

☆卯 물상物象☆

卯는 경림〈瓊林 : 아름다운 숲〉이요, 가늘고 긴 푸른 초목. 화초. 넝쿨.
꽃으로 무성한 푸른 초원. 곡물. 과일. 야채. 어류.
토끼 털. 서책. 신문. 문서. 입술. 모발. 성기. 고환睾丸.
화원〈꽃집〉/ 과수원 / 약초 / 채소 / 조경造景 / 설계 / 인쇄.
가구점.인테리어 / 디자인 / 장식 / 패션 / 의류 / 의상실 / 미용 / 화장품.

辰土

※辰 土는 水를 입묘入墓시키고, 저장貯藏하는 작용, 운동성을 갖는다.

⊡辰은 **光내고 폼 내는 폼생폼사의 因子요,**
애정사에 강하게 노출되지만, 피상적으로는 이러한 비밀스런 행위를
숨겨야 하는 이중성의 고충, 애환이 따르는 성분인가하면,
水氣를 入墓시키는 작용〈動作〉이요, 피상으로는 화려하다보니
잘 나가다가 패敗하는 형국이요, 어두운 과거를 위안慰安하며
살아가야하는 아픔이 이면裏面에 내재內在하기도 한다.

⊡辰 日支면 냉정하나 상상력이 풍부하고 신앙심을 갖지만
사람을 배신할 수 있고, 자식과의 연緣은 박薄하며
신체 질병으로는 어깨 결림이나 척추의 이상 등과 관련되고
火氣가 과過하다면 일생, 질병으로 인한 고충이 따를 수도 있다.

□辰 土의 인체/질병/직업측면□

비, 위장 / 복부 / 옆구리 / 뼈 / 피부 / 혈관. 신경질환 / 발작 / 자궁질환.
⊡지식분야의 교육. 기획. 연구 / 홍보. 이벤트업 / 미용.

물과 관련되는, 양식업. 민속주. 토속주. 막걸리/분식집. 식당 / 제과.제빵.
건축. 건설업 / 토건 / 특허품 장사〈特히 辰 大運〉/ 특수제품.

☆辰 物상物象☆

※무명조개나 이무기를 뜻하는 신蜃에서 온 글字로 비바람/구름을
일으키는 辰~ 용龍과 연계連繫된다.
※日支 辰은 기지가 풍부하고 변덕〈變化가 無窮하다〉이 심하며 타인
他人을 얕잡아 보는 기질이 있다.

辰은 **초택**〈草澤:잡초 무성한 늪. 연못〉이요, 저수지. 강. 냇가.
논〈畓〉. 진흙. 습지濕地. 웅덩이. 댐.
별. 용. 鹿茸녹용.거북.자라.지렁이.파충류. 실험실. 水의 庫가 된다.
어둠 / 비밀 / 유흥 / 여관 / 목욕탕. 사우나 / 부두 / 항만 / 염전 / 창고.
농수산, 해산물 / 냉장고 / 기상청 / 세관 / 법원 / 경찰서 / 군부대.
전답田畓 / 묘지 / 사당祠堂.

巳
火

■巳 火는 여름〈夏〉의 시작/ 타오르는 불이요,
사회생활을 전개하기 시작하는 청년기靑年期가 된다.

□巳 火는 쾌속성, 맹독성을 갖으며 "한다면 하는"
행동, 해결 양식과 더불어 형태와 방향성의 이중성二重星을 갖는다.

■巳는 巳.酉.丑 金氣의 三合으로 의절/ 결단사의 의미와 더불어
巳. 午. 未 火의 운동성으로
"명확明確해진다"는 상의象意가 함축되는 인자이기도 하다.

※四柱에 巳火가 過하면 사회생활의 적응에 어려움이 따른다거나
일이 지체되는가하면 변태적 기질이 이면으로 내재될 수 있으며
巳 日支로 사주가 차갑다면
육친의 덕〈처/남편/자식 등〉을 기대하기는 어렵고,
배연配緣에 고단함이 따르지만, 유지시키려는 속성을 갖다보니
갈 때까지 가서야 이별을 하는 유형으로 나타난다.

□巳 火의 인체/질병/직업측면□
정신/ 심장/ 혈관/ 치아/ 신체 마비, 안면마비/ 눈目.안과.

·가르치고 기른 일, 교육/ 생살권을 갖는 의료/ 법무/ 세무/ 수출/ 무역.
전기. 전자. 통신/ 조명기구/ 보석/ 주유소/ 도시가스/ 화학.
영화 관련업/ 화장품/ 안과. 안경점.
첨단무기/ 이동수단, 자동차/ 항공/ 선박/ 관광/ 여행 등.

☆ 巳 물상物象 ☆
巳는 대역〈大驛 :큰 기차 역〉이요, 정류장. 기차. 철길,굴다리. 달. 별.
불. 용광로. 폭발물. 화려한 곳,번화가. 도심지. 광선. 레이저,방사선.
전화 줄. 전기, 전자제품. 조명기구.
주유소. 도시가스. 화장품. 영화사. 극장. 비디오.
보일러. 자동차. 밀, 밀가루, 제과점. 분식점. 국수. 창자. 혈압血壓.
광선/ 레이저/ 조명/ 공연/ 예식장/ 사진/ 전산電算.
주유소/ 석유/ 화학/ 화공약품/ 고무/ 타이어/ 플라스틱/ 신발.
항공/ 공항/ 터미널/ 염색/ 요리사.

午

火

■午 火는 양광陽光 이자, 늦여름으로 사방으로 확산擴散되는 운동성이요, 사회활동을 왕성하게 전개시키는 청년기에 해당된다.

▷午(=丁)는 만인에 드러나는 공공성. 자타 공인의 속성을 갖는 인자이다 보니 직업적으로도 공공성을 갖는 분야의 방송, 언론 등과 더불어 지식을 전하는 교육/금융/법조계〈변호사.검사〉/ 연예계 等이 된다.

□午는 **정의감/승부욕/질투심**이 강하고 환경/유행에 민감함을 보이며 빨리 빨리를 좋아하다 보니 성급하고, 연애에서도 급하게 뜨거웠다 빠르게 식으며 싫증도 빠르고, 호색적이요, 재물 복도 약하다.

※午月 生이면 동분서주東奔西走요, 고생이 많다※

▷巳. 午의 불빛, 조명은 **카메라/언론/방송** 등과 더불어 **교육/ 금융**분야와 관련하며 훤하게 전개展開된 곳/ **모퉁이/ 놀이공원** 等이 된다.

□午 火의 人體/질병/직업측면□
심장/ 신경 정신계/ 눈/ 혈관/ 고혈압/저혈압.

・교육/ 금융업 계/ 정보情報 관련/ 외무/ 변호사/ 보좌관/ 방송. 언론/ 연예인/ 인기人氣, 유행 업. 전기. 전자. 통신/ 컴퓨터, IT/ 음향, 조명기기/ 방사선 등, 첨단 과학. 운송 수단의 택시, 자전거, 바이크/ 자동차 부품/ 스포츠 분야. ※ 번화가. 시장. 도로변※

☆午 물상物象☆

※日支의 午는 대체적으로 활동력이 왕성하고 자연의 순리대로 살 아가는 유형이다.

봉화烽火. 정오. 해. 시계추. 그네. 가로등. 인도, 안내자. **무용수. 흔들거리는, 춤추는, 신들린. 전자. 화약. 총포. 폭발. 엔진.** **열기熱氣. 불. 눈. 심장. 신경.** 봉화대/ 번화가/ 문화/ 예술/ 연극/ 배우/ 음악/ 성악聲樂. 유리/ 거울/ 렌즈/ 안과/ 시력/ 조명/ 카메라/ 방송/ 통신/ 보도/ 광고/ 전화.연구소/ 경마장競馬場.

未
土

■未는 燥土/사막/화원이요, 木氣를 入墓/貯藏시키는 運動性이다.

⊡未는 아닐 未 字로, 아직 채워지지 않음을 意味하는가 하면,
아니다~/미숙한/수정修正/반복/게으름/쇠퇴의 뜻이 함축되며
말 못할 **고민/비밀**이 많고 孤獨을 즐기기도 한다.
그러나 未는 어떤 **목적, 사회적 발전과 번영을 이루기 위한
내부적內部的 변화이므로 지루함/ 답답함을 감내堪耐해야**한다.

☐자존심이 강하고 온순/ 침착하며 진보/ 개혁적이기 보다,
안정을 추구하며 유물遺物이나 유적遺蹟 等에 흥취興趣하는가 하면
연구/ 思索/ 철학/언론/ 의술/ 종교/ 사교私交/화려함 等과도 通한다.
▷내부적 변화의 시기時期로 학업/ 정신적 측면은 긍정적이나
사회적 성취/ 보상補償에는 방해, 어려움이 따르나
때로, 엉뚱하고 기적奇蹟과 같은 일을 만들어내기도 한다.

☐未 土의 인체/질병/직업측면☐

위장/ 비장/ 비장/ 두부/ 손,발/ 간경화/ 우울증/ 하반신 마비.

⊡공직/ 대민업무/ 보육업/ 도서, 출판업/ 서점/ 문화, 예술업계.
농수산물/ 식품가공〈밀가루, 면〉/ 음식,요리 관련업/ 종묘상/ 꽃집/화훼.
섬유, 직물〈衣類. 이불 等.〉/ 의상/ 봉재/ 석공/ 도자기.
부동산/ 중개업/ 중간상인/ 증권관련/ 창고업.
스테인레스/ 우비, 우산, 장화〈特히 未 大運〉 관련업.

☆未 물상物象☆

※未土는 해가 기울면서 음의 기운인 그림자가 드리우기 시작하며
외형外形으로는 木이 무성한 형태로 부정의 의미가 함축된다.
※日支 未는 음식의 기호가 까다로운 편이요, 지식은 우월優越해도
현실사정에는 그리 밝지 못한 면이 있다.
⊡未는 순順하지만 고집이 있으며 성품은 가벼운 편이다.

**未는 화원〈花園〉. 원두막.목장.목재창고. 토지. 양지陽地. 건토乾土.
도로. 주차장. 마을. 담. 전신주. 건축자재. 분말粉末. 사찰.**
미숙未熟/ 장애/ 정체/ 언덕/ 교량橋梁/ 토건土建/ 석재/도자기.
양조장/ 식품, 음식업/ 옷감/ 포목布木.공연장/ 축구, 야구, 골프장.

申

金

■申 金은 가을〈秋〉의 시작이요,
일의 마무리/ 결실結實을 맺는 운동성運動性으로
결과물을 만들어내며 안정적인 삶을 추구하는 장년기長年期에 해당된다.

·四柱에 申 字가 드러나면 사람을 죽이고 살릴 수 있는
권력성 조직〈형벌. 법무.세무/ 방송.언론〉과 인연한다거나
자동차/ 선박/ 항공/ 금전/ 금속류와 더불어
약품/ 전문 건강성 식품/ 먹을거리 等과 관련된다.

▷申은 두뇌가 총명하고, 환경 적응력이 민첩敏捷하며
숨겨진 손재주를 갖는가 하면,
자기재주에 자신이 당한다는 의미가 함축되며
子와 더불어 애정의 왜곡/ 비밀 사/ 다산多産의 인자요,
坤命으로 子/申의 글자가 드러나면 무조건 애정의 왜곡이 드러난다.

※이기적利己的인 면이 있어 자기 방식을 고수固守하는 경향이 있으며
외로움/ 고독성의 별이라 배연配緣의 조화에 어려움이 따르고
자식과의 연緣 또한 박약하다.

□申 金의 인체/질병/직업측면□
대장/ 폐. 호흡기/ 기침, 가래, 천식/ 요통. 관절염.

·권력성 형벌刑罰. 법률. 세무/ 군〈직업 軍 - 空輸部隊〉. 경. 검.
행정직 공무원/ 금융/ 의료업, 의약품/ 치과의.
자동차. 항공. 해운. 선박/ 기계, 금속, 철강/ 건설, 광산업.
건강성 식품류/ 과일, 건과류/ 배우, 화가, 소설가.

☆申 물상物象☆
申은 명도〈名都〉요, 물로 둘러싸인 곳. 물이 샘솟는 구획區劃된 도시.
번화한 바닷가. 해군. 배. 샘. 약수터. 운동장. 쥐들의 놀이터.
금속. 기계. 농기구. 절단기. 정미소. 선박. 바퀴.
가슴. 갈비뼈. 대장大腸. 피부皮膚.
天上의 번개/ 재능/ 기술/ 철도/ 기차/ 조선소/ 무기武器.
승강기/ 세차장/ 정류장/ 전화. 통신/ 은행/ 의사. 수렵 꾼/ 신출귀몰.
약수터. 비밀/ 애정.

酉金

■酉 金은 늦가을이요, 결실을 맺고 결과물을 만들어내는 運動性으로
사회생활을 마무리하는 장년 기에 해당된다.

→酉 字는 멈출 유猶자에서 유래되며 노쇠하여 정지됨을 뜻하기도.

※酉, 닭은 신령스러움을 갖는 성분이다 보니 **앞일에 대한** 예감을
갖으며 **고집/ 냉철/ 까다로움/ 예리하고 날카로움/**
교만驕慢〈잘난 척〉 등과 통하는 인자인가 하면,
興興을 돋우며 풍류를 즐길 줄 아는 성분이기도 하다.

▷天干의 辛 字는 판단/ 심판/ 살상殺傷의 속성을 갖으며
골짜기에 울려 퍼지는 **종소리요, 보석이다** ◁

※**申. 酉는 금전/수표/공증서/자격증** 等이 되며
酉 字가 드러나면 재부財富의 잠재력을 내포하고 있음이요,
사람을 한 번에 보낼 수 있는 술酒/ 약물이 되는가 하면,
疾病으로는 **천공성 질환**이 된다.

□酉 金의 인체/질병/직업측면□
간/ 대장/ 폐/ 피부/ 신경과민神經過敏.

※판단, 심판, 살상의 속성※
·닭띠 人으로 밤을 지세거나 밤새는 일은 안된다·
군. 경. 검/ 약사, 간호사/ 정형외과, 치과의.
금융, 회계, 경리經理/ 시계, 보석상/ 정밀기계/ 기계공학.
과일, 건과류, 곡물, 냉동冷凍, 숙성식품/ 주류업.
공무원〈地位가 높은〉/ 구도자/ 작가, 예, 체능/
건설, 건축업〈主로 現場 所長 ...〉.

☆酉 물상物象☆
酉는 종. 사종〈寺鐘〉이요, 닭. 시간. 시계. 반지. 패물貝物. 보석.
핸들. 칼. 음악. 노래방과 통하며 결실과 냉철함이 있는 곳.
기계부품. 재단기. 금형金型. 재봉틀. 직조기. 낚시. 바늘. 불상.
정밀기계/ 칼/ 총알/ 바늘/ 시계/ 보석/ 귀금속/ 침구/ 마이크/ 트로피.
의약/ 금융/ 술〈酒類〉/ 육류肉類/ Hole〈구멍〉.

戊
土

■戊은 찬 이슬이요, 火氣를 입묘入墓/ 저장하는 운동성이다.

⊡戊은 火의 불기둥을 가두는 作用力〈運動性〉을 갖으며
양기陰氣로 치우쳐 있다 보니 수구성/ 소극적 행동과 더불어
지키는 것이요, 丙戊/ 壬戊의 白虎, 戊戊/ 庚戊/ 壬戊의 魁罡으로
운기運氣의 성쇠盛衰가 크며 이중성二重星이 발생된다.
있어도 없는 척~ 없어도 있는 척해야하는...표리表裏의 이중성!!!~

▷戊은 二重生을 意味하는 글자이므로 四柱에 戊이 드러나면
二重生活의 형태〈晝耕夜讀한다거나 밤, 낮으로 하는 일이 다른〉와
그로 인因한 고충이 따르는가 하면,
돌영突然한 성공과 추락墜落이 따르게 되는 인자因子이기도 하다.

⊡戊은 충성심/정감情感/직감, 예지력을 갖는가 하면,
적극적이기 보다 유유자적하는 유형이요, 육친의 덕은 박하다.

□戊 土의 人體/疾病/職業側面□
위장/ 비장/ 간질환/ 손·발/ 근육/ 남성 성기.

군·경·검/ 교도관/ 정보원/ 변호사/ 보안/ 경비업.
의료/ 법무/ 세무/ 예술 인/ 종교, 신앙 인〈목사, 스님〉/ 도사.
교육, 철학교수/ 약국, 제약회사/ 합창단, 그룹사운드.
토목, 도로, 제방공사/ 위생 업〈휴지장사〉.

※月支 食傷 戊※ ; 의료, 법무, 세무/ 숙박업, 찜질방/ 실내골프장 등.
※ 대체적으로 개 띠 인들은 외국어를 잘한다.

☆戊 물상物象☆
戊은 소원〈燒原, 불타는 산〉이요, 산, 돌산. 조토燥土. 사찰. 묘지. 산속 무덤.
개〈犬〉. 마굿간. 차고. 창고. 광산. 화약고. 절〈寺〉.
기도하는 사람. 영적인. 가옥. 부동산. 건축물. 건축자재.
난방煖房. 장례/ 무덤/ 방범/ 형무소/ 정보부/ 감사원/ 국회.
무대/ 관광지/ 유흥遊興/ 나이트클럽/ 여관/ 운동장/ 골동품骨董品.

亥
水

■亥 水는 겨울의 시작인 입동立冬이요,
모든 氣運을 저장貯藏하는 運動性이므로 老年期의 휴식休息과
삶의 여정旅程을 마무리하는 구간區間이 된다.

※亥水는 한 가지, 한 곳, 한 방향을 향해 전력하는 성분이다 보니
독립심이 강하며 자수성가 형이요, 깊은 사유와 **참선/명상/수도** 등
을 통해 지혜를 얻는가 하면, **방송, 언론/저술** 등으로 이름을
알리기도 하나 독선적인 면도 내재한다.

※亥는 식록/금전과 인연하는 기회機會는 많으나 금전관리가 안되니
정신적으로 발전하는 시기時期〈運〉로 삼으라!!!~
⊡亥, **어둠暗 / 검은黑 / 은현隱現 / 뒤섞임**과도 通한다.

※戌/ 亥는 천문天門의 글자요,
亥年 生으로 寅/ 辰時 生이면 사해四海에 그 이름을 알린다는
수공뇌문水拱雷門 格이 된다.

□**亥 水의 인체/질병/직업측면**□

신장/ 생식기/ 자궁/ 방광/ 생식기/ 생리불순/ 요도/ 당뇨.

혈관, 혈액질환/ 고혈압/ 심장마비/ 인후질환/ 항문질환.

⊡**식록, 금전과 인연이 많으나 금전관리가 안 된다.**

무역. 수산업〈해조류 養殖〉/ 주류도매.

음식/ 유흥/ 오락업/ 목욕탕, 찜질방, 숙박업/ 의류, 세탁.
물장사/ 냉, 난방업/ 음악관련- 主, 가수/ 건축, 광산업.

연구원. 천문학자/ 정신적 측면의 교육, 종교, 철학.

의료〈산부인과〉. 수의사獸醫師/ 탐험가/ 직업군인〈육. 해. 공군〉/ 임대업.

☆**亥 물상物象**☆

亥는 현하〈懸河〉요, 바다. 하천. 우물. 약수. 용수. 빙하. 빙과氷菓.
해초. 약초. 바다 속 생물. 돼지.
수심水深이 얕은 바다. 주류. 유류. 국물. 배설물排泄物.
수집收集/ 어장/ 어류/ 해초류/ 해변/ 부두/ 선박/ 선원/ 조선조/ 군함/ 무역.
상수도/ 수영장/ 욕실/ 온천/ 방광膀胱/ 배설排泄.
소방서/ 세탁기/ 식복食福/ 파도치는 물결.

子 水

■子 水는 늦겨울로, 만물을 대지〈땅〉에 수렴/ 저장하는 운동성이요,
삶을 마무리/ 정리하는 구간이다.

▷子水는 생명 잉태/애정/어린아이〈子息〉의 물상을 갖으며
어둠/야중夜中/비밀/숨어있는/소극적/음성적 소득과 더불어
눈에 잘 띄지 않는 공간/장소 등의 의미를 함축含蓄하기도 한다.

□子는 새로운 시작이요, 지혜롭고 중재역할仲裁役割을 잘하며
명상적이고, 영감이 뛰어난가 하면 고독/ 슬픔/ 비관의 인자요,
子年 生으로 癸亥가 드러나면 문장가文章家가 되기도...
※야행성, **비밀스런. 드러나지 않는 사회활동/ 금전/ 애정사**요,
생식력이 강하고 자식이 많기도 하다.

·子는 천지 암매暗昧로, 男/女 모두 사회적 번영/발전이 더뎌지며
직업적으로는 정신/종교/교육/연구, 개발/전문자격.
저장/전자. 정보. 검색/컴퓨터/해양. 외교 등과 인연하기 쉽다.

□子 水의 인체/질병/직업측면□

귀/ 방광/ 자궁/ 방광염/ 아랫배. 요통.

정신. 종교/ 교육.연구,개발/ 유전遺傳, 생명공학/ 정보,통신/ 컴퓨터.
현악기〈기타, 바이올린〉/ 곡예단, 줄 타는 사람.
해양, 해운/ 수산/ 무역/ 밀매업자/ 정치/ 외교/ 판사, 검사.
의료〈산부인과 – 방광. 신장. 자궁/ 비뇨기과〉/ 의약.

☆子 물상物象☆

子는 묵지〈墨池〉요, 음기陰氣가 강한 한수寒水. 깊고 고요한 바다.
물. 바다. 강. 하천. 비. 얼음. 밤夜. 깊은 겨울 밤.
자궁子宮. 유아幼兒. 매립지埋立地. 바늘. 침. 정자精子. 종양腫瘍.
종묘/ 종자種子/ 미생물/ 연구/ 의약품/ 산부인과/ 소아과/ 치과.
수산물/ 수산업/ 양식장養殖場/ 선박船舶.
음지陰地/ 야간/ 애정/ 유흥업/ 경찰/ 세면실/ 화장실.

■추위가 시작되는 시기요, 금기를 입묘/저장시키는 운동성이다.

※丑年 生이면 소처럼 열심히 묵묵히 살아가지만, 잘나가던 일이 어긋난다거나 대가나 그 보상은 미약하다※

▷소는 **고집/고독/냉정/인내심**의 因子요,
생활의 반복/느리고 답답스러운 세월, 환경/ 육친이 있음이요,
정신적 의지/ 신비적 요소와도 통한다.

※男. 女 모두 소극적이요, 사회적 발전, 번영이 늦어지며 坤命으로 丑年, 丑 日柱면 고충/ 손실이 많은 삶이다※

•丑 運은 희생犧牲을 감내堪耐해야 하는 등, 불리함이 많은데,
丑 字는 화개華蓋의 작용과 더불어 丁丑/ 己丑의 백호살이 되기
때문이요, 丑은 巳.酉.丑 금기金氣의 결과물이어서
결실/매듭/결단/절교의 뜻이 함축되며 丁,己와 庚 干을 입묘시킨다.

□丑 土의 인체/질병/직업측면□

비장. 위장/ 발/ 복부(복통)/ 맹장/ 신경, 정신질환치질/ 냉증/ 잇몸/ 자궁/ 항문.

•군.경.강력계 형사/ 검사.판사/ 귀금속/ 금융업/ 세무/경리.

철도. 기차 등, 운송업/ 기계/ 차량정비/ 창고업/ 임대/숙박업.

냉동업/ 골재사업/ 환경 미화원/ 중개, 소개업/ 봉사직.
정신적 측면의 교육, 연구직/ 종교/ 의료〈主 - 産婦人科〉.

☆丑 물상物象☆

丑은 유안〈柳岸〉이요, 해안가의 얼어 있는 땅. 땅의 시작. 섬〈島〉. 밭.
논밭. 습지. 지하실. 길. 굴. 터널. 수레. 달구지. 가마. 묘지. 하수구.
화장품. 우유. 잇몸. 화장실.
■丑은 금기를 입묘시키고, 寅 木을 열어주는 운동성을 갖는다.
희생/ 봉사/ 교육/ 열쇠/ 금고/ 보험/ 증권/ 중개업/ 전당포.
건축/ 골재骨材/ 철물/ 정육점/ 제과점/ 식당/ 방앗간/ 농장/ 과수원.

丑

土

天干의 合은 陰과 陽 氣運의 理性的^{이성적} 組合^{조합}으로 서로를 끌어당기는 現象 〈힘/精神的 이끌림〉이지만, 自身의 고유固有한 역량〈成分〉이 損傷^{손상}/毀損^{훼손}/ 歪曲^{왜곡}되는 등의 結果^{결과}를 가져오므로 天干의 글자들은 大體的^{대체적}으로 合^합되는 것을 忌^기〈꺼린다/싫어한다〉하게 된다.

※금과 목기/ 수와 화기는 음/ 양의 조화調和요, 한 몸이다※.

- ·甲/己 合 化= 土.
- ·乙/庚 合 化= 金.
- ·丙/辛 合 化= 水.
- ·丁/壬 合 化= 木.
- ·戊/癸 合 化= 火.

※丁/壬 合은 男/女의 交合^{교합}으로 생명체를 孕胎^{잉태}해 내는 合^합이요, 四柱에 丁/壬 合이 드러났다면 異性^{이성} 戀愛^{연애}에 能熟^{능숙}하나 婚姻^{혼인}과는 別個^{별개}다.

▷合 된다는 것◁

서로에 依^의해 關係^{관계}되어있다. 묶여 있다~

묶여 있다 보니 固有^{고유}의 기운은 弱^약해지고 活動性^{활동성}은 鈍化^{둔화}, 歪曲^{왜곡}되지만 外的^{외적} 要因^{요인}으로부터는 保護^{보호}된다. 는 뜻을 含有^{함유}한다.

충은 양 간과 양 간, 음 간과 음 간끼리의 작용으로 갑목과 경금이 만나면 충 관계가 成立^{성립}되면서 剋^극되는 글자의 역량〈氣運〉오히려 강화된다는 것인데, 천간에서는 沖^충보다 剋^극을 取^취하게 된다.

▷天干천간 沖충, 克극◁

- ·甲-庚/ 乙-辛/ 丙-壬/ 丁-癸 沖.
- ·甲-戊/ 乙-己/ 丙-庚/ 丁-辛/ 戊-壬/ 己-癸 剋.

▷※地支 合합, 沖충, 刑형※◁

▷合합;

⊡오행의 두 글자가 서로 묶이는 현상이다.

※묶여 있음으로 因인해 **안전安全하나, 답답함**이 있게 된다.

※合은 合과 沖으로 풀어지게 되는데, 충에 의해 풀아 질 때에는 우여 곡절迂餘曲折이 따르게 되고, **得득**의 現像현상이 있게 되며 合으로 풀어질 때에도 또한, **得득**으로 드러나지만, 사주의 중화中和가 고려考慮되어 야 한다.

☐合합이든, 沖충이든 **오행이 편중偏重됨은 왜곡/곡절을 야기惹起**시킨다.

▷沖충:

⊡衝動충동질로 因인한 깨짐을 뜻하며 沖은 合으로 풀리며 得득으로 해석 하게 되는데, 高官고관의 職직에 머물면서 沖충되었다면, **좌천/퇴직**이요, 末端말단 직이면서 충된 狀況상황이라면, **재 충전/ 재출발/ 승진**의 의미가 된다.

※**再재 沖충되는 경우에는 甚심하게 깨져나가며 失실로 드러난다**.

※四柱 內, 唯一유일**한 五行오행이 沖충**되었다면 그 喪失感상실감은 심하며 <u>실失</u>된다.

※<u>白虎백호, 同柱死동주사, 同柱 入墓地입묘지</u>가 충되는 경우 또한 甚하며 <u>失</u>이요, 隔角격각된 沖의 影響力영향력은 적다.

▷刑형;

☐刑형은 **조調整조정/人間事인간사의 背叛배반/手術수술** 등으로 드러나며 이격된 刑형, 또한 成立성립된다.

※명 식 內내에 성립되어 있는 형이 他타 글자나 運운에 의해 **再刑재형** 될 때는 **失**로 드러나며 再刑형으로 牽引견인된 형의 글자는 迂餘曲折우여곡절을 겪으면서 얻어지는 <u>得</u>으로 본다.

※ 地支의 六合은 完璧하게 陰과 陽의 뜻을 채우기 위한 合으로, 一種
의 夫婦 合이요, 合에 依한 답답함은 있으나 保護될 수 있는 安定性
을 갖추게 되며 陰/陽으로 채워졌다는 것은 肯定的 意味를 갖으며
智慧/生産의 意味를 含蓄하기도 하다.

> ·子/丑 合 → 寅.
> ·寅/亥 合 木.
> ·卯/戌 合 火.
> ·辰/酉 合 金/水.
> ·巳/申 合 水.
> ·午/未 合 → 申.

·子/丑 合은 가까운 關係, 사람 간에 있게 되는 事件으로 남들은 알
지 못하는 어두운 곳(공간/장소)에서 秘密스럽게 行해지는 일이다.

·寅/亥 合은 적정한 一定의 거리가 維持되는 合이요, 寅/申/巳/亥는
驛馬와도 關聯된다.

·卯/戌 合은 身分的으로나 나이 적으로도, 크게 差異가 나는 合으
로, 한창 젊은 女子와 나이 많은 늙은 男子와의 愛情關係로 歪曲된
情事이기 쉽고, 春秋는 문필文筆과도 通한다.

※ 卯/戌 合이 드러나면 재주/ 表現力/ 藝術性이 뛰어나며 始終에 節度
〈시작과 끝맺음을 잘한다는 뜻이다〉가 있다.

·辰/酉 合은 春/秋, 즉 봄/가을의 合으로 强壓的 合〈짝 지움〉이요, 武에
해당된다.

·巳/申 合은 12神殺의 亡身과 通하며 寅/亥 合과 같은 역마성을 갖
는다.

·午/未 合은 한 낮〈대낮〉의 合으로 열매, 즉 結果를 가져오는 合이요,
社會的/公的인 合으로 解釋한다.

※ 子,丑/ 午,未의 合은 盲目的 無條件的인 合을 이룬다.

※地藏 干으로 有氣한다는 것※

※暗合은 地藏 干 間의 합이요, 四柱에서 暗合된 因子는 겉으로 드러나지 못한 것이므로 "일반화", "공식화", "세력화"되지 못함이다.

■刑은 傷身/흉터/ 手術/ 人間關係에서의 調整/ 刑罰 等으로 나타며 本命에 刑이 成立되어 있다면 主로 刑罰/法務/稅務/醫療/手術이나 專門技術/資格위주의 製造/加工 등과 通하게 되는데, 刑의 인자가 官이면 法務 계열이요, 印星이면 醫療, 食傷星이라면 生産/製造와 連繫되며 刑은 그 自體로 軍.警.劍/保險業 등과도 연계된다.

※刑은 더 나은 結果를 위한 人爲的인 用度變容〈가감加減/가공加工〉이요, 근根/묘苗/화花/실實 上의 座表와 해당 六親을 對比하여 판단한다.

寅.巳.申/ 丑.戌.未/
子,卯/ 辰.辰/ 午.午/ 酉.酉/ 亥.亥 刑.

☆寅.巳.申/ 丑.戌.未 三刑☆

※刑은 刑을 이루는 글자가 서로 離隔되어 있어도 成立된다※

"沖"은 깨지고 消滅될 수 있지만 "刑"은 사라지는 것이 아닌 不便. 負擔/ 精神的, 肉體的 苦痛/ 事件.事故 등으로 表出되며 非正常的 過程을 겪으면서 長期間 持續的으로 展開된다.

※寅/巳/申〈寅.巳/ 巳.申/ 寅.申〉刑.

※교통사고/ 負傷,手術/ 官災 각종 文書의 紛失/ 同業,投資/詐欺/ 背信事 등으로 나타난다.

※丑/戌/未〈丑.戌/ 戌.未/ 丑.未〉刑.

※對人/六親 간의 문제로, 家族/친구/동료 간의 不和,爭鬪/財破/身體上의 橫厄/ 事故 等이다.

▫️沖은 破壞/鬪爭性의 별이요, 融通性을 갖는가하면 沖으로 한쪽이 強化되면 또 한쪽은 弱化되는 制限/ 條件的 作用力을 갖으며 驛馬의 屬性이 含蓄되므로 航空/ 海運/ 運輸/ 貿易/ 電氣/ 電子/ 通信/ 建設 等과도 連繫된다.

※沖은 서로 反對되는 氣運끼리의 衝突/損傷/破壞등으로 強한 쪽으로 기우는 現狀이다.

▷子/午 沖. ▷丑/未 沖. ▷寅/申 沖.
▷卯/酉 沖. ▷辰/戌 沖. ▷巳/亥 沖.

※沖은 驛馬의 작용을 同伴하며 損傷/毀損/破壞의 현상으로, 損傷/ 破壞의 過程을 거친 이후의 交替/ 代替/ 充電/ 再生 等, 주고받는 작용력이요, 수명을 短縮시키는 要因이기도 하며 隔角은 시소 즉, 어느 한쪽이 발전/번영하면 한쪽은 萎縮되는 현상으로 드러난다.

※사주 내, 沖이 成立되었다면 해당 六親에 어떠한 形態로든 變化의 樣相이 드러나며 運에 依한 경우에도 같다.

※離隔된 沖은 서로의 存在/ 作用力을 끊임없이 強化시켜주는 作用을 하게 되며 方合이 성립되어 있다면 沖이 되도 그 變化는 적다.

▷本命 內, 어느 글자를 沖 하는 글자가 運으로 誘入되면
해당 五行/六親의 狀態를 살펴야 하는데,
해당 육친을 現在 잘 쓰고 있다면
그 육친은 損傷/破壞(깨진다는 뜻)되는 現象으로 드러나며
제대로 쓰지 못하는 狀態(비워져 있었다는 뜻)였다면 充電/代替
된다는 意味로 成就/發展이 있게 된다는 것이다.

▫️大限은 어떠한 環境이 造成된다는 것이요, 具體的인 事件은 歲運에 依해 드러나는 것이므로 大限보다, 歲運의 作用力이 더 強한 것이다.

▷辰, 戌/丑, 未의 沖은 朋沖으로 土器가 破壞, 喪失되는 것은 아니며 季節의 進/ 退에 依해 吉/兇으로 드러난다.

■**破파**는 서로의 作用力을 妨害/破壞하는 運動性이나 破壞라는 의미
보다는 破를 通한 調整/ 用度의 채움으로 理解해야 한다.

子,酉/ 丑,辰/ 寅,亥/ 卯,午/ 巳,申/ 戌,未 破.

■**害해**는 一名 作黨의 因子요, 六合을 방해하는 운동성으로 四柱에
害가 드러나면 人德이 薄해지고, 합에 의한 生産 작용을 破壞하기도
한다.

子,未/ 丑,午/ 寅,巳/ 卯,辰/ 申,亥/ 酉,戌 害.

※四柱에 合이 많다면 정감이 있고 社交性이 좋다할 수 있겠으나,

決斷力이 不足하기 쉽고, 발전에 苦衷/어려움이 따르며 刑/沖/破 등이

混雜되어 있다면 變動/變化 즉, 삶의 形態가 複雜해진다는 것이다※

▷**三合삼합/ 方合방합**◁

지지의 삼합, 육합은 "서로 聯關/關係되어 있다"는 의미를 갖으며 방합
方合은 정서적 배경이 되는데, 이때 方合의 첫 글자와 끝 글자는 서로
沖 관계가 되기 때문에 그 들 中, 어느 한 字가 有用하게 쓰인다면 그
반대 글자의 機能이나 役割/쓰임은 相對的으로 弱해지고 制限的이 된
다.

※三合은 社會的 合이요, 시간에 따른 변화로 木/火/土/金/水의 氣運
을 열고 닫는 作用力으로, 沖에 의해 쉽게 깨질 수 있다.

※方合은 季節의 合이면서 家族的 合으로, 前生으로부터 부여된 性稟/
氣質이요, 三合보다 結束力이 强〈三合보다 于先하다〉하며 方合은 沖에
依해 毁損된다 해도 沖에 의한 影響은 적다.

※사주 內에 삼합이나 方合이 成立되었다면 合의 마지막 글자에 해당
되는 時期에 化 오행의 글자로 轉移가 이뤄지며 運에 의해 刑/沖되
는 경우, 합의 마지막 글자가 형/충될 때, 歪曲/變形이 있게 된다.

◻亥.卯.未/ 寅.卯.辰   ◻寅.午.戌/ 巳.午.未
◻巳.酉.丑/ 申.酉.戌   ◻申.子.辰/ 亥.子.丑

※▷**會局**회子◁※

□三合이 ^{성립}**成立되면** ^{지지}地支로는 局 五行과 局 五行의 ^{인성}印星과 ^{식상성}食傷星
이, **천간으로는** 局 오행의 ^{재성}財星과 ^{관성}官星이 ^{생성}生成**된다**.

□方合이 **成立되면** 地支로는 局 五行의 ^{재성}財星, 天干으로는 局 五行
의 ^{관성}官星이 ^{생성}生成**된다**.

▷**刑/ 沖에 ^의依한 ^{질병}疾病**◁

□·子- 午 沖; 신장/ 디스크/ 기관지/ 두통, 신경과민/ 불면증.
□·卯- 酉 沖; 관절/ 호흡기〈폐〉/ 혈액순환/ 손발 냉증/ 스트레스.
　　　　　　　　치아〈충치, 뿌러짐/ 齒牙교정자 많다〉.
□·寅- 申 沖; 관절〈主;뼈.척추/발목/무릎〉/ 뇌졸증/ 하지정맥류.
□·巳- 亥 沖; 안질-안경착용자 많다. 신장/ 뇌출혈/ 신경과민.
　　　　　　　　라식, 라섹수술/ 백내장/ 귀耳.
　　※High-hill 안좋다. 잘 넘어진다- ^{주의하라}!!!
■辰- 戌/ 丑- 未 沖; 무릎관절/ 소화기관/ 당뇨/ 혈압.
▷辰- 戌 沖= 대,소장〈소화장애〉/ 피부질환.　□·女命- **자궁질환**.
▷丑- 未 沖= 간장/ 비장〈췌장〉/ 당뇨/ 피부질환.

□·寅/ 巳/ 申➞ 刑; 위장질환 or 소화기계.
□·戌/ 未➞ 刑; 관절/심혈관계.　　□·乙未〈白虎〉; 신경성질환/ 자궁.
※^{식상}食傷이 ^{합거}合去되면 ^{자연 유산}自然流産이나, 刑/沖으로 사라지면 ^{실수}失手/^{사고}事故요,
^{제왕절개}帝王切開다. 그러나 ^{월 지}月 支를 ^{점유}占有하면 ^{난산}難産 or ^{수술}手術이다.

　　　※子宮 手術; 子宮 手術은 子/ 卯 刑일 때 많이 發生.

▷※**精神疾患**정신질환※◁

□金/ 木 相爭할 때.　□印星 多.
□鬼門煞이 有氣할 때.　□木 五行이 合木될 때.
➞ ^{정신병}精神病은 ^{정신질환}精神疾患 외, 四柱를 공부한다거나, ^{음 적}蔭的인 ^{학문}學問을 할 수 있다.

☆▷**癌암 發生 발생**◁☆

※金이 有氣하는 四柱로 ^{양 인}羊刃/^{괴 강}魁罡/^{백호}白虎가 겹치면서 火 運일 때.

- 66 -

▷ ※看破간파 要諦요체 ※ ◁
※六親육친 略説약설 ※

■※比肩비견※■

※형제, 자매/ 친구, 동료/ 同業者〈劫財도 同一〉다.

· 男 - 남,녀 형제/ 친구/ 동업, 경쟁자/ 며느리.

· 女 - 남편의 애인/ 형제, 오누이.

▷日干 對比 時干 來情☆比肩〈分祿〉☆◁

※상조相助/ 경쟁/ 분탈分奪/ 이별사離別事.

※男. 女 間의 애정사/ 부부夫婦 반목反目 등의 가정 사.

※투자投資/ 이사/ 변동사變動事 등.

· 比見은 모든 行爲의 主體요, 독립성/自尊心을 의미하며
日일 干간이 弱하면 我에 도움이 되지만
强하면 比肩은 我의 財를 爭奪한다.

▷比肩은 基本的으로 競爭의 論理를 갖으며
형제/친구/同業/分配/이동/변동/건강/職責/祿俸 등과 관련된다.

□지지의 비견은 建祿에 해당하며 건강/수명에 肯定的인 영향을 주는 인자요, 천간의 비견은 정신적인 번거로움/일의 遲延/정신적 투쟁성을 意味하나, 별 도움은 되지 못한다.

※사주의 비견은 活動性이 强하고 驛馬性을 띠는 별이요, 부친과 和睦하기가 어렵고, 형제/친구/동업자 등의 助力으로 利得을 取하는가하면, 大體的으로 印授/比見 운에 發達하지만, 형제/친구/동료/동업자 등으로부터 分爭/訟事/詐欺/財産損失 등으로 인한 苦心/煩惱가 따를 수 있다.

▷劫財는 재물才物을 빼앗는다는 의미요,
자존심/ 투쟁력이 강强하고 재물욕심이 많으며
日干이 약弱하면 도움이 되지만
劫財가 강强하다면 형제/ 친구 등의 인덕人德이 없음이요,
극부克夫/ 극처克妻/ 파재破財의 현상으로 나타난다.

※자기밖에 모르는 固執不通이요, 自由主義 者다.

※사주에 비겁이 많으면 고집이 세고 直線的이요, 無氣하면 **자신감/**
추진력이 弱해 매사에 있어 中途에 抛棄하는 현상이 드러나게 된다.

■※劫財겁재※■

※친구, 동료/ 동업자(겁재도 同一)다. 姓성이 다른 이복형제/ 경쟁자※

☞男- 형제, 女형제/ 이복형제/ 며느리.

☞女- 형제, 남형제/ 남편의 첩/ 시아버지, 시동서.

▷일간 대비 時시 干간 래정☆劫財〈耗煞모살〉☆◁

※주변 人인들과의 시비/ 배신/ 다툼/ 소송/ 사기 사.

※도적盜賊/ 손재, 재산상의 손해/ 쟁재/ 투기投機/ 채무債務/ 부도不渡.

※배우자 문제(처의 질병〈患〉/ 사고/ 극처剋妻/ 이별 사 등).

※직장 내, 상사上司나 동료와의 불화不和로 인한 퇴직退職.

▷천간의 劫災 역시 精神的 의미를 갖지만, 陽干인 경우의, 地支 劫財
는 羊刃이 되는데, **日支가 羊刃이라면 配緣이 상당히 不安해지고,**
傷身/損財.橫厄 등, 成/敗가 多難해 지며 專門 資格, 技術을 갖추
는 등, 多才多能의 별이 된다.

※지지의 겁재는 역동적이요, 행동을 수반한다.

※四柱에 비겁比劫이 왕旺하면 대인관계나 금전문제에
여러모로 불편不便하고 번잡煩雜스런 일들이 많아진다※

※비견과 같이 同率的인 관계요, 비견과 類似한 屬性을 갖으며 財物을
劫奪해 가는 凶神이지만, 무조건 흉 작용만을 갖는 것은 아니다.

※비견과 陰/陽이 다르다보니 同質感은 다소 떨어지나 强한 카리스마
를 갖는다.

※자존심, 투쟁력이 강하며 我아의 日干이 弱하다면
나에게 도움이 되겠지만, 그렇지 않다면 형제/친구의 인덕이 없고,
극처剋妻/극부剋夫의 현상과 더불어 재물욕심이 많다보니
쟁탈/배신/분탈分奪/손, 파재 등으로 나타난다.

※겁재는 **투쟁/승부**의 論理를 갖는 成分이요, 競爭에서 이기려는 **好勝心**이 강하며 他意的인 **지출/낭비**를 의미한다.

※他意에 의한 **강탈/분배**요, 不和/損財의 인자로, 背信을 하기도, 當하기도 한다.

※겁재는 비견과 大同小異한 작용력을 갖지만, **競爭心, 勝負, 財物慾**이 強하며 利己主義的 性向을 갖는 인자다.

※目的을 위해서는 **수단/방법**을 가리지 않는가 하면, 타인들로부터 좋은 소리 듣기만을 좋아하는 性向을 드러내기도 한다.

※월지가 겁재이면 **잘난 척/ 우월감/ 誇大妄想**의 現象이 나타난다.

⊡※比劫비겁 共通공통※⊡

▷**나我/ 형제, 자매/ 시부모媤父母/ 조력助力, 경쟁자**◁

□比劫은 五行 上 印授로부터 生을,
官星으로부터는 剋을 받으며 財星을 剋하는 因子다.

▷비겁은 어떠한 일/사고思考/행위行爲의 주체요 관찰자가 되며
외부환경에 대해 대응對應하고 견뎌내는 힘의 발로發露요, 원동력原動力이 된다.

□육친적으로는 자신과 더불어 형제/ 동료/ 조력자 혹은,
동업/ 경쟁자에 해당된다.

※四柱에 비겁이 왕旺하면 대인관계對人關係나 금전문제에
여러모로 불편不便하고 번잡煩雜스런 일들이 많아진다※

⊡비견은 윗사람. 尊長으로, 겁재는 아랫사람. 部下로 區分하기도 하며
비견의 소비는 恣意的이나 겁재는 他意的 消費가 된다.

▷四柱에 비겁比劫이 많다면, 나누고 분배分配해야 할 일이
많다는 것이요,
비겁이 없다면 경쟁요인競爭要因이 없어 한없이 게으를 수 있다.

■비견은 印授, 비견 운에 發展하며 비겁 대한 중, 財運에는
損財/ 損失/ 詐欺/ 損, 妻妾의 현상이 드러난다.

·比劫 空亡·

※형제兄弟 간間 무덕無德이요, 객지생활客地生活하기 쉽다※

□식상食傷□

■※食神식신※■

·坤命; 딸. 조카. ·乾命; 장모. 사위. 손자. 할머니.

※재주.능력.표현력. 지혜. 진로. 새로운 변화. 의식의 풍요. 장수※

▷일간 대비 時시 干간 래정☆食神〈食祿식록〉☆◁

※진로/새로운 일, 사업의 시작/발전/ 변동/사무실, 점포의 이전 등.

※의식衣食의 풍요/ 수명, 신체 건강 관련.

※남, 녀 간의 인연因緣/ 주색酒色 관련사. ·곤명; 자식 관련사.

▷식신 운運이라면 분주다사奔走多事한 한해가 된다.◁

※食神은 자신의 能力을 밖으로 表現〈出〉해 보이는 行爲요,
飮食의 神으로 食祿〈의식주를 주관〉, 衣食의 豊饒로움을 의미하며
心思/ 言語,表現力/ 能力發揮〈主-두뇌적 측면〉/ 活動力 등과 더불어
新 事業 計劃/ 創業/ 投資 등의 現像으로 드러난다.
※긍정적肯定的, 낙천적樂天的이요, 자신을 잘 표현해 내는 인자이며
건강한 배설排泄 수단手段이되기도 한다.
·표현력/ 연구, 창의력/사교/지혜/장수의 별이요,
대화/ 설득의 인자이며 편관偏官을 억제制御하는 성분成分이다.

▷四柱에 食神이 많다면 무엇을 行하는 動作이 느려지고,
不必要한 헛수고가 많아지는가 하면,
일이 지체遲滯되는 等의 煩雜함이 따르기 쉽다.

※식신은 긍정성을 높여주는 인자인가 하면, 官〈貴氣〉을 破하고, 名譽
를 失墜시키며 重하지 않지만, 사고/官. 訟. 刑事 등이 따를 수 있는
데, 특히 男/女 모두, 色情 件으로 因한 苦衷이 一般的이다.

※맡은 일에 忠實하고 사교성이 있어 대인관계가 좋으며 먹고 즐기는 것을 좋아하는 食道樂家 이기도 하다.

※식신은 어느 한 가지 일에 몰두한다거나, 分析하며 沒頭, 파고드는 成分으로 特히 藝術方面의 **미술/문학/음악〈주ー작곡〉/연구/기획** 등 專門性을 의미하는 별이기도 하다.

▷食神 空亡◁

※직업변동 많아지고, **교육/ 양육/ 육영/ 예술/ 의약/ 종교/ 점술과 통**※
⊡식신이 공망空亡이면서 형刑이면 뻥~ 뻥 과자/ 붕어빵이다.

■※傷官상관※■

⊡坤命; <u>아들. 할머니.</u> ⊡乾命; <u>조모. 장모. 손녀.</u>
※시기,모함/ 도난/ 판단,시행착오/ 관재구설/ 좌천/파직을 의미.

▷일간 대비 時시 干간 래정☆傷官〈盜殺도살〉☆◁

※구설관재/ 분실紛失, 도난/ 좌천左遷, 파직罷職 관련 사.
※시기, 모함/판단, 시행착오/아랫사람이나, 자식에 의한 고충 사.
※부부夫婦 문제〈夫婦不和/ 生離死別 等〉.
⊡坤命이라면 정서적情緒的, 심정적心情的 불안/ 남편과의 불화 등.
※타인他人과의 분쟁忿爭/ 법, 제도에 반反하는 일/ 직업 변동의 문제.
※학생이라면 학업 문제.

⊡官을 傷〈破壞〉하게 한다는 뜻이요, 食神과 같이 自身의 能力을 밖으로 表現해 보이는 行爲로, 頭腦가 明晳하고 言辯/ 表現力이 뛰어나며 藝術性을 갖지만 官〈男便/道德, 倫理〉을 傷〈=剋〉하므로, 口舌/ 判斷, 試行錯誤/ 猜忌, 謀陷/ 盜難/ 官災/ 左遷/ 退職, 罷職/ 제멋대로 行爲〈自由奔放〉하는 현상 등으로 表出된다.

※月支 傷官 格은 天才요, 傷官이 得勢 일 때에도 같다.※

※자존심이 강하다보니 孤獨해 질 수 있으며 消耗와 支出을 同伴한다.

※두뇌회전이 빠르고 浪漫的이요, 論理的이며 社交/手段/能力/表現力 等이 좋은가 하면 挑戰, 反抗, 批判的인 性向 또한 강하다.

※홍보/영업,세일즈/ 유통/무역/ 언론,방송/통역/정치외교/ 음악〈주,성악〉,예술/종교 分野에서 成就함이 높다.

※日常에서 벗어난 행위요, 規格化되지 않은 自由로운 삶을 追求하므로 多樣한 方式〈직업 등이 포함된〉과 行動 樣態로 살아간다.

※상관은 식신과 類似한 作用力을 갖지만, 日干과 陰/陽이 다른 傷官은 食神보다 번거로운 過程을 거쳐야 하는 等, 어려움이 따른다.

⊡·상관은 移動/變動, 變化/ 創業,開業/進取的 發展/ 金錢的 成就/擴張 등의 肯定性을 갖는가 하면, 疾患/ 流産/ 色亂/ 官,訟事/일의 막힘- 遲滯, 停滯 등의 현상으로 드러나기도 한다.

※새것/새로운 것을 좋아하나, 누군가가 自身보다 앞서 나선다거나 말을 자르는 등의 行爲 등에 대해서는 容納하기가 어렵다.

□傷官은 定型化되고 形式化된 組織性을 싫어하는 프리렌서요, 言論, 放送 등과 더불어 發明〈奇想天外한 製品을 開發한다〉/ 創作을 意味하며 금전金錢. 재물財物/ 사회社會 활동活動을 여는 창고倉庫요, 투자投資의 확대擴大, 강화強化/ 손모損耗, 지출支出의 성분成分이기도 하다.

■傷官은 聰明/自尊心의 인자요, 天才的 藝術性/ 特別한 재주를 갖으며 嗜好食品으로 커피/과자/데코레이션 케익/요리/健康 食. 酒, 茶. 藝術性 스포츠 등과도 關聯된다.

▷傷官 空亡◁

※인정. 인색/정신력, 탐구심 강/ 곤명이면 초산初産은 딸이기 쉽다※

- 73 -

·※食傷식상 共通공통※·
※남녀 모두, 식상食傷은 할아버지/ 제자弟子/ 아랫사람※

■식상食傷은 의衣. 식食. 주住 해결解決을 爲한
사회社會/ 경제적經濟的인 운동, 활동/ 수단〈직업의 유형/업종〉이요,
수명壽命을 주관主管하며 재능才能, 능력能力 발휘의 창고이기도 하다.

※食傷은 五行 上 比劫으로부터는 生, 印綬로부터는 剋을 받으며 官
星을 剋하는 인자로, 臨機應變에 能하나 외골수적 性向이 강하고,
자신만의 생각/世界觀이 뚜렷한데, 이러한 성향은 組織生活을 어렵
게 하는 原因 要素가 되기도 한다.

※식상은 어떤 일을 행行하는 방법, 과정이며 밖으로 드러나는 마음/
생각의 표현이자 내가 하고 싶어 하는 일, 시험/ 적성/진로/ 투자/
실질적인 돈. 현금을 의미한다.

※식상食傷은 활동성을 강화强化시키는 성분成分이므로
자신을 드러내 보이는 행위行爲/표현表現, 창작력創作力과 통通하며
지식/ 재능의 습득習得〈天才性을 갖는다〉이 빠르고,
四柱에 식상이 없다면 특별特別한 재주로 살아간다는 뜻이요.
전문직專門職/ 순수예술/ 교육敎育 분야分野에 가佳하다.

■자녀의 사회적社會的 출세出世나 번영繁榮 等은
사주의 식신성이 어느 정도程度의 세勢를 갖추고 있는가로 판단判斷하며
식상성의 형태形態로 자녀子女의 직업職業 유형類型을 알 수 있다.
※식상은 스스로 깨달아야 고치며 의醫, 약藥/ 의술/ 예술, 연예인/
구류술사 등과 더불어 자신의 재주로 세상世上을 살아간다.

·乾命으로 식신食神 대한大限에는 퇴직退職이요,
자식에게 재산 상속相續이 이뤄지는가 하면,
食神 대한 말末에는 사표쓰고 퇴직하는 현상이 드러나지만,
坤命으로 食傷 대한이면,
남편의 활동력을 억제抑制/ 무력화無力化시키게 된다.

■※偏財편재※■

·坤命;시부모. 남편의 첩/애인.   ·乾命;부父. 내연內緣 녀. 첩/애인.
△편재偏財는 투기성 재물이요, 유동적流動的 재물이며
중인衆人〈= 萬人〉의 재물을 뜻하므로 한탕주의적인 속성이 강하고,
허망虛荒된 욕심慾心이 크다.

△일간 대비 時시 干간 래정☆偏財☆◁

※속성速成, 속패速敗 / 요행僥倖.
※금전, 재물의 횡재〈일확천금〉/ 횡파/금전,재물 관련 소송 사.
※질액疾厄 /사업/낭비/투기投機, 도박賭博.
풍류, 주색酒色/남녀 애정, 정혼定婚 관련 사.
※학업 관련/학업 부진, 포기抛棄. ·부친父親/ 처, 자식 관련사.

※편재는 세상살이의 術數술수요, 삶에 逆動性역동성을 附與부여하는 인자이며
융통성/ 역동성/ 투기적 성향이 강하다.

·偏財는 "세상에 영원永遠한 내 것은 없다"라는 인식을 갖는 성분이요,
낭비성/ 주색酒色/ 풍류/ 호탕/ 욕심/ 허욕이 크며
투기投機/ 횡재橫財를 꿈꾸는가하면 성패成敗가 다난多難하고,
부동산, 전답매매/ 사업성/ 재물 등과도 관련된다.※

※정재는 대체적으로 삶에 滿足만족해하며 살아가는 類型유형이지만, 偏財편재는
떠돌이의 形態형태로 나타나므로 偏財가 旺왕한 사람은 驛馬역마의 屬性속성을 드
러 내게 된다.
※한 번에 얻어지는 財物재물인 偏財는, 誠實성실하게 땀 흘리며 일하기보다
는 比較的비교적 손쉽게 얻어지는 財재요, 金錢금전을 뜻하기도 한다.
※편재는 遊興유흥/交際교제에 價値觀가치관을 두는가하면, 金錢금전/ 財物재물을 輕視경시하는
現象현상이 있다 보니, 財物재물에 대한 概念개념이 弱약하고 내 돈/네 돈의 區分구분이
잘 안되는가 하면, 없어도 먹고, 마시고~ 의 性向성향이 드러난다.

※편재는 <u>강압적/직선적</u>이요, 統率^{통솔력}力을 갖으며 무슨 일이든 자기마음대로 하려는 獨裁主義^{독재주의}的^적 성향이 强^강하다.

※<u>모험심/큰돈</u>에 관심이 많으며 어떠한 일이든 事業^{사업}化^화하려하지만, 管理^{관리}에는 無關心^{무관심}하게 되고 돈을 잘 쓰는 등, 消費的^{소비적} 性向^{성향}이 드러난다.

※<u>재능/눈썰미</u>가 좋고, 손재주가 卓越^{탁월}하며 한 가지를 알게 되면 두 가지를 하는가하면 <u>기술직/인테리어</u> 分野^{분야}에서 才能^{재능}을 發揮^{발휘}하며 <u>제조/토목/건축/물리학</u>과도 關聯^{관련}된다.

⊡坤命^{곤명}으로 偏財^{편재}는 媤^시 父母^{부모}와 不睦^{불목}하며 乾命^{건명}은 外道^{외도}로 나타난다.

⊡偏財 空亡⊡

※<u>금전, 재물에 탐욕심貪慾心/사치/허영虛榮/사기詐欺/ 사업은 어렵다</u>※

■※正財정재※■

⊡坤命^{곤명}; 부친父親. 시부모. ⊡乾命^{건명}; 여자女子/ 처. 처재. 숙모. 고모.

▷正財^{정재}는 보수적保守的이고, 온건/세심細心하며 절약節約 형이요, 노동을 통해 얻어지는 재물, 일의 결과이며 고정 소득에 해당된다.

⊡<u>맡은 일에 대한 책임완수. 공사구분. 금전. 재물의 수입, 지출. 채권 등과도 관련되며 금전적 안정성. 고정수입固定收入. 임대소득. 이자利子 등과 더불어 인색吝嗇. 지체遲滯의 成分이기도 하다.</u>

▷일간 대비 時시 干간 래정☆正財☆◁

※<u>금전거래, 재백財帛〈금전.재물/주식〉/ 금전, 재물의 수입收入, 지출支出/ 채권債券. 금전, 재물과 관련되는 소송사訴訟事.</u>

※<u>처妻. 첩妾, 부친父親 관련/ 남, 녀의 애정/ 혼사 문제.</u>

⊡<u>학생이면 학업學業 관련사</u>⊡

※정재는 金錢^{금전}문제에 관한한 計算^{계산}이 確實^{확실}하고 公私區別^{공사 구별}이 明確^{명확}하며 責任^{책임}을 完遂^{완수}하고 어느 한 곳에 머물러 있기를 좋아하지만, <u>偏財</u>는 떠돌아다니는 것을 좋아하는 屬性^{속성}이 含蓄^{함축}된다.

※少年期^{소년기}에 財^재 運^운이 들어오면 學魔^{학마}로 變質^{변질}되, 父母^{부모}의 말에 反抗^{반항}하는 가하면 工夫^{공부}보다, 異性^{이성}에 관심을 쏟게 되며 長年 期^{장년 기}의 財 運^{재 운}은 文書^{문서}

財産이 歪曲/ 信用 不足/ 道德性 低下 등으로 나타나기 쉽다.

※정재는 正當한 財物로, 努力해서 벌어들이는 金錢的 收入을 뜻하며 편재보다 그 程度가 적고 어려움이 따르지만, 비교적 안정적인 재물이다.

※건강에 관심이 많고 計算的이요, 꼼꼼/절약/치밀緻密/결단력을 갖는다.

※사주에 財가 없다면 經濟觀念/決斷力이 부족하게 되고 실속이 적으며 日支가 財星이라면 暴食/暴飮하는 현상이 드러난다.

※정재는 부모와 처가 不和할 수 있고, 妻와 재물로 인한 苦生 등에 있어서는 偏財와 대동소이하나 正財는 다소 약하게 나타나며 건명이면 女色으로 드러나기도 한다.

▷正財는 공사구별公私區別이 분명分明하고 책임 다 할 줄 알며
금전적인 면에 있어서는 계산計算이 확실確實한가 하면,
正財는 바삐 움직이는 것을 좋아하지 않데 비比해,
偏財는 떠돌아다니기를 좋아하는 역마성驛馬性을 갖는다.

·正財 空亡·
※처妻 인연因緣 박薄 / 금전 문제로 인因한 고충苦衷※

·※財星재성 共通공통※·

※재성財星은 五行 上 식상食傷으로부터 生을, 比劫로 부터는 剋을 받으며
인성印星을 剋하는 因子로, 六親 上으로는 부父 아버지요,
女命이면 시어머니/ 男命이면 부인〈처妻〉, 內緣 女가 된다.
·재성은 건강/재산/일거리〈일 복〉요, 돈벌이를 위한 무대가 되고,
어떤 일을 행行함에 있어 노력, 시도한 것에 대한
결과, 대가가 되며 재산을 의미한다.
※재성은 활동 무대이자 시장이요, 재산〈現金, 流通財産〉이 된다.

▷재물財物을 취득取得하는 방식에 있어 편재偏財는 전국全國을
무대舞臺로 삼지만,
正財는 정定해진 고정무대固定舞臺, 즉,
안정성이 높은 급여/고정소득을 수단手段으로 삼는다는 것이다.
·식食 旺에 無 財星이면 교육/전문직/순수 예술 분야가 가可하다·

> □재성財星은 건강健康을 주관主管하는 별이 되는데,
> 그 中, 偏財星이 입묘入墓되면 舞臺가 사라져 버리는 것과 같아,
> 현직現職에서의 은퇴隱退, 퇴직退職를 뜻한다거나,
> 신체身體 수명壽命이 위태危殆해 짐을 의미하기도 한다.

▷財星 空亡◁

※이재理財, 재리財利에 밝고 돈/ 財物에 집착執着하며 돈 慾心이 대한하다.

□관성官星□

■※偏官편관※■

□女; 남편/남편의 형제/ 情夫/ 며느리. □男; 자식〈아들〉/ 조카.
남. 녀 모두, 직장 상사上司. 윗사람 등.

▷일간 대비 時시 干간 래정☆鬼, 七煞칠살☆◁

※고통/ 질병/ 형액刑厄/ 살상殺傷/ 불법不法 行爲 관련사.

※시비/구설/재해災害/퇴직/관재官災,소송訴訟/사고事故/귀신鬼神 占.

·坤命이면, 애정愛情/ 색정色情/ **실정失貞/ 재가再嫁 관련사**·

※편관偏官은 투쟁성鬪爭性/ 권력욕權力慾이 强하며
영웅심/ 권력성/ 호승심好勝心/ 권모술수/ 월권越權 등과도 통通한다.

※질병疾病/ 부채〈負債〉, 빚, 빚쟁이/ 맡은바 책임責任을 象意※

▷正官이 행정行政이라면 偏官은 사법司法/무관武官에 해당된다◁

※관성은 나를 抑制하며(억제) 다스리는 인자로, 忍耐心을(인내심) 갖으며 윗사람
의 助言/忠告와도(조언/충고) 같다.

※편관은 日干과 陰/陽이(음/양) 같은 인자여서 **치우친, 벼슬/관직**이 되며 專門(전문)
性을 갖는 **무관/경찰,검찰/특수기관** 등 主로 司法과(사법) 관련된다.

※편관은 權威的이요(권위적), 猪突的이며(저돌적) 찬스에 강한가 하면, 便法的(편법적) 방법에
의한 **이익/진급, 승진/성취**를 圖謀하는(도모) 成分이기도(성분) 하다.

※편관은 카리스마적인 氣質로(기질) 大衆을(대중) 壓倒하며(압도) **승진/진급**의 喜事가(희사) 따르
게 되는데, 事業家는(사업가) **관청/공사** 등의 契約을(계약) 受注하는(수주) 등에서 기쁨이

있게 되나, 他人들로 부터의 猜忌도 同伴된다.

※편관은 事故로 인한, **절단/ 수술/ 치료불능** 등, 몸을 다칠 수 있으며 **시비/지체/장애**/子息의 속 썩임/파산/倒産/人散財敗/收監/拘束/名譽毀損/官厄** 등으로 들어 나기도 한다.

▷편관偏官 운運에는 재물財物이 소실削失된다◁

※편관은 아를 抑制하며 忍耐心을 발휘하는 성분이요, **무관/경찰, 검찰/특수기관** 等 主로 司法과 관련되며 刑罰이 加해진다거나 抑壓性의 統治/일이 힘든 組織體 등과 관련되고, 改革性/權力慾을 갖는가 하면 一種의 權謀術數와도 通한다.

▷偏官은 무관武官〈法/警, 劍〉으로 최고의 권력權力을 갖춘다.◁

※편관은 便法에 의한 **이익/진급/승진/성취**를 圖謀하며 冒險心을 갖는 가 하면 他人의 부탁을 쉽게 拒絕하지 못하는 側面이 있다.
※責任意識과 遂行능력이 뛰어나고, 原則대로 行하며 複雜한 것/ 他人에게 身世지는 것/ 흐트러지는 것을 싫어하는 별이요, 偏官의 모든 行爲는 자신의 利益과 관련되며 月支가 官星이라면 職場生活이 可하다.
※사주에 관성이 없다면 統制가 안되다 보니 世上을 自己가 하고 싶은 대로 行하며 살아가는 類型으로 드러나는가 하면, 職場 內에서 不平不滿이 많고, **坤命으로 四柱에 官이 없다면 男子에 집착執着하는 경향傾向**이 있게 된다.

※偏官은 명예를 상승시키는 성분이나 명고이박名高利薄이요,
편관偏官 운運에는 반듯이 투기投機/ 투자投資/
투기성投機性 사업事業 등, 모험冒險을 하게 되며
사업자事業者는 偏官 運에 실속 없는 가오〈폼〉을 잡는다거나
규모規模를 확장擴張시키는 等으로
상당相當히 어려운 상황狀況을 초래自招하기도 한다.

※未婚으로 편관 운이라면 愛人이 생기는 등, 靑春이 즐거운 運이나 既婚者로 편관 운이면 別居/離別數가 따른다거나 疾病으로 健康을 해치는 運이기도 하다.

▷偏官 空亡◁

※변혁, 개혁적/ 정치성향/ 보스기질/ 乾命이면 자식 인연因緣 박薄.

■※正官정관※■

⦁坤命; 배우자 부夫. 남편, 남편의 형제/ 정부情夫/ 직장/규범/ 법.
⦁乾命; 자식- 정관/ 딸/ 편관; 아들/ 조카/ 직장/ 법.
외할머니. 직장. 윗사람 등.

▷일간 대비 時시 干간 래정☆正官☆◁

※법/ 제도/ 도덕〈준법〉/ 관청 관련/ 귀인貴人/ 신용/ 명예 관련사.

※선조의 음덕蔭德/ 상속相續 관련사.

※지위地位/ 명예/ 신용/ 월권權威/ 승진昇進/소환召還/ 송사訟事.

직장, 직업변동/ 취업/ 시험 관련/ 신체 건강/ 재액災厄 관련사.

■正官은 主로 行政과 關聯되며

보수保守/ 명예/ 규범/ 공평무사/ 질서/ 법/ 정의 등과

남, 여 모두 사회적 명예, 출세를 중시重視한다.

※승진. 임명任命. 취업〈職〉/ ⦁女命; 혼인/ 남편의 상象이다.

⦁官星은 어떠한 일/ 행위의 결과로 얻어지는

재물/사회적 정체성正體性으로, 직장/ 사회적 지위, 권위/ 활동영역/

관청, 관공서 등과도 통通한다.

※정관은 我를 極하며 陰/陽이 서로 다른 성분으로 合理的이요, 正道를 지키며 노력에 비해, 큰 成果를 얻는가하면 周邊의 큰 人物들로 부터 助力/도움이 따른다.

※정관은 保守的/ 合理的이요, 體面을 重視하는가 하면 原則대로 行하는 原則主義者로 融通性은 不足하나 品行이 端正하고 公正하며 四柱의 월支가 관성이라면 職場生活이 可하다.

※취업/사업, 대인관계의 확장/진급, 승진/계약/송사 等에 依한 利益이 子息에게 돌아가기도. . .

※사주의 정관이 兇하면 자식이 家出하는 等, 속을 썩인다거나 윗사람으로 부터의 질책/강등/좌천/구설시비/송사/구속/人散財敗 等의 現像으로 드러난다.

□정관 격을 이루거나 官星이 毀損되지 않았다면 形式을 갖추고〈삶의 틀이 定型化된/ 잘 짜여진〉살아가는 사람이다.

·富格은 食傷生財의 命으로 食傷/ 財/ 劫財가 만들며

貴格은 官星/ 印星/ 比見에 依한다.

·正官은 안정성을 追求하며 規定대로 法대로 行하는 成分이요,

안정적 발전/ 보수적. 公平無私/ 行政組織/ 判決文/

形式. 規範. 法律 등과 通한다.

·坤命으로 사주에 官이 없다면 남자에 執着하는 傾向이 있으며

地藏 干으로만 有氣한다면, 配緣이 弱해진다.

▷正官 空亡◁

※직장/ 관직/ 자식 인연 薄弱/ 坤命은 배연 약弱,

배우자에 대한 만족감 결여缺如※

·※官星관성 共通공통※·

※사주가 안정되려면 我와 관성이 음/양으로 어울려야〈채워질 때〉한다※

□편관은 주主로 사법司法/무관武官이요, 정관正官은 행정行政이다□

※四柱에 正. 偏官이 混在하면 官이 混濁〈毀損. 歪曲〉해 진다.

▷四柱에 官星이 正, 偏으로 혼잡混雜되어 있다면
직장전변職場轉變으로 나타나며
官星이 없다면〈無官인 境遇〉승진이나 진급 등과는
무의미한〈無關한〉
직장이거나 자기사업을 해야 한다◁

·坤命으로 사주 관성의 작용력作用力이 상실喪失되는 시기時期
〈병病/사死/묘지墓地〉에 이르면,
배우配偶를 바꾸게 되는데, 特히 병지病地를 行할 때 그렇다.

■※偏印편인※■

- 坤命; 배우자 夫. 祖父/ 계모, 이모/ 손녀.
- 乾命; 딸. 祖父/ 계모, 이모.

※母. 명예. 문서화된 재물. 학문. 계약. 도장※

△일간 대비 時시 干간 래정 ☆奪,倒食/梟神효신☆ ◁

※허위虛僞/ 사기詐欺/ 배신背信/ 손모損耗/ 학업, 교육敎育 관련.

□시댁媤宅/ 모친母親〈질병 等, 신체건강〉 관련사.

※우울증 等, 신경神經 정신질환精神疾患.

■허위/ 사기,문서사기/ 약품/ 병원/ 의사/ 종교/ 영혼靈魂 관련 사.

※偏印은 눈치가 빠르며 식신食神을 억제抑制하는 성분이요, 또한, 남들은 갖지 못한, 특별한 능력과 기술을 의미하는가 하면 학문/ 교육/ 신비神秘함과도 通한다.

※수명壽命 성星인 식신食神을 극剋하므로 효식梟食이라 하는가하면, 실제적으로는 예술/ 의약/ 종교/ 철학/ 역술/ 관상/ 풍수 等과 통하며 순간적瞬間的인 힘을 쓰는 스포츠 등도 포함된다.

※종교/ 철학/ 의약醫藥〈의사.약사.의약업 등〉/ 한의학韓醫學/ 예술〈디자인〉※

※편인은 食神을 制壓하는 成分이요, 남들은 갖지 못한 特別한 技術/技能으로 예술적 재능/의약/순발력/임기응변에 강한가하면, 한방에 인생 逆轉을 노리는 因子이기도 하다.

※單板勝負나, 계략/속임수 등도, 偏印의 성분이며 전문 자격증 또한 偏印에 해당된다. 그러나 일 處理 自體에 있어서는 답답하고 더디게 나타난다.

※학문과 因緣하게 되거나 계약서/상장 등, 생각지 않았던 일에서 受惠가 따르며 競爭 관계였거나, 관심밖에 있던 사람들과도 좋은 關係가 形成되기도 한다.

□편인이 兇하다면 모든 일에 막힘의 현상이 따른다거나, 서류/계약 等에 不利함이 발생되며 詐欺를 당한다거나 하는 일에 停滯가 심하여 心身의 苦衷이 커지기도 한다.

※幼年 시절, 繼母에게 虐待를 받는다거나 부모/ 사람들에게 버림을 當할 수도 있는 것이 偏印의 별이다.

※偏印은 偏重, 자식에 대한 치우친 愛情으로 드러날 수 있으며 인성은 財物과도 연관이 되는바, 非 勞動性 財物인 偏財와 비슷하다.

※不動産을 의미하기도 하며 팔기 어려운 땅일 수도 있으나, 한번 뛰면 엄청나게 뛸 수 있는 땅이기도 하다.

※토지/매매/가옥/주택/택지/서류/책/학문 관련사에 有利하며 그러한 環境이 造成된다.

▷正, 偏의 印星혼잡混雜은 생각이 많고 결정決定이 쉽지 않아, 기회期會를 잃기 쉬운가 하면, 게을러 보일 수도 있다.

※偏印은 신비神秘/자유로움/부정관대不正寬大/게으름/의심疑心의 性分으로, 눈치가 빠르고 요령要領이 뛰어나며 자유自由로움을 追求하는 因子요, 신통력神通力/ 특별特別한 기술技術. 재능技能과 더불어 전문專門 분야의 자격증資格證이요, 문서文書 재산財産이 되기도 한다.

■※正印정인※■

·坤命; 배우자 夫., 시아버지/ 손자/ 사위/ 원조자援助者, 귀인貴人.
·乾命; 母/ 딸/ 장인/ 원조자/ 윗사람/ 귀인.
어머니. 할아버지. 장모. 명예. 문서화된 재물. 학문. 계약 等.

▷일간 대비 時시 干간 래정☆正印☆◁

※명예名譽/시상〈施賞〉/資格證과 관련.
※학문學問,학업/ 문장文章/ 교육/ 문서〈계약/증권/수표 等〉/ 도장 관련사.
※매매賣買/경매競買. ■부모의 음덕蔭德/ 유산遺産 문제■

※正印은 윗사람을 공경恭敬할 줄 알고 어질며 유순柔順하다.
또한 正印은 준법遵法 정신이 강하고 명예/ 체면을 중시하는가하면
부끄러움이 많기도 한데, 이러한 성향性向은
기회機會를 쉽게 놓칠 수 있는 요인要因으로 작용되기도 한다.

·덕망德望, 예절禮節, 도덕성道德性, 학문學問의 별이요,
신비적神秘的 기질, 보수성, 책임감, 명예, 글공부 等이 되며

시험, 문서, 도장, 계약 등과 더불어
주택, 문서상의 길사吉事, 학업, 진로문제, 모친 등과도 통한다.

※정인은 偏印과 類似하나 안정성을 追求하는 傾向이 강하며 偏印 보다는 仁慈로움을 갖는다.

※가정이나 敎育環境/윗사람들과의 因緣이 좋고, 對人關係가 圓滿하며 그들로부터 信賴를 얻기도 한다.

※서류/문서/도장/계약/서책/학문/공부/시험/진로문제/모친 等과 通하며 吉神으로 작용되면 住宅/ 文書上의 吉事를 意味하게 된다.

⊡정인이 흉하면 모든 일이 停滯되고 損財가 따르는가 하면, 吉緣들과의 갈등이 있기 쉽고, 일이 반복/지체되는 현상이 따르며 한번에 成事되기는 어렵다.

※六親으로는 母親을 의미하며 믿는 구석이 있어 인생을 열심히 살지 않을 수도 있다.

※학자/ 선비적인 기질/ 보수성/ 글과 학문/ 현금화가 높은 부동산〈文書化된 財物〉등과 관련된다.

※정인은 保守的이고 人情이 있으며 이해력/직관/수용성의 成分이요, 꾸미 등의 假飾的인 것을 싫어한다.

⊡정인은 他人을 돕고 가르치는 일에 適合하여 敎育界〈국문학. 어문계열. 유아 교육〉/ 會計, 稅務士 등과도 因緣하기 쉽다.

※印星은 我. 나의 사상. 자존심이요, 모든 일의 시작을 의미하며
명예/직장의 상사上司/승진/학벌學閥/학문 등과 더불어
문서나 문서화된 돈. 재물/ 땅, 건물 등의 부동산不動産을 뜻하기도 한다.

⊡四柱에 印星이 많으면 게으르고, 妄想이 많아지며
月支가 印星이라면 學究熱이 높아진다.

▷住宅, 文書 上의 吉事/ 學業/ 進路/ 母親과도 關聯.

⊡※印星인성 共通공통※⊡

※印星은 각 人의 삶의 방식, 양태樣態를 제한, 조정, 컨트롤하는 수단이요, 결재권決裁權과 같아, 사주에 인성이 안정되야 인생살이의 변동變動, 파절破節 등이 순탄順坦, 완만緩慢해진다.

※인성印星의 별은 저축성貯藏性의 별이기도 하여
부동산이나 문서 형태의 재산財産을 의미하며
자격증/ 인認, 허가許可 등, 문서재산文書財産을 뜻하는가 하면
무엇을 유지維持, 지탱支撑시켜나가는 因子이기도 하다.

▷※正印은 學問/ 벼슬〈직장. 관〉 爲主요 자격資格이 되고,
偏印은 才能/ 技術/ 資格 爲主의 전문기술專門特技이 된다※◁

·印星 空亡·
※모친 무덕, 학마學魔가 따르고 독립심 강하나 타인의 도움을 꺼린다.
□주거가 불안정하고 변동이 많아지며 문서 권리를 상실하기 쉽다.

※다음은 운세〈대한, 유년〉의 정황을 한 눈에 파악 할 수 있도록 정리
한 것으로, 본명 상담에서나 년 말, 년 초의 신수 상담 시 요긴하게
활용하실 수 있지 않을까 싶어 참고로 부기하였으며 뒤이어 현실적
실용성을 갖추는 신살 만을 첨기添記하였는데, 수많은 신살 들 중,
을 이들은 상담 현장에서 그 효용성이 높으므로 취取하여 사용하셔
야 하지 않을까!!!~ 싶습니다.
더불어 근래에는 성형成形이 일반화되다시피 하여 혹시나 하여...

그 다음으로 12신살이 서술되고 있습니다,
아직도 12신살의 쓰임에 대한 부정적 시각을 갖고 계시는 분들이
적지 않은 듯하나!!!~

12신살은 12운성과 함께 현장에 계시는 술사들 중, 고수 분들께서
취하여 활용하고 있는 것으로 알려지고 있습니다.
그 이유는 현실적 효용성에 있지 않을까~ 합니다.

저도 초기에는 한때. 12신살을 취하지 않았었습니다.
하지만, 12신살은 육친 간이나 대對 타他 간의 관계설정 문제라거
나, 직업적 유형~ 또한, 운에서 드러나는 사건의 구체성 등, 본명이
나 운에서 그 쓰임이 유용하다 할 것입니다.

결국!!!~
쓸 것인가???~, 버릴 것인가???~ 는 또 다시 각, 본인들의 몫으
로 남겨지겠지만, 말이죠!!!~

■主要主要 신살神煞■

☆破; <u>子-酉/ 丑-辰/ 寅-亥/ 卯-午/ 巳-辛/ 戌-未.</u>
☆死; <u>甲午/ 乙亥/ 庚子/ 辛巳.</u>
☆墓; <u>丙戌. 戊戌/ 己丑.丁丑/ 壬辰/ 癸未.</u>
☆絶; <u>甲申/ 乙酉/ 庚寅/ 辛卯.</u>

☆<u>貴人</u>-日干;

甲.戊.庚	乙.己	.丙.丁	辛	壬.癸
<u>陽/陰貴; 未丑/</u>	申子/	酉亥/	寅午/	卯巳

　　　　▷<u>陰貴〈女〉; 당해 5- 11月.</u> ▷<u>陽貴〈男〉; 11月- 다음 해 5月.</u>

☆<u>역마</u>〈生-年/日支 基準〉;

寅.午.戌/	申.子.辰/	巳.酉.丑/	亥.卯.未
<u>運〈年/.月/.日〉對比; 申.酉</u>	寅.卯	亥.子	巳.午

☆<u>홍염살</u>; 異性에 人氣. 色情, 外情- 强.
　　日干 基準. 사주에 有氣하거나, 流年 運으로 들어오면서 **合/刑/**
　　沖될 때 表出.

日 干;	**甲/**	**乙.癸/**	**丙/**	**丁/**	**戊.己/**	**庚/**	**辛/**	**壬.**
紅艶;	午	申	寅	未	辰	戌	酉	子.

☆<u>桃花</u>〈生年- 支基準〉;

寅.午.戌/	申.子.辰/	巳.酉.丑/	亥.卯.未
桃 花; .卯	酉	午	子

☆<u>母胎 煞</u>; <u>出生 年. 月. 日. 時와 同一한 運</u>. → <u>亡事.</u>

※<u>自 沖</u>; 自身의 띠와 同一한 **流年**을 만날 때 → **吉 變**. ※沖 → 兇.

☆<u>天戰 地沖</u>;
대한의 천간이 태세의 干을 극하면서, 大限의 地支는 세운의 지지를
沖할 때로 **兇事 發現**.

　　　　·모든 煞은 운으로 들어오면서 本命과 合. 刑. 沖되거나
　본명에 존재하는 煞이 거듭하여 運으로 들어올 때, 그 작용력이 드러난다.

■이동, 변동수■; 出生 年/ 日支 基準- 當해의 年/ 月에 變動.

☆亥.卯.未 年/ 日生= 寅. 午. 戌/ 巳 年/ 月에 變動.
☆申.子.辰 „ . = 巳. 酉. 丑/ 申   „   .
☆巳.酉.丑 „ . = 申. 子. 辰/ 亥   „   .
☆寅.午.戌 „ , = 亥. 卯. 未/ 寅   „   .

☆天羅地網☆;. 지체遲滯/ 訟爭/ 官刑之厄.

※乾命- 戌. 亥〈홀아비〉 ※坤命- 辰. 巳〈寡婦〉

사주에 天羅가 드러나면 조기에 이향, 출국하여 자수성가하게 되며 地網煞이 드러나면 고향을 지키며 조업을 이어야 고생이 없고 발전을 이룰 수 있어도, 고향을 떠나게 되면 백번을 이룬다 해도 끝내는 패망하거나 천박한 삶을 살아가게 된다. 특히, 辰年 生으로 巳運, 巳年 生으로 辰運이면 생이별을 하게 된다거나 동거한다 해도 별방, 분거하게 된다. 하지만 **辰年 生이 巳年 生과, 戌年 生이 亥年 生과 婚姻**하는 경우라면 애정은 유지維持되나 빈한貧寒함을 免하기는 어렵다.

※天羅, 地網이 四柱에 드러나면
고독/ 가난/ 이향/ 출국/ 별거, 이별 等의 現象이 따른다.

■天羅, 地網의 職業分野■ ; 의약, 의술/ 법무, 형벌의 행정/ 교도관. 종교, 철학/ 교육계/ 역술인/ 위생, 숙박업/ 찜질방 等.

☆양인〈日干基準〉. 비인☆; → 我가 다치거나 타인을 상해傷害.

日干;	甲	乙	丙	丁	戊	己	庚	辛	壬	癸
羊刃;	卯	辰	午	未	午	未	酉	戌	子	丑.
飛刃;	酉	戌	子	丑	子	丑	卯	辰	午	未

※羊刃은 칼날을, 飛刃은 槍을 의미하는 煞로써 타인을 해치거나 본인 자신이 다칠 수 있는데, 이 羊, 飛刃이 합되면 아, 내가 다치는 것이 된다.

□羊刃이 본- 사주에 임하면서 **合이 多하면 容貌가 醜하고 犯罪者가 될 수 있으며 本命에 羊刃이 座하면서 流, 太歲에 依해 合.刑.破되면 手術을 하게 되거나 구속, 구류〈잡아 가둠〉 등 형사사건이 따르게 되고, 혼기에 羊刃을 만나게 되면 돌연한 벼락 혼이 된다거나 강제 혼**이 될 수 있다.

▫년주에 羊刃이 좌하면 조부모에 불상사가 있었다는 것이 되고, 월주면 부모, 형제 간이 화목하지 못하는 것이며 일주가 양인이면 부부 불화요, 시주라면 자식에게 불미스런 일, 사건이 따르게 된다.

※사주에서 飛刃이 재성이면 <u>허세/낭비/사기/투기성</u>을 갖게 되고 사람이 전실眞實되지 못한데, 이 飛刃은 羊刃과 함께 드러나야 作用力을 갖는다.

※羊刃이 칼이라면 편관은 주먹으로 볼 수 있는데, 사주에 칼과 주먹이 모두 드러나 있다면 어떠한 목적도 이뤄 낼 수 있다는 것이요, 羊刃은 정관을 기하므로 羊刃이 정관을 만나게 되면 좌천/퇴직의 액으로 발현될 수 있다.

☆백호白虎☆; *甲辰,戊辰/ 乙未/ 丙戌,壬戌/ 丁丑,癸丑.*
<u>白虎는 이별,사별/신병,질고/변동/사고 등을 의미하며 死/墓/刑,충되는 글자가 백호白虎와 중첩重疊</u>되면 더욱 그렇다.

☆괴강魁罡☆ 四柱 內- *戊辰.戊戌/ 庚辰.庚戌/ 壬辰.壬戌.*
乾命은 성질이 강하거나 불같은 면이 있으며 坤命이면 男便이 없다거나 그 男便이 사업에 실패함을 뜻한다.
<u>※年柱 座, 魁罡煞※ 義士/烈士/獨立鬪士의 家門에서도 나타난다.</u>

☆귀문鬼門☆;

生 年-	子	丑	寅	卯	辰	巳	午	未	申	酉	戌	亥
日支-	酉	午	未	申	亥	戌	丑	寅	卯	子	巳	辰.

<u>※귀문 살은 의부疑夫,의처疑妻/ 변태성變態性을 의미하며 육친에 정신이상, 장애障碍 등의 현상이 있게 된다.</u>

☆고란〈空房〉煞☆;
空房殺은 男/女 구분없이 日柱를 기준하며 빈집/빈방을 지킨다는 외<u>롭고 허전함을 의미</u>하는 살煞이다.

壬子/ 甲寅/ 乙巳,丁巳/ 丙午,戊午/ 戊申/ 辛亥 日柱로,
<u>※年/日柱에서 空房殺이 성립되면 雙 고란으로 백발백중 고독 명.</u>

☆원진☆;
子-未/ 丑-午/ 寅-酉/ 卯-申/ 辰-亥/ 巳-戌.
<u>※本命과 大/流年이 桃花+鬼門+怨嗔이면서 合.刑.沖 →</u>

<u>色情 事 發現.</u>

▷ ※成形, 日常〈참고 지식〉※ ◁

성형 수술을 할 때에는 몇 가지 고려해야 할 사항이 있으니 이를 참고하는 것이 좋겠다. 특히 성형부위 중, 눈에 칼을 대는 것은 가급적 금하는 것이 좋으며 다음은 出生 年 別 금禁해야 하는 수술 시기다.

□수술의 適/ 否□

※子년 生, 쥐 띠로 12月.   ※丑년 生, 소 띠로 5月.

※寅년 生, 호랑이 띠로 1月.   ※卯년 生, 토끼 띠로 4月.

※辰년 生, 용 띠로 10月.   ※巳년 生, 뱀 띠로 5月.

※午년 生, 말 띠로 2月.   ※未년 生, 양 띠로 1月.

※申년 生, 원숭이 띠로 3月.   ※酉년 生, 닭 띠로 8月.

※戌년 生, 개 띠로 6月.   ※亥년 生, 돼지 띠로 5月.

□코 성형□

눈에 비해 코는 다소 여유로워, 콧대가 너무 낮은 경우라면 3~ 40대에 약간 올려주는 것은 좋은데, 出生 年 別 手術에 좋은 時期는 다음과 같다.

※寅. 午. 戌年 生; 11月.

※巳. 酉. 丑年 生; 2月.

※申. 子. 辰年 生; 5月.

※亥. 卯. 未年 生; 8月.

□얼굴에 두 곳 이상을 성형하고자 하는 경우□

※춘절인 寅.卯. 辰 月生이면, 추절인 가을.

※동 절기인 亥.子.丑 月 生이라면, 하 절기인 여름에 수술하는 것이 유리하다.

※12運星 旺~衰에서 陽 干이 **生**하는 곳에서는 陰 干이 **死**하고,
陰 干이 **生**하는 곳에서는 陽 干이 **死**하게 된다.

■신생기; 태/ 양.
■성장, 성숙기; 장생/ 목욕/ 관대/ 건록/ 왕.
■성노쇠, 쇠퇴기; 쇠/ 병/ 사/ 묘/ 절.

·四柱의 모든 六親은 12運星 上 病/ 死/ 墓/ 絶의 時期에
변색變色/ 왜곡歪曲/ 손상損傷되기 쉬우며
胎/ 養/ 長生/ 浴地의 구간에서는 무늬를 갖추는 상태요,
冠帶/ 官.祿/ 旺/ 衰의 구간에 이르러 제 기능을 발휘發揮한다.

☆該當, 六親이 陽 干이면 墓/ 絶/ 胎/ 養地에서,
陰 干이라면 衰/ 病/ 死地에서 어려움을 겪게 된다.

□사주에 財/官이 有氣해도 月支에 病/死 等이 坐하면 福이 없다.

▷ ※ 12運星운성 運用技운용기 ※ ◁

·**長生**·; 밖으로 자신의 存在를 드러내기 시작하는 단계段階.

　　※활동성이 增幅,擴大되면서 그 根據가 뚜렷해지며 새로운
　　일/사업이 시작되는 등, 새로운 環境이 展開되며 폼 잡는
　　시기이기도 하다.
　　　　　　※이는 長生/ 冠帶/ 旺地에서도 같으며
　　生/ 浴地에서는 收入이 繼續되면서 支出이 커진다.
　　※財/官이 長生이면 發展/成就의 기틀이 造成됨.
　　　　※長生은 繼承/ 출발/ 시작/ 개업/ 발전의 상※

·**沐浴**·; 갇혀있던 空間에서 빠져나와 그 痕迹을 털어내는 단계요,
　　다소, 어려움이 따르겠지만 帶/冠/旺地. 즉, 상승/발전을
　　爲해 잠시 주춤하는 時期가 된다.
　　※成長의 過程이요, 金錢/財物이 支出되는 時期이기도...

·**冠帶**·; 자신의 존재가 확실하게 드러나는 단계로, 식상이나 재
　　가 冠帶 지면 사업번영이요, 관/인이면 승진하기도...
　　※입소문 나기 始作하고 사업이 잘되는 시기이기도...

·**官祿**·; 自身의 뜻을 실현하는 시작하는 단계로, 능력이 발휘되며
　　진취적인 발전과 더불어 재물 발전이 이뤄지는 時期다.
　　※財/官이 官祿이면 家內 慶事/財物 取得이 따름.

·**旺**·; 가장 왕성한 활동력을 발휘하는 단계로, 최고의 絶頂期다.
　　※財/官이 왕지면 명성을 얻으며 부가 蓄積되는 등, 경사가
　　많지만, **坤命으로 日柱가 旺地라면 配偶者 德이 薄함을**
　　의미.

·**衰**·; 서서히 기력이 떨어지며 활동력이 약해지기 시작하는 단계.
　　※財/官이 衰地면 금전/재물의 영락零落을 의미하므로 확대/
　　투자를 금하며 謹愼, 안정을 추구해야 한다.

·**病**·; 地上에서 그 뜻이 實現된 狀態로, 氣運이 衰退하여 病드는
　　段階.

　　※財/官이 病地라면 謹愼하며 現狀維持에 滿足해야 하며 父母
　　에 病苦/ 離別이 따르기도 한다.

⊡死⊡; 모양은 있으나 움직임이 없고, 죽어있는 상태로, 모든 일을 마무리 지어야 하는 시기이다.

※육친 간에 덕이 없으며 每事가 消極的이요, 決斷力이 없다.

⊡墓⊡; 성장이 멈추고 흙속〈무덤〉에 묻힌 상태로, 육친과의 이별/ 사별이 따르거나 사업자면 失敗로 드러나는 단계.

※財/官이 墓地면 金錢/財物에 執着하기 쉽고, 配緣에 歪曲이 따른다.

⊡絶⊡; 形體와 기운이 완전히 消盡/斷絶된 最惡의 상태.

※不安이 커지고 經濟的 破産이 염려되는 等, 되는 일이 없으 며 世上살이가 憂鬱해 진다.

⊡胎⊡; 존재는 있으나 형체는 없는, 태아가 형성되는 상태.

※漸次的으로 좋아지는 兆朕이 드러나기 始作하며 財星이 胎 地면 小規模로 事業을 試圖할 수 있는 段階다.

⊡養⊡; 존재가 느껴지고 確認되는 時期요, 出産을 準備하는 段階.

※財星이 養地라면 일을 推進해도 좋은 時期다.

※各 人의 삶은 절絶/ 태지胎地에서 미약微弱하게 나마 기반基盤이 이뤄지며 삶이 안정安定되는 것은 식食/ 재財/ 관官이 양養/ 장생지長生地를 行할 때요, 양지養地부터는 수입收入이 발생되기 시작한다.

다음은 십 간 별 운세와 육갑 일주 별 운에서의 정황입니다.

※십 천간 별 운세와 육갑 일주별 명, 운의 정황※: 94~ 113.

甲 日干	甲寅	乙卯	丙巳戊 辰戌	丁午己 丑未	庚申	辛酉	壬亥	癸子
	比肩	劫財	食神 偏財	傷官 正財	偏官	正官	偏印	正印
寅 綠	官	旺	長生	死	絶	胎	病	浴
卯 羊	旺	官	浴	病	胎	絶	死	長生
辰	衰	帶	帶	衰	養	墓	墓	養
巳 文	病	浴	官	旺	長生	死	絶	胎
午 紅	死	長生	旺	官	浴	病	胎	絶
未 貴	墓	養	衰	帶	帶	衰	養	墓
申	絶	胎	病	浴	官	旺	長生	死
酉 飛	胎	絶	死	長生	旺	官	浴	病
戌	養	墓	墓	養	衰	帶	帶	衰
亥	長生	死	絶	胎	病	浴	官	旺
子	浴	病	胎	絶	死	長生	旺	官
丑 貴	帶	衰	養	墓	墓	養	衰	帶

甲子

※子 字가 드러나면 무조건 "才能의 發揮, 活用"이다※
※자기중심적이요, 도덕적 정당성을 추구하며 세상물정에 어두울 수 있고, 주거 변동이 심할 수 있음.   ※흥왕, 성패가 심하고 투기는 망한다※
·직업·; 정신적 측면의 글/학문/자격분야➤ 종교.철학. 윤리.인문학이나 기초 자연과학. 금기가 약하면 토목, 건설. 전기, 전자. 화학. 부동산 등과 교육, 육영사업(어린이집. 유치원).
金氣가 있어도 土氣가 약하면 역마성의 무역.항공.해운.운수.관광 분야요, 年/月에 편재가 드러나면 은행. 증권. 투자신탁 등 금융업.

甲寅 綠

"기다려라~ 때만 되면 배~ 들어온다!!!"
※사업은 굴곡이 많고 대인. 처연에 질병,신체 건강으로 인한 왜곡이 따름.
▷乾命이면 他 女와 통정한다거나 첩과의 유정으로 본처와 해로가 어렵고 坤命은 남편을 타 여에게 빼앗기는 등, 배연에 풍파가 많고 소실로 가기도
■식상인 巳/午가 드러나 있다면, 전기,전자. 화학. 토목, 건설. 부동산. 식품. 음식사업이나 학원, 유치원 등의 육영사업이요, 무 식상이면 土木, 건축업계의 조직, 직장생활이나 부동산업이다.

甲辰	※사람이 밝고 매사에 적극적이요, 대체적으로 세상살이가 무난하지만, **人生에 변화, 질곡이 많은 삶**이되기도 <u>※사주에 丙, 巳가 有氣하면 다복!!!※</u> ※부모가 갑작스럽게 돌아가실 수 있으며 실수는 적으나 ***"보증문제"로 큰 손해를 當하기도...*** ▷坤命은 조혼일 수 있으나 남자가 부실하기 쉽고 배연의 조화가 어렵다. ■관星이 투출되면 **공직의 금융, 재무, 회계**요, 木이나 水가 많으면 **토목/ 건축/ 부동산/ 통상(장사, 무역)**이요, 사주에 무관이라도 재가 2~3개면 **조직, 직장생활 可**하다.
甲午	※총명하고 다재다능하나 일지 홍염으로 남/녀 모두 자기표현에 능하고 화려함을 추구하다보니 내실이 약한 외화내빈이요, 이성관계가 복잡해진다. ※乾命이면 화려함을 추구하고 女子를 좋아하며 사회적 활동성이 강하나 **결과는 만족스럽지 못하고**, 坤命이라면 설득, 연기력 등 예술성이 풍부하며 매사에 노력을 다하나 **역시 그 댓가는 약하며 만족시켜 줄만한 사내를 찾아 오늘도 배회~** ※사주에 수기가 왕하면 전문자격을 활용하는 **전문기술/ 예술, 디자인/** **교육 등과 종교, 철학/ 역술/ 의사, 약사/ 문서, 경매** 등이요, 坤命은 혼인 등으로 일시적 휴직기간이 있더라도 **중년 이후, 다시 사업/ 장사 등, 사회활동을 전개**시켜나간다. ·일지 식상은 자식 성장 이후, 배연이 불안해 진다.·
甲申	※명분과 원칙을 존중하며 사회활동은 무난해 보이나 내면적 우수, 우울성이 상존하며 坤命이면 강한 자존심으로 대인관계에 어려움을 자초하기 쉽고, 잘나고 강한 남편으로 인한 심고가 따른다. ·큰 조직체와 연계되는 **납품/용역/대리점** 등으로 번영을 이룰 수 있으나 **종업원은 적어야하며 재물 입/출로 큰 부는 어렵고 만성질환이 다발**한다. 坤命 또한 조직생활을 통해 사회활동을 전개시켜나가지만, **이성의 배신/만족스럽지 못한 혼인/배우자의 구타 등으로 인한 심고**가 따르기 쉽고, 情夫를 둔다거나 이혼과 재혼의 현상이 드러나기도 한다. 乾命이면 **항공/운수/해운/관광/무역/경찰/기자** 等이요, 坤命이면 **홍보/교육/영업부서** 등과 승진과는 무관한 **전문 연구직** 等이 可.
甲戌	▷관 공망으로 직장/부 운에 어려움이 따르며 육친의 쇠락/이별이 초래◁ ※자기의 뜻대로 行하는 유형이요, 처신에 능하고 어떠한 어려움에도 무난히 극복해 내며 금전재물 복도 원만하다. **坤命이면 목소리 크고, 여장부女丈夫적 기질을 갖지만,** **남편 덕은 기대期待하기 어렵고** **장사/사업에 어려움이 초來**되며 유산/낙태 등의 산厄이 따르기 쉽다. ※乾命은 여자문제로 부모와 갈등, 편재가 많으면 악처로 고초/다혼이요, ■관 공으로 직장보다 사업성향이 강하며 직장생활을 하다가도 사업길로 入... **종교. 철학. 군.경.검.** 관성이 有, 다기하면 **금융. 금속. 토건/용역회사/문화관련.** 관성이 약, 무기하면서 비겁/식상이 있다면 **전기. 전자. 화학/건축. 토목/종교.**

乙 日干		乙 卯 比肩	甲 寅 劫財	丁午 己 丑未 食神 偏財	丙巳 戊 辰戌 傷官 正財	辛 酉 偏官	庚 申 正官	癸 子 偏印	壬 亥 正印
寅		旺	官	死	長生	胎	絶	浴	病
卯	祿	官	旺	病	浴	絶	胎	長生	死
辰	羊	帶	衰	衰	帶	墓	養	養	墓
巳		浴	病	旺	官	死	長生	胎	絶
午	文 紅	長生	死	官	旺	病	浴	絶	胎
未		養	墓	帶	衰	衰	帶	墓	養
申	貴	胎	絶	浴	病	旺	官	死	長生
酉		絶	胎	長生	死	官	旺	病	浴
戌	飛	墓	養	養	墓	帶	衰	衰	帶
亥		死	長生	胎	絶	浴	病	旺	官
子	貴	病	浴	絶	胎	長生	死	官	旺
丑		衰	帶	墓	養	養	墓	帶	衰

乙 丑	▷정신적, 내면성을 추구하다보니 사회적 성취나 현실적 보상은 매우 불안◁ 남녀 모두 만혼이거나 재혼이어야 상부상처를 면하며 坤命이면 나이차가 커야 길연이요, 乾命은 군.경.의사나 부동산으로 재부財富. 戌,亥 천문성의 공망으로 종교.철학.교육/형벌.수술/제조.가공/건축.부동산 등과 인연. ※乾命은 혼인 이후 처의 득세로 공처가 되기 쉽고, 坤命으로 본, 사주에 庚/辛 金이 드러나 있다면 배연에 갈등이 초래됨. □식상이 있다면 전문 기술, 자격/ 전기. 전자. 화학/ 토목. 관성 드러나면 직장으로 금융업. 공직.재경.재무.회계/ 화학/ 제조요, 편재가 임하면 증권.투자.투기/ 도박으로 대박~ 내려다 낭패狼狽.
乙 卯	※乾命이면 재물분탈~ 배연불안〈상당히~〉이요, 처가 사치, 유흥을 즐긴다. ※일지 도화로 배연에 풍파, 갈등이 초래되고, 배타적이어서 삶이 고독!!!~ ▷坤命이면 재혼, 독수공방!!!~ 이요, 년, 월에 丙子, 丁丑이 좌하면 혼전임신이거나 혼인 이후 신병身病. ※四柱에 목성이 다재하면 혼인이 어렵고 일생 주거가 불안정!!! □巳,午가 있다면 교육/ 제조.생산/ 음식.식품/ 부동산/ 투자사업. 官星 있다면 공직/전문기술/금속/군. 경. 丑/未 坐, 증권.투기.도박 등 투기성 재물인연.

乙巳	※사람이 융통성은 뛰어나나 말에 대한 책임성이 약하여 **대인관계에 오해, 고통이 수반되며 사회적 활동, 재물 운은 좋으나** **배필로 인한 스트레스가 심**한데, 乾命이면 이성관계가 복잡하고, 坤命은 배연이 순탄치 못하다. <u>하절기 생이면 더욱.</u> ▷父母와 갈등이 초래되기 쉽고, 坤命으로 <u>庚干이 있다면 애낳고 살다 通情통정 남과 재혼</u>하기도... **乾命은 혼인 이후에도 본인이나 처의 風遊풍류로 혼인생활에 갈등 초래.** ■직장보다는 전문 기술 분야의 사업이 길하며 巳, 午나 寅이 임하면 **언론.방송.교육 / 전문기술 / 운수.항공.해운** 길. 坤命 또한 **교육. 육영 /** **전문기술 /재무.회계.** 申.酉.丑 字가 있다면 **공,사직의 재무업무 / 금융 /화학분야.**
乙未	※환경 적응력이 뛰어나고 침착한 처신으로 문제를 해결함. **부모.형제.배우자 등에 갑작스런 사고, 횡액이 따르며 고독한 삶이되기도.** ▷男女 모두 시주에 수기가 임하면 만학◁ ※坤命으로 월이나 시에 丑 / 戌이 좌하면 제왕절개나 난산으로 고생하기도. 乾命으로 戊/己가 거듭되면 악처惡妻를 만나거나 초혼에 실패. □토목.건築.부동산 등으로 재부할 수 있으나 그로 인한 고충을 당하기도. 巳/ 午나 未가 거듭되면 건강에 문제. 木 多하거나 水木 공존하면 **토목.건축/부동산 / 축산.원예.농수산(건과류. 곡식)/무역.** 職場이라면 **금융 / 교육.전문기술(간호사.약사 / 정밀기계.금속)/ 활인 분야.**
乙酉	**申.子.酉**의 글자는 성적性的 이성 어필의 인자요, 자식출산 이후, 두 사람의 수명이 불안해지거나 처와의 배연에 갈등이 초래되기 쉽다. ▷坤命이면 그 남편은 가정경제가 어찌 돌아가든 **참으로 세월이 便하기만 하며 酉 대한이면 인생이 거덜 날 수 있다**※ 乾命은 처덕이 약<u>(主로 건강문제로)</u>하거나 이성들의 접근으로 가정이 불안. ※만혼 일 수 있으며 乾命으로 酉 字가 거듭되면 악처를 배연하기 쉽고, 坤命으로 타 주에 庚 字가 있다면 남편 놔두고 다른 남자와 재혼하기도... □군.경.검/교도관/재무.재경. 금융. 특수행정 등에서 성취하나 성패 공존. 火 多에 土氣가 드러나 있으면 큰 조직과 연계하는 **대리점.납품.하청 / 용역 / 토목.건축.자재 / 기계.금속 / 전기.전자.**
乙亥	※처와의 조화력에 불안, 갈등이 초래되고 정신적 문제해결 능력은 탁월하나 세속적 번영/ 성취나 보상에는 어려움이 따른다. ▷乙亥 日柱는 건강에 문제가 있을 수 있어, 몸이 마르거나 약할 수 **있으며 선대로부터의 증여, 상속으로 재물을 축적**하기도◁ ※연애, 혼인이 늦어지며 <u>년 상/유부녀/변태성 등, 비정상적 연애</u>를 경험. 乾命이면 부모와 고부간의 갈등, 우환이 따르므로 분가해야... □직장인 경우, 승진의 의미가 없는 전문 자격분야가 길하여 **교육. 어린이 집, 육영시설 / 종교계.철학. 한의학** 등 활인업계. **항공.해운.운수 / 무역 / 전문 기술분야 / 기계.금속 / 보석상 / 과일.곡물.건과류.** **정형외과. 치과의 / 작가. 애.체능 / 건축업.**

丙 日干		丙巳戊辰戌 比肩食神	丁午己丑未 劫財傷官	庚申 偏財	辛酉 正財	壬亥 偏官	癸子 正官	甲寅 偏印	乙卯 正印
寅	紅	長生	死	絶	胎	病	浴	官	旺
卯		浴	病	胎	絶	死	長生	旺	官
辰		帶	衰	養	墓	墓	養	衰	帶
巳	禄	官	旺	長生	死	絶	胎	病	浴
午	羊	旺	官	浴	病	胎	絶	死	長生
未		衰	帶	帶	衰	養	墓	墓	養
申	文	病	浴	官	旺	長生	死	絶	胎
酉	貴	死	長生	旺	官	浴	病	胎	絶
戌		墓	養	衰	帶	帶	衰	養	墓
亥	貴	絶	胎	病	浴	官	旺	長生	死
子	飛	胎	絶	死	長生	旺	官	浴	病
丑		養	墓	墓	養	衰	帶	帶	衰

丙子

※남편이 <u>잘났다, 잘 나간다!!!</u>~ 하지만, 여자 입장에서는 피곤한 남편이요, 남자는 여자 덕 볼일 많지만, 여자는 남자로 인해 피곤하다.

※<u>현실적 실익보다 명예를 중시</u>하는 경향이 있으며 자존심이 강하다보니 <u>물질적 성취가 늦어질 수 있고, 대인관계가 경직</u>될 수도...

▷속되지 않은 고상함이 함축되어 <u>종교. 교육. 철학</u> 등과 인연하기 쉬움.

※天干에 <u>壬/ 癸 水가 공존하면 돌연한 사고나 심장병</u>이 있을 수 있다.

■큰 조직의 <u>공,사직/ 금융, 회계/ 군,경,검/ 해운,수산</u> 등이요, 사업적으로는 <u>기계.금속/ 섬유.포목,의류/ 가구 등의 전문기술/ 용역/ 납품/대리점</u>.

丙寅

·坤命으로 丙寅 일주면 그 남편이 시원치 않거나 주색잡기로 돈을 낭비·

▷가내 <u>수석/박제/글,그림/골동품</u> 등을 비치하는 것은 삼가라!!!~

※소신을 굽히지 않으며 타인의 이목을 집중시킬 수 있는 <u>재주. 능력</u>을 갖춤.

※교육/전문기술 분야에서 발휘되며 <u>현실적 인덕/물질적 보상, 대가는 약</u>.

※매사가 자기중심적이요, 급하다보니 다되어가던 일이 중도에 전도되기도...

□火, 土가 旺하면 <u>전문 공,사직/ 외교,교육/ 육영사업</u>. 亥, 子가 약해도 <u>건축,토목/ 기계,금속/ 섬유,의류,장식/ 디자인/ 무역〈통상〉/ 주류,수산,양식업/ 냉동/ 분식,제과/ 민속,토속주/ 해운/ 정보통신/ 의약/ 직업 군인/보안,경비/ 종교,신앙인/ 철학교수</u>.

丙辰	※乾命은 처의 건강문제로 인한 배연의 굴곡이 따름. 주로 戌 대한, 유년이다. 자존심과 실리, 포용력을 조화하며 낭비하지 않는다. ▷타 주에 申,酉가 좌하면 요식업으로 대성 할 수 있으며 장모를 모시기도... ⊡坤命이면 자식출산 이후, 배우자와의 연이 박〈일, 사업의 실패로 인한〉해 질수 있으나, 남자가 직장생활을 하면 다소해소. ⊡남자인연 많고 정부情夫를 두기도⊡ □신왕한 구조라면 기계,금속/제조/화학/교육, 행정. 신약이면 해운,수산/교육/조직과 연계되는 사업이나 학원,육영/ 식품,요식/ 토목,건축,인테리어/ 창고업. ※사주의 타 주에 申/ 酉가 드러나 있다면 사업을 안정적으로 발전시킴.
丙午	□남들은 겪어보지 못하는 수많은 시련~ 고통!!!을 경험하게 된다. 성, 패의 기복이 따르고 처자 인연에 남다른 고충이 따름. ※자기중심적이요, 호승심이 강하다보니 대인관계에 마찰이 있기 쉽고, ※어린 시절 부모가 불화하거나 불우한 성장환경에서 성장하기도... ⊡丙午 日柱는 만혼이어야하며 조혼이면 배연에 우환, 풍파가 따름. ※乾命은 처의 건강이나 마찰로, 坤命이면 자신의 사회활동이나 남편의 외도로 배연이 왜곡되기 쉽다. □직장보다는 사업이 무난하며 교육,육영/의약/무역/기계,금속/제조, 가공/의류,섬유. 직장 길이라면 상사로부터의 간섭이 없는 전문 지식 분야의 교육,교직/ 육영/ 의약/ 기계,금속/ 무역업 등에 무난.
丙申	"秀氣流行"~ 말 잘하고, 공부 잘하고, 연애도~ 학교도 좋은 대학간다~ ▷명예, 경제적 번영도 이룬다.→ 경제적으로도 궁색하지 않다. 坤命이면 금전, 재물면에서는 남편의 덕이 있으나 피곤하다!!!~ ▷巳, 午의 화기가 왕하면 사업을 크게 이루나 申, 酉의 재성이 거듭되면 사업을 크게 하다, 실패하기도 쉽다. 재다신약이면 허풍이 세다. ※타 주에 丙火와 辰, 子가 유기하면 처로 인한 근심, 고충이 따른다거나 중혼일 수도~ 사주의 년/ 월에 申,子,辰이 거듭되면 남녀 모두 혼전 임신/ 출산을 경험. ⊡日支 편재는 투기성을 함축하므로 투자, 투기를 한다거나 처를 통해 사업을 전개→ 처가 경제력을 갖는다는 것!!!~ □금융/무역/운수,관광/수산, 냉동업/전기,가스 등, 에너지 산업체/ 직업 군인. 건축,광산/냉, 난업/기계,금속/의류,세탁업/목욕업/ 주류/유류/산부인과,수의사/ 유흥.
丙戌	□양,개 띠 들은 사회활동이나 금전, 재물 성취에 어려움이 많다. ※모친 인연이 불안, 종교, 정신적 수행/학문, 예술분야에 심취하기도... ※내적 갈등, 고독感을 느낄 수 있고 외가쪽과의 동업은 금禁한다. 일지 식신 화개로 조기에 학문과 다재다능을 발휘하나 토다, 목약→ 만학!!! ▷乾命으로 무재면 처밖에 모르고, 坤命은 자식출산 이후, 배연이 불안!!!~ □공,사직의 교육,육영/ 신문, 방송,언론/ 출판업/ 의약, 전문 기술직인, 에너지업/ 무역/ 수산업/ 냉동업, 냉, 난방업/ 주류,유류/ 의류,세탁/ 건축,광산. 직업군인/ 산부인과, 수의사/ 음식,요식/ 목욕, 유흥업.

丁 日干		丁午 己 丑未 比肩 食神	丙巳 戊 辰戌 劫財 傷官	辛 酉 偏財	庚 申 正財	癸 子 偏官	壬 亥 正官	乙 卯 偏印	甲 寅 正印
寅		死	長生	胎	絶	浴	病	旺	官
卯		病	浴	絶	胎	長生	死	官	旺
辰		衰	帶	墓	養	養	墓	帶	衰
巳		旺	官	死	長生	胎	絶	浴	病
午	祿	官	旺	病	浴	絶	胎	長生	死
未	羊紅	帶	衰	衰	帶	墓	養	養	墓
申		浴	病	旺	官	死	長生	胎	絶
酉	文貴	長生	死	官	旺	病	浴	絶	胎
戌		養	墓	帶	衰	衰	帶	墓	養
亥	貴	胎	絶	浴	病	旺	官	死	長生
子		絶	胎	長生	死	官	旺	病	浴
丑	飛	墓	養	養	墓	帶	衰	衰	帶

丁 丑	□건강이 문제다!!!~ **현실적, 정신적 애로, 고충이 많다**!!!~ ※남/녀 모두 배우자의 건강으로 근심이 따를 수 있고, 여러 사람이 얽혀 있어 큰돈도 안 되는 부동산을 물려받기도… ▷활동적이요, 금전/재물욕 또한 강하나 **현실적인 결과나 그 댓가는 약**. ※외가쪽이나 처남과의 금전거래나 합작사업은 금한다. ※소년기부터 학문과 다양한 재능을 발휘하며 성장하나, **입시성 시험에는 약한 면**이 있다. 남녀 모두, 혼인 이후 배연에 고충이 따르며 곤명이면 **자식출산 이후 극부**. □관이 안정되면, **공직/군,경,검 등, 특수조직/ 금융,재무/회계/무역/ 의약/간호, 교육,육영사업/정보통신,IT/생명,유전공학**, 비견이나 재성이 있다면 위와 더불어 **건축/ 장식,인테리어/ 기계,금속/ 생산,제조/ 요식/ 부동산.**

丁	□예감이 발달하고 사물에 대한 남다른 시각!!! 남/녀 모두 초혼 왜곡. ▷**자신의 다재다능함을 과신말라!!!~ 시기, 배신, 화를 자초하기 쉽다**◁ ※모친의 금전, 재물활동으로 가정경제를 해결하게 되며 **남녀 모두 혼인 이후, 배연에 불안, 갈등이 초래**, 坤命이면 배우자의 신체건강이 문제된다. □재성이 있다면 **형벌,법률/ 의약**(간호사,정형외과,산부인과,비뇨기과,치과의, 약사)/

卯	세무,회계,경리/금융,교육,연구 / 방송,언론 / 토목,건축 / 기계,금속/자동차,항공,선박,해운/ 보석,시계/식품〈과일,곡식,건과류〉/ 작가,화가,배우/종교,철학,교육/ 정보통신/유전공학.
丁巳	□乾命은 고집불통. 坤命이면 배연 고충~ 홀로 살아 갈수도. 의부,의처증. ▷丁巳 일주는 **친구간의 이성 분탈, 배신**이 따를 수 있고, 주말 부부로 살아가는 등, 분거의 현상이 드러나기도 . . . □직장 분야는 교육/ 의약/ 무역,운수,해양,수산. 사업은 기계,금속/ 토목,건축,인테리어/ 교육,학원/ 무역,회계/ 의약/ 농업,농수산물. 土多 사주면 전문기술/예술, 스포츠 분야. 水旺➔ 전문성 그러나 어려움이 많다.
丁未	남/녀 모두 배연 불화, 갈등. □변덕스럽고 다혈질~ 坤命이면 **출산 후 우환/질곡**. 일지 양인으로 극강,극렬〈쉽게 흥분, 쉽게 식음〉!!! 성패의 기복 초래. 질병, 부상 등으로 모친과의 연이 짧을 수 있다. **※부모의 강요로 왜곡된 혼사가 될 수도※** □관성이 드러나 있다면 해양,수산,무역/ 냉동/ 주류,油類/ 직업 군인/ 의료분야. 사업〈官,印이 不足해도〉이면 기계,금속/보석상,시계/ 변호,회계/ 의사〈정형외과,치과의〉/ 주류/ 약물/ 토목,건축/ 작가/ 예술/ 스포츠.
丁酉	□비록~ 시작은 어려울 수 있으나 금전/재물의 안정적 발전을 이룰 수 있음. ※재리에 능하고 세상물정에 대한 수완도 남다르나 자기중심적이요, **자신에 대한 과대평가로 대인조화에 어려움 초래**. 소년기에 모친 건강이 문제요, 부친과는 갈등이 초래됨. ※日支 문창,귀인으로 **조기부터 다재다능함을 발휘**하며 학문적 발전을 이룸. ·乾命은 처의 재물활동이 강하다거나 처가 큰 재물과 인연하게 되며 **재성이 거듭되면 배연에 갈등, 중혼 초래~** 坤命이면 남편이 사업가이거나 시댁이 금전적으로 여유로운 집안이요, 시 부모와 동거하기도... □일간이 왕하면 자기사업이요, 재성이 거듭되면 가내, 처와의 동업이다. 직장이면, 금융,재무,회계/ 의약/ 해양,수산/ 식품분야. 사업이라면 기계,금속,정밀기계/ 보석,시계/ 과일,건과류,곡식류 등의 농산물/ 건축/ 작가/ 예술, 스포츠/ 종교,신앙인/ 역술/ 선도禪道 등의 구도자.
丁亥	※一生 별 어려움 없이 무난하게 살아간다.~ 변덕스러울 수 있어 **대인관계에 고충이 있을 수 있고 음주실수를 범**하기도 ※처신함에 **절제/ 조화를 갖추지만 일관성 결여로 일이 지체**, 더뎌짐. ※乾命은 배우자 건강문제로 배연이 왜곡될 수 있고, 편재를 취하는 경우, 처가 **사치,허영,유흥을 즐긴다거나 병약**할 수 있으며 坤命으로 정,편의 관이 혼재하면 **남자로 인한 고충과 재혼이 거듭**되기도... ※사업보다는 직장 생활이 길하며 사업인 경우, **정직과 신뢰를 기본으로 정당하게 운영해야** 성공의 기반을 이룸※ □식상이 왕하거나 편재가 드러나면, 토목,건축,장식/섬유,의류/무역/수산/냉동. 식품가공,음식/ 귀금속/ 운수/ 제조,납품/ 출판/ 문화,예술/ 서점/ 종묘,꽃집/ 부동산/ 창고/ 숙박,목욕업 등이요, 직장 분야로는, 종교,철학,교육,연구/ 무역/ 수산업/ 냉동/ 주류,油類/ 에너지산업/ 토목,건축,광산. 음식/유흥/ 목욕업/ 의료〈산부인과,비뇨기과,수의사〉/ 정보통신/컴퓨터, IT/ 밀매업.

戊 日干		戊 辰戌丙巳 比肩 偏印	己 丑未丁午 劫財 正印	庚 申 食神	辛 酉 傷官	壬 亥 偏財	癸 子 正財	甲 寅 偏官	乙 卯 正官
寅		長生	死	絶	胎	病	浴	官	旺
卯		浴	病	胎	絶	死	長生	旺	官
辰	紅	帶	衰	養	墓	墓	養	衰	帶
巳	祿	官	旺	長生	死	絶	胎	病	浴
午	羊	旺	官	浴	病	胎	絶	死	長生
未	貴	衰	帶	帶	衰	養	墓	墓	養
申	文	病	浴	官	旺	長生	死	絶	胎
酉		死	長生	旺	官	浴	病	胎	絶
戌		墓	養	衰	帶	帶	衰	養	墓
亥		絶	胎	病	浴	官	旺	長生	死
子	飛	胎	絶	死	長生	旺	官	浴	病
丑	貴	養	墓	墓	養	衰	帶	帶	衰

戊子

※乾命은 처, 坤命은 男便 덕 보다, 재물인연이 강하며
戊子 日柱는 남녀 모두, **자식으로 인한 고충**이 따르기 쉽다.
※基本的으로 **재부를 이룰 수 있는 구조이나 투기성 사업은 금해야**하고,
坤命은 **나이차가 많은 배우자와 인연**하기 쉽다. ▷투기성 일, 사업은 패망◁
※母가 병약하다거나 고생할 수 있고,
他柱에 **戊辰, 戊申**이 坐하면 처자에 우환이 따름.
▫乾命으로 **申,酉/ 亥,子** 등이 있다면 기가 강한 처로 인한 고충이 따르고,
坤命으로 관기가 약하면 배연이 박하며 **일생 직장생활을 전개**시키기도.
▫직장 생활이 길하고, **亥/ 巳,午**가 드러나 있다면 사업과도 인연.
토목,건축,목재/ 출판/ 교육/ 육영/ 의료〈산부인과, 비뇨기과,수의사〉/ 의약/ 군,경,검 등의
전문직이요, 사업이면 **전자,통신/ 컴퓨터, IT/ 유전,생명공학/ 방송,언론**.
장식,조경,인테리어/ 섬유,의류,세탁/ 주류/ 유류/ 무역/ 냉,난방.

戊

▷坤命으로 인성 전무에 寅/卯가 거듭된다면 겁탈을 당하기 쉽다◁
乾命이면 폼생폼사의 허울뿐인 인생이요, 사주에 **亥, 子**의 글자가 드러나면
큰 조직체와 연계되는 제조,납품/ 대리점/ 용역형태나
접객업〈음식, 커피,목욕탕〉이 유리하며 坤命이면 남편/남자가 문제다.
덕도, 해도 따르니... ※사주에 화기가 왕하면 부친과의 연이 짧을 수도※
乾命은 처의 잔소리가 심한가하면 가족에게 도외시 당하기 쉽고,

寅	坤命이면 **남편의 간섭이 심하거나 자신을 무시하는 고통**이 따름. □일지 편관으로 **사업욕 강하고 투기성이 증폭!!!**~ 직장은, 특수성 공직 군,경,검/정보 등과 금융, 세무/ 자동차, 항공, 선박/ 방송, 언론/교육/의료/토목,건축. 사업이면, 토목,건축/ 해운,수산,무역,외교/ 냉동/ 주류,유류/ 의류,세탁/ 에너지/ 정보통신,컴터,IT사업/ 의료〈산부인과, 비뇨기과, 수의사〉/ 생명, 유전공학/ 교육,종교/ 철학/ 수도,수행,역술.
戊辰	※乾命이면 부모, 처연이 고르지 못하다거나 질병, 돌연한 사고로 부친과의 연이 짧아질 수 있고, **坤命은 배연이 왜곡〈재물/애정의〉**될 수 있다. ▷**남녀 모두, 색난으로 인한 고통이 따르나 그 연은 비교적 길다**◁ 명예와 물욕을 조화하며 속되지 않은 것들에 관심을 갖는다. 돈, 재물과 직결되는 학문에 관심이 높고, 고시성 시험에는 불리하다. ■투기성 금전,재물보다 안정적 재물활동을 전개시켜야~壬,亥/癸,子가 임하면 사업과도 인연, 해운,수산업, 무역/외교/ 운수,항공/냉동/에너지 사업. 종교, 교육,육영, 철학, 연구개발/의료/정보통신, IT, 컴퓨터/생명, 유전공학/건축,설계, 디자인/식품/유흥,오락. 조직과 연계되는 납품/대리점/토목,건축/ 금융분야.
戊午	한 성깔한다. 戊寅 일주면 배우자와 서로 떨어져 살아라!!! ※**배연고통**※ ※자기주장이 너무 강하다보니 육친, 대인관계에 애로/ 고충이 따르는가하면 **금전/재물의 성패로 전변, 기복이 따름, 처 건강 불안. 골병.** 남녀 모두, 성적욕구가 강해 혼인/배연에 고충. 坤命은 낙태/중절이 따르기도. □癸,子/ 卯木이 임하면 직장 길하여 군,경,검/ 법률/ 정보 等, 특수 공직. 토목,건축,설계/ 교육/ 해운/ 정보통신. 사업이면, 토목,건축/ 기계,금속. 해운,선박,항공운송/ 무역/ 법률/ 의료,의약/ 배우,작가,화가/ 교육,연구/ 종교,철학.
戊申	남/녀 모두, **寅 운에 이르면 처자/ 재물의 고통**이 따름. 亥, 子가 임하면 재부를 누릴 수 있으나 **火, 土가 부족하다면 건강에 문제.** 일지 역마로 **객지,해외출입**과 인연. 坤命이면 자식출산 후, 배연에 **우환,고충.** ▷戊申 일주면 명예보다는 재물인연이 많은 사주요, 직장생활을 하면서도 사업을 병립하는 환경이 조성되며 금전/ 재물의 풍요를 이룸. ※건명은 현량한 처를 만나며 **처가와 유정하여 장모 동거**가 있을 수 있고, 坤命이면 이성들에 인기가 있으나 남자를 무시하는 경향이 있어 배필에 어려움이 따르며 남편으로부터의 금전적 덕이 있다 해도 **자식출산 이후, 배연이 왜곡되기 쉽다.**▷**투기성 일,사업을 통해 능력발휘**◁ □교육,육영/ 관광, 여행/자동차,항공,선박/정보통신/ 방송,언론. 사업이면, 교육/ 기계,금속/ 무역,해운,항공운수/ 식품/ 생산,제조요, 편관이 임하면 법무,형벌,군,경,검/정보기관/세무,법률이요, 亥,子가 臨하면 기술,제조/생산.
戊戌	▷**전생에 수행의 삶을 살았고 현세에서의 삶 또한 고독하기 쉽다**◁ 사색, 고독의 성분이요, 학예, 정신적 측면과 인연하다보니 세상물정에 어둡고 대인처세에 서툴기 쉽다. ※**종교,철학,교육,예술,수행과 인연**※ 戌이 거듭되면 **자신/가족/친인척의 몰락 암시**~ □木,火의 조화는 대부□ 乾命이면 타인과 처를 다투고, 坤命이면 타 녀의 남자를 빼앗는 형국!!!~ ※**배연에 우환,파절/ 혼인 이후, 배우자로 인한 고충이 많음**※ □전문기술 분야의 직장길이나 사업이 가하여 교육,육영,활인〈의료, 의약〉/종교,철학. 교육, 예술〈합창단, 밴드〉/신문, 방송, 언론/출판/ 공, 사직/군, 경,보안/경비/ 휴지장사. 토목, 건축,장식/ 섬유, 의류/ 창고,숙박,목욕업/ 의료,의약.

己 日干		己 丑未 丁午 比肩 偏印	戊 辰戌 丙巳 劫財 正印	辛 酉 食神	庚 申 傷官	癸 子 偏財	壬 亥 正財	乙 卯 偏官	甲 寅 正官
寅		死	長生	胎	絶	浴	病	旺	官
卯		病	浴	絶	胎	長生	死	官	旺
辰	紅	衰	帶	墓	養	養	墓	帶	衰
巳		旺	官	死	長生	胎	絶	浴	病
午	祿	官	旺	病	浴	絶	胎	長生	死
未	羊	帶	衰	衰	帶	墓	養	養	墓
申	貴	浴	病	旺	官	死	長生	胎	絶
酉	文	長生	死	官	旺	病	浴	絶	胎
戌		養	墓	帶	衰	衰	帶	墓	養
亥		胎	絶	浴	病	旺	官	死	長生
子	貴	絶	胎	長生	死	官	旺	病	浴
丑	飛	墓	養	養	墓	帶	衰	衰	帶

己丑

※대인관계에서 오는 번거로움, 고충이 크며 **자학自虐의 성향이 강해**
음독/자살을 시도하기도. ※**뜻한 바를 이뤄내기에는 어려움이 많다**※
※일을 행함에 능숙함이 있으나 용두사미가 되기 쉽고 금전/재물에 성/패 종.
乾命이면 부친과 마찰/갈등하기 쉽다. **坤命은 재물,자식에 집착!!!**
※연애/혼인의 과정이 순조롭지 못하고 乾命은 **혼인 이후, 의처증**이요,
坤命은 혼전 자식잉태, 배연의 불화/파절. ▷남녀 모두 일찍부터 이성관심◁
□己丑 日柱는 전문기술이나 투기성 사업과 인연하기 쉽고,
정당치 못한 방법을 통해서라도 큰 재물을 취하려하지만 성패가 교차됨.
사주에 관/인이 소통되면 교육,육영,연구/ 의료,의약/건축,토목,장식/ 전기,전자,통신,
항공, 해운,운송/ 방송,언론/ 기계,금속 등이요, 편재가 유기하면 사업성이 증폭됨.

己

※참으로 바쁘고 번거롭게 살아가지만 현실적 결과는 미약하며
돌연한 사고〈차량 전복사顚覆事〉로 수명이 짧아 질 수도 있다.
※한 순간 재물이 이뤄진다 해도 지켜지지 않는 등, **소모/지출이 많다.**
그래도 힘주고~ **피상적으론 화려해 보여도 내허**요, 火 부족이면 健康좋지
않고, 사고가 따르기 쉬우며 **火 부족에 水多면 소년기의 성장성에 저해.**
남녀 무두 **색정으로 인한 고충이 따르기 쉽고. 坤命이면 50대 전후로**
소화기, 생식기 계통이 문제요. 자궁을 드러내는 수술을 할 수도.

卯	곤명으로 화기 부족이면 강제 婚 일 수 있고, 혼인 이후에는 남편의 간섭이 심할 수 있으며 乾命이면 혼전 득자요, 혼인 이후에는 처의 간섭 심. □乙,卯 木星이 드러나면 조직과 연계되는 <u>대리점/ 납품,하청</u>의 형태가 됨. <u>군,경,검/법조계/ 토목,건축,목재,가구/지물,섬유/출판/ 전기,전자,통신/ 해운,항공,운수.</u> <u>교육,육영/ 의료/ 약초/ 종교/ 방송,언론/ 곡물,과일,야채/ 중,저가 주니어 의류.</u>
己巳	乾命이면 처가 건강으로 고생한다거나 **이제 살만하다 싶으면 돈 들고 뛰쳐나**가려하며 坤命은 **자식 성장 이후, 남편의 일/ 사업에 기복**이 다발. 사주에 申, 酉의 금기가 있다면 침체요, 발전이 어렵고, 火가 거듭되면 유학하여 학위 이룸이 유리. □乾命은 혼인 이후, 고부갈등이 심하고, 坤命이면 **데릴사위**를 본다거나, 자식의 혼인이 늦어지거나 혼인 이후, 친정으로 되돌아오기도... □사업보다는 직장 길이 순탄. <u>공직,교직/ 교육,연구, 개발/ 의료(산부인과, 비뇨기과)/</u> <u>의약/전기,전자,통신,IT,컴퓨터/ 생명,유전공학/항공, 해양/무역, 외교/운수/출판/ 섬유.</u> <u>토목,건축,설계,목재,가구/장식/ 출판/ 군,경,검/ 판,검사</u> 등이요, <u>辛,酉/癸,子</u>의 글자가 있다면 사업도 가. <u>금융,회계/ 변호/ 기계,금속/ 보석,시계/ 건과류,곡식.</u>
己未	□사주에 **未字가 2~3개면 무조건 고생~** ***未 運 안된다. 취소해라~*** ※상당히 답답한 삶이요, 현실적 실익/보상이 박약하며 금전/재물의 성취가 있다 해도 소실. ※**대인/육친/배우와의 조화력이 굉장히 불안하다**※ □사주에 水氣가 고르면 금전/재물이 꾸준하나 火 多면 재물발전에 장애□ ▷남녀 모두, **혼인이 늦어질 수 있고 배연에 갈등이 심**해지며 배우의 부정으로 고충이 크다. **乾命이면 배연이 박하고, 坤命은 숨겨진 정부를 둠.** ■사업과 인연하기 쉽지만, 경쟁이 심하며 성패 다발. 관 약에 식상/편재의 별이 있다면 <u>기계,금속,철강/의료,의약/선박, 해운,수산, 항공/무역/ 법률,형벌,세무,금융.</u> <u>군,경,판,검사/언론, 방송/교육,육영/ 토목,건축,장식/의류/ 출판/전자,정보,통신,IT,컴퓨터.</u> <u>생명,유전공학/ 과일,채소/약재.</u> □일지 양인으로 대인관계에 불화/마찰 심□
己酉	□식, 재록에 별 어려움이 없으나 坤命은 **자식성장 후, 배연의 갈등, 별부.** ※남/녀 모두, **배우자의 건강문제로 배우와의 갈등,고통**이 따르기 쉽다. ※乾命이면 배우자와의 연이 대체적으로 원만. 일지 문창으로 두뇌 총명하나 인내/노력부족으로 실력발휘가 어려워짐. □직장보다는, 자기사업이 순탄. <u>변호,세무사/ 의료,의약/ 기계,금속,자동차,운송.</u> <u>전자,통신,정보/ IT, 컴퓨터/ 생명,유전공학/해양,수산업/ 외교,무역/ 밀매密賣.</u> <u>교육,종교,철학,연구, 개발/ 언론, 방송/ 식품제조/생산/ 토목,건축,가구/ 의류,주류/ 유흥.</u>
己亥	물질적 어려움은 없겠으나 **애정/배연에 우환,곡절**이 따르게 되는데, 乾命이면 분거로 자식 얻기 어렵고 **자식성장 이후, 처의 질병**이 깊다. 坤命으로 **甲,乙 木이 透 干되는 경우라면 두 집 며느리**일 수도 ※사주가 무 인성에 재 다면 **재복은 있어도 육친관계 왜곡**되고 건강도 문제. ※乾命은 현량한 처, 坤命은 재력가 집안과 인연하게 되나, **무 인성이면 강제** **혼이 될 수 있고, 甲,寅/乙,卯가 드러나면 재혼이나 정부를 두기도...** □직장이 순탄. 공,사직의 <u>행정/군,경,검/ 판,검사/ 의료(산부인과, 비뇨기과),의약.</u> <u>토목,건축,목재,가구/출판/ 교육,육영.</u> 정신적 측면의 <u>연구,개발/전문 자격/종교,철학.</u> <u>항공,해운,수산,무역/밀매/ 운수,자동차/에너지/ 냉난방/ 음식/ 주류,유류,유흥업/ 의류.</u> <u>전기,전자/ 정보,통신/ IT,컴퓨터/ 악기 연주자.</u>

庚 日干		庚申 比肩	辛酉 劫財	壬亥 食神	癸子 傷官	甲寅 偏財	乙卯 正財	丙巳戊辰戌 偏官偏印	丁午己丑未 正官正印
寅		絶	胎	病	浴	官	旺	長生	死
卯	飛	胎	絶	死	長生	旺	官	浴	病
辰		養	墓	墓	養	衰	帶	帶	衰
巳		長生	死	絶	胎	病	浴	官	旺
午		浴	病	胎	絶	死	長生	旺	官
未	貴	帶	衰	養	墓	墓	養	衰	帶
申	禄	官	旺	長生	死	絶	胎	病	浴
酉	羊	旺	官	浴	病	胎	絶	死	長生
戌	紅	衰	帶	帶	衰	養	墓	墓	養
亥	文	病	浴	官	旺	長生	死	絶	胎
子		死	長生	旺	官	浴	病	胎	絶
丑	貴	墓	養	衰	帶	帶	衰	養	墓

庚子

"뭐라 해도 내 생각이 맞다" 고집으로 인한, 대인 간의 잦은 마찰로
어려움이 크며 **남/녀 모두, 午 운에 배필과 갈등**하기 쉽다.
식록에는 별 어려움이 없음. **甲,寅의 편재성이 일하면 제조, 생산에서 재부**.
▽乾命은 미모, 학식을 갖춘 처자와 인연이며,
坤命이라면 **자식출산 이후, 배연이 왜곡됨**◁
⊡庚子 日柱로 관/ 인이 소통되면 천재성 발휘요, 좋은 학교와 인연.
□전문 기술분야가 순탄□ 火氣가 드러나면 직장생활 연. 교육,연구/ 의약,의료.
언론,방송,신문/ 정보,통신/ 운수,자동차,선박,해양,수산,무역/금융/ 식품,정육/ 주류,유류.
유흥,오락,연예인/토목,건축,장식,가구/ 섬유,직물/출판/ 세탁,목욕업 等과 기호식품류.

庚寅

재물 대박을 꿈꾼다!!!~ 금전/재물을 벌어들일 수 있는 여건이 조성됨.
그러나 결코 쉽지 않다. 대박을 친다 해도 큰~ 사고를 친다거나,
돈이 쌓일만하면 관재, 세무조사 등으로 골병든다. **살만하면 건강 해치고~**
큰 재물을 도모하다 수모受侮를 당할 수도 있다.
火多 사주면 남녀 모두, 사업성을 갖는 배필과 연하기 쉽고, 坤命도 사업이요,
교통사고/가스/화재 등에 유의해야...➝ ***火災保險 들어라!!!~***
※乾命은 日支 偏財로 妻가 强할 수 있고, 坤命은 男便에 依한 財物 德은
있으나 잘난 男便에 依한 不和, 苦衷이 隨伴.

	□직장생활하다가도 사업 전개. <u>의료,의약,약품 / 금융, 세무, 법무 / 운수,해운,수산,무역. 언론, 방송 /토목,건축,설계,장식 /출판 /문구 /섬유,의류 /냉, 난방업 /식품,음식 /주류,유흥 /가수.</u>
庚辰	⊡<u>첨단, 전문기술</u>로 살아간다. ***"다들 덤벼라!!!~*** 재물성패의 변화가 많고, **직장생활이 순탄順坦!!!~** 乾命은 처로 인한 고충이 별로 없지만, 坤命이면 <u>남편/자식 덕 부족.</u> ▷**고독한 삶!!! 똑똑한 남자와 살기 어렵고, 과부로 살아가기 쉽다**◁ ※庚辰은 괴강, 라망이어서 **강금, 송사, 형액, 지체** 등이 따르기도... 남/녀 모두 강한 고집으로 배척당하기 쉽고, **평생 건강하다 병고로 고생.** 사주에 재성이 드러나면 부의 재혼으로 계모 슬하에서 살아가기도... ■전문 기술성 특수분야의 직장 길이 순탄. <u>군,검,경/ 법무,세무/ 의료/ 교육,육영. 연구 /방송, 언론 /건축,조경,장식/ 전자,정보통신,IT, 컴터/ 항공, 해운,운수,무역/ 식품,음식. 생명,유전공학.</u> 傷官星이 有氣하면 <u>기호식품 류.</u>
庚午	※지지 정관의 명예, 자존심으로 인내, 노력하며 어려움을 극복해 낸다. 처세 또한 원만. ⊡坤命이면 남편 덕은 무난하지만 **관직이나 자식으로 인한** **근심,걱정,고통이 따름.** 자식의 혼인이 늦어지거나 혼인 실패 등... 대인들로부터 호감을 사지만, <u>소모, 지출이 따르는 등, 내실이 허</u>할 수도... ※재가 있다면 재리능력을 갖추고, 인성이면 <u>전문기술,자격/학문을 活用하라.</u> ⊡부친이 질병으로 고생할 수 있으며 그 연이 짧아질 수 도...... ※남/녀 모두 子 운이면 배필에 우환,고통이 따르거나 명예가 손상되기도. ■사업을 전개하기도 하나, 사업보다는 직장이 순탄. <u>교육,연구,육영/ 금융,재무. 食傷</u> 유기면, <u>해양,수산,항공,운수/무역/음식,주류,유흥. 에너지, 냉,난방/ 에너지사업. 종교,철학/ 의료,의약/ 영화/ 음악, 현악기연주/ 안경점/ 정보,통신,컴터/ 전기,전자.</u> 편재성이 드러나 있다면 <u>토목,건축,설계,목재,장식.</u>
庚申 祿	⊡**금전/재물을 장악하는 힘을 갖지만, 남/녀 모두 배연의 조화력은 약.** ※매사 처리에 고집, 힘의 논리로 밀어붙이는 경향이 있고, 혁명성을 갖으며 피상적인 면에 집착하다보니 **번잡함. 장애,지출,소모로 인한 고충이 초래** 庚子, 庚辰 드러나 있으면 병약한 딸을 두기도. ▷남/녀 모두 성적매력을 갖으며 색정적인 면이 있으나 **혼인 이후, 性 불만** **으로 정부/내연 녀를 두기도.** ※남녀 모두 자기주장 강해 배연에 고충※ ■관성이 드러나면, <u>공직 / 전문기술 /스포츠 분야 / 군,경,검 / 금융 / 세무 / 의료,의약. 교육,육영 / 방송, 언론 / 전기,전자,통신, 컴터 / 운송, 해양,수산 / 공항, 터미널, 백화점. 주류,유류 /유흥, 레져,토목,건축,목재,장식 / 섬유,의류 /출판업 / 종교 / 공항, 터미널,백화점.</u>
庚戌	***기술로 살아가라!!!~*** <u>토목,건축,인테리어/ 의료/ 교육,종교</u> 분야다. 그러나 실속/보상은 적다. 재주는 곰이 부리고 재미는 주변에서 보는 식이라~ ※피상적 행위는 자신의 이익/실속을 위함이요, 庚戌은 괴강이다 보니, 맹렬함이 있으며 **납치,유괴,감금** 될 수 있고, **자신의 이익만을 취하려함.** 坤命이면 **남편 덕이 없거나 남편이 일/사업에서 실패**하기쉬움. ⊡坤命으로 토다, 화약이면 연구, 교수직에 인연. ※남/녀 모두, 혼인이 늦어진다거나 그 과정이 순탄하지 못할 수 있고, 乾命은 모친 동거로 고부 갈등이 초래될 수 있으며 坤命이면 **배우자의 병고/사별 등으로 모친 동거**가 이뤄지기 쉽다. □의약,의료〈산부, 비뇨기과〉/ 군,경,검 / 교육,연구, 개발 / 종교. <u>정보통신 / 전기,전자,IT, 컴터 / 방사선 / 방송, 언론 / 해양,선박,운수 / 무역 / 외교. 생명,유전공학 / 스포츠 / 악단(현악기, 바이올린, 비올라,첼로...) / 임대사업.</u>

辛 日干	辛酉 比肩	庚申 劫財	癸子 食神	壬亥 傷官	乙卯 偏財	甲寅 正財	丁午己 丑,未 偏官偏印	丙巳戊 辰,戌 正官正印
寅 貴	胎	絶	浴	病	旺	官	死	長生
卯	絶	胎	長生	死	官	旺	病	浴
辰 飛	墓	養	養	墓	帶	衰	衰	帶
巳	死	長生	胎	絶	浴	病	旺	官
午 貴	病	浴	絶	胎	長生	死	官	旺
未	衰	帶	墓	養	養	墓	帶	衰
申	旺	官	死	長生	胎	絶	浴	病
酉 紅祿	官	旺	病	浴	絶	胎	長生	死
戌 羊	帶	衰	衰	帶	墓	養	養	墓
亥	浴	病	旺	官	死	長生	胎	絶
子 文	長生	死	官	旺	病	浴	絶	胎
丑	養	墓	帶	衰	衰	帶	墓	養

辛丑

※먹고 살만하나 건강/대인관계에 불리함이 많고, 木, 火가 드러나야 평탄하다. ·坤命이면 밤새 잠 못들고 눈물 흘릴 일 많다·

※辛丑 일주는 자기중심적이나 매사에 수동적이요, 재능, 능력 발휘가 어렵고 현실적으로 주어지는 결과,보상 또한 미약. ▷큰 성공을 기대하기 어렵다◁

※학업은 대체로 좋고 만학을 하기도... 종교,신앙/도덕,철학/문화,예술에 관심.

·남녀 모두, 일찍부터 연애를 꿈꾸나 순탄하지 못하고 그 결과도 좋지 않다.

■사업욕을 갖겠으나 직장이 순탄. 전문성의 공직,기술직/ 군,경,검/ 교육,육영 의약,의료〈정형, 산부인과〉/ 군,경,검/교육,육영/토목,건축,장식/출판/ 운수,항공,해양,무역. 냉동/ 종묘,화훼/ 농산물,식품가공/ 중간상인/ 부동산업.

辛卯

乾命은 직장생활을 가다가도 사업을 꿈꾸며 처 동업으로 나타난다.

坤命은 서방이 사업한다고 돈 갖다버리는 등, 인생이 고단하지만, 옷장사로 돈 잘 번다. 장사 잘된다!!!~

그러나 잘되다가도 "혹~ 가버릴 수 있다" ※낙천적이나 한번 틀어지면 다시는 보지 않는 성격이요, 엉뚱한 고집에 용두사미가 되기도...

▷乾命은 여자에 의지하는 성향이 짙고, 혼인 이후 고부 간 갈등 초래.

※남/녀 모두 도화로 색정 사~ 한때, 고적한 세월~

□투기성 재물을 욕구하며 잘되는 듯하지만, 자빠지기 쉽다!!!~

	토목,건축,조경,장식/ 출판/ 의료,의약/ 금융/ 언론,방송/ 교육,육영/ 운수,항공,선박, 정보,통신,전자,전기/식품,음식/유흥,연예인. 印星이 有氣하면 전문자격 活用.
辛巳	**한 동안 잘~ 나갔으나 歲月이 지나가니 남은 것이 없다!!!~** 부동산, 문서재산은 어느 정도 이루나 **금전/재물이 일순간 날아가 버린다.** ▣坤命은 남편 덕이 있더라도 상당히 번거롭고 고충스럽다. ※水 不足이면 건강에 문제, 배우자와 불화/갈등으로 고충~, 乾命은 딸의 혼인이 늦어진다거나 출가했던 딸이 망신스런 일로 인해 친가로 돌아오기도... 丙,丁이 거듭되면 **남편이 잘해줘도 애 낳고 살다, 정부를 두면서 가정파탄.** 본인이 잘났기 때문이라고 생각하기 쉽다.□대체적으로 직장 길이 순탄. 일반행정/ 군,경,검/ 금융/ 법무,세무/ 의료,의약/ 교육/ 언론,방송/ 항공,운수,선박/ 전기,전자,정보,통신,컴퍼/ 토목,건축,조경/ 화장품,미용/ 목욕,찜질,숙구업/ 영화.
辛未	**▣상당 기간 참으로 답답한 세월을 감내하며 살아가게 된다!!!~** 뭔가를 이루더라도 고생스럽게... 그렇다고 대단치도 못한~ ※辛未 일주는 가족, 주변사람들이 고생한다. 水가 유기해야 성취할 수 있고 **水 不足에 火 多면 처를 고생시키고 의식의 장애, 고충이 많음.** ▷未 대한에는 **처와 떨어져 산다거나 처가 집을 자주 나가기도!!!~** 坤命은 정부로 인한 배우자 갈등, 고충. ■지지 편인으로 재능, 기술과 관련. 식상/편재가 드러나면 사업도 가능. 군,경,검,변호사/ 법무/ 금융,세무/ 교육,육영/ 방송,언론/ 출판,서점/ 영화,연예인/ 화장품/전기,전자,정보통신/ 농,수산물/ 식품가공/ 종묘,꽃집/ 중간상인/부동산업/ 종교,철학/ 의약,의술/ 한의학 예술 等의 전문자격.
辛酉	※**남/녀 모두, 위권/살상의 속성을 갖는 독립, 기술성**을 갖으며 경제적으로 성취할 수 있는 기회가 많다. ▣군,경,검/ 의약/ 금융/ 회계,세무/ 스포츠 등▣ ※사주에 **火, 有면 지도적 위치, 水 多면 교육 지도자, 전문기술로 성취~** ▷乾命은 사업!!!, 재물을 장악할 수 있는 힘!!!~을 갖으며 坤命 또한 사회, 경제적으로 일/재물을 장악하지만 인간적인 면에서는 고충이 많다. **남들은 부러워하지만, 정작~ 본인은 고충이 많다.** ※대인 갈등/마찰 초래, 집에서는 독불장군이라 배연 불안, 식구로부터 도외. 辛酉는 록·홍염으로 남/녀 모두, 자기고집 강하고 색정적이어서 배연 부조. ※坤命은 남편의 **건강문제〈신체 병약한 것이 원인〉로 인한 고충이 초래**됨. ■특수 행정직의 정보기관/군,경,검/법무,세무/의료〈치과,정형외과〉,의약/ 방송,언론/ 교육육영/정밀기계,금속/보석상,시계/곡식,건과류/ 求道者/작가/예,체능/건축업. ▣辛酉 일주 중에는 **고승高僧**이 많다▣ ※火氣가 적절해야 삶이 평탄※
辛亥	**변칙!!!, 반칙에 능하다~, 삶의 수완手腕이 화려하다는 것이다.** ※뭔가 새롭게 자신의 세계를 구축하며 잘 나가다가 한 번씩 자기 꾀에 당함. 두뇌가 비상하고 **재치,융통성,처세에 능하나 재능에 비해 재복은 약~** ▷지지 상관으로 재물은 따르나 큰 사업을 할 만한 그릇은 못된다. ※자 좌 욕지로 남녀 모두 색정에 의한 고충이 있기 쉽고, 木.火.土가 적절해야 의식주가 순조. 水 多면 용두사미. □乾命은 女子, 마누라 다루는 **솜씨가 참으로 대단하다. □坤命은 서방 "돈/ 財物"보고 산다.** ※乾命은 연애를 해도 한 여자와 오래가고 혼인 배연에 별 어려움이 없지만, 坤命은 남자가 수시로 바뀌며 자식 성장 후, 배필 조화가 깨지기 쉬움. □乾命으로 土,金 부족이면 처 동업, 坤命이면 동업형태로 드러남. 교육,연구,육영 /해운,항공,운수 /의료,의약 /토목,건축,장식/ 출판/ 유흥/ 영화/ 화장품/ 스포츠 / 제과, 분식/ 의류,창고 /숙박,목욕업/광산/ 해조류,회집/ 전기,전자,정보,통신/ 냉,난방/ 종교,신앙/가수.

壬 日干		壬 亥	癸 子	甲 寅	乙 卯	丙巳戊 辰戌	丁午己 丑未	庚 申	辛 酉
		比肩	劫財	食神	傷官	偏財 偏官	正財 正官	偏印	正印
寅	文	病	浴	官	旺	長生	死	絶	胎
卯	貴	死	長生	旺	官	浴	病	胎	絶
辰		墓	養	衰	帶	帶	衰	養	墓
巳	貴	絶	胎	病	浴	官	旺	長生	死
午	飛	胎	絶	死	長生	旺	官	浴	病
未		養	墓	墓	養	衰	帶	帶	衰
申		長生	死	絶	胎	病	浴	官	旺
酉		浴	病	胎	絶	死	長生	旺	官
戌		帶	衰	養	墓	墓	養	衰	帶
亥	祿	官	旺	長生	死	絶	胎	病	浴
子	羊 紅	旺	官	浴	病	胎	絶	死	長生
丑		衰	帶	帶	衰	養	墓	墓	養

壬子	사주에 子가 드러나면 **전문기술이나 교육 분야에서 성취**함이 크나, 사회적 보상/인덕에서는 그 고충이 크다. ※월.일.시에 자 좌면 배연 불안※ ※소년기부터 학업능력을 발휘하나 점차 低調. ▷내연녀, 정부를 두기 쉬움◁ **매사를 경쟁/투쟁의 논리로 이해**, 극단적으로 처리하다보니 대인에 고통 줌. ※지지 홍, 양으로 남/녀 모두, 색정으로 재/중혼 가하고, 坤命은 혼전임신에 의한 혼인이거나 낙태 경험. **식상 공망으로 수명단축 流産, 낙태 자식근심**. □투기성 사업으로 큰돈을 욕구하나 성패 다난하고, 직장생활이 순탄. <u>군,경,검/ 생명,유전공학/ 정보,통신,컴터/ 교육,육영/ 의약,의료(비뇨,산부인과,수의사)</u>. <u>수산,해운,운수,광산/ 밀매/ 식품,가공/ 음악(현악기 연주자)/ 스포츠</u> 분야 등.
壬寅	※남/녀 모두 큰 재물을 꿈꾸며 坤命은 재물/자식의 번영은 좋으나 **정부를 둘 수 있고 남편과의 조화력이나 배우자 덕은 불안**하다. 乾命은 장모 동거할 수 있고, 피상적 재물활동의 번영은 있으나 실속이 없다. ※사주에 금기가 드러나면 학문, 인격을 갖추나, **申 字 有면 일생 분주고난**. ※소년기에는 학업성취를 발휘하나 세월이 가면서 저조해짐. 乾命은 자식잉태 후, 婚姻할 수 있고, 坤命이면 자식성장 이후, 배연 고충. □직장보다 자기사업이 유리. **※수시로 사업을 욕구!!!**~ 자동차,운수,해양,항공 토목,건축,장식/ 교육,육영/ 식품,음식/ 법무,세무,금융/ 의약,의료/ 군,경,검/ 약초.

	<u>과일,채소,화원.</u> ※직장생활을 하다가도 사업을 하거나 처가 사업을 전개하기도.
壬辰	※**坤命이면 남편이 무능하거나 사업에 실패할 수 있고, 가정파탄 자초!!!~** 壬辰 일주는 도문道門과 통!!!~ 정신세계를 추구!!!~ ※坤命은 <u>건축,장식,인테리어,패션</u> 등에서 사회, 금전활동이 전개되지만, 개인적 보상, 인덕에는 굴곡이 따름. 辰字가 드러나면 사회적 지위를 점하나 <u>辰/戌</u>이 함께 드러나면 **일생 큰 성취는 어렵고 승려, 성직자**로 살아가기도~ 소년기에 학업적 성취를 이루며 금기가 드러나면 좋은 학교에 입학. 남/녀 모두, 혼인 이후 배우와의 불화,갈등가 초래되며 서로 부정을 행하기도. ☐사업보다는 직장생활이 순탄. <u>군,경,검</u>/ 특수기관인 정보기관, 공안,교도관. <u>방송,언론</u>/ 토목,건축/ 법무,세무/ 의약,의료/ 교육,육영. 사업이면, 큰 조직과 연계되는 <u>대리점</u>/ 납품/ 섬유/ 식품가공/ 화학,인화성 물질/ 기호식품 등.
壬午	※**재물성취를 위해서는 도덕,량심도 버린다.** 乾命은 경제적 성취를 이루나 피상적 번영이요, 실속이 없다. **坤命이면 주변의 부조, 주거변동 등을 통해 재물 번영**을 이뤄나가지만, 육친이나 자신의 건강 등으로 번거로움이 따름. ***※모뮤와의 인연이 짧을 수 있다※*** 소년기~ 학업성취를 발휘하나 세월이 가면서 저조해짐. ※乾命은 자식잉태 후, 성혼이기 쉽고 丙,丁,午가 드러나면 내연 녀로 인한 고충이 따르고, 坤命이면 남자들로 인한 고충이 따르나, 본인의 섹스 어필적 행동이 원인. ※인성 공망~ **승진/진급 시 번잡함이 따름.** ■직장 생활이 순탄. <u>법무,세무</u>/ 금융/ 군,경,검/ 공,사직의 행정직/ 토목,건축/ 화학분야. 관성이 드러나 있다면 큰 조직과 연계되는 <u>납품</u>, 대리점 사업을 전개.
壬申	주거변동이 심할 수도~ **한 곳의 장기체류보다 변화를 갖는 것이 유리.** 답답함, 고충이 크며 **말년에 이르러야 성취함이 있으나 건강이 문제**된다. <u>교육,학문/기술/종교/자격</u>을 활용하여 남다른 재능을 발휘하지만 현실적 결과/보상은 약하고 벌어놓은 것은 자식들에게... 壬申 일주는 **피상적으로는 번듯해 보이나 내면이 부실, 빈**하기 쉽다. ※午字가 드러나면 학문/전문기술 분야의 직장 생활이 길하고, 巳가 드러나면 큰 재물을 욕구하나 어려움을 당할 수 있다. ※坤命이면 혼인이 늦어지는 딸이 있거나 **출가했던 딸이 친정으로 되돌아오는 등, 자식으로 인한 근심**이 따름. ※乾命은 경솔한 판단에 의한 혼인을 후회하기 쉽고, 坤命이면 남편의 심한 간섭으로 배연의 조화 불안. **대체적으로 생 과부 많고 정부를 두기도...** ☐<u>교육,육영</u>/ 전문기술/ 기술행정/재능으로 평생을 살아가기 쉽고, <u>의약,의료</u>/ 예술분야/ 방송,언론/ 출판/ 종교/ 임대/ 소개업.
壬戌	※**시비/ 송사 등, 번잡스럽고 시끄러워지며 사회, 금전활동도 굉장히 답답하고 복잡**해짐. ※실속 없는 것들에 시달리기도~ ⊡坤命 또한 길/흉이 혼재하며 **남성의 기질을 갖는가하면 모사, 술수에 능. 남/녀 모두, 고위 공직자나 군,경,검/ 판,검사 등, 권력직과 통한다.** 지혜롭고 명예, 자존심이 강함. 어려움, 고통도 잘 극복. 지도적 지위를 점유. ※인성이 드러나면 **고위 공직이나 군,경,검,판,검사** 등이요, 식상 발달에 인성이 장 간으로 유기有氣한다면 장인匠人. ※남/녀 모두 자존심 강하고 잘난 배필 만나 해로기기도. ☐火, 金이 드러나면 군,경,검 등의 무직과 <u>공직</u>/ 건축,토목,설계/ 출판/기계,금속. 화학/금융/교육,육영. 水/木 다면, 사업, 전문경영의 <u>법무,세무/변호사</u>/ 의료,의약/ 무역/냉동항공 해운,수산,운수/무역/ 냉동/ 의류,섬유/ 종교/ 세탁,목욕/ 가수/유흥.

癸 日干		癸子 比肩	壬亥 劫財	乙卯 食神	甲寅 傷官	丁午己丑未 偏財偏官	丙巳戊辰戌 正財正官	辛酉 偏印	庚申 正印
寅		浴	病	旺	官	死	長生	胎	絶
卯	文貴	長生	死	官	旺	病	浴	絶	胎
辰		養	墓	帶	衰	衰	帶	墓	養
巳	貴	胎	絶	浴	病	旺	官	死	長生
午		絶	胎	長生	死	官	旺	病	浴
未	飛	墓	養	養	墓	帶	衰	衰	帶
申	紅	死	長生	胎	絶	浴	病	旺	官
酉		病	浴	絶	胎	長生	死	官	旺
戌		衰	帶	墓	養	養	墓	帶	衰
亥		旺	官	死	長生	胎	絶	浴	病
子	禄	官	旺	病	浴	絶	胎	長生	死
丑	羊	帶	衰	衰	帶	墓	養	養	墓

癸丑

·음덕을 쌓아라!!!~, 독실한 신앙인이 되던가!!!~ ※돈 욕심내지 말고 장사하지 말라!!!~ 성패가 다단하다. ※乾命이면 고집, 집착이 강해 주위사람들이 굉장히 피곤하고 힘들어지며 坤命으로 丑字를 남편으로 쓴다면 변태, 동성애자라거나 주식으로, 수술한다고, 좋은 사업한다고 돈 날리며 乾命이면, 여자, 처덕을 보더라도 제대로 된 덕은 볼 수 없다.
※癸丑 日柱는 교육,연구/의료/검,경/종교 분야에서 능력/자격증을 활용해야 순탄, 시험을 거친 관직/시비,분쟁을 거친 부동산/사회적 이권 등으로 재물 형성. 金,水多→재복 약, 木,火있다면 재복 순조 □坤命은 조산,유산 등, 산액 종. 학업 발전있으나 노력보다 저조~ 배필에 불만족. 乾命은 처가 질병으로 고생. □직장 생활이 순탄. 군,경,검/법무,세무/금융/의료/교육,육영/일반 행정. 사업이면, 전문자격을 활용하라!!!~ 난방/귀금속/전기/차량/숙박.

癸

※총명, 지혜롭다~ 의식에 걱정은 없다. 乾命은 번거롭고 답답함을 느끼는 삶. 坤命은 의식/금전,재물/자식의 성취,발전이 따르나 배우자 덕은 불안하며 직장생활을 하다가도 공부를 하기도...
※乾命은 주색으로 인한 고충이 있고, 坤命은 출산 이후, 배연에 우환, 갈등이 있으나 나이차 많다면 무난. ※坤命은 연애의 끝이 좋지 않고, 未字가 드러나면 자식잉태 후, 혼사 성립이요, 乾命은 두 여자 문제로 인한 갈등 초래. ※전문기술 분야의 직장 생활이 길※.

卯	교육,육영/ 의약,의료/ 토목,건축,장식,조경/ 섬유,의류/ 신문,방송/ 출판/ 음식,과일,채소/ 화원/ 약초/ 한의사/ 모델Model/ 종교인.

□재/관 쌍미요, 만사형통이다!!!~ 금전, 재물/ 명예, 배우자 덕 등...
그러나 건강이 문제다. 火 多면 신경성 질환/ 신장, 방광,두부, 뇌질환 등...
장자이거나 長子의 역할을 수행. **일이 많고 바쁘게 살아간다.**
※무 인성이면 모의 고향이 **섬,항구,바닷가** 등이어야 연이 순탄하고, 육지
인이면 모친이 단명할 수도... □申, 酉 유기면 꾸준한 노력으로 만학성취.
⊡坤命으로 戊/ 己가 드러나면 남자로 인한 오해가 따름⊡

癸巳

□금융,회계/외무/전기,전자/화학/통신,항공, 해운,운수/무역/토목, 건축, 장식/ 섬유, 의류/
금속,귀금속/교육,육영/방송, 언론/예술,출판, 문화/강력계형사/농,수산물/식품가공/부동산.

※**일생 분주하나 남다른 시련/고통**이 따르는 등, 크게 성공하기는 어렵고
육친의 건강이 불안. ⊡남녀 모두, 금전/애정에 편중성이 발생하며
乾命은 재물 욕을 갖지만 빚 좋은 개살구요, 坤命은 첩, 소실이 되기 쉽다.
⊡金,水가 갖춰지면 지도적 지위. 木, 火가 왕하면 금전, 재물은 무난하나
개인적 고충, 건강을 상할 수 있다. ⊡두뇌공부요, **입학,고시성 시험**은 불리.
※乾命은 음성적 연애 많고, 내연 녀 문제로 망신을 당할 수 있으며
坤命이면 스토커에 시달리기거나 남편의 심한 간섭으로 배연에 고통.
※남/녀 모두 자식 잉태 후, 성혼하기도.
□큰 재물, 규모를 욕구하나 큰 사업이나 크게 성취 하기는 부족.

癸未

금융,사채/소개업/토목,건축/기계,금속/귀금속/식품,음식/주,유류/약물/
교육,육영/수산,운수/무역/작가, 예, 체능/구도자/곡식,건과류/유흥,목욕,숙박업/공사,한전.

※자신의 능력, 역량을 발휘하기 어렵고 노력에 비해 결과, 보상이 약하다.
총명,다재,수완 또한 좋지만, 世上, 참~ 서글프고 고독하다!!!~
※火, 土가 적당하면 별 어려움 없지만, 부족이면 유흥,오락,도박,밀매,요식으로
살아가기도~ ⊡癸酉 일주는 **조용하고 안정적 삶을 추구하려는 속성**을 갖음.
※표현력 부족으로 연애는 어렵고 소개, 중매로 혼인이 성립되기 쉽다.
⊡乾命은 혼인 이후, 처가 병약하거나 처로 인한 근심이 따르고,
坤命이면 남편의 심한 간섭으로 인한 고충. 자식근심〈子息이 없을 수도〉이 따름.
□전문기술 분야의 직장 생활이 순탄. 학문,교육,연구,육영/ 종교/출판/언론/

癸酉

의료,의약/ 경찰(주로 하위직임)/ 한의사/예술(디자인)/ 작가/ 예, 체능/
기계,금속/귀금속/ 회계사/ 유흥,오락/ 임대사업.

※사업은 불가하다!!!~ 한 길로 나가라!!!~
□교육적 측면의 문학, 예술, 창작/ 항공, 무역, 관광/ 건설 등의 분야에서
일반적 수준 정도의 발전/ 번영을 성취할 수 있으나 현실적 실속은 미약하다.
※매사에 경쟁, 권모술수의 논리가 함축되어 **"도둑놈 심보"**를 가질 수 있고
자기 꾀에 자기가 넘어가는 고충이 따름. ※癸亥 일주는 금전, 재물을
취하더라도 **번잡스럽고 장애, 고충이 수반되며 성패가 다난.**
※坤命은, 소년시절부터 이성관심과 연애가 따르나 과정이 순조롭지 못하다.
※乾命은 처를 고생시키고 자식 출생 후, 배우자와 생리사별 할 수 있다.
■조직, 직장이 순탄. 직업 군인/경찰(주로 하위직이 됨)/ 의약,의료,의술/ 종교/

癸亥

교육,육영/ 토목,건축,장식,인테리어,가구/ 섬유,의류/ 출판/운수,해운,선박,항공/ 수산업.
주,유류/ 냉동업. 四柱에 水가 많다면 밀수,사기/ 도둑질.

※活用法활용법※

기준으로 삼은 그룹의 <u>上位의 그룹</u>이면, 선배/윗사람/상사 등이 되며
그러한 관계에서 사회, 금전적 상황이 형성되게 된다.
<u>下位의 그룹</u>인 巳.酉.丑은 수하 인, 아랫사람. 아가 주도할 수 있는
관계가 되고, <u>충 관계</u>인 寅.午.戌 그룹과는
상호 주, 피동의 관계가 성립된다는 것이다.
이 三合 그룹의 궤도 운동성에 의한 상호관계는 12신살과 더불어
육친성, 궁 성<u>〈座標 上 年.月日.時 間〉</u>의 상의를 적용시켜 판단한다.

삼합에 의한 그룹별 관계와 신살 조견표는 아래와 같다.

申/地煞 子/將星 辰/華蓋	上位 그룹	亥 - 망신	卯 - 육해	未 - 천살
	下位 그룹	巳 - 겁살	酉 - 년살	丑 - 반안살
	沖 그룹	寅 - 역마	午 - 재살	戌 - 월살
巳/地煞 酉/將星 丑/華蓋	上位 그룹	申 - 망신	子 - 육해	辰 - 천살
	下位 그룹	寅 - 겁살	午 - 년살	戌 - 반안살
	沖 그룹	亥 - 역마	卯 - 재살	未 - 월살
寅/地煞 午/將星 戌/華蓋	上位 그룹	巳 - 망신	酉 - 육해	丑 - 천살
	下位 그룹	亥 - 겁살	卯 - 년살	未 - 반안살
	沖 그룹	申 - 역마	子 - 재살	辰 - 월살
亥/地煞 卯/將星 未/華蓋	上位 그룹	寅 - 망신	午 - 육해	戌 - 천살
	下位 그룹	申 - 겁살	子 - 년살	辰 - 반안살
	沖 그룹	巳 - 역마	酉 - 재살	丑 - 월살

	劫煞	災煞	天煞	地煞	年煞	月煞	亡身	將星	攀鞍	驛馬	六害	華蓋
寅午戌	亥	子	丑	寅	卯	辰	巳	午	未	申	酉	戌
巳酉丑	寅	卯	辰	巳	午	未	申	酉	戌	亥	子	丑
申子辰	巳	午	未	申	酉	戌	亥	子	丑	寅	卯	辰
亥卯未	申	酉	戌	亥	子	丑	寅	卯	辰	巳	午	未

신.자.진↓ 사.유.축 인.오.술 ↑해.묘.미	통치. 통제. 건설 君位	외교. 중재. 가공 臣位	생산. 공급 民位

※ 대한의 진행 방향은 사업자인 경우, 臣位 → 民位로,
직장인이면 臣位 → 君位로 진행되는 것이 좋으며
부부인 경우, 아내가 君位, 남편이 民位로 진행되면 그 남편은 쇠락한다.
남자는 君位, 여자는 臣位로 진행되는 것이 좋다.

▷ ※ 12神殺신살 運用技운용기 ※ ◁

1. 劫煞겁살〈= 絶地절지〉

出生 年; **인.오.술   사.유.축   신.자.진   해.묘.미**
四柱 中;   **亥   寅   巳   申**   .

※坤命은 밥길 조심하라!!!

_{강제철거} _{압류} _{강탈} _{질병} _{상해} _{부도} _실 _{파직} _{파재} _{관재} _{역모}
强制撤去. 押留. 强奪/ 疾病.傷害/ 不渡/失, 罷職/ 破財/ 官災/ 逆謀.
뒤통수 맞는 일, 一種의 橫厄이요, 設定된 不動産을 所有하기도.

※겁살 사주는 의료. 법무. 세무직이면 해소되며
의료직/ 간호사. 약사/ 세무/ 법무/ 판. 검사/ 변호사/
이발, 미용업과도 연관聯關된다※

▫겁살의 上司는 나를 괴롭히는 자요, 從業員이면 我에 快心을 품으며
겁살의 六親에 災禍가 따르게 됨을 뜻한다.

※내 사주, 겁살의 부모는 잘해드려도 고마움을 모르고,
겁살의 자식은 효도孝道할 줄 모르는 자식으로,
출생하면서 생활이 고통苦痛스러워지는 등, 파란波瀾이 따른다.

▫**겁살의 배우자는 男,女 모두, 처. 남편의 덕을 당연시當然視한다.**

▷사주에 비겁이나 양인羊刃이 많다면 몸을 다친다거나 산재散財요,
관성이 겁살이라면 권력성 조직組織의 장長이 되기도 한다.
▷寅/申/巳/亥가 겁살인 사주는,
주먹깨나 쓴다거나 재산을 强制하는 구청 등의 세법 업무에 吉하다.

■疾病 發生■
※본명 사주의 백호, 괴강이 운에 의해 형. 충되면 질병.사고.파재다.

※사주 내 겁살이 2개 이상이면 도둑놈 심보를 갖으며 氣質이 暴惡하
고 夫婦가 不和하기쉽다.
※坤命으로 劫煞이 2개 以上이면 애 낳고 살다가도 情夫와 逃走하는
명이요, 亡身과 同柱라면 더욱 흉하다.
또한 겁살이 양인이나, 금성과 동주하면 交通事故를 암시한다.

▷**사주 내 겁살이 3개 이상이면, 상대相對하지 말라!!!**

※**年支에 좌하면** 조업을 계승하지 못하고 他鄕客地에서 勞苦하며 선대 祖의 非命橫死가 있다.

※**月支에 좌하면** 兄弟/ 친인척과 무정하며, 不具/短命/橫死한다.

※**日支에 좌하면** 부부지간에 生離死別하기 쉽고 乾命은 作妾이요, 坤命이면 疾病이 따른다.

※**時支에 좌하면** 자식이 귀하거나 放蕩하며 不具/短命할 수 있다.

☆겁살 大/ 歲運☆

■劫煞 大限의 학과學科 선택選擇은 법학과法學科가 좋으며 학업성적이 좋지 않다면 체육학과體育學科를 선택選擇하라!!!~

※겁살의 대운은 **강제적인 철거나 집행/압류/강탈** 등을 자주 당 한다거나 **설정된 부동산/가옥** 等을 소유하고 있음이요, 괴질/ 파재/돌발사/관재구설/가정불화 등이 따른다.

■劫煞의 大. 歲. 月運에는 사고를 조심해야하는데, 坤命이면 特히 밤길의 劫奪을 조심해야 한다■
※겁살의 대한에는 불로소득의 큰돈을 橫財하기도※

▷겁살 대한의 말기末期에는 사고/ 수술/ 테러를 당한다거나 단체나 정치활동政治活動에서 야당 쪽이 되기도 한다.

■겁살 方向/ 劫煞 四柱 開運法■

▷我의 거주지居住地 기준基準 겁살방劫煞方 人은 我를 원수怨讐로 여기거나 我를 이용하려는 인사이니 경계警戒하라!!!

※사주의 겁살 방향은 말썽을 일으키거나 缺點이 있는 곳이요, 불안 요소가 내재되어 있는 곳이므로 避해야 한다.

▫사/유/축 생의 손님이 왔다면 겁살 방이 寅 방향이 되므로 東北間 方을 수리를 했거나 수리 할 곳이 된다.

※이미 손을 댔다면 그곳에 탈이 난 상태요, 목물木物을 다루었고 목신 동토가 된다.

- □ 인/오/술 생은 亥方 西北 간 방위에 水物을 다루었고, 水神 東土다.
- □ 해/묘/미 생은 申方 西南 간 방위에 金物을 다루었고, 金神 動土다.
- □ 신/자/진 생은 巳方 東南 간 방위에 火物을 다루었고, 火神 動土다.

▷겁살 방위는 허술하게 설치된 칸막이나 벽, 헌 가구 等이 있는
곳이요, 임시臨時로 조치를 해놓은 곳이며
부실不實하게 공사를 했던 곳이라거나 붕괴의 위험이 있거나,
수리修理를 했거나 다시 수리를 해야 할 곳이기도 하다.

■겁살방위는 개改/ 보수補修하는 등 수리修理를 해야 할 공간空間이다.

☆來訪 日辰이 劫煞일 때☆

※겁살 일진의 래방은 婚姻이 成事되는지~

아니면 깨지는 것인지 등, 평생을 좌우하거나 死活이 걸린 중대한
일의 成事問題로 방문한 것이다.

▷혼사婚事 또는 현재現在 파산직전破産直前이거나,
이혼/ 손재損財/ 강탈/ 차압差押/ 押留압류/ 구속/ 철거 건
等이며 誤解가 있는 狀況이다.

※本人의 結婚問題 또는 進路 變更 等을 물어온다면
將星, 華蓋殺이 되는 年/ 月/ 日,
시비是非/ 언쟁言爭/ 쟁투사爭鬪事 等은 亡身 月/ 日에 解決된다.

※絶〈胞〉= 劫煞; 甲申/ 乙酉/ 庚寅/ 辛卯※

▷絶절은 소심.걱정. 불안정/變動/斷絶/色情에 依한 破敗와 通한다.

※심신이 안정되지 못하며 住居, 職業變動이 甚하다.

※부모, 형제와의 緣이 박하며 貧困/ 浮沈/ 成敗의 起伏/ 斷絶/ 苦難/
災厄/ 死別 등이 따른다.

▷직업적職業的 측면側面으로는 유동적流動的이거나 아이템이 계속 바뀌는 업종業種에 유리하여 프리랜서 또는 유통. 판매. 무역. 유흥, 오락 等에 적합하다.

◦坤命은 사랑을 獨占하려는 傾向이 强하고, 生活의 멋과 變化를 즐기는 타입이며 日柱가 絶地면 失貞하기 쉽고 夫宮 또한 不美하다.

■財가 절지면 傾家破産.
■食傷이 절지면 窮乏하고, 後嗣가 없는 등, 薄福한 명을 살아간다.

☆絶 運을 行할 때☆;
※ 만사가 여의치 않고, 계획 / 진행 중이던 일을 포기抛棄해야한다거나 애초의 계획을 바꿔야 하는 상황이 전개展開된다.

2. 災煞재살〈=胎地태지〉

出生 年; 인.오.술   사.유.축   신.자.진   해.묘.미
四柱 中;   子   卯   午   酉.

※재살은 勘當하기 어려운 災殃으로 怪疾.傷害.交通事故.手術 등.
臨機應變, 有能性을 發揮하며 꾀돌이로 잘~ 살아간다. ※大入 可※
囚獄殺로 스스로를 監獄에 處하는 해이기도.

◦萬事不利◦
※재살은 일종의 빽 줄이요, 도움이 따르게 된다※

▷내 사주의 겁살災煞 子息은 父母보다 뛰어난 자식이요, 후일, 부모를 부양扶養할 자식이며 출세하는 자식이다.
◦배우자나 자식이 재살災煞 띠 人이면 너무 똑똑해서 피곤疲困하다.

☆四柱 內 災煞☆
□사주에 재살이 有氣하면 聰明하고 才致가 있어 좋은 대학에 갈 수 있는 才能을 갖추지만, 性品은 좋지가 않다.
※재살은 표독慓毒 / 이중인격. 사리사욕 / 역모 / 계책 / 술수 등과 연관된다.

□사주에 재살이 有氣하면 일단 관재수를 유의해야 하며 2개 以上이면 형옥수刑獄數가 있게 된다는 뜻이다.

□내 사주의 재살이 七殺/羊刀이면 시비/사고/관재구설이요, 財星이면 부모덕이 없고 財産이 흩어지게 되는데, 주로 **부父**로 인한 損財다.

▷사주의 재살이 역마와 합되면 갇혀있던 空間이나 危機에서 벗어난다는 의미가 된다.

■재살 人의 직업은 대체적으로 형사,경찰 등, 수사기관이나 군. 경/세무/금융/법조계 등, 권력기관과 인연하기 쉽고, 내 사주에서 재살이 재성財星이면 경찰서. 형무소. 법원 等 사법기관을 상대相對로 하는 사업事業(구내 식당도)에 유리有利하다.

※사주의 인성이 재살이면 반체제 인사요, 혁명가며 출옥 이후 명예가 오른다는 의미를 함축含蓄한다.

▷坤命으로 災煞이 관성官星이면 남편으로 인因한 손재損財요, 그 男便이 관재수官災數를 당當할 수 있다.

※식구 中, 내 사주의 재살 人은 아보다 能力있고 豊饒로운 삶을 살아가는 자요, 직장 내 재살 人 또한, 아의 職責을 決定하는 部署(인사과)의 實力者가 되며 나를 괴롭히는 者이기도 하다.

※처가 식구 중, 나를 陰害하는 자가 있다면 내 四柱의 재살 띠 人이거나 재살 방에 居住하는 자요, 재살人은 我와 思想的으로도 대립하거나 아와 타인을 離間질하는 자이기도하다.

▷재살 사주 人은 나를 속속들이 잘 알고 있는 者요, 나보다 능력能力을 갖춘 지혜智慧로운 자者이기도 하다.

※재살이 年柱에 있다면;
구설/질병/관재가 따르며 祖父/ 부모에게 재액이 따른다.

※月柱에 자리하면;
失物/盜難/官厄이 다발하며, 부모 형제에 질병이 侵入한다.
ㄴ두뇌를 활용活用하는 연구나 과학기술 분야에도 적합適合하다.

※日柱에 있다면;
심신이 불안하고, 부부지간에 曲折/ 生離死別이 따른다.

※<u>時柱에 드러나 있다면</u>;

　자식 복없고, 말년末年에 질병疾病과 사고事故가 따른다.

☆재살 大/ 歲運☆

▷災煞의 運을 살아가고 있다면 꾀로 살아가고 있다는 것이요,

재살 大運 末期에 이르면 職場 人의 경우 퇴직退職을 한다거나

파직罷職〈명예퇴직도〉을 當하는 運이 되기도 된다.

　※본명에 재살이 유기하면서 운으로 재살이 들어오게 되면,

명예가 손상損傷되거나 <u>실물失物/관재수官災數</u>가 따를 수 있다.

　※재살 대한에는 주로 정신적精神的 노동勞動을 하게 되며

소위 빽 줄로 목적目的을 이루는 해이기도 하다.

▷*노력하지 않은 불로소득不勞所得의 횡재수橫財數가 따르기도*◁

□<u>재살 운에는 수술/상해傷害/부상負傷 등이 따르기도 한다</u>.

　※천재지변天災地變의 액이 따르는 등 만사萬事가 여의치 않아

새로운 일/인사人事/애정愛情 등에서 목적目的을 이루기 어렵고

상업商業을 한다면 처음은 잘 되는 듯하나 결국結局은 실패失敗한다.

■**坤命**으로 재살 운을 행하고 있다면,

외모와 무관하게 이성에게 매력적으로 보이는 등, 인기가 많아진다.

▫학생인 경우 <u>재살 대</u>, 세운에는 좋은 대학에도 무난하게 입학한다.

▷*겁살劫煞, 재살災煞이 大/歲 運을 行하면*

괴질怪疾/ 교통사고/ 혈광血光/ 횡사橫死 等이 따르게 된다.

■재살 方向/ 災煞 四柱 開運法■

▪재살 방의 거주자는 나를 정신적으로 괴롭히고 피곤疲困하게 하는 者요,

나를 질시/음해/적개심을 갖는 자이니 재살 인을 경계警戒하라!!!!~

그러나 취직/승진/입찰入札 등에서 아가 이익利益을 얻고자 할 때 활용할 수 있는

者 또한 내 사주의 재살 인이며

직장職場 상사上司가 재살 띠 人이면 나를 괴롭히는 者다.

※<u>寅/午/戌</u> 年 생이면 子가 재살이므로, 북방 인이요,

※<u>巳/酉/丑</u> 　〃　　卯가, 　〃　　　　동방 　〃　,

※<u>申/子/辰</u> 　〃　　午가, 　〃　　　　남방 　〃　,

※<u>亥/卯/未</u> 　〃　　酉가, 　〃　　　　서방 인이 해당된다.

▷急錢이 필요할 때 融通해줄 수 있는 사람은 내 사주의 재살 띠 인이 거나 재살 방에 거주하는 자이나, 약속한 期日 內에 갚지 못한다면 **매우 괴로운 빚**이 되고 만다.

※姓氏로는 선천수에 해당되는 劃數로 판단한다.

※재살 방의 건물이나 물건 등은 손대거나 건들이지 말라!!!
만약萬若 이를 어기게 되면 탈이 나기 때문이다.

⊡災煞의 發生⊡

※巳/酉/丑 生은 卯가 재살로 정　동방에 목물을 다룬 동토다.
※寅/午/戌　〃　子가　〃　북〃수　〃.
※亥/卯/未　〃　酉가　〃　서〃금　〃.
※申/子/辰　〃　午가　〃　남〃화　〃.

▷동토란 바탕이 움직인다는 의미로, 해당 오행에 해가 따르게 된다.
따라서 해당 오행의 해를 조심해야 한다.

⊡木物 동토 ; 목재木材/높은 곳에서 낙상落傷.
⊡火　〃　; 불火, 화재火災/가스.
⊡金　〃　; 기계機械/금속류金屬類나,　쇠鐵/자동차/열차 등.
⊡水　〃　; 물水,물놀이/수영/야영 등.

※개운開運을 원願한다면 災煞 色의 옷을 즐겨 입어라.
▷병원이나 약국도 재살 방위의 병원이나 약국을 이용하라!!!
※아의 사업 장이나 사무실에서 책상冊床의 배치配置는 재살이나 육해살 방이어야 사업事業이 잘된다.

즉, 상담相談이나 거래去來 時,
손님을 재살災煞이나 육해살六害煞 방위方位에 앉게 하고
本人은 장성살將星煞이나 년살年煞 방향方向에 앉으라는 것으로
그리하면 좋은 결과結果를 얻을 수 있다.

☆來訪 日辰이 災煞일때☆

※재살은 최고最高의 자리를 놓고 싸움을 벌이는 형상形象으로 대인對人을 죽이고
나만이 살겠다고 하는 경우가 된다.

※잡다한 재액이 발생된 상태요, 현재 周圍로 부터 非難받는 등, 몹시
難處한 상황에 처한 상태며 재살 일의 문제는 月煞. 驛馬煞이 되는
年/月/日에 解決된다.

- 122 -

▷재살 일의 재난災難은 문점 인의 재살에 해당하는 인자가
삼합三合되는 날, 해결되는 것으로 본다.
즉, 亥. 卯. 未 生이면 재살이 酉이니 巳. 酉. 丑이 되는
달이나 日이 되는 것이다.

※ 재살은 월살+ 역마살과 三合한다.

※胎＝災殺;

丙子,戊子／ 丁亥,己亥／ 壬午／ 癸巳※

□胎, 즉 잉태孕胎의 별을 갖고 태어난 사람은 항상 변화를 추구追求
하는 삶을 살아간다.➔ 부부 문제일 경우는 심각해진다.

▷胎는 의존성／불안／질병／권태倦怠／술주정／운기運氣의 쇠퇴／임신 등과 통한다.

※未完의 像이요, 感傷的이며 未知의 세계에 대한 憧憬과 자유／ 행복과
꿈을 열망하나 현실에는 어둡고 이상은 높다보니, 언행의 不一致와
矛盾이 드러나기 쉽다.
※勤勉 誠實하지만 타인에 의존하는 경향이 있고, 色情問題가 따를 수
있어 일생 成敗의 起伏이 많기도 하다.

▷성격性格이 오유溫柔하고 지적知的이어서
연구. 사색思索. 문화, 평론 등에 적합하며
광고. 내근 영업직. 마케팅. 탁아소. 산부인과. 가구점. 화원
等에도 吉利하다.

□사주의 월／ 일주가 태지胎地면 사고나 죽음의 위기 등에서
기사회생起死回生하는 경우도 많다.

☆胎 運을 行 할 때☆
태지의 운에서는 특별特別한 발전을 기대期待하기 어렵다.

3. 天煞천살 ⟨= 養地양지⟩

出生 年:	인.오.술	사.유.축	신.자.진	해.묘.미
四柱 中:	丑	辰	未	戌

> ⊡극복克服하기 어려운 최대最大의 꿈!!! 아직 때가 아니다.
> 꼼짝 못하는~, 하늘만 처다 보는 상황.
> ※종교인宗教人은 피계破戒※
> ※乾命은 무기력無氣力. ※坤命은 이혼離婚을 생각 함.
> ※사업 발전. 승진昇進의 계기契機로도 작용※
> △천살의 사주 인과는 절대 금전을 차용借用하거나 동업同業하지 말라!!!

※천살은 인간의 의지로는 克服(극복)할 수 없는 災難(재난)으로 대자연 현상이나 나라 法(법)과 관련되는 것으로 가뭄, 홍수의 피해/태풍, 水, 火災/전기, 벼락/ 급질/ 정신병/신경질환/ 암/ 마비/ 고혈압/중풍/ 관재구설/ 돌발사고 등, 不測(불측)의 災害(재해)를 뜻한다.

⊡천살의 해당 六親(육친)에 중풍/ 마비성 질환/ 심장질환이 따를 수 있다.

☆天煞 四柱☆

※사주 내 천살이 유기하면 修道之命(수도지명)이요, 宗教(종교)를 가져라!!!

※사주 내 천살天煞이 유기有氣하면
年. 月. 日. 시주를 막론莫論하고 고독/ 이별을 의미하며
천살이 형刑을 맞으면 관재수官災數가 따를 수 있다.
□가족 중 천살 사주 인은 무엇을 해도 종국終局에는
파산破産하게 된다.

※**년주**면 客地(객지)에서 고생하며 모든 일이 反覆(반복)된다거나 先親(선친)의 非命橫死(비명횡사)가 의심된다.

※**월주**면 **부모**/ 형제 덕이 없고, 부모형제는 **급질/ 괴질 비명횡사**의 액이 따를 수 있다.

※**일주**면 부부 緣(연)이 어긋날 수 있고, 配偶(배우)에게 非命橫死(비명횡사)의 액이 따를 수도...

懶怠(나태)하고 매우 優柔不斷(우유부단)함을 보이기도 한다.

- 124 -

※**시주**면 자식이 監獄에서 縊死(목매는 자살)하는 수가 많다.

□천살 인은 무례無禮 한 자가 될 수 있는데, 종교인이나 역술인이라면
그 액厄을 반감半減할 수 있다.

☆천살 大/ 歲運☆
■천살의 운은 최대한의 능력이 발휘되는 운이요,
대한 경과經過 후後에는 신용 상실/ 관官, 송사訟事 등이 따른다.

※사업자로 천살 대한이면 사업이 잘되지만, 運이 經過되면 민, 형사
상의 사건이 따르는 등, 官災數가 따르며 천살 대운에 사업을 하거
나 천살 방으로의 移徙는 敗亡을 의미한다.

▷급여 생활자로 천살 대한이면 승진昇進할 수 있으나
대한大運이 경과經過하면 좌천左遷/퇴직되는 等, 運이 쇠쇠衰한다.
※천살 대한의 聖職者(승려.신부.수녀 등)자 인 경우, 천살 대운 以後에는
파계破戒하는 現狀이 드러나는가 하면, 左遷/罷職을 당하기 쉽고,
천살의 대한이 經過할 즈음에는, **중풍/ 언어장애/말더듬/ 음주과다/ 심장
질환/ 신경성질환/ 급성질환** 등 痲痺疾患이 따르기도 한다.

▣己卯. 己巳. 己未. 辛亥 年 生 坤命으로 天煞 大運이면,
남편과 떨어져 살거나 이별離別/ 사별死別한다거나
동업이 파산破産하는 등의 재액災厄이 초래招徠되기쉽다.
※천살 운에는 大體的으로 이뤄지는 일이 없으며 제 돈 들여 남의 일
을 돕게 되는데 主로 上司/官廳과 관련되는 일이 있게 된다.

▣보험保險이나 자동차 等을 판매販賣하는 경우,
당일當日의 일진日辰을 기준하여
천살 방은 고가품에, 반안살 방은 저가품에 유리有利하다.

▷天煞 大運이 經過한 後,
그 다음 대한에 오히려 발복하는 경우가 있는데,
하천下賤한 업종이거나 종교 직에 종사종사할 때, 그러하다.

■천살 方向/ 天煞 四柱 開運法■

□천살 방은 선산先山〈墓〉으로 최적의 방위이요, 반안 살 방의 제사 祭祀는 절대絶對로 안 된다.

※종손의 출생 년〈띠〉지 기준, 천살방으로 제사를 지내라※

⊡천살의 厄은 반안살 月.日이나 方向에서 解消된다.

※천살 방은 鬼神方이요, 守護神의 방향으로 천살방에 못질을 하거나, 聖經冊/佛像/符籍/염주/佛經/祭祀道具 등, 종교나 神 관련되는 물건을 놓아두면 일이 풀리지 않으며 이곳에 宗敎 物을 두었다면 神에게 罪를 犯하는 것이니 禁하라!!!

※천살 방은 수호신의 방향이기 때문에 학생인 경우 천살 방향에 책상을 두면 우등 생優等生이 되지만, 그 반대인 반안살 방향이라면 절대로 우등 생이 될 수 없다.

⊡천살 방은 성적成績을 올리는 책상冊床의 위치요, 이사방위다.

※천살 방은 學業이나 各種의 試驗에서 성적을 올리기 위한 공부/학습 방 위요, 중요한 契約 場所가 되기도 한다.
장성살 방의 房이나 문을 避한 천살 방은 더욱 그렇다.

▷현재의 주거환경住居環境을 개선하려한다면 천살 방으로 가라.

※申.子.辰/ 寅.午.戌 年生은 8~ 18年 間 유효하며,
※巳.酉.丑/ 亥.卯.未 年生은 5~ 15 〃 〃 하다.

▷천살 방으로 이사移徙한 후後 파산破産했다면, 다시 그 반대反對 방方인 반안살 방으로 이사移徙하라!!!~

▷총명한 딸을 願한다면, 남편 기준 천살방으로 두침頭枕하라!!!
※ 남편 기준 반안살 방은 남아 출생 방이기도하다
□천살의 충 방인 반안살 방은 질병 치료 방이요, 두침 방으로 길하다.
※出入口/窓門/換氣口의 방향은 육해살 방이 길하며 장성살 방 工夫房 이나 出入門은 避해야 한다.
↳장성살 방으로 출입문이 난 곳은 無條件 避하라!!!

▷주식株式을 投資하거나, 예금預金/ 보험保險 等에서
고가, 고액의 차익差益을 남기고 싶다면 천살 방에 있는 회사를,
소액, 저가품이라면 반안살 방의 회사를 택擇하라.
그러나 출입문出入門이 장성살인 회사는 피避해야 한다.

☆來訪 日辰이 天煞일때☆

※신에 가호/부조를 얻고자 함이요 山神/祖上문제로 來訪한 것으로,
겁살이나 육해살이 되는 年/月/日에 解決되는 것으로 본다.
※痲痹性 疾患이나 胃癌 또는 자식들의 학업/진학문제와도 관련된다.

※養= 天殺; 甲戌/ 乙未/ 庚辰/ 辛丑※

▷養양은 인내/ 노고勞苦/양자養子/육친六親 무덕無德 등과도 통한다.

□大器晩成 型이요, 일주가 양지면 性情이 溫純하고 樂天的이나 어려
움에 처하게 되면 挫折하는 傾向이 있으며 부모/형제가 아닌 祖母/
叔母〈작은 엄마〉 등에 依해 養育되기도 하며 養子로 키워지기도 한다.

▷養育의 별로 動植物을 키우고 가꾸는 것을 좋아하다보니
직업적職業的으로 保育/교육/상담/療養院/유치원/育英事業/
애완동물〈鳥類.家畜.魚類 等〉~, 盆栽/花園 等이 佳하다.

4. 地煞지살〈= 長生地장생지〉

出生 年: **인.오.술   사.유.축   신.자.진   해.묘.미**
四柱 中: ____寅_____巳_____申_____亥____.

□**지살은 새로운 환경의 변화가 도래到來함을 의미하며 이사/ 이동/**
직업이나 업종의 변동/여행/유학/객지살이/차량 등과도 통한다.

※寅/申/巳/亥年 生들은 타인의 부조扶助가 있어야 성공할 수 있다.

※지살과 더불어 년살과 육해살 또한, 변동의 성분으로 해당 육친에
  그러한 현상이 따르게 되는데, 이들이 合/刑/沖될 때 변동, 움직임
  이 드러나게 되며 지살이 가장 심甚하다.

□**地煞이 將星/官祿/帝旺/貴人이라면 무역업을 하거나, 해외생활을**
하게 된다.

▷*접살地煞의 子息은 일찍부터 분거分居하여*
독립적獨立的으로 살아간다거나
유학留學을 보내는 것이 좋으며 집안을 알리는 子息이다.

☆四柱 內 地煞☆
▷*地煞지살은 변동의 인자로,*
자신의 수완手腕/ 능력을 드러내고자하는 강한 의지요,
역마와 공존共存할 때, 더욱 성취도成就度가 높아진다.

▫본명에 지살이 드러나 있다면 지살 인들과는 인연되기가 어렵다.

※사주에 지살이 드러나 있다면 자랑스럽지 못한 家門에서 태어났음을
  의미〈즉, 父母가 둘이거나 再婚한 父母 等...〉하며 그 부모 또한 亡身을
  當하는 일이 따르게 된다.

※살아가면서 苦衷이 많고 부부이별이 따르기도 쉬운데, 본명 사주에
  지살이 있으면서 운으로 重疊된다면 더욱 그러하다.

※**사주에 地殺이 有氣하면 국, 내외로의 출장. 여행 할 일이 생기거나**
이사.직업, 사업변동 등이 頻繁해지며 직업적으로는 대부분 운수업
이나, 운전직에 從事하게 된다거나 항공.해운.선박.무역, 通商.外交.
어학.통역에 適合하다.

□사주 내 지살이 상관이면 **세일즈, 영업분야**요,
관살이면 **여행사. 무역업. 해외근무/ 교통, 외교부**.
편인이면 **통역의 재능과 더불어 순발력과 외교력**을 갖는다.

※내 사주의 역마와 지살이 인수면서   寅. 木이면; **일본어**.
                                    巳. 火면; **아랍어**.
                                    申. 金이면; **영어, 불어**.
                                    亥, 水면; **노어〈러시아어〉**.
   ▷土는 운동運動에 유리有利한데 主로 단거리短距離가 된다.
                    土 多인 경우라면 마라톤이다.

※本命에서나 運에서 지살+ 년살〈桃花煞〉+ 홍염살이 共存하게 되면
이성異性을 찾아나서는 바람이 인다. 風~ 風~ 風~
   ※本命에서나 運에서 地煞+ 驛馬가 財星이면서
도화/홍염/목욕 等과 共存하면 색정色情으로 인한 가출家出이다.

□年支에 지살이 좌하면;
   객지에서 객사한 조상이 있거나, 고향을 떠나 산다.
□月支에 지살이 좌하면;
   형제 중, 객사 자가 있거나 육친과 이별하며 조업을 물려받는다 해
   도 지켜내지 못하고 자수성가自手成家하게 된다.
□日支에 지살이 좌하면;
   분주다난하고 이동/변화가 심하며 부부이별夫婦離別하거나 처첩妻妾
   을 둔다.

☆지살 大/ 歲運☆

□지살 년은 주도적主導的 변화, 궤도수정軌道修正이 이뤄지는 해다.

▷**자신을 알리고 자격증을 활용하는 운이요,**
새로운 시작. 일. 명함. 자격증. 취업. 승진. 간판다는 해다※
※지살 운에 망신스런 일을 당했다면 사고 수를 액땜한 것이다.

※一般人이나 職場 人으로 지살 대한은 **광고,선전/세일즈**에 有利.

※事業者의 경우 地煞 年은 宣傳이 잘되는 등 去來가 活潑하지만 年煞 年/月에는 실속 없고 財物이 損失된다.

※직장 인으로 지살과 충되는 역마 대/ 세/ 월 운에는 시말서를 쓰게 된다거나 주위로부터 무시/ 창피를 당하는 일이 발생.

▷본명의 지살地殺이 역마驛馬에 의해 충沖되는 운運에는 그 결과結果가 좋지 않은 변동수變動數가 따른다.

※이사/이동/출장 및 해외에 나가게 되는 운이요, 취직, 취업/ 승진/ 진급/ 영전되는 운이기도 하다.

※문서文書/금전金錢이 호전好轉되며 새집/새 가구 구입하는 운이요, 여자는 남자를 멀리하고 부부불화/별거/이별/가출하는 운이기도.

※자의自意로 일을 만드는〈自意 變動〉해다※

□이사/ 변동/ 여행〈國-內,外〉數가 있거나 이별이 따르는 等, 새로운 변화가 있게 되는 運이요, 사회적 목적의 단초, 어떤 일의 시작/ 계기가 된다.

▷사주에 육해살이 유기有氣하면서 地煞 運을 행行하게되면 능력能力을 제대로 발휘發揮하지 못한다.

□학생學生으로 지살 대한大限을 행行하고 있다면, 언론言論과 관계되는 신문新聞 방송학과放送學科나 정치외교학과/ 外國語외국어 대학/ 외국어 학과을 선택選擇하라!!!

■지살 方向, 地煞 四柱 開運法■
▷지살 방은 출입문 방으로 최적이요, 나를 알리는 방위다.
※문패/거울/간판의 위치로도 최고요, 작품을 걸어두는 방위이기도 하다. →역마살 방위는 절대 금하라!!!

■출입문은 지살地煞 방향이 최고요, 간판看板을 다는 방위로도 최상이다.
→외부의 최종 출입문인 대문은 육해살 방이 좋다.
▷점포/가게/사무실 등의 출입문이 지살地煞 방이나 육해六害煞 方이면 유리吉利하지만, 장성살 방이라면 그렇지 않다.

↳ **將星煞 方의 문門들은 모두 폐쇄閉鎖시켜라!!!**

※ <u>사/유/축</u>생은 巳가 지살이니 동남 간에 <u>출입문/ 복도/ 대문</u>이 있다.
<u>인/오/술</u>생은 寅이 지살이니 동북 간에 <u>출입문/ 복도/ 대문</u>이 있고,
<u>해/묘/미</u>생은 亥가 지살이니 서북 간에 <u>출입문/ 복도/ 대문</u>이 있다.
<u>신/자/진</u>생은 申이 지살이니 서남 간에 <u>출입문/ 복도/ 대문</u>이 있다.

⊡<u>점포店鋪</u>라면 손님의 출입出入 방方으로 대단히 중요重要하다.

▷*이사移徙를 할 때에, 그 집의 대문大門은 地煞 方이거나*
六害 方이어야 한다.
※지살 방으로의 발령發令은 승진.스카웃이요, 長의 자리에 앉게 된다.

☆來訪 日辰이 地煞일 때☆
※왠지 불안하고 焦燥하거나 憂鬱한 心境으로 래방한 것이며
지살 일에 提起된 問題는
장성살이나 역마살이 되는 年/月/日에 解決된다.

※<u>長生 = 地殺;</u>
丙寅/ 丁酉/ 戊寅/ 己酉/ 壬申/ 癸卯※

▷장생長生이 合/刑/沖/破/害 등이면 가족家族이 흩어지며
刑형/沖충이면 흉兇은 중重해진다.
※독립 사업에는 어려움이 많아 직장생활이나 전문직에 적합하며
학문. 연구/발명/기획/법무/언론/특수기관 등에 길 리.
☐장생이 재면 富裕하고, 관이면 名聲을 얻으며 인수면 文章이 좋다.

☆長生 運을 行할 때☆
어려움이 있었으나 점차 좋아지며, 재물 창고가 열리는 시기다.

5. 年煞년살 〈= 桃花煞/ 浴地욕지〉

出生 年; **신.자.진**　　**인.오.술**　　　**사.유.축**　　**해.묘.미**
四柱 中;　　**酉**　　　**卯**　　　　**午**　　　**子** .

※年煞은 他人의 視線_{시선}을 眩惑_{현혹}하여 能力_{능력}.目的_{목적}을 成就_{성취}함이다.

·시선집중視線集中이다!!!~·

※도화桃花, 함지살咸池煞※

□남,녀 모두 색정, 가정불화. 이별. ※년살이 충되면➔ 질병.

▷년살의 배우자는 미려美麗하고 애교愛嬌가 많으며
년살의 자식은 나이차 많고, 혼전婚前 방외外房 자식이다!!!

※년살이 유기有氣하면 신앙信仰을 갖는 것이 좋으며

년살 인은 나를 위해 굳은 일도 마다하지 않는 충직한 사람이다.

※년살이 羊刃_{양인}과 同柱_{동주}하면 文學_{문학}이나 藝能的_{예능적} 素質_{소질}을 갖추나 신체질환
으로 고생하며 세상/家族_{가족}과의 斷絶_{단절}/離別_{이별}을 의미하기도 한다.

※년살 인은 대체적으로 美的_{미적}인 생활을 追求_{추구}하며 자신을 꾸미고 드러
내보이고 싶어 하나, 對人_{대인} 間_간에 **시기/질투**가 드러나기 쉽다.

·年煞은 咸池殺_{함지 살}로 風_풍/ 풍류, 끼/ 애교/ 주색잡기와 통하며 沐浴_{목욕} 地_지
를 占_점하면 美麗_{미려}하지만 好色_{호색} 多淫_{다음}이요, 年煞이 日/時柱에 坐_좌하면
淫亂_{음란}/酒色_{주색}으로 敗家亡身_{패가망신}한다.

※남녀 모두 性慾_{성욕}/快樂_{쾌락}을 기본 前提_{전제}로 결혼을 하며 남녀 간, 色情_{색정}문제
로 陷穽_{함정}에 빠지는 경우도 많다.

☆四柱 內 年煞☆

※사주에 년살이 유기有氣하면, 총명聰明하고 다재다능하며 연예인의
기질氣質을 갖는다.

▷사주에 년살과 반안살이 공존共存한다면 방송/연예계로 나가라!!!

➔이미 준비가 되어있다는 것이요, 년살이 반안살을 만나면 성취할 수
있다.

※본, 사주에 년살이 유기하면 자신을 과장하고 이성문제가 복잡하
게 얽히기 쉬우며 부모 띠 기준 년살 자식은 주색으로 방탕한다.

▷본 사주에 년살이 유기有氣 하면서 육해살과 공존하면,
화류병花柳病(主로 性病)으로 몸을 망치기 쉽다.

・사주 내에 년살과 겁살이 공존共存하면 유행流行에 민감敏感하며
노출露出에도 망설임이 없다. →만인을 위한 공연 등을 의미.

※년살 자식이 있다면 婚前, 또는 밖에서 낳은 자식일 수 있다.
ᒃ사/유/축생은 午의 년살 자식,
　인/오/술생은 卯　　〃　　　,
　신/자/진생은 酉　　〃　　　,
　해/묘/미생은 子의 년살 자식이 있으면 혼전/외방 자식일 수 있다

※본 사주 내 년살이 월살이나 망신살과 隣接하거나
월살이나 망신살이 충沖/파破/공망空亡이면 無爲徒食으로 歲月을 보낸다.

▷곤명으로 년지 기준 시지時支가 년살이면
享樂을 쫓는 妓生八字요, 年下 男과 因緣하기 쉽다.
※년살이 장생/건록/제왕이면 容貌 美麗하나 風流, 好色이요, 衰/病/
死/墓/絶 등이면 背恩忘德에 狡猾, 多淫하기쉽다.
▷坤命으로 년살이 유기有氣 하면서 월살과 공존共存 한다면,
자식子息 출산出産 후後, 종천終天할 수 있다.
※女命의 年/日支로 年煞과 月煞이 分居하면 流産/難産 등이 反復
될 수 있고 年煞이 財星과 重疊되면 遊興業/술장사/賣春 등으로
살아가며 驛馬와 年煞이 重疊되면 情夫, 姦夫와 逃走하기도...

・도화桃花는 합合/형刑을 꺼리며 空亡이 되면 오히려 吉하다.

▷사주의 인성이 년살이면; 모친이 바람둥이요, 이별/ 재혼.
▷　　　비겁이　〃　; 질투/사치/허영/탈재奪財, 파산破産이요.
　　　　　　　　　　　坤命이면 남편이 바람을 피운다거나 남편을
　　　　　　　　　　　친구에게 빼앗긴다.
▷　　　식상이　〃　; 직장 내 구설시비/관재/罷職이요,
　　　　　　　　　　　지출이 늘고, 坤命이면 자녀가 호색.
▷　　　재성이　〃　; 자신/부의 풍류風流/의처증이 있고 작첩.
　　　　　　　　※편재가 년살이면 부父가 주색을 쫓는다※

▷ _____ 정관이 _〃_ : 남명은 자녀가 호색好色.
　　　　　　　　　坤命이면 그 배우자가 작첩作妾한다.
　　　　　　　　　　　　　　※**바람둥이와 인연因緣하기 쉽다**·

▷ _____ 편관이 _〃_ : 관재, 신병이 따르고, 男命은 자녀가 호색,
　　　　　　　　　坤命이면 배우자와 무덕無德하다.

☆**년살** 大/ 歲運☆

□년살年殺의 대한은 專門家가 되는 運이요, 奢侈/遊興/秘密綻露 운·

※**장식/인테리어**/醫療行爲와도 관련되며 副收入이 짭짤하기도~

□**年煞** 運은 공**부**하는 운이요, 본명과 운으로 년살이 중첩重疊되면,
자신이나 배우자, 해당 육친에게 외유外遊/외정外情이 드러나기 쉽다.

※도화살 운에는 남녀가 모두, 異性問題가 多發하며 虛榮/ 奢侈하게
되고, 秘密이 綻露나는가하면, 賭博/虛榮/奢侈 事業으로 敗亡하기도
한다.

　　▷년살의 운은 뛰어난 능력과 재능, 든든한 빽 줄이 있다 해도
　　　　말년求業에 이르면, 어려움이 따르게 되며
　　　　　　年煞의 運에 장사를 하게 되면
　　처음에는 잘되겠으나 점차 적자赤子로 고전苦戰한다.

※년살의 대/세운에는 겁치레, 사치/낭비 等 지출이 발생되고, 교제비가 많이 드는
사업을 하게 되며 장기長期 실업자失業者가 되기 쉽다.

■**년살** 方向, 年煞 四柱 開運法■

※年煞의 方位에는 **장롱/화장대/장식물** 등을 配置하는 것이 좋다.

　　▷년살은 人氣星이요, 美人計 등을 의미하며 職業的 으로는
　　　　裝飾/**인테리어**/秘書職/醫療行爲 등과 더불어
　飲料/茶/酒類/沐浴業 等 물과 관련되는 業種에도 有利하다.

※이성을 만나고 연애하는 장소 또한, 년살 방이다.

☆來訪 日辰이 年煞일 때☆

※년살 대한, 년살 일의 방문이라면 누구를 莫論(막론)하고 交際費(교제비)가 많이 支出(지출)되는 사업을 하는 자가 많으며 관제, 이성 구설/ 사업의 성패/ 첩으로 인한 파재 등과 關聯(관련)된다.

▷배우자의 외도/애정사요, 년살이 본명/ 대한/ 유년/ 유월 등과 중첩重疊되는 시기時期에 표출表出된다.

※일이 지체/장애를 받고 있는 상태요, 妨害者(방해 자)가 있는 狀況이다.
※어떤 物品(물품)의 修理(수리)/補修(보수)/交換(교환)이 反復(반복)되고 있는 상황이요 年煞의 兇은 攀鞍殺(반안살) 運에(운) 解消(해소)된다.

·차용借用해 주었던 돈이나, 또는 下賜金(하사금) 類(류)의 돈이 들어오는 날이기도 하다.

※沐浴 = 年煞; 甲子/ 乙巳/ 庚午/ 辛亥※

▷욕은 유행에 敏感(민감)하고 華麗(화려)하며 注目(주목)받는 일을 좋아하다보니, 奢侈(사치). 浪費(낭비)/ 酒色(주색)/ 賭博(도박)/ 色情(색정)에 빠지기 쉽고 專門職(전문 직)/ 演藝人(연예인)/ 放送(방송)/ 新聞(신문)/ 文化(문화) 콘텐츠 사업이나 衣類(의류)/ 家具(가구)/ 寶石(보석)/ 美容(미용)/ 化粧品(화장품)/ 料食業(요식업) 등과 더불어 水泳(수영) 等(등)의 運動選手(운동선수)에도 適合(적합)하다.

·坤命으로 甲子. 乙巳. 庚午. 辛亥 일생이면 성적테크닉이 뛰어나며 색을 탐하는 경향이 있다 보니 혼인 생활이 불미해지고 이혼이 따르는가하면 그 남편 또한, 외도하기 쉽고, 甲子 일생이라면 더욱 그렇다.

■욕이 재성이면 재산을 탕진蕩盡하고, 그 처가 외도外道한다.
  " 관 " 坤命은 남편의 색정, 乾命은 자손子孫이 그렇다.
  " 인 " 사기/ 손실이 따르며, 그 모가 색정적色情的이다.

☆沐浴 運을 行할 때☆

▷가택의 변동, 이동/수리/신용상실/색정사 등이 따른다.

6. 月煞월살 <= 冠帶地관대지>

出生 年: **신.자.진**　　**인.오.술**　　**사.유.축**　　**해.묘.미**
四柱 中:　戌　　　　　辰　　　　未　　　　丑　.

월살은 주변변동으로 인한 **사례.위로.하사금.상속**〈빚도 포함〉받는 일.
생각하지 못했던 혜택惠澤, 부가이익附加利益이다.
■**바야흐로 때가 도래到來하였다!!!**
※**봉사奉仕 많이 하라!!!**
▷**월살이 유기有氣하면 굶주림에 한恨맺힌 조상祖上이 계시니**
정성精誠으로 제사祭祀하라!!!
특히 년지가 월살인 조상이라면 더욱 그러하며 월살의 월/일에는 제사를 피避한다!!!
※**돈을 차용借用하려면 月煞 四柱 人에게 부탁付託하라!!!**

▷월살의 배우자는 덕德이 있으며 월살의 자식은
효도孝道하는 자식이요, 출생하면서 가세家勢가 좋아지지만
딸이라면 반감半減한다.

※**월살의 자식은 개운 발복의 상징象徵이요, 자금資金줄이며 더욱이나**
亥.子.丑 生의 부부로 월살의 자식이면 복덩이다.

※月煞은 苦草殺로 病들고 苦生한다는 의미를 갖으며 坤命이면 孤獨
命으로 論한다.

※周邊環境의 변화에 인한 附加利益으로 相續/ 贈與 등을 의미한다.

※월살 四柱는 宗教문제가 발생하거나 分爭/訟事 등을 의미하며 移葬
과 관련되는 문제로 인한 官, 訟事가 따르게 된다.

⊡월살 일에는 大體的으로 婚姻/ 宴會나, 移徙/ 建築物의 新, 改築/
倉庫修理 등을 꺼린다.

☆月煞 四柱☆

▷**사주에 월살이 유기有氣하면 의약醫藥이나 의술醫術에 재능才能을**
보이므로 의료醫療 분야分野로 나가는 것이 길吉하다.

※사주에 월살과 화개살이 共存하면 下體不具의 兇厄이 따를 수 있다.

➜월살은 상문/조객살에 해당되며 월살과 화개살은 沖 關係이기 때문
이다.

▷坤命으로 사주 내, 월살이 유기有氣하면

남편을 구박驅迫해 내 쫓아 낸 後, 눈물로 독수공방한다는 고독성孤獨性을 의미하며 乾命으로 년살 인의 배우자라면 처 갓집으로부터 전全 재산財産을 상속相續받기도 한다.

※月煞월살의 사주 인은 신비성神秘性에 흥취興趣한다거나 승려/무녀가 될 수 있으며 병病치레가 많거나 임신이 잘 안되기도 한다.

※年支가 월살이면 되는 일이 거의 없고 굶주린 조상의 영혼이 있음이요,
※月支가 월살이면 부모/형제는 걸인의 영혼이다.
↳종교인.철학자.무속 인 등이 많으며 화개살과 혼재하면 더욱 그렇다.
※日支가 월살이면 자인 경우, 소아마비일 수 있고 부부분거다.
※時支가 월살이면 효자못되고 객사, 단명하는 자손이 있을 수 있다.

▷일/ 시지에 월살이 좌하면
남/ 여 물문不問하고, 익사溺死한 자식子息이 있을 수 있다.

☆월살 大/ 歲運☆
※월살 대운에는 보통 사례금謝禮金을 받거나 위로/하사금/상속 또는 빚도 물려받을 수 있으며 밤에 일하는 직장이거나 그러한 일〈은밀한 일/도박, 밀수 등...〉을 하기도 한다.
■月煞월살 대한이면 의대醫大/ 약대藥大를 擇하라■

▷월살의 대한大限을 행行하고 있다면 가난한 자者 없다◁
↳겉으로는 없다고 엄살을 부리고 있지만, 알부자다.

▷월살의 대/ 유년에는
절〈寺刹〉事業을 허거나 他人을 돕는 奉事, 일 많이 하라!!!
↳壽命이 늘고, 末年이 便安해 진다.
⊡월살과 망신살 대한大限에서는 귀인貴人의 덕德이 따르며 재물이 풍요豊饒롭지만, 월살의 인자가 미未라면 손실損失이 초래招來된다.

※본명에 월살이 有氣하면서 歲運으로 華蓋煞을 만나면, 夫婦 相爭/ 負傷/ 手術 等이 따르며 公職者라면 아랫사람에 의한 損害/ 謀陷으로 인한 左遷/退職이다.

□월살과 삼합을 이루는 역마나 재살의 년/ 일에는 진행進行하던 일이 중단中斷되고, 본명의 화개華蓋가 월살月煞에 依해 충沖되는 년/ 월에는 밥그릇이 깨진다.

▷월살을 년/월/일로 만나면 공돈/ 목돈이 생긴다.

⊙坤命이면 별거別居/ 이혼離婚하려 하며 남에게 이용利用을 당當하기도...

※월살 大限에는 餘裕롭게 지내나, 運 末에는 消盡, 蕩盡된다.

따라서 월살의 대한 말을 行하고 있는 손님에게는

"財物 金庫~ 돈 궤짝이 날아가 버렸네요"!!!~

■월살 方向, 月煞 四柱 開運法■

▷월살 방은 행운幸運 방方이다. 항상恒常 밝게 하라!!!

□月殺 方向의 직장職場은 야간근무夜間勤務를 하는 일이다.

▷돈이 必要하다면 月煞 人에게 付託하라!!!

설사 後에 돈을 갚지 못한다 해도, 債務關係는 成立되지 않으며

愛人 또는 對人關係에서 도움을 받고자 한다면

내 사주의 月煞 人과 交流하라!!!~

▷사위 덕을 보려면 딸의 띠로 月煞에 該當하는 者를,
처덕妻德을 보려면 月煞 人의 女子와 혼인婚姻하라!!!

※스승도 月煞 人이 좋고, 月煞의 친구는 사업적事業的으로나 정신적精神的으로 나에게 도움을 주는 者다.

▷학생學生으로 진학進學을 할 때에도
거주지를 기준한, 月煞 方의 학교를 택택擇하면 무난無難하며
실력實力이 부족하면 六害煞 方의 학교가 유리有利하고
자신自信이 있다면 天煞 方의 학교를 선택하라!!!

☆來訪 日辰이 月煞일때☆

■月煞 日에 래방하였다면 이혼하였거나 이별한 상태요,
배신背信/ 갈등葛藤의 애증사愛憎事다.

▷모든 일이 꼬여 되는 일이 없으며
하던 일/사업이 중단된 상태요, 전업/이직移職을 생각하고 있다.

※월살 일에 이성이 함께 래방했면, 그들은 배우자관계가 아닌 애인 관계요, 기혼자旣婚者라면 허망虛妄한 상상想像을 하고 있다.

※冠帶 = 月殺;
丙辰/丁未/戊辰/己未/壬戌/癸丑 ※

※관대는 고집/상충/중년 이후의 발전을 상징하며 월/일지에 坐하면 唯我獨尊^{우아독존}이요, 勇氣^{용기}있고 實踐力^{실천력}은 강하다 해도 智慧^{지혜}가 부족하여 遲滯^{지체}/障碍^{장애}/失敗^{실패}가 따르게 된다.

▷四柱 內 月殺이 有氣하면
개인사업/군,경. 공무원/금융.무역/종교 인 등에 적합하다.

⊡坤命이면 용모 단정하고 내성적 성장기를 보내게 되지만, 성인이 되면 외향적으로 변하며 특히 壬戌. 癸丑 日生이면 老郎^{노랑}과 因緣^{인연}하며 夫婦離別^{부부 이별} 또는 그 配偶者^{배우자}가 橫死^{횡사}할 수도 있다.
※性的^{성적}인 호기심이 많고, 異性^{이성}이 자주 바뀔 수 있다.

■식상이 관대면 두뇌頭腦가 총명聰明하다.
　　재가　 〃 　　 재산이 증식增殖되며, 가권은 그 처가 주도主導한다.
　　관이　 〃 　　 등용登用의 기회機會가 주어진다.

☆冠帶 運을 行할 때☆
▷사업事業이 호전好轉되고 승진昇進. 진급進級이 따른다.

7. 亡身煞망신살〈= 禄地록지〉

出生 年: **인.오.술**　　**사.유.축**　　**신.자.진**　　**해.묘.미**
四柱 中: 　 巳 　　　　 申 　　　　 亥 　　　　 寅 　.

※망신살+ 원진 or 망신이 원진怨嗔→ 동성연애同性戀愛/근친近親 혼婚.
　·망신살 人과는 교제交際, 혼인婚姻 금禁.
※노인老人은 질고疾苦※
□월살이나 망신살이 충. 파. 공망되면 무위도식.
※배우자가 망신살 인이면 금전적으로 지원支援을 해주는 사람이다※

▷모母 기준 망신살 자식은 사생아 or 불치병 있고, 폐륜아廢倫兒.
※酒色으로 인한 口舌, 亡身이요, 생사이별/실물/도난/사업실패/사기/재물손실
등이 따르며 身體의 정기精氣가 설기되어 病弱, 惡疾을 가져 온다.
※망신살은 頭腦 聰明하나 독선적/이기적이요, 性急한 面이 있어 失敗가
많기도 하다.
※망신살은 교통사고/의료사고 等, 事故로 인한 근심/걱정을 의미하기도 한다.
　　　　　　·亡身煞은 육해六害, 천살天煞과 삼합三合한다·

　　　　　　　　　　　　　　　　　　☆四柱 內 亡身煞☆
※亡身이 사死/절지絶地면　애정사/주색酒色/음탕淫蕩/질고病苦/구설口舌/
관재官災를 의미한다.

　　　▷사주 내 망신이 둘 이상이면 처자와 생리사별이요,
　　　　　　　　　셋 이상이라면 사기꾼이거나,
　불치의 질병이 있을 수 있고 정부情夫와 도주逃走하기도. . .
※亡身煞 人은 실물失物/도난盜難/ 사기詐欺/ 가정 내 폭력/ 육친간의 분쟁
忿爭/ 이별사 등이 따르며 사주에 역마와 지살地煞, 망신살亡身煞이 공존共存
하면 교통사고交通事故에 주의注意해야한다.
※亡身煞 人은 외모가 준수하고 언변/대인관계가 좋으며 위트/유머
감을 갖는가 하면 경거망동/권모술수 등으로 구설, 관재官災에 휘말
리기도 쉽다.
　　　□노인으로 망신 운을 만나면 외롭고 추醜하게 사망할 수 있다.

▷사주 內에 망신살과 원진이 공존하면 동성애同性愛 자이거나 근친혼近親婚인 경우가 많은데, 本, 사주에 망신살이 有存하면서 歲運으로 원진怨嗔이 들어올 때 표출表出된다.

※남편이 外道를 한다면 그의 愛人은 남편의 망신살에 해당하는 띠 人이며 情夫/姦夫가 있는 방위 또한 亡身煞 方이 된다.

↳내 사주의 망신살인 남/ 여는 행실行實이 난잡亂雜하고 실정失貞한 자들이다.

※연애하다 헤어졌다면 그 상대는 본인 사주의 亡身煞 人이요, 비밀 情事의 대상이 본인의 망신살 인이면 배우자에게 반듯이 발각된다는 사실을 알아야 한다. 그러나 攀鞍殺이나 華蓋殺이면 그렇지 않다.

↳坤命이면 자신自身의 亡身煞에 해당되는 사람과는 교제交際하거나 혼인婚姻하지 말라!!!

▫坤命으로 망신살 년에는 임신/ 출산/ 수술 등이 있게 되며 자신의 망신살 자녀를 출산했다면 불치병不治病을 갖고 있거나 사생아일 수 있다.

※亡身煞의 자식子息은 부모를 빼 닮으며 혼전婚前/불륜不倫의 자식이거나, 가문家門을 더럽히는 자식이다.

※사주의 년지에 망신살이 좌하면;
원한관계怨恨關係로 인해 몰락한 조상이 있음이요, 비록 선대先代로부터 물려받은 유산遺産이 있다 해도 깨지게 된다.
※월지에 망신살이 좌하면;
변동變動이 甚하고 객사한 혼령의 왕래往來로 되는 일이 없다.
※일지에 망신살이 좌하면; 배연配緣이 바뀐다.
※시지에 망신살이 좌하면;
남/녀 젊은 영혼魂靈의 왕래로 괴이怪異한 일들이 따기도. . .

☆망신살 大/ 歲運☆

■최最 절정絶頂의 운運이다■

※다 보여주고 최선最善을 다해야하는 운運이요,
내가 이루고 싶은 삶의 수단, 인생의 전환점이 되는 시기다.
부끄러운 일/위험危險한 일 등을 통한 경제적經濟的 발전發展이 이뤄진다.
※애정/ 혼사/ 병원출입/ 수술/ 성 질환※

▷亡身煞 運을 行하고 있다면,
"빽 줄이 든든하고 횡재수橫財 數가 따르겠습니다"!!!~

※망신 대운에는 **유산상속/퇴직금/사례금/위로금/보상금** 等이 있을 수 있으며 **부동산으로 인한 이득이 발생**되기도 한다.

□망신살의 대/ 세/ 일진에는 목돈의 움직임이 있게 된다거나 하사금 下賜金이 들어오기도 한다.

▷자금회전資金回轉이나 재산의 증식增殖은
망신과 월살의 대한/세운에 최상의 발전을 이루게 되며
망신살 운의 재록財祿은 단기 투자와 같은 단기 간,
잠깐 동안의 발복福祿을 의미한다.

※망신살의 대/세 운에는 형제/동기간에 불편함이 따르며 화개살 운에 이르러 화해和解된다.

※명예가 실추失墜되고 저속低俗한 일로 인한 **망신/횡액수**가 따르며 궂은일에서 실속이 있기도 하다.

▷망신살 운의 연애戀愛는 반드시 노출露出된다.

·坤命으로 망신 운에는 임신/출산/수술이 있게 되며
망신 년의 출산이면 불치병/사생아/폐륜아 일수 있다.

·坤命은 출산/ 산부인과 출입이 많아지며 음부陰部 이상異常이나 성질환性疾患에 걸리는 운運이기도 하다.

▷여성으로 망신 년이면 임신姙娠/출산出産의 의미도 갖지만
대부분 몸에 칼을 대거나 수술手術하는 運이기도...

□인생 말년의 망신살 운은 질환으로 인한 수술이나 망신스런 죽음을 뜻하기도 하는데, 노인으로 망신 운을 行한다면 외롭고 추醜한 사망 死亡일 수 있다.

◼**망신살 方向, 亡身煞 四柱 開運法**◼

※坤命이면, 숨겨놓은 남편의 애인/짝사랑하는 戀人이 살고 있는 방향 이요, 나이 또한 남편의 망신살에 해당된다.

※男女 모두, 연애하다 헤어졌거나 첫 사랑은 자신의 망신살에 해당 되는 띠 人이요, 망신살 年에 그러한 일이 있기 쉽다.

↳**남편의 바람기를 잡으려면 머리는 반안살 방, 하체는 망신살 방위로 두고 자라**!!!

▷부부가 성생활性生活을 할 때도
머리는 반안살, 하체는 망신살 방향의 체위가 좋다.
※자녀가 숨겨가 놓은 비밀 편지나 담배/용돈 등이 감춰져 있는 방위
또한 망신살 방위다.

■男便/妻가 바람을 피우는가???
암, 수 닭 한 쌍의 인형을 침실에 놓아두거나, 배우자의 망신살
方으로 다리를 두고, 머리는 반안살 方을 향向하게 하고 자라!!!
→ 배우자의 외도外道/ 방탕放蕩을 바로잡아 준다.

■헤어지고 싶은가???
그렇다면 침대 머리 쪽에 조그만 어항을 놓고
물고기가 죽지 않을 정도로 물을 갈아주면서 몇 날을 계속해 보라!!!

▷망신살 인과의 인연因緣은 처음은 좋으나
뒤에 좋지 않게 헤어진다.
→애인으로 망신살/ 반안/ 육해살 띠 人이면 흉兇한데, 특히 육해살
人이면 더욱 그러하다.

▷육친이나 대인을 만나 어떤 특정特定의 상품을 판매하자한다면
망신살 방이나 육해살 방에서 행行하라
↳어떤 사람을 설득시키거나, 유혹誘惑하고자 할 때에도 亡身煞 方이
어야 목적目的을 이루는데, 이때는 당일 일진日辰을 기준基準한다.
이는 선거전에도 적용되며 절대 장성살 방은 안된다!!!
■망신살 방은 시험試驗에서의 불합격不合格 방方이다.

■음식섭취에 있어서도 생년기준 망신살의 음식은 삼가야 하며 반안살
의 음식이 좋은데, 다음은 각 띠별, 반안의 보양식이다.
▷寅.午.戌 生; 염소,양고기/소 갈비/도가니탕/삼계탕/뱀장어 구이
▷巳.酉.丑 生; 개고기/ 소 갈비/도가니 탕/ 삼계탕/ 뱀장어 구이.
▷申.子.辰 生; 쇠고기/ 소 갈비/도가니 탕/ 삼계탕/ 뱀장어 구이.
▷亥.卯.未 生; 생선구이 等이다.

☆來訪 日辰이 亡身煞일 때☆
※주위의 부조扶助‘主로 先輩들의 助力다’로, 자금회전이 좋은 사람이다.

※亡身 日에 래방하였다면 대체적으로 동성同性 연애자요, 사주 일지가 망신살이면 동성 연애 자者들이 많기도...

□이미 失敗하였거나 亡身 殺에 휘말린 狀態요, 以前에 試圖했던 일에 대한 成敗與否를 묻기 위해 래방한 것이며 망신이 六害殺과 공존하면 그 影響力은 消滅되고, 육해살이 되는 년/월/일에 좋은 결과를 얻을 수 있다.

※建祿〈官〉= 亡身; 甲寅/ 乙卯/ 庚申/ 辛酉※

▷관은 **진취성/실천력/자수성가**의 象으로 月/日支가 祿이면 自手成家의 命이요, 능력있고 綢密하며 賢妻/ 良夫를 만나게 되는데, 대체적으로 40 以後에 발전한다.

※시지의 건록은 자식이 자수성가自手成家함을 의미한다.

▷직업적으로는 공무원/국영 기업체/교수/학술/문예/정치가/시민 운동가 등이요, 총무나 단체, 모임의 리더 역을 맡는다.

※財/官에서 名利雙全하며 性的인 면에 있어 乾命은 自己 滿足 型이지만, 坤命은 性生活에 無味한 傾向이 있다.

・坤命이면 대체적大體的으로 미망未亡 人이 많고, 비록 남편男便이 있다 해도 없는 것과 같다 할 수 있다.

8. 將星煞장성살〈= 旺地왕지〉

出生 年: **인.오.술**　　**사.유.축**　　**신.자.진**　　**해.묘.미**
四柱 中:　　午　　　　酉　　　　子　　　　卯　　.

　　▷장성살 자식은 효도하며 장손長孫으로 살아가겠으나
　　그 부모도 將星煞이라면 분거分居함이 마땅하다.

→장성살 자식은 부모에 勳階하는 똑똑한 자식이지만, 부모가 有能하
면 부부가 離別/死別한다거나 자식이 성공하지 못하며 부모가 無能
할 때, 成功할 수 있다.

더불어 한 집안에 장성살 子息이 둘이라면 成長 이후, 둘 中 하나는 집을 나가
사는 것이 좋다. 단 셋이라면 無妨하다.

※식구 中, 재살과 장성살의 사람은 반드시 충돌衝突하게 되며 장성살
人과 역마살 人이 동거同居하면 서로 재능을 발휘하지 못하며 실업
자失業者가 되기 쉽다.

□장성 인으로 司法 警察官이나, 軍 系統이면 발전/승진/명예회복/건강/
권력/이익/납품 등의 吉事가 있다.

　　▷將星煞 四柱의 職業的인 側面으로는 軍/警 系統이 吉하다.

　　　　　　　　　　☆四柱 內 將星煞☆

□장성살은 지살/ 화개살과 합합하며, 재살과 충沖한다.
ㄴ사주 내 **장성/지살/화개살**이 공존共存하면 大業을 이루는 吉象이다.
□**장성살은 반안/역마와 방합을 이루며 반안과 공존하면 권귀貴權하**
나 역마살은 극기헰忌하는데, 상문/조객/격각을 이루기 때문이다.
※사주의 일지가 장성이면 명예는 있으나, 별거/사별 등으로 부부의
연緣이 바뀔 수 있다.

　　　▷사주 내 장성살이 유기有氣하면 학업이 中斷되거나
再修하는 현상이 있게 되며 坤命이면 流産을 할 수도 있다.

※장성살은 재살과 충沖관계로 이 두 살이 사주에 공존하면 謀士꾼이
요, 자신의 권위나 既得權에 挑戰을 받게 되는 일이 發生한다거
나 犯罪者〈殺人〉가 될 수도 있다.

▷역마살 人과 장성 人의 부부 관계는 맞벌이로 살아가기 쉽다◁

※살아가면서 官災 等, 어려운 상황에 處해 있을 때 恒常 나를 도와주는 사람은 將星殺 人이요, 男/女 관계에서도 장성 띠 人이 서로 交際하면 막혔던 일이 순조롭게 解消되며 危殆로운 사람을 治療해주는 이 또한, 將星煞 人이다. 그러나 **장성살인에게 怨恨을 사게 되면 한스런 悲運을 맞을 수 있음을 알라!!!**

> ▷子. 午. 卯. 酉의 將星煞 年 生은 어떤 단체나 모임에서 중심中心 인물人物이거나 회장/ 요직要職을 맡게 되며 그렇지 않다면 자신의 발언권發言權을 주장하는 경우가 많다.

□乾命으로 사주에 장성이 드러나면 종손宗孫이거나 장남長男의 역할을 수행隨行할 수 있다.

> ■坤命으로 장성과 반안살이 공존共存하면 목석같은 女子요, 종교宗敎/ 신앙信仰에 빠져 살기 쉬우며 日支의 장성살 人은 남편을 두고 가출家出하는 일이 발생하기도 한다.

·장성살이 공망空亡이라면 세상으로부터 도피逃避하는 성향이 있지만 재성財星에 해당된다면 거부巨富가 되기도 한다.

※장성살이 년지에 좌하면; 선대에 군/장군으로 전장에서 전사한 분이 계신다.

※월지에 좌하면; 부모/형제 중 전사한 분이 계시며 문/무를 겸한다.
※일지에 좌하면; 배우자와는 부부의 연이 약하고 바뀔 수 있다.
※시지에 좌하면; 자식이 나라의 인재가 된다.

☆장성살 大/ 歲運☆

□장성살 대한을 행行하고 있다면, 현재 중요한 일을 하고 있으며 매사每事에 필요한 인물人物이다.

※정리, 처리할 일 많고 승진/ 진급/ 사업형통/ 출장/ 원행遠行 등으로 바쁜 운이요, 의식주/ 주거 변동이 따른다.

※밑천 다 걸고 총 매진邁進해야 하는 운運으로, 坤命은 가정경제를 위해 직업전선戰線으로 나가야 하는 운이요, 출장/외국출입 등, 동서로 바쁜 해이기도 하다.

※이별/고독/원행/부상 및 파산이 많은 運이기도 하다※

▷사업자로 장성살 대한이면, 자금資金이 여유餘裕롭고 영업도 잘된다.

※학생이라면 반장, 직장 인이거나 官廳 人이라면 昇進/ 進級하는 운이기도하다.

■장성살 方向, 將星煞 四柱 開運法■

▷장성살 方의 창문이나 대문은 대흉大兇하다. 막아라!!!
→이러한 집에 살면 특히 男子들에게 비운이 따른다.

※장성살 방향의 집〈店鋪/事務室 等도 包含된다〉이나, 장성살 방향으로 대문/ 현관문 等의 출입문을 두면 흉兇/ 파破한다.
→이들을 폐쇄閉鎖하고 육해살이나 지살 方으로 두라.
이것이 개운법이요, 장성살 방향이라도 창문이 높다면 무방하다.

※勤務하는 직장가 居住地 기준 將星 煞 方에 있다면, 退職이 따르게 되니 災殺이나 천살 또는 지살 方의 會社를 擇하라!!!
→昇進에 有利하다!!!~

※건강상의 문제로 의사나 약국을 찾아야 한다면 장성살 方의 약국이나 병원을 택擇하라!!!~ 호전互轉된다.
▷출산出産 방위로도 장성살 방은 피피避해야 하며
장성살 색상色相의 의복衣服도 해롭다.

※장성살의 직원은 비서직으로 적합하며 입시 생의 방房이 장성살 방향이면 불합격 不合格이다.

■일/ 사업이 않되는가!!!~

※가게나 사업장의 지살 방위에 사업/ 재물 부적을 바르게 붙여라!!!
서서히 발전發展하리니!!!
▷현재現在의 애인愛人과 헤어지고 싶다면 장성살 색상의
의복을 착용着用하라!!!

☆來訪 日辰이 將星煞일 때☆

※事業者면 新 사업이나 사업확장 건, 未婚者라면 혼인 문제며 젊은이라면 進路/취업문제이거나 入隊 문제며 將星 **日의 문점사는** 地殺/ 攀鞍殺 **년/월/일에 해결된다.**

※*帝旺 = 將星;*

丙午/ 丁巳/ 戊午/ 己巳/ 壬子/ 癸亥

⊡坤命으로 年이나 日支가 帝旺이면, 도리어 男便을 扶養해야하고 女傑이나, 多福하다고 볼 수는 없다.

※월/일지에 제왕이 좌하면 타인의 關與. 干涉을 容納하지 않으며 일을 處理함에 있어는 主導的으로 行하고, 自手成家 型이다.

▷직업적으로는 군/경/법 계통이요, 監査職/參謀職/賃貸業/理髮/美容/재단裁斷 등에 適合하다.

⊡坤命으로, 丙午/戊午/丁巳/壬子/癸亥 일주면 남성적 기질이 강하게 나타나며 배우자 운이 불미해 지는데, 사주의 偏官/ 傷官/ 괴강 등과 重疊되면 克 夫의 象이므로, 사회생활을 하는 것이 可하다.

▷女命으로 제왕帝旺은 夫權을 掌握하며 扶養하는 形象이요 사회적社會的인 성취成就는 이룰 수 있지만, 이혼離婚 等, 가정의 안정과 복을 기대期待하기는 어렵다.

9. 攀鞍煞 반안살 〈= 衰地 쇠지〉

出生 年; **인.오.술**   **사.유.축**   **신.자.진**   **해.묘.미**
四柱 中;   未   戌   丑   辰 .

△반안살과 망신살은 돈〈金錢〉을 상징象徵한다▽

※내가 어려울 때 我를 돕거나 金錢을 借用해 주는 사람은
攀鞍煞 人이다.

△반안살은 전쟁 중 얻은 전리품戰利品, 또는 학위/자격증 등과도 통하며
명예/출세/번영의 인자요, 조상의 음덕蔭德을 뜻하기도 한다.

·본명 사주 반안살 띠 人과 혼인하라!!!~ 서로를 배려配慮하며 존중尊重한다.

△내 사주의 반안살 자식은 재정財政을 부유富裕하게 하고,
그 子息 또한 富裕하게 살아간다.

그러나 삶이 고독할 수 있고, 혼사婚事나 혼인생활이 불미할 수 있다.

☆四柱 內 攀鞍☆

□반안은 **겁살/년살**과 合하며 **천살**과 沖하며 **반안/겁살/년살**의 合은 最上
의 결과를 가져오는 조합이다.

※내 사주의 반안살 人은 부리기 쉬운 **친구/동료/부하동료部下職員**이다.

※내가 어려울 때 도움을 받을 수 있는 사람 또한, 반안 살 人이요,
내가 믿을 수 있는 자, 금전을 차용借用해 줄 수 있는 자의 거주지
도 반안살 방 人이다.

※내가 급히 도피避身해야 할 때, 가출 人이나 분실물紛失物이 놓인
방향 또한, 반안살 方이다.

▷攀鞍煞 사주 人은 사업하지 말라!!! 亡망한다!!!~

→특히 반안살이 사주의 생 시이거나 반안살 대한이면, 예능계통에서
성공할 수 있다.

□사주에 반안/장성/역마가 공존共存하면 출세를 보장받은 바와 같고
부동산을 소유所有할 수 있으며 군, 통수권자를 의미하기도 한다.
이는 **본명과 운으로 형성되도 그러하다.**

□반안살이 사주의 천을귀인이면 일찍부터 출세함을 뜻하며 사주 正官
이면 건명은 자식, 곤명이면 남편의 내조로 성취를 이룬다.

⊡곤명으로 사주에 반안과 재살이 있다면 주제도 모르고 눈만
높은 공주병 자 일 수 있으며
반안살이 드러나 있다면 아이를 갖지 못할 수 있고.
반안살 대한을 지났다면 자식〈特히 아들〉을 두기 어렵다.

※년지에 반안살이 좌하면; 조상 덕〈特히 先山〉일평생 부를 누린다.
※월지면; 가정이 화목하고, 이름을 얻을 수 있다.
※일지면; 부부해로하며 어렵지 않을 정도로 살아간다.
※시지에 좌하면; 그 자식들이 출세하며 말년末年이 순조롭다.

☆반안살 大/ 歲運☆

※進學/ 學位取得/ 昇進/ 事業繁昌※
⊡반안살은 실속을 위한 通路요,
부가이익附加利益이 이뤄지며 학위學位/ 자격증을 얻는다⊡
※반안살 운에는 분규紛糾/감원/명퇴 등에도 신분이 保障된다※
▷모든 새롭게 始作하는 별이다. ※집, 토지 문서를 잡기도...
※주거住居. 의식주의 변동이 쉽게 이뤄지는 해요,
주동적主動的, 자기중심적自己中心的으로 행행行하는 운이다.

※본명에 반안살이 있다면 전문직이 적합하며 반안살 대한에는
금전/재물이 증식增殖되는 등 발복發福하게된다.

⊡坤命으로 攀鞍煞 大運이 經過했다면 子息을 두기가 어렵다.
※신규사업/건축/시험공부 등을 시작하는 운이요, 장롱/냉장고/세탁기/귀중품/
피아노/자동차 등을 들여놓기 좋은 운인가하면 집이나 토지 문서를 잡
기도하며 주변周邊사람들로부터의 도움도 따르는 運이 된다.
□반안살 대한에는 열심히 공부하며 책임감도 강해진다.

※반안살 운은 책임감이 強해지고 학위, 자격증 취득/ 승진,
진급에 유리有利한 운이요, 학생이면 진학進學길이 열리고
일반인은 순조順調로우며 모든 것을 새롭게 시작하려는 운이다.
⊡장사를 한다거나 사업자면 반안살 대한에 장사/ 사업이 잘되지만, 반안살 운에
장사를 시작하는 것은 삼가라!!!
▷반안살 人은 천살/ 월살/ 화개살 人과는 악연〈相沖〉이요,
천살/ 월살/ 화개살 운은 흉 운이 된다.

- 150 -

■반안살 方向, 攀鞍煞 四柱 開運法■

▷반안살 方은 과거급제科擧及第 方이요,
출입문/현관과 두침頭枕 方으로 최상最上의 方位다.

→현관/ 출입문의 방향은 반안살 방이 최상이요, 금고의 위치로도
좋으며 중대 사를 앞둔 전날의 두침 방도 반안살 방이 길하다.

※반안살 방으로의 이사는 안정되고 家勢가 일어는 方位로, 현금이나
귀금속/금고/통장/도장/가계부 등을 놓으면 資金流通에 좋은 자리요, 회사
에서의 經理의 자리도 社長을 基準한 반안살 방향이면 會社가 잘 돌
아 간다.

※장성살 方으로 방房이나 방문(出入門도 같다)이 놓였다면
혼인생활이 불미不美해 질 수 있고, 깨지기도...
※내 사주의 반안살 人은 부리기 쉬운 친구/ 동료/ 부하직원이다.

☆재운財運이 발복發福되기를 바라는가???~
아들을 낳고 싶은가!!!~
▷반안살 方으로 두침頭枕하라!!!
반안살 方은 진학/ 취업/ 승진/ 사업에도 吉하며
소원성취所願成就 方位이기도 하다.
→大/ 歲運에 依한 沖/ 剋이 없어야 한다.

□사주 천살 方으로 두침頭枕하면 부부 파경破鏡/파산/대인관계에서
의 스트레스/가출/부랑아/방탕아가 되거나 질병이 따른다.

※반안살 方으로 頭枕하면 사업/장사가 잘되고, 월급생활자는 승진이
순조로우며 학생은 진학에 합격하는가하면, 處女總角은 혼인길이 열
리고, 행복하지만 머리를 반안의 沖 方位인 천살 方向으로 頭枕을
한다면 모든 運이 막히고 事業者는 赤字를 免치 못한다.
천살 方이면 給與 生活者는 解職을 당하고 학생은 진학길이, 처녀
총각은 혼인 運이 막히며 夫婦關係에는 波瀾이 따른다.

▷내가 어려울 때 도움을 주거나
내가 믿을 수 있는 者/금전/재물을 차용借用해 준다거나
비밀秘密을 부탁할 수 있는 者 또한
반안살 人이거나 반안살 方位의 거주자居住者다.

→돈거래 있어서도 별 탈이 없는 사람도 **반안살 인**이요, 사람을 쓸 때에도 내 四柱의 **반안살 인**은 말 잘 듣고 **충성忠誠**하는 사람이다.

※良夫/賢妻와의 혼인을 願한다면 반안살 方으로 房門이나 출입 문이 놓인 집/ 建物에 居住하라!!!
만약 <u>將星煞 方으로 문이나 房이 놓였다면 혼인생활이 不美해지고 깨질 수 있다</u>.

※아들이 부모 사주의 삼합 띠 人이면 女性的인 性向을 보일 수 있다.
※반안살 方은 佛堂이나 佛典函/神堂/金庫/經理의 책상을 놓는 방위요, 손님이 앉는 자리 또한 반안살 方이며 **我는 천살 방을 등지고, 반안煞 방을 향해 앉도록 한다**.
또한, <u>상담/강의 시에도 천살방을 등지고 반안살 方을 向向하도록 하라</u>!!!~

▷누군가에게 물품이나 상품을 판매하자 할 때,
저가품이면 반안살 方, 고가품이라면 천살살位가 유리하다.

→당일 일진 기준, 그날의 반안살 方은 저가의 일반적인 물품의 계약 판매에 유리하고 고가품인 경우에는 천살 方이 유리하다.

※鑛脈광맥을 찾고 있고 있는가!!!~ →攀鞍煞 方으로 가라~.

※본인의 보양식保養食으로 좋은 음식이요, 직업적으로도 적합하다.
<u>출생년出生 年 基準이다</u>.

▷寅.午.戌 生; 염소,양고기/ 소 갈비/ 도가니탕/ 삼계탕/ 뱀장어구이.
▷巳.酉.丑 生; 개고기/ 소갈비/ 도가니 탕/ 삼계탕/ 뱀장어 구이.
▷申.子.辰 生; 쇠고기/ 소갈비/ 도가니 탕/ 삼계탕/ 뱀장어 구이.
▷亥.卯.未 生; 생선구이.

▷男命으로 寅.午.戌 生의 攀鞍煞은 未로, 坤命의 亥.卯.未 年生.
▷巳.酉.丑 年生은 戌이 반안살이니, 寅.午.戌 生.
▷申.子.辰　〃　丑이　〃　, 巳.酉.丑 生.
▷亥.卯.未　〃　辰이　〃　, 申.子.辰 生이 配匹이다.

☆來訪 日辰이 攀鞍煞일 때☆

※주主로 길사吉事에 대한 물음이다.
※신 사업/사업확장 등과 관련되거나 회갑 등의 연회/ 진학/ 애정사/
혼인 등의 길사로 래방하며 그 결과도 좋다.

※衰＝ 攀鞍; 甲辰/ 乙丑/ 庚戌/ 辛未※

※月支나 日支면 인정으로 인한 損失이 招來되거나 散財를 겪기 쉬우
며 항상 身元保證이나 財産保證 등의 문제로 애를 먹게 된다.

↳살아가면서 保證(身元/文書/財産 保證 等)은 絶對로 禁해야 한다.

▣衰쇠는 보수적/ 학자/ 종교인/ 신중/ 쇠퇴/ 시기심과 통한다▣

※새로운 일에 손대지 말라!!!~
중도포기中途抛棄하게 되거나 고전을 면치 못하게 된다.
↳창업은 적합하지 않고 책임을 져야하는 일이거나 상업/써비스 업 류
또한 부적不適하다.

▷중년 이후 발전하며 연구/발명/교직/보육/종교/철학/상담/
통역/출판편집/영화/보석 세공/건축 등에 적합하며 급여생활로
살아가는 것이 유리하다.
※甲辰/乙丑/庚戌/辛未의 쇠지 日生이면 부부 偕老에 문제가 따를 수 있다.

■재가 쇠지면- 재산손실財産損失.
　관이　〃　- 관운官運이 불미不美하고, 실失/ 파직罷職.

☆衰 運을 行 할 때☆

※ 매사每事가 지체遲滯되고, 장애/재난 등으로 인한 손실損失이 따른다.

10. 驛馬煞 역마살 〈= 病地 병지〉

生年 支: **신.자.진**　　**인.오.술**　　**사.유.축**　　**해.묘.미**
日 支:　　　　寅　　　　申　　　　亥　　　　巳 .

※역마살은 타他에 의한 이사/변동/해외 출입을 의미※
▷역마는 정보통신, 방송/언론매체/외국/이민/무역과 통通하며
역마살 띠 人은 정보통이요, 배우자가 역마 人이면 그 또한 그렇다.

▷坤命으로 역마가 도화桃花와 중첩重疊되면 통정通情으로 드러난다. ◁
※역마살은 지살〈驛馬는 地煞과 沖한다〉과 대동소이한 작용을 한다.
□내 사주의 역마살 人은 처음에는 내가 도움을 주는 관계關契지만,
後에는 나에게 필요必要한 사람이 되어준다.

☆驛馬煞 四柱☆

▷역마는 대체적으로 이동/원행/해외여행/이사/이민/
운반運搬/차량사업/정보,통신기기/
우체국/전화/전보/서적 출판업/운동경기 등을 의미한다.
※본명의 역마살이 편관偏官이라면 고생을 면免하기 어렵다.
□驛馬煞이 내 사주의 官星 특히 正官이면 교통/ 철도/ 정보통신/ 외무/
외교/ 무역〈수입업〉에 有利하며 坤命이면 보다 먼 곳으로 시집을 가거
나 국제國際 혼인婚姻이 더 좋다.
▷역마살이 내 사주의 관성이거나 시지時支이면서 합合되면
해외에 장기長期 간間 거주居住하거나, 직장이 해외에 있거나
또는, 국제 결혼/ 이민을 뜻하기도 한다.

※역마살이 내 사주의 **인성**이면 학문으로 성취하며 **해외 영업/무역업**에
有利하나 **偏印**이라면 人德이 不足하다.
　四柱에 역마와 지살이 有氣하면서 인성이라면 통역사/특파원에
有利하며 特히 역마가 食神이나 印授라면 작품 히트로 대박을 칠 수
있다.
※本 사주에서 역마가 合되면 每事가 遲滯되고, 일지가 역마면 평생
奔走하며 職業變動이 많다.
※사주의 역마가 칠살이면서 신약하다면 교통사고에 유의해야 한다.

※본명 사주에 역마와 桃花가 共存하면 인기로 먹고 사는 演藝人이요, 역마와 월살이 有氣한다면 하는 일마다 損失/失敗다.

※역마가 生/旺하면 言辯과 臨機應變에 能하며 품위를 갖추지만 死/絶地라면 평생 실속이 없고 奔走하며 移動이 많다.

▷역마살 자식이나 손자孫子는 키우기 힘들지만, 성장 이후에는 가문家門을 번창繁昌시키는 인물人物이 된다.
※역마살의 父나 조부祖父는 반드시 가문家門을 빛낸 분이시다※

※子/午/卯/酉 年生으로 寅/申/巳/亥 역마살의 자식이거나
　　〃　　　　年生의 子息이나 子孫으로 寅/申/巳/亥 年生의 父나 祖父가 계신다면 그 또한 집안을 일으키는 人物이다.

※역마살 人은 後日, 나를 돕고 이익을 주는 인물이요, 我의 문제를 해결해 줄 수 있는 해결사가 되며 비록 역마살 띠 人과는 관계가 흉兇해지더라도 나를 음해陰害/모략謀略하지는 않는다.

※역마살 人들이 외국으로 나갈 때에는 主로 辰/戌/丑/未 年에 출국한다.

→지살地煞 人은 국내國內, 역마살驛馬煞 人은 외국으로 변동한다.

·坤命으로 역마가 도화와 동주同柱하면 통정通情에 빠지며 서방書房을 버리는 현상으로 드러나기도~

□역마가 년지에 좌하면; 선조 중, 큰 상인이었거나 客死한 분이 계시며 외지外地에서 자리를 잡는다.
□월에 좌하면; 가내家內 객사한 이가 있으며 사방에서 재물을 모은다.
□일에 있다면; 배우자配偶者와의 이별離別/사별死別이 따른다.
□시지에 좌하면; 배우/탈랜트/가수 등 연예인 들이 많으며 노년에 자식과의 이별 수가 따른다.

☆역마살 大/ 歲運☆
□역마 대한은 지출持出이 많고, 이용利用을 당하기 쉬우며 특히 노년기의 역마 운은 건강에 매우 해롭다.

□역마가 대/세 운으로 들어오면 移徙/變動/海外出入 事가 발생하며 運에 의해 역마가 相沖되면 傷害/交通事故/橫死 등의 急變 事요,

空亡이면 病馬가 되는데,

大限/歲運/月의 삼운이 모두 역마를 相沖하면 더욱 그렇다.

↳大/ 歲運의 역마가 재성財星이면 재물財物이 따른다.

▫말년과 초년의 역마 운은 불리하며 역마의 대한은 먹고 살기위해 奔走한 운이요, 留學을 간다면 공부보다는 돈을 벌기 위함이다.

※官災/口舌 등으로 拘束된 상태면 역마살 세운이나 월운에 풀려난다.

↳묘년에 官災를 當했다면 묘년의 4월〈驛馬 月〉에 釋放된다는 것이다.

※역마 운은 먹고 살기위해 東奔西走하지만 病만 남는 運이요, 離別/ 別居/傷害/客地살이를 하게 되는 운이기도 하다.

※事業側面으로는 신문/운수업/노동/부동산 중개 등을 한다거나 遠行 을 떠난다거나 먼 곳으로부터, 消息이 오는 운이요, 外國으로 나가 기도...

■역마살 方向, 驛馬煞 四柱 開運法■

※어떤 직업을 갖거나 무엇을 배우거나 할 때, 그 일이나 사람을 소개 하는 이는 역마살 띠 人이 되는데, 戌生이라면 申生이 되는 것이다.

▢무엇을 배우려 한다면 내 사주의 역마살 人에게 배움을 청請하 라!!!

※가내家內에 관재구설로 옥고獄苦를 치룬 사람이 있다면 역마 인이 며 중요한 사건을 일으키는 사람 또한 역마살 인이다.

▢寅. 午. 戌 年 生의 驛馬 → 申/ 酉 年, 月
  巳. 酉. 丑 年生 　　 〃 → 亥/ 子 年, 月
  申. 子. 辰 年生 　　 〃 → 寅/ 卯 年, 月
  亥. 卯. 未 年生 　　 〃 → 巳/ 午 年, 月

■역마가 寅木이면; 버스. 전동차.　　巳火이면; 비행기.
  申金 〃 ; 철도. 기차.　　亥水 〃 ; 선박.

☆來訪 日辰이 驛馬煞일 때☆

▷역마 일의 문점은 여행/이사/이민 등의 변동사나 학업의 변화/혼인/분가/ 통신. 소식/ 가출 인의 귀가/ 유괴 등의 문제를 물어 온다.

※신상身上의 변화가 따르게 되며 대체적으로 불리不利한 여건與件이 지만, 선고先苦/후성後成한다.

丙申/ 丁卯/ 戊申/ 己卯/ 壬寅/ 癸酉

※병은 대체적으로 늙고 질병에 걸린 상태를 뜻하며 주거지住居地의
변화/移徙/家出/해외여행 등을 뜻하며 潔癖症/ 神經質/ 疾病/ 嗜好
생활/ 娛樂/ 優柔不斷/ 六親 無德 등과 通한다.

※병病은 감성적이요, 空想이 많으며 중년 이후 발전하는데,
육체적肉體的으로는 신체가 허약하거나 질병에 걸리며
환자患者(육체적/정신적/사회적/교육적)와 인연이많은 의약/ 의료/
간호사/ 상담사 등과 더불어 순수 예술분야/ 연구, 발명/ 교직/
평론, 기고가寄稿家/ 문인/ 참모/ 방송/ 종교/
구류술사/ 역술인 등에 적합適合하다.

⊡坤命으로 戊申. 壬寅. 丙申. 己卯. 癸酉 日生이면 다재다능하나
남편 덕은 기대期待하기 어렵다.

■재가 병이면 처妻에 질병疾病이 따른다.
　관이　　〃　　신분身分이 저급低級하다.

☆病 運을 行할 때☆
▷家族 中 疾病에 걸리는 식구가 있게 되거나,
뜻밖의 손님이 방문訪問하기도 한다.

出生 年: **인.오.술**　　**사.유.축**　　**신.자.진**　　**해.묘.미**
四柱 中;　　　酉　　　　　子　　　　　卯　　　　　午.

▷六害煞은 인간으로는 도전挑戰할 수 없는 영역領域이며
육해살 人은 내가 어려울 때, 도움을 얻거나 덕德을 볼 수 있는 자者다※

※육해살 자식은 종신終身 자식이요, 가업家業을 승계繼承하며
부모보다 먼저 사망死亡하는 일은 없으며
서로의 육해살에 해당되는 부부관계는 "천생연분天生緣分"이다.
※식구 中 내 사주의 육해살 년 生의 자식이 있다면, 그 자식의 덕德
으로 살아가게 되며 나의 임종臨終을 지키는 자식이다.
↳六害煞 子息에게는 信仰을 갖게 하라!!!~

▷坤命 六害煞◁;

◻坤命으로 사주 內 육해살이 있다면 산액産厄이 따르기 쉽고,
출산出産 뒤 사망死亡하기도. . .

※사주에 육해살이 有氣(유기)하면 一生(일생) 疾病(질병)/身病(신병)으로 고생하거나 水災(수재)/
火災(화재)/官災(관재)/訴訟(소송)/交通事故(교통사고) 등이 따르며 집안에 盜賊(도적)이 잘 든다.
※육해살은 每事(매사)가 막히고 힘든 일에 부딪친다는 의미로, **사업부진/**
질병으로 因(인)한, 병원출입/사고/화재/도난/官災(관재) 등과 관련된다.

▷육해살은 12운성의 死地에 해당되므로 육체적 노동보다는
정신적 노동勞動을 필요로 하는 분야分野에 적합하다.

☆四柱 內 六害煞☆

※사주에 육해살이 유기有氣하면 陰沈(음침)한 面이 있는가하면 秘密(비밀)이 많게
되며 **子** 六害면 **정신적 이상.** **午** 六害면 **기관지.** **卯** 六害면 **신경계통.** **酉**
六害면 **풍질風疾**로 드러난다.
※육해살 人들은 山戰水戰(산전수전)을 다 겪은 사람으로 處世(처세)에 能(능)하고 速成(속성)/
速食(속식)/지름길/ 빠른 방법을 擇(택)하며 短距離(단거리) 運動選手(운동선수)와도 같다.

※四柱에 六害煞이 드러나면 친/ 인척과의 緣이 薄하고
희생犧牲하는 삶이되며 질병/ 화재/ 수액水災/ 관재官災/ 訴訟
등이 따르기 쉽다.

※육해살이 년지에 坐하면 先代 中, 怪疾/火災/水災 等으로 青春期에
魂鬼가 된 조상이 있으며 養子로 키워질 수 있다.

※월지면; 他人에 의한 口舌이나, 害가 따른다.

※일지에 坐하면 夫婦關係가 남과 같으며 신앙 인〈神父/巫俗 人 等〉이
된다.

※시지에 坐하면 자식 德으로 末年은 편안하겠으나, 자식에게 신앙이
없다면 不具/短命할 수 있으니 그 子息은 信仰에 從事해야 한다.

☆육해살 大/ 歲運☆

⊡빽 줄이 생기고 지름길을 택하나 다성다패多成多敗요,
서서히 위축萎縮, 정리整理해야하는 상태狀態.
※육해살 운에는 자의든 타의他意든 **정리/조정**할 일이 생긴다거나
의무義務에 따른 책임責任이 무거워 지며
질병疾病으로 고생苦生하게 되거나, 허리가 아프기도 . . .
▷생사여탈生死與奪의 해요~ "저승사자다"!!!~

※육해살 대한大限에는 직장에서 중요한 일을 하게 된다거나,
요직要職에 오르기도 하지만, 좌천左遷되기도 쉽다.

⊡본명 사주에 육해살과 역마가 共存하는 경우, 육해살을 沖하는
流年이나 월에 移徙/移動/旅行數가 따르며 어려운 문제들이 있
었다면 이때 解決된다.
→본명의 육해살이 운에 依해 충沖되는 경우에도 그러하다.

※육해살 大限에는 疾病 등으로 인한 苦生이 따르거나 **저당/설정/차압**
을 當하는 일이 발생할 수 있으며 軍 服務者는 短期 服務이거나
勤務離脫 等으로 困辱을 치를 수도 있다.

▷사업자事業者는 **다 털어먹고~** 직장 인은 좌천左遷되는 운이지만,
　감원/ 명퇴에도 신분身分이 유지維持되는 운이기도 하다.

⊡곤명으로 육해살 운이면 부부불화요, 가정이 불안정해 진다.
※寅. 申. 巳. 亥 生은 육해살 운에 구설관재가 따르거나 교통사고가
발생하기 쉬운데 이는 역마의 년.월에 해소된다.

　　　　　　　　　■육해살 方向, 六害煞 四柱 開運法■
※六害煞 方이나 生年 人은 開運의 核이요, 運 줄이다※
　▷가게, 店鋪/ 事務室 等의 出入門은 六害煞 方으로하라!!!

　□*육해살 方은 조상을 모시거나 직계 수호신이 계시는 방향이요,*
　　　　소원訴願을 비는 방위方位이기도 하다.
　→매일 아침에 육해살 方을 향向해 조상님께 치성致誠을 다하라!!!
※육해살 人은 내가 살아가면서 도움을 받을 수 있는 인물이요, 六害
煞 方은 내가 도움을 請할 수 있는 사람이 거주하는 방위이며 단기
로 자금을 융통한다 거나 위기를 모면할 수 있는 방향 또한, 육해살
方이다.

　　　　　　　　☆**일이 막히고 풀리지 않는가!!!~**
※六害煞 方은 소원성취를 위해 치성을 드리는 방위다.
　돌아가신 조상에 정성을 다해 제사를 지내라. → *每 六害 月/日*에. .

▷*申/子/辰 生이면 亥/卯/未年 生의 祖上으로 10/ 2/ 6月의 祭祀.*
▷*寅/午/戌　　〃　　巳/酉/丑　　　〃　　　4/ 8/ 12月　〃 .*
▷*巳/酉/丑　　〃　　申/子/辰　　　〃　　　7/ 11/ 3月　〃 .*
▷*亥/卯/未　〃　　寅/午/戌　　　　　1/ 5/ 9月의　〃 .*
　　　　　　　↳고사를 지낼 때에는 해마다 청포묵을 올려라!!!

　　☆*부자로 살고자 한다면 육해살 방을 항상 깨끗이 하라~*
　　　　　소원訴願이 이뤄지고 복福이 들어올 것이다.
※육해살 방은 장기적인 투자처로도 吉하나 본명에 육해살이 있
다면, 투기성적인 사업은 절대絶對 금禁해야한다.

☆移徙 이사를 생각하고 있는가???

☆再起 재기를 꿈꾸는가???

그렇다면 六害煞 方으로 가라!!! 亡해서 이사를 가는 경우도 같다.

※땅을 싸게 매입購入 할 수 있다거나 싸고 큰집으로의 이사移徙는
육해살 방이요, 특별한 신병身病의 완지完治는 육해살 방의 병원
을 택擇하라!!!~

▷대인이 방문해 왔을 때, 나의 목적을 성취하려면 래방 인은 재살방
이나 육해살 방에 앉게 하고 본인은 장성살이나 년살 방에 앉으
라!!!~

※현재의 애인과 헤어지고 싶다면, 乾命은 장성살 색상의 옷을, 坤命
이면, 본인 사주의 六害煞 색상에 해당하는 옷을 입어라!!!~

▣여학생으로 진학進學을 못했다면 육해살 方의 학교를
택擇하라!!!~

☆來訪 日辰이 六害煞일 때☆

※육해살 일진의 문점問占은 개운 법을 묻고자 함이요, 재난/사고/조상/후사後嗣문제
에 대한 길/흉 관계를 묻는다.

※死= 六害殺; 甲午/ 乙亥/ 庚子/ 辛巳※

※死는 쇠퇴/죽음/신용/부부 무연無緣 등과 통하며 학술/예술/의술/미술/종교/
철학/ 점술분야 등과 더불어 정신적이고 지능/기술적인 직업에 적합하
다.

※사주 內 식상이 역마면서 병지면, 현실적인 물질이나 욕망에
집착執着하기보다, 정신 지향적指向的이다 보니 지적이요,
전문 기술적 분야인 학술/사상/예술/종교/철학/
의료,의약/침술/작가/접술/기획/설계/스포츠 등에 적합한데,
월月/ 일지日支가 사지死地면 더욱 그렇다.

하지만 병지이므로, 대성하기는 어렵고, 월지가 사지면 형제 자매지간에
분쟁이 따르며 일지가 사지면 어려서 병약病弱하거나 조실부모하기 쉽다.

☆死運을 行할 때;

※육친 간에 이별 수가 따르기 쉽고, 재물財物이 손실損失되기도...

12. 華蓋煞화개살〈= 墓地묘지〉

出生 年;	인.오.술	사.유.축	신.자.진	해.묘.미
四柱 中;	戌	丑	辰	未 .

▷再整備. 掛圖修正◁ ※過去事 再 發動※

※재회/재혼/복귀/정리정돈/궤도수정/포장/분장, 변장하는 능력이다.

⊡교육/종교/철학/연애 등에서 특별한 재능 소유所有⊡

■華蓋煞 띠 人은 학업의 중단中斷/ 휴학/ 복학 등이 반복된다■
※내 사주의 화개살 띠 人〈對人이든, 男女關係든〉은
헤어져도 다시 만날 사람들이다※

▷화개성은 귀성貴星이며 고독지상孤獨之象이요,
문장文章과 예술분야에서 다재다능함을 보이며
창고〈才能의 貯藏庫로 演技/ 演藝 等〉/ 무덤/ 탁월한 기억력/
교육/ 문장, 학문/ 종교/ 철학 등을 의미한다.
↳華蓋煞은 장성/지살과 合하고 월살과 沖한다.
※화개살 方으로의 이사는 재기再起를 위함이요, 곧, 다시 移徙하게 된다.

▷화개살 자식은 가산家産을 탕진蕩盡하거나 출생과 동시에
이병(罹病 - 근심과疾病)/부부이별, 이혼/재혼/재결합/가출, 귀가/
학업중단/휴학/복학 등이 반복되며
화개살 자식 출생 이전의 선대先代는 몰락했었음을 의미한다.
※四柱의 華蓋가 空亡이면 子息을 어렵게 얻는다.

☐화개살은 **반복/복직/변화/수정**의 의미가 內包되는 藝術性이요, **사주에
화개살이 있다면 매사에 욕심을 버려야 복을 얻을 수 있으며 그렇지
못하면 고통을 내리는 신神이므로 마음을 비워야 한다.**

※화개살 人끼리의 혼인은 이혼과 재결합의 현상이 반복되며 화개성의
反復性은 헤어졌던 애인과 다시 만난다거나 離婚을 하더라도 再結合
을 하는 현상으로 드러난다거나, 過去事가 되풀이 된다거나 가출
했던 자가 歸家하기도 한다.

⊡坤命으로 **화개살** 人은 淫亂할 수 있으며 화개살이 역마나 지살을 만나면 花柳界 女人이 되기 쉽다.

※화개살은 **문화/미술/예술/신앙/사찰/교회/수도원/부동산** 관련사와 因緣하기 쉽고 一攫千金을 꿈꾸다 陷穽에 빠지거나 **허영/사치**로 낭비浪費함을 뜻하기도 한다.

☆四柱 內 華蓋煞☆
▷화개살 人이라면 선대先代에 沒落했던 家門의 가세家勢를
다시 일으켜야 하는 소임所任을 지닌 명命이요,
장손長孫 노릇을 하며 살아가야하는 命이기도 하다.

⊡사주의 화개가 인성이면 간섭干涉을 하다거나 저명著名한 學者일 수 있으며 화개가 空亡이면 자식 因緣이 어렵고, 僧侶의 길을 가기도..

※화개살 人은 **先代의 조업을 지키지 못하며 祖業이나 遺産을 물려받는다** 해도 모든 것을 破한 以後, 自手成家하지만, 成敗의 起伏이 反復된다.

※화개살은 무덤/ 창고/ 貯藏庫 等을 의미하므로, 守錢奴라는 소리를 들을 수 있으며 飮酒를 즐기므로 胃腸疾患이 많지만 알콜 中毒者는 되지 않는다.

※화개가 **辰/戌**이면, 遲滯/障碍/孤獨性이 甚해지며 화개가 重疊되면 머리는 非常하나 現實에는 無能하다.

▷화개살 人은 총명다식하고 설득력을 갖으며 직업적으로는
문화/예술(美術/演劇/映畵/演藝 等)계통이나 종교/
신앙(스님/법사/신부/목사 等) 人이거나 부동산업과 관계된다.

↳화개살 人의 조상은 대체적으로 학자나 종교인이였으며 내 사주의 화개살이 인수와 동주同柱하면 大 학자요, 공망空亡이면 승도지명僧徒之命으로 논한다.

※내 사주의 화개살 年 生 人은 내게 용기를 갖게 해 주는 등,
정신적으로 나의 재기再起를 돕는 인물人物들이다.

※壬/癸 日生으로 생시가 사주의 화개살이면 부부상극相剋이요, 노년에 이르러 자식과도 사별死別하기 쉽다.

▷화개살 띤 人과는 동업을 하거나 돈을 차용借用해서는 않된다. 그로 因한 苦痛과 信用이 墜落할 수 있기 때문이다.

※화개살이 년지에 坐하면 先代가 학자나 종교인이었으며 조상 덕이 없고 設令 遺産이 있다 해도 지키지 못하고, 困苦하게 살아간다.

※월지에 坐하면 형제지간에 無德하고 차남이라 해도 장남 役割을 하게 되며 先代의 家門을 다시 일으켜 세워야 할 責務를 갖는다.

※일지에 坐하면 선대의 부모가 신앙 人〈僧侶〉이었음을 뜻하며 본인 또한 僧侶가 되거나, 깊은 信仰心을 갖는다.

※시지에 화개살이 坐하면 貧家에서 출생하지만, 자수성가하여 富/名 을 얻을 수 있다.

　　□ 사주에 화개살과 월살이 공존共存하면 곡식창고穀食倉庫가 깨지는데, 이는 운運으로 성립成立될 때에도 그렇다.

　　▷화개살과 지살의 合은 연구자료 등을 발표發表함을 뜻하며 장성將星과의 合은 능력/자격을 인정認定받는 것으로, 권위權威를 얻는다거나, 성취/ 입상入賞/ 당선 등을 의미한다.
▷본명이나, 본명과 운에 의해 화개/장성/지살의 合이 성립되면 그동안 준비되어진 자신을 알려야 할 시기가 되었음을 뜻한다.

☆화개살 大/ 歲運☆
　　▷시비/ 분쟁 조정/ 줄 것 주고, 받을 것은 받는… 運이 된다.

※初年의 화개살은 좋은 것으로, 中年 이후의 화개는 大凶으로 보는 데, 辰/戌/丑/未는 四庫요, 괴강/백호에 해당하기 때문이다.

□화개살 대한에는 不便했던 同氣間의 관계가 해소되는 운이요, 過去 의 일/사건/사업 등이 再 發動되는데, 재출마/복직/재결합/재회/미납세금의 납부 통고/질병 等…

辰年 生이면 辰月, 戌年 生이면 戌月, 亥年 生이면 亥月 等…

※화개살 大/ 歲 운에는 남녀 모두, 風!!!이 난다거나 一攫千金을 노리 다가 陷穽에 빠지는 운이요, 오랫동안 풀리지 않던 일이 結論나는가 하면 夫婦之間에 生死離別이 많기도 하다.

- 164 -

※화개살 대/세 운에는 ^{직업적}職業的으로 ^{유흥업}遊興業 등, ^{천박}淺薄한 직업과 인연하기도 한다.

▫사주의 화개살이 월살月煞에 ^의依해 충충沖되면 ^{동분서주}東奔西走요,
　　어려움이 많아지는데, 이는 運에서도 같다.

▷화개살 운에는 문학/예술/종교 계통으로 진출하기도...

▫화개살 大/ 歲 운에는 과거의 사건이 반복될 수 있으며 인고忍苦를 通한
비범非凡한 발전을 이룰 수 있으나 과욕過慾은 대패大敗를 부른다.

■화개살 方向, 華蓋煞 四柱 開運法■

※화개살 方은 이동을 자주하는 물건이나 **미술품/사진** 등을 걸어 놓는
곳이요, **창고/화장실** 방위이기도하다.

▷사업 실패 이후, 복구復舊를 목적으로 하는 이사이라면
　　반드시 화개 방향으로 이사하라!!!~
　　　　　→재기再起의 吉 方位다.

▢집을 사거나 전세/셋방 等을 얻고자 한다면 현 거주지 기준 화개살 方으로
가라. →싸고 마음에 드는 집을 구할 수 있을 것이다.

▷월살 方으로의 이사는 귀인의 조력을 얻기 위한 方位요,
화개살 方으로의 이사는 부모와 동거하다가 분가分家하거나
파산破産 이후, 살림을 줄여가는 이사이기도 하다.

※화개살 人과의 첫 사업이나 동업은 실패를 경험한 이후 성공한다.
　　↳이러한 현상은 이성 연애에서도 동일하게 적용된다.

☆來訪 日辰이 華蓋煞일 때☆

※화개 일의 문점 者는 선대가 몰락했었음을 의미하며 문점 日辰 기준
화개살 人인 경우에도 선대때에 몰락한 가문의 자손임을 의미한다.

▷한 두 번의 실패失敗와 몰락沒落을 경험經驗한 사람으로,
재再 시도試圖/ 과거過去에 행行했던 일/재 출발/
지난 인연과의 재회再會/이혼 후의 재결합/휴학/복학 등이며
반성反省/독촉督促 받는 일 등과도 관련된다.

※墓 = 華蓋殺; 丙戌/丁丑/戊戌/己丑/壬辰/癸未 ※

무덤이다. 미래未來가 없다는 뜻이다.

▷墓는 세심/계획/욕심/고독/이별/종교/계승/부부 연이 바뀜 등과 통한다.

<<<참고>>>

사람이 죽는 것은 식상성食傷星이 숫가락을 놓는 입묘入墓 운이다.

⊙坤命의 경우, 男便이 外道하기 쉽고 獨守空房을 自請하는 별이다.

※묘는 경제의 별로서 經濟觀念이 강하고 검소/절약하며 乾命이면, 돈을
만지고 관리하는 경리/은행 系統에 맞는다.

※묘는 信用을 象徵하기 때문에 金庫를 맡겨도 無頉하다.

□월. 일주가 묘墓면 모을 줄만 알지 쓸 줄은 모르며 실리實利만을 따
지는 等 物慾이 강하다.

▷직업적으로는 男命이면 철학자/ 은행 等 금융업/ 재무/ 회계
경리계통/ 창고업/ 장의사葬儀社 等이 適合하고,
坤命이라면 살림을 잘하겠으나 배우자의 외도外道로
혼인생활에 락樂이 없을 수 있다.

⊙식신이 묘지면 금전金錢/ 財物을 모으나, 夭折을 뜻하기도 한다.

상관이   〃   학술學術/ 技藝의 像이다.

재가   〃   현금現金 蓄積은 可하나, 妻運이 不利하다.

관이   〃   부운夫運이 不利해 진다.

인이   〃   선영先塋, 長上得起.

☆墓 運을 行할 때☆
▷묘운墓運이면서 인수면 사업실패/ 모친 사망이요,
편재偏財면 부친父親 사망이다.
또한 재財가 묘운墓運이면 금전적金錢的으로 어려워지고,
처妻에게 질병이 따르거나 가출家出/ 이별하는 현상이 드러난다.

☆육친성과 격〈月令〉에 의한 학과/ 직업☆

사주의 격을 정할 때에는 月令〈月支〉의 지장 간을 기준하여 月干으로 透干한 인자를 우선하며 時干이 다음이요, 年干은 그 다다음이 된다. 이때, 月支의 藏干 中 2개 이상이 透干하였다면 月干이 우선이요, 다음으로 月支의 인자를 취하며 월지의 격이 손상되지 않았다면 해당 격만으로도 학업성, 학과 선정이나 직업, 직장의 형태나 유형 등을 알 수 있게 되는데, 먼저 **사주의 월지로 드러난 각 십성 육친에 依한 학업성, 학과유형** 등은 다음과 같다.

※방합 국을 이루면서 동일한 인자가 透干하였다면 해당 인자를 격으로 한다.

·比劫비겁·

사주 년/월의 비겁은 대체적으로 학교 공부에 무관심하고, 학과 선정에 있어서도 별 다른 의미가 없으나, **사관학교나 특수학교/ 투기성 스포츠 分野**에 적합하다.

※比肩비견※;

비견은 건강적인 측면과 더불어 독립성/사업성/행동,실천력 등과 연계 연계된다.

※劫財겁재※;

목적을 이루기 위한 힘이요, 큰 재물을 장악할 수 있는 능력이다!!!~ 편관의 유권有權, 권력과도 통하며 탈취奪取/겁탈劫奪의 요소가 함축 含蓄된다.

월주月柱의 비겁이 사주 內에서 **식상과 어울리면 인문 계열의 교육/문학 쪽이요, 재성과 어울린다면 경영/경제/무역/회계/재무 등**이 되고, 월지 비겁은 건록격이 되는바, **독립성/지도력/활동성**을 갖으며 지도적 역량/사회적 지위地位를 높여주고, 식상을 돕다 보니 대체적으로 사업성이 증폭되며 **양인 격을 이루면서 비겁성이 드러나 있다면 전문 자격〈主, 의약 쪽〉과 더불어 군/경/검/법률/의약,의술 분야**가 된다. 관과 인의 상응相應에서는 관성의 관여를 우선하는바, **월지의 비겁이 관을 따르고 있다면 法大〈=법무계통〉나 사관학교/경찰 대**

등이 되고 **편관이라면 법무나 군 조직 내의 특수행정〈=민간 군〉**이요, 관약에 인성이 득세하면서 무無 재성財星이라면 행정/법무/ 군 조직 쪽이 되겠지만 미관微官에 머무르기 쉬우며 사주 내, **인성이 세력을 갖추거나 인성印星이 월 간이나 년주, 일지로 드러나 있다면 교육**쪽으로 드러나게 된다.

※建祿건록 格격※

建祿 格은 甲 日干에 **寅**/ 乙에 **卯**/ 丙,戊에 **巳**/ 丁,己에 **午**/ 庚에 **申**/ 辛에 **酉**/ 壬에 **亥**/ 癸에 **子** 月支인 경우요, **기본적으로 지도력을 갖추며 官을 통해 사회적 성취를 이루는 구조이므로 법무/행정/의약** 계통과 더불어 **교육적** 측면으로 나타나거나 식상을 강화시키는 성분이다보니 경쟁, 투쟁성을 필요로 하는 **스포츠 분야**로 나가기도 한다.

□비견, 건록격의 職業□ ;

독자사업〈사주 지지地支에 비겁이 없다면 동업/합작 등〉에 유리有利해진다

※천간의 비견은 경쟁심, 승부욕勝負慾을 함축하며 地支지지로 있다면 독립獨立 인자因子로 논하지 않는다.

·※羊刃양인 格격※·

羊刃은 경쟁성/투쟁적 요소가 強化된 별이요, 타인들과는 차별 화되는 능력!!!~으로 **자격증 분야가 되는바, 사주 月支의 양인 格은 법무/세무/의약/ 금융/ 군,경,검/ 교육 계통과 연관**되며 사주에 羊刃이 드러나 있으면서 편재偏財가 많다면 대체적으로 자기사업을 전개시키게 된다.

□겁재, 양인격의 職業□ ;

건록격과 대동소이大同小異하며 신身이 약弱한 命主명주라면 해당 오행의 공무원에 적합해진다.

※양인羊刃은 전문기술이나 특별한 재능을 의미하는 것으로 비겁 다多에 관성이 드러나 있다면 프랜차이즈 사업 등에 유리有利하다.

▣건록 격은 독립/ 투쟁/ 경쟁성이 강하여 사주에서
관성이 안정되어 있지 못하면
자기사업自己事業으로 나타기 쉽다.

▣食傷식상▣

사주 월지로 식상의 별이 드러나면 전공이 다양해 짐을 의미하게 되는
데, 식신이라면 **의대나 교육/어학/예술〈主로, 상업예술〉/예능/식품/
육영〈교사,유아교육〉/양육〈축산, 원예, 임업, 양식〉**등이요, 상관성이면
교육/문학/어학/예능/신문방송/정치,외교/특수행정/공학/상대 등과
관련된다.

※食神식신※ :

낙천적, 긍정적 성분이요, 생산/양육과 연계되며 중화 상 식신이 과해
지면 헛수고, 지체遲滯/지연遲延의 요인이 된다.

※傷官상관※ :

관官을 파하는 성분으로 관재/좌천/파직 등을 의미하지만, 역동성을
갖으며 천재적 예술성/전문기술/초법성超法性을 갖는 유능한 능력자이
기도 하다.
상관의 별은 호승심!!!~, 즉, 대 타 관계에서 이기를 좋아하는 성분
으로 변화가 무쌍하며 사주에서 상관이 세를 갖는다면 직업적 유형 또
한, 참으로 다양해진다.

식상의 별은 **그 자체로 교육/어학/예,체능 등과 더불어 월지로 성격
되었다면 자격증과 연계되며 식상은 생재의 성분이다 보니 월주로
임하면서 재성과 어울리고 있다면 경영/무역/회계 등의 상과** 쪽이
되며 식상〈主로 **식신**성〉이 월지로 있으면서 **官이 하나라도 드러나면
主로 교육행정 쪽이요, 방송학과나 언론,검찰/특수행정. 또는,** 경찰
대/ 법대 등과도 연관된다.

⊡※食神식신 格격※⊡

식신의 별은 **"음식의 신"**이라는 뜻이요, **자신의 재능을 밖으로 표출해 내는 성분**으로 언변/ 표현력〈條理있게 말을 잘하며 頭腦가 明晳〉/ 예술성/ 창의력/지혜/창업/투자/ 의식의 풍요/장수의 별이면서, 대화나 설득의 수단이 되기도 한다.

자신의 끼를 밖으로 표출해내는 성분의 별〈食神은 肯定的, 樂天的이요, 頭腦가 明晳하지만 工夫는 좋아하지 않음〉이어서 식신 격은 **교육/어학/예술〈主로 商業藝術〉/예능/식품/생산,제조/양육〈축산,원예,임업,양식〉** 등과 연관되며 조직성보다는 자격증을 위주로 하게 된다.

□食神 格의 職業□;

※**의/식/주**에 관련되는 전 분야로 제조,판매/賃貸임대/의류/숙박/음식 유흥,오락업 등과 관련된다.

※식신격으로 정재가 드러나 있다면 사업/기술직이요, 정/편의 관이 공존하면 비생산성의 의약/ 역술 등이 되고, 상관과 정/편인이 혼재 混存한다면 연예계나 예술분야〈특히 무용, 디자이너〉쪽이 되며 刑/沖/破가 없다면 교육이나 감독/ 작가/ 작사, 작곡가 등이 된다.

※식신이 천간으로 드러나 있다면 문학/교육,어학/목축,원예요, 지지 地支로 있다면, 예술이나 기술,생산,제조/요식,유흥업 등이 된다.

⊡※傷官상관 格격※⊡

상관은 금전/ 재물과 더불어 사회생활을 여는 창고요, 투자의 확대, 강화強化/ 손모, 지출의 성분이자, 식신과 같이 자신의 능력을 외부로 드러내 보이는 별이요, 자존심/ 총명의 인자며 천재적 예술성, 특별한 재능을 갖는 성분이기도 하다.

월지의 상관은 기호 식품류인 커피/ 과자/데코레이션 케익/ 건강성 술.차/ 예술성 스포츠 등과 관련하며 의,약/ 예술,예능인/ 구류술사 등과도 통하는가 하면, 자기가 하고 싶은 대로 행하며 공부도 잘하여 1등을 하는가하면, 꼴찌를 하는 별, 또한 상관이요, 관을 상하게 하다 보니 **상관 격은 직장생활〈組織〉보다는 각 개인의 능력을 위주로 하는 자격증 분야로 나가야 하는 바. 교육/어학/예술/예능/연예/ 정치, 외교/ 특수행정/ 공학/생산,제조,가공/기술/ 명예직** 등과 연계된다.

□傷官 格의 職業□;

※상관 격 또한 연예계로 살아갈 수 있으며 언변이 활용되는 변호사나 중개인/교육/학자/종교/기술 분야의 발명이나 생산직〈아이스크림/ 제과 제빵/ 주류酒類 등〉/ 유흥업 등과 연계된다.

※日干과 상관이 세를 갖추고 있다면 정치요, 상관 격으로 정/편재가 혼재한다면 기술직이거나 기술 사업과, 재정/경제/금융/도박/밀수 등과 관련된다.

坤命으로 사주의 상관이 득세하면 관官이 상대적으로 위축된다는 것이므로 상관 격의 곤명은 자신이 금전활동을 전개시켜야 하는 등, 사는 것이 고달파진다.

·財星재성·

※偏財편재※

편재는 투기성 재물을 주관하는 별로 **투기/도박/횡재/성패가 다단하지만, 역동성/자신감을 갖는 능력자**로, 상과 계의 **경제/경영/금융/무역/회계/ 기술,제조/ 토목/건축/인테리어/부동산** 등과 더불어 月干으로 식신이 드러나면 **공학 분야의 자격위주**로 나가게 되고, 官星이 드러나 있다면 **경영학**이요, 偏官이면 **공학이나 전문기술/ 회계** 등이 되며 역마살과 관련된다면 **무역**이라 볼 수 있다.

※正財정재※

정재는 **고정적인 급여/소득 등, 안정적인 재산증식을 의미하며 지체遲滯, 지연遲延의 성분**이요, 사주 월지로 정재의 별이 드러나 있다면 주로 **행정이나 교직, 상과** 등과 관련되며 학과를 선정함에 있어서도 대부분 **경제/ 경영/금융/무역/회계 등의 상과 계열**이 된다.

정재성은 보수성/조직성/안정성 위주의 변화가 적은 직장이나, 사업 또는 장사를 한다 해도 그 무엇보다 안정성을 중시하게 되지만, **편재는 사업성이 증폭되며 투기성**을 갖다보니 전공은 상과나 금융계열 쪽으로 나타나게 된다.

⊡※正財정재 格격※⊡

정재는 <u>보수적/고정적 소득/근儉/인색吝嗇의</u> 인자요, 안정적인 삶을 추구하는 별이다 보니, <u>학과 선정이나 직업 유형이 대체적으로 부모에 의해 정</u>해지기 쉽다.

□正財 格의 職業□;

※정재는 성실,신용,정직을 基底기저로 하는 일이나 사업에 유리하며 정당한 노력의 대가를 의미한다.

※일반적인 직장생활이나 재무,금융/ 세무,행정,회계/ 관공서의 급여 생활/ 의사,약사/ 요식업 등과 연계된다.

※身이 세력勢力을 갖추나 정재가 약한 상태라면 독립사업은 안되며 투기성 사업 또한 불리하다.

※傷官生財상관생재라면 기술을 바탕으로 하는 일/직업이 되고, 財官相生재관상생이면 금융기관 등에 유리해 진다.

⊡※偏財편재 格격※⊡

편재는 세상살이의 술수와 총명, 영원한 내 것은 없다고 여기며 풍류적, 호탕함을 갖는 성분이요, <u>직선적/융통성/역동성/재능/욕심/투기적 성향/사업성/횡재/낭비/도박성을</u> 갖다보니 <u>성/패가</u> 따르고 <u>인테리어/기술,제조/토목/건축/물리학/부동산</u> 등과 더불어, <u>편재격은 상과계열의 경제/경영/금융/무역/회계</u> 등과 통하며 <u>偏財는 印星을</u> 파괴하는 <u>성분이다보니 학마성</u>이 드러나기도 한다.

□偏財格의 職業□;

※편재 격은 사업적 기질이 함축되며 무역/외교/통신 업무 등에 유리하며 무역업으로 성취하거나, 증권/사채/부동산 등, 投機性투기성 사업 등과 통한다.

⊡官星관성⊡

월지의 관성은 주로, <u>법/행정/공학/상대/의대</u> 등과 관련되며 전공이 무엇이든 대체적으로 좋은 직장과 인연하게 된다.

※正官정관※;

정관은 **법/제도/관청/신용/명예/시험/직장/승진** 등과 연계되며 **안정적 발전**을 이룰 수 있는 성분으로, 학과 선정의 측면에서는 主로 **법/행정**쪽이 된다.

※偏官편관※;

편관성은 **투쟁성,권력욕/ 호승심/ 권모술수/ 부채/ 송사/유권/무관/ 특수조직/공학의 별**이요, 학과 전공은 대체적으로 **법/행정/사관학교나 세무 대/상대/의대 등 특수학교** 등과 연계된다.

사주에서 관성은 년/월의 천간으로 드러나 있으면서 지지로부터의 오행적 대세를 얻어야 실속<=實權>을 갖추게 되며 官이 天干으로 들어났다는 것은 인지도가 높은 조직체요, 공적인 성향<名譽/敢鬪/名>을 갖게 되지만, 地支로부터의 세력 부조가 없다면 실속이 없음을 의미한다. 따라서 관성이 天干으로만 드러나 있거나 地支로부터의 세가 약한 경우라면 피상적으로는 미려美麗해 보일 수 있어도, 경제적인 능력/위권적 측면에서는 실속이 매우 약해진다.

**※사주에 관성이 무기한다면 승진/ 진급이 무의미한 조직이거나
자기사업으로 나가야 한다.※
★偏官은 주로 사법, 정관은 행정의 인자요,
상관 격이면서 관성이 약하다면 관리자의 지위를 점하기는 어렵고,
사주의 관성이 정, 편으로 드러나면 민,관이 혼잡된 형태가 된다.**

관성은 학업, 학습과 학과나 직업적 측면에서 조직성<職場>과 연계되는데, 세력이 강하다면 그 조직체의 규모는 클 것이요, 약하면 상대적으로 작을 것이며 사주가 正/偏의 관성으로 혼잡을 이루고 있다면 무엇보다 직업의 전변<職場이나 일의 잦은 變動>이 따르게 되며 年/月에서 그러하다면 학과에서도, 전공 학과가 여러 번 바뀌게 됨을 의미한다.

·※偏官편관 格격※·

편관격이 성립되면 직업이 확실하게 정립되었다는 것이요, 편관성의 **법/공학/상과/의학** 등이 되는데, 月支가 **상관이면서 재성과 어울리고**

있다면 **상과계열**이 되며 **식상**이나 형이 성립된 **식상**성과 상응하고 있다면 한다면 **공학**이 되는 것이요, **관/인**이 어울리고 있다면, **법학**이 된다.

□偏官 格의 職業□;

※전문 기술계통이나 예술분야에서 재능을 발휘하게 되며 군,경,검/감찰계통이거나 武官/의사/스포츠/경호 등과 관련된다.

※천간의 편관은 대기업이나 별정직, 또는 특수직 공무원이요, 지지의 편관은 지방 공무원이나 대기업의 지사支社정도가 된다.

※편재격이면, 기업이나 관공서/ 군,경 등에서 고위직에 이를 수 있으며 정부 투자기관이나 법관〈행정직〉에도 가하다.

※정, 편의 관성이 세를 갖추면서 혼재하면 무속 인이 많으며 곤명이라면 맞으면서 살아간다거나, 정신적 고통을 안고 살아가기 쉽고, 독신/화류계/巫人무인이기 쉬우며 중화가 붕괴되었다면 구설/이혼수가 많아진다.

⊡※正官정관 格격※⊡

正官은 편관의 별과 같이 <u>직업적 유형이 확실하게 드러나는 별로 조직성을 우선하며 주로 행정과 연관</u>된다.

□正官 格의 職業□;

※천간의 정관은 중앙공무원이요, 기업의 임원 등이 되며 지지의 정관은 지방공무원, 공사 기관 등과 관련된다.

※정관 격에 상관성이 드러나 있다면 검,경이나 수사,감사기관/武官/언론계 등이요, 식신/정관/인수가 온전하다면 학계에서 높은 직위를 점할 수 있으며 정관/인수가 조화를 이루고 있다면 정치 분야에서 이름을 얻기도 한다.

※사주에서 정재와 정관이 조화를 이루고 있다면, 재무계통의 고위의 직을 점할 수 있으며 정관 격은, 하급부터 고위직에 이르기까지의 주로 문관계통의 공무원에 많다.

■군경의 직이면, 참모나 기획조정분야가 유리하다.

⊡월지의 정관 격이면서 인성이 약하다면, 입시에서 어려움을 겪을 수 있으나 직장/ 조직생활에서는 별 어려움이 없다.

→就業이 잘 된다는 것이다.

·印星인성·

사주에서 정/편의 인성은 학습 측면에 있어, 배우고 익히는 **학문/교육**과 연계되는 바, 정인은 **의학/윤리 교육** 등과 더불어 자격분야로 나간다 해도 **정인의 자격은 일반 대중성 자격**이 되며 偏印은 主로 재능/기술 분야의 **의학이나 기술공학** 등, **전문 자격 분야의 예술, 의약/종교/현공 등과 더불어 이공 계가 되며 순간적 파워를 다스리는 스포츠 分野〈力道/短距離 陸上〉**의 체육 대도 연관된다.

※正印정인※;

정인의 별은 준법성을 갖으며 명예/체면을 존중하는가하면 **교육/학문/시험/문서/도장/계약**의 성분이요, **책임감/ 인내심/ 조절력**을 갖지만 행동력은 떨어진다.

※偏印편인※;

편인은 전문분야의 **자격증/ 문서재산/ 특별한 기능,기술/ 예술적재능/의약/ 종교/ 신통력/영혼** 등과 통하며 **순발력/임기 응변의 성분**이기도 하다.

□正印은 주로 **학문, 벼슬〈職場. 組織〉/ 자격〈一般, 大衆的인〉**이 되며 偏印은 **재능이나 전문, 기술. 자격 위주의 별이 된다.**□

정인은 인문,사회 계열과 통하고, 편인은 이공 계나 기술 성과 연계되며 사주에서 인성이 득세한다면 직업적 유형은 주로 **학문/ 자격과 연관되지만, 刑/沖/破/害/怨嗔/空亡된다면 순조롭지 못하다.**
정인의 별이 月支를 점하면서 **편재성과 상응한다면 학문/자격 분야**를 사업 화하는 유형으로 드러나게 되며 四柱에서 **인성은 득세하나, 관성이 미약한 상황이라면 기대치를 조금 낮춘 상태로 삶의 행로를 전개**시켜 나아가는 것이 현명한 처사다.

·※偏印편인 格격※·

편인은 주로 재능/기술 등의 **전문성을 갖는 자격분야**가 되는바, **예술 /의약/종교/오술/현공 등과 더불어 이공 계가 되며 순간적 파워를 다스리는 스포츠 분야〈力道/短距離 陸上〉** 등과 관련된다.

□偏印 格의 職業□;

※편인 격이면 主로 전문 자격증을 의미하며 의료직에도 유리하다.
※교육사업인 경우, 어린이 집이나 학원**〈正印이 없다면 買入하여 運營하는 것 보다 전, 월세가 有利하다〉**, 또는 혼인,인생 상담소나 종교/역술/기술/ 체육계통**〈선수,코치,감독,해설 등〉**이나 예술,연예계**〈가수,배우,모델,디자이너, 화가/연주자 등〉**/ 신문,방송,언론계 등과 연계된다.

·※正印정인 格격※·

정인의 별은 학문/시험/문서/도장/계약 등을 의미하며 주로 학문/교육 분야가 되는바, **月支의 正印 격으로 관/인 소통을 이루면 법/행정 쪽 이요,** 정인 성이 재성과 어울리면 재무가 되며 식상의 별과 조화를 이 룬다면 **교육/필설筆舌/육영 분야**가 된다.

□正印 格의 職業□;

※정인성은 결재권決裁權을 의미하며 편인보다는 지적이요, 관인소통 官印疏通이 이뤄지면 고위직에 해당되며 식상과 인성이 많다면 예술 계통이요, 교육 쪽이라면 幼兒유아 교사부터 교수 등, 多樣다양하게 나타난다.
※정인으로 격을 이루면, 문화,예술/ 학술,교육/ 행정/언론/외교/번역 등과 연계되며 서점이나 문방구/ 창고,임대업/ 찜질방,목욕탕/ 노래 방 등과 더불어 종교와도 관련된다.

▷ ※사주四柱 격格 정법定法 ※◁

사주의 격은 필수 요구조건은 아니나, 各 人의 그릇과 추구하는 바〈人生의 行路〉를 이해하는데 도움이 된다. 어떠한 유형으로든, 격을 이루고 있다는 것은 기본적으로 먹고 살만한 그릇〈자격/조건/능력〉을 갖추고 있다는 것이나 刑/沖/破/害/空亡/怨嗔 等으로 온전한 格을 갖추기란 쉽지 않다거나 무 격인 은 경우가 많다.

※사주의 <u>월지에서 천간으로 透 干된 육신을 격으로 取하되, 透 干된 글자가 둘 이상이라면 "本氣"를 于先하며 餘期와 中氣가 함께 드러나 있을 때에는 강한 자를 격으로 삼으며 透 干된 육신이 없다면 月支의 "本氣"를 그대로 격으로 취하게 된다.</u>

1.
왕지인 子/午/卯/酉月은 다음과 같다.

▫<u>子/卯/酉月</u>은 透 干된 六神을 格으로 取하되, 餘氣와 本氣가 모두 透 干하였다면 "本氣"를 于先하되 透 干된 글자가 없다면 <u>子/卯/酉</u>를 그대로 格을 定한다.
▫<u>午月</u>이면 午의 藏 干은 丙/己/丁이 되는데, "本氣"인 丁火를 于先하며 丙/ 己의 順으로 定한다.

2.
▫<u>寅/申/巳/亥月</u>은 透 干된 글자로 定하되 透 干된 藏 干이 두 個 以上이라면 本氣/中氣/餘氣의 順으로 定하며 透 干된 글자가 戊土 뿐인 境遇라면 戊土가 勢를 갖추고 있을 때에 限하고〈<u>勢가 없다면 無格이 된다는 것〉</u>, 透 干된 글자가 없을 때에는 月支 自體를 格으로 삼는다.

3.
<u>辰/ 戌/ 丑/ 未月</u>이면 다음의 方式에 따라 格을 定한다.

▫<u>辰月;</u>
辰의 藏 干은 乙/癸/戊가 되는데, "本氣"인 <u>戊</u>를 于先하며 그 다음으로 餘氣인 乙, 中氣인 癸와 甲/壬/己의 順으로 定한다.

⊡**戌月**;

戌의 藏 干은 辛/丁/戌가 되는데, **"本氣"**인 **戌**를 于先하며 그 다음으로 餘氣인 辛, 中氣인 丁과 庚/丙/己의 順으로 定한다.

⊡**丑月**;

丑의 藏 干은 癸/辛/己가 되는데, **"本氣"**인 **己**를 于先하며 그 다음으로 餘氣인 癸, 中氣인 辛과 壬/庚/戌의 順으로 定한다.

⊡**未月**;

未의 藏 干은 丁/乙/己가 되는데, **"本氣"**인 **己**를 于先하며 그 다음으로 餘氣인 丁, 中氣인 乙과 丙/甲/戌의 順으로 定한다.

※戌/己 日干이면서 **辰/戌/丑/未月**이면 **"本氣"**라 해도 比劫을 格으로 取하지는 않으며 위, 3번의 方式에 따른다.

※月 支에서 透 干된 글자가 없어도 地支가 三合이나 方合으로 局을 이루고 있다면 該當 **局 五行**으로 格을 삼는다.

·建祿건록 格·

사주 월지에 건록이나 양인의 별이 임하게되면 배연에 어려움이 따르고 혼인이 늦어지는 요인이 되지만 건록/양인의 해에 이성을 만난다면 후다닥 해치우게 되는가 하면, **혼인 이후에는 일종의 의부, 의처의 증세**를 보이기도 한다.

※건록이나 양인에 의한 의부, 의처는 만혼이어야 해소가 가능하며 이러한 의부, 의처의 집착 증세는 偏의 財/官일 때, 더욱 그러하다.

·食傷식상 格·

坤命으로 식상성은 자식, 잉태의 별이다 보니 혼인이 빨라질 수 있으나 관성과 조화, 어울리지 못한다면 자식 출산보다는 사회활동을 전개시키는 양상으로 드러나게 된다.

건명은 식상이 재〈妻〉를 생해주는 별이므로 애정이나 이성과의 사교가 쉽게 이뤄지게 되지만 사주에 재성이 드러나 있지 않다면 연애는 잘되나 혼인으로 이어지기는 쉽지 않다는 의미가 함축된다.

※男,女 모두, 四柱에 食傷星이 過하다면 말 뿐인 者다.

·財재 格·

坤命으로 재성은 관〈夫星〉을 生하는 인자이므로 비교적 안정적인 배연을 이룰 수 있으나, 편재인 경우라면 금전/재물을 취하기 위한 사회활동성이 강화됨을 의미하는 것이니, 연애는 많겠지만 혼인으로 이어지기에는 어려움이 따르게 됨을 뜻하게 된다.

乾命으로 재는 처성이 되는바, 재성이 月支로 드러나면 혼인이 순조롭겠지만, 편재인 경우라면 수시로 연애가 이뤄지지만 혼인으로 이어지지는 않는다는 것이다.

※사주에 정재가 없다면 편재성으로 처를 삼게 되다 보니

편재로 인한 고충/ 애환/ 왜곡이 따르게 된다.※

·官관 格·

관성은 坤命으로는 부, 乾命이면 자식이 되므로 정,편의 관격은 이성과의 사교/애정/혼인의 현상이 비교적 빠르게 드러나게 되는데, 乾命이라면 정/편을 떠나 대체적으로 여자의 신체 건강 등이 혼인의 중요한 전제조건으로 작용되기도 한다.

坤命으로 관성은 正/偏을 떠나 배우자에 대한 기대치를 의미하게 되는바, 자신의 욕구〈期待値〉가 충족되지 못한다면 스트레스가 커지다보니 男子 입장에서는 참으로 피곤해 질 수 있다.

※偏官이면 婚姻 以後, 配緣에 苦衷, 歪曲이 따르기 쉽다.

·印綬인수 格·

인성은 男/女 모두 사교, 연애의 별인 식상성을 억제하는 별이므로 正,偏의 인성은 아의 활동성/표현력 등과 더불어 연애나 혼인에 장애요소로 작용되기 쉬운데, 坤命이면서 편인 성이라면 더욱 그러하다.

※혼인은 언제 이뤄지는가!!!~

·婚姻의 條件과 그 時期!!!

사주에서 혼인은 **본명과 운으로 들어오는 글자 간에 財/官이 陰/陽의 配星으로 조화를 이루거나 식상성이 열릴 때**(主로 食傷星이 長生地를 占할 때가 된다), **혼인의 연**이 있게 되며 일주가 약하다면, 록의 글자가 운으로 들어온다거나, 귀인/양인/망신의 해에도 혼사가 성립될 수 있으며 地支에서 食/財/官의 별들이 동할 때에도 가능해지는 것으로 본다. 즉, **乾命이면 財.官.食/ 坤命이면 官,食으로 어울릴 때, 혼인과 출산으로 이어지는 구조**가 된다는 것이다.

食傷의 별은 자식 孕胎의 因子이기 때문에, **男/女 모두 기본적으로 사주 본명에 寅.卯.辰의 목기와 申.子.辰의 수기가 有氣하면서 식상의 별이 드러나 있거나, 運으로 라도 이들이 들어와야 혼인과 출산이 순조로워 지겠으나, 사주에 식상의 별이 없다면 배연의 조화는 약해 질 수 있다.**

☆허자虛字!!!~☆

허虛 합자合字는 주로 운 추론에서 유용하게 쓰이는 현장용 기법으로
허/ 합자를 생성시키는 종류는 다음과 같다.

1. <u>비합飛合</u>.
2. <u>도충倒沖</u>.
3. <u>공협拱挾</u>.
4. <u>특합特合</u>※<u>자요사격子遙巳格</u>※.
5. <u>납음오행納音五行</u>.

<u>※기존의 虛 合字론에서는 전실塡實의 법칙을 認定하였으나 塡實의 法則
은 存在하지 않는 것으로 본다.</u>

※虛字 운용기運用技※

※虛字는 사주 명 식에는 실존實存하지 않지만, 주어진 조건에 의해
  견인牽引된 글자를 말하며 運의 글자에 의해서도 생성生成되는 바,
  보다 세밀한 상담을 위한 유용有用한 도구道具가 되어준다.

1. **地支지지 五行오행의 中和중화**를 살핀다.

   ### ※天干의 虛字는 無視무시한다※

   ※지지의 오행 중, 특히 허결한 오행을 찾는다.
   대체로 이 五行에 本人이 가장 민감하게 반응하고 관심을 갖는 分野
   가 된다.

2. **調候조후를 살핀다.**
   특히 水氣와 火氣는 수명과 건강에 중요한 영향을 미친다.

3. **虛字를 살펴서 日干의 通根통근 處처를 찾아본다.**
   ※虛字가 천을귀인이면 굉장히 貴하게 쓰이며 貴人이 재/관이라면 더
   더욱 귀하다.
   ※보통 세 운에서도 통근 處처를 반긴다.
   ※祿록을 반긴다.
   日干의 通根도 兼겸하며, 귀하게 쓴다.

4. **納音五行납음오행으로도 찾는다.**
   ※본명 지지에서도 구하지 못한 오행이 납음으로 구해진다면 아주 貴
   하게 쓰인다.
   이는 **평생 영향을 미치고 형이나 충, 합의 영향도 받지 않는다.**

▷飛合비합◁

삼합이나 방합의 나머지 한 글자를 불러들이게 되는 경우, 이를 비합이라 한다. 즉, 三合/ 方合이 半 合으로만 존재할 때 생성되는 허자다.
→이 境遇, 沖이 成立되면 飛合은 成立되지 못한다.

子. 辰→ 申을 비합.
亥. 丑→ 子를 비합.
亥. 丑. 未→ 丑/ 未 沖이 成立되므로 子는 飛合되지 못함.
午. 子. 辰→ 子/ 午 沖이 成立되므로 申은 飛合되지 못함.
丑. 戌. 寅. 子→ 寅 戌의 午를 飛合한다.
따라서 寅 子에 依한 丑은 공협拱夾하지 못한다.

▷倒沖도충◁

倒 沖은 陰氣가 極에 到達되면 陽氣가 生成이 되고, 陽氣가 極에 이르면 陰氣가 生成이 되는 이치에 따르는 것으로, **沖이 성립되면 倒沖은 일어나지 않는다.**
※倒 沖은 **地支의 六 沖의 글자**다.

申. 申→ 寅을 倒 沖.
丑. 丑→ 未를 倒 沖.
申. 申. 寅→ 申/寅의 **沖**, 成立으로 **寅**을 倒 沖하지 못함.
丑. 丑. 未→ 丑/未의 **沖**, 成立으로 **未**를 倒 沖하지 못함.

▷拱夾공협◁

12 地支의 글자는 계절의 흐름이자 시간 흐름의 기호인 地支 글자, 子~ 亥까지의 글자 중, 빠진 글자를 虛字로 불러들이게 된다. 하지만, 沖이 成立되면 拱夾〈拱 : 두손을 맞잡다. 껴안다〉은 성립되지 못한다.
12 地支의 글자는 봄→ 여름→ 가을→ 겨울이라는 계절의 흐름을 표현하는 글자들 일뿐만 아니라 시간의 유동적인 흐름을 의미하는 것으로 시간 흐름의 기호인 지지 글자, 子~ 亥까지의 글자 중, 빠진 글자를 허자로 불러들인다는 논리다.

하지만, 冲이 성립되면 拱夾〈拱 ; 두손을 맞잡다. 껴안다〉은 성립되지 못한다.

戌. 子→ 亥를 拱夾.
辰. 午→ 巳를 拱夾.
寅. 子. 未. 酉→ 寅 子의 丑, 未 酉의 申을 拱夾.
寅. 子. 寅. 酉→ 子 寅의 丑, 寅 子의 丑을 拱夾.
戌. 子. 午→ 子/午 冲, 成立으로 亥를 拱 夾하지 못함.
戌. 辰. 午→ 辰/戌 冲, 成立으로 巳를 拱 夾하지 못함.

▷※特合※◁

※자子, 축丑遙 사巳/ 오午, 미未遙 해亥 격格※

사주의 시지, 즉, 출생 시가 **子/丑 時면 巳**를, **午/未 時라면 亥**字를
불러들인다는 것으로 원국에서만 국한하여 사용한다.
온전한 時 支의 子/丑은 巳를, 午/未는 亥를 불러온다. 하지만, 冲이
成立되면 特合하지 못한다.

※子,丑遙 巳格/ 午,未遙 亥格은 공협拱挾과 마찬가지로 用의 營域인
  歲運과의 關係에서는 生成되지 않는 것으로 본다.

<table>
<tr><td>□ 辛 □ □</td><td>甲 辛 □ □</td></tr>
<tr><td>子 □ □ 戌</td><td>壬 未 申 戌</td></tr>
<tr><td>巳, 生成.</td><td>亥, 生成.</td></tr>
</table>

- 184 -

⊡유년流年, 신수身數 결訣⊡

■年支 沖; 조상 발동. 묘 탈, 이장.

■月支 沖; 건물/가택/직업/환경의 변화/ 부모형제와의 대립 불화.

※年支 沖 運에는, 主로 이사, 이동 등 주거환경의 변동이요,

　月支 沖이면 직장, 조직, 직업 등의 변동이다.

■日支 沖; 배우자와의 반목. 강등降等, 왜곡/ 처첩 가출.

⊡日支 伏吟 年⊡; 매사 지체, 장애/ 사고, 입원/ 자기 불만, 증오.

※時支 沖※; 진로 수정/ 자녀 흉액/ 가게, 사무실 변동.

□比劫 運; 동업,합작사/손재사/부부간의 의견 충돌. 형제지간 갈등.

▷比劫 刑/沖 運◁; **형제,친구,동료 이웃지간의 갈등, 분쟁, 불화.**
　　　　　　　　　동업 파기.

⊡比劫 亡身 運〈일지 기준〉⊡; 겁탈劫奪/ 손재, 관재/ 구설/ 망신.

■食神 運; 능력 표출/ 신 사업 계획, 개업/ 신축/ 투자.

■傷官 運; 시행착오/ 시기, 음해. 모함/ 관재구설. 좌천, 파직.

▷食傷 刑/沖 運◁; **시비,구설/ 시행착오/ 하인의 실수/ 불신.**
　　　　　　　※육친〈祖母, 丈母〉間의 불화, 이별/ 불편 사.
　　　　　　　※坤命이면 유산/ 제왕절개/ 자식 일로 근심.
　　　　　　　→ 日/時의 식상 刑/沖이면 더욱.

□財星 運; 乾命이면 이성, 연애사/ 학문 방해. 문서문제 불리.

▷財星 刑/沖 運◁; 실물, 도난, 손재 사/ 사업부도, 재산 압류.
　　　　　　　이성 구설/ 처첩 갈등/ 부친 불길.

■官星 運; 男/女 모두 이성교제, 승진/ 구직. 직업 변동.

　※칠살 忌神이면 불명예 퇴직/자녀 문제,불효/ 坤命은 남편의 구타.

▷官星 刑/沖 運◁; 직장 구설, 관재, 송사/ 자식 사고.
　　　　　　　※坤命이면 산액産額/ 男便에 불리한 일.

□**印星** 運; 신규 도모/ 매매 성립/문서 문제 발동〈移徙, 變動〉.

　　　　　학문, 시험, 문서 문제 발동, 유리/ **개업, 신축.**

▷**印授 刑/沖 運**◁; 주거 불안/ 학문 지장/ 문서 사고〈保證, 債務 等〉.

　　　　　매매 불리, 불성/ 주색 접근.

■**怨嗔 殺 年**■; **억울하고 원망스런 일. 불화, 질시嫉視, 방해 事.**

■**鬼門 關殺 年**■; 판단착오/ 이해되지 못할 변태, 정신 나간 행위.

■**魁罡 殺 刑/沖 年**■; 만사불리. 험난 고초.

■**喪門, 弔客 年**■; 관직, 사업자는 직업, 환경에 큰 변화.

　　　　　학업, 학문에 방해 사 초래招來.

■**驛馬 年**■; **객지생활/ 국 내외 출장.여행/ 이민.**

　　　　　항공.해운.운송/ 외교.관광/ 수출.무역/ 통신.유통.

※**驛馬 殺 刑/沖 年**※; 심사 급변/ 여행 중, 지체, 장애, 사고.

※**驛馬殺**※; ·寅.午.戌 年/日; **申**. ·亥.卯.未 年/日; **巳**.

　　　　　·申.子.辰 年/日; **寅**. ·巳.酉.丑 年/日; **亥**.

□**海外出入 運**□; 年/ 月의 역마살이 三合을 이룰 때.

　　　　　※**時支가 驛馬면, 海外 出入/ 移民, 長期滯留.**

■**橫財數**■; 身旺, 財旺 者로 財祿 桃花 合神 年.

※**橫財의 先天的 構造**※

·甲年 生으로 時 干의 癸. ·乙年 生으로 時 干의 壬.

·丙年 生으로 時 干의 乙. ·丁年 生으로 時 干의 甲.

·戊年 生으로 時 干의 丁. ·己年 生으로 時 干의 丙.

·庚年 生으로 時 干의 己. ·辛年 生으로 時 干의 戊.

·壬年 生으로 時 干의 辛. ·癸年 生으로 時 干의 庚.

■**四柱 內, 比劫＋食傷＋財**이거나, **財＋官＋印綬**의 구조를 이루면서

※**比劫＋ 比劫＋ 比劫** 大運에 食傷이나 財星의 運에 횡재橫財.

※**比劫＋ 食傷＋ 食傷** 　"　 財星의 運.

※**比劫＋ 財星＋ 財星** 　"　 食傷의 運.

※食傷＋ 比劫＋ 食傷 　　 „ 　 財星의 運.
※財星＋ 比劫＋ 財星 　　 „ 　 食傷의 運 일 때 橫財.

□損財/ 不渡 運□; 군겁쟁재群劫爭財, 財星 刑/ 沖 年.
□水厄/ 災難 運□; 낙정관살落井關殺 沖/ 剋 年.

※落井關殺※; ⊡甲/己 日; **巳**.　⊡乙/庚 日; **子**.
　　　　　　　⊡丙/辛 日; **申**.　⊡丁/ 壬日; **戌**.　⊡戊/癸 日; **卯**.

추락/ 감금/ 수감/ 모함, 함정에 빠지기 쉽고, 119 구조대원/ 스킨
스쿠버 등, 잠수요원이나 선원船員, 미화업美化業 등과도 관련.

Memo

第 二部;
☆두수斗數 요결要訣☆
자미두수의 실용적 활용!!!

※자평 명리를 비롯한 거의 대다수의 명법들이 그러하듯, 제대로 학습하여 실전에서 활용한다는 것이, 그리 만만하지가 않지요.

두수 또한 예외가 아니요, 오히려 타 명법들보다 더~ 복잡하고 어렵다고도 볼 수 있겠습니다.
그렇다 하나, 본 저술자는 결코 그렇지만은 않다고 말하고 싶습니다.
물론, 이미 여러 차례 언급했지만, 두수뿐만 아니라 여타의 명법들을 어떠한 방식으로 공부하는가!!!~ 하는, 학습법/교수법에 의해 그 과정과 결과는 다르게 나타날 수 있기 때문일 것입니다.

차치且置하고, 두수 공부법은 기본적으로 성계와 사화, 궁과 궁선을 이해하는 것으로부터 출발하여 중주파, 남파, 북파 등... 제법 알려진 학파들의 관법을 추가하게 되는데, 저마다 기존 두수의 문제점들을 해소하고자 등장한, 이들 학파들의 관법들을 학습, 이해하고 현장에서 활용한다는 것, 또한 녹녹치가 않지요.
그래도 도전 욕이 있어 달려들어 그야말로 "열공"을 하면서도 떨칠 수가 없었었던 생각은???...

두수뿐만 아니라 명법들은 이렇게 어려운 것인가???~
이렇게 꼭!!!~ 어렵게 공부를 해야만 하는 것인가???
어려울수록~ 실전 현장에서 그 적중도가 높은 것인가???~ 하는 의문과 회의였습니다. 이러한 자신을 향한 질문들은, 적지 않은 시간, 방황을 수반할 수밖에 없었으며 그렇게 궁구, 탐색의 세월을 보내며 얻어진 것이 2011년 저작권 협회를 통해 저작권에 등록된바 있는 "명법 통합 요결"로, 본서本書, "명법 통합 요체"의 원서原書가 됩니다.

명법의 통합적 관법을 시도하게된 목적은 각각의 명법들 중, 상담 현장에서 실용적 효용성을 갖추는 지식을 유기적으로 혼취混取하되, 무엇보다, 학습, 활용법에 있어서도 상대적으로 용이하고 명료함이 충족되어야 한다는 것이었지요.

본 "명법 통합 요체" 에서 두수의 활용도는 자평 명리와 더불어 그 비중이 높은데, 무엇보다 두수의 장점인 각, 육친의 성향적 특질과 심리적 구조, 단적으로 드러내 주는 전공 학과와 직업!!! 선, 후천으로 나타나는 질병!!!~ 등이 됩니다.

첨언을 한다면, 두수를 학습하고 활용함에 있어서도 기본으로 돌아가는 것이 무엇보다 중요하지 않나 하는 것입니다.

본명을 떠난, 본명 없이는 대, 세운이 성립될 수 없기 때문인 바, 대, 세운에서의 각각의 정황들은 본명을 기반 基盤으로 하는 현상들이라는 것이지요!!!~
래정 법 또한 같아, 구성이나 일진 명반법이나. . .~ 본명에 대비하는 판단 일 때, 현실적 효용성〈적중도〉은 높아지지요.

두수에서 중첩된 선, 후천 반을 읽어 낼 때에도...
본명 명궁命宮 사화四化가 후천의 무슨 궁으로 비입飛入되는지...
명궁은 질액과 관록, 복덕궁과 일체로 보기 때문에, 이들 궁宮 간干 사화의 입入/출出 또한, 본명을 주로 하는 논법은 얼마든지 가능하다고 볼 수 있을 것입니다.
이러한 논조로 자미두수를 들여다본다면, 두수의 어렵고 복잡하게만 여겨져 왔던 부분들이 어느 정도 단순, 용이容易화 될 수 있겠지요.

이런 저런 관법~...
이런~ 저런 학파를 떠나, 본명을 주로 하면서 두수의 각 성계가 함축하고 별들의 상의만이라도 제대로 파악, 숙지한다면...

자평도 그러하듯, 두수에서도 원명原命이 기준 된다는 너무나도 평이平易한 사실을 간과하지 않는다면 명리가 되거나 두수가 되든, 명법들을 학습한다는 것이 그렇게 어려운 것만은 아니지 않을까 합니다.

물론 선학先學들의 각고刻苦를 기저基底로 하겠지만...

☆두수에서 각 별들의 廟~陷은 해당 상의가 어떠한 양상〈吉/兇〉을 띠며 드러나게 되는지를 판단하는 준거準據가 되지만, 이를 간과看過하는 이들이 적지 않은 듯하여 부언附言하여 上記하고자 합니다.
즉 별이 살아있다면, 해당 상의象意〈별의〉의 긍정적이요 길한 측면으로, 죽어있다면〈地.平.陷〉 부정적이고 흉한 측면으로 드러나게 되는 것입니다☆.

☆명궁의 三/四正〈즉 命/遷/財/官〉으로 紫微/祿存/天馬가 들어오면 吉격의 기본 조건을 이루는 것이요, 조합이 좋다면 전재錢財가 풍요로움을 암시暗示하는데, 이는 運에서도 같습니다.

▷괴.월/ 보.필/ 창.곡의 夾을 三 吉 夾,
양.타/ 화.령/ 겁.공의 夾을 三 兇 夾이라 하는데,
三, 兇 夾으로 化忌가 들어오면 그 兇은 더욱 重해진다.

※다음은 상담에 임하여 명법을 통합적으로 운용함에 있어 활용되는 자미두수의 지식들로 두수 14주성〈정성〉에 대한 부분은 보좌, 살, 잡성에 뒤이어 상술되고 있음을 말씀드립니다.

☆輔佐보좌 殺살, 雜星잡성 ☆

☆化祿화록☆

□화록은 **옳은 것/ 일반적인 인연, 연분/ 향수/ 원인, 발생/ 재록의** 상이다.

※복기를 주관하며 총명/ 재리財利/ 일, 사안의 순조로움을 의미한다.

└化綠의 財는 반듯이 돈을 번다는 意味는 **아니다.**

※화록은 록존과 더불어 천마를 만나야 최상이지만, 살이 가해진다면 무력, 무용이다.

※辰. 戌. 丑. 申 宮이 得地며 이 外의 宮에 좌하면서 他 煞을 만나는 경우에는 오히려 兇하다.

□생년의 화록이 육친 궁〈命/兄/夫妻/子女/父母〉에 좌하는 경우라면, **연분緣分을 의미하는 것이지 財를 뜻하는 것이 아니다.**

☆化權화권☆

□화권은 **주동적이요, 권세의 장악/ 실권/ 의협심/ 변동, 변천을** 의미한다.

化權은 타인의 간섭을 꺼리고 제멋〈고집〉대로 행하는 성향이 있으며 兇 運에 化權을 만나면 사망의 액을 뜻하기도 한다.

▷**女命으로 化權이 坐 命하면 독수공방獨守空房을 意味하기도 ...**

☆化科화과☆

□化科는 귀인. 화친한다는 뜻이요, 사람이 청백하고 풍취가 있으며 이해 타산적이지 않다.

※化科는 **主로 시험에 길리하며** 廟旺地에 **坐했을 때 영향력을 가질 뿐,** 함지陷地에서는 **무용無用이다.**

□化科 성은 오복 성을 만나야 해액의 역량이 발휘된다.

※五福星※; 天同. 廉貞. 天府. 貪狼. 天梁.

⊡화기는 **의무. 부채. 소멸. 어떤 일의 결과, 재물. 현금** 등을 상징하며 순조롭지 못함. 고생스러움. 불평불만. 장애. 상해. **함정에 빠짐,** 연분 없음. 해당 좌 궁 위에 빚을 지고 있음의 뜻이요, 득의 의미〈吉, 兇을 떠나〉도 갖는다.

※化忌는 와벽完璧을 추구追求하려는 경향이 있으며 완전完全하려 하지만 노력여하를 떠나 일의 시始/ 종終이 생각과 같지 않고, 실망스러운 결과가 초래되기 쉬운데, 타라陀羅가 동궁同宮하는 경우라면 더욱 그렇다.

⊡生年 化忌 坐 位로 大限의 전택/복덕 宮이 들어오는 運에는 辛苦가 따른다.

※寅. 午. 戌 宮의 化忌는 더욱 兇하다※

▢化祿은 **재백** 宮.
化權은 **관록** 宮.
化科星은 **명** 宮에 坐할 때 上 길로 논한다.

※육 내궁의 화기는 재물/ 현금을 의미하는데, 육 내궁은 命. 財. 官. 田. 福. 疾 궁이다.

★ 보좌輔佐 ★

☆ 천괴天魁. 천월天鉞 ☆

□魁/鉞은 空亡을 忌한다.

※천괴는 陽貴로 男子를, 천월은 陰貴로 女子를 상징한다.

⊙陽貴는 **한 낮에 春/夏 生과, 陰貴는 한 밤중에 秋/冬 生과 桃花를 일으키며 天鉞은 쉽게 桃花에 빠져들 수 있다.**

※괴/ 월에 홍란이 가해진다면 더더욱 그러하며 명궁인가 부처 궁인가를 주시해야한다.

→魁/鉞은 緣分의 象이어서 桃花를 免하기가 어렵다.

□괴/월이 신/명의 夾. 合. 대궁으로 들어오거나 昌. 曲과 동궁하면서 天刑.火星을 만나면 우수한 성적으로 시험에 합격하게 되는데, 이는 運에 서도 같다.

※中年 以後의 魁/ 鉞은 鬼로 변하며 他 人의 일로 바빠짐을 뜻한다.

□女命으로 魁/鉞이 동궁하면 피부가 깨끗하고, 귀여운 象이요, 세련되고 貴티가 나는 미인 형으로 청룡/목욕/ 천요 등을 만나면 더욱 그러하다.

※乾命으로 夫妻 宮에 魁/鉞이 坐하면 **작첩이요, 坤命으로 그러하면 외정外情을 뜻한다.**

▷六 吉星은 모두 배우는 것을 좋아한다는 공통점을 찾는데, 그 中에서도 천괴天魁/ 좌보左輔/ 창昌. 곡曲은 빼어나다.

☆ 좌보左輔. 우필右弼 ☆

※左輔는 고금古今에, 右弼은 문장文章에 능하며 輔/ 弼은 칠살과 경양을 忌, 꺼린다.

※우필은 보수적이요, 우필 화과면 사고력이 뛰어나다.

※윗사람에 의한 조력이 따르지만 陷地라면 가까운 친구와 경쟁관계가 되거나 他人에 의한 피해가 따르는가 하면, 내가 손재를 가하기도 한다.

※補/ 弼이 化科면 두뇌회전이 빠르며 학업 열 또한 强하지만, 싫증을 잘 낸다.

※補/ 弼은 多數, 많음의 意味를 갖기 때문에 부처궁의 補/ 弼은 배우자가, 子女宮의 補/ 弼은 子女가 많다는 의미가 된다.
이렇게 六親宮에 補/ 弼이 坐하면서 化科면 그 의미는 더욱 확실해진다.

※補/ 弼이 身. 命에 坐하면 대체적으로 사람이 좋다고 할 수 있지만, 廉貞/ 巨門/ 擎羊 等과 同會하는 경우라면 그렇지 않다.

□補/ 弼의 化科는 解厄/ 功名을 의미하며 뒤늦은 공부/ 시험을 본다거나 전과를 의미하기도 한다.

→**大限/ 流年의 命/ 父母宮으로 本命/ 大限의 輔/ 弼- 化科가 들어 올 때 그렇다**.

☆輔. 弼은 하는 일/ 사업/ 혼인/ 대인관계 등이 지속되고, 변동이 적으며 안정을 이룰 수 있지만, 昌.曲은 변동이 많고 안정하기 어렵다.

□**補/ 弼의 助力星은 수량의 증가를 뜻하므로, 吉/兇의 의미가 증폭 增幅된다**.

☆문곡文曲· 문창文昌☆

※文曲은 魁(괴; 우두머리.으뜸.선구)星이며, 科甲/ 功名/ 文墨/ 전문기술 등을 의미한다.

※文曲은 총명하고 창의적이요, 글쓰기/ 그림/ 金石學(옛 학문)에 흥취하기도 한다.

☆文曲이 天同/ 太陰/ 貪狼/ 天梁 등과 同會하면 玄空學에 흥취하는 성향이 드러난다.

▫文曲은 **전문 기예/ 작사.작곡/ 방송, 프로듀서/ 서정문** 등과 관련된다.

※文昌이 명궁에 坐하면 이목구비가 수려하나 말이 많고, 과장하기를 좋아하며 **진실한 듯 위선僞善을 행하기도** 한다.

□文昌이 入命하면 문서를 담당하게 된다는 것이요, 官祿 宮에서 太陽과 同宮하는 경우라면 가르치는 일과 관련된다.

※文昌이 夫妻 宮에서 경양과 同宮하면 극처이별이다※

□文昌은 <u>논설문/문서/ 규정/ 교육/학술/ 학력/ 연예인〈탈렌트.가수 等〉/ 수표/ 계약 등</u>이요, 문서의 별인 문창이 天刑을 만나면 법률과 관계된다.

⊡坤命으로 昌/曲이 守 명하면, 애정사에 있어 삼각관계가 형성되기 쉬운데, **모든 水星은 桃花의 屬性 含蓄된다.**

※曲/ 昌이 坐 命하면 容貌가 美麗하고, 비록 學力은 높지 않다하더라도 多才多藝하며 詩/書에도 뛰어남을 보인다.

※曲/ 昌 位로 羊.陀/ 火.鈴/ 劫.空 等이 多 침하면, 공예로 살아가기도하며 <u>잔질〈질병〉</u>이 많다.

□曲/ 昌이 丑/未宮의 紫.破와 同會하면, 水厄〈비오는 날 미끄러져 넘어진다거나 욕실에서 넘어진다거나, 익사溺死하는 等의 事故〉을 當하기 쉽다.

□曲/ 昌은 수표/ 계약/ 문서/ 학문을 主하는 별이므로 化忌를 만나면 주변환경에 의해 학업이 중단될 수 있으며 流年의 曲/昌이 他 煞星을 만나면, 수표/계약/문서문제로 인한 관송사가 따르기도 한다.

□本命의 身.命에 曲/昌이 坐하면서, 流年의 曲/昌의 거듭하여 들어오면 그 해에 시험에 합격함을 뜻한다.

※文曲이 天相/天梁을 만나면 박학총명한데, 流昌을 만나면서 輔.弼/魁.鉞/三台.八座/祿.馬/化 權.科 等을 만난다면 좋은 성적으로 시험에 합격할 수 있겠지만, 曲/昌이 劫.空/羊.陀와 同會하면 시험과는 인연因緣이 없다.

※曲/昌이 巳/亥의 貞.貪 組合과 同宮하면 교통사고가 따르기 쉬운데, 運에서도 이러하다면 그 해에 드러나는 사고가 된다.

※文昌이 疾厄宮에 坐하면 <u>폐/ 심장질환</u>이요, 化忌와 四殺이 加해 진다면 더욱 그렇다.

※曲/ 昌은 時系 星이어서 직선적이요, 빠르고 단순한 경향이 있으며 桃花性이 內在하는 별이다 보니 身/命에 坐하는 경우 도화의 성향이 드러나게 된다.

※*破軍이 大限 田宅宮에 坐하면서 大/流年으로 昌.曲이 들어오는 해에는, 수도관이 파열되 집에 물이 나거나, 비가 새는 일이 있게 된다.*

·文曲, 化忌·

※人事 上에서의 口舌/ 是非를 뜻한다.

□文曲 化忌는 **보증/ 어음이서/ 유가증권** 等, 문서 상의 문제로 인한 손실을 뜻하며 고시/승진/사업이나 재운 등에도 불리하다.

※文曲 化忌는 자신이 초래하는 착오이나, 文昌 化忌는 타인에 의한 문서착오다. 따라서 曲/昌 化忌인 命主는 문서 상의 문제로 금전 상의 손실이 초래되기쉬우므로 他人에 돈을 차용해주거나 담보를 서는 일 등은 절대 금해야한다.

※文曲 化忌면 사상이 남다르고, **정신신경/신경과민** 등과 관련되며 선천적 월경불순/ 상화 하한/ 정신이상 등이 따를 수 있다.

※文曲 化忌가 疾厄宮에 坐하면서 他 煞이 가해지면 중풍中風이다.

·文昌, 化忌·

□文昌 化忌는 문서에 불리함을 의미하며, 학업이 중단된다거나 고시에 불리해지는 현상으로 나타난다.

※文昌이 陷地에 坐하면서 化忌면 자신의 재능이나 배운 것이 쓸모가 없어진다든지 부주의로 인한 손실, 번거로움이 초래됨을 의미한다.

※文昌이 化忌면서 煞이 多會하면 감정상의 곤우함이 따름이요, 혼사는 성사되기가 어렵고, 文昌 化忌가 官符를 만나면 시비/관 송사다.

※文昌 化忌가 官祿宮에 坐하면서 天刑을 만나면, 문서 장애로 인한 시비나 관재송사가 따를 수 있음을 의미낸다.

□官祿宮에서의 文昌 化忌는 문서상의 오류일 뿐, 문서가 깨지는 것은 아니며 他 煞이 가해지는 경우라야 문서 상의 착오가 있게 된다.

▷*命/財/官에 文昌 化忌가 坐하면 현금사업을 해야 한다*◁

※昌/ 曲이 化忌면 시비. 관재구설/ 수표부도 등의 문서장애가 따르거나, 破財가 있기 쉽고, 田宅에 文昌 化忌가 坐하는 명주命主는 부동산 구입에 어려움이 따른다.

※昌/ 曲이 命/疾厄宮에 坐하면, 쉽게 피로해지거나 불면/ 신경계통의 질병이 있게 되며 化忌가 가해진다면 더욱 그러하다.

▷昌/ 曲 化忌가 官祿宮에 坐하면 시험/승진 운에 불리하며 창昌/ 曲曲이 化忌인 대한에는 재시험再試驗/ 전학轉學, 휴학休學 등의 현상이 있게 된다.

☆녹존祿存· 천마天馬☆

⊡·祿存은 고독의 별이요, 天의 祿을 관장하는 富 星으로 재고財庫와 재부財富를 主한다.

※祿存이 吉星을 만나면 羊/ 陀는 財를 지키는 무장경찰과 같은 임무를 수행하게 되지만, 그렇지 않다면 도적盜賊의 무리가 된다.

※祿存은 天馬와 만나면서 刑/ 煞星을 만나거나 空亡 地에 떨어지지 않아야 복이되며 祿存이 田宅이나 財帛宮에 坐하면서 日/ 月이 會合되면 富 命으로 논한다.

→祿存은 天馬를, 天馬는 祿存을 만나야 비로소 복록이 되는데, 身·命/ 財/福德 宮에서 祿馬交馳〈록존과 천마의 同宮〉를 이루거나, 身·命/財/福德 宮을 祿·馬가 夾/合〈六合〉할 때가 되며 해액력을 갖게 된다.

※祿存은 化忌로 부터의 충파와 공망지에 坐함을 剋忌하며 擎羊/火·鈴/空.劫/大, 小耗 星 등과의 만남 또한 忌〈싫어한다〉한다.

※祿存이나 化祿이 七殺/破軍/鈴星/天妖 等을 만나면 貧寒함이다.

▷*本命 身/ 命에 祿/ 馬가 坐하는 상태에서 流年의 祿/馬가 거듭되면 관직과 관련된 吉, 경사요, 승진을 뜻 한다.*

☆천마天馬☆

☐天馬는 祿存이나 化祿과 만나는 祿馬交馳를 이뤄야 上 吉로 論하며 天馬가 空亡 星을 만나면 무용無用이다.

※<u>天馬는 財/移動/陞進과 福祿의 象이요, 금전을 운반運搬하는 車/馬를 의미한다.</u>

※寅/ 申宮의 天相이 天馬와 同宮하면 대성大成한다.

→本命/ 大, 流年의 官祿으로 命 馬가 진입進入하면 더욱 그러하다.

※天馬가 身/ 命에 坐하면 도화의 가능성이 높아지며 他 도화성이 加
해지면 현실적으로 드러나는 도화다.

※天馬는 驛馬星으로 변동/변화가 따르며 록존〈화록 포함〉을 만나면 더욱
그렇다.

※天馬가 財帛이나 田宅宮에 坐하면 吉하며 천마 坐 宮에서 自 化祿이
生成되면 祿馬交馳는 드러나지 않는다.

※天馬가 羊.陀/ 火.鈴 中, 하나라도 만나면 吉/凶이 공존하며 天馬가
空亡地에 떨어지면 분주고난의 象이오, 劫/空과 同宮하면서 無 主星
이면 그 凶은 매우 重해지지만, 火星과의 同宮 일 때에는 吉로 보며
天馬가 **大. 小 二限에 紫.府/祿存/流昌 等을 만나면 발복이 증폭
됨을 뜻**한다.

※天馬는 자동차 등의 차량과 이동/변화 등을 상징하므로 天馬가 羊/
陀를 만나거나, 羊/ 陀를 만나면서 喪門/ 白虎/ 天哭 等이 加해진다
면 "사고事故"다.

☆**本命 天馬 位를 運이 行하면서 運의 三方으로 大/歲馬가 들어오면
旅行數다**.

▷事故의 共通點◁
칠살七殺+ 천마天馬+ 양.타羊.陀+ 백호白虎 等이 들어온다.

★ 살성殺星 ★

▷殺星은 主로 명주命主에게 흉의兇意/ 흉사兇事로 드러나게 되지만 때론 격발력激發力으로 작용作用되기도 한다.

☆ 경양擎羊 ☆

※擎羊은 양인羊刃으로, 化氣는 忌다.

※擎羊이 入 命하면 개성이 강하고 權威를 갖으며, 兇厄과 형상을 主한다.

■身/命 坐 擎羊이면 孤獨性이 內在하며 성격이 거칠고 顔面에 상처가 있게 된다.

※擎羊의 물상은 날카롭고 긴 金屬類가 된다.

따라서 命- 遷 線으로 擎羊이 들어오면 날카로운 物件에 다친다거나 事故가 있게 된다.

※擎羊이 命- 遷 線에 坐하면 破傷/ 破財의 상으로, 발전을 기대하기 어렵지만 紫/ 府나 他 吉星이 同會하는 경우라면 일시적인 災厄으로 그칠 수 있다.

※擎羊은 血光의 상으로 傷害가 多侵하게 되는데, 特히 오른쪽의 팔/ 다리를 많이 다치며 擎羊이 疾厄 宮에 坐하면서 홍란을 만나면 혈광지재다.

■擎羊이 坐 命하면서 巨門/ 廉貞/ 火星 等과 해주偕住하면 두부頭部/ 안면/ 수족을 상하거나 암질일 수 있으며 七殺과 함께하면 破傷/ 외상골절/ 수술일 수 있다.

※擎羊이 廟旺地에 坐하면서 生/ 旺地의 七殺을 만나면 發福을 뜻하게 되지만, 陷地/死/絶地라면 災難이 따른다.

■擎羊이나 火星이 辰.戌.丑.未의 四墓地 入居하면 以殺制殺되어 오히려 威權하는 等 福이 되지만, 無 正星에 獨坐라면 末年이 좋지 않다.

※四 敗地인 子.午.卯.酉地에서는 질병에 시달리거나, 刑剋이 심하다.

☆擎羊이 疾厄 宮에 坐하면 消化器系나, 呼吸器系統의 질환이 따른다.

※擎羊이 貪狼/文昌/太歲 等을 만나는 경우에도, 官災가 있게 되거나

질병으로 인한 災厄이 있게 되는데 이는 유년流年에서도 같다.

▷大限/流年으로 擎羊이 들어오면서 貞.貪/巨/殺/破와 더불어 他 煞이 加해지면 일이 遲滯되는 등 장애가 따르며 이뤄지는 것이 없다.

⊡**坤命으로 子女宮에 擎羊이 坐하면, 流産/ 落胎/ 帝王切開를 뜻하며 도화성을 만나면 일시적인 쾌락에 빠지기 쉽다**.

☆ 타라陀羅 ☆

☆<u>陀羅의 化氣 또한 忌다</u>.

■陀羅는 고독/果敢/威權을 주하며, 시비/지연遲延/지체遲滯/ 좌절 등을 含蓄한다.

※陀羅는 고집이 강하고 자신이 하고 싶은 것만을 행하려하는 경향이 있는가 하면, 謀事에 능하며 지적인 욕구와 탐구열이 강해 학자들에게서 많이 나타나기도 한다.

■陀羅는 시비/번잡煩雜함/怨望 등이 따르게 되는데, 이러한 현상들은 현공학/철학〈命理/佛典〉 등을 探究함으로서 개운할 수 있다.

※陀羅가 入 命하면 幼年期에 양친과의 인연이 박할 수 있고, 성장해서는 외톨이가 되기 쉬우며 일/사업에서도 不利함이 따르기 쉽다.

※陀羅가 身/命에 坐하면 心性이 강하고 독한 경향이 있게 되는데, 이러한 연유로 火病이 있기도 쉽다.

※陀羅 역시 **辰.戌.丑.未 年 生**으로, 辰.戌.丑.未의 <u>四 墓地</u>에 坐하는 경우라면 오히려 福으로 논한다.

■<u>陀羅가 貪狼을 만나면 풍류채장〈風流彩杖〉이 된다</u>.

여기에 天刑이 加해지면 색난으로 인한 災禍가 따르게 되는데, 이는 運에서도 같다.

□陀羅가 身/命宮에서 貪狼과 同宮하면 邪惡한 면이 있게 되며 주색으로 몸을 傷하게 되는데, 女命이라면 더욱 그렇다.

☆陀羅가 夫妻宮에 坐하면 異性交際에 장애가 많고, <u>官祿宮에 坐하면</u> **完璧을 追求하는 현상으로 나타나며, 일이 反復/지체遲滯되거나 成/敗의 起伏이 심해진다**.

☆陀羅가 財帛宮에 坐하면 일생 財物에 집착하는 현상을 보이며 橫發/ 횡파의 현상이 드러나기도 한다.

☆陀羅가 福德 宮에 坐하면서 타 桃花星들이 가해진다면, 일생을 酒色 으로 살아가게 된다.

☆陀羅가 父母宮에 坐하면 父母에게 파상이 따르거나, 早亡할 수 있으 며 疾厄宮에 坐하는 경우라면 殘疾에 시달린다.

□坤命으로 陀羅가 子女 宮에 坐하면 비뇨기계나 생식기 계통의 질환 으로 수술을 할 수 있는데, 天刑이 加해지면 더욱 그렇다.

☆화성火星☆

※火星이 入 命하면 權威를 갖으며, 言行이 자유롭다.

※率先垂範하는 면이 있지만 사람이 정직하지못하며 毒하고 교활狡猾 하다.

■火星이 坐 命하면 입술이나 치아/手/足/허리/다리 등에 疾厄이 있게 되며 毛髮이 곱슬이거나 구렛나루가 있다거나, 신체에 털이 많다는 特徵이 있게 된다.

■火星은 火로 열/火傷/火災 等과 관련하므로, 火星이 入 命하게 되면 火傷/火災/알콜중독/湯傷〈끓는 물에 데이는〉이 있을 수 있다.

※火星이 入 命하면 奔波勞碌하며 他 煞星이 다침하면 배다른 형제가 있거나 어린 시절 養子로 가기도 한다.

■火星은 短命 煞이라고도 하며 一生 災難이 따르기 쉽고, 六親과 의 緣 또한 薄하다.

※火星이 七殺과 해주偕住하면 專門 技能 人으로 살아감을 의미하지 만, 鈴星이 加해지는 경우라면 夭折橫死요, 破軍과 同宮하면 一生 奔波勞碌하며 살아간다.

■火星이 羊/陀를 만나면 嬰/幼兒期에 재난이 있기 쉬운데, 姓을 바꾼다거 나 양자로 들어가거나 타인에 의해 養育된다면 이를 免할 수 있다.

☆火星이 **天馬와 同宮**하면 **戰馬**로, 형극/형상/교통사고가 따르며 조합이 흉하면 어린나이에 天折할 수도 있다.

·坤命으로 火星이 入 命하면, 內心이 毒하고 男便을 無視하는 현상이 있게 되며, 陰毛가 없다.

·坤命으로 火星이 入命하면서 陷地면, 皮相的으로는 좀 모자라는 듯 보여도, 속으로는 奸毒하며 상부극자/ 淫蕩奸詐한다.

▷運으로 火星이 들어오면 신고辛苦요, 성패에 기복起伏이 따르며 廉貞/七殺/破軍 등이 가해지면 선패 후 다시 일어난다.

☆ **령성鈴星** ☆

☆鈴星은 孤獨星이다.

聰明하고 勇猛〈더불어 毒하고 배짱이 있다〉하며 사나운 면이 있는가하면, 변화가 심하다.

■鈴星이 廟旺地면서 入 命하면 성격이 急하고 괴팍하며 大膽한 면이 있게 되는데, **煞星이 가해지면서 길성의 扶助가 없다면 정신질환**이 따를 수 있다.

※鈴星 또한 육친과 무덕하고 질병과 신체상해가 따르는가하면, 靈通의 기운이 있어 靈媒/ 僧徒가 可하다.

·鈴星이 入 命하면서 羊.陀/ 劫.空 등이 들어오면 破傷이 따르며 모가 **再嫁할 수 있다.**

■鈴星이 **身/命에 坐하면 速戰速決이요 몸에 열이 많고, 곱슬머리이기 쉽다.**

※鈴星이 破軍과 同宮하면 一生 勞碌奔波하게 되는데, 財帛이나 田宅宮이라면 재물을 모으기 어렵고, 大敗한다.

·坤命인 경우, 命宮이 함지이면서 길성의 扶助가 없는 상태에서 鈴星을 만나면 육친과 불화/ 형부극자의 象이요, 淨潔하지 못하고 貧, 下賤한 삶을 살아가게 된다.

☆ 지겁地劫. 지공地空 ☆

※地劫이 入 身/命하면 正道를 가지 않으며 성패의 기복이 심해진다.

※劫/空 入 命하면 새로운 것에 대해 興趣를 느끼며 劫/ 空이 六親宮에 坐하면, 해당 육친 간에 風波가 따른다는 것을 의미한다.

※劫/ 空은 成長期에 학업이 중단되기 쉽고 재액이 많으며 운이 온다 해도 오래가지 못하는 현상이 있게 되지만, 地空이 廟旺地에 單守하면서 吉星의 扶助가 있다면 橫發을 뜻한다.

또한, 劫/ 空이 廟旺地에 坐하면서 他 吉星의 扶助와 더불어 廟旺한 경양이 왕지에 좌한면 오히려 發福한다.

※劫/空이 夫妻宮에 좌하면 돌연히 破婚을 當할 수 있으며 財帛宮이라면 金錢이 불현듯 사라져 버리는 현상으로 나타난다.

■地劫이 命/ 財/ 田/ 福에 坐하면 財物을 모으기 어렵다.

※地劫이 入 身/命하면 財物을 모으기 어렵지만, 大/小限에 紫. 府/ 輔.弼/ 魁.鉞 等을 만나면 解厄될 수 있는데, 그렇다고 하여 損財를 완전히 免한다는 것은 아니다.

■本命에 劫/ 空이 坐하면서 大運이 兇하면 突然히 다니던 職場을 뛰쳐나오거나, 失職을 당하기도 한다.

※劫/空이 本 命宮에 入 宮하거나 대한으로 들어오면 당연히 玄空學〈命理/ 哲學/ 佛學〉을 硏究하는 것이 吉하며, 劫/ 空은 僧徒之命이 佳하다.

■流年 夫妻宮이 지겁 좌 위를 행할 때, 旣婚인 경우라면 夫婦感情이 깨지기 쉽고, 재백이나 전택궁이면 재물이 消失되며 관록이라면 事業이 깨지는 것으로 드러난다.

☆삼태三台. 팔좌八座☆

※이들은 모두 吉星으로, 三方 對宮으로 들어올 때 影響力을 갖는다.

※**삼태. 팔좌**는 제왕帝王의 의식儀式을 의미하는 驛馬性의 별로, <u>外的</u>
<u>인 장식/ 치장/ 사치성</u>, 고가의 물품 구입 等과 관련되며 조합되는
성요와 宮 位에 따라 <u>이동/ 출장/ 여행</u>을 뜻하기도 한다.

☆용지龍池. 봉각鳳閣☆

※**용지. 봉각**의 龍池는 龍의 연못, 鳳閣은 鳳凰의 누각이라는 뜻으로,
권귀/ 재주/ 技藝/ 화려함 등과 관련되며, 考試/ 경쟁에서 有利할
수 있고 **명/관/복덕 등과 관련되면, 사람이나 일/ 직장 또한 사회**
적으로 중상의 階層임을 意味한다.

☆태보台輔. 봉고封誥☆

※태보와 봉고는 **보.필/ 괴.월**의 力量을 증대시키는 별로, **태보**는 정신.
봉고는 물질적 측면의 사회적 地位를 높여준다.

☆천귀天貴. 은광恩光☆

※**천귀/은광**은 貴를 주하는 별로, 財祿/명예와 관련하며 도화 諸星을
忌한다. 따라서 **도화성과 만나게 되면 外華內貧이요, 잠시 스쳐지**
나가는 因緣을 의미함이다.

☆천관天官. 천복天福☆

※**천관**은 귀작貴爵〈높은 벼슬〉/ 명예를, **천복**은 수명과 정신/ 물질적
享受를 의미하며 이들은 모두 福/壽와 관련한다.

☆천재天才. 천수天壽☆

※**천재**는 총명/다능/재예를, **천수**는 장수長壽와 관련되는데, 특히 天壽
가 육친궁에 坐하면 **해당 육친과의 年齡 차이가 크다**는 특징을 갖
는다.

※삼태.팔좌/ 용지.봉각/ 태보.봉고/ 천귀.은광은 권귀權貴/풍류/社會
的 지위/승진/도화 등과 관련된다.

☆천주天廚☆

※천주는 廚房/ 飮食의 별로, 命,身/ 財/官祿宮에 좌하면 음식, 料理 솜씨가 좋음을 의미한다.

※또한 천주가 파군과 同宮하면서 용지/봉각/천재 등과 同會하면 더욱 그러하며 武/ 府나 祿存, 化祿 등의 財星과 財/ 官에서 同宮한다면 사업적으로 成就할 수 있다.

하지만, 疾厄宮에 坐하면서 殺.忌.刑星이 들어온다면 음식으로 인한 질병으로 苦生하게 된다는 뜻이다.

☆천형天刑☆

☆天刑은 業力星이요, 고독성으로 僧徒를 가기도 한다.

※數로는 많음/ 情으로는 고독함/ 질병으로는 소아마비를 의미.

□天刑이 入 身/命하였다면 命 主가 태어나면서 부모가 힘들어질 수 있으며 부모나 형제가 온전치 못하다거나 고독/刑剋/疾病/ 夭折할 수 있다.

☆天刑이 官祿宮에 좌하면 사업이 不順하고 직업이 多變하는 현상이 있으며 살성이 회합되는 경우라면 官災/罷職이 따르게 됨을 의미한다.

☆天刑이 福德 宮에 坐하면 생각이 많으며 고독하다.

□天刑이 遷移 宮에 坐하면서 劫.空/ 擎羊/ 火星 등을 만나면 强盜요, 盜賊輩가 된다.

□天刑星은 業力星이요 의약과도 관련되므로, 醫術을 익히고 활용함으로서 開運할 수 있다.

■主要 刑 星; 天刑/ 擎羊/ 廉貞/ 天哭.

·坤命으로 陷地인 丑/未의 천형이 주성없이 홀로 守 命하면서 四殺과 탐랑/목욕 등과 동회하면, 부모를 떠난다거나 배다른 형제가 있음을 뜻하며 혼인 이後 刑夫 剋子의 현상이 드러나거나 妾/ 後妻/ 娼妓로 살아가기도 한다.

※大/小 二限으로 천형의 별이 들어오면 관재수가 따를 수 있겠으나 天刑이 왕지에 좌하면서 廟旺하다면 오히려 得財^{특재}할 수 있다.

☆천요天姚☆

■天姚는 도화/ 풍류/ 색정/ 여인과 관련되며 돈 금전으로 사는 도화를 의미한다.
※卯.酉.戌.亥 地에서 묘왕하며, 丑.未 宮은 함지가 된다.

■卯/酉宮의 紫/貪 組合이면서 天姚와 동궁한다면, 酒色^{주색}을 貪^탐하는 桃花犯主^{도화범주}가 강하게 나타난다.

※天姚가 太陰/ 破軍/ 紅鸞/ 天喜 등을 만나면, 桃花性^{도화성}이 드러나 放蕩^{방탕}해 지며 到處^{도처}에서 風流^{풍류}를 즐기게 된다.

※天姚가 入 身/命하면서 天刑/擎羊을 만나면 夭折이요, 殺.破.狼을 만나면 兇厄之事^{흉액지사}로 드러난다.

※天妖가 身/命에 坐하면서 목욕의 地가 되면 美貌^{미모}가 秀麗^{수려}하나, 淫亂^{음란}을 즐기는 등, 음탕해 진다.

※天妖가 身/命하면 여자들에게 인기가 많고, **술/노래**를 잘한다.

□陷地의 천요는 색난을 일으키며, 홍란을 만나면 風流之客^{풍류지객}으로 논하지만, 탐랑과 命/身宮에 해주하면서 살성과 회합하는 경우라면 남명은 淫亂^{음란}, 여명은 娼妓^{창기}로 논한다.

이 境遇 他 吉星이 회조한다 해도 重婚^{중혼}을 면하기는 어렵다.

□天妖가 夫妻宮에 좌하면, 皮相的^{피상적}으로는 잉꼬부부 같아 보일 수 있으나 대부분 부부의 緣^연이 바뀌기 쉽고, 부처궁에 좌하면서 廉貞/貪狼/破軍을 만나면 外情^{외 정}을 두기쉽다.

☆天妖가 財帛宮으로 들어가 劫.空/ 煞.忌星 등과 회합하게 되면, 酒色^{주색}으로 破財^{파재}한다.

☆天妖가 疾厄宮에 坐한다면, 男命은 無精子症^{무정자증}이요, 女命이라면 陰毛^{음모}가 없을 수 있다.

※天妖가 守 命하면서 巨門을 만나면 치매나 情神異常^{정신 이상} 증세가 있을 수 있다.

□天姚가 大, 小限이나 流年을 行하면서 紅鸞/天喜 等과 회합하면 婚姻의 기쁨이 있음을 뜻한다.

☆천상天傷. 천사天使☆

※天傷은 子.卯.辰.午.未 宮에서, 天使는 丑.卯.辰.酉.戌 宮에서 凶兆가 드러나게 된다.

※傷/ 使가 吉星의 扶助를 얻지 못하면서, 天機/巨門/羊.陀/火星/化忌 가 회합하는 운에는, 破敗/관재/喪亡之事가 따른다.

⊡傷/使는 虛耗至神으로 해당 대. 소한과 태세가 浴. 病. 死. 絶地 에 坐하면서 天空/截空/旬空과 타 살성이 加해지면 그 흉이 매우 무거워지는데, 더욱이 노년이라면 亡事일 수도 있다.

■運이 天傷 위을 행하면서, 살성이 가해지면 고독/ 暗謨/ 관재가 따르며 天使 위를 행하면서 타 살성이 가해지면 陰害/謀陷이 따르거나 竊盜를 당하기 쉽다.

□運이 상/사와 창/곡이 동 궁하는 位를 행할 때, 殺星이 多侵하면, 喪服을 입을 수도 있다.

■大限이 상/ 사와 사살. 형. 수. 모. 기성인 양인/ 염정/ 파군/ 타라 等과 會照하는 운에는 되는 일이 없다.

※天傷은 虛耗/破敗를, 天使는 虛耗/竊取〈절취; 남 몰래 훔쳐감〉를 뜻하는 데, 상/사가 대/ 소한으로 분거하거나 行 限을 夾하거나 會合할 때 그러하다.

☆고진孤辰. 과숙寡宿☆

※고진과 과숙은 孤獨/ 刑剋/ 別離/ 離婚 等을 뜻하는데, 乾命이면 孤 辰. 坤命이면 寡宿일 때 그러하다.

이 별들이 육친궁에 좌하면 해당 六親과 그러함을 의미하는 것으로, 特히 명궁/ 부처면 일이 바쁘다거나 잦은 出張 等으로 配偶者와 오랜 기간 떨어져 지내게 된다거나, 分居하는 현상으로 드러난다.

□孤/寡가 財帛/田宅宮이면 分家/獨立을, 복덕궁에 좌한다면 독립심이 강하다는 의미다.

※天哭은 巨門의 兇과, 天虛는 파군의 흉과 짝〈組〉한다.

■**天哭**은 성격이 괴이하고 충동적이요, **天虛**는 孤寒貧賤하며 동정적인 사랑에 빠지기 쉽다.

※天哭은 **구류술사/** 僧徒의 命으로 논하기도 한다.

※哭/虛의 두 별은 패. 모/ 공망을 의미하며, 丑.卯.申宮은 묘지로 吉星과 회합하면 吉로 논하지만, 타 궁에서는 모두 兇하다.

※哭/虛가 父母宮에 좌하면, 父母와 인연이 없음을 의미한다.

■天虛가 파군과 동궁하면 그 흉이 重한데, 女命이면 더욱 不利하다.

■天哭과 巨門이 大/小限으로 分居하거나, 天哭과 巨門이 동궁하는 宮位를 유년이나 소한이 행하면서 喪門이 들어오면 喪服을 입는다는 意味다.

☆천월天月☆

※**천월**은 疾病星으로, 命/ 身/ 疾厄宮에 坐하면서 殺.忌. 刑星과 동회하면 慢性疾患〈고질병〉이요, 천이궁에서 그러하다면 流行性 疾患이나 傳染性 疾患이 된다.

☆파쇄破碎☆

※**파쇄**는 손모損耗〈금전/재물의〉/ 失意/ 파재의 성이요, 감정적, 심정적 苦衷과 관련한다.

□命. 財. 官. 복덕과 더불어 육친 궁에서는 불리한데, **夫妻宮에 破碎가 좌하면서 정황이 좋지 않다면, 이혼**의 상이다.

☆비렴蜚廉☆

※**비렴**은 損耗/暗損의 별이요, 小人 星으로 小人輩들로부터의 口舌 是非/誹謗과 관련한다.

※비렴이 守 명하면 **시비구설을 자초하거나, 불필요한 물품을 충동 구매하는 현상이 있게 되며 부처궁이면 이성에 의한 시비구설이요, 질액궁이라면 질병으로 인한 금전적 손모** 等이다.
田宅宮이면 집안에 **벌래/곤충/쥐/개미/뱀** 等이 들거나 그로 인한 피해가 따르기도...

■咸池는 도화성으로 주색/邪淫(사음)/실질적인 육체관계를 의미한다.

□咸池는 쉽게 환락歡樂에 빠질 수 있는데, 함지가 재백궁에 좌하면서 살성이 가해지면 술/賭博(도박)을 좋아하게 되며 敗家亡身(패가망신)을 自招(자초)하기 쉽다.

※咸池가 <u>명.신/ 복덕궁에서 함지와 염정/ 탐랑/ 천요 등과 회합되면</u> 酒色(주색)을 탐하며 遊興業(유흥업)으로 살아가거나 淪落(윤락)에 빠져들기 쉽다.

※咸池가 영성을 만나면서 탐랑과 四殺(사 살)이 가해지면, 남명은 주색에 빠지기 쉽고, 坤命이라면 娼妓(창기)가 되기도...

■男命으로 함지와 녹존이 명궁에서 해주偕住하면, 女子의 도움으로 집안을 일으키게 됨을 의미하며 女命으로 함지가 보.필/ 괴.월 등과 좌 수 명하는 경우라면 男子에 依託(의탁)해 살아감을 뜻한다.

※大耗는 육친과 無德(무덕)하다.

※大耗가 입 명하면 손모를 의미하며, 홍란과 동궁하면 주성의 廟(묘)/陷(함)과는 관계없이 재물이 消失(소실)되는 현상으로 나타난다.

□大耗가 거문이나 화성과 입 명하거나, 전택궁에 좌한다면 재물이 소실되거나 도난을 당할 수 있으며 火災(화재)가 발생하기도 한다.

■華蓋는 고독/문장을 주관하며, <u>神佛(신불)/종교/철학적 사상/喪服(상복)</u> 等과 관련된다.

※華蓋는 종교심/고독성이 강하며 타인들과 잘 어울리지 못하는 현상이 있다.

※華蓋가 日/月과 동궁하거나, <u>녹존/삼태/팔좌</u> 등과 회합되면 언변이나 특별한 재주로 이름을 얻기도 한다.

※華蓋가 <u>孤(고),寡(과)와 會合하면 남명은 홀아비요, 女命은 寡婦(과부)</u>의 상이다.

※命. 財. 官. 田에 화개나 음살이 좌하면, 현공학을 연구하는 것이 가한데, 화개가 명궁에 좌하는 경우라면 그 始點(시점)이 빠를수록 좋다.

□華蓋를 대한에서 만나면 해당 운 중에는 禮佛(예불)을 올리는 것이 좋고, 유년이라면 에불을 올리거나 命理(명리)를 연구하는 현상으로 나타난다.

※蔭煞이 명궁에 좌하면, 성정의 起伏〈明.暗/喜.悲/好.惡〉이 심하게
나타난다.

※蔭煞은 외계와 感應〈意思疏通〉하는 능력을 보이기도 한다.

□蔭煞이 **명궁에 단 수하거나, 타 살성과 동궁하는 경우에는 神을
모시는 것이 避兇取吉의 한 방법이 될 수 있으며 음살이 질액궁
〈大限ᵖ함〉에 좌하면서 주성이 陷地이거나 살성이 加해지면, 원인
을 알 수 없는 疾患이 따르기도** 한다.

■蔭煞이 명- 천/ 자- 전선에 坐하면 불도를 걷거나, 신명을 받들어
야 한다. 더욱이 田宅宮에 좌한다면 집안에 神明을 모시는 것이 좋
으며 官祿宮이면 가게〈店鋪〉나 사무실에, 직장 인이라면 寺刹을 찾
아 禮佛을 올리는 것이 좋다.

※**천무**는 괴/월과 동궁할 때 작용력을 갖으며 遺産/ 先代의 業報蔭德
〈부모 궁일 때〉/ 승진昇進 등과 관련한다.

※또한 天巫는 **무속/현공학/종교/학술연구**〈文星과 同會 할 때〉와도
관련되며 **천무가 火星을 만나면 음식솜씨가 좋다.**

그러나 질액궁에 좌하면서 살.기.형성과 회합되면 疾病이다.

이러한 상태에서, 명/신궁 또한 살.기.형성 등에 의해 損傷되었다면
遺傳的 질환이 된다.

※鸞/喜가 身/命으로 분거하면 조혼의 상이요, 천월을 만난다면 도화
로 化한다.

　　　□紅鸞이 전택궁에 좌한다면 집안에 어항을 놓아두라!!!
開運에 吉하다!!!

※복덕궁의 란/희는 구복을 뜻한다.

※**홍란**은 主로 혼인이요, **천희**는 養育과 관련되는데, 홍란이 창/곡과
동회하면 혼인이요, 천희가 자/전선과 연계되는 경우라면 임신/출생
을 의미한다. 더불어 란/ 희는 도화와도 관련되기 때문에 창.곡이
나 화록.녹존/타 도화성과 회합되면 도화성이 增幅된다.

組合이 이러다하면, 예술분야에서 능력을 발휘하며 살아가는 것이 길리하다.

■ 운에서 홍란을 만나면 주로 혼인과 관련되며 중년〈第 4 ~5大限〉의 란/희는 득 자녀요, 末年의 란/희는 血光之災다.

☆홍염紅艶☆

※ **홍염** 또한 도화의 별로, **성적욕구나 저급한 주색잡기**와 관련되며 육친궁에서 작용력을 갖는다.

→ 홍염의 도화성 또한 직업적으로 활용하여 生財의 手段으로 삼을 수 있다.

☆해신解神☆

※ **해신**은 **푼다/풀어낸다**는 의미를 가지므로, 길사든 흉사든 풀어진다는 뜻이다. 따라서 흉사라면 해액이 되겠지만, 길사라면 오히려 흉으로 변하는 것으로, 육친궁과 연계된다면 좋을 게 없다.

하지만, **천이나 재백/ 관록 등이 흉상일 때, 해신이 동회한다면 오히려 분쟁이 해決**되는 등 길 변으로 드러난다.

☆천공天空. 절공截空. 순공旬空☆

※ **천.절.순공**은 모두 공망성으로, 길사든 흉사든 **모두 없는 것으로 화한다**는 의미다.

따라서 흉사라면 해소되겠지만, 길사라면 무산되는 것이다.

· 사공〈天空.地空.截空.旬空〉이 입 명하면 육친과의 연이 박하며 노년에 이르러 불가에 입문하기도 한다.

■ **천공**은 **독창성/사상의 독특함**을 보이는가 하면, 자유분방하고 현실적이지 못하며 망상으로 편향되기도 한다.

□ 天空星이 창/곡이나 화개 등과 더불어 타 공星들과 회합되면 철학적 사고로 화한다.

■ **절공**은 공허와 虛像/ 장애/손실/ 정신적 좌절 등과 연관되며 절공 또한 **타 공망성과 회합되면 天理/승도와 관련**한다.

■ **순공** 또한 타 공망성과 회합되면 **천리/ 승도**와 관련하지만, 천공/ 절공성보다 그 영향력은 미약하다.

▷두수斗數 60성계星系 조합組合◁

☆紫微星 特徵☆

☆紫微는 帝座^{제좌}, 존귀를 의미하며 氣稟^{기품}/ 권력/ 리더쉽을 갖춘다.

※자미는 반듯이 **보좌 성이 동회해야** 한다.

⊡一般的 性向⊡;

※기품氣品이 있고 관대寬大하며 명분과 체면을 중시한다.

※사람사귀는 것을 좋아해 대인관계가 넓으며, 그 대상 또한 地位高下^{지위고하}와 는 무관하여 매우 다양하지만, **매사를 본인 위주로 생각/판단하므 로, 타인들에게는 利己的^{이기적}으로 비춰질 수** 있다.

※男女 모두 돌출적인 행위〈기질/재능/형상/표현〉 등으로 타인들에게 주목을 받으며 大衆 앞에 나서거나 무리위에 군림君臨하려는 경향이 있는가 하면, 자신을 타인에게 과시誇示하거나 그들로 부터 떠받들어지는 것 을 좋아한다.

※색다른 것에 대한 興趣^{흥취}가 강하며 무엇인가 배우는 것을 좋아하지만, 학문적 소질을 발휘한다거나, 타인 보다 재능이 뛰어난 것은 아니다.

※배우자를 선택함에 있어서는 **돈/권력/학벌**이 아닌, 대인의 外貌^{외모}를 중시 하는 경향이 있다. 특히 곤명인 경우에는 자신에게 잘 보이려한다거 나, 먼저 관심을 보이는 사람은 쳐다보지도 않지만, 비위를 맞추며 떠 받들어 줄 주아는 男子라면, 내 쪽에서 먼저 다가가는 성향을 보인다.

⊡短點⊡

※자기 본위주의〈本人 中心〉적이요, 주위 사람들로부터 자신이 무시를 당하고 있다는 심리적 구조를 갖기 쉬우며 감정의 起伏^{기복}이 심해 성패가 反復^{반복}되기도 한다.

※**주관/ 의지**가 약하고 귀가 엷다.

※皮相的^{피상적}으로는 강해보이지만 내심은 약하며, 시기猜忌/ 질투嫉妬心이 강하기도 하다.

※일을 行함에 있어서는 **적극성이 없으며 보다, 더 높거나 더 큰 성취 를 이루려 하기보다, 그저 좀 더 나은 정도로 滿足**^{만족}하는 경향이 있 다.

■坤命■

※온화하고 귀한 품위가 있으며, 냉정하고 이지적인 매력魅力을 갖는다. 또한 그 배우자로는 자신을 존중하며, **신분/지위**가 높은 남성을 선택하는 성향이 있다.

☆相互 作用☆

■자미는 무엇보다 묘왕해야 하는데, 丑/ 午/ 未 宮이 묘왕지다.

☆자미가 지도/ 리더쉽을 갖추기 위해서는 **보,필/괴,월/곡,창/삼태/팔좌/천귀/은광/록,마** 등을 만나야 하는데, 이중 **보/필**이 最于先이요, 이들을 **백관조공**의 별이라 한다. 그러나 무살에 길성들 만이 회합되는 경우라면 柔弱(유약)해 질 수 있어, 적당한 살성을 필요로 한다.

☆자미가 백관조공을 이루지 못하는 경우를 **재야고군**이라 하는데, 이렇게 재야고군이 되면 제왕으로서의 **위엄/영도력**을 喪失(상실)한다. 더불어 백관조공을 이루지 못하는 상태에서 겁/공을 만나면 독자사업으로 살아가거나, 그 사상이 超脫(초탈)해지며 상당한 지위의 **승려/ 현공/ 신선술/ 예술가** 등으로 살아가기도 한다.

☆자미가 길성없이 **양,타/ 화,령** 등과 타 살성들에 의해 沖(충)/ 照(조)되면 자미의 폭력성이 드러나 暴君(폭군)이 될 수 있는데, 이러한 경우를 **무도 지군**이라 한다. 그러나 길성이 동회한다면 자미의 **영도/ 지도력**은 오히려 증폭된다.

☆자미는 칠살과 파군에 生殺權(생살권)을 附與(부여)하여 자신에게 충복하게 하는데 동궁하는 경우에 한한다. 만약 分居(분거)하게 된다면 그렇지 않으며 파군 이면 더욱 그러하다.

☆**자미+보,필**이면 영도력이 증가되며 **괴/월**이 가해지면 더욱 그렇다.

☆紫微는 양.타/ 화.령/ 겁.공/ 화기 등의 흉성을 解厄(해액)하지만, **거문의 영향력은 制壓(제압)하지 못한다**.

☆자미를 운으로 만나면 사업이 번창하고 승진에 유리하며 자/파 조합을 행하면 변화가 많다☆.

▫辰/ 戌/ 丑/ 未 坐 紫微▫

※자미는 命宮이 아닌 경우라 해도 **辰/戌/丑/未 宮에 坐하면 언제나 솔직하지 못하고, 他人을 기만欺瞞는 경향**이 있게 되며 다시 **보,필/ 괴,월/ 창,곡**이 가해지면 그러한 성향은 더욱 가중된다.

↳없으면서도 있는 척, 모르면서도 아는 척 하는 등. . .

※辰/戌/丑/未의 ^{자선/} 베풂은 자신의 목적을 성취하기 위함이며 <u>사기</u>
<이><u>〈속임수〉</u>로 因한 관재가 따르기도 한다.

※<u>辰/戌</u>의 자미는 대부분 사기꾼인 경우가 많은데, 辰/戌宮의 자미
면서 보/필과 동궁하면 그 ^{사기 성}詐欺性이 ^{대담}大膽하다.

·寅/ 申/ 巳/ 亥 坐 紫微·

※사람이 솔직 담백하고, 카리스마를 갖는데, <u>신위의 자미로 ^{경 년}庚年 생</u>
이라면 더욱 그렇다.
또한, <u>寅/ 申/ 巳/ 亥</u>의 자미는 권력을 빙자한 권력형 관재가 따를
수 있다.

·子/午/卯/酉 坐 紫微·

※낙천적이요, <u>子/ 午/ 卯/ 酉의 자미가 ^{실직}失職되면</u> 장기화될 수 있으며
^{주색}酒色에 의한 관재수가 따르기도 한다.

☆ 자미 - 화권/ 과

※존귀성이요, 관록을 주관하며 해액의 ^공功이 있다.

·화권· ;

※독단전횡/권세장악의 상이며 **권귀/승진**을 뜻한다. 그러나 **일,월/ 보,필/**
괴,월/ 곡,창 등 육길성의 부조扶助가 있어야 한다.
※자미 화권이 **명/재/관**에 좌하면 **승진/발탁**이 빠르며 그 지위가 더욱
높아진다.
□자미 화권이 질액이나 복덕궁에 좌하면 신체에 재액이 많다.
▷자미가 명궁에서 ^{화권}化權이면 재백궁이 무곡 화기이므로 독립사업은 ^{불가}不可하다.

·화과· ;

■자미가 화과면 재예의 상이요, <u>자미는 화과가 최 길하다.</u>
※자미가 화과면 지위가 오르며 ^{명성}名聲을 얻을 수 있지만, 육살을 만나
면 <u>좌절/상해/파재</u>가 따른다.

※紫微가 화과면, 권력보다는 **명예가 증가하며 독단/고집/주관/愛憎**
등 자미의 결점이 改善^{개선}된다.

▷斗數, 職業判斷法◁

각 命主의 직업은 본명 재백 宮 干의 사화를 활용하며 그 용법은 다음
과 같다.

※재백궁 간의 화기를 우선하며 록〉권〉과의 순으로 취하게 되는데,
재백궁 간의 화 기/록이 命/ 兄弟/ 財帛/ 疾厄/ 官祿/ 田宅宮으로
들어 갈 때, 그 該當되는 별이 **무슨 별인가로 판단**하는 것이다.

☆紫微(己.土)星의 適性과 職業/ 事業☆

※자미/ 천동/ 천상/ 천량성은 晚年^{만년}에 이르러야 비로소 성취할 수 있
으며 주로 公職^{공직}에 적합한 별들이다.

□자미는 관록의 별로 관록궁에 좌하면서 화권이나 좌보. 우필/ 문곡.
문창 등을 만나면, 높은 지위의 공무원을 의미할 수 있지만, 화권이
나 보좌 성들을 만나지 못하는 경우라면 下位職^{하위직} 공무원이거나 장사
를 하게 된다. 만일 위 조건에 符合^{부합}되지 못하면서, **조직이나 부서의
수장이 되고자 한다면 오히려 고충이 커진다**.

※職業的으로는 **귀중품/ 화려한 분야의 일**, 직종에 적합하다.

■**높고 큰 건물, 빌딩/ 진귀한 물품이나 장식물/ 귀금속/ 고급가구
등을 취급하는 업종**.

※適性※
□高位職 公務員/ 企業家/ 學者/ 政治家 等.

※專攻學科※
※文科※
† 정치외교/ 경영/ 법학/ 언론방송학/ 호텔경영학과.
※理科※
† 생물/ 생명공학/ 유전자학/ 의대.

※藝/ 體能※

† 귀금속학과/ 의류, 헤어디자인/ 연극, 영화학과.

※職業※

※公職/ 國家 公務員을 意味하며, 잘 짜여진 組織이거나 地位가 높은 境遇일수록 그 力量이 發揮된다.

※고시나 시험을 통한 공무원.
　조직관리가 잘된 곳에서의 핵심적인 경영관리, 인사, 기획분야.

※事業※

※他人의 指示나 干涉을 排斥하며, 指示/命令하는 것을 좋아하는 스타일이다.

※의사/ 변호사 등 자격증이 활용되는 일.

※명품취급점/ 귀금속점/ 골프용품점/ 고급식당, 커피숍.

※호텔업/ 영화 관련업.

※미용실/ 인력회사/ 체인본점.

☆紫微의 疾病☆

□紫微의 身體는 頭腦/ 脾胃/ 消化器系이다.

·子/ 午 坐 紫微

※허약체질이거나, 소화기능이 좋지 않고 비장脾臟이 虛弱하다.
　會合되는 천부가 천상을 보거나, 염정이 化忌면 위산과다/ 위 신경통 等, 위의 신경 과민현상으로 나타난다.

□子-午의 자미+四殺이면 위 現狀과 함께 두통/신경쇠약/당뇨다.

□子-午의 자미+劫.空이면 위 現狀과 더불어 심장쇠약.

※六殺이 없고, 曲.昌/ 補.弼/ 魁.鉞/ 祿存 等이 同會(동회)한다면 위 症狀(증상)은 輕微(경미)하거나 없다.

·卯/ 酉 坐 紫微·

※卯/ 酉宮에서는 紫/貪이 同宮하며 신장이 좋지 않거나 性生活 또는 過多한 體力消耗로 因한 疾病이 있게 된다.

↳卯/酉宮의 紫-貪+ 六殺이면 위 現狀과 더불어 性技能이 좋지 않거나, 당뇨/두통 등이 있다.

※六殺이 없고, 曲.昌/ 補.弼 魁.鉞/ 祿存 等이 同會한다면 위 증상은 경미하거나, 性 神經衰弱 증상이 있을 수 있다.

·辰／戌 坐 紫微·

※辰/戌宮에서는 紫-相이 同宮하며 **소화불량〈위冷.설사〉/ 위장병/ 피부질환** 等이다.

↳辰/戌의 紫-相 + 六殺이면 위 現狀과 더불어 **당뇨**다.

※六殺이 없고, 曲.昌/ 補.弼/ 魁.鉞/ 祿存 等이 동회한다면 위 증상은 경미하거나 없다.

·丑／未 坐 紫微·

※辰/戌宮에서는 紫/破가 同宮하며, **혈액순환 부조/심장병/고,저혈압/ 신경쇠약** 等이요, **만성병**으로 發展될 수 있다.

↳辰/戌의 紫- 破+六殺이면 위 現狀과 더불어 **폐경질환/ 해수咳嗽=기침/ 두통/당뇨병** 等이다.

※六殺이 없고, 曲.昌/ 補.弼/ 魁.鉞/ 祿存 等이 동회한다면 위 증상은 경미하거나 없다.

·寅／申 坐 紫微·

※寅/申宮에서는 紫-府가 同宮하며 主로 **두통/ 전염성 간염**이다.

↳寅/申의 紫-府+六殺이면 위 現狀과 더불어 **정신분열증/당뇨/토혈증상**이 있게 된다.

※六殺이 없고, 曲.昌/ 補.弼/ 魁.鉞/ 祿存 等이 동회한다면 위 증상은 경미하거나 없다.

·巳／亥 坐 紫微·

※巳/亥宮에서는 紫-殺이 同宮하며, 쉽게 피로를 느끼거나 四肢에 힘이 없으며 **위장병**이다.

↳巳/亥의 紫-殺 + 六殺이면 위 現狀과 더불어 **당뇨**다.

※六殺이 없고, 曲.昌/ 補.弼/ 魁.鉞/ 祿存 等이 동회한다면 위 증상은 경미하거나 없다.

☆天機星 特徵☆

☆天機星은 **낙천적/ 임기응변/ 다재다능**을 의미한다.

玄學星이요, 선성이며 裕福長壽(유복장수)/ 종교인/ 靈媒(영매)를 상한다.

※두뇌회전이 빠르고 임기응변과 危機對處能力(위기 대처 능력)이 뛰어나며 **다재다능/ 잔재주. 꾀/ 간사함**이 內在(내재)된다.

※精神的인 面을 指向하며 재주는 많으나 어느 한 分野에 精通하지는 못하다.

▷女子는 年下(연하)/남자는 어린 여자와 인연이 될 수 있으며 천기의 건명은 僧侶(승려), 坤命은 무속 인일 가능성이 높아진다.

⊡一般的 性向⊡ ;

▷天機星은 총명하고 임기응변에 능하며 일반적이지 않은 색다르고, 새로운 것에 대한 관심이 높다.

※다재다예하며 일처리에 조리가 있고 敏捷(민첩)하다.

또한 천기성은 英敏(영민)하고, 타인의 심중을 잘 읽어내기도 한다.

※온화하고 이지적이요 냉정한 모습을 갖추며 기획 분석 등, 전문적인 기능에 能하다.

※天機星은 動星(동성)으로 두뇌회전이 빠르고, 남들은 생각하지 못할 기발한 아이디어/ 계략,계책 등에 능하여 연구개발/ 참모/ 中繼(중계)의 직에 적합하다. 따라서 **직접 나선다거나, 독자사업 등에는 매우 不利**하다. 그렇다고 타인에 복종하는 편도 아니며 **天機는 機會(기회)가 와도 뒤늦게 오는 특징**이 있다.

※天機星은 **현공학/종교/역학** 등에 관심을 갖으며 연구하기를 좋아한다.

※天機星은 선성善星이라고도 稱하는데, **善이란 다재다능함/ 아이디어/ 계략, 계책** 등을 의미하는 것으로, 선의 "착하다" 라는 뜻을 의미하는 것은 아니지만, 선악을 분별하며 천성적으로 善良(선량)하여 윗사람을 尊敬(존경)할 줄 알고, 同情心(동정심)을 갖는다.

※天機星을 도박성賭博星이라고도 하는데, 이는 투기 등의 의미가 아니고, 다만 취미로 즐기는 정도다.

▣短點▣

※피상적으로는 온화하고 냉정해 보이나, 내면은 성급하여 심사숙고하지 못하는 측면이 있으며 **충동적이요 심정적인 갈등/ 변동**이 많다.

※두루 관심이 많고 배우는 것을 좋아하지만, 그 <u>어느 한가지에도 정통하지 못하는 현상</u>이 나타난다.

※두뇌회전이 민첩하고, 기획에는 능하나, <u>실천력이 떨어지며 타인에게 시켜서 하려는 성향이 있는가하면, 이성적이기 보다는 감정적</u>으로 흐르기 쉽다.

※생각이 지나치게 많다보니 사소한 것에 매이거나, 어느 하나를 끝맺지 못하고, 中途(중도)에 계획을 변경하게 된다거나 포기抛棄하는 현상이 드러나게 되며 자신의 능력보다 더 큰 욕망을 希求(희구)하다 보니, 실생활에서도 실속이 적다.

※天機星은 정도보다는 邪道(사도)를 취할 수 있는데, 특히 살성을 만나게 되면 약삭빠르고 奸邪(간사)하며 邪惡(사악)함으로 변질되기 쉽다.

따라서 天機星은 자신의 敏捷(민첩)함과 재능을 과시하기보다, 근신자중하는 생활자세가 요구된다.

※坤 命※

※先天的으로 **근심/ 시름이 많고 정서적이요, 幻想(환상)**이 많다.
※선량하고 동정심이 많으며 나약하지만, 자기 실속적이다.

☆相互 作用☆

☆天機가 이름을 얻기 위해서는 묘왕지에 좌해야 한다.
※天機가 총명하려면 곡/ 창을 만나야 하며 발탁拔擢의 기회가 증폭되려면 괴/ 월을 만나야한다.
☆天機星은 살성에 대한 저항력이 매우 약해, 살들을 만나게 되면 천기의 단점들만 드러나게 되는데, 그 중에서도 화기는 더욱 그러하다. 그러나 **거문성**에 대해서는 그렇지 않다.
☆**天機가 刑/ 뤂星을 만나면 易/ 哲學을 研究하거나 空門에 들기도**한다.
※천기는 살에 약하지만 태음과 동궁하면 흉이 해소되며 천량과 동궁하거나 命宮이 天府면 무탈한데 이 모든 境遇는, 煞이 없어야 한다는 것이다.

※命/ 遷에 天機가 좌하면 집안에서는 시비가 따르고, 밖에서 즐거운 조합으로 집안에 있지 않으려는 현상이 드러난다.

☆子-午/ 卯-酉의 기/ 거 조합으로 경양이 동회하면 육친 간에 형극이 심하며 화기가 가해지면 시비/ 관재구설에 휘말린다.
☆辰/ 戌宮의 기/ 량 조합이 경양을 만나면 육친관계가 박하며 辰.戌.丑.未의 日/ 月이 경양과 동회하는 경우에도 그러하다.
※子女宮이 **천기+ 록존+ 겁/공이면, 육친으로부터 그 자식이 외면**을 當하는 현상이 드러난다.
※命宮이 천기+ 경양이면 다리에 통증이 있게 된다.
※천기가 형제궁에 좌하면 사람이 선량하고 우애가 있으나, 살을 만나면 상호 반목하며 姓이 다르거나 배다른 형제가 있다.
※천기가 **자녀궁에 좌하면 外房子息**을 의미한다.
※천기가 부모궁에 좌하는데, 함지이면서 **양.타/화.령/겁.공** 등을 만나면 양자로 키워질 수 있다.
☆**機. 月. 同. 梁** 조합은 **살.파.랑** 운에 깨지기 쉽고, 겁/공을 만나면 **大敗**한다.

□*天機, 록/권/과/기*□

·화록·

※**지혜/총명함**을 뜻하며 **天機 화록 자는 4/5月의 혼인이 吉**하다
※천기가 화록이면 적법하지않은 이익을 의미하기도 한다.
※천기는 **지혜/종교/철학/음양학** 등을 의미하며 천기 化祿이면 事業을 이뤄 利益을 얻을 수 있겠으나, 創業力이 不足하고 投機로 흐를 수 있어 사업보다는 기업경영이나 **기획/설계 등의 관리직**에 適合하다.

·화권·

※열심히 노력하나 辛苦가 따르며 **계획/ 실행**을 意味한다.

※**浮動 星**인 天機가 化權이 되면 비교적 안정을 이루며 천기의 **效率性**이 增幅〈每事에 그런 것은 아니다〉되므로 천기는 화권을 喜한다.

·화과〈丁年 生이면 天機 化科가 된다〉· ;

※두뇌회전이 민첩하고 학력이 우수하며 **학술연구/시험**에 유리한데, 천기 화과가 **곡.창/ 괴.월** 등을 만나면 학술연구에 유리하며 재능 표현이나, **사회적으로 지명도가 있는 사람과의 交流를 통해 이름이 알려지게 된다**.

※천기 化科는 실천력이 떨어진다.

※천기 화과가 **겁.공/ 화.령**과 동궁하면 **이공계나 컴퓨터/기계수리** 등에, 문성과 공성이 동궁하면 **종교/철학/술수** 등에 적합해 진다.

※天機 化忌※

※天機 化忌는 대체적으로 婚前 도화가 따를 수 있고, 혼인 이후에도 결혼 생활에 불리함이 따르며 陰謀/ 挫折을 의미한다.

▷천기는 종교성이요, **機械星/ 車輛星**이기도 하여 天機 化忌가 되면 교통사고를 의미하게 되는데 **天機 化忌 의 사고는 금속/기계/ 차량〈자동차/ 전철/ 기차 등〉**에 의한 사고요, **坤命이라면 生理不順**을 뜻하기도 한다.

□天機는 動星이요 역마성으로, 바퀴와 관련되는 일 등이다.

즉, 自動車/汽車나 자동차, 기차의 부품상/ 선반旋盤〈각종 金屬素材를 회전 운동을 시켜서 갈거나 파내거나 도려내는 데 쓰는 공작 기계.〉업 등과 더불어 자금회전이 빠른 업종에 적합〈商業/ 수산물 시장/ 야채시장/ 도매상 等〉하며 직업변화가 심하다.

·자동차. 기차/ 자동차. 기차 등의 부품업/ 운수업.

※適性※ †학문/ 문학,문예/ 교육/ 종교/ 예술/ 기예 분야.

※專攻學科※

※文科※ †비서학/ 철학,미학과/ 종교,신학/ 신문방송학/ 역사학/ 국문학.

※理科※ †컴퓨터/ 건축,설계/ 齒大/ 자동차학/ 가정학/ 요리,조리학.

※藝/ 體能※ †디자인관련 모든 학과/ 이벤트학과.

※職業※

※企劃/ 分析/ 臨機應變 等이 活用되는 직종이거나, 일이 持續的(지속적)이지 않고 변화가 따르는 분야에 적합하다.

※기획,연구원,비평가/ 기자,작가/ 전문 강사/ 디자인

이벤트업체/ 광고기획,카피라이터/ 프로그래머/ 메니져/ 요리사.

※事業※

※기획/분석/창의력이 뛰어나며 색다른 아이디어/품종 등으로 승부하는 것이 유리하다.

영적인 측면이나, 종교와 관련되는 직종/ 분야에도 적합하다.

※카운슬러/ 작가/ 심리,운명상담/ 예술/ 광고,이벤트기획

전문학원/ 교육기관/ 전문직 프리렌서/ 치〈齒〉과

컴퓨터 게임/ 대여점/ 기원棋院.

▷天機의 疾患은 主로, 手足/ 筋骨/ 內分泌系/ 神經系統이다.

□天機는 自殺 星이기도 하다.

⊡子/ 午 坐 天機□

※嬰/ 幼兒期에 잔질殘疾이 많을 수 있다.

巨門과 火星이 會合되면 **위염.장염**이 많고, 化祿이면 약하다.

↳子/ 午의 天機+ 六殺이면 위 現狀과 더불어, 四肢에 힘이 없거나 **안질**이다.

※六殺이 없고, 曲.昌/ 補.弼/ 魁.鉞/ 祿存 等이 同會(동회)한다면 위 症狀(증상)은 輕微(경미)하거나 없다.

⊡卯/ 酉 坐 天機□

※卯/酉宮에서는 機-巨門이 同宮하며, **胃腸〈장염. 위염〉/心臟/혈압질환** 이요, 化忌를 만나면 甚해진다.

↳卯/酉의 機/巨+ 六殺이면 위의 現狀들과 더불어 **신경계질환**.

※六殺이 없고, 曲.昌/ 補.弼/ 魁.鉞/ 祿存 等이 동회한다면 위 증상은 경미하거나 없다.

⊡辰/ 戌 坐 天機□

※辰/戌宮에서는 機-梁이 同宮하며 **심장/신장〈콩팥〉**疾患이요, **생식기 계통**의 疾患이다.

↳辰/戌의 機/梁+ 六殺이면, 위의 現狀들과 더불어 **빈혈**이다.

※六殺이 없고, 曲.昌/ 補.弼/ 魁.鉞/ 祿存 等이 동회한다면 위 증상은 경미하거나 없다.

⊡丑/ 未 坐 天機□

※**두부나 안면**에 傷處를 남기거나 **허약체질**일 수 있으며 **醉中 事故**가 따르기도 한다.

↳丑-未의 天機+六殺이면 위 現狀과 더불어 四肢에 힘이 없거나 **안질** 이요, **위장병**이다.

※六殺이 없고, 曲.昌/ 補.弼/ 魁.鉞/ 祿存 等이 同會한다면 虛弱體質 이요, **혈기부족/ 마르는 현상**이 있을 수 있다.

·寅／申 坐 天機□

※寅/申宮에서는 機-月이 同宮하며, **피부병/ 성 질환**이다.

↘寅/申의 機-月+ 六殺이면 위의 現狀들과 더불어, **심장/간장질환/ 婦人病** 等이 있을 수 있다.

※六殺이 없고, 曲.昌/ 補.弼/ 魁.鉞/ 祿存 等이 同會한다면 위 症狀은 輕微하거나 없다.

·巳／亥 坐 天機□

※巳/亥宮에서의 天機는 **두부/안면**을 다쳐 傷處를 남길 수 있고 **허약체질**일 수가 있다.

↘巳/亥의 機+ 六殺이면 위의 現狀들과 더불어 **위장** 혹은 **안질**이다.

※六殺이 없고, 曲.昌/ 補.弼/ 魁.鉞/ 祿存 等이 동회한다면 虛弱^{허약} 體質^{체질}이거나 元氣不足^{원기부족}이다.

☆太陽星 特徵☆

☆太陽星은 귀를 대표하며 **사회적 지위/관록/적극적/솔직담백/군중/ 관재구설, 소송/역마의 별**이다.

※公明正大하고 博愛主義的^{박애주의적}이요, 文武^{문무}를 갖춘다.

※리더쉽이 강하고 관록/사업 운이 좋으며 **화려하고 誇張的^{과장적}인 면**이 있다.

☆太陽은 염정/천형과 함께 정치성이요, 함지의 거문과 化忌와의 만남은 剋忌하지만, **日/月인 경우, 천라지망/순공.절공 등 공성과의 만남은 반긴다.**

특히 공성과 만나면서 용지. 봉각이 가해지면 더욱 귀해진다.

▷太陽은 남성〈父/夫/아들〉의 상징이요, 외모의 표상이며 관록의 별이자 **머리/심장/눈**에 해당된다.

※日/月은 좌 궁위보다 출생 시가 더 중요하여 그 태어난 시간이 각각 日/月의 묘왕한 時刻^{시각}여야 힘이 있으며 하절 기 출생인가? 동절 기 출생인가도 고려되어야 한다.

⊡一般的 性向⊡ ;

※太陽星은 남자다운 기개가 있고, 호탕/솔직담백하며 결단력을 갖는다.

※낙천적이요 진취적, 적극적이며 활동력을 갖는다.

※독립심이 강하고 열정을 갖으며 남에게 신세를 지거나 타인으로부터 干涉^{간섭}/ 指示^{지시}받는 것을 忌한다.

더불어 太陽은 동업에 불리하다.

※太陽은 체면과 명분을 重視^{중시}하며 성격이 급하고, 속전속결하기를 좋아한다.➔ **太陽은 동성이요, 역마성**이다.

※신념이 강하여 어려운 일이 닥치더라도 쉽게 포기抛棄하지 않으며 주동적으로 처리한다.

또한, 太陽은 설사 어떤 일에 실패했다 하더라도 後悔^{후회}하지 않는 스타일이다.

※역사나 전통〈옛것〉에 관련되는 일이나, 독서/문예/학문연구/고시 등에 興趣와 才能을 갖으며 天分으로 表出되기도 한다.

※부정,부패/불의 등에 강개慷慨하며 **언어에 직선적인 면이 있어 상대방에게는 비수匕首가 되기도** 한다.

※太陽星은 남보다 우위에 있기를 좋아하며, 독단적인 경향이 있어 시비구설가 따르기 쉬운데, 만약 태양이 명궁이나 복덕궁에 坐하여 경양/천형/백호 등을 만나게 되면 實際的으로 시비구설/ 소송 등이 따르게 되는데, 太陽이 化忌면서 이러하다면 더욱 그러하다.

※太陽은 현금이나 동산에 해당되지만 金錢運用能力이 부족하며 虛榮/사치奢侈하는 경향이 있다.

※太陽星이 명궁에 坐하면 남녀를 불문하고 어린 시절 부친과의 因緣이 薄하여 한 집에 살면서도 父를 자주 볼 수 없다거나, 어린 시절 父가 가출 또는 사업에 실패하였거나 사망했다거나, 母가 재가再嫁하는 등으로 나타난다.

⊡短點⊡;

※자신을 제대로 파악하지 못하거나, 자신에게도 결點/부족한 면이 있다는 것을 간과하기 쉽다.

※용두사미 즉, 처음에는 기세 등등하며 부지런히 行하지만, 뒤에 가면 게을러지고 일을 제대로 끝맺지 못한다는 것이다.

※人生의 어느 시점이 되면, 고독함을 느끼며 이러한 자신을 이해해주거나, 위로慰勞해 줄 사람이 없다는 것이다.

※가족 간에 애정이 돈독敦篤하지 못하며, 타인들도 그런 느낌을 받을 수 있다는 것이다.

※坤命※

※坤命으로 太陽이면 주관이 뚜렷하고 성격이 강한, 丈夫의 기개를 갖는다.

※사교에 능하며 이성과의 교류는 빈번頻繁해 지지만, 이성과의 애정/혼인문제에는 破節이 따른다.

▷太陽이 함지陷地에 坐하면서 타 살이 가해진다면, 異性交際에 장애障碍가 따르며 탈奪 부권夫權의 현상이 있게 되므로, 만혼이거나 혼인으로부터 자유로운 생을 살아감이 가하다.

⊡女命으로 太陽이 묘왕하면서 장생지에 좌하면 용모가 단정하며 타 길성이 들어오면 그 남편의 地位가 높다.

☆相互 作用☆

※太陽은 거문의 영향력을 받게 되므로, 거문의 묘/함에 의하여 太陽 의 길/ 흉이 결정된다.

☆太陽星이 제 역량을 발휘하기 위해서는 무엇보다 卯/辰/巳/午/未 時 에 태어나, 卯/辰/巳/午/未 宮에 坐하면서 寅/卯/辰/巳/午/未 運으로 진행되어야 한다.

☆太陽 또한 中天의 主星이므로, 보좌성인 육길성을 만나야 하는데 그 중 보/필이 우선이요, 곡,창/화과는 명성을 얻게 하고 천량/ 魁,월은 顯貴함이 증폭되며 태음과 록성〈祿存/ 化祿〉을 만나면 재부를 의미한 다.

☆太陽의 별은 中和의 道를 이뤄야 하는데, **太陽의 중화를 이루는 별은 거문성**이다.

즉 태양이 묘왕지에 坐하는 경우에는 거문을 만나야 태양 성의 發散性 이 조절되지만, 함지에 좌하면서 거문을 만난다면 거문의 暗性이 太陽 의 光輝를 가리는 현상과 같아 收斂性이 증폭되기 때문이다.

⊡**男命**으로 太陽이 함지에 좌하면, 눈/가슴이 큰 女子를 만나며 **女命** 으로 太陽이 陷地에 坐하면, 건장한 남자를 만나지만 陽氣가 不足할 수 있다.

□太陽, 록/권/과/기□

⊡화록⊡

※태양은 貴/ 官의 貴顯을 의미함이지, 財를 뜻하지는 않는다.

※태양은 富가 아닌 貴星으로 태양이 화록이면, 금전적인 수익보다는 이름을 얻게 되며 그 지위가 오른다는 의미다.

그러나 태양이 왕지에 좌하는 경우에 그러한 것이며 함지라면 虛名/ 虛實의 象이다.

※太陽 化祿이 命/財/官 宮에 坐하면, 四化와는 관계없이 太陽이 실권을 갖는다는 의미며 사업 명으로 본다.

※직장 인으로 太陽 化祿이 <u>命/遷/財/官에 坐하면</u> 회사의 실권을 갖는 경영 주가 될 수 있으며 타 궁에서도 경영 주는 될 수 있으나 實權(실권)은 갖지는 못한다. 그러나 질액 궁에 좌하는 경우라면 경영주가 될 수 없다.

·화권·

※太陽은 동성으로 역마를 의미하는데 역마위인 寅/申/巳/亥 支에서 天馬와 동궁하면 출국을 의미한다.

※太陽 化權은 奔波勞碌(분파 노록)을 의미한다.

그런가하면 개창력과 영도력이 增幅(증폭)되는데 비록 태양이 묘지라 해도 지나친 자신감으로 인한 損失(손실)이 초래되며, 여기에 문창 화기가 동궁하면 더욱 그렇다.

※태양이 화권이면 단체나 조직생활에 적합하며 **행정/내무/금융직 공무원/교직/변호사/소방원** 등이 가하나, 길성의 부조가 없다면 일생 생활의 안정에 어려움이 따른다.

·화과·

※태양은 貴를 主하는 星이어서 化科를 좋아하지만, 太陽이 廟旺해야 하며 陷地면 虛名(허명)일 뿐이다.

※命宮이 太陽 化科면 복덕궁은 天機 化忌가 되므로, 구설시비로 인한 煩悶(번민)이 따르게 된다.

또한 太陽이 化科면서 天梁이 살/기/형성 등과 동회하면 醫療事故(의료 사고)가 따르거나 또는 **아편/마약** 등 약물에 의한 문제가 발생되기도...

※太陽 化忌※

▷太陽이 化忌면 구설시비/분파노록을 의미하며 특히 대인관계가 불미해 진다.

그런가하면 **남자 육친/맏아들/맏형에 불리함이 따르며 눈이 손상될 수 있다.**

※太陽은 夫(부)/ 男(남) 星이요 子女〈아들〉星으로 太陽 化忌가 명궁에 좌하면 육친과 反目(반목)하며 特히 坤命이면 더욱 그렇다.

※太陽은 관록/ 사업의 별이므로 태양이 화기가 되면 1,2대한의 학업 운에서는 학업에, 그 이후는 사업에 支障이 초래된다.

☆太陽(丙.火)星의 適性과 職業/ 事業☆

※太陽은 광명을 상징하고 박애를 의미하는 별로써, 언어 행위로 자신을 드러내거나 나서는 것을 좋아하는가하면, **名 또한 重視하므로 타인을 대신하여 행하는 변호사/ 외교관 등에 적합하며 전기 등 에너지와 관련되는 일/ 사업 등에도 有利**하다.

▫전기/ 에너지 等과 관련되는 일/사업으로, 발전기/ 엔진/모터/ 또는 법률가/ 교사 等.

※太陽과 태음이 동궁하거나 대궁으로 만나면 심신이 불안해지는 현상이 드러난다. 따라서 이러한 경우라면, 기한이 짧고 회전이 빠른 일, 업종⟨좋을 때 치고 들어갔다가 바로 빠져 나오는⟩에 적합하다.

※適性※

▫主로 밖으로 表出되는 직종에 적합하다.
　事業/ 政治/ 學問 等의 分野.

※專攻學科※

※文科※　† 법,정치외교/ 무역/ 신문방송학과/ 문학/ 사회복지학/ 광고.
　　　　　외국어학과/ 사관학교.
※理科※　† 환경관련학/ 의대,수의대/ 방사선과/ 전기,전자학/ 안경학과.
※藝/ 體能※　† 연극영화학.

※職業※

※무엇보다 공익이 우선되어야하는 직종/ 분야에 적합하다.
▷ 방송,언론/ 공무원/ 외교,변호/ 의사/ 환경단체.
　유통,운수,무역,보험사/ 택배업.

※事業※

※活動的이요, 타인들과의 交際를 좋아하며 역마성을 갖는다.
▷ 무역,유통업/ 여행,운수업/ 인력관리업/ 조명/ 안경업.
　영화/ 간판업/ 생선, 야채,과일의 도,소매업.

※太陽의 身體는 **大腸/ 血/ 눈目/ 循環器, 神經系通** 이다.

⊡子/ 戌/ 亥 坐 太陽⊡;

※**두통/혈변/또는** 시력/대장**大腸**이 좋지 않을 수 있다.

↳子/戌/亥의 太陽+ 六殺이면 위 現狀과 더불어, **안질**이다.

※六殺이 없고, 曲.昌/ 補.弼/ 魁.鉞/ 祿存 등이 동회한다면 위 증상은
경미하거나 없다.

⊡辰/ 巳/ 午 坐 太陽⊡;

※**고혈압/대장질환/사시斜視/백내장** 等이요, 視力이 좋지 않다.

↳辰/巳/午의 天機+ 六殺이면 위 現狀과 더불어 **안질**이다.

⊡丑/ 未 坐 太陽⊡;

※丑/未宮에서는 日-月이 同宮하며 **간장기능**이 弱하다.

↳丑/未의 日/月+ 六殺이면 위 現狀과 더불어, **안질환**이다.

※特히 劫/空을 만나면 **곱추/맹인盲人**일 수 있다.

※六殺이 없고, 曲.昌/ 補.弼/ 魁.鉞/ 祿存 등이 동회한다면 위 증상은
경미하거나 없다.

⊡寅/ 申宮의 太陽⊡;

※寅/申宮의 巨/日이면 시력이 좋지 않거나 위장질환이요, 신경질환/ 알콜중독일
수 있다.

↳寅/申의 巨/日+ 六殺이면 위 現狀과 더불어 **안질환**이다.

※特히 申宮에서는 **두통**이 따를 수 있다.

※六殺이 없고, 曲.昌/ 補.弼/ 魁.鉞/ 祿存 등이 동회한다면 위 증상은
경미하거나 없다.

⊡卯/ 酉宮의 太陽⊡;

※卯/酉宮의 日/梁이면 시력이 좋지 않거나, 심장이 弱하다.

↳卯/酉의 日/梁+ 六殺이면 위 現狀과 더불어 **심장질환**이다.

※特히 酉宮에서는 **안질**이 따를 수 있다.

※六殺이 없고, 曲.昌/ 補.弼/ 魁.鉞/ 祿存 등이 동회한다면 위 증상은
경미하거나 없다.

☆武曲星 特徵☆

☆武曲은 **주관적.결단력.財富.고독의 별이요, 실행/집행星**이다.

※결단/행동력이 과감하고, 물질/금전 운에 매우 吉利하다.

※武曲은 현금/금속의 상의를 갖기도 하며 **물질/금전 운은 좋으나, 사람이 인색吝嗇하고 가족과의 연이 박薄**하다.

※喜怒哀樂의 감정이 밖으로 드러나지 않으며 무곡의 과격함은 재난을 초래하기도 한다.

※武曲은 **정재성이며 修道星이요, 寡宿/고독.형극성이어서 무곡 좌명 인은 혼인생활에 어려움이 따르며 무곡은 불현듯 이별/사별이 찾아오기도** 한다.

⊡一般的 性向⊡

※개성이 강하고 솔직하며 도량이 넓다.

※자신감/ 과단성이 있으며 大凡하다.

※인생은 성실/ 근면/ 노력하며 살아가야 한다는 것을 알며 또한 그렇지 않다면 아무런 쓸모가 없다고 여긴다.

※진취적이고 적극적이요 의지력이 있어, 한번 마음을 먹은 것에 대해서는 끝까지 해내며 어떤 난관에 부딪친다 해도 결코 포기抛棄하지 않는다.

※武曲은 일에 대한 對處反應이 빠르게 나타난다.

※武曲星은 돈 계산이 정확해 줄 것은 주고, 받을 것은 받으며 쓸모 없이 낭비하지 않는다. 따라서 **武曲은 절대 가난하지 않으며 자신은 물론 타인에 대해서도 嚴格함을 요구하는 스타일**이다.

※돈을 목숨처럼 여기며, 돈 버는 方法을 안다.

※武曲은 **기회포착에 능하고 돈으로 돈을 벌어들이는데, 특히 한번에 큰돈을 벌거나, 투기投機로 재물을 모은다.**

※武曲은 동성이어서 집안에만 머물러 있지 않는다.

※성격/언어가 거칠며 투쟁적인 면도 있게 된다.

※武曲星은 오행 상 陰金이어서, 고독/ 적막/ 과숙의 상을 의미한다. 따라서 건명이면 무난하나, 곤명인 경우라면 불리해 진다.

·□短點□:

※결단력은 있으나 사려가 깊지 못하고, 융통성이 부족하며 매우 주관적
이요, 독단적으로 행할 수 있다. 또한 온유함이 부족하여, 생활에 情趣^{정취}
를 느끼지 못하는 등 삶이 단조로 울 수 있는데, 특히 **혼인생활에서
그러하다**.

※일을 行함에 있어서 속전속결 형이다 보니, 愼重^{신중}한 사람과는 동업이
어려우며 고집이 세다거나 衝動的^{충동적}이라는 이미지를 줄 수 있다.

※**휴식을 휴식으로 받아들이지 못하며 일이 중단되는 것으로** 여기기
쉽다.

※마음에 미움/원한이 쌓이게 되면 응어리로 남는 등, 풀기 어려운 상황
이 초래하기도 한다.

※**坤命**※

※坤命으로 武曲이면 家權^{가권}을 掌握^{장악}〈男便과 집안을 휘어잡으려는 傾向이 많다〉하
므로 **혼인생활이 순탄順坦하지 못하고, 홀로 될 수 있어 武曲을
寡宿星^{과숙성}이라** 표현하기도 한다.

□武曲은 남편과 가권을 다투나 도화적인 기질은 없다.

※자신에 대한 관리가 엄격하며 일처리가 시원스럽다.

※다소 내성적이요, 보수적인 기질이 있어 지어미로서의 도리를 중시하
는 면이 있다.

※무곡 좌 女命 이면서, 身宮으로 **염정/천요/함지** 等이 들어오면 사람이
천박淺薄하고, 방탕放蕩해 진다.

·**女命**으로 武曲은 모두가 고독하고 흉한 것만은 아니다.
보.필/ 곡.창 등 보좌성이 들어와야 이별/중혼重婚 등 흉으로 논한다.

☆相互 作用☆

☆武曲은 **천부/태음/천량/화록/화권** 등과의 만남을 기뻐하며 재백이
나 전택궁에서 일.월/천부와 동궁하면 大富^{대부}요, 천동이면 長壽^{장수}를
의미한다.
化祿을 만나면 재원이 끊이지 않아 금전/재물이 축적되기 때문인데,
녹존과 천마가 가해지면 외지外地에서 그러하다.

☆武曲이 **곡.창/화과** 등을 만나게 되면, **주관/분별, 판단력** 등이 소멸
되고 우유부단해지므로, **문성과의 회조會照를 꺼린다**.

☆武曲이 **화.령성과 동조하면 흉이 중해져 재앙이 초래**되며 武曲은 고독성이어서 화기/화성/고진, 과숙성을 만나면서 타 살성이 가해진다면 혼인에 불리함이 따른다.

☆武曲이 **문곡과 보/필을 만난다면, 실권을 장악을 하며 문예才藝로도 성취成就**한다.

※武曲은 주로 재백궁에 좌할 때 이로우며 무곡이 좌 명하는 甲/己年生 또한 吉하다.

※武曲은 중년 이후에 발전하며 과숙성이다보니 女命에는 불리하고, 무/살 조합이면 **피부질환**으로 고생할 수 있다.

□武曲 組合으로 **丑-未의 무/탐. 卯-酉의 무/살. 巳-亥의 무/파**는 그 흉兆이 무겁다.

□무곡, 록/ 권/ 과/ 기□

.화록.

※武曲은 **재성으로 재/복/수의 왕旺함을 의미**한다.

※무곡 화록이 탐랑 화권을 만나면 상업성이 증폭된다.

※무곡은 재성財星이요 행동을 주하는 별로 화록을 반기고 **재록이 旺하며 창업욕創業欲이 강強**하다.

※무곡은 재원財源이 족하며 이재의 능력이 있어 재백궁이 다소 흉하다해도 불리하지 않다.

※무곡 화록이 사살四殺과 동궁하면 기예技藝〈**수예/공예**〉으로 살아가나, 문곡 化忌와 동회하면 손실損失이 수반隨伴된다.

.화권.

※무곡은 재/ 위권/ 명망을 뜻하며, 무곡 화권이 명궁에 좌하면 개성이 강한데 **무곡 화권이면 과감해지며 구재求財함에 있어 수단~방법을 가리지 않는 경향**이 있다.

※무곡은 변동/승진/창업을 뜻하기도 하는데 화권이 되면 刑傷星^{형상성}으로 化하므로, **무곡 화권이 질액궁에 좌하면 질액이 많아지며 여명이라면 유산流産을 의미**하기도 한다.

※무곡 화권이 여명으로 명궁에 좌하거나, 남명으로 부처궁에 좌하거나 또는 타 육친궁으로 들어가면 **해당 육친이 권세를 장악한다는 뜻**이다.

▣**女命으로 무곡 화권이면 주로 사업을 하는 것**으로 나타나며 혼인에는 어려움이 따르게 되고 자녀와의 연 또한 박薄하다.

·화과·

※ 武曲이 화과면 드러나지 않는 명성/명예를 의미하며 학습/탐구/ 연구심이 강하고, 낯선 것에 대한 흥미가 높다.

▷무곡 化科인 命은 대인관계에서 猜忌嫉妬(시기질투)를 받기 쉬우므로 過慾(과욕)을 삼가고 自重(자중)할 줄 알아야 한다.

※무곡 화기※

※ 武曲 化忌는 고극,과숙/ 손재,파재/ 관비/ 형상을 뜻하며 木器(목기)나 금속기구 등에 의한 傷害(상해)를 의미한다.

※ 武曲은 재성이지만 化忌가 되면 자금회전이 어려워지는 등, 財帛(재백)의 손실이 초래되며 收入(수입)이 중단됨을 뜻하는데, 만약 무곡 화기가 명. 재.관.전으로 들어간다면, 배우자에게 財産權(재산권)을 넘기는 것이 賢明(현명)한 處事(처사)다.

※ 武曲 坐 位의 궁간 화기가 전택궁으로 飛入(비입)되면, 이성친구나 혼인에 어려움이 따르게 되는데, 도화로 흐르기 때문이다.

※ 武曲 化忌가 천이궁에 좌하면 庶出(서출)이거나, 양자養子로 가게 된다.

※ 武曲 化忌는 수술을 하게 된다거나 불안/초조/기관지/위장/폐경 등과 관련된 질환이 수반되며 刑殺(형살)이 가해진다면 암일 수도 있는가 하면, 이가 빠지거나 치통齒痛을 의미하기도 한다.

☆ 武曲이 化忌면서 羊.陀(양타)를 만나면 현공/ 신선술로 解消(해소)할 수 있으나 四殺(사살)이 가해지면 夭折(요절)할 수도 있다.

- 238 -

☆武曲(申.金)星의 適性과 職業/事業☆

□武曲은 **財星으로 금융업/재무/회계분야/사업/상업〈장사〉등에 유리**
하지만, 武曲 化忌가 된다면 그렇지 않으며 만약 **생년 천간이 壬(임)이
면 금전〈돈〉과는 인연이 적고 장기적인 계획이나 투자에서는 바
라는 것을 이루기가 어렵다**.

※適性※
·기술/ 제조/ 금전,금융/ 사업 등의 분야에 적합하다.

※專攻學科※
※文科※ †금융, 경제, 무역/ 사관학교, 경찰대.
※理科※ †세무대/ 기계,금속/ 치齒,의대/ 수의학,간호학/ 철도대.
※藝/ 體能※ †성악,기악과/ 무용/ 체육.

※職業※
>금전관리업무, 자금, 경리담당/ 증권, 보험, 무역, 외화관리.
　기계,금속/ 군,경/ 경호,경비업체.

※事業※
>금융, 사체/ 기계,금속/ 스포츠, 레저/ 외과의
　경호,경비업/ 스포츠관련업, 프로스초츠선수/ 정육점.

☆武曲의 疾病☆
▷武曲의 身體는 **코鼻/ 폐肺/ 氣管支, 呼吸器系**다.
※武曲은 작은 手術 星이기도 하다.

·子/ 午 坐 武曲·
※子/午宮에서는 武-府가 同宮하며 **코/기관지=呼吸器系/담膽 쓸개질환**.
↳子/午의 武-府 + 六殺이면 위 現狀과 더불어, **위장질환**이다.
※六殺이 없고, 曲.昌/ 補.弼/ 魁.鉞/ 祿存 등이 同會(동회)한다면 위 症狀(증상)은
　輕微(경미)하거나 없다.

·卯/酉 坐 武曲·

※卯/酉宮에서는 武-殺이 同宮하며 코=鼻 또는 장 출혈이 있다.

↳卯/酉의 武-殺+六殺이면 위 現狀과 더불어, 코/장 질환 또는 치질痔疾
이 있다.

※六殺이 없고, 曲.昌/ 補.弼/ 魁.鉞/ 祿存 등이 동회한다면 위 증상은
경미하거나 없다.

·寅/申 坐 武曲·

※寅/申宮에서는 武/相이 同宮하며 코/장 기능이 좋지 않고 피부질환.

↳寅/申의 武/相+ 六殺이면 위 現狀과 더불어 장 질환이요, 特히
擎羊을 만나면 도상刀傷이 따른다.

※六殺이 없고, 曲.昌/ 補.弼/ 魁.鉞/ 祿存 등이 동회한다면 위 증상은
경미하거나 없다.

·巳/亥 坐 武曲·

※巳- 亥宮에서는 武/破가 同宮하며 코/폐 기능이 좋지 않고 유아시절 잔질
이 많다.

↳巳/亥의 武/破+ 六殺이면 위 現狀과 더불어 눈의 어지럼증/폐질환/숨차
헐떡임 또는 外傷이 따른다.

※六殺이 없고, 曲.昌/ 補.弼/ 魁.鉞/ 祿存 등이 동회한다면 위 증상은
경미하거나 없다.

·辰/戌 坐 武曲·

※辰/戌宮의 武曲은, 폐질환/각혈咯血이다.

↳辰/戌의 武曲+ 六殺이면 위 現狀과 더불어, 外傷이 있다.

※六殺이 없고, 曲.昌/ 補.弼/ 魁.鉞/ 祿存 등이 동회한다면 위 증상은
경미하거나 없다.

·丑/未 坐 武曲·

※丑/未宮에서는 武-貪이 同宮하며 코/기관지= 呼吸器系統/신장기능
이 弱할수 있다.

↳丑/未의 武-貪+ 六殺이면 위 現狀과 더불어 胃疾患/神經衰弱.

※六殺이 없고, 曲.昌/ 補.弼/ 魁.鉞/ 祿存 등이 동회한다면 위 증상은
경미하거나 없다.

☆천동天同星☆

☆天同星 特徵☆

☆天同星은 **수복/ 아동/ 유약/ 오술의 별**이다.

※福德의 별이요 전화위복의 별이며 매우 온화하고 침착하다.

※頭腦가 총명하고 기예의 재능이 있으며 사교 운이 좋다.

※天同이 묘왕하면 겸손할 줄 알고 용모가 미려하며 부처궁에서 이러하면 현모양처의 상이나 함지의 천동이면 겸손하지 못하고 눈앞의 일만을 생각하며 언행이 서로 다르게 나타난다.

※天同에 **우필이 加해지면 名筆**이라 할 만하다.
_{명필}

※天同은 복덕궁에 좌함이 최상이요, 관록궁에 좌함을 極忌한다.
_{극기}

※天同은 겸손하고 예의바르며 글⟨쓰거나, 읽는⟩을 좋아하지만, 탐랑과의 암합으로 이성문제가 따르게 된다.

·一般的 性向·

※天同은 개성이 온화하고 감성이 풍부하며 생활의 정취와 향수를 중시하나, **매우 유약하고 게으른 면**이 있다.

또한 예술적 기질을 갖으며 **문예/ 예술. 骨董品 등에 흥취를 느끼거나 收集하는 것도 좋아한다**.
_{골동품} _{수집}

※天同이 명궁에 좌하면 총명/겸손하며 우아한 격조를 갖는다.

※福星인 천동성은 박학하나, 어느 한 가지에 정통하지 못하며 다재다능하지만 창업력이 缺如되고, 계획은 잘 세우지만 실천력이 떨어지며 움직이길 좋아하나 모험은 좋아하지 않는 특징을 보이게 되는데, 이는 복성이 갖는 나태懶怠함 때문이다.
_{결여}

※**금전 운이 크게 發하지는 않으나 일생 의식이 풍족하며 큰 고생없이 생활에 만족해하며 즐겁게 살아간다**.
_발

그런가 하면, 천동성은 타인의 간섭을 싫어한다.

※天同星을 **오술성이라고도 하여, 占卜/易經/醫學 等을 배우기 좋아한다**.

※호기심이 많고 어린아이와 같은 면이 있다.

먹고 노는 것을 좋아하며 타인들과의 마찰摩擦/ 兢爭을 꺼린한다.
_{분쟁}

그런가하면 동정심도 많으며 자선적인 일을 즐기기도 한다.

※사람사귀는 것을 좋아하는데, 이러한 측면은 사기꾼들의 대상이 될 수 있어 손해가 따르는 요인이 되기도 한다.

※수복성인 천동은 낙천적이요, 形而上學的〈無形的인 것으로, 玄空/哲學/仙道/宗教 等〉인 것을 추구하며 **정신생활을 중시**한다.
　또한 천동은 속세를 떠나 출가를 하기도 하는데, 승려가 되더라도 높은 급에 속하게 된다.

※天同星이 갖는 유약하고 게으른 단점들은 살성을 만나야 비로소 해소되며 擊發力이 생기고 奮發하게 된다.

⊡短點⊡ ;

※生活에서 여유를 느끼지 못하면, 심리적으로 불안해지며 타인들로부터 이기적이라는 評을 받기도 한다.

※현실적이지 못하고 우유부단하며, 계획만 있을 뿐 실천력이 떨어진다.

※머리를 많이 써야한다거나, 복잡하고 고생스러운 것을 싫어하며 의뢰심依賴心이 많고, 경쟁심이 없어 발전이 더디다.

☆**천동과 거문은 자신의 安慰/便益을 위해 편법을 쓰거나, 머리를 악용할 수 있는데, 특히 천동은 노력/고생/공부하기를 싫어하며 不勞所得을 추구하려는 경향이 강하다.**

※坤命※

⊡女命으로 天同이면 **눈이 촉촉하며 魅惑的**인데가 있다.

※天同星이 곤명이면 온화, 친화하며 미모를 갖는다.

※**집안을 정리정돈하는 일에는 미숙하지만 배우자에게 순종적이요, 애교愛嬌가 있으며 요리를 잘한다.**
　그러나 군것질/먹고 노는 것을 좋아하여 살이 잘 찔 수 있다.

※천동이 명궁에 坐하면, 남편이 있어도 독수공방일 수 있다.

□昌. 曲이 동궁하면 문학적 재질이 뛰어나지만, 혼인 생활에는 파절이 따르게 된다.

☆相互 作用☆

☆天同이 명궁에서 문곡과 동궁하면 일에 대한 의욕이 없고, 恒常性이 缺如되며 제대로 끝맺지 못한다.

☆天同은 천기/거문과의 만남을 희하고, 타라/화성을 극기하나 칠살/
양.타/화.령/겁.공/화기 등 악성이 충파되도 흉하지 않다.

☆天同이 녹존/ 화록을 만나면 재복이 旺(왕)하지만, 양.타/화.령/화기 등
을 만나면 질병이 많으며 **몸에 상처를 남기거나 신체를 다칠 수**
있다.

▷天同은 시비에 휘둘리지 않고, 상문/백호 등이 侵犯(침범)한다해도 무난하
며 **질액궁에 좌하면서 타 살을 만나면 당뇨**일 수 있다.

·천 동, 화- 록/권/기·

·화록·

※**식록,복록/해액**을 의미하며 천동 화록은 본명에서보다 대/유년에
만나는 것이 더 좋다.

※**天同 화록이 화과나 문성과 동궁하면, 정신적 향수를 추구하여**
진취적 기상이 약해지며 도화성과 동회하면 공허함/정신적 困憂(곤우)
가 초래된다.

※천동 화록이 命/財/官에 좌하면 사람이 게으르고, 무엇도 하지 않으
려는 경향이 있게 되는데 이러한 **천동에 격발력을 가해주는 별은**
殺星(살성)이다. 그러나 두 개 이상의 살성은 障碍(장애)를 誘發(유발)하며 晩年(만년)에 이
르러야 비로소 안정할 수 있다.

※천동 화록은 복덕궁에 좌하는 것이 가장 좋고, 질액궁이면 신체건강
과 수명을 주관한다.

·화권·

※天同이 화권이면 신고가 따르며 동업/합작창업에는 吉하지만 **독립적**
개창이나 자영업은 不可(불가)하다.

※天同은 향수의 성으로 화권이 되면, 성취욕이 강해지고 권력 止揚的(지양적)
으로 변성되지만, 조업을 파하고 고향을 떠나 자수성가하게 된다.

> ·坤命(곤명)으로 천동 화권이면서 길성吉星들이 들어오면
> 복福을 누릴 수는 있으나 나태懶怠해지며,
> 살煞이 들어오면 저급低級한 생生을 살아가게 되나
> 吉/煞이 적당하다면, 독자사업으로 살아가기도 한다.

·天同 化忌·

※천동이 화기가 되면 오히려 적극적이요, **진취적으로 변하지만 재를 지키지는 못하고 식/ 복록이 깨진다**.

※天同이 化忌면 정서가 불안해지는데 묘왕지에서 화기라면 감정상의 곤우함〈悲哀/ 비정상적인 연애 등〉이 따르게 된다.
또한 천동이 함지에서 화기면 더욱 안정하기 어려워지며 신경쇠약 〈陰虛/氣虛〉症으로 나타나기도 한다.

※천동은 자수성가의 별이기도 하여 **화기가 되면 소년시절부터 勞碌(노록) 辛苦(신고)하는 삶을 살아갈 수도** 있다.

※천동 화기는 현실보다 이상이 높아 그로 인한 勞苦(노고)가 따르며 살/기/ 刑星(형성)이 다회하면 심리적 불안증세가 나타난다.

※천동 화기가 부처궁에 좌하면 혼인에 장애障碍가 따른다.
※질액/복덕궁이라면 신체에 질환이 따름을 의미한다.
※天同 化忌는 **방광膀胱/신장腎臟/위하수胃下垂/간肝/심장心臟 等의 疾患(질환)이며 劫(겁)/ 空(공)이 가해지면 드러나지 않는 질환**이다.

☆天同(壬.水)星의 適性과 職業/ 事業☆

※天同은 **복성이요 동성이며 마실 수 있는 물/ 흐르는 물**이다.
※천동 守命 人은 주동적이지 못하여 뭐라고 채근採根을 해야 한다거나 어쩔 수 없는 지경이 되어야 행하는 경향이 있다 보니, 큰 조직이나 사업, 또는 책임이 중重한 일에는 맞지 않는다.
따라서 **天同은 교사〈학교, 보육원〉/ 공직公職/ 백화점 내 의복/ 장식품/ 감상 품/ 풍수사 等이거나, 식품/매점/ 간이식당/ 과자 전문점/ 스넥 코너/ 커피전문점 등에 적합**하다.

※適性※
·학문/ 응용, 실용문학/ 예술/ 의약/ 기술 등, 대중상대의 서비스 계통이 무난하다.

※專攻學科※
※文科※
† 사범,교육대/ 외국어,사회복지,심리학/ 호텔경영/ 법,경영학.

※理科※

† 식품영양, 가정, 아동복지학/ 한의대/ 의,약대/수의학.

※藝/ 體能※

† 제과,제빵/ 인테리어,의류디자인/ 서예/성악과.

※職業/ 事業※

※천동은 노력에 비해 그 결과가 좋게 나타나며 면허免許를 활용하는 업종/ 일에 적합하다.

교사/ 의사/ 변호, 회계사.

악세사리점, 인형/ 의류대리점/ 놀이방/ 애완용 동물가게.

피부미용, 미용업/ 패스트후드점, 인테리어가 잘된 소규모의 커피 전문점/ 식당.

☆天同의 疾病☆

※天同의 身體는 귀耳/ 膀胱/ 허리疾患이다.

·子/ 午 坐 天同·

※子/午宮에서는 同/月이 同宮하며 肝 技能이 弱하거나 귀耳에 異常이 있게 된다.

↳子/午의 同/月 + 六殺이면 위 現狀과 더불어, 肝臟疾患이다.

※六殺이 없고, 曲.昌/ 補.弼/ 魁.鉞/ 祿存 등이 동회한다면 위 증상은 경미하거나 없다.

·卯/ 辰/ 酉/ 戌 坐 天同·

※살이 찌면서도 虛弱한 體質이거나 귀가 弱하며 頭部에 종기다.

↳卯/辰/酉/戌宮의 天同 + 六殺이면 위 現狀이 더욱 强할수도.

※六殺이 없고, 曲.昌/ 補.弼/ 魁.鉞/ 祿存 등이 동회한다면 위 증상은 경미하거나 없다.

·丑/ 未 坐 天同·

※丑-未宮에서는 巨-同이 同宮하며, 귀耳/ 胃臟疾患이 있다.

↳丑/未의 巨/同+六殺이면 위 現狀과 더불어, 신경계통이나 심장/ 혈압의 異常症狀.

※六殺이 없고, 曲.昌/ 補.弼/ 魁.鉞/ 祿存 등이 동회한다면 위 증상은 경미하거나 없다.

·寅/ 申 坐 天同·

※寅-申宮에서는 同-梁이 同宮하며, **귀耳/ 心臟 虛弱**이다.

↳寅/申의 同/梁＋ 六殺이면 위 現狀과 **귀耳/ 心臟疾患**.

※六殺이 없고, 曲.昌/ 補.弼/ 魁.鉞/ 祿存 등이 동회한다면 위 증상은
경미하거나 없다.

※寅/申의 同/梁＋殺.忌.刑.耗면 **위장질환**이요, 天馬나 火星이 會照하면
복통·설사 등, **소화불량**으로 나타난다.

·巳/ 亥 坐 天同·

※巳-亥宮의 天同은 輕微한 **귀耳 疾患**이다.

↳巳/亥의 天同＋ 六殺이면 위 現狀과 더불어 **감기**에 잘 걸린다.

※六殺이 없고, 曲.昌/ 補.弼/ 魁.鉞/ 祿存 등이 동회한다면 위 증상은
경미하다.

☆염정廉貞 星☆

☆廉貞星 特徵☆

☆廉貞星은 **양면성/ 이지/ 사교/ 간사, 교활/ 도화/ 예술/ 囚星**이요,
목에 힘을 주는 경향이 있으며 公^{공적}的이다.

※질서와 권력을 상징하며 성격이 강하고 결단력/ 냉철함/ 권위 등을
갖지만 여유가 없는 편이다.

※또한, 정치〈官祿,官吏〉/ 법률/ 통제/ 수단/ 자존감/ 언행의 질서정연/
위트, 유머감/ 관재/ 구금/ 도박/ 범죄자/ 혈광/ 次桃花^{차 도화} 등을 뜻하며
부인병/ 빈혈/ 암증에 해당된다.

※乾命은 사업 운에 길리하지만, 곤명이라면 도화로 표출되다보니 혼인
생활에 불리하다.

　　　□寅· 申· 巳· 亥의 염정은 역마성이요, 염정이 화기면 도화성은 소멸된다.

※桃花星※;
　　정.탐/ 문곡/ 괴,월/ 천요/ 함지/ 란,희/ 목욕/ 대모.

☆운이 함지의 염정〈巳/亥〉위를 행하면서 백호와 타 살을 만나면 송사/
형옥지사가 따르기도 한다.

·一般的인 性向〈長/短點〉·
□염정은 **청렴한 교육자의 상징**이기도 하다.

※廉貞星의 가장 큰 특징은 양면성이 강하다는 것이요, **火星(화성)인 염정 人이 禍(화)가 나면, 불같고 毒(독)한 면이 드러난다.**

※심성이 선한가 하면 악한 면이 있으며, 인자한 듯하나 거칠며 감정으로 치우치는가 하면 이지적이다.

※쉽게 타인과 영합迎合하지 않는가 하면 사교적이요, 보수적이며 체면을 중시하는 듯하나 자유롭고 도화적 속성을 갖는다.

※예의를 중시하는 것 같으나 無神經(무신경)하며 直說的(직설적)으로 말 하는가 하면 변론하기를 좋아하고, 公正(공정)과 原則(원칙)을 重視(중시)하는가 하면, 邪道(사도)를 가기도 한다.

※개성이 특이하고 강하며, 당당하다.
더불어 果敢(과감)하게 행하며 책임질 일이 있다면 그 또한 回避(회피)하지않는다. 그러나 **목적을 위해서는 수단과 방법을 가리지 않으며 살성을 만나게 되면 奸巧(간교)하고 暴惡(포악)해 지는데, 특히 금전/ 재물을 모으는 데 있어서는 더욱** 그렇다.

※주관이 강해 타인에 구속받거나 고개 숙이는 것을 忌하며 호승심이 강하다.

※廉貞星은 사업욕이 강한데, 특히 공공기관/ 관공서 등과 관련되는 일이나, 그런 곳에서 일하기를 좋아한다.
또한 廉貞은 어린 시절의 고생을 참고 견디며 **名利(명리)/지위/재물 등을 어느 정도 이룬 후에는, 옛정을 버리고 친인척/친구 등과도 관계를 끊어 버리는 樣相(양상)**을 나타낸다.

※廉貞星은 사교에도 능하며 대인관계에서 본분을 지킬 줄 알고 예의와 원칙을 중시하지만, **목적성을 갖는다.**
그런가하면 대인관계에서 좋지 않았던 일/서운했던 감정 등은 마음에 담아두고 있다가, 어떤 계기契機가 되면 吐해 낸다.

※廉貞星은 囚星으로, 자신을 어떤 형태로든 얽매는 현상이 나타나게 되는데, **廣義的(광의적)으로는 사업에 몰두하게 한다는 뜻을 갖으며 군/ 경/ 공무원의 직도 해당**된다. 더욱이 이 囚性的(수성적) 현상은 수감을 의미하여 감옥에 갈 일이 비교적 많아 질 수 있다는 것이다.

※廉貞은 나서거나 정치적 手腕이 좋으며 파벌을 잘 짓는다.
※廉貞星은 感情이 풍부하고 그 기복이 크며 개방적이다.

※坤命※
※의욕이 강하고 여 장부적 기질을 갖으며 남자를 우습게 보는 경향이
있다.
※미모는 다소 떨어진다 하더라도, **말수가 적고 청백한 기풍/의식**을
갖는다.

> *·坤命으로 廉貞이 化祿/ 化忌를 만나거나,*
> *陷地에 坐하면서 탐랑/천요/함지 等의 桃花星을 만나면 失貞/*
> *홍등가.紅燈街를 배회徘徊하기도...*

·**坤命으로 廉貞이면 눈에서 불을 내며, 치를 떨면서 禍를 낸다.**

☆相互 作用☆
▷**身命이 巳/亥의 정/탐이면 路上埋屍의 사고조합이요, 타라+ 겁,
공이면 貧賤夭折한다.**
□염정을 안정시키는 별은 천상이요, 곡/창과의 만남을 가장 좋아하며
화기를 最忌〈가장 싫어한다〉한다.
※廉貞이 **곡/창을 만나면 염정의 도화/음욕성이 해소되며 風流 歌人**
으로 化한다.
이 경우, 예술적 창조를 증폭시키며 화기를 만나면 농혈膿血이 있게
되는데, **염정이 명/질/천이궁에 좌하면서 화기와 동회**하면 더욱
그렇다.
☆廉貞이 **보,필/괴,월 만을 만나면 도화성이 증폭**되며 巳/亥 宮에 좌
하면서 **양,타/화,령의 사살을 만나면 떠돌이**요, 화기와 천형이 가
해지면 타지에서 객사하는 상이다.
▷탐랑/염정/파군이 함지에 入 身/命하면서 지겁과 화기의 별을 만나
면 乾命은 간사한 도적이요, 坤命은 娼妓가 되며 생/왕지라면 乾命
은 酒色을 즐기는 것으로, 女命이라면 淫慾함을 의미한다.

☆廉貞이 록존을 만나면 富命이요, 칠살을 만나도 吉/兇이 공존하나
富를 이룰 수 있으며 문창을 만나면 음악을 좋아한다.

☆廉貞이 무곡을 만나면 **나무에 깔리는 등의 상해나 교통사고**를 뜻하며 **거문을 만나면 法的訟事, 우필을 만나면 관재구설**을 의미.

※貞+府가 부처궁에 좌하면서 길성을 만나면 吉하지만 二, 三合位로 들어와야 한다.

※廉貞이 천상을 만나면서 타 살을 만나면, 甲狀腺/**호흡기질환**이 따르고 기성이 가해지면 **암**으로 발전될 수 있으며 **무곡/칠살/양,타는 아토피성 피부염**과 관련된다.

☆丑/未宮의 정/살 조합이 경양과 동회하면, 是非/ 官災/ 血光支災가 따르게 되는데, 이 조합의 대궁을 유년이 행할 때 드러나며 流羊이 가해지면 혈광지재다.

··································

|·염정, 화-록/기·|

□廉貞은 **관록〈收入/營業狀態〉을 주하며 도화/도박〈投機〉**에 관련된다.

·화록·

※염정은 감정성으로 화록이 되면 높은 수준의 정신적 향수를 주하지만, **염정 화록이 살을 만나면 酒色才氣와 支出現狀이 발생**되며 여기에 도화성이 가해지면 색으로 인해 破財한다.

※염정 화록이 命/財/官에 좌하면 일이 순조로우나 전택궁이라면 도화가 따른다.

※염정 화록이 타 육친궁에 좌하면, 해당 육친의 暗桃花〈숨겨진도화〉를 의미한다.

※廉貞 화록이 살이나 도화성을 만나지 않는다면 財祿을 얻으며 **廉貞 화록은 정치성이 내재하여 사교력을 활용〈교제/접대 等〉하여 取財**한다.

■桃花星■
정,탐/ 문곡/ 괴,월/ 천요/ 함지/ 홍란/목욕.

□본명의 염정 화록이 대/유년의 재백/ 관록궁을 행하면 돈/ 재물을 의미한다.

□運의 命宮에 염정 화록이 좌하면서 도화성 계를 만나면 도화다.

□화기□

※염정화기는 원인을 알 수 없는 질병/ 癌症^{암 중}을 나타낸다.

※本命의 염정 화기가 대/ 유년의 화록을 만나면 賭博/ 투기/ 정치적 뇌물 등 정당하지 않은 재록/ 인연/ 기회를 얻게 되지만, 일시적으로 드러나는 현상이다.

※염정은 관록성이요 囚星이며 次 桃花星으로, 화기가 되면 사업 상 불리해지며 양.타/ 官符/ 官索 등을 만나면 관재가 따르거나 수감되는 현상으로 드러나기도 한다.

또한 **염정은 음욕에 강해 괴.월이나, 화과 등이 없다면 이성 문제로 인한 관재구설에 휘말리기도** 한다.

※염정은 國外를 의미하기도 하므로, **廉貞 化忌면 해외와 관련되는 사업/ 무역업 등은 불리**하다.

☆**廉貞(丁.火/乙.木/戊.土)星의 適性과 職業/事業**☆

□廉貞은 어떤 **일/직종이든 대체적으로 내근직에 적합하며 피血을 뜻하기도** 한다.

※業種으로는 **텔레비젼/ 컴퓨터/ 전자제품/ 인쇄기 等, 정밀기기 관련업이나 일. 판매, 또는 간호사/ 도살업/ 軍軍.경警**과도 관련된다.

※丙年 生이면 廉貞이 화기로, 정밀기기를 다룰 때, 고장이 나기 쉽고, 丙日에 전자나 전선 등과 관련되는 부분에 장애가 발생하기 쉬우며 當日〈丙日〉에는 **운전을 하지 않는 것이 좋다**.

※廉貞은 血을 의미하기도 하여 칼에 다치거나하여 피를 흘리는 물상이므로, 廉貞이 칠살과 동회하면서 그 격이 좋다면, 간호사에 가하나 만약 그렇지 않다면 시장에서 닭/오리를 판다든지, 마사지 업일 수도 있다.

※適性※

■권력을 행하는 관리직으로, **군.경.법계통/사업가/정치가** 등에 적습.

※専攻學科※

※文科※

† **외교/ 심리.신문방송.언론/ 경영/ 법학/ 경찰대.**

※理科※

† **임상병리학/ 의대/ 간호학/ 식품가공/ 전기.전자학과.**

※藝/ 體能※
† 미술,디자인학/ 연극영화, 사진학과.

※職業/ 事業※
※성취욕은 강하지만, 사업/일을 크게 벌이는 것은 兇하다.
> 군,경,교도관〈矯導官〉/ 항공사/ 디자인 관련사.
> 전기,전자/식품가공업/도매업/미장원/사진업/직업소개업.
  정육점/ 유흥업.

☆廉貞의 疾病☆
※廉貞의 疾患은 貧血/ 循環器系/ 婦人科 疾患/ 暗疾이다.
□廉貞은 手術 星이기도 하다□

⊡子/ 午 坐 廉貞⊡
※子/午宮의 貞/相이면 **소화기능**이 弱하다거나 **위장질환**이 있을 수 있다.
↳子/午의 貞/相+六殺이면 위와 더불어 **사지손상/치아질환/당뇨/위암/** 담석
으로 인한 **담관경색** 等이다.
※六殺이 없고, 曲.昌/補.弼/魁.鉞/祿存 등이 동회하면 위 증상은 경미
하거나 없다.

⊡卯/ 酉 坐 廉貞⊡
※卯-酉宮에서는 貞-破가 同宮하며 卯/酉의 貞/破+ 六殺이면 위 現狀
과 더불어, **폐결핵/ 기관지염/ 사지의 외상** 等이다.
※六殺이 없고, 曲.昌/補.弼/魁.鉞/祿存 등이 동회하면 **폐질환**이 발생될
가능성이 높아진다.

⊡辰/ 戌 坐 廉貞⊡
※辰-戌宮에서는 貞-府가 同宮하며, **口腔=입안/담=膽쓸개 技能**이
弱할 수 있다.
↳辰/戌의 貞-府+六殺이면 위 現狀과 더불어 **치아질환/정신분열증**이
따를 수 있다.
※六殺이 없고, 曲.昌/補.弼/魁.鉞/祿存 등이 동회한다면 위 증상
은 경미하거나 없다.

·丑/ 未 坐 廉貞·

※丑/未宮에서는 貞/殺이 同宮하고, **안질/위장질환**이 있으며 **폐결핵/알콜, 마약중독** 等에 조심해야 한다.

↳丑/未의 貞-殺+ 六殺이면 위 現狀과 더불어 **四肢 外傷**〈**크게 다칠 수 있다**〉/ **교통사고**/口腔=**입안**/喉頭=**목구멍**/**장암**腸癌 等이 따를 수 있다.

※六殺이 없고, 曲.昌/補.弼/魁.鉞/祿存 等이 同會하면 위 症狀은 輕微하거나 없다.

·寅/ 申 坐 廉貞·

※寅-申宮의 廉貞은 幼兒期에 殘疾이 많으며 **알레르기**疾患/**요통**腰痛/**족통** 足痛이 따른다.

↳寅/申의 廉貞+六殺이면 위 現狀과 더불어 **신경통/암** 等이 發生될 수도 있다.

※特히 申宮이 疾厄이면서 廉貞 化忌면 업무상 스트레스로 因한 **두통**.

※六殺이 없고 曲.昌/補.弼/魁.鉞/祿存 等이 同會하면 위 症狀은 輕微하거나 없다.

·巳/ 亥 坐 廉貞·

※巳/亥에서는 貞/貪이 同宮하며 **머리, 눈이 어지럽거나 안질/ 성병/ 부인병/ 신장=콩팥**疾患 **또는** 性 機能이 弱해질 수 있다.

↳巳/亥의 貞/貪+ 六殺이면 위 現狀과 더불어, **치통/암질**이다.

※六殺이 없고, 曲.昌/補.弼/魁.鉞/祿存 等이 同會하면 위 症狀은 輕微하거나 없다.

☆天府星 特徵☆

☆天府星은 保守(보수)/안정/依祿(의 록)/절개節槪의 별이요, 금고 재물창고다.

※學習 能力이 뛰어난가 하면, **기예/ 예술방면으로도 재능을 발휘**하며 대성할 수 있는 잠재력이 내재한다.

※감정과 이성의 조화를 이루는 별이요, 우아하고 온화하다.

▷天府는 **신중하게 처신하고 용모가 바른가 하면 말없이 실권을 잡 으며 人脈(인맥)을 重視(중시)**한다.

·一般的 性向·;

※天府星은 일생 빈한하지 않다.

▷斗數 正星 中, 가난하지 않은 별은 천부 외에 천기와 무곡이 있는데 **天府는 천상의 덕이요, 天機는 치밀한 계산력에 의하며 武曲은 구두쇠적인 기질**에 依한다.

※天府는 의록의 별로 일생 의식이 풍족하며 긍정적/ 풍류적이요, 善行(선행) 을 베풀며 살아간다. 그러나 **매사에 권력과 이익을 우선하며 자신의 過失(과실)과 敗北(패배)를 인정하지 않는 성향**이 있다.

※保守的이요 원칙을 중시하며 始/終이 분명하다.

더불어 도량이 넓고 부드러우며 책임감이 있는 외유내강형이요, 형모 가 준수俊秀하고, 대인관계 또한 원만하며 리더쉽을 갖추지만, 심성이 소심하고, 매사를 직접 행하기보다는 타인에게 指示(지시)하는 것을 좋아하 며 내면적으로는 오만傲慢함이 내재한다.

※天府星의 또 다른 특성은 창업력이 부족하다는 것이요, 새로운 시도/ 개창에는 부적하며 현재의 국면에서 발전을 이루는 守成(수성)에 능하다는 것이다. 따라서 天府의 리더쉽과 領導力(영도력)은 이러한 守成的(수성 적) 측면을 의미 하는 것이다.

※일을 행함에 있어 순서대로 안정되게 진행시켜 나갈 줄 알며 타인과 다투려하지 않는다.

※자신에 대한 믿음과 자신감을 갖는다.

※주위의 **시선視線/ 평판評判** 등에 신경 쓰지 않고, 노력에는 결과가 따른다고 여기며 타인의 편익을 貪(탐)하거나 속이려하지도 않는다.

· 短點 · ;

※ 개창보다 수성에 능하다 보니, 발전이 비교적 느리며 자신만의 공간을 점유하려는 심리적 구조를 갖는다.
  따라서 타인의 간섭을 忌하며 이러한 여건이 조성되지 않으면 불안감을 느끼며 스스로의 공간에 고립되기도 한다.
※ 天府星은 자신만의 공간/ 세계를 향유하려는 경향이 있다 보니, 타인들에게는 이기적이요, 괴팍하다는 이미지를 주기도 한다.

※ 坤命 ※

※ 女性다운 후덕함을 지니며 자상仔詳하고 총명한가하면 타인들과 서로 돕기를 좋아하고, 보/ 필을 만나면 언행에 남성다운 위엄이 있다.
※ 부귀할 수는 있으나, 혼인생활에는 불리하여 사살을 만나면 배우자/ 자식과 화목하기 어렵다.
※ 금전적으로는 예민銳敏하게 行하며, 利害打算的^{이해타산}^적이라 해도 타인들에게는 품위가 있어보 인다.
· 坤命으로 천부면 집안에서 살림을 하기보다는, 사회생활에 적합하며 능력을 발휘하게 된다.

☆ 相互 作用 ☆

※ 天府는 財庫^{재 고}를 관리하는 별로 독좌는 불리하다.
  特히 獨坐에 吉星없이 四殺〈羊,陀/火,鈴〉을 만나게 되면, 간교해지기 쉬우며 劫/ 空을 만나면 고립무원이요, 겁/ 공 + 천요면 권모술수를 행하게 된다.
※ 天府는 태양/ 천상을 만나야 제 역량이 발휘되고, 공성을 만나거나 공망지에 坐하는 것을 極忌^{극 기}하며 경양과 회조되는 것 또한 兇하다.

□ 實庫 □

  天府가 록존/화록을 만나는 경우로, 금전/ 재물창고가 가득차 있는 상태를 의미하며 재권을 운용할 수 있는 능력을 갖추게 된다.

□ 路庫 □

  天府가 양.타/화.령을 만나는 경우로, 財를 놓고 쟁탈을 벌이는 상황이어서 재물창고를 채울 수 없게 된다.

□ 空庫 □

  천부가 록존/화록을 만나지 못하면서 겁.공/공망성들을 만나는 경우로 창고가 빈 상태요, 사람이 허세/ 허욕을 갖으며 四殺이 가해지면 간교한 수단으로 돈을 벌어들이게 된다.

⊡화록⊡ ;

※天府 化祿은 命/ 田宅宮에 좌하는 것이 최 상이요, 命/ 財/ 官에 좌하면 귀인/ 해액의 의미를 갖는다.

※질액/ 복덕궁에서의 천부 화록은 해액을 주한다.

⊡화과⊡ ;

※天府는 空庫/露庫가 되면 간교해 지는데, 天府가 化科면 명예/신용이 높아지며 **공고/ 로고일 때의 간교함이 해소**된다.

⊡화기⊡ ;

※子女宮에서 天府 化忌가 좌하면 子女에게 재물을 물려준다는 의미를 갖게 되지만, 전택궁에 天府 化忌가 坐한다면 공고가 된다.

☆天府(戊.土)星의 適性과 職業/ 事業 ☆

※天府星은 재녹의 庫로 월급〈給與〉을 의미하는 별로서, 생활에 여유를 가질 수 있는 정도〈**천부는 급여 생활자이지만, 고소득의 월급생활자다**〉라는 것이지, 쌓아놓을 만큼의 돈다발을 뜻하지는 않는다.

※天府는 土星이어서 업종으로는 농〈송이버섯 등 특용작물〉, 목축업〈소/말/닭/염소〉 등과도 관련된다.

※適性※

⊡문학/ 교육/ 종교/ 예술/ 의학 등, 지식서비스 계통에 적합하다.

※專攻學科※

※文科※ †부동산학/ 경제, 경영학/ 교대, 사범대/ 종교학.

※理科※ †세무대/ 토목공학/ 의대.

※藝/ 體能※ †기악, 성악과.

※職業※

➢공무원/ 대기업의 세무, 자금, 경리업/ 증권사/ 교사.

※事業※

※사업/금전욕이 강하며 관리능력 또한 탁월하지만, 보수적인 면이 있어 창업보다는 守成에 적합하다.

➢부동산 관련업/ 금융, 투자/ 사채업/ 상담사 等.

⊡丑-未/ 卯-酉/ 巳-亥 坐 天府⊡

※**담膽 즉, 쓸개** 기능이 약할 수 있다.

↳丑-未/ 卯-酉, 巳-亥宮의 天府+六殺이면 위 現狀과 더불어, **담질환 담질환/ 신경쇠약/ 신경 정신계**의 이상이다.

※六殺이 없고, 補佐星이 동회한다면 위 증상은 경미하거나 없다.

☆太陰星 特徵☆

☆<u>太陰</u>은 **완벽/ 청결/ 신비/ 환상,동경憧憬/ 예술의 별**이다.

※女性的이요 두뇌가 총명하며 온화하다.

※결벽증潔癖症이 심하고 적극성은 부족하나, 학업/ 혼인/ 가정 운이 吉 利하며 **審美的 藝術性**(심미적)(예술성)을 갖는다.

※太陰으로 坤命이면 환경 적응력이 뛰어나며 근육질성의 건장한 남성 을 좋아한다.

※太陰은 財星으로 財庫의 星이요, **결벽/이성의 호감/格調있는 도화**(격조) 를 의미한다.

▷<u>太陰은 母性이며 田宅/ 不動産을 주관하고 乾命에서 太陰은 母星이 요, 妻/ 女兒〈딸〉가 된다.</u>

·一般的 性向·

※太陰은 청결을 대표하는 별이어서 겉모습이 깨끗하고 깔끔하며 집안 이 깨끗하고, 정리정돈이 잘되어 있어야 하고, 외출에서 들어오면 손 발을 깨끗이 씻어야 하는 등, 결벽증潔癖症이 있기도 하다.

※太陰은 환상/신비한 세계를 동경하는 경향이 있어, 수명하는 경우에 는 **문학/ 예술〈作家/畵家/陶藝/디자인/설계〉**로 살아가기도 한다.

※太陰이 守命하면 묘,함하거나 길,흉성을 만나는 것과는 관계없이 男女 를 막론하고 **유아기에 母와의 인연이 薄**(박)한데. 坤命이라면 본인이~ 乾命이면서 함지면 처/여아에 불리해 지는데, 부의 재혼으로 두 母(모)를 모신다거나, 母의 再嫁(재가)로 두 父를 모시는 등이다.

※온화하고 총명하며 完璧主義(완벽주의)를 추구하는 경향이 있다.
또한 관찰력이 예리하고 인내심이 강하지만 소심하며 타인과의 다툼 을 忌한다.

※太陰은 천상 여성으로, 손재주가 많고 세세한 부분까지 신경을 쓰는 등 자상하지만, **일을 행함에 있어서는 뒤로 미루기를 좋아한다거나 약속을 잘 지키지 않는 경향**이 있다.

※太陰은 침착하고 심사숙고하며 고생을 마다하지 않는다.

※<u>원망/불평하지 않으며 實現性있는 목표를 세워 실현</u>(실현성)시켜나간다.

⊡短點⊡ ;

※피상적으로는 안정되어 보이나, 내심으로는 감정에 기복이 있어 마음의 안정을 이루기가 어렵다.

※자신의 생활리듬이 깨지면 일의 효율성이 떨어지며, 잠을 제대로 이루지 못한다.

☐ 太陰星으로 낮 時에 出生하였다면 연애/ 혼인에 불리하다.

※외향적이고 환상적이요, 柔弱하여 의뢰심이 강하며 의심 질투심嫉妬心을 갖는다.

※乾命으로 太陰이면 결단력이 부족하고 활동적/ 적극적이지 못하며 **일을 함에 있어 질질 끄는 경향이 있는가하면, 기생오라비/마마보이라는 말**을 듣는다.

※坤命※

※太陰이 수명하면 기품이 있고, 품행이 단정하며 온순/선량하다.

※총명하고 재치가 있으나 자기주장을 하지는 않으며 旺夫益子하나 할 말은 다하며 살아간다.

※桃花의 별〈曲,昌/天妖/咸池/大耗 等〉을 만나면 애교는 있으나, 혼인 생활이 불미해 질수 있으며 함지의 太陰이면서 사살+겁/공이라면 형부극자刑夫剋子의 상이다.

☆相互 作用☆

☆太陰이 곡/창을 만나면 문장이 수려하고 박학하며 전문적인 기예를 갖는다. 특히 록존/화록을 만나면 부를 이루며, 권/과가 회합되면 강/유를 상보相補한다.

☆太陰이 함지에 좌하면서 살성을 만나면 姓을 바꾸거나, 고향을 떠나게 되며 다시 **화기/육살/천형/함지/천월** 등이 회합하면 심술이 굿고 酒色邪淫하며 또 다시 록/권/과가 들어온다면 부귀할 수 있다지만 虛富〈終局에는 깨진다〉에 불과하다.

※太陰이 함지에 좌하면서 化忌를 만나는 경우에는 그 化忌가 두렵지 않지만 묘왕지에 좌하면서 化忌를 만나게 되면, 구름이 보름달을 가리는 것과 같은 현상이어서 오히려 흉해진다.

※亥宮의 태음은 월랑천문月朗天門의 貴格이나, 무조건 좋지만은 않으니 타 살이 없어야 한다.

※함지의 태음이 부모궁에 좌하면서 유년 백호와 태세를 만나면 부모에 근심사가 따르고, **함지의 태음이 처궁에 좌하면서 유년의 상문과 백호를 만나면 처에게 근심사**가 있다.

※태음이 身/命에 좌하면 이성에 인기가 좋은데, 乾命으로 身/命에 廟旺한 太陰과 목욕이 좌하면 여자들이 줄을 서며 거기에 경양과 力士^{역사}가 가해지면 힘도 좋다~

※太陰이 전택궁에 좌하면 비록 함지라 해도 吉로 논한다.

※태음이 탐랑, 혹은 칠살 位를 행하면서 살을 만나면 눈〈目〉을 다칠 수 있다.

⦿ 태음, 화 - 록/ 권/ 과/ 기 ⦿

⦿ 화록 ⦿ ;

※태음이 화록이면 **男/女 불문, 愛憎^{애증}의 삶**을 살아갈 수 있다.

※태음화록을 운으로 만나면, 재원財源이 순조로우나 함지의 태음화록이면서 財氣^{재기}의 성을 만나지 못하면 그렇지 않다.

※本命의 **태음 화록이 운에 화기가 되면, 투자욕구가 강해질 수 있으나 투자는 절대로 금해야** 하며 남여 모두 감정 상의 문제로 因한 破財가 따를 수 있다. 그러나 **本命의 태음 化忌가 대/유년에 化祿이 되면 오히려 吉**하다.

⦿ 화권 ⦿ ;

※太陰이 화권이면 男/女를 불문하고 창업주創業主가 된다는 뜻이다.

※太陰은 財星이지만, **부의 의미가 아닌, 理財能力^{이재 능력}을 나타내며 재경업무에 적합**해 진다.

※男命으로 태음이 화록이면 감정적으로 치우치지만 化權이면 이지적으로 대처한다.

※太陰이 함지에 坐하면 母/妻/姉妹가 불리함을 뜻하게 되지만, 化權이면 어느 정도 그 흉의를 해소시키킬 수 있다.

※本命의 太陰이 함지에 좌하여 化忌면서 운에 의해 化權이 되면 불리한 상황이 초래된다.

⦿ 화과 ⦿ ;

※太陰 化科는 우아優雅한 멋이 있으며 총명聰明하다.
文藝的인 측면의 수양을 의미하며 太陰 化科가 묘왕지에 좌하면서 化科면 명예/ 신용을 얻는다.

⊡女命으로 太陰 化科면 가정을 잘 돌보며 남편으로부터 사랑을 받는다는 의미요, 男命이라면 그 배우자가 미려美麗하다.

※太陰이 **化科면 父母宮이 탐랑이면서 化忌가되어 투기현상이 있게 되며 여기에 다시 살煞이 모여들면 때를 만나지 못함과 같다**.

⊡화기⊡ ;

※太陰이 **化忌면 모친/처/여식에 불리하고**, 재정적으로는 적자상태지만, **酉/戌/亥/子宮이면서 生, 旺地면 오히려 吉**하다.

※太陰은 묘왕지에 좌하거나 화록일 때 도화가 일어나며 함지이거나 化忌일 때는 도화를 의미하지 않는다.

※太陰은 財星이요 田宅을 主하므로, **太陰 화기가 전택궁에 좌하면 가운이 좋지 못하고 전재錢財가 소실消失되며 자녀에게도 흉**하다.

☆太陰(癸.水)星의 適性과 職業/ 事業☆

□일/월은 역마성이어서 **렌탈(임대업을 말한다)**업과 관련된다.

   즉, **건물/자동차/관광버스/택시/트레일러** 등과 더불어 **선원/어부** 등도...

※太陰星은 **음식/유흥/미용**과 관련되며 **자동차/선박업** 등에도 유리하다.

⊡여성 청결제/화장품 等, 美的인 것들과 관련되는 소모품으로 **여성의류/ 양말/ 침구류/ 속옷/ 침대/ 커버/ 음식점/ 요식업** 等.

※適性※
⊡학문. 교육/종교/예술/세무 등과, 정신적인 측면의 직종에 적합.
※專攻學科※
※文科※
†문학전공/언론방송학/심리학/부동산학/ 사범,교육대.
※理科※
†건축학과/ 수산, 해양학과.
※藝/ 體能※
†문예창작/ 도예,디자인, 미대.

※職業/ 事業※
※예술/창작성이 요구되는 직종이나, 일에 적합하다.
작가/ 디자이너/ 도예가/ 건축가/ 여행,교통업/ 부동산업.
미용업/ 위생용품점/ 수산업.

☆ 太陰의 疾病 ☆

※太陰의 身體는 눈目/ 腎臟/ 生殖器系, 婦人科 疾患이다.

▷腎臟은 콩팥을 말한다.

☐·卯/ 辰/ 巳 坐 太陰·☐;

☐호흡기질환이요,

폐렴/폐결핵 等이 있을 수 있고, **骨折傷/交通事故**가 따른다.

※卯/辰/巳의 太陰+ 六殺이면 위의 現狀과 더불어 **神經衰弱/眼疾/ 결핵/ 婦人病/ 水引性疾患/ 간암** 等이다.

※特히 卯/辰/巳의 太陰+ 劫/空이면 위의 모든 現狀과 더불어, 정신 분열증의 可能性이 높아진다.

※六殺이 없고, 曲.昌/ 補.弼/ 魁.鉞/ 祿存 등이 동회한다면 위 증상은 경미하거나 없다.

☐子-午宮의 同+ 月 組合 또한 위와 같다.

☐·酉/ 戌/ 亥 坐 太陰·☐;

※肝＝간장技能이 弱하거나, **眼疾**이다.

※酉/戌/亥의 太陰+ 六殺이면 위의 現象과 더불어 **肝臟疾患**으로 나타 난다.

※六殺이 없고, 曲.昌/ 補.弼/ 魁.鉞/ 祿存 등이 동회한다면 위 증상은 경미하거나 없다.

☆貪狼星 特徵☆

☆<u>貪狼</u>은 **점유占有/탐욕/투기/다재다능/복.화/재財/도화의 별이요, 현금/ 화폐를 상징하며 현공학/도학/신선술/역학 등에 홍취한다.**

※탐랑이 좌 수명하면 성격이 불같이 급하고 일을 함에 있어 속전속결하며 주색과 도박을 탐하는가 하면 현공학/ 신선술 등에도 관심을 갖는다.

또한 **탐랑이 좌 수명하면 언어 습득력〈特히 外國語〉이 뛰어나며 곡/창이 가해지면 詩. 書. 畵. 흡에 能**하다.

※적극적이요 선견지명이 있으며 문제해결에도 능하다.

※내 주장만을 내세우는 경향이 있는가 하면 상업적 수완手腕이 뛰어나고, 이해타산적이다.

·一般的 性向·

※<u>貪狼</u>은 다재다예하며 복도 화도 되는 특수한 별이다.

※<u>두뇌회전이 빠르고 학습능력이 뛰어난가 하면, 시비를 가리고, 투기/도박/ 먹고 마시는 등의 유흥을 좋아하며 신선술/ 예술적 심미</u>를 갖기도 한다.

※<u>貪狼</u>은 대인관계에 있어 **처세/사교력이 좋으나, 모략/계교가 많고, 이기적인 면이 강하며 과장, 허풍**이 많다.

그런가 하면 점유욕/ 탐욕이 강하고 욕심이 많으며 충동적이요, 원칙이 없고 감정이 불안정해 허好/불호不好의 기복의 심하다.

□**무엇을 行하든 그것은 自身의 利益, 利己心을 充足시키기 爲함에서 비롯된다.** 따라서 평상시에는 매우 나태해 보이지만, 목표로 하는 것이라거나, 필요성이 느껴지면 전력全力을 다한다.

※<u>貪狼</u>은 桃花의 별이요, **財星이다보니 주색잡기나 예술적 기호嗜好로 편향되거나, 도화와 관련되는 일/ 사업**으로 돈을 벌어들이게 된다. 그러나 **고생을 거친 이후, 중년 이후가 되어서나 財貨의 축적이 가능**해진다.

·短點·;

※恒常 나에게 득이 되어야 한다거나, 타인보다 우월해야 한다는 심리적 스트레스/ 고통이 내재하며 남들이 자신을 기만欺瞞다는 <ruby>强迫觀念<rt>강박관념</rt></ruby>에 빠지기도 한다.

※자신의 장점이나 능력을 잘 표출시키지만, 자신에 대한 객관적인 인식이 부족하고, 현실을 직시하지 못하는 경향이 있다.

□비교/ 분석/ 평가하는 속성이 있으며 마음의 평정심이 상실되면 어디엔가 화풀이를 하려고 하는 성향이 강하다.

※人生살이를 弱肉强食(약육강식)의 전쟁터로 인식하는가 하면, 온갖 것을 경험해 보아야 한다고 생각하기도 한다.

그런가하면 탐랑 인은 일생이 虛荒(허황)되고 사치奢侈할 수 있다.

※坤命※

※坤命으로 貪狼이면 기호〈嗜好-취미, 즉 어떤 사물을 즐기고 좋아함〉에 빠지기 쉬워 풍화설월〈風花雪月-자연과 시/ 술/ 음악 등과 더불어 風流를 즐김〉하며 종교/신앙에 빠지게 되거나 신비한 것에 흥취하게 된다.

또한 命宮이나 복덕궁에서 정/탐을 만나는 조합이면, 대체로 예술/ 무용/ 체육 등으로 발현된다.

더불어 貪狼이 보.필/괴.월/천관/천복/천귀 등과 會合하면 社會的으로 상당한 지위까지 오를 수 있으며 녹존/화.령이 가해지면 富貴를 누리게 된다.

※貪狼은 질투嫉妬가 甚하고 음란하며 廉貞이 가해지면 이성의 접근이 쉬워지고, 살이 加해진다면 淫奔(음분)을 자행하게 되지만 탐랑이 공망지에 좌하는 경우라면, 오히려 端整(단정)해진다.

※貪狼인 女命으로 양,타/함지/천요/홍란 등이 들어오면 男/女 애정사에 파절이 많아진다.

·女命으로 夫妻宮에 貪狼이나, 右弼이 坐하면 作到三郞(작도삼랑)〈3번 혼인〉이다.

□相互 作用□

☆貪狼은 식록, 인연, 장수을 상징하는 화록과의 만남을 喜한다.

化祿과 化權은 횡, 發/財(발재)의 속성이 강해지며 化權은 이성과의 인연을 높혀 준다.

☆貪狼은 火星/ 鈴星과의 만남을 좋아하지만, 火. 鈴과 同會하는 경우에는 廟旺해야 發達하며 失地라면 災殃이 招來된다.

이들을 만나면 火貪, 鈴貪格이 되어 그 충동력이 강해져 名利에 有利해지는데, 특히 금전적 이익이 커지며 횡재할 수 있다. 그러나 火貪, 鈴貪格을 이룬다 해도 반듯이 록성을 만나야 비로소 부를 이룰 수 있

으며, 祿을 함께 만나지 못한다면 일시적인 횡재일 뿐〈<u>반듯이 깨지게 된</u>
<u>다</u>〉이요, 욕정을 탐하게 된다.

□貪狼은 화.령을 喜하고 타 살성은 忌하며 창/ 곡을 만나면 깨지는데
<u>文曲이면 더욱 그렇다.</u>

※화.탐/ 령.탐격은 사업주 명이며 화탐격의 영향력은 辰〉戌〉丑〉未의
순이요, 貪狼이 화.령과 동회하면서 사묘 궁인 辰/戌/丑/未位에 坐
하면 부귀의 상이다.

☆<u>空星〈劫,空/截,旬空亡〉</u>을 만나면 도화적 현상이 소멸되는데, 이러한
경우에는 곤명에 유리해 진다.

□<u>貪狼은 경양과 타라가 가장 두렵고, 化忌의 凶은 無, 弱하다.</u>
무   약

※貪狼이 양/타를 만나게 되면 음주/섹스/마약/도박 등에 빠질 수 있고
이성문제로 因한 관재소송에 휘말릴 수 있으며 화기/양,타 등을 만나
면 안면에 상처가 있거나 다치거나, 아니면 고질병이 있거나, 불구
가 될 수 있다. 여기에 천형이 가해지면 주색으로 인한 官災가 발생
관재
하거나, 犯法者가 되기도 한다.
범법자

※貪狼은 <u>자미/천부/탐랑/록존/천동/천상/천량</u> 등과 같이 해액성에 속하며
<u>자.부/ 탐.록</u>이 우선한다.

※탐랑이 천량을 만나면 풍류난속으로 풍속을 어지럽히며 파군을 만나
면 과음으로 몸을 상할 수 있다.

☆<u>칠살/ 파군/ 탐랑</u>은 항상 三方으로 만나게 되는데, <u>命</u>이나 <u>運</u>에서
이러하면 변화/파동이 많고 <u>破舊開倉</u>을 좋아하는 形態로 나타난다.
파 구 개창

※<u>命宮</u>에서 <u>貪狼과 文昌이 동수하면 분골쇄사〈粉骨碎死〉</u>로 단명을
暗示하며 <u>運에서 탐/창이면 작사전도作事轉倒</u>로 일이 깨진다.

▷탐랑이 거문과 동회하는 운에는 구설에 휘말 수 있으며 <u>탐랑이 파군</u>
<u>과 同宮하는 運에는 주색에 빠져 살다 황천길로 들 수 있다.</u>

<u>·탐랑, 화 록/권/기·</u>

·화록·

※貪狼 화록은 도화를 의미하는데, 本命/身.命에 貪狼 化祿이 좌하거
나, 탐랑 화록이 本命- 子女宮에 坐하면서 운으로 행할 때에도 桃花
가 초래된다.

□身/ 命에 祿存이 坐하는 桃花는 暗 桃花가 된다.

※貪狼 化祿이 田宅 宮에 坐하면 財를 主하며 이 또한 桃花를 뜻한다.

※탐랑 화록이 화/령과 만나는 화탐/령탐격을 이루면, 횡재를 뜻하며 의외의 재를 축적할 수 있겠으나, 돌연히 파할 수 있으므로 守財^{수재}에 유의하여야 한다.

※탐랑 화록이 겁/ 공과 동궁하면서 양/타를 만나면, 거래 상의 문제로 因한 破財로, 양/타가 동회하는 경우에는 절대 투기/투자는 금해야하며 **貪狼 化祿이 桃花星과 동회하는 운에는 色難에 依한 破財가 따른다.**

·화권·

※貪狼 化權은 **환경의 변화**를 뜻한다.

따라서 현재 무직인 상태라면 직장을 얻게 됨을 의미하거나, 發財/승진/전직이나 실/파직 등의 현상으로 드러날 수 있다.

※貪狼 化權이 命宮에 坐하면 **사람이 완고한 경향이 있으며 실권을 장악하려는 현상이 강**해진다.

※貪狼 化權이 疾厄이나 福德 宮에 **좌하면 손상/재해를 뜻함이요, 재백/관록 궁에 坐한다면 창업**創業의 象이다.

·화기·

※貪狼은 욕망의 神이요 도화의 별로, 化忌가 되면 도화로 인한 감정 紛亂이 수반되며 파재/관재/소송 등이 따르게 된다.

※貪狼이 化忌면 결과가 있어도 만족하지 못하고, 消費的^{소비적}〈돈을 쓰면서도 좋은 소리 듣지 못하는〉행태를 보이는가하면, 가정에 무책임한 경향이 있다.

※貪狼 化忌가 夫妻宮에 좌하면 양다리/婚外情事요, 官祿宮이면 背反事다.

※財帛 宮에 좌하면 도화로 인한 錢財 상의 분란이 따르고 질액/복덕에 좌하면 災厄이 多侵하며 지나친 성 생활로 인한 질환이 따른다.

※貪狼 化忌가 田宅宮에 坐하면 일생 도화로 인한 분란이 다회하며 부- 질선에 坐하면 **원인을 알 수 없는 질환**이 따른다.

※貪狼 化忌는 정신/정서적인 면을 主하며 물질적인 損失은 상대적으로 미미微微하다.

□貪狼 化忌가 **文星이나, 桃花星과 동궁하면서 貪狼 化忌면** 도화적 성향으로 나타나는 것이 아니고, **문학/예술적 소양이 발휘됨을 뜻**한다.

※貪狼 化忌는 <u>비뇨. 생식기계통/ 신장/ 당뇨/ 과도한 주색</u>에서 초래되는 후유증 등이다.

※貪狼이 化忌면 結婚 相談所를 하라!!!

☆貪狼(甲.木/癸.水)星의 適性과 職業/ 事業☆

□貪狼은 甲木이자 癸水의 별로 조화調和/도화桃花의 별이다.

따라서 <u>초등학교 교사의 직이 우선이요</u>, 원료나 <u>재료/목재/제지업이라</u><u>든지</u>, <u>연극/영화 등 연예계/ 악사樂師〈악기를 다루거나 가르치는〉/ 바둑</u> 등과도 관련된다.

※탐랑은 술〈酒類〉과도 관계가 깊어 <u>貪狼이 亥/子宮에 좌하면서 命宮이면, 술/女子에 관련되는 일/ 사업이며 亥宮의 貪狼이 타라와 동회하면 밀수입密輸入</u>이다.

※適性※
·<u>상업/사업 등 금전과 관련되는 직종</u>이나 업에 유리하며 지적인 분야에는 불리하다.

※專攻學科※
※文科※
† <u>언론방송/ 심리학과/ 종교학/ 경영학/ 호텔경영학과.</u>
※理科※
† <u>생물학/ 생명공학/ 농업/ 건축학.</u>
※藝/ 體能※
† <u>음대/ 미대/ 디자인학.</u>

※職業※
□<u>기획, 광고, 판촉, 영업/ 이벤트업/ 유흥업〈게임, 카지노〉.</u>

※事業※
※<u>사업욕이 강하고 금전을 추구하는 타입으로, 유흥. 오락업/ 경마 등,도박/ 기공, 선/ 한의업/ 음악, 미술 등 예술 관련되는 업목재, 가구/ 지물업.</u>

☆ 貪狼의 疾病 ☆
※貪狼의 身體는 간장肝/ 內分泌/ 生殖器系 疾患이다.

□·子-午/ 寅-申/ 辰-戌 坐 貪狼·□

※**腎臟= 콩팥/ 性技能**이 **弱**하거나, **神經衰弱/관절통= 류마티스** 등
이다.

※**子/午, 寅/申, 辰/戌**의 貪狼+ 六殺이면 위 現狀과 **腎臟 疾患/히스
테리/ 精神分裂症.**

※六殺이 없고, 曲.昌/ 補.弼/ 魁.鉞/ 祿存 등이 동회한다면 위 증상은
경미하거나 없을 수 있다.

☆巨文星 特徵☆

☆巨門星은 **시비구설/간섭/관찰/연구,탐구심/분석/평가/변론/외국성의 별이요, 구변생재口辯生財의 象**이다.

※性格이 세밀하고 연구심이 강하며 매우 신경질적인 면이 있다.

※언변에는 능하나, 말이 많고 타인들로부터 오해를 사기도 한다.

※巨門이 守 身/命하면 통찰력이 예민하고 령계와도 감응하며 의심이 많은데, 이러한 속성은 **분석/ 연구/ 연상력/ 호기심** 등을 증폭시키고 論理性을 擴張시킨다.

  ※命 坐 巨/日 組合은 **행정/ 법규/ 외교직**이 가하다.

⊡一般的 性向⊡

※巨門은 중용을 지킬 줄 알며, 남이 나를 범하지 않으면 자신도 타인을 범하지 않는다.

※※개인적인 사안들에 대해서는 대체적으로 드러내지 않으며 속과 겉으로 표현되는 바가 다르게 나타난다.

※巨門이 命宮에 좌하면서 그 격이 좋으면, **시비를 평가하는 입장이 되지만, 그렇지 않다면 본인이 시비구설**에 휘말리게 된다.

巨門의 시비는 主로 소인배들에 의한 시기 질투성 시비다.

※巨門은 많은 것을 배우고 익히는 것을 좋아하지만, 실제로 얻어지는 것은 적다.

또한 거문의 의심은 만족을 모르는 불만적인 요소로 표출될 수 있으며 대인관계에서 냉담冷淡해 질 수 있고 사교적인 측면에서도 불리한 요인으로 작용될 수 있다.

※巨門은 두뇌회전이 빠르고 경쟁력 또한 뛰어나지만, 호승심이 있어 他人에 지는 것을 싫어하며 반역성을 갖기도 하는데, 이러한 성향으로 인해, **힘들고 고통스런 시기를 보내기도** 한다.

▷巨門은 人生살이를 노력努力과 相互 경쟁競爭하며 살아가는 과정過程이라고 인식認識한다.

⊡短點⊡

※巨門은 옳고 그름/시비의 소용돌이에 휘말릴 수 있으며 무엇이 옳고 그른 것인지 조차 혼란스러울 수 있다.

※巨門은 대인관계에서 **유언비어/구설/시비 등으로, 오해를 받거나 억울함을 당하기 쉽지만, 이를 해명하기가 어렵고 해명 할수록 오히려 더욱 곤혹**스러워진다.

※여러 사람들과 무엇을 도모했다 해도, 자신이 비난의 대상이 되기 쉬우며 때론 自暴自棄(자포자기)의 상태에 놓이기도 한다.

※생각해서는 안 되는 일들을 생각하게 되고, 그래서는 안 된다는 사실을 알면서도 그러한 생각을 한다는 것 等으로 부터의 自責(자책)과 煩惱(번뇌)에 빠지기도 한다.

※坤命※

※坤命으로 巨門이면 매우 마땅치 않은데, 좌 수명하면 비록 묘왕지라 해도 불리하여 男女 애정사에 파절이 따르며 성패의 기복이 많다.

※陷地면 喪夫剋子요 편방〈偏邦;첩살이〉으로 논하고 기혼자이거나 혼인에 실패한 사람과 인연하게 된다.

※巨門인 坤命은 **검은 듯 하면서도 매끄러운 皮膚를 가지는데, 廟旺하면 純白이요 魁/鉞과 同宮하면 그 皮膚가 매우 誘惑的(유혹적)**이다.

또한 坤命의 巨門은 대인 간에 있어 인연은 좋지만, 그들과 어울리려고 하지 않는 경향이 있다.

☆相互 作用☆

☆巨門의 **흉의를 해소하는 별은 녹존**이며 보.필/ 괴.월/ 곡.창과의 만남은 喜하나 상문은 忌한다.

補/弼을 만나면, 巨門의 시기/의심하는 속성이 사고력으로 화하며 아랫사람들이 많다.

魁/鉞은 사람을 중후하게 하며, 좋은 기회가 많아진다.

曲/昌은 학습능력을 높이며 상황에 맞는 언어를 구사하게 하여 시비를 줄여준다.

天馬를 만나면 분주하기만 할 뿐 실속이 없는데, 이를 해소시켜주는 별은 록성으로 거문은 **천마**와 화록/녹존을 함께 만나야 비로소 성공하게 된다.

☆巨門星은 시비의 별이어서, 타 살성과의 동회를 매우 꺼리게 되는데, 가족과의 인연이 박해지며 악행을 범하기도 한다.

특히 **擎羊/火星**을 만나면 살아가면서 파절이 많아지며 **겁/공**을 만나면 공상으로 흐를 수 있다. 그러나 **타라와 령성은 그 해가 덜하며 록성을 만나게 되면 그 흉액을 해소**할 수 있다.

※辰.戌.丑.未의 巨門은 **손해/분실/도난**을, 亥 宮의 巨門 化忌는 타인에 의한 **비방/시비/상해**를 뜻하며 寅.申.巳.亥의 巨門은 역마성이다.

·거문, 화 록/권/기·

·화록·

※거문은 시비구설을 주하며 화록이면 설득력이 증폭되지만, 도화적 속성이 내재하므로 타 도화성을 만난다면 애정사에 의한 감정 상의 곤우가 따르게 됨을 의미한다.

※거문 화록은 **교직/변호사.검사 등의 법조계나 언론.출판계/비평가 등 구변을 주하는 직종에 적합하며 연예계**도 可하다.

☆거문이 관록궁에 좌하면서 화록이거나, 복덕궁에 좌하면 일생 口福이 따르게 된다.

·화권·

※巨門 化權이면 巨門의 시비구설은 타인에 대한 배려와 설득력으로 轉化(전화)되며 **사회적인 지위와 영향력이 증폭**된다.

※巨門 化權이면 구변을 주하는 직업 군인 **교육계/외교/변호사.검사/ 방송.언론계/중개/판매, 세일즈/ 연예계** 등에 적합해 진다.

·화기·

※巨門은 暗星으로 化忌가 되면 암성이 더욱 증폭된다.

※巨門 化忌가 좌 入命(입명)하면 자신의 언행으로 인한 인사시비요, 대인들로부터 忌避(기피)의 대상이 되거나 혐오嫌惡의 대상이 될 수 있으므로, **말 수를 줄이고 언행에 신중을 기해야** 한다.

또한 거문이 化忌면 시비구설의 현상이 더욱 가중되기 쉽다.

※巨門 化忌는 人身 上의 시비/ 구설.언쟁/ 관재/ 소송/ 손재를 의미한다.

※**天刑과 官符가 巨門 化忌를 夾**하면 학업/혼인/여행/구직/사업/부동산 매매 등 일상의 모든 면에 불리하며 관재구설이 따른다. 그러나 **대중 강연이나 是是非非(시시비비)를 가리는 경우이거나, 논쟁 등에서는 오히려 有利(유리)**하게 작용된다.

※巨門 化忌가 財帛 宮에 坐하면 금전 상의 시비요, 官祿宮이면 사업 적인 측면에서 시비가 초래된다.

※巨門 化忌가 **부- 질선에 入하면, 타인의 일에 불필요한 참견/잔소리〈특히 坤命〉가 많아지고 不知^{부지}의 질환이 따를 수도** 있다.

※本命 疾厄宮이 丁 干이면서 거문이 命/財/官에 坐하면, **상해/납치 납치사**가 따르게 되며 본명 전택이 丁 干이면서 巨門이 辰/戌/丑/未 位에 坐하면 **도난사**가 있게 되는데, 이는 運에서도 같아 **대한/유년의 질액궁이 본명 命/財/官을 행하면서, 巨門 化忌가 좌하면 상해/ 납치拉致되는 일이 발생**될 수 있다.

☆巨門(癸.水/己.土/辛.金)星의 適性, 職業/ 事業☆

□巨文星은 주로 **언변이 활용되는 일이나, 업**〈외교/변호/비평/보험/세일즈 등〉**/교육/출판/의료/종합병원** 등과도 관련되며 거문은 또한 암성이어서 **무허가/자격증이 없어도 되는 밀수/도박** 등과도 관련되며 **정상적으로 허가를 내서 행하는 영업이라면 오히려 불리**하다.

□巨文은 **교육계 등, 언변/ 말솜씨를 활용하는 일/ 사업**과 관계되고, **출판/인쇄/의료**에도 가하며 거문은 도박賭博의 별이기도 하여 무엇을 걸고 하는〈도박/ 밀수 등...〉일과도 관련한다.

※ 거문은 진료과목이 많은 종합병원이요, 천량은 전문병원이다.

※適性※
※자신의 특수한 재능을 발휘할 수 있는 직종, 분야에 유리하며 **문학/ 사법/ 의약 업** 등과도 관련된다.

※專攻學科※
※文科※ †**법학/ 교육, 사범대, 신문방송학과/ 통계학과.**
※理科※ †**건축, 컴퓨터공학/ 의대/ 식품가공학.**
※藝/ 體能※ †**연극, 영화/ 성악과.**

※職業/ 事業※
※어느 한 분야를 파고드는 성향을 갖으며 口辯과 분석력이 뛰어나다.
※**변호사/ 외교/ 평론가/ 교육,학술연구 분야/ 의약/ 역학.**
 중개/ 경매인/ 광고업.
※**아나운서 등, 언론/ 방송계통업/ 기자.**

·子-午/ 巳-亥 坐 巨門·

※ **알레르기성 체질**이거나 **기관지- 호흡기계/ 위장-消化器 疾患**이다.

↳ 子-午/ 巳-亥의 巨門+六殺이면 위 現狀과 더불어, **肝臟疾患/귀병/ 泌尿器系/ 性病** 等이다.

※ 六殺이 없고, 曲.昌/ 補.弼/ 魁.鉞/ 祿存 등이 동회한다면 위 증상은 경미하거나 없다.

·卯-酉 坐 巨門·

※ 卯.酉宮에서는 機/巨가 同宮하며 **위염.장염**의 증상이 나타난다.
이 경우 화록을 만나면 그 증세는 약하지만 化忌면 심하다.

·丑-未 坐 巨門·

※ **부스럼症**이 있거나, **過慾으로 因한 스트레스**가 따를 수 있다.

↳ 丑/未의 巨門+ 六殺이면 위 現狀과 더불어 **皮膚질환- 부스럼/ 胃臟/ 췌장疾患**이다.
特히 **擎羊과 同宮**하면 **애꾸눈**이 될 수 있다.

※ 六殺이 없고, 曲.昌/ 補.弼/ 魁.鉞/ 祿存 등이 동회한다면 위 증상은 경미하거나 없다.

·辰-戌 坐 巨門·

※ 幼 소년기에 **도상刀傷**이 따를 수 있고, **알레르기성 體質**이 되거나 **消化器系/ 呼吸器系疾患**이 따를 수 있다.

↳ 辰-戌의 巨門+ 六殺이면 위 현상과 더불어, **간장질환- 술로 因한 간경화/ 알콜중독/ 귓병/ 폐암/ 위장질환/ 泌尿器系疾患- 性病/ 變態 性慾者**가 될 수 있고, 巨門 化忌면 **귓병**이거나, **眼疾**이다.

※ 六殺이 없고, 曲.昌/ 補.弼/ 魁.鉞/ 祿存 등이 동회한다면 위 증상은 경미하거나 없다.

☆天相星 特徵☆

☆天相星은 **의식/생활의 정취,향수/ 他人救濟(타인구제) 고독/ 도장의 별**이요 蔭德의 별이나, **고유의 색깔〈個性〉이 없다**.

※기품있고 온화하며 자애심을 갖는다.

※천상은 선견지명이 있으며 거의 모든 면〈**衣/食/財/官祿 等**〉에서 복을 받는 복성이다. 그러나 유약하며 활동적이지는 못하다.

☆天相은 印星이요, 貴星이며 衣食의 별로서, **武曲/廉貞/ 擎羊/火星. 鈴星/化忌 等을 最忌**한다.

⊡天相은 고독성이 함축含蓄되며 대체로 **뒤늦게 철이 든다**.

※天相의 질환疾患은 **신장/방광/피부/비뇨기** 계통이다.

⊡一般的 性向⊡

※天相은 衣食의 별로, **생활의 안정과 사회적 地位(지위)를 높이며 정신적 향수를 추구**한다.

※먹고 마시는 것을 즐기는 美食家(미식가)요, 직업적인 측면 또한, 의류/음식/ 복지사업 等, **의.식.주와 관련되는 일에 적합**하며 일생 한 가지 일에 從事하는 경우가 많으며 빈한貧寒하게 살지 않는데, 묘왕지라면 더욱 그러하며 안정된 삶을 살아간다.

※天相은 체면과 원칙을 존중하며 누구를 원망하거나, 일이 고생스럽다 해도 마다하지 않는다.

※타인에 베풀기를 좋아하지만 그 대가를 바라지 않으며 술과 음식을 좋아하지만 **때와 장소를 가릴 줄 고, 술을 마셔도 醉(취)하도록 마신다거나 色(색)을 貪(탐)하는 것이 아니고, 즐기기 위한 것**이다.

※天相은 성격이 침착하고 언행에 신중하며 일 처리가 야무지다. 더불어 天相은 일을 行함에 있어 **責任感있게 最先을 다**한다. 그러나 개성이 약하고 모험을 싫어하여, 창업을 **한다거나 事業主(사업주)보다는 참모의 직에 적합**하다.

※天相은 고독성이 있어 가족과의 연이 박하며 乾命으로 命宮이 天相이면 일반적으로 그 妻가 家權을 行事하게 되지만 그 배우자와는 和睦(화목).

※天相은 인印 즉 도장을 의미하므로, 도장을 사용하는 사람에 의해 그 용도가 달라지며 쓰임의 선/악은 모여드는 별들에 의한다.

※신기한 것에 대한 호기심이 많으며 정의감이 있어 의협심을 드러내기도 한다.

※천상은 피부가 좋으나, 천요를 만나면 신장이나 비뇨기 계통의 질환이 있게 된다.→ **死地면 더욱 그렇다**.

※천상이 묘왕하면 귀가 밝으나, 함지라면 오히려 어둡다.

·短點·

※天相은 원칙을 존중하다 보니, **"반듯이 ~해야 한다"**라는 등의 조건들에 빠져들 수 있으며 **세상이 불공평하거나 歪曲되었다는 시각을 갖는^{왜곡}** 가하면, 자신이 생각하는 원칙이 타인들에게 원칙으로 받아 드려지지 않을 경우에는 獨斷을 행하게 되는데, 타인들 입장에서는 융통성이 없는 것으로 비쳐 질 있다는 것이다.

※때로 동정심 때문에 원칙을 잃어버리게 될 때에는 자신의 행위에 대해 괴로워하기도 한다.

※坤命※

□天相 坐 女命은 작고 야무진 面이 있다.

·坤命으로 天相은 근검절약하며, 수명하면서 묘왕하면 온화단정하다.

※총명하며 도덕적이요, 男子보다도 正義로운 면을 갖으며 길성을 만나면 귀부인의 명으로 논한다.

※天相의 동정심, 베품은 상대방으로부터, 자칫 애정적인 측면으로 받아 드려질 수 있어 도화문제를 발생시킬 수도 있다.

※桃花星을 만나게 되면 애정의 波節이 따르게 되며 재혼/妾/再娶 등의 현상으로 나타난다. 그렇다 하더라도 물질적으로는 풍요를 이룬다.

□**桃花星; 曲,昌/ 咸池/ 天妖/ 大耗/ 紅鸞/ 天喜/ 沐浴/ 貞,貪.**

☆相互 作用☆

☆모험을 싫어하고 안정을 추구하는 천상은 살성을 만나야 奮發할 수 있게 되는데, 이 경우에는 반듯이 록성이 함께 들어 와야 하며 그렇지 않다면 기술에 의존하고, 고생만 따를 뿐 소득이없기 쉽다.

□廉貞星의 惡性을 제압할 수 있는 별은 천상이다보니 天相은 小人輩^{소인배}들에게 있어서는 눈에 가시와 같은 對象이 되기도 한다.

※천상이 함지에 坐하면서 **무곡/염정/탐랑/파군/양.타** 등이 命/身宮으로 회조되면 기예로 살아가며 **천형/대모/화.령/겁.공** 등을 만나면 육친과 형극刑剋하며 신체장애가 따를 수 있다.

※천상이 록존을 만나면 오히려 불미不美해 지고, **煞이 加해진다면 刑剋/傷害/ 囚獄事가 따르기도** 한다.

※刑囚夾印※

※子/午의 貞/相이 경양과 동궁하거나, 경양이 천이에 좌하여 命을 沖하는 경우로, 관재가 초래되며 酉宮의 천상을 염정이 沖하는 경우에도 역시 兇하다. 그러나 命.財.官.田에서의 재음협인財蔭夾印〈巨門 또는 巨門 坐位가 化祿되는 境遇〉은 위길爲吉하다.

※天相이 武曲과 同宮하는 경우, 寅/申宮의 武/相은 刑忌夾印^{형기협인}이 두렵지 않고, **刑忌夾印은 天相이 單守하는 경우에만 성립**된다

☆천상, 화기☆

※**天相 化忌는 인감/증명/문서 等**의 僞造를 뜻한다.

※天相 化忌가 命宮에 坐하면 **문서/문건 上의 시비. 착오**요, 田宅宮에 좌하면 부동산매매에 시비가 발생된다.

☆天相(壬.水)星의 適性과 職業/ 事業☆

▢天相은 **관리官吏/ 의식衣食의 별**이다.
乾命으로 天相이면 공직이요, 坤命이면 기성복을 가공하는 일 등, 봉재/재봉이요, 고급 음식점/ 뷔페/ 의류/ 映像, 촬영업 등과도 관련된다.

※適性※
▢학문/ 정치/ 경제/ 종교/ 서비스 등의 全 分野야에서 유리하다.
※專攻學科※
※文科※
†사회복지/ 세무/ 법학/ 행정/ 경영/ 심리학과.

※理科※
†식품/ 요리관련학과/ 의류학.
※藝/ 體能※
†디자인/ 연극영화학.

※職業※
※세무/ 법무/ 공무원/ 은행,증권/ 부동산중계인/ 연예인/ 사회자.

※事業※
※창업이 쉽지 않고, **개인 사업보다는 직장생활이 더 有利**하다.
※백화점프랜차이즈〈사용권,독점판매권〉대리점/ 의류대리점.
　부동산/ 식당 등 서비스업.

☆天相의 疾病☆
※天相의 身體는 膀胱/ 排泄系統의 疾患이다.

⊡丑-未/ 巳-亥 坐 天相⊡
※비장= 지라/ 신장= 콩팥/ 방광技能이 弱할 수 있다.
↳丑-未/巳-亥의 天相+ 火/ 鈴과 동궁이면 **四肢- 手足損傷**이요, 羊/
陀와 同宮이면 **外傷/ 胃腸疾患**이다.
※六殺이 없고, 曲.昌/ 補.弼/ 魁.鉞/ 祿存 등이 동회한다면 위 증상은
경미하거나 없다.

⊡卯-酉 坐 天相⊡
※脾臟=지라/신장=콩팥技能이 弱하거나, **皮膚/비뇨기계- 泌尿器系
疾患**이 따를 수 있다.
↳丑-未/ 巳-亥의 天相+ 六殺이면 위 現狀과 더불어, **四肢-手足損傷**
이요, **담=膽〔쓸개〕/ 위장질환**이다.
※六殺이 없고, 曲.昌/ 補.弼/ 魁.鉞/ 祿存 등이 동회한다면 위 증상은
경미하거나 없다.

☆천량天梁 星☆

☆天梁星 特徵☆

☆天梁은 **음덕/ 청고/ 감찰/ 의약/ 혜안/ 노인 성이요, 사고, 상상/ 학술/ 기획/ 원칙/ 법제法制/ 변론/ 탄핵/ 종교/ 약물/ 형극刑克/ 고독** 等과 通한다.

※복기와 수명을 주관하며 음덕蔭德이 있다.

※결단력/ 보스적 기질이 있으며 타인을 구제救濟한다.

※天梁은 **노인성으로 부모/ 윗사람/ 직장의 상사/ 선배** 등을 의미하기도 한다.

·一般的 性向·

※天梁은 스스로 청고함을 지키고, 명예/ 원칙을 중시하며 공명정대함을 추구한다. 더불어 天梁은 **물질/ 권위/ 구재 사업이나 장사 등을 重視하지 않기 때문에 공직이나 종교/ 철학/ 신선술/ 현공학 등에 적합하며 특히 불교와 연관**된다.

※중후하고 이지적이요, 일을 행함에 있어서는 신중하게 처리하며 결단력을 갖는다.

※사고/ 상상력이 풍부하고 策略에도 능하며 어떤 어려움, 逆境도 두려워하지 않지만, 행동력이 敏捷하지 못하고 일을 뒤로 미루거나 그 일에 임박臨迫해서야 沒頭하는 성향이 있다.

※천성적으로 고집이 세고, 어린 시절 어른스럽다는 소리를 들으며 성장하지만, 자신의 입장과 원칙을 고수하려는 경향으로 인해 나이를 더해 갈수록 완고해 진다.

※天梁의 蔭德性은 災殃이나, 생사의 위험에서 벗어나거나, 父母로부터 遺産을 받게 되는 등, **逆境/ 危險을 겪은 이후에 비로소 안정을 이루게 되는 특성**을 갖는다.

※天梁은 **종교/ 醫藥星**으로, 天梁이 命,身/ 官/ 福德宮에 坐하면 불교 신앙이 깊으며 **철학. 종교철학. 의학. 현공학 등을 연구하는 것**이 적합하다.

·宗教星·: **天機/ 天同/ 天梁**.

·特性·

※自身이 타인들과는 격이 다르다고 여기며 세상과 조화를 이루지 못한다고 생각한다.

※돈/명예/권세 등을 쫓으며 서로 다투고 싸우는 상황들에 대해서는 低質感(저질 감)을 갖는다.

※게으르다거나, 노력 없이 무엇인가 큰 것을 바라기만 한다거나, 자유분방하게 산다거나.... 하는 등, 다 방면으로 타인들로부터의 오해가 따르기도 한다.

※필요성을 느끼지 못한다거나, 자신이 추구하는 바와 相異(상이)하다고 생각되는 것/ 일 등에 대해서는 等閑視(등한시)하는 경향이 짙다.

※坤命※

※坤命으로 天梁이 수명하면 다소 활달하고 포용력을 갖는다.

※男性的인 성향이 있어 리더의 역활을 해내기도 한다.

※命/身으로 天梁과 巨門이 分居(분거)되면 혼인생활이 불미해 지며 天梁이 함지에 좌하거나 夫妻宮으로 殺(살)이 들어오면 생리사별이요, 함지면서 살이 가해지면 삼부극자喪夫剋子의 象(상)이다.

☆相互 作用☆

☆天梁은 모든 宮位에서 봉흉화길의 역량을 발휘하지만, 午나 子宮이면 더욱 그러하다. 그러나 天梁이 양,타/화성/화기 등에 의해 沖破되면 시비/분파/형극 등이 초래되며 타 살이 加해지면 신선술/역 철학 등, 현공학을 익히거나 불문에 들기도 한다.

☆天梁이 보,필/ 곡,창 등을 만나면 文武(문무)를 갖추는 고급관리가 될 수 있으며 괴/월을 만나면 일생 기회가 많고 권력과 가까이하며 천마를 만나면 방탕해 지는데 巳/亥宮의 天梁이면 더욱 그렇다. 그러나 祿星(녹 성)을 함께 만난다면 이러한 현상은 해소된다.

☆天梁이 길성의 도움없이 살성만을 만나게 된다면, 인생살이가 불안해 지는데, 사살이면 재능은 있으나 발휘하지 못하게 되고, 함지에 좌하면서 경양/화성을 만나면 고독/ 夭折(요절)의 命이며 겁/ 공과 동궁하면 超脫(초탈)한 사상의 소유하며 삼방으로 들어오면 시대를 초월하거나, 시대 潮流(조류)를 역행하며 그 행위가 亂雜(난잡)하고 거칠다.

□天梁과 대모가 동궁하면 용두사미요, 파군과 동궁하면 거지〈乞人〉의 命이다.

※천량은 사심이 없으나 천마를 만난다면 이중성이 드러나며 악행을 서슴치 않기도 한다.

□天梁星은 녹존이나 화록을 만나야 富할 수 있으며 蔭煞^{을 살}을 발동시키게 된다.

→天梁은 **神/ 蔭煞은 鬼의 象**이다.

□命宮에 天梁과 **대모가 동수하면 용두사미며 飄蓬之喀**〈표봉지객〉이요, 破軍이 대모와 함께하면 거지다.

·父母宮에 **함지인 天梁이 좌하면서 타라와 동궁**하면, 母^모 再嫁^{재가}다.

☆천량, 화─ 록/권/과☆

·화록·

※천량은 감찰성이요, 청귀함을 主하는 별이어서 **天梁이 화록이라면 오히려 번거로움, 번뇌가 증폭되며 대인관계 또한 不美해 지는데, 巳/ 午宮의 天梁이면 더욱** 그렇다.

※天梁 化祿은 음덕/수복/해액을 主하며 命/疾/田/福 宮이면 신체가 건강하고 장수한다.

※公職者의 命으로 官祿宮에 天梁 化祿이 좌하면 **과실/뇌물수수/청탁 請託** 등과 관련되며 父母宮이라면 父母의 蔭德이 있음을 의미한다.

□天梁 宮 干의 化祿이 命宮으로 飛入^{비입}되면, 명리/동양 오술/의약성의 의미를 갖는다.

·화권·

※天梁 化權은 **시험/ 승진에 유리**함을 뜻한다.

※天梁이 화록이면 오히려 不美해 지지만, 天梁이 **化權이면 청귀함이 증폭되고, 관리/감독 등의 업무에 적합해지며 보좌성이 가해지면 권력과 지위**를 얻는다.

□대한/ 유년에 천량 화권을 만나면, 그 운에 이름을 얻는다.

·화과·

※天梁 化科는 지혜/ 관찰력 等이 증폭된다.

※**시험/고시** 등에 유리해지며 발탁拔擢되거나, 시험에 합격함을 의미.

□天梁이 化科면 **災難이 있어도 약하며 쉽게 해소**될 수 있다.
→手術을 해야 할 상황이나, 약물치료 만으로도 가능해지는 등~
※命宮에 천량 화과가 좌한다면 **보육/보험/사회봉사/의료** 등의 직종
에 적합하며 피흉, 개운의 방편이기도 하다.

□·화기·

※天梁 化忌는 주로 남자육친 중, **윗사람/ 장자의 缺損**을 뜻한다.
□天梁 化忌가 官祿宮에 좌하여 夫妻宮을 沖하는 경우라면, **배우자의
父母가 早亡한다거나 의지할 육친이 없음**을 뜻한다.

☆天梁(戊.土)星의 適性과 職業/ 事業☆

□天梁星은 五行 上 戊土의 土星이자 대인 성으로 타인들을 돌보고 살피는
일/ 사업과 관련되기 쉽고 양로원/ 사업 허가를 얻은 진료소/ 고급기구/ 한약재(방)
등이다.
□天梁星은 대부분 정부기구의 공무원과 관련되며 국가기관의 고위직/ 고급
간부 等이요, 요식업/ 유흥주점/ 카라오케나 댄스홀의 지배인/ 기획사 메니져
등의 관리직 등과도 관련된다.

※適性※ ·교육/ 의학/ 종교/ 법/ 정치/ 사업 등에 적합하다.

※專攻學科※
※文科※
†법학/경영/ 정치외교/사범대/사회복지/종교/심리/사관학교/
경찰대
※理科※
†의대/ 한의대/ 약대
※藝/ 體能※
†미대

※職業※
≻법률,변호/ 감독/ 공무원/ 의약,한의학/ 보험업종이 適合하다.

※事業※
※法律/ 의약醫藥과 관련된다.
≻법/ 의약/ 교육분야/ 종교.역술/ 보험업 等.

☆天梁의 疾病☆
※天梁의 身體는 頭腦/ 胃〈밥통〉/ 乳房疾患이다.

·子-午/ 丑-未 坐 天梁·
※신장= 콩팥技能이 약할 수 있다.

↳子-午/ 丑-未의 天梁+ 六殺이면 위 현상과 더불어, 心臟疾患이다.
※六殺이 없고, 曲.昌/ 補.弼/ 魁.鉞/ 祿存 등이 동회한다면 위 증상은
경미하거나 없다.

·巳/ 亥 坐 天梁·
※心臟/ 腹部疾患이거나 高血壓이다.

↳巳/亥의 天梁+ 六殺이면 위 현상과 더불어, 腹部疾患이다.
※六殺이 없고, 曲.昌/ 補.弼/ 魁.鉞/ 祿存 등이 동회한다면 위 증상은
경미하거나 없다.

☆七殺星 特徵☆

☆七殺星은 **독립/ 용맹/ 리더쉽/ 장군/ 성급/ 변화, 고독의 별이요,**
권위/ 獨斷獨行/ 모험/ 좌절,망설임/ 변동 등과 통한다.

※성격이 매우 급하고 예민하며 냉정하다.

※**善/ 惡이 극단적으로 나타나며 타협할 줄 모르고, 고독**하다.

※칠살은 활동적이요, 부지런하고 어떤 어려움도 돌파해 내지만, 고독
성이 含蓄되며 **외톨이가 되기도** 한다.

※女子들이 좋아하는 스타일이며 **감투욕이 있어 동네 통반장**을 하는
경우도 많다.

※**身宮**의 七殺은 외부의 일로 집을 자주 비우는 현상이 있게 된다.

□一般的 性向□

※七殺星은 독립심/의지력이 강해 무엇이든 스스로 해결하려하고, 어려
움에 처하더라도 능히 극복해내며 리더쉽을 갖는다.
또한 七殺은 타인의 간섭을 싫어하며〈他人의 일에 關與하는 것 또한 좋아
하지 않는다.〉용맹하고 모험심이 강하지만, **의심이 많고 好 不好의**
감정기복이 심하다.

▷**學窓時期에는 反抗心理로 表出된다.**

※七殺이 묘왕지에 좌하면서 자미와 타 길성을 만나면 生殺權을 장악하
며 무직에 적합하다.

※七殺星은 위세가 당당하며, 그의 행위는 타인들을 복종僕從케 하지만,
진정한 服從이 아닌 입으로 만의 복종이 된다.

※권력/물질적 욕구/투기성이 강하지만, 파동이 따르며 **일생에 한차례**
정도는 중대한 좌절을 경험하게 되는데, 이는 현실과 자신의 이상이
다르기 때문에 隨伴되는 현상이다.

※七殺은 사업적으로 경쟁자나 번잡스런 일들이 많게 되는데, 겁.공이나
대모 등을 만나면 더욱 그러하다.

※七殺은 연애를 해도 **정해진 대상이 없으며 우연히 만나는 사람들과**
몇 마디 말로 시작되는 경우가 대부분이요, 불같이 타오르다 얼음같
이 식어버리다 보니 외도하기 쉽고, 여기저기 씨를 뿌리는 현상
이 나타나기도 쉽다.

□ 短點 □

※ 七殺은 성격이 급하고 끈기가 부족하며, 신중하지 못한 면이 있다.

※ 무엇을 해도 야무지게 끝맺기가 쉽지 않으며 안정적이지 못하여, 결과물이 없는 경우에는 더욱 안정하지 못하는 등, 혼돈에 빠지기도 한다.

※ **앞으로만 돌진해 나가다 보니, 뒤를 배려/생각하지 못하며 강한 고독감에 휩싸이기도** 한다.

※ 一生을 살아가면서 迂餘曲折^{우여곡절}이 많고, 고난이 따르며 신체를 傷^상하기도 한다.

※ 坤命 ※

※ 坤命으로 七殺이면 **남성의 기개을 가지며 여장부의 기질**을 갖는데, 칠살이 묘왕하면서 길성을 만나면 왕부익자하나 **함지면서 살을 만나면 刑剋^{형 극}이 심해지고 夫^부/자녀와 이별하거나 하천한 인생**이 되도 한다. 그러나 夫妻와 福德 宮이 좋다면 오히려 집안을 일으킨다.

※ 寅/申의 武/相은 夫妻宮이 貪狼이므로, 혼인생활이 불미해 질 수 있으며 辰/戌의 紫/相은 奔走多變^{분주 다변}하여 현실적으로 안정하기 어렵다.

☆ 相互 作用 ☆

※ 七殺은 **祿存/ 昌. 曲과의 만남을 반기지 않는다**.

☆ 七殺은 대체적으로 살성을 두려워하지 않는데, 묘왕한 경우라면 더더욱 그러하다. 그러나 **사살을 모두 만나는 상태에서 록성의 부조가 없다면 신체를 손상하거나, 不具^{불구} 또는 夭折^{요절}**할 수 있다.

☆ 七殺이 曲/昌을 만나면 방랑/방탕한 삶이 될 수 있으나 巳/亥 宮의 紫/殺이나, 丑-未宮의 貞/殺 組合이면서 魁/鉞을 만나는 경우라면 오히려 威權^{위권}한다.

☆ 七殺이 천마를 만나면 실속 없이 바쁘기만 하지만, 天馬를 만나면서 록성이 들어온다면 그렇지 않다.

※ 七殺이 **좌 수 명하면서 곡.창을 만나면, 많이 배운다 해도 정통하지는 못하는 현상**을 보인다.

※ 七殺과 將軍이 夫妻宮에 坐하면 그 부夫는 恐妻家^{공처가}일 수 있다.

☆ 七殺은 破軍, 貪狼과 함께 살.파.랑 조합을 이루며 橫發橫破^{횡 발 횡 파}의 기복이 심해진다.

※ 七殺 + 羊, 陀는 곱추다.

□ 七殺과 巨門이 동궁하면 살〈死〉를 의미한다.

·화권·

※化權은 실권를 장악함이요, 창업을 주관하며 七殺 化權이 命/ 遷/ 財/ 官에 좌하면 일에 성과가 따르겠지만, 疾厄/ 福德 宮에 坐하는 경우라면 재난災難이 많아진다.

·화기·

■七殺 化忌는 死亡星이요, 意外의 災難을 뜻한다.

※七殺 化忌가 疾厄/ 福德 宮에 坐하면 신체에 傷害(상해)가 있을 수 있으며 父母宮에 좌하면 하는 일없이 떠돌아다니는 현상이 있게 된다.

※子女敎育에는 무관심無關心한 행태行態를 보인다.

☆七殺(丁.火/辛.金)星의 適性과 職業/事業☆

□七殺은 肅殺星으로 **군/경직**에 適合하며 **금속 분야나, 선박업船舶業/ 무게도 열차/ 금속으로 만들어진 기기, 기구/ 살상력을 갖춘 기기 나 물건/ 부두埠頭의 선박** 등과도 관련된다.

※칠살은 상업에 적당치 않다.

※適性※
⊡특수분야에 적합하며 **모험가/ 군인/ 정치가** 등과도 관련된다.

※專攻學科※
※文科※
경찰대/ 사관학교/ 법학/ 금융/ 경영학과.
※理科※
기계, 금속/ 건축/ 치 의대.
※藝/ 體能※
체육/ 미대, 조형학과.

※職業/ 事業※
※권력욕이 강하고 한번 마음먹은 것은 끝까지 해내려고 하며, 힘 든 일 일수록 유리有利해 진다.

※기계, 금속/건축/ 조각/ 치과, 외과의/ 풍수/ 장의업.

※위의 직종 + 군,경,사법 분야의 감사업무/ 미용업/ 정육점.

☆七殺의 疾病☆
※七殺의 身體는 肺허파/ 呼吸器系 疾患다.
□七殺은 死亡 星이기도 하다.

⊡子-午/ 寅-申/ 辰-戌 坐 七殺⊡
※**장臟 疾患**이거나 **치질痔疾**이다.

↳子-午/寅-申/辰-戌의 貪狼+ 六殺이면 위 현상과 더불어, 外傷^{외상}이다.

※六殺이 없고, 曲.昌/ 補.弼/ 魁.鉞/ 祿存 등이 동회한다면 위 증상은 경미하거나 없다.

☆破軍星 特徵☆

☆破軍은 **창조/ 개혁,변혁/ 모험/ 변화,변동/ 고독의 별이요, 先鋒(선봉)/ 노록분파/ 파절/ 관재송사** 등과 통한다.

※고집/자존심이 과강하고, 감정기복이 심하며 창업에는 능하나 지켜내지는 못하는 경향이 있다.

※**변화,변동/ 혁신,혁명성이 强하며 소모/ 파괴** 등을 의미한다.

※夫妻/子女/奴僕을 의미하며 **損耗星(손모성)으로, 혼인생활에 不美(불미)함**이 따른다.

⋅一般的 性向⋅

※破軍은 주관/결단/행동,활동력이 강하고, 체력이 좋으며 언행은 선동적煽動的, 직선적이요, **감정의 기복이 심**하다.

※性格이 급하고 투기/모험심이 강하며 새로운 것에 대한 욕구가 강하다보니 **변화/ 개혁을 좋아한다**.

※破軍은 활동적이다 보니 이것저것 배우는 것을 좋아하고, 레저 활동을 좋아하게 되는데, **등산/낚시/사냥/여행/스포츠** 등이다.

※주관/고집이 강해 **한번 마음먹은 것에 대해서는 끝장을 봐야하고 타인의 간섭/ 지시를 싫어하며 일을 처리함에는 엄격嚴格한데, 이러한 성향은 창업으로 이어지며 뛰어난 리더쉽을 발휘하기도** 한다.

※破軍은 자신감/분발력이 있어 고난/역경도 두려워하지 않으며 실패가 따른다 하더라도, 屈伏(굴복)하거나 포기抛棄하지 않는다.

※破軍은 타인에 베풀기를 좋아하나, 상대방은 고려하지 않는 자기 방식대로요, **대인관계에 융통성이 없어 베푼 만큼 인정받기힘들며 많은 노력과 고생이 있은 이후, 성취**하게 된다.

※破軍은 耗星(모성)으로 함지에 좌하면, 가족이나 주변 인들과 화합이 어렵고, 고난이 심해지는데, 소모/파괴/신체 형상 등으로 나타나며 **묘왕지라면 특수한 전문적인 기술이 발휘**된다.

□**紫微의 리더쉽은 倨慢(거만)함이 있으나, 破軍은 카리스마가 강한 리더쉽이다.**

·短點·

※破軍은 정직한 듯 보이지만, 간사, 교활狡猾하며 사악하기까지 하다.

※감정의 기복이 심해 호 불호가 급변하며, 변덕스럽고 의심이 많다. 그런가 하면 만족할 줄 모르는 성향으로 인해, 목적한 바를 이루더라도 또 다른 무엇인가에 대해 욕구를 느끼게 된다.

안 될 줄을 알면서도, 그것이 깨질 때까지 행하는 특성을 갖기도 하는데, 이러한 파군의 성향들로 인해 항상 공허함/적막감寂寞感에 휩싸이기도 한다.

※破軍은 **주관/독단이 강해 대인관계에서 화합이 어렵고, 타협할 줄 모르는가 하면, 경쟁에는 이겨야하며 투기/도박을 좋아한다**.

※坤命※

※坤命으로 破軍이면 **外貌를 重視하며 여장부의 기개**를 갖는다.

※사치/허영심을 갖으며 신경질적이고 함부로 행하는 경향이 있는가 하면, **남자와 다투기를 좋아하나 반면 남자들로부터 호위護衛받기를 좋아하는 등, 여왕벌과 같은 속성이 함축**된다.

·*坤命으로 破軍이 守命하면 피부미인〈特히 속살이 희다〉이요, 火 6局의 命이면 더욱 그러하며, 生理시 痛症이 甚하다.*

☆相互 作用☆

☆破軍의 파괴성과 동성을 안정시켜주는 별은 자미요, 天梁은 破軍의 악을 제압하며 祿存은 破軍의 흉을 해소하지만, **廉貞/巨門/火星과의 만남은 흉기兇氣를 증폭시킨다**.

※破軍이 거문과 동궁하면 **水中作塚**〈물에 빠져 죽는다〉으로 事故가 따르며 **破軍이 大耗와 同宮하면 乞人**이다.

※破軍이 천량을 만나면 사람이 너그러워지고, 생각이 깊어진다.

☆破軍이 魁/鉞을 만나면 일생 좋은 기회가 많아지며 권력과 가까이한다.

※補/弼을 만나면 주변으로 부터의 조력이 따르며 破軍은 12支 中, 卯宮을 제외한 모든 궁에서 曲/昌과 동회하는 것을 싫어한다.

※破軍이 함지면서 양.타/대모 등을 만나면 **破産**이요, 화.령을 만나면 **시비/쟁투/관재**가 따른다.

☆破軍이 살성을 만나면 성패의 파동/기복이 심해지지만, 이때, **록성이 가해지면 살성의 沖照도 무해하며, 길성을 만나면서 겁/공이 들어오면 創意性/아이디어가 뛰어나다**.

※破軍이 록존을 만나면 돈을 잘 쓰고, 쉽게 쾌락에 빠져들며 무곡을 만나면 생기는 대로 써버리는 경향이 나타나지만, 天梁을 만난다면 안정할 수 있다.

※파군이 文曲을 만나면 靑山流水^{청산유수}요, 시인이 많다. 하지만, 물에 빠져 죽는다는 **수중작총水中作塚** 격이 성립된다.

※파군이 박사를 만나면 수다스러워지고 개그의 기질이 있으며 장군을 만나면 무직武職이다.

·파군, 화 - 록/권/기·

·화록·

※破軍이 命宮이나 財帛宮에 坐하면 불측의 변동/변화가 커지게 되는데 化祿이나 祿存이 동회하면 안정을 이룰 수 있으며 어떤 어려움에도 좌절하지 않고, 오히려 변동/변화가 있은 이후가 더 유리해 지는 특징적인 면이 나타난다.

※破軍 化祿은 官祿/ 田宅/ 兄弟宮에 坐하는 것이 상 길하며 잃어버렸던 것을 다시 되찾는다는 의미가 함축되어 있어, **破軍이 化祿이면 별거. 이혼상태에서 本命의 破軍 化祿이 유년의 부처궁이 된다면 그 해에 다시 합칠 수 있다**.

·화권·

※破軍 化權은 역마를 주관하며, 寅.申.巳.亥의 四馬地^{사 마 지}에 坐 할 때 역마성은 더욱 증폭된다.

※破軍 化權이 夫妻/子女/奴僕宮에 좌하면 해당 육친에 辛苦^{신고}가 따르며 遷移 宮에 좌하면 勞碌奔波^{노록 분파}한다.

※破軍 化權이 운의 命/財/官에 하면 곤우/좌절/패배의 현상이 따르게 되지만 그 길/흉은 동회하는 별들에 의한다.

·화기·

※破軍 化忌는 損耗^{손모}를 의미하며 부처/자녀/노복궁에 破軍 化忌가 좌하면 해당 육친과 不合^{불합}하거나, 해당 육친에 손모가 따른다.
아울러 **破軍 化忌가 질액에 좌하면 문서장애요, 노복이면 조력은 기대하기 어려우며 官祿에 破軍 化忌가 좌 하면 배우자와 불화하거나 배우자가 不利**해 진다.

☆破軍(壬.水/辛.金)星의 適性과 職業/ 事業☆

※파군은 破耗(파모)의 별로 부시고 소모하는 별이요, 소란함을 의미하기도 한다.

□먼저 부시고 건설하는 일/ 잡화점/ 고물상/ 시장/ 불도저 등과 관련되며 원양어업/ 원양어선/ 상선/ 건물의 지하 등과도 통한다.

※천동/ 태음/ 천상/ 파군은 모두 水性으로, 天同은 흐르는 물이요, 太陰은 담수湛水/ 天相은 연못 물/ 破軍은 염수鹽水이다.

※適性※
※기술/ 제조/ 문학,문필/ 예술, 예능/ 사업 등이 무난하다.

※專攻學科※
※文科※
† 사관학교, 경찰대/ 정치학/ 외교〈外交〉/ 외국어학과/ 미대.
※理科※
† 해군사관학교, 해양대/ 컴퓨터 공학/ 유전자공학.
※藝/體能※
† 체육학과.

※職業※
※군, 경, 경호업/ 외교/ 교수/ 카운셀러/ 예술분야.
　광고/ 여행업/ 해양계통 관련업/ 국제무역업/ 통관 관련업.
　운동선수, 체육인.

※事業※
※변화/개혁, 새로운 것에 대한 관심도가 높다.
※모험, 탐험가/ 수산업 분야/ 스포츠 관련/ 택배업.

☆破軍의 疾病 ☆

※破軍의 身體는 腎臟〈콩팥, 五臟〉/ 貧血/ 生殖器系 疾患이다.

·子-午/ 寅-申/ 辰-戌 坐 破軍·

※呼吸器系가 弱하거나, 內分泌系〈體內에 호르몬이나, 체액을 분비하는 기관으로 뇌하수체/ 갑상선- 부갑갑성/ 췌장/ 부신- 콩팥 상부에 있음/ 송과체/性腺〉/ 皮膚疾患이 있을 수 있다.

↳子-午/寅-申/辰-戌의 貪狼+ 六殺이면 위 현상과 더불어, 四肢를 傷하거나, 피부 건조증〈피부가 누렇게 뜨면서 마르는〉.

※六殺이 없고, 曲.昌/ 補.弼/ 魁.鉞/ 祿存 등이 동회한다면 위 증상은 경미하거나 없을 수 있다.

·〔아래 **보좌/살/잡성**에 의한 질병은 무 주성인 경우에 적용됩니다.

※天魁천괴星의 疾病※

·子/ 丑/ 卯/ 午/ 亥 坐 天魁;

※대체적으로 疾病에 노출될 가능성이 적고, 天魁+六殺이면 輕微하나, 疾病이 발생된다.

※天鉞천월星의 疾病※

※寅-申/ 巳/未/酉 坐 天鉞;

※대체적으로 疾病에 露出될 可能性이 적다.

天鉞+ 六殺이면 輕微하나, 疾病이 發生된다.

·左輔좌보星의 疾病·

※命盤 十二支 어느 宮이든 左輔가 命〉身〉疾에 獨坐 時;

※대체적으로 健康하나 左輔+六殺이면 여러 疾病에 露出되기 쉽다.

·右弼우필星의 疾病·

※命盤 十二支 어느 宮이든 右弼星 命〉身〉疾에 獨坐 時;

※**精神的/ 業務上 피로**가 甚하거나 性 **神經衰弱**이요, 女命이면 생리불순이다. 右弼+六殺이면 위의 症狀과 더불어 他 여러 疾病에 露出되기 쉬워진다.

·曲곡/昌창의 疾病·

※命盤 十二支 어느 宮이든 曲/昌이 命〉身〉疾에 同坐 時;

※뇌〔腦〕, 性神經衰弱인데 文昌은 寅/午/戌, 文曲은 午/戌에서 더욱 그렇다.

曲/昌+ 六殺이면 위 現狀과 더불어 감기에 잘 걸리거나 **귓병/ 폐/ 신장腎臟〔콩팥〕/ 心臟疾患** 等이다.

※六殺이 없고, 曲.昌/補.弼/魁.鉞/祿存 等이 同會하면 위 症狀은 輕微하거나 없을 수 있다.

·祿存녹존星의 疾病·

·子-午.卯-酉/ 寅-申.巳-亥 坐 祿存이면; 幼年期에 殘疾이 많다.

↳祿存 + 火/鈴이면 숨은 疾病〈暗疾〉이 있을 수 있다.

⊡天馬천마星의 疾病⊡
⊡寅-申/ 巳-亥 坐 天馬면;
※자위自慰行爲가 甚하거나, 그로 因한 性技能弱化/ 몽유現狀
부인병/ 流行性疾患 等이 따를 수 있다.

⊡三台삼태/ 八座팔좌星의 疾病⊡
⊡命盤 十二支 어느 宮이든 三台/八座星이 命〉身〉疾에 同坐 時;
※비장脾臟＝〔지라〕/ 위장**胃腸〔밥통〕/ 皮膚疾患** 等이다.

⊡紅鸞홍란星의 疾病⊡
⊡命盤 十二支 어느 宮이든 紅鸞星이 命〉身〉疾에 同坐하면;
※主로 감기다.
※特히 女命으로, 父母宮에 六殺星이 同會하면 難産이거나 帝王切開
手術을 하게 될 可能性이 높다.

⊡天喜천희星의 疾病⊡
⊡命盤 十二支 어느 宮이든 天喜星이 命〉身〉疾에 同坐 時;
※主로 神經衰弱일 수 있다.
※特히 女命으로, 父母宮에 六殺星이 同會하면 難産이거나 帝王切開
手術을 하게 될 可能性이 높다.

⊡擎羊경양星의 疾病⊡
⊡子-午,卯-酉/ 辰-戌,丑-未 坐 擎羊;
※外傷/四肢無力症/全身피로/神經衰弱/精神分裂症/慢性的頭痛 等
※特히 子-午, 卯-酉면 더욱 發病 可能性이 커지며, 卯-酉면 장, 대장
질환/폐경〔肺經〕**〈폐에 딸린 경락〉**/ 눈이나 입이 삐뚤어지는 구완와사
口歪眼斜 現狀도 나타날 수 있다.

⊡陀羅타라星의 疾病⊡
⊡辰-戌,丑-未/ 寅-申,巳-亥 坐 陀羅;
※幼年期에 殘疾이 많거나 몸을 傷할 수 있으며, **全身疲勞/慢性
頭痛/ 精神分裂症/ 간질병** 等이 있을 수 있다.
※特히 寅-申, 巳-亥면 더욱 發病 可能性이 크다.

⊡火星화성/ 鈴星령성의 疾病⊡
⊡命盤 十二支 어느 宮이든 火/鈴星이 命〉身〉疾에 同坐 時;
※皮膚疾患이다.

※特히 子/辰/申의 火/鈴이면 더욱 發病 可能性이 크다.
↳火/鈴 + 羊/陀면 위 現狀과 더불어 外傷의 可能性이 커진다.

⊡天刑천형星의 疾病⊡
⊡命盤 十二支 어느 宮이든 天刑星이 命〉身〉疾에 同坐 時;
※四肢無力〈팔/다리에 힘이 없는〉이다.
※特히 丑-未宮에서 天刑+天相+他 殺星이면, **팔, 다리 마비/소아마비**의
  가능성이 크고, 命〉身〉疾에서 天刑+貪狼이면, 팔,다리 마비다.

⊡地劫지겁星의 疾病⊡
⊡命盤 十二支 어느 宮이든 地劫星이 命〉身〉疾에 同坐 時;
※四肢를 傷한다.
※特히 十二支 中, 辰/戌位를 制外한 宮에서는 더욱 그 發病 可能性이
  커진다.

⊡地空지공星의 疾病⊡
⊡命盤 十二支 어느 宮이든 地空星이 命〉身〉疾에 同坐 時;
※머리나 눈이 어지러운 **두혼안화頭昏眼花/ 빈혈**이다.
※特히 子/卯/辰/申/未/亥의 地空이면 더욱 發病 可能性이 크다.

⊡截空절공星의 疾病⊡
⊡命盤 十二支 中, 戌/亥宮을 除外한 他 宮位에 截空이 坐하면서 命.
  身.疾이면; 근심, 걱정에서 오는 **우울증憂鬱症**일 可能性이 큼.

⊡孤辰고진星의 疾病⊡
⊡寅-申,巳-亥 坐 孤辰;
※지나친 근심, 걱정에서 오는 **우울증憂鬱症/ 神經衰弱** 일 수.

⊡寡宿과숙星의 疾病⊡
⊡辰-戌,丑-未 坐 寡宿;
※主로 결핵結核일 수 있고, 命宮 坐 寡宿+化忌면 痼疾病이 있다.
  그러나 심각한 것은 아니다.

⊡天哭천곡/ 天虛천허星의 疾病⊡
⊡命盤 十二支 어느 宮이든 天哭/天虛星이 命〉身〉疾에 同坐 時;
※늘 心身이 편치 못하거나, **精神異常症狀**을 보일 수 있다.

第 三部;
☆구성九星 기학氣學☆
구성기학의 실용적 활용

※구성학은 점술과 래정에서 효용을 갖는다고 보며 구성의 학습법은
  포국법과 더불어 구궁, 구성 상수의 상의를 제대로 알고 운용할 수
  있는 지식을 갖추는데 있습니다.

□九宮구궁, 九星구성 布局포구□

□·년, 월. 일. 시반·□
※九星 年/月/日盤은 萬歲曆을 參考※

※時盤시반※;

九星구성 時盤시반은 日盤일반을 基準기준한다.

日＼時	子	丑	寅	卯	辰	巳	午	未	申	酉	戌	亥
順行 子.午.卯.酉	1	2	3	4	5	6	7	8	9	1	2	3
順行 丑.辰.未.戌	4	5	6	7	8	9	1	2	3	4	5	6
順行 寅.申.巳.亥	7	8	9	1	2	3	4	5	6	7	8	9
逆行 子.午.卯.酉	9	8	7	6	5	4	3	2	1	9	8	7
逆行 丑.辰.未.戌	6	5	4	3	2	1	9	8	7	6	5	4
逆行 寅.申.巳.亥	3	2	1	9	8	7	6	5	4	3	2	1

※時命 星 찾기의 例;

※2006年 陽曆 11月 1〈甲午〉日 巳時라면,
　아직 冬至 以前이므로 逆行이며 時命 星은 四綠木星이 된다.
※出生 日이 冬至〈그 해 12月 中旬부터〉~ 夏至 前日이면; 順行, 陽遁.
　　　　　夏至〈그 해 5月 　 " 　.〉~ 冬至 　 " 　 ; 逆行, 陰遁.

■九宮 正位圖.

巽宮-木/ 辰.巳/ 3.4 4.〈東南〉	離宮-火/ 午/ 5월. 9.〈南〉	坤宮-土/未.申/ 6.7. 2.〈南西〉
震宮-木/ 卯/ 2월. 3.〈東〉	中宮-土/ 戊己/ 5 〈中央〉	兌宮-金/ 酉/ 8월. 7.〈西〉
艮宮-土/丑.寅/ 12.1 8.〈東北〉	坎宮-水/ 子. 11월. 1.〈北〉	乾宮-金/戌.亥/9.10. 6.〈北西〉

※生氣생기;

生을 받는 氣運으로, 我가 一坎 水星이면 六白/七赤의 金星이 生起가
된다.

※退氣퇴기;

生을 해주는 氣運으로, 相對가 二/五/八의 土星이면 九紫 火星이 退氣
가 된다.

※同氣동기;.

相互 비화관계로, 木-木/ 水-水/ 金-金 등의 경우다.

※死氣사기;.

剋을 行하는 氣運으로, 我가 三碧/四綠 木星이면 二黑/五黃/八白의 土
星이 死氣가 된다.

※殺氣살기;

剋을 當하는 氣運으로, 我가 三碧/四綠 木星이면 六白, 七赤의 金星이
殺氣가 된다.

※同一 宮에서의 相 生, 剋 관계는, 일의 성패에 절대적인 영향력을
　미치는 것은 아니다.
　各 方位에도 취용되며 九星/방위관계에서 길이라 해도 오황/암검/
　본명, 본명 적살/ 세, 월파요, 살 방위에 해당된다면 흉 작용된다.

⊡오황五黃 殺⊡

※五黃殺은 자신〈本人〉에 의해 초래되는 재화災禍요, 느리게 나타나지만, 그 흉은 무겁다.

※九宮 中 五黃 土星이 좌하는 궁이요, 그 좌 방이다.

※대인관계에서 지체/장애가 따르고 사기를 당하며 그 책임을 뒤집어 쓰게 되는 등의 현상이 따른다.

※이 방위로 이사/출장.여행/혼인〈시집,장가를 감〉을 하거나, 이 방위 또는, 이 方位의 부동산/ 자동차/ 동토〈動土; 집터나 家屋의 新/改築〉/ 입원을 하게 되면 가족에 신병/부상/화재/사亡 등이 따르거나, 자신의 실수/ 시행착오 등으로 일/ 사업실패/ 도산 등이 發生된다.

※위의 사안들은 五黃 土星이 중궁에 좌하는 年/月, 日에 발생하고, 사업의 실패/가세의 몰락/사망 등이 따르게 되며 중궁에 五黃 土星이 좌하는 경우에는 타 전 궁위에 五黃 土星의 기세가 작용되므로, 새로운 일의 시도,계획/ 이사/ 혼인/ 전업,이직 등은 삼가야 한다.

※이 五黃殺 좌 궁위와 五黃殺 방은 암검살에 準하는 흉의를 갖으며 本命星이 五黃 土星 人이라면 本命 殺 方이 되므로, 家族 中 五黃 土星이 本命星인 人에게 더욱 강한 흉의가 미친다.
또한 五黃煞의 對沖 宮이 暗劍殺 方이 되므로, 本命 的殺方과 중첩되어 그 흉의는 더욱 증폭된다.

□**本命星이 五黃殺 人인 경우, 目的 象數가 同伴되면서, 兇殺일 때, 兇意를 갖으며 兇殺이 없다면 兇으로 논하지 않는다.**

※九宮 坐 五黃, 暗劍殺※

※本命星이 五黃殺 人으로 五黃殺이, 暗劍殺과 同宮하는 境遇라면 그 對宮을 함께 고려해야하며 對沖 線 혹은 三合 線에 本命星이 아닌 五黃殺이나, 暗劍殺이 目的 象數를 동반하고 있다면 이 경우에도 그 對宮을 읽어내야 한다.

※九宮 位 中, 本命星이 五黃殺이나 暗劍殺과 同宮할 때에는 그 對沖 宮도 함께 考慮해야한다는 것으로 同一 象數에 依한 對沖이나, 三合 線에 本命星이 아닌 五黃殺이나 暗劍殺이 坐할 때에도 그러하다.

☆암검暗劍 殺☆

※九宮 中 五黃 土星의 對沖 宮이요, 그 方位다.

※돌발적으로 발생하는 불측의 재화로, 함정에 빠지거나 배신사 등이 드러난다.

※매사에 의욕과 추진력이 상실되고, **잘되던 사업/일이 지체/장애** 등으로 중도中途에 파괴되거나, 교통사고를 당하는 등의 재화가 따르게 되는데, 이 모두는 타의적他動的 요인에 의한다.

※暗劍 殺은 他人에 依한 피해/손실로 가정불화/질병/재난/사업실패/ 재산손실 등의 현상이 갑작스럽게 나타난다.

<u>※暗劍殺은 主로 背信이요, 별에 强한 作用을 한다※</u>

☆세파歲破☆

※<u>戌年 生이면 辰 宮, 申年이면 寅宮이 세파 방위이다.</u>

※九宮 中 출생/ 유년의 지지가 沖하는 宮이요, 그 方位다.

※해당 宮의 상의와 방위에 흉하며, 년반에 흉의가 미친다.

※이 세파의 방위나 방위로 <u>移徙</u>를 하거나, 개업/ 신-개축/ 장기입원/ <u>動土</u> 등을 행하면 對人 간의 사교/ 친분이 깨지고, 가족 간에 분쟁이 발생되거나 생명까지도 위험해 질수 있다.

<u>※破殺은 相互 깨짐이요, 主로 宮에 强한 作用을 한다※</u>

☆월파月破☆

※九宮 中 출생/유월의 지지가 沖하는 궁이요, 그 方位다.

※歲破 對比 1/ 12정도의 흉의를 갖으며 월반에 그 흉의가 미친다.

☆일파日破☆

※九宮 中 출생/유일의 지지가 沖하는 宮이요, 그 方位다.

※萬人의 일상 생활에 흉의가 강하게 작용된다.

<u>⊡오황/암검/세파/월파/일파살은 모든 이들에게 작용되는 大 煞이요, 공통 흉 방위로, 五黃과 暗劍殺은 100%, 歲破/ 月破/日破殺은 50%定度의 흉의를 갖는 것으로 보다.</u>

☆暗劍암검, 五黃오황/ 破殺파살의 作用力작용력 ☆

※暗劍殺과 五黃殺은 九星 象數를, 破殺은 宮을 先 破한다.

☆本命본명 殺살〈= 五黃殺〉☆

※九宮 中, 本人의 本命星이 坐한 方位로 흉 작용만 된다.

※의욕과 추진력이 상실되는 등, 자신의 능력을 발휘하지 못하며 매사에 실패가 따른다.

※스스로 자신의 목을 조르는 것과 같은 작용의 흉 방위로, 가출/범법자의 도피 방이기도 하다.

☆本命 的殺적살〈= 暗劍殺〉☆

※九宮 中 本命星의 對沖 宮이요, 그 方位다.

※자신의 고유한 기를 극하는 방위로, 스스로의 착오와 실수로 인해 손실/실패가 초래되며, 불측의 부상 등이 따를 수도 있다.

□本命煞과 本命 的煞 方位로 이사를 간다거나 그 방위에 신축/개축/증축/여행 등은 질병/사고/재난을 초래한다.

※本命殺과 本命 的殺은 方位에서만 作用되며 本命殺은 30%, 本命 的殺은 20%定度의 兇意를 갖는다.

☆殺氣살기/ 方☆

※我를 剋하는 九星이 坐한 宮의 방위로 그 방위에 흉 작용된다.

※**일상생활에는 무해無害하다**.

☆死氣사기/ 方☆

※我가 剋하는 九星이 坐한 宮의 方位다.

※일상생활에는 무해하다.

·九星學에서 五黃煞/暗劍煞/ 破煞과 對沖은 점단법에서 취하며 本命 煞과 本命 的煞은 方位를 논할 때에만 取用된다.

□ 寅.午.戌 三合 線;
　　主로, 발생된 문제의 진전이나 성패에 영향을 미친다.
□ 巳.酉.丑 三合 線;
　　主로, 대인관계에서의 금전/ 재물문제다.
□ 申.子.辰 三合 線;
　　主로, 가정/ 사업문제다.
□ 亥.卯.未 三合 線;
　　主로 계획적인 문제/ 가정/ 사업문제와 관련된다.

□三合線삼합선 取用法취용기□

※三合線은 九星盤 12地支 中, 당일 年/月/日/時 支의 글자와 삼합을
　이루는 寅.午.戌/ 巳.酉.丑/ 申.子.辰/ 亥.卯.未 位를 三角의 形態로
　이어주는 線으로, 五黃煞/暗劍煞/破煞/對沖 등에 의한 흉의를 해소
　시켜 준다.
※三合 線 中에서도 **旺支인 子/午/卯/酉 宮의 영향력이 가장 크고,**
　다음으로 **生地인 寅/申/巳/亥** 궁이며 **庫地인 辰.戌.丑.未地에서는**
　그 영향력이 微弱하다.

·同會동회/ 被피 同會동회/ 傾斜경사·

□同會□

※천기와 我 氣가 遭遇(조우)하여 이뤄내는 결과로, 생각/언어/행동 등이다.

※各 자신의 年〈本命〉/月/日/時 命星이 九星盤의 어느 궁에 좌하여 어
　떠한 작용을 하고 있는지를 분석/ 판단하는 것으로 당면 문제와 일
　어날 일들을 예측豫測한다.
□年/ 月盤에서의 同會는 主로, 運 判斷에,
□日/ 時盤　　　　　　　　　　　,,　　　　　占斷 盤에서 取用된다.

□被 同會□

※九宮 九星의 定位에서 本來 我의 宮으로 어느 별이 들어 왔는가???
　하는 것이다.

2007 丁亥 年의 同會盤; 2007年의 年 命星은 二黑 土星이다.

1	6	8
9	2	4
5	7	3

※本命星이 6白 金星 人으로 2007年이면 乾宮 六白 金星位로 三碧 木
星이 被同會한다.
　　따라서 本命星이 6白 金星 人으로 2007年이면, 離宮 九紫 火星位로
同會했으며, 三碧 木星이 乾宮 六白 金星位로 被 同會하였다.

□被 同會는 外的 要因이 强하게 作用된다.

▷同會동회, 被同會피동회◁

※同會는 "생각"을 意味하며

被 同會는 "일, 事案이 되어가는 狀況"/ "結果"로 본다.

同會와 被 同會 星은 각각의 좌 위에서 他 별들과 중첩重疊하게 된다.
이렇게 중첩되는 별들과의 상호작용〈五黃殺/暗劍殺/破殺/相生/相剋〉
등으로 運/ 占斷事의 吉.兇/成.敗를 판단하는 것이다.

〈〈〈參考事項〉〉〉

※九星에서는 중궁이 지배자支配者다.

※本命星이 동회한 궁의 상의가 주요, 피 동회 궁을 고려하며 星 五行
　의 생극관계로 판단한다.

※本命星이 會 좌한 궁에 各 살성이 동궁하는 해는 매사每事가 흉.

※年盤에서 本命星이 會 좌한 궁으로 자신의 월명성이 회 좌하는 月에
　는 흉변/ 질병/ 금품의 분실 사 등이 따르기 쉽다.

□身數는 당해의 流年 盤에서

本命星과 日命星의 同會, 被同會로 判斷한다.

※月盤에서 자신의 本命星이 회 좌하는 궁으로 년반의 五黃/暗劍/歲破
　殺 等이 동회하여 중첩되면, 일/사업 등이 부진/정체되거나 질병/
　사고/부상 등이 따르기 쉽다.

※中宮에 2/5/8의 土星이 坐하는 날〈日〉에는 동토動土가 난다.
　이 경우, 흙을 건드리지 말라!!!

※艮-坤, 또는 坤-艮宮의 지축 선으로 2, 5, 8의 土星이 坐하 年/月/ 日에도 또한 動土가 난다.

이장, 사초〈뗏장을 입히거나 옮기는〉. 건물의 신, 개축은 금하라!!!

지진/해일 등의 천재지변 사가 발생한다.

▣死亡 事가 발현되는 것은 主로 **중궁/감궁/간궁**이다.

中宮/坎宮/艮宮에 五黃 土星이 좌하면서 兇 象일 때 그러하다.

Memo

▷九宮구궁, 九星구성 象數상수 含意함의◁

⊡象意상의⊡

□생활이 어렵고 고난이 따르며 인내해야 하는 고생/자식 궁이다.

※주위환경, 상황에 대한 적응력이 좋다.

※대인을 이해할 줄 알며 감성이 예민하고, 인정이 많다.

※항상 분주하고, 맡은 일에 충실하며 솔직해 보이나, 비밀스럽다.

※경제적으로 어렵고 고생이 따르며, 질병/재난/사기/실물 사 등이 따르거나 유랑放浪을 하기도 한다.

※보이지 않는 교제/주색정사가 일어나며, 연애결혼/임신과 통한다.

⊡一白 水星. 坎宮- 기본 상의;

※물/차가운/가난,苦生,어려운/ 어둠/秘密,은밀한/ 性/ 精子,卵子
　子息/아랫사람/部下/ 예감능력/ 연구/ 수면睡眠/ 질병/죽음
≫身病/ 색정/ 궁핍窮乏, 고민,근심걱정/ 도난, 관재/ 자식, 부하.

⊡유사 상의⊡;

※고　난- 苦生. 어려운. 힘든. 고난. 역경. 괴로운 일
※陰的인 面 - 어두운, 밤, 수면睡眠. 운둔. 음탕. 음흉한. 도난.
　　　　　　　밀매매. 도망자. 범죄. 마약. 비밀, 비밀스런. 색정.
※죽　음- 질병,건강. 병원,환자. 이별. 사망.
※물　　- 물,비,눈물. 음료수. 호수,연못,바다. 술장사.
※이　성- 이성. 연애. 성욕, sex.
※신　체- 인체의 下部. 성기, 생식기. 정자, 난자. 출산.
　　　　　　신장. 방광. 자궁. 전립선염
※인물/ 직업- 자식/ 次男,어린사람〈15~30세〉/아랫사람
　　　　　　　저술,서예,조각,철학자,승려/ 외교가/어부, 사공
　　　　　　　정부情夫/ 재수, 실업자/ 죄수/ 탈옥, 탈영병
　　　　　　　도적, 밀수업자/ 유랑 인/ 휴흥, 매춘업.
　　　　　　　각종물장사〈茶,飮料,커피/酒類〉.
　　　　　　　요식업-식당〈칼국수. 막국수, 우동, 냉면 등〉
　　　　　　　야채, 과일, 생선가게/주유소/목욕탕/ 흥신소
　　　　　　　세탁/ 페인트/ 인쇄/ 병의원/ 장의사/ 조선업.

※능　력- 직관력. 기가 센. 예감, 영적인. 과학,연구. 종교,철학.
※기　타- 생선, 물고기.어패류/ 미역.다시마/ 돼지고기/막걸리.

☆象數상수- 2/ 곤궁坤宮 ☆

⊡象意상의⊡

≻일을 행함에 있어 근면/성실/검약할 줄 안다.

≻가족/육친 간의 문제가 일어나며 노부/ 년상의 여인과 관계되거나 토지/부동산과 관계되는 일이 발생한다.

≻고난을 이겨내려는 꾸준한 인내와 노력이 필요하다.

≻의지력이 강하고, 욕망과 일에 대한 욕심이 많으며 서로 돕는다.

≻특히 곤명이라면 여성적, 가정적이요, 생활력이 強하며 화목한 가족 관계를 이룬다.

≻때로 고집이 강한 면을 보이기도 하지만 대중적/서민적이요, 또 그러한 음식/물품 등을 좋아하고, 분수를 지키며 살아간다.

⊡二黑 土星. 坤宮- 기본 상의;

※가정,집안문제/ 성실,노력/희생犧牲/ 인내/ 祖母,母,妻, 女子.
　직장, 일, 업무/ 노동/땅〈낮고 평평한〉토지〈논,밭 等〉/ 부동산문제.
　농촌, 농산물/ 가축/ 친구, 동료, 경쟁자/ 대중적인, 대중문제.
　오래된 것, 묵은 것.
≻家族/ 친구/ 근심,걱정,고생/ 의심/ 내부적 갈등/ 부탁한 일.

⊡유사 상의⊡;

※가정측면- 가정, 부모형제. 祖母, 母, 妻, 女子어른.
※토　지- 농촌.토지. 낮은 땅. 들판. 밭,논,과수원. 농사. 공터
※직　업- 노동. 노동자,농민,기술자. 일꾼. 서민, 대중적인 일.
　　　　　육체적으로 힘들고 피곤한, 성과없는 일. 작은 점포.
※신　체- 胃 밥통. 腸 창자. 복부. 脾臟 지라. 皮膚.
※인물/직업- 老母/ 妻/ 年上의 女人/ 庶民, 농부, 군중/ 노무자,
　　　　　　잡화상/ 소규모의 제조, 수공업자/ 고향사람.
　　　　　　친구, 동료 어질고, 착한사람. 競爭者.
　　　　　　농민, 노동자/ 잡역부/ 고 서,미술점/ 골동품/ 헌옷.
　　　　　　가게/ 수퍼, 24時점/ 화훼,원예업/ 쌀가게.

빵, 떡집/ 부동산업/ 중개인/ 토목기사/ 위장내과,
산부인과.

※기   타- 오래되고, 묵은 것. 오래 된. 지체遲滯,지연遲延.
고향. 조국,고국. 작은, 볼품없는. 의심이 많은
성실, 노력, 인내.
친인척. 월세,월세방. 빈민. 운동, 운동경기. 전반전.
곡식, 각종 농산물. 야채,채소,나물. 버섯. 열매,과일

☆**象數상수- 3/ 진궁震宮**☆

·象意상의·

□**새로운 출발出發의 시작始作이요, 발전發展 궁宮이다.**

➢새로운 일을 계획/시도하며 진전/발전이 있고, 활력적으로 행한다.

➢무슨 일이든 내가 먼저 행하려 하고 선악이 드러나며 경거망동하기
가 쉽다.

➢신경이 예민하고, 주변을 의식意識하는 유형이다.

➢숨기고 싶은 일, 허언 등이 탄로綻露나고, 의외의 사건/상황이 돌발
하여 놀라는 일이나, 실속 없는 일들이 발생된다.

➢생동적이고 정열적이요 호기심이 많고, 새로운 아이디어로 자신을
발전시켜 나간다.

·三碧 木星. 震宮- 기본 상의;

※**長男/ 시작,출발/ 계획,희망/ 발전/ 어린,철부지,젊은/ 名譽, 이름을
얻음/요란한, 깜짝 놀람/ 허풍/사기/소리만 있고 실체가 없는/소리,
방송,음악/ 전기,정보통신.**

➢새로운 계획/ 성급하고 쉽게 화냄/ 타인을 돕지만 손해가 따름.
허세 甚/ 명예를 얻거나 잃음.

·유사 상의·;

※새로움, 시작- 새싹,젊음,연약한. 경솔한. 학생, 청소년.

※계획, 발전- 계획,시작,발전,희망,진출. 새로운. 조직. 회원.
소식,연락, 정보. 출마. 당선. 성취. 승진. 명예.

※인물, 직업- 장남/신경질적인, 분노를 잘하는, 활동력이 왕한 사람.
진보적 사상가/ 말을 전하는 사람.

방송관계자. 아나운서/ 가수, 음악가/ 엔지니어.
허풍쟁이, 사기꾼.
각종 전기, 전자, 악기 관련업→ 제조, 판매, 수리.
꽃집/ 신선한 야채/ 총포상/ 광고, 관광업.
요리학원/ 가수, 배우 등 기획사.

※<u>신 체</u>- <u>膽-쓸개. 男子의 성기性器. 손가락, 발가락. 코. 귀.</u>

※<u>기 타</u>- 허세,허풍, 사기, 호언장담. 소리만 있고 형체는 없는.
생각 없이 행동함. 큰 소리로 떠듦. 정신이 없는. 깜작 놀랄
사건,사고. 놀라운.소란한. 충돌사고. 재난,지진, 벼락. 갑작
스런 폭발. 음모, 잔꾀에 능, 지략. 이기심. 계획이 무산되
는. 승진이 안 되는. 명예실추. 뒤통수치는. 일이 폭로됨.
이른, 빠른, 신속한. 거침없는
※전기, 정보통신. 방송,TV 등 방송매체. 음악,노래.
선전, 광고. 화약, 폭탄, 총- 각종소리

☆象數상수- 4/ 손궁巽宮☆

⊡象意상의⊡

□대인과의 교제/ 신용/ 거래, 장사/ 사업/무역/외교의 궁이다.

➢매사가 성장/발전/번영/완성되어 목적함을 이루게 된다.

➢대인관계가 확대되고 신용이 두터워지며, 원행/출장/여행/주거이동/
혼인 등이 있게 된다.

➢대인 신용으로 장사,사업/거래/무역 등이 원만하며, 대인관계를 잘
유지해야 성공할 수 있다.

➢본업 이외의 일로 분주하고, 인원의 증감과 물품의 출입 또는 진퇴
가 혼미한 상황에 처하기도 한다.

➢위기대처/관리능력을 갖으며 낙천적이요, 먼 곳은 잘 보지만 현실적
인 면에 어둡다.

➢소식/소문에 빠르고, 대인에 호감과 친근함을 주며 사교에 능하고,
교제범위가 넓다.

➢정리정돈을 잘하고 질서를 존중하며, 바르게 행한다.

➢여행/장거리여행을 좋아하고, 유행을 따르며 상류생활을 선호한다.

·四綠 木星. 巽宮- 기본 상의;

※성숙,원만,완성/ 평판/ 사업,장사/ 대인관계/ 거래,무역/ 외교.
  소식,자격/ **長女**/ 교제,혼인/ 길道路,긴 것/ 여행/ 이사- 거주지.
  이동/ 바람-風, 유행,풍파/ 신변정리.
➢혼담/ 여행,이동, 주소지 변동/ 사회적 신용,평판/ 독자적 행보.

·**유사 상의**·;

※신 용- 신용. 자격. 입찰자격을 얻음. 성숙,안정적인. 노력.
※거 래- 거래,판매,영업,장사,사업. 중개,도매. 무역, 외교.
※이 동- 이동, 거주지이동. 돌아다니는. 여행,여행사.
※이성,혼인- **長女**, 숙녀,처녀. 혼인 적령기의 **女子**. 이성교제.
            연인,연인관계. 인연. 예쁜,애교있는. 혼인,이혼.
※인물/ 직업- 장남/ 가정주부/ 과부.
            산중 居 인/ 여행자/ 미아, 가출 자.
            지물,포목,목재상/ 한복집/ 택배,운송업/ 우체국.
            이, 미용업/ 국수전문점/ 장어집

            광고, 관광, 여행, 항공사.

            각종 중개업→ 직업, 혼인, 부동산 등.

※신 체- **코. 인후- 목구멍,기관지, 호흡기. 감기.**

※기 타- 바람, 바람과 관련되는 선풍기,에어컨 等. 바람부는
          들판, 해변가. 울창한 숲. 비행장.
          좋아지다/ 승진. 완성. 완全한.
          도로. 긴, 긴 것. 수습, 신변정리. 오래 걸리는.
          나중,후. 후반전.
          연락. 현혹眩惑, 감언이설에 넘어가기 쉬운.

☆**象數상수- 5/ 중궁中宮**☆

·**象意상의**·

□**제왕의 성/궁이요, 폭력/부패/불량품/죽음/시신 등을 뜻한다.**

➢강력한 변화/ 자, 타동적 폭변에 의해 초래되는 재난/파괴/멸망 등
  이요, 폭동/범죄,범법/ 전쟁 등에 관여되거나, 실패/도산/파산/질병
  등이 따른다.

➢무리한 투자〈土地買入 등〉/ 신-증축 등으로 인한 후회가 따르며 유혹에 빠지거나 정신적 동요로 불안정하기 쉽고, 과신/ 과욕으로 失敗가 초래된다.

➢아주 잘되거나, 아주 안 되는 양극으로 나타난다.

➢주변을 지배하고 자기중심적으로 행하려 하며, 그렇게 되지 않으면 억지/폭력으로라도 굴복시키려는 성향이 강하다.

➢욕심/고집이 대단히 강하고 타인에 절대 지려하지 않으며, 자존심 때문에 후회하는 일이 초래되기도 하지만 신용이 있다.

□五黃 土星으로 여성이면 매사를 자기중심적으로 처리하는가 하면, 男子들은 자기를 따라야 한다고 생각하며 <u>내가 아니면 안 된다는 편향적 사고</u>에 사로잡혀 살아간다.

▣五黃 土星, 中宮- 기본 상의;
※우두머리/ 욕심,고집이 강/ 깡패,불량배/ 폭력적인, 사악한.
　합정에 빠진,막막한/ 부패되고, 썩은, 상한,불량품 ,더러운, 오물.
　고질병/ 실업자/ 죽음,시신/ 귀인의 조력/ 옛것을 다시 시작.
➢일이 해결되지 않음, 경솔하게 처리함/마음이 편치 않음/ 사고.
　재난/ 외골수, 고집불통.

▣유사 상의▣;
※<u>질병,죽음,신체</u>- 질병, 고질병, 고치기 어려운 병. 절망.
　　　　　　　　離別. 죽음. 쓰레기,오물. 腐敗되고, 썩은
　　　　　　　　빙의현상. 위장계 질환. 암증
※<u>인물/ 직업</u>- 원로, 선배/ 노인.
　　　　　　강도. 절도, 폭력, 살인범/ 야만인/ 사형수.
　　　　　　자살자/ 변사자.
　　　　　　고물상/ 쓰레기,분뇨,폐기물처리업/ 건물 철거업.
　　　　　　고리대금업/ 간장,된장 제조업/ 양조장/ 장의사.
※<u>기 타</u>- 지배, 통치자/ 권위. 중심인물. 중앙.
　　　　　사면초가 막혀있는, 희망이 없는. 일이 지연되고, 막힘
　　　　　심사가 혼잡스럽고,복잡한. 함정에 빠짐. 코너에 몰림.
　　　　　고립, 간힌, 구속, 속박. 실패.
　　　　　오래되고 부패된. 썩은 것. 모든 것을 失.
　　　　　고집, 오기. 욕심. 횡포, 포악. 미쳐 날뛰는.
　　　　　폭력배, 도둑, 수감자, 殺人 자, 고리 대금업자.

※象意상의□

□부/ 남자/ 윗사람/ 권력/ 성공/ 법률, 법규 등을 의미한다.

➢수상 인/권력자/금력이 있는 자들과의 인맥으로 경제력/권력을 얻게 지만 대인과의 분쟁/금전지출/신고 등도 따르게 된다.

➢手上 人들로 부터 신뢰/조력을 얻으며 자본을 늘리고, 투자를 확장/ 확대하는 등으로 분망하다.

➢자존심/개성/승부욕/투쟁심이 강하고, 타인에 고개 숙이는 일이 없 으며 자기가 최고라 생각하지만 오히려 약하고 비웃음을 살 수 있다

⊡六白 金星. 乾宮- 기본 상의;

※祖父,父,夫,男子/권력,권위적인/ 후원자/ 발전/ 하늘,높은,높은 곳. 신분이 높은, 장/ 지배계층/ 종교/ 국가, 정부, 관청. 법률, 법규, 제도/ 투자,투기, 큰 자본/ 군대,전쟁/ 병원. 자동차,기차/ 각종 중장비/ 육중한 쇠덩이.

➢신분상의 변化/ 권위적이고, 타인을 경시함/ 너무 앞서가려다 실패 를 자초함/ 사업의 성패여부/ 관청과 관련되는 일.

⊡유사 상의⊡;

※권 력- 하늘,神. 종교. 정상. 리더.
　　　　　권세, 위엄,우두머리,높은 사람.
　　　　　지배계층. 국가,정부,관청. 법률,법규.
　　　　　상사. 각 자치단체의 장. 대기업. 공직,공무원.

※법, 법률- 시비,관재구설. 윗 사람과의 다툼.
　　　　　법률,법규. 제도화 된 것.
　　　　　소송, 수사,재판,판결. 입찰,입찰자격을 얻음.

※인물/ 직업- 군부, 부父/ 위인/ 노인/ 장자/ 대인/ 무인.
　　　　　명문 가의 사람. 귀인/ 권력가/ 귀족.
　　　　　금,은,보석 등 귀금속/ 시계/ 안경점.
　　　　　각종 학원/ 유치원幼稚園.
　　　　　설계, 세무사/ 감정업.
　　　　　자동차관련- 제조,판매,수리業/ 문구점.
　　　　　각 종교, 신앙 인/ 역술 인.

※성 공- 투기, 투자. 큰 자본. 큰 건물/물건. 대기업. 합격.

※<u>기 타</u>- 공공기관, 공공시설. 학교, 국립 대학교.
　　　　　 자동차,기차,비행기, 각종 중장비. 병원. 교통사고.
　　　　　 사고, 재난. 위험한, 위험한 운동. 큰 쇳덩이.

☆ **象數상수- 7/ 태궁兌宮** ☆

⊡象意상의⊡
□수확/연애, 교제/유흥/사치, 방탕/현금 손모 등을 의미한다.
≻상식이 풍부하고, 설득력을 갖는다.
≻이성과의 교제/혼인 등의 길상이요, 금전거래는 량호하나 재산 손실
　이 따르고 축적이 어려우며 색정문제〈異性關係는 내가 積極的으로
　<u>좋아하는 狀況이다</u>〉가 초래된다.
≻돈 생각뿐이요, 돈 쓰는 재미/ 연애/ 먹고 마시는 유흥 등 ,방탕한
　생활을 즐기려는 경향이 강하고, 유행에 민감하다.
≻교제를 즐기고 설득력이 대단하지만 구설수가 따르기 쉽고, 경제적
　인 수입이 있다 해도 유흥/사치로 지출이 증대된다.
※돈 쓰며 먹고 놀러 다니며 보석 사들이는 취미가 남다르다.

⊡七赤 金星. 兌宮- 기본 상의;
※먹고, 마시는 유흥,기쁨,즐기는/ 음식,요리/ 식당/ 소비,낭비.
　연애/ 현금/ 금융, 금융관련/ 언쟁,구설/입,말/ 보석/ 칼.
≻<u>少女/處女/妾/女子/</u> 금전의 수입,지출/ 금전거래/ 유흥.
　구설에 노출/여자문제,색정사로 인한 고심/ 질투嫉妬/ 능숙한 언변.

⊡유사 상의⊡;
※<u>유흥,연애</u>- 이성, 연애. 혼인〈戀愛結婚〉. 유흥.
※<u>재　물</u>- 현금.현금투자.소액투자. 현금통장. 각종카드. 은행. 금전
　　　　　 금고. 사채.돈놀이 금속. 귀금속, 금은보석. 악세사리〈반지,
　　　　　 귀걸이,팔찌,발찌,時計,眼鏡 等..〉.
※<u>소　비</u>- 먹고 마시는 유흥, 오락. 기쁨,쾌락,즐거움. 유흥업소.
　　　　　 소비,낭비. 음식,요리. 잔치, 회갑연 등의 각종 연회.
　　　　　 입맛에 맞는, 맛있는. 화투,마작 등 도박.
※<u>시비, 구설</u>- 입口, 말- 언어, 구설수. 비방誹謗. 언쟁. 입소문
※<u>인물/ 직업</u>- 少女. 막내딸/ 애교愛嬌있는 여자.

이혼녀/ 첩/ 혼외 임산부/ 불량소녀.

화류계, 술집여성/ 접대부, 호스티스/ 무당.

언변가. 개그맨, 연예인. 인기 있는 사람.

금융,증권, 보험업. 요리사.

각 식당, 요정,유흥,숙박업〈러브호텔〉, 화류업.

변호사/ 금융업/ 외과, 치과의사. 예술가.

※<u>신   체</u>- **폐肺-허파, 흉부胸部, 호흡기. 대장. 뼈**.

※<u>기 타</u>- 날카롭고, 뾰족한 物件. 송곳, 칼,식도,果刀. 쇠톱. 드라이버,
작은 망치.

未完成, 完全하지 못한, 不足한

늪, 오아시스. 빠져들다. 헤어나지 못하다.

☆ **象數상수 - 8/ 간궁艮宮** ☆

·象意상의·

□**변화와 개혁, 상속/ 부동산 등과 관련된다**.

➢침착하고 다소 까다로우며 저축심을 갖는다.

➢변화, 개조/개혁/혁명의 기운으로 새로이 전행코자하며 과거의 난제
를 정리하고 재 출발하는 상이요, 책임감을 갖고 가문을 이끈다.

➢미래를 위해, 보험에 가입하거나 가옥/토지 등 부동산을 매입하며
재산의 상속/ 가업의 후계사 등, 친족 간의 문제가 따른다.

➢인내하면서 한푼 두푼 저축을 해야 가정경제가 풍요로워지며 윗사람
을 따를 줄 알고 겸손해야 한다.

➢부동산 상속을 받게 되고 복을 받는 영화를 누릴 수 있으나, 욕심을
버리고 정성으로 조상을 모시고 묘소를 잘 돌봐야 한다.

➢부동산에 관계되는 일이 유리하고, 남달리 보석을 좋아하는 경향이
있다.

·八白 土星. 艮宮- 기본 상의;

※<u>兄弟,친척/ 친구/ 변화,개혁/ 부동산/ 저축,금융기관 등에 저축된</u>
<u>돈/ 저축통장/ 상속,재산/ 대를 이음/ 출입문/ 들어오고, 나감.</u>
<u>진퇴양난, 막히고, 정지됨/ 산/높이 쌓아 올라감/ 교육, **교육자**.</u>

➢<u>가족 간의 불화/ 일이 변경됨/ 업무에 변화가 생기고 침체됨/ 목적</u>
<u>성취가 어려워짐/ 제멋대로 행함.</u>

·유사 상의·;

※변 화- 변화, 새로운 변화. 개혁, 혁명. 개조하다. 리모델링.
　　　　쫓겨나다. 퇴출.

※부동산/ 상속- 높은 건물,빌딩. 부동산. 재산. 보수, 급여.
　　　　　　상속, 상속문제. 재산관련문서. 각종 **저축**.

※가정/집안 사- 자손,자녀. 가정사. 형제,친척문제.
　　　　　　친구, 우정문제.

※인물/ 직업- 어린 남자, 소년/ 막내아들/ 형제/ 욕심쟁이/ 상속인.
　　　　　자유인/ 산중거사, 승려
　　　　　건축/ 가옥,건물,토지- 중개/ 부동산업/ 임대업.
　　　　　가구/ 건재/ 석재업/ 숙박업- 하숙, 여관, 호텔.
　　　　　주차, 보관, 창고업. 재수학원/ 카-렌트/ 다단계.

※身　　體- 관절. 골절. 허리脊椎. 맹장. 이비인후과.

※기　　타- 산,산소. 쌓아놓은 물건. 경계선,문지방. 한계를 두다.
　　　　　울타리, 테두리. 정지, 움직이지 않는. 진퇴양난.
　　　　　낡고, 오래된 것. 끌려가다. 역전되다.
　　　　　문서이동. 대代를 잇다. 이어가다. 줄서다.
　　　　　쌓아 올라감. 높은 건물, 아파트.
　　　　　출입구. 들어가고 나감. 입사. 입원.

☆象數상수- 9/ 이궁離宮 ☆

·象意상의·

□頂上정상의 宮궁이다.

➢자칫 잘못으로 모두 떠나버릴 수 있으므로, 주위와 아랫사람들에게
　베푸는 생활을 함으로서 품위와 명예를 지켜나가야 한다.

➢미적 감각이 예민하고 발명/수상/영전하는 등, 명예와 덕망을 얻지
　만 화려하고 사치/허영심을 가지며 외적으로는 좋아 보이지만, 내심
　은 공허한 경우가 많다.

➢옛일이나 비밀스러운 일이 드러나 타인과의 쟁투가 따르거나 명예
　가 실추되며 마찰摩擦/이별/송사 등 시끄러운 일들이 발생한다.

➢급히 처리해야 할 일이 있게 되고, 대인들로부터 오해를 받는다거나
　멸시蔑視를 당할 수도 있으며 이합집산의 현상이 따르기도 한다.

➢새로운 교제나 계약이 성사되기도 한다.

≻밝고 진실하며 비밀이 없지만 따지를 좋아하고, 화를 잘 내며 감정
  의 기복이 심한 편이다.
≻생각이 빠르고 성질도 급하여 느린 것은 참지를 못하여 경솔한 行動
  이 돌출되기 쉽고, 대인관계에서는 언변이 좋고 호감好感 형이지만,
  쉽게 싫증을 내고〈異性인 경우라도 그렇다〉, 이성에 밝지도 않다.

⊡九紫 火星. 離宮- 기본 상의;
※명예,공명/ 지위,출세/ 특허/ 문서,신용,보증/ 증권,도장.
  학문,공부/언어,논리,의사표시/ 약속/ 불/ 화려/사치奢侈/ 예술.
  비밀,비밀이 탄로남/ 마찰摩擦,분쟁/ 수사,재판/ 이별, 떠나다.
  인쇄물, 신문,광고/ 부상/ 소멸/ 죽음.
≻문서/ 계약, 보증/ 명예/ 이별/ 산재/ 변덕이 심함.

⊡유사 상의⊡;
※문서- 부동산, 집, 땅, 계약문서 등 각종문서. 문서화된 것.
        인증서, 증서. 자격증, 합격증. 영수증, 세금 계산서.
        인감,도장. 특허. 입찰. 언론, 신문,광고,인쇄물. 사진.
        서적. 집필. 학업, 학문,공부,유학. 학교,도서관. 관공서.
        연구소. 시험, 연구, 조사. 문패. 명함,간판.
※명예- 명성,명예. 능력,승진. 믿음. 신의. 신념.
※법적인 문제- 관재,소송. 수사,재판,판결. 약속, 약속된 것.
              규정화된 것. 시비, 갈등,다툼. 구설수. 마찰, 분쟁,
              부탁, 청탁.
※이 별- 떠나다,이별,헤어지다. 이혼. 유언.
※신체/ 질병- 화상. 열병, 열사병. 일사병. 두뇌. 가슴, 심장. 혈액.
※인물/ 직업- 중년 녀인.
            총명하고 학문적 재능- 시,서,화에 능한 사람.
            문인,학자,지식인/무인/미녀/모델,배우/ 안질환자.
            서적 인쇄,출판,판매업/ 문방구점/ 이,미용업.
            광고대리점. 설계,세무,회계,변호,법무사/ 철학원.
            흥신소/ 제조 판매업→ 안경, 조명기구, 장신구.
            화장품, 의약품.
※기 타- 정신,기도祈禱. 무더운. 불, 화재. 가열. 타는 것.
        과열, 끓이는 것. 의사표시. 발각,비밀탄로. 사고.
        수술. 예쁜, 미인. 잘생긴. 바른 생각. 억울한.
        빈정대는, 화난. 소멸/ 질병, 부상/ 죽음.

※*當日*의 유의사항은 암검살을 위주로 논하며, 암검살 방의 출행은 금해야 하고, 해당 구성 상의의 인물/물품/음식 등은 피해야한다.

☆*九星 空亡*☆

※*九星 空亡*은 "*日柱*"를 기준한다.

本命星/ 月 경사궁/日 공망 궁이 중첩될 때, *空亡*의 현상이 더욱 강하게 표출된다.

□*子/ 丑 空亡*이면- *坎*감 *宮*.   □*寅/ 卯*   „   - *艮*간 *宮*.

□*辰/ 巳*   „   - *巽*손 *宮*.   □*午/ 未*   „   - *離*리 *宮*.

□*申/ 酉*   „   - *兌*태 *宮*.   □*戌/ 亥*   „   - *乾*건 *宮*.

□*子/ 丑 空亡*;

※전통과 가문에 얽매이지 않고, 제 멋대로 행동하는 타입이요, 분위기〈무드〉를 좋아하는가하면, 계산적이고 이기적이요, 냉정한 편이다.

≫개성이 강하고, 매사에 냉정하며 누가 뭐라 해도 자신이 하고자 하는 것은 끝까지 밀고 나간다.

≫이기적인 면이 있어 대인 간에는 물론 육친 간에도 "너는 너, 나는 나"의 식이며, 타인에 무엇을 베풀더라도 돌려받을 것을 계산하는 등 절대 손해보지 않으려 하므로, *相剋 人*을 만나게 되면 매우 비극적 현상이 발생될 수 있다.

≫년상의 친구가 많고 사람을 바로 보는 안목이 있으며, 주변으로부터 자신의 능력을 인정받으며, 독립심이 강해 무에서 부를 이루고 재운도 따르지만, 욕심이 지나쳐 좌절할 수 있다.

※ *過慾*은 *失敗/挫折*을 부른다는 *事實*을 *銘心*하라!!!

□*寅/ 卯 空亡*;

≫보수적이고 "돌다리도 두드려 보고 건너"는 식의 안전〈*安定*〉주의요 완고한 면이 있어 주어진 기회를 잃게 되는 경우가 많고, 행동범위가 자신주변/가정으로 한정되어 대인관계 또한 원만하지 못하다.

≫감정보다 이성을 중시하며 외유내강형이요, 권모술수에도 능하다.

≫목표를 세우면 인내와 끈기로 자신의 목적을 성취시켜나가는 대기만 *成型*이다.

⊡辰/ 巳 空亡;

※현실적이고 실리적이요, 비록 오늘 이루지 못했다 해도 내일이 있다는 식의 낙천성도 있으며 낭만적이요, 시류에 적응할 줄도 안다.

≻사람들과 함께하는 것을 좋아하고 타인의 이목을 끌고 싶어 하는 면이 있으며, 이성적이기보다 인정적이요, 감정적이기 때문에 공/사의 구분이 어렵고 결정이 쉽지 못한 우유부단함을 보이기도 하지만, 어려움이 닥쳐도 잘 풀어나가며 자신의 꿈을 실현시켜나가는 강한 지구력을 갖는다.

⊡午/ 未 空亡;

※열정적/감성적/자존적이요, 예술적이며 자존심이 강하고 이성적이기보다 감정이 앞서 충동적으로 행하는 경향이 있으며, 대인관계 또한 호 불호/냉,열의 기복이 심하고, 때론 자존심/체면때문에 충동구매로 과다지출을 하기도 한다

≻의심이 많아 물증이 있거나 검증이 되어야 받아들이며 타인의 속 마음을 읽어내는 능력이 있으나, 자신의 속내가 드러난다거나 타인의 간섭은 매우 싫어한다.

⊡申/ 酉 空亡;

※사회적 통념/ 타인의 간섭 등에서 벗어나 자유롭게 살아가고자 하는 성향이 내재하며, 타당성을 중시하는 합리주의자요, 현실적응에 능한 면도 있다. 그러나 속단결행하며 밀어붙이는 경향이 있어 실패가 많기도 하다.

≻일에 대한 책임감과 수행능력은 갖지만 조직을 이끌어 가는 리더쉽은 不足하다.　※숙고 또, 숙고하라!!!

⊡戌/ 亥 空亡;

※고독하다. 이념적/이상적/정신적이요, 기발奇拔한 창의력을 갖는다.

≻적당히 처리하는 융통성/요령이 부족하고, 실리보다 명예를 중시하며 매사 분명해야 이해하고 넘어간다.

≻일을 함에 있어서는 책임감을 갖고 끝까지 처리하나, 명령조의 어투와 거만함으로 대인관계에서 소외될 수 있다.

≻가난하게 자란 자로 부를 이루면 친인척을 멀리하는 경향이 있고, 타인과 마찰시 자신의 살점을 내 주는 한이 있어도 대인의 뼈를 갈아 버리려는 독한 면도 있다.

⊡子- 丑 空亡;

※집안의 北方에 **동백화분**을 놓으라.

⊡寅- 卯 空亡;

※巽宮에 창문이 있다면 소나무 분재나 작은 해바라기 등이 좋으며, 대나무를 심는 것도 吉하다.

⊡午- 未 空亡;

※離宮과 坤宮 사이에 **화장실/주방/정화조** 등이 있다면, 그 곳을 百日間 청주와 소금으로 청소하라!!!~.

⊡申- 酉 空亡;

※坤方과 兌方 位는 不淨의 기를 만들어 내기 쉬운 장소이기 때문에 취기토를 뿌려두거나, 놓아두는 것이 좋다.

⊡戌- 亥 空亡;

※乾方은 財運의 方도 되기 때문에 이 방위에 부정한 것이 있으면 재운이 소멸된다. 따라서 금고/장식대/창고 등을 설비하는 것이 길하며 참죽나무나, 동백나무의 분재를 놓아두거나 심는 것 또한 좋다.

※空亡 日의 禁忌事項금기사항※

□空亡 日에 집을 구입하면 가족이 이산하거나 화재위험이 따르며 토지를 구입하면 사기나 분란에 휩싸일 수 있다.

□空亡 日에 회사를 설립하는 등의 창업은 도산倒産의 염려가 따른다.

□공망 일에 혼인하면 이혼할 수 있다.

□파살과 공망 일에는 만사萬事가 불리하다.

Memo

☆※九星구성 來情래정※☆

※九宮 中 어느 宮에서든 同一한 상수가 동궁하면 그 의미가 배가되며 同一 상수가 본명성이거나 目的事에 해당되면 各 상수에 따라 전변된 상수의 상의로 논한다.

※同一 상수를 읽어낼 때에는 목적사에 따라, 그 상의를 다르게 논해야 하며 同一 상수로 조합이 이뤄지면 경우에 따라 흉의를 의미할 때가 있다.

※同一 象數로 組合을 이루면, 암검살暗劍殺/ 파살破殺을 맞지 않았다 해도 경우에 따라 兇으로 論해야할 때가 있다.

⊡1- 1⊡

※어려움이 겹쳐 더욱 어렵고 힘들어 진다.

※자식/ 고통/ 이성/ 애정문제다.

※1- 1 은 9로 轉換전환.

⊡2- 2⊡

※오래 된.

※가정/ 직업문제요, 남명男命이면 이성문제다.

※2- 2는 6으로 轉換전환.

⊡3- 3⊡

※시작과 동시에 실패가 따르는, 사기성이 있는 계획計劃.

※계획/ 시도/시작과 관련된 문제요, 갑자기 생긴 문제다.

※3- 3 은 4로 轉換전환.

⊡4- 4⊡

※태풍颱風, 풍파.

※사업/ 거래. 신용 문제요, 혼인과 관련된다.

※4- 4는 3으로 轉換전환.

⊡5- 5⊡

※痼疾的인.

※일이 잘 풀리지 않는 상태요, 죽음과 관련된다.

※5-5 는 男命은 7로/ 女命은 6으로 轉換전환.

⊡6- 6⊡
※아주 높은/ 발전적인/ 후원, 조력이 많은.
※힘들고, 발전이 없는 상태요, 女命이면 남편문제다.
※6- 6 은 2로 轉換전환.

⊡7- 7⊡
※再 手術
※금전/ 시비, 언쟁/ 수술문제다.
※7- 7 은 8로 轉換전환.

⊡8- 8⊡
※계속적으로 쌓아 올라감
※친인척/ 재물, 부동산/ 상속문제다.
※8- 8 은 7로 轉換전환.

⊡9- 9⊡
※聯이어 지는 이별.
※문서/ 공부/ 비밀이 드러남/ 이별/ 소송 문제다.
※9- 9 는 1로 轉換전환.

⊡對沖 線에 대한 이해.

※同一한 象數가 서로의 대궁에 坐하는 경우로, 對沖을 이루는 同一 象數가 그 원인이 되며 **스스로에 依한 損破**를 의미하는데, 同宮하고 있는 상수의 상의도 함께 고려해야한다.

※**동일한 상수가 서로 대충을 이루면 모두 그 영향력, 힘의 세기가 배가되며 대충은 궁이 파괴되면서 동회한 비성 상수를 함께 파괴시킨다.**

※對沖 線에 흉살이 동반되면 부정적인 의미가 강해지지만, 그렇지 않다면 오히려 긍정적인 의미로 전환된다.

→1-1/ 3-3/ 4-4/ 9-9對沖이면 兇意로 나타난다.

※中宮이 同一 象數를 이루면 中宮에 坐한 象數의 本宮을 對沖 線으로 간주看做한다.

※中宮이 同一 象數 組合을 이루면, 中宮 象數의 本宮이 暗劍殺을 맞게 되므로 특히 주시해야 하며 시기적으로 中宮의 시기를 살아가고 있다면, 對沖 線의 영향력은 倍加배가된다.

■南-北 對沖 = 급한 문제이거나, 급한 상태.
■東-西 〃 = 배신, 불화사.
■巽-乾, 坤-艮의 對角 對沖 = 가내/ 대인/ 생업과 관련되는 방해, 좌절사다.

⊡九星구성 象數상수 對沖대충⊡

※1- 1 對沖※
➢술酒/이성과 인연이 많고, 물/불을 조심해야 한다.
□자息/ 질병/ 이성문제/힘들고 어려운 일/아랫사람 등과 관련.

※2- 2 對沖※
➢일/노력의 대가를 얻고자 노력努力한다.
□직장〈業〉/ 가정/ 여자/ 형제/ 노력하고 인내해야 하는 문제.

※3- 3 對沖※

≫소리만 있을 뿐이다. 형체形體가 없다.
※새로운 시작/ 발전/ 깜짝 놀랄 일/ 사기문제 등.

※4- 4 對沖※

≫다 날려 버린다. 빚 보증서지 말라!!!
≫女子는 바람기가 있다.
□대人/ 사업/ 거래/ 혼인/ 여행/ 이사/ 이민문제 등.

※5- 5 對沖※

≫음양이 교차하는 곳이다. 옛 일이 되풀이 됨.
≫잘되는 잘되고, 안 되는 것은 안 되는 양면성이 있다.
□실직 사/ 질병/ 이별/ 죽음/ 옛 일이 되풀이 되는 문제.

※6- 6 對沖※

≫승負/투기/투자/취미생활을 의미하며 싸워 이긴다.
≫윗사람과 상의한다.
≫女子는 남성에게 볼일이 많다.
□공무원/ 군, 경관련/ 법적인 문제/ 발전/ 교통/ 자동차 등.

※7- 7 對沖※

≫1/3을 의미한다.
≫돈을 좋아한다.
□연회/ 음식/ 유흥/ 연애문제/ 금전/ 소비문제/ 수술문제 등.

※8- 8 對沖※

≫변화가 필요하다.
□변화/ 상속문제/ 저축/ 부동산/ 잠자리 문제 등.

※9- 9 對沖※

≫문서/지성,학식/직위/명예가 있다.
□문서/ 법적인 변론/ 공직/ 이별/ 탄로 등과 관련.

▷ ※ 目的事목적사 別별 九星구성 象意상의 ※ ◁
※목적 상수와 해당 궁의 추이로 논한다※

※各 목적사를 관할 때에는, 本命星이 어느 궁으로 움직였는가를 주시
해야 하며 **目的 象數**가 **對沖 線**을 이루면 그 발동력은 증폭된다.

⊡金錢금전/ 財物재물 占⊡
1. 乾宮과   〃六; 전체적인 큰 자산의 유무.
2. 兌宮과 象數 七; 현금이 언제 들어오는가???.
3. 艮宮과   〃八; 저축상태와 부동산의 정도.

⊡求職구직/ 職場직장/ 事業사업 占⊡
※坤宮으로 本命星이 들어가는 年/月이 구직의 시기다.
1. 坤宮과   〃二; 일/ 노동에 대한 의지를 관.
2. 巽宮과   〃四; 사업을 관觀.
3. 乾宮과   〃六; 회사/ 직장에서의 인사문제를 觀.

⊡貴人귀인의 助力조력 有無유무 占⊡
1. 中宮과 象數 五; 의외의 조력자를 만난다는 의미.
2. 乾宮과   〃六; 윗사람의 도움으로 문제를 해결함을 뜻.

⊡拔擢발탁/ 選擧선거 當選당선 與否여부 占⊡
1. 乾宮과   〃六; 윗사람에 의한 추천/ 발탁여부를 觀.
2. 離宮과 象數 九; 선거에서의 당선여부는 이離궁으로 판단.

⊡秘密비밀 綻露탄로 占⊡
1. 震宮과   〃三; 비밀이 탄로綻露남.
2. 離宮과 象數 九; ＿＿＿＿＿〃＿＿＿＿＿.

⊡異性이성 關聯관련 事事⊡
1. 坎宮과   〃一; 이성을 관하며 정사情事가 동반되는 교제.
2. 巽宮과   〃四; 혼인을 전제로 하는 교제.
3. 兌宮과   〃七; 유흥이 동반되는 연애요, 겁탈을 의미.
4. 離宮과 象數 九; 대인관계에서의 이별을 의미.

⊡慾望욕망 關聯관련 事事⊡
1. 坤宮과   〃二; 살아 가기위해 행하는 욕심.

2. 中宮과 象數 五; 강탈强奪을 意味.
3. 艮宮과 〃 八; 强한 慾心.

⊡運氣운기 狀態상태⊡
1. 坎宮과 〃 一; 의외의 難事가 생길 수 있으며 일이 성취된다해도
   고난이 수반.
2. 坤宮과 〃 二; 인내/노력하는 상황을 觀.
3. 震宮과 〃 三; 깜짝 놀랄 일/돌연한 사고/사기를 觀.
4. 巽宮과 〃 四; 일이 뿌리째 흔들리거나, 풍파가 따름.
5. 中宮과 象數 五; 일이 막힘, 사면초가인 상태를 觀.
6. 兌宮과 〃 七; 내가 당할 수 있다.
   ※女命으로, 1- 8/ 1- 9는 劫奪數다.
7. 離宮과 象數 九; 인리/ 파재의 현상을 본다.

⊡口舌구설/ 마찰摩擦/ 官災數관재수⊡
2. 震宮과 〃 三; 고성이 따르는 언쟁을 의미.
1. 中宮과 象數 五; 口舌 마찰/타인의 질시嫉視가 따름.
5. 乾宮과 〃 六; 윗사람, 회사/주변과의 갈등/ 마찰이요,
   관공서나 법원에 의한 처벌이다.
4. 兌宮과 〃 七; 말로 인한 시비/언쟁을 의미.
5. 離宮과 象數 九; 비밀이 탄로綻露나고, 관재/소송이 따름.

⊡手術수술 關聯관련⊡
1. 兌宮과 〃 七; 수술을 觀.
2. 離宮과 象數 九; 원인을 알지 못하는 질환에 의한 수술.

⊡交通事故교통사고 占⊡
1. 震宮과 〃 三; 돌연한 일/교통사고를 觀.
2. 乾宮과 〃 六; 차체가 파괴되는 등,
   그 정도 심한 교통사고.

⊡死亡사망 關聯관련⊡
1. 坎宮과 〃 一; 질병 사/ 익사 사를 뜻한다.
2. 巽宮과 〃 四; 여행 중의 객사이거나, 목매는 자살 사.
3. 中宮과 象數 五; 이별/죽음/시체屍體의 의미.
4. 乾宮과 〃 六; 금속에 의한 사망 사/ 교통사고사.
5. 艮宮과 〃 八; 무덤/묘지의 의미.
6. 離宮과 〃 九; 돌연한 불측의 사고사.

※問占 年,月/ 日,時 盤에서 表出되는 暗劍殺/ 五黃殺/ 破殺/ 對沖殺/ 入 中宮/ 空亡 等의 흉상은 어떻게 읽어내야 할까!!!

九星 來情 盤은 日/時 盤을 先 看하며, 情況에 따라 年/ 月盤을 고려해야 되는데, 日/時 盤이 모두 暗/ 破/ 空亡 等으로 깨져 있다면 반듯이 年/ 月 盤도 함께 고려해야한다.
하지만 問占 日/時 盤 中, 時盤에서만 깨져있다면 해당 흉상은 문점한 當 시간대에 한정되는 것이므로 問占 事의 정황을 흉한 것으로 판단해서는 안 되는데, 時間帶에 따라 吉/凶意는 달라질 수 있는 것이기 때문이요, 日盤이 깨지지 않았다 하더라도 問占 人의 本命 生年 支 宮이 空亡 宮이라면 무탈한 상태라 할 수 없으므로 上位 盤 인 年/ 月盤을 함께 살펴야한다.

결국 문점 사든 목적 사든, 해당 사안의 吉/ 凶은 日,時/ 年,月 盤에서 吉/ 凶이 어느 정도 중첩되어 있는가〈暗劍殺/ 五黃殺/ 破殺/ 對沖 殺/入 中宮/ 空亡 等으로 거듭하여 깨졌는가???~〉로 판단하게 된다 는 것이다.

▷문점〈년, 월/ 일, 시〉반◁

問占 日/時 盤의 어느 宮 位에서 日/時 盤이 暗劍/五黃/破殺 等으로 동시에 깨져 있다면 上位 盤인 月/年 盤을 살펴, 해당 사건이 이전부터 있어온〈持續되는〉사건인지를 확인해야 한다.

또한, 問占 盤에서 九星 象數가 흉살에 의해 깨졌다면, 해당 상수의 體인 定位 盤의 정황을 살펴야 하는데, 만약 體마저 깨져있다면 해당 사안의 흉의는 현실적 사건으로 드러나게 되는 것이다.
이러한 觀點은 九星盤에서 나타나는 정황을 한눈에 조망眺望해 낼 수 있는 技法으로, 반듯이 九星 上/ 下位 盤을 연계하여 살펴야 하는데, 下位의 時/日 盤은 上位의 月/年 盤과 連繫〈時/日 盤에서도 時盤은 日盤 과〉함으로써 사건의 진위眞僞/ 지속성 등을 판별할 수 있게 된다.

※問占 年/月/日/時에 의한 九星 盤에서, 九宮은 공간성〈停止된 狀態〉을 의미하며 體가되고 九宮에 배속되는 九星 象數는 用으로, 시간에 따라 九宮을 이동하므로 客〈손님〉의 입장이 된다.

따라서 **用인 九星 象數는 體인 九宮에 내포〈宮에 依해 影響을 받는〉되며 九宮은 九星 상수의 외연外延이라는 點을 理解해야** 九星 盤에서 나타나는 변화와 그 추이를 정확하게 읽어 낼 수 있게 된다. 하지만 易이 그러하듯, 이러한 논리가 고정성을 갖는 것은 아니라는 사실을 인지해야 한다.

※各 구성 상수의 體는 구성반에서 本 宮 位, 즉, 정위正位반이 되는 것으로 구성반에서 體〈本宮〉가 암검/ 오황/ 파살/ 대충 등으로 파괴되었다면 體가 손상損傷되거나 질병에 걸려 있음을 뜻하게 된다.

·체감體感 정도定度·

어느 觀法이든, 吉/ 兇의 정도는 重疊될 때 그 象意가 배가되는 것으로, 어느 한 宮이 九星 兇殺〈暗劍殺/ 破殺/ 五黃殺/ 對沖殺/ 空亡 等〉중, 2~3개 以上으로 깨져 나갔다면 그 흉의는 커진다는 것이다.
물론, 問占 日/時 盤에서 時盤만 깨졌는지!!!
日盤만 깨졌는지!!!
아니면, 日/時 盤이 모두 깨졌는지 와 더불어 用인 九星 象數와 該當 象數의 體인 定位 宮의 정황도 고려해야하는데, 萬若 日/時 盤이 모두 깨진 상태에서 兇殺과 중첩된 상황이라면 그 흉은 매우 무거워진다.
特히 이렇듯, 흉살에 의해 거듭되어 깨진 상수가 入 中宮된 상황이라면, 生死와 연결될 수 있음이다.

來情이나 目的 事 일 때나 九星 盤에서 현실성을 갖고 드러나는 事件이라면, 問占 人에게 어느 정도의 현실감을 느끼고 있는 것 일까???를 가름해야 하는바~, **該當 事件의 眞/僞와 體感 定度는 九星 兇殺〈暗劍殺/ 破殺/ 五黃殺/ 對沖殺/ 空亡 等...〉의 重疊과 上/ 下 位 盤의 連繫연계에서 드러나기 때문이다.**

따라서 九星 盤을 제대로 읽어내기 위해서는 그 무엇보다 問占 盤에서 日/ 時 盤이 동시에 깨져있는 宮과, 該當 九星 象數를 찾아내야하며 **래정이든, 목적 사든 九星 問占 盤에서 드러나는 어떤 사건의 정황과 추이를 정확하게 읽어 내기위해서는 兇殺의 重疊과 더불어 上/下 位 盤의 연계성을 살피는 것**이다.

☆ 來情래방, 目的목적 事사 ☆

※래정이나 목적사 별 점단에서는 日/時盤이 중심되며 상황에 따라 月,日/年,月盤의 정황을 살펴 來情/目的 事案의 吉.兇/成.否를 판단하게 된다. 來情이나 目的 事를 판단함에 있어, 日/時盤이 중심된다 해도 來情 占인 때와 目的 占은 경우에 따라 그 주관 대상이 달라질 수 있는데, **래정 점에서는 문점 인의 본명성을, 목적사 별 점단인 경우라면 해당 상의의 구성 상수로 주관**하기 때문이다.

더불어 問占 事가 問占 人의 健康 上의 問題이거나, 하는〈또는 하고자 하는〉일/ 지금 處해진 상황에 대한 問占이라면 本命星으로 主觀하며 그렇지 않은 사안들에 대해서는 該當 目的 象數와 해당 宮位의 정황으로 판단한다.

※ 동일 궁 내 상수와 궁의 상관관계 ※

※九星에서 **五黃/暗劍/破/對沖 煞** 等은 該當 宮과 星 象數에 兇意를 附與하거나 깨는〈破하는〉 兇神들이 되는데, 이러한 兇象은 三合 線에 依해 그 兇意가 解消된다. 하지만, 同一한 宮에서 發生되는 象數와 象數/ 象數와 宮 五行 上의 生/剋 現狀은 어떻게 判斷해야 하는가~ 의 問題가 남게 되는데, **래정과 목적 사의 길.흉/ 성.패는 삼합 선의 유/무와 신살에 의하며 동일 궁 내, 상수 간의 오행과 상수와 궁 오행의 생/비/극 관계는 래정이나, 해당 목적 사의 현재 정황**을 나타낸다.

☆ 九宮구궁, 九星구성 象數상수 ☆

※九星 盤에서 **오황살과 암검살/대충은 용에 해당하는 구성 상수를, 파살은 체인 궁을 파괴**시키므로 궁이 파괴된다면 해당 궁에 동회한 구성 상수도 함께 손상되는 것이요, 상수가 파괴되면, 해당 상수가 좌한 궁도 함께 손상損傷되는 것이다.

第 四部;

☆ 體用체용, 日辰일진, 九星구성 來情래정 ☆

다음은 "명법 통합 요체"에서 활용하고 있는 래정來情으로 래 인〈손님〉이 무엇 때문에 방문하였는지를 알 수 있는 일진 명반 법으로, 본서에서는 제 4부에서 다뤄지고 있지만, 현장 상담에서는 래방 인과 마주 앉아 상담이 시작되는 시점부터 바로 활용되는 기법으로, 명리의 기초적 지식들을 갖추고 있다면 별 어려움 없이 습득하여 활용할 수 있는 기법입니다.

물론, 각 인의 취향趣向과 각자에게 맞는 다고 생각되는 방식들을 취하여 상담에 임할 것이니 상담의 방식이 일률적一律的으로 같을 수는 없겠으나 적지 않은 기간들을 통한 나름대로의 경험 상, 보다 효율적이고 만족감을 높일 수 있는 방식이라 여겨지기에 이렇게 소개하고자하는 바입니다.

다음에 소개되고 있는 일진 명반 법은 자평을 비롯한, 육임. 기문둔갑. 매화역수. 자미두수 등, 수많은 래정 법 중, 비교적 많이 알려져 있고 가장 일반적으로 활용되는 기법이나 현실적 실용성에 의문이 제기되며 저 뒤로 밀려나기도 했는데, 그 이유는 일진 법을 활용하는데 있어 그 적용방식에 있지 않을까 합니다.

더불어 래정은 래정 만으로 활용할 수도 있겠으나 본 사주와 연계하여 논 하는 방식을 취할 때, 보다 안정적 만족도를 높일 수 있다고 보는데, 다름 아닌, 체용體用 래정입니다.

※論논/訣결/法법※

1. <u>問占 日辰 對比 **空亡** 因子를 확인하라</u>!!!
2. <u>問占 日干 對比 地支의 各 글字가 12運星 上 어느 자리에 앉아 있는가를 주시하라</u>!!!
3. 問占 日辰 過去 二辰인 憎惡,暗示/ 病符煞과 未來 三辰인 落花, 死殺神/ 五辰인 軌道離脫, 비부살을 주관한다
4. <u>問占 **日辰**이 來訪 人의 띠에 該當되는가를 주시하라</u>!!!
5. <u>問占 時가 問占 日辰을 沖하는지를 확인하라</u>!!!
6. 落花 命盤의 各 글자는 三合 五行 속성을 포함한다.
7. 以外의 글자들은 **本 - 四柱 他 支**에 대비하여 논한다.

      ■일진 명반 법에서는 특히 대한이 중요하므로, 본명과 더불어 필히 대한을 함께 살펴야 하며 12신살과 상문,조객/ 고진,과숙/양인/백호/괴강/역마,격각/고란살/원진/천라,지망/귀인 등도 또한 본명과 더불어 대한/ 유년에 적용시켜야 한다.

▷根근/苗묘/花화/實실의 含意함의◁

· 根; 뿌리/ 두 마음. 갈등葛藤.

· 苗; 싹/ 변절變節/ 욕심/ 희망. 소망.

· 花; 낙화/ 최악의 상황〈상태〉

· 實; 열매. 수확/ 소망. 의욕.

· 未來 五辰; 괘도이탈軌道離脱.

· 當日 日辰의 沖; 판단착오判斷錯誤.

▷12支 자의字意◁

□子.午.卯.酉; 인물. 인적사안〈人的問題〉. 특정 인.

□辰.戌.丑.未; 기본권과 신분문제〈權利/ 生計〉. 주택. 토지.

□寅.申.巳.亥; 물적〈金錢/ 財物〉문제.

▷래방 일진 별 字자 象상◁

· 申.子.辰 日辰; 자식. 애정사.

· 巳.酉.丑,日辰; 절규絶叫 절교. 단절. 소동騷動事.

· 寅.午.戌,日辰; 시비. 쟁투. 조객 사.

· 亥.卯.未,日辰; 계약 등의 해약소동.

▷※선천수先天數※◁

□甲,己/子,午; 九.　□乙,庚/丑,未; 八.　□丙,辛/寅,申;七.

□丁,壬/卯,酉; 六.　□戊,癸/辰,戌; 五.　□巳,亥; 四.

☆대운수大運 數☆

▷子/ 午/ 卯/ 酉 年生- 3三.

▷寅/ 申/ 巳/ 亥　〃- 7七.

▷辰/ 戌/ 丑/ 未　〃- 1一.

문점 人이 래방한 당일의 일진을 기준하여 12支를 과거와, 미래 인자로 순, 역포시킨다.

※辛未 日 來訪.

未來〈無物〉					當日根	過去〈有物〉				
	五	實四	三花	二苗		二	三	四	五	
	軌脫	目的	洛花喪孤	苦悶淫慾	辛	憎惡暗示	弔客寡宿		軌脫	
子	亥	戌	酉	申	未	午	巳	辰	卯	寅
					障壁					
		✗	✗	✗✗	丑	✗	☆	☆☆	△	

위의 예처럼, 신미辛未일 방문이라면 당일 地支인 未를 기준, 午/巳/辰/卯/寅의 글자들은 과거過去의 인자因子가 되는 것이요, 申/酉/戌/亥/子의 글자들은 미래未來가 되는 것이며 당일 지지의 沖字는 장벽障壁이 된다.

당일의 일진日辰을 근根으로, 과거 二辰은 증오, 암시/ 三辰은 조객, 과숙이 되며 미래 二辰은 고민, 음욕. 三辰은 낙화, 상문, 고진이 되고, 四辰은 목적. 五辰은 궤도이탈軌道離脫이 된다.

무슨 년, 몇 월이 되든, 래인이 방문한 당일의 일진을 기준하여 위와 같은 방식으로 포국시키면 되는 것이니, 이것이 일진日辰 래정來情의 명반命盤 포국법布局法이다.

래정이라 하여 방문한 해의 년/월/시를 무시하고 당일의 일진만을 취하여 문점의 정황을 판단한다는 것은 아니며 당연히 문점 사주, 즉, 문점한 당일의 일진을 구성하는 당 해의 년/월/일/시주와 본인의 본명사주를 함께 고려하여 판단해야 한다.
다만, 동기動機가 감응感應하여 오늘 방문한 것이니, 당일의 일진을 근根으로 한다는 것이다.
앞서 일진 명반을 활용함에 있어 전제前提되어야 할 기본 지식과 根/苗/花/實의 함의, 그리고 일진 별, 12地支의 字意에 대한 설명은 있었으니 당일 일진과 과거, 미래 인자들은 어떠한 의미를 함축하고 있으며 어떠한 방식으로 운용되는지에 대해 서술한다.

■當日당일 日辰일진■

□당일의 일진인 未는 오늘과 미래의 근이요, 과거의 실이 된다.

□전생의 업장과 관련되는 현재의 我의 아요, 결정권을 갖는다.

□당일 일진은 과거와 미래 오진인 케도이탈과 항상 삼합을 이룬다.

■過去과거〈有物〉, 未來미래〈無物〉■

※日辰 命盤에서 過去 二~ 五辰인 午/巳/辰/卯/寅은 有物이요, 未來 二~ 五辰인 申/酉/戌/亥/子는 無物에 屬한다.

過去는 有物, 즉 "有"로 "있다", "있었다."가 되는 것으로 있다는 것은 힘/實力/돈〈金錢/財物〉이 있다는 것이요, **잘된다.~ 잘살게 된다**는 意味가 함축되며 未來는 無物이므로 "無", "없다." 또는 "있던 것도 없는 상태로 된다."는 의미를 갖는다.

따라서 日辰 命盤에서 過去인 有物의 因子는 **"有"**로, 未來인 無物의 因子들은 無條件 **"無"**의 槪念으로 把握한 後, 本- 四柱와 四柱 대한의 어느 區間에 過去/未來의 因子가 드러나 있는지를 確認하여 現在의 情況〈狀態〉을 "간파看破"해야 한다는 것이다.

이때, 該當 各 글자가 드러나 있는 宮 柱의 象意와 十星 物像 等과 더불어 孤辰.寡宿/風波.淫慾/憎惡.暗示/ 喪門.弔客/羊刃/白虎/魁罡/怨辰 驛馬〈隔角〉 등의 신살도 함께 고려한다.

□未來〈無物〉의 二/三/四/五辰은 모두 問占의 目的事가 될 수 있으며 그 실마리, 問題를 解消시켜주는 因子는 各各의 沖 字인 過去〈有物〉의 띠 人/ 先天 數의 姓氏/ 宮 意, 六親/ 該當 方向의 居住者 等이 된다.

■일진 명반을 읽어내는 방법■

▷일진 래정 반을 읽어낼 때에는 過去/ 未來의 二辰~ 五辰 中, 어느 한 가지만을 독립적 사안으로 취급取扱해서는 안되며 命盤에서 전재展開되는 현상들을 相互 有機的으로 연계시켜〈特히 二/三/五辰〉 전체적全體的인 상황狀況으로 파악해야 한다.

■과거 이진 憎惡증오/ 暗示煞암시살■

□憎惡 暗示는 過去 二辰으로 有物에 屬하지만, 兇 意를 갖으며 "이미 있었던 일", "過去의 經驗"에 該當되는 것으로 어제부터 그 以前의 過去, 즉, "過去之事"가 되는 것이다.

따라서, 過去 二辰 憎惡 暗示煞은 **問占 人의 과거사를 알 수 있는 중요한 자료, 소스**가 된다.

※憎惡, 暗示煞은 未來 因子의 沖 字에 該當된다 해도 兇意를 갖으며 強制性이 含蓄된 兇象으로 내가 전혀 모르는 狀況에서 發生되는 것이므로 **"감쪽같이 몰랐던" 일이거나 "돌연한 일〈事件〉"**이 된다.

※오늘, 즉, 現在의 나에게 가장 有力한 힘, 影響力을 發揮하는 者요, 我가 어쩔 수 없이 휘둘리게 되고, 我를 미워하며 陰害하는 者이면서 어두운 곳에서 나를 向해 화살을 겨누고 있는 刺客이다.

※**憎惡, 暗示煞**은 現在〈오늘을 포함〉發生되고 있는 모든 問題의 根源〈原因〉이 되며 該當 因子의 띠 人이면서 先天數의 姓氏, 同一 方向의 居住者가 된다.

□과거 이진인 증오, 암시살과 미래 오진의 궤도이탈은 현재〈지금〉의 문제의 원인되는데, 궤도이탈은 최근에 새로이 발생된 문제의 원인이요, 과거 이진은 이전, 즉, 오래전 일의 원인이 된다.

■※未來 二辰 苦悶고민/ 淫慾煞음욕살※■

□미래 이진은 묘로, 씨앗/싹이요, 문점 인이 "왜!!!~ 무엇 때문에 왔는가!!!"를 알아 볼 수 있다.

※이미 지나간 것은 미워지고, 다가올 것은 所望하는 것으로
지난 해/ 前 大限/ 過 二辰은 憎惡, 暗示煞의 상의象意를,
내년, 次 大限, 未來 二辰은 苦悶/ 淫慾, 풍파살風波煞이면서
희망希望, 소망所望하는 바가 되는 것이다.

■※未來 三辰 落花 낙화※■

⊡落花는 未來 三辰의 因子로 어떤 일의 成事 與否/ 試驗의 合, 否
等에 適用하며 命盤의 落花 因子가 本命 四柱나 現 大運의 글자로
드러나면 不/ 不成 等의 兇像이 含蓄된다.

☐미래 삼진 낙화는 본명 사주에 있든, 없든 해당 인의 띠 人/성씨/
그 방향의 거주자 등이 되며 대한에도 드러나 있다면 더욱 확실
한 것으로 본다.

■日辰 命盤法에서는 特히 大限이 중요重要하여
本命과 더불어 필히 대한을 함께 살펴야 하고 12신살 및,
상문,조객/ 고진,과숙/ 양인/ 백호/ 괴강/ 역마,격각.
고란〈空房〉살/ 원진/ 천라,지망/ 귀인 등도 또한,
本命과 大運/ 流年 太歲에 적용適用시켜야 한다.

또한, 落花는 비록 떨어진 꽃이지만, 그래도 "꽃"이기 때문에 乙丑 日
의 問占 者로 토끼 띠 인의 자식을 두었다면 무조건 잘난 사람이요,
스스로 잘나고, 잘 생겼다고 생각하는 사람들이다.

■※未來 四辰 來訪래방 目的목적※■

⊡未來 四辰은 來訪 目的으로 實, 열매/ 수확이 되는데, 결실/ 수확
에 문제가 발생됐다는 것이요, 本命 四柱의 年 干에 對比한다.

■※過, 未 五辰 軌道離脫〈局外, 離脫者〉※■

※궤도이탈은 과거와 미래 오진의 글자로 래정 목적사의 원인이 되며
가장 최근에 제기提起된 문제가 된다.

현재, 가족과 함께 있지 않은 상태로, 별거/ 입원/군 입대/ 출장/
원행/ 여행 등의 의미와 더불어, 어디에도 속해 있지 않은, 홀로 떨
어져 있는, 生活터전이 없는 매우 급박한 상황이 되는 것이며 궤도
에서 벗어난 것이니 탈선적 행위를 뜻하기도 한다.

☐과거/ 미래 오진의 궤도이탈에서는
집이나 직장 이동 등의 목적, 소망 사항들도 함께 알아 볼 수 있다.

未 來/ 有 物				己	過 去/ 無 物			
五辰	四辰	三辰	二辰		二	三	四	五
辰	卯	寅	丑	子	亥	戌	酉	申	未	午
	軌離脫	目的事	落 花	苦-淫	日 辰	憎惡暗			解決土	
空亡神	비부살	合 食	死殺神	天 祿		病符煞	金條件	안보람		怨嗔祿
	〈✗〉	〈✗〉	〈✗✗〉			〈✗〉	〈☆〉	〈☆☆〉	〈△〉	〈✗✗〉

·日辰 沖; 힘이 빠져있고, 每事 일이 꼬임. ※移動 數/ 터 不淨 有.
事業을 整理하는 時期요, 賣買成事/ 謝表가 受理된다.

※己亥日 問占이면 于先 過去 二辰- 憎惡, 暗示/ 病符煞인 戌,
　　　　　　　　 未來 三辰- 落花/ 四殺神인 丑,
　　　　　　　　〃 五辰- 軌道離脫/ 비부살인 卯를 四柱에
　　　　　　　　　　　　　　　　 對比하여 觀한다.

·當日 問占 日辰과 問占 人의 띠가 同一하면,
問占 事는 자신의 뜻대로 이뤄지는 것으로 판단하게 되는데,
자기 자신이 當日의 旺者가되기 때문이요,
문점 일진의 空亡을 확인해야 하는데, 만약 문점 인의 띠가
당일의 공망 일에 해당된다면, **오로지** 目的事만을 觀해야 한다.
→ 그러나 띠가 다르다면 그렇지 않다.

萬若 問占 人이 事業 上의 問題로 어려움을 겪고 있는 狀態라고 한다
면 過去 二辰, 憎惡, 暗示/ 病符煞인 戌이 그 原因이되며 最近의 原因
因子는 未來 五辰, 軌道離脫/ 비부살인 卯가 該當된다.

※問占 人의 띠가 空亡 日과 同一하거나 問占 日辰의 空亡 時에 來訪
하였거나, 問占 日의 空亡에 該當되는 六親, 坐 宮 位/ 공망 字의
方位나, 그 方位의 居住者는 오늘 願하는 일이 成事되지 않는다.
↳위 명반에서 문점 일진인 己亥 日의 공망은 辰/巳가 된다.
만약 당일 문점 人의 띠가 오늘의 空亡 字인 辰/巳를 沖하는
戌/ 亥 띠 人이라면 목적사는 해결되는 것으로 본다.

더불어 重要한 觀點은 問占 人이 **문점한** 시간이 당일의 일진을 沖하
는지를 확인해야 한다는 것이다.

日辰을 沖하는 時間에 왔다거나, 日辰과 沖되는 띠 人이 왔다면 그 사람은 **이미 모든 것을 다 아는 狀態**며 確因 次元에서 來訪한 것이요, 來, 目的의 沖 字가 本, 四柱나 現 大運의 글자로 存在하거나, 沖 띠 人인 境遇에도 目的事의 推移를 다 알고 來訪한 것이므로, **"소신 것 行하라!!!"** 말하고 돌려보내라!!!~

※落花에서의 解決 因子※
該當 宮 位의 띠 人/ 六神/ 方位의 含意가 된다.

※己亥일 문점 시의 일진 명반.

未來/ 有物					己	過去/ 無物				
	五辰	四辰	三辰	二辰		二	三	四	五	
辰	卯	寅	丑	子	亥	戌	酉	申	未	午
	軌離脫	目的事	落花	苦-淫	日辰	憎惡暗			解決士	
空亡神	비부살	合食	死殺神	天祿		病符煞	金條件	안보람		怨嗔祿
	〈X〉	〈X〉	〈XX〉			〈X〉	〈☆〉	〈☆☆〉	〈△〉	〈XX〉
※日辰 沖; 힘이 빠져있고, 每事 일이 꼬임. ※移動 數/ 터 不淨 有. 事業을 整理하는 時期요, 賣買成事/ 謝表가 受理된다.										

※落花 命盤에 나타난 情況※

于先 問占 日辰의 天干 己가 12運星 上 地支 亥의 무슨 자리에 앉아있는 가로, 來訪 日의 關聯事와 그 事案의 運氣를 가늠할 수 있으며, 過去 因子인 戌/ 酉/ 申/未가 各各, 12運星 上 問占 日干인 己의 무슨 자리인가로, 問占 人의 지난 運氣가 어떠했음을.. 未來 因子인 子/丑/寅/卯로는, 앞으로의 運氣가 어떠할 것인지를 推測할 수 있다.

己日 干 亥日 來訪으로 財星 日이며 亥는 己에 胎地가 되는데, 問占 日支는 障壁煞로 財星이 弱한 狀態에서 막혀있는 狀況이다.
過去 因子인 戌은 己 干에 養地/ 酉는 長生地/ 申은 浴地/ 未는 冠帶地요, 未來 因子인 子는 己에 胞,絶地/ 丑은 墓地/ 寅은 死地/卯는 病地가 된다. 따라서 위 人은 지난 歲月을 별 問題없이 살아왔으나, 最近 財的인 側面에 問題가 發生되어 訪問하였으나, 未來 因子가 胞,絶地/ 墓地/ 死地/ 病地가 되니, 앞으로 몇 年間은 어려운 狀況이 繼續된다.

※당일 일진인 己亥는 장벽으로 女子, 시어머니 등이 문제다. 띠로 본다면 亥, 돼지띠 人이되고, 三合 因子인 卯. 未生도 같다고 보며 木 인자인 관성의 상태 또한 같다.

⊡子는 苦悶.淫慾/ 喪門煞로 偏財이니 特히 돈 問題요, 쥐띠 人이며 三合 五行 屬性 또한 水氣로 父/財,妻/일의 結果/健康 等이다.

⊡丑은 落花로 比肩이니 自身/兄弟의 問題요, 소띠 人이 또한 그러하며 三合 五行의 屬性은 金星이니, 己 干의 食傷 즉, 事業 上의 問題가 된다.

⊡寅은 來訪 目的으로, 子女/ 職場,名譽/ 男便의 問題가 되며 三合 五行의 屬性은 火氣로 印星이니 父母,母親/文書/ 땅,不動産/ 學問/ 名譽 等과 關聯된다.

⊡卯는 軌道離脱로, 三合 五行의 屬性은 偏官이니 아들/愛人/卯띠 人과 關聯된다.

■落花에서는 過去 二辰 憎惡,暗示/ 病符煞과 未來 三辰. 落花/ 未來 五辰- 軌道離脱, 비부살 等을 主觀하는데, 各 글자는 三合의 因子와, 三合의 五行屬性으로도 把握하는 것이 重要하다. 따라서 障壁煞인 亥와 軌道離脱인 卯는 卯.未와 三合의 五行인 木星/ 落花 因子인 丑은 巳.酉의 金星/ 過- 二辰인 病符煞 戌은 寅,午의 火星의 因子로도 把握해야 하는데, 各 五行의 屬性은 事案의 裏面〈內面〉的 要因을 意味한다.

▷삼합 오행의 속성으로 관하는 방법!!!

※各 地支를 五行의 屬性으로 보면, 日辰 亥와 軌道離脱 卯는 亥.卯.未의 木星으로 己 干의 官星이므로 子息/ 男便, 情夫/ 일/事業 等이요, 落花 丑은 巳.酉.丑, 金星으로 食傷이니 子息/ 事業場/ 돈/ 일의 進行過程 等이 되고, 過 二辰인 病符煞 戌은 火星으로 食傷星이니 子息/事業場/돈 等과 關聯된다.

이상, 落花 命盤 上으로 나타는 事案과 그 情況을 살펴보았으나, 이러한 狀況들이 的確性을 갖고 現實的으로 드러나려면, 各各의 事案들을 來人의 本- 四柱에 對比하여 判斷해야하며 命盤 內에 問題되는 因子를 沖하거나 沖 字의 三合 字로 存在하거나, 四柱 內에 有氣한다거나 該當 大運의 글자로 存在하면 解消되는 것으로 본다.

☆落花 対比 12神煞 取用法☆

12神煞은 問占 日辰이 來訪 人의 때로, 무슨 煞에 該當되는가를 보는 것으로, 그날의 日辰을 主 看한다.

만약, 戊戌 年 生이 午날인 將星煞 日의 問占이라면, 신규 사업이나 사업확장 等에 대해 묻는다는 것이요, 卯日 問占이라면 年殺이니, 男/女 색정사/ 주색잡기와 관련되는 문제가 되는 것이다.

또한, 甲午 日辰이면 辰/巳가 空亡이 되는데, 本 四柱의 日支가 辰 字라면, 陽 日干이니 辰이 空亡이라 배우자가 비어있는 상태가 된다.

※本命 對比 日辰 命盤 推論技※

《來訪 當日 日辰- 甲午》

	兇	大兇	**甲**			吉	大吉
戌	酉	申	未	午	巳	辰	卯	寅
케도이탈	實	花	苗	根	苗	花	實	*케도이탈*

來訪目的　落花　　　　　　刺客　　　　解決因子
現在狀況　　　　　　증오
　　　　　　암시살

※來訪 人의 四柱;

時	日	月	年
0	辛	0	戊
戌	未	申	戌	→ 甲午 日辰 문점일 경우.

未來/ 有物					甲	過去/ 無物				
五辰	四辰	三辰	二辰			二	三	四	五	
亥	戌	酉	申	未	午	巳	辰	卯	寅	丑
	軌離脱	目的事	落花	苦-淫	日辰	憎惡暗			解決土	
空亡神	비부살	合食	死殺神	天祿		病符煞	金條件	안보람		怨嗔祿
	<X>	<X>	<X X>			<X>	<☆>	<☆☆>	<△>	<X X>

※日辰 沖; 힘이 빠져있고, 每事 일이 꼬임. ※移動 數/ 터 不淨 有.
事業을 整理하는 時期요, 賣買成事/ 謝表가 受理된다.

※ 문점 時시를 先선 看간하라!!!

□落花 日辰 命盤 對比 본, 사주를 논하기 이전에 먼저 당일의 문점 時를, 문점 일간과 본, 사주 일간에 대비해야 하는데, **己亥 日 巳時 間 占**이라면 일진의 沖이되면서 변동/ 이동수가 되는데, 만약 본명 사주의 일간이 金氣면서 월지에 巳 字가 드러나 있다면 부모.형제/ 환경/주택.건물 등을 의미하므로 이사/건물 매매와 관련된다.

또한 巳時면 본, 사주 일간의 관성이니 자식/ 남편, 정부情夫/ 일, 사업 등과 관련한다.

☆명반에서 **戌〈軌道離脫〉**과 **申〈落花〉**은 본명 일간에 대입하며 사진 **酉〈來訪目的〉**는 년 간에 대비시켜 론한다.

※來方- 일진 戌午부터 未.申.酉.戌까지를 미래/ 무물이라 하고, 흥의를 가지며 戌午부터 巳.辰.卯.寅까지를 과거/유물로 본다.

※組式된 명반에 드러난 각 글자들 중, **日辰 午**는 장벽〈障壁〉煞로 현재 적자 또는 손해를 보고 있는 상태이거나, 백수신세가 되며 그 반대 인자인 子떠나, **申/子/辰** 때 人이 해결 인자가 된다.

즉 **방문 일지와 沖되는 인자가 장벽을 해소하는 해결사**가 되는 것으로, 본, 사주나 현 대한에 장벽의 沖 인자가 유존하면 해결되는데, **子의 일.월/ 시간/ 글자의 띠 인/ 육친/ 궁 위/ 방위 거주자에 의해 해결**되는 것이다.

※오행의 속성으로 보면, 일진 午와 궤도이탈의 戌은 寅.午. 戌의 火星으로 甲 干의 식상이니 **자식/사업 장/돈/일의 진행과정** 등이 되고, 落花 申은 申.子.辰의 水性이니 인성으로 **부모,모친/문서/땅,부동산/학문/명예** 등이요, 목적 酉는 巳.酉.丑 金星으로 관성이니 **자식/남편,情夫정부/ 일,사업** 등과 관련한다.

※他 地支도 같은 方法으로 觀한다.
↳만약 본, 사주에 장벽살인 午가 있다면 관성이 되며 오행 속성 또한 火氣이니 자식/ 남편, 情夫/ 일, 사업이 장벽을 맞은 것이다.

※問占人이 不動産/ 店鋪의 賣買 時期를 물어 왔을 때※

《《《來訪 當日 日辰- 甲午》》》

凶	大凶			甲				吉	大吉
戌	酉	申	未	午	巳	辰	卯	寅	
궤도이탈	實	花	苗	根	苗	花	實	궤도이탈	

來訪目的 落花   刺客   解決因子

現在狀況   증오

암시살

※來訪人의 四柱;

時	日	月	年
□	辛	□	戊
戌	未	□	戊→ 甲午日辰 問占일 境遇.

未來/ 有物					甲	過去/ 無物				
	五辰	四辰	三辰	二辰		二	三	四	五	
亥	戌	酉	申	未	午	巳	辰	卯	寅	丑
	軌離脫	目的事	落花	苦-淫	日辰	憎惡暗			解決土	
空亡神	비부살	合食	死殺神	天祿		病符煞	金條件	안보람		怨嗔祿
	<X>	<X>	<X X>			<X>	<☆>	<☆☆>	<△>	<X X>

□日辰 沖; 힘이 빠져있고, 每事 일이 꼬임. ※移動 數/ 터 不淨 有.

事業을 整理하는 時期요, 賣買成事/ 謝表가 受理된다.

본 사주 년/ 시지가 명반의 비부살이어서 부동산/점포를 팔고 싶어 하는 것으로 볼 수 있는데, 만약 문점 인이 언제쯤 팔리겠느냐고 묻는다면, 바로 戌〈9〉月에 나간다고 말해준다. 그러나 비부살의 글자가 본, 사주 명식에 나타나지 않은 상태에서 매도시기를 물었다면, 문점 日辰의 沖 字인 子와 그 삼합인 申. 辰月 中, 日辰과 沖하는 子月이 적기가 된다.

또한 매입의 시기는 문점 당일의 삼합 字인 寅/ 午/ 戌月이 유리한데, 그 이유는 당일의 지지글자는 그날의 왕자이기 때문이다.

더불어 매도의 대상이 점포〈가게/事業場〉라면 본 사주 시지의 글자가 문점 일진에 나타나야 하는데 해당 글字가 일진 명반 상에 나타나지 않았다면, 본 사주 월 지의 沖 月로 잡는다. 하지만 상문살이어서 제 값을 받기 어려울 것이므로 상문의 글자와 沖되는 년과 그 삼합 월을 적기適期로 본다.

例를 들어 <u>喪門</u>의 沖 字가 辰이면 辰年/ 申.子.辰月이 된다.

☆未來 二辰/ 天祿,羊刃煞- 未.

<u>未</u>는 고민/음욕살로, <u>해당 인자의 띠 人/ 성씨/ 그 방향의 거래/ 거주</u>자 등에 의한 고민사요, 나를 음해하는 인자는 **과거 이진 巳의 중기-**庚의 변환지지인 申 因子다.

본, 사주에서는 일지가 未로, 궁의 상 부부/동생/부하/애인 등이 되며 오행으로는 亥.卯.未의 木星이니 배우자 문제다. 그러나 <u>사주 본명이나 해당 대한에 未를 沖하는 丑字가 드러나 있다면 해소</u>된다.

☆未來 三辰/ 死殺, 喪門煞/ 落花- 申.

<u>申</u>은 현재상황〈落花〉으로, 申에 해당되는 띠/육친/궁 위에 이상,변고가 발생되었음을 암시하는 것으로 간여동지 일진이면 더욱 그러한데, 해당 육친/방위/계절/색깔 等을 분석한다.

본, 사주에서는 월지가 申이니, 申- 띠/육친/궁위에 이상, 변고요, 궁의 상 **부모,형제/환경/직장,회사/주택,건물** 등이 되며 五行으로는 申.子.辰의 水氣이니 사업,직장/부모,형제 등과 관련된 문제다.
그러나 <u>사주 본명이나 해당 대한에 申을 沖하는 寅의 인자가 존재하면 해소</u>된다.

☆未來 四辰/ 合食/ 目的事- 酉.

壬辰日 방문에 목적사가 未면 관살혼잡으로 빚쟁이요, 남편이 되는데, 만약 본명의 日 干이 丁이면서 年/ 日支가 子면, 申-子 三合으로 多者가 서로 관련되어 있는 돈 문제다.
그러나 <u>사주 본명이나 해당 대한에 각 사진의 글字를 沖하는 인자</u>〈三合의 글字도 포함된다〉가 존재하면 해소된다.

《《《參考知識》》》
※來訪 목적사가 윗사람/ 관공서/ 인허가 문제/ 고소,고발 등의 문제면 당일 또는 그 달의 <u>10日 以內</u>에 解決해야한다.
 수평적 대인관계 사라면, <u>11日~21日 以內</u>요,
 자녀/종업원/부하, 부하직원과 관련된다면 <u>22~30日 以內</u>다.

□四辰 日辰의 含意; .子/午/卯/酉- 대인관계로 人과 人의 문제.
　　　　　　　　　　寅/申/巳/亥- 돈, 재물관련/이동, 이사,
　　　　　　　　　　辰/戌/丑/未- 부동산/기본권, 생사/소송문제,

☆未來 五辰/ 軌道離脫, 비부살- 戌.

戌은 궤도이탈로, 애로사항/골칫거리/돌연변이 등을 의미하는데, 해당
육친이 병원에 입원했다거나, 가출/ 구치소에 갔거나 하는 등으로, 나
의 心身을 괴롭히는 者다.

본, 사주에서는 年/時支가 戌로 印星인 母/文書/땅, 부동산/학문/명예
등이요, 年/時支의 宮 意가 內包되므로 부동산/자녀/가게-점포/종업원
等이 되며 五行으로는 寅.午.戌의 火氣이니 직장/남편/자식의 문제다.
※위에서 제 오진이 卯라면 애인과 헤어지며, 관성이면 자식이 군대에
　가는 등으로 본다. 그러나 궤도이탈 역시 本, 四柱나 해당 대한에
　各 사진의 인자를 충하는 글자가 존재한다면 해소된다.

※미래 궤도이탈 戌은 부정적 의미가, 寅은 과거의 궤도이탈로, 긍정적 의미의
　역마성〈소식/소개/알림/廣告/알려지는　것/旅行/어디를　가다/別居/
　離別 等〉을 갖는다.

※來訪人의 四柱; 時　日　月　年
　　　　　　　　□　辛　□　戊
　　　　　　　　戌　未　□　戌→ 甲午 日辰 問占일 때.

未來/ 有物				甲	過去/ 무물				
五辰	四辰	三辰	二辰		二	三	四	五	
亥	戌	酉	申	未	午	巳	辰	卯	寅	丑
	軌離脫	目的事	落花	苦-淫	日辰	憎惡暗			解決士	
空亡神	비부살	合食	死殺神	天祿		病符煞	金條件	안보람		怨嗔祿
	〈X〉	〈X〉	〈X X〉			〈X〉	〈☆〉	〈☆☆〉	〈△〉	〈X X〉
▣日辰 沖; 힘이 빠져있고, 每事 일이 꼬임. ※移動 數/ 터 不淨 有. 事業을 整理하는 時期요, 賣買成事/ 謝表가 受理된다.										

※래방 일진에서 未來, 五辰인 궤도이탈 戌 인자가 問占 人 본명 사주 현재의 **대한**과 동일하다면 해당 육친이 사망한다거나 죽을 고비를 겪게 된다는 것이요, 과, **이진**은 이미 발생되었던 **過去**가 된다.

※각 辰〈來訪 日辰 → 四辰〉의 글자를 沖하는 因子는, <u>해당 글자의 띠/ 육친/ 궁위/ 방위 거주자</u>로 보며, 해당되는 지지글자는 천간의 글자로 변환된 同一한 글자에도 적용된다.

※모든 사안의 성/패 여부는, <u>유년 태세 인자의 과거 이진 인자/ 이진 인자의 띠/ 이진 인자</u>와, 동일한 획수〈先天數 基準〉의 성씨 등에 의해 결론지어진다.

□落花 日辰과 沖되는 본명 사주의 글자 또한 動動한다.

※先天數※		
·甲,己/ 子-午; 九.	·乙,庚/ 丑-未; 八.	
·丙,辛/ 寅-申; 七.	·丁,壬/ 卯-酉; 六.	
·戊,癸/ 辰-戌; 五.	· 巳-亥; 四.	

☆過去 二辰/ 憎惡,暗示/ 病符煞- 巳〈또는 巳의 干 丙〉

巳는 증오/ 암시살로, 나를 해하는 자〈刺客〉로, 본, 사주에 巳 字가 있다면 뱀 띠 人에게 손해보는 일이 생긴다.

※過 二辰의 증오/ 암시살이 재/ 관,백호,형살이면 이혼이다.

그러나, 사주 본명과 대한에 이를 沖하는 글자가 있다면 해소되는 것으로 보며 沖하는 글자의 띠, 육친은 내 전생의 조력자로 본다.

□증오살은 인적관계에 국한한다.

	時	日	月	年
	□	辛	□	戊
	戌	未	□	戌 → 甲午 日辰 問占일 때.

未來/ 有物					甲	過去/ 無物				
	五辰	四辰	三辰	二辰	午	二	三	四	五	
亥	戌	酉	申	未		巳	辰	卯	寅	丑
	軌離脫	目的事	落花	苦-淫	日 辰	憎惡暗			解決士	
空亡神	비부살	合食	死殺神	天祿		病符煞	金條件	안보람		怨嗔祿
	\<✗\>	\<✗\>	\<✗✗\>			\<✗\>	\<☆\>	\<☆☆☆\>	\<△\>	\<✗✗\>

▫日辰 沖; 힘이 빠져있고, 每事 일이 꼬임. ※移動 數/ 터 不淨 有.
　　　　事業을 整理하는 時期요, 賣買成事/ 謝表가 受理된다.

<<< 過去 二/ 五辰 応用>>>

래방 일진 과거 이진의 인자가 문점 자의 본명, 대한에 유기하면 각종
시험에 합격하는 것으로 보는데, 거주지 기준 당해의 전년도에 해당되
는 방위의 학교/직장이거나 반안살 방이여야 하고, 그 **沖** 방이면 **실패**
다.

또한 시험의 합격여부를 물어올 때, 과거 오진인 해결사의 글자가 현
재의 대한으로 존재하면 수석합격이요,

본, 사주 년/ 월에 있다면 어렵게 합격. 일/시로 드러나 있다면 중간
정도로 합격한다.

참으로 수고 많으셨습니다!!!~

열심히~
함께, 잘!!!~ 동행同行해 주셨습니다.

자~ 그럼 이제!!!!~ 앞에서 다룬, 자평/ 허자/ 두수/ 구성/ 래정의
실용적 활용지식들을 상호 유기적으로 혼취하여 방문하신 손님의 래정
목적부터~ 본명!!! 운의 상황들을 읽어 내는 **"명법 통합 통변 술"**을 전개
시켜 보겠습니다.

□모두冒頭에서도 이미 말씀드렸듯, "명법 통합 통변술"은 자평명리와
 두수!!!~, 기학의 실용적 활용지식만을 혼취混取하여 보다 현실성
 있는 상담이 될 수 있도록 한 운용기법이며 래정來情인 경우, 당일
 의 사주인 문점 사주〈體/用 來情〉와 일진, 구성 래정 반을 함께 활용
 하고 있는데, 그날그날 사용할 래정 반을 사전에 프린트해 놓았다가
 손님의 방문이 있을 때, 본명 사주만을 채워 사용하다 보면, 보다
 편리하게 상담을 진행시켜 나갈 수 있는데, 요즘은 대부분의 경우,
 프로그램을 사용하기 때문에 본명 사주는 굳이 작성할 필요가 없어
 더욱 유용하게 쓰일 수 있지 않을까 합니다. 더불어 命式의 例에서
 사주가 온전히 공개하지 못하는 점에 대해서는 충분한 이해가 있으
 시리라 여겨집니다.

第 五 部:

☆命法 統合 要諦 實戰☆

. . . , ~ 앞 분이 돌아가시고 차 한 잔하고 있는데,,,

출입문 열리는 소리가 나면서 두 분이 들어오신다.
그런데~ . . . 한 분은 뵈었던 분인 듯하다.~

워낙!!!~ 매사에 관심이 좀 없는 편이라!!!~

아는 사람인데, 같이 가자고하여~ . . . ,
~ 그러시군요!!!~ 안녕 하세요!!!~
. . . .~~~
인사를 나누고, 사주를 물어 년/월/일주를 적으면서...
준비된 래정과 대조하여~

"남편 분이 관련되어 있고 건강, 금전적 손재사損財事가
있으시네요."!!!~
그런데, 이동, 원행 중의 교통사고나 질병이 아니라면,
남편의 건강 손상은 이미 3~4년 전부터 시작되었던 것으로
보입니다!!!~

. . .!!!~ 그렇다고 합니다.

혹!!! 남편 분은 무슨 띠 이신 가요~
癸巳日 壬戌時 방문이며 57년 닭띠 동갑이라고 하니~
두 분, 모두 九星 本命星은 7赤 金星이 됩니다.

본인의 사주는 어떻게 되시지요???~

年/月/日 까지 말하더니. . .~
말없이 머뭇거리면서 누구에겐가 전화를 하려하기에~
아침, 점심, 저녁 식사 때 쯤에서 어느 쪽에 가까우세요!!!~
아침 전 새벽이라고 합니다.

출생지는???~

래방 인이 出生 時를 모를 때, 간단하게 바로 해결 할 수 있는 두수를 열어~

　　　"주위에 친구같이 같이 지내는 남자 분들이 있으시네요."!!!~

피식 웃습니다!!!~

　　　　　"남들은 남편 분에 대해 좋은 말들을 하지만
　　　정작 본인은 그런 말들에 대해 시큰 둥하시겠어요"!!!~
　　　　　　"자녀는 유산, 낙태가 있으셨거나
　　　　顔面에 금속류에 의한 상처를 남겼겠고~
　　　父母로 부터의 금전, 재물적 혜택이 있었다 하더라도
　　　　　　　온전하지를 못 했네요"!!!~

이번에도 그냥, 웃습니다.~^^~

간혹!!!~ 출생 時를 모르시는 분들이 계시지요!!!~
잘 알고 있다 해도, 상담자 입장에서는 좀 더, 상담의 정확성을 높이기 위해, 출생 시에 대한 확인절차는 거치는 것이 필요하다고 봅니다.
물론!!!~ 래방 인에게 드러내 놓고 묻지 않으면서도 알 수 있는 방법이 있으니까요!!!~
두수는 출생 시를 모르는 경우, 손쉽게 해결할 수 있는 방법을 제공해 줍니다.
본인과 육친의 성향...~ 대한별 주요 발동사 등, 등으로. . .~
위의 정황으로 볼 때, 명주의 출생 시는 寅시가 됩니다.

사주의 구조와 래정來情 반은 다음과 같습니다.
요즈음은 프로그램을 사용하다보니 사실~ 래정만을 준비하게 되는 경우가 많겠지요!!!~

時	日	月	年
	己	壬	丁
寅	巳	子	酉
甲 丙 戊	丙 庚 戊	癸	壬 辛　　庚
劫	地	六	將

65	55	45	35	25	15	5
己	戊	丁	丙	乙	甲	癸
未	午	巳	辰	卯	寅	丑
月	年	地	天	災	劫	華

~三,九	~三,七	~三,五	~三,三	~三,一	日	月	流年
壬	辛	庚	己	戊	癸	己	甲
戌	酉	申	未	午	巳	巳	午
戊丁辛辛	庚	庚壬戊	己乙丁	丁己丙	丙庚戊	丙庚戊	丁己丙

	五	四	三	二	癸	二	三	四	五
戌	酉	申	未	午	巳	辰	卯	寅	丑	子
衰	病	死	墓	絕	胎	養	長生	浴	帶	官
攀	將	亡	月	年	地	天	災	劫	華	六
空亡	軌離脱	目的事	落喪孤	風-淫		憎-暗	弔.寡		解決士	怨嗔祿

※甲午 年 巳月 癸巳 日 戌時, 九星 來情※

三XX/ 四	八/ 九	一/ 二
4. 文曲. 徵破 方.	9. 右弼. 退食 方.	2. 巨門 土 眼損 方.
二/ 三	甲午 年 四/巳月 五	六/ 七
3. 祿存. 木 食神 方.	5. 廉貞 土 五鬼 方.	7. 破軍. 金 進鬼 方.
七/ 八	九X/ 一	五/ 六X
8. 左輔. 官印 方.	1. 貪狼. 水 天祿 方.	6. 武曲. 金 合食 方.
五/ 七X	一/ 三	三/ 五
4. 文曲. 徵破 方.	9. 右弼. 退食 方.	2. 巨門 土 眼損 方.
四/ 六	癸巳日 六/戌時 八	八/ 一
3. 祿存. 木 食神 方.	5. 廉貞 土 五鬼 方.	7. 破軍. 金 進鬼 方.
九/ 二XX	二/ 四	七XXX/ 九
8. 左輔. 官印 方.	1. 貪狼. 水 天祿 方.	6. 武曲. 金 合食 方.

□年, 空; 辰/巳.　　　□日, 空; 戌/亥.
⊙本命星; 七赤 金星.　□來情 日, 空; 午/未.

위의 예에서~ 왜!!! 남편문제였을까요???~
己巳 日柱로 癸巳日 문점이니, 당일 사주〈=문점 사주〉의 日支가
動하면서 문점 시의 戌은 本命 時支 寅을 合으로 묶어버리는데,
이 寅은 六親 上, 官星이 되며 과거 四辰으로도 들어나 있습니다.
위 命主는 食/財/官星이 훼손되어 있는 상황에서 寅 中, 甲木이
유년 천간으로 투출하면서 死地이기도 합니다.

日辰 명반에서는, 본명의 일지 巳가 문점 일지로 장벽이요, 낙화
의 인자인 未는 土氣면서 木氣의 三合 속성屬性을 갖는 글자이니
이 또한 래방 인의 관성이 됩니다.
장벽은 막혀있는..., 답답한..., 빈 털털이 적자상태요, 백수 신세
등으로 해석하며 낙화 인자는 만사가 꼬이고 지체되는..., 불성,
별거, 이별 등으로 해석하게 됩니다.

과거 사진으로 들어나 있다는 것은 현재, 관성!!!~ 즉, 남편분의
기세가 쇠약한, 삶에 의욕이 없는 상태라는 것이기도 하지요.
따라서 丁酉 년년생, 己巳 일주로 癸巳 일의 主, 발동사〈=당 년의
主, 事이기도 합니다〉는 관성이라는 것이요, 현재 이 분이 처해 계신
상황이 됩니다. 이렇듯, 래정은 래정〈=문점〉 사주나 일진 명반
자체로만으로 그 쓰임이 있지만, 본명 사주와 대비하여 논하는
체용體用의 방식을 취하여 운용할 때, 현실적 효용성을 드러낼
것입니다.

구성 래정에서도 오늘의 문제사를 단적으로 드러내고 있는데...~

참고로 "명법 통합 통변술"에서는 명리의 체용 래정과 일진 명반
법을 래정의 주, 방편으로 삼으면서 구성을 차용次用〈사건의 구체성
과 확률을 높이기 위한, 발동사의 재확인 수단〉하는 방식을 취하고 있음을
말씀드립니다.

※甲午 年 巳月 癸巳 日 戌時, 九星 來情※

三 X X / 四 4. 文曲. 徵破 方.	八 / 九 9. 右弼. 退食 方.	一 / 二 2. 巨門 土 眼損 方.
二 / 三 3. 祿存. 木 食神 方.	甲午 年 四/巳月 五 5. 廉貞 土 五鬼 方.	六 / 七 7. 破軍. 金 進鬼 方.
七 / 八 8. 左輔. 官印 方.	九 X / 一 1. 貪狼. 水 天祿 方.	五 / 六 X 6. 武曲. 金 合食 方.
五 / 七 X 4. 文曲. 徵破 方.	一 / 三 9. 右弼. 退食 方.	三 / 五 2. 巨門 土 眼損 方.
四 / 六 3. 祿存. 木 食神 方.	癸巳 日 六/戌時 八 5. 廉貞 土 五鬼 方.	八 / 一 7. 破軍. 金 進鬼 方.
九 / 二 X X 8. 左輔. 官印 方.	二 / 四 1. 貪狼. 水 天祿 方.	七 X X X / 九 6. 武曲. 金 合食 方.

丁酉 年 壬子 月, 己巳 日柱/ 癸巳 日 來情.

□年, 空; 辰/巳.　　□日, 空; 戌/亥.

□來情 日, 空; 午/未.　　·本命星; 7赤 金星.

일반日盤과 시반時盤에 본명성인 七赤 금성이 坐하면서 파살과 암검살로 파괴되었으며 巽/ 乾線의 7-7 대충을 이루고 있습니다. 辰,巳 宮에서는 五黃 土星과 同宮이요, 戌,亥 궁에서는 九紫 火星과 同 宮합니다.

왜곡된 정보나, 판단 착오에 의依한 금전적 손실이며 건강 문제가 관련, 결부結付되는데, 七赤 金星은 두 분의 本命星으로 동일하나, 그 본명성이 구성 정위의 六 乾宮에 坐하면서 파괴되었기 때문에 그 배우자의 상황이 되겠지요!!!~
이렇게 되면 丁酉 年 壬子 月, 己巳 日柱로 癸巳 日의 주, 문점사는 官, 즉, 배우자와 금전적 문제로 방문한 것이 됩니다.

구성 래정 반의 정황을 좀 더 살펴보겠습니다.
명리命理 래정에서는 본명 사주가 체體, 문점 사주와 일진 명반의 각, 글자들이 용用이 되며 구성에서는 구궁, 구성 상수의 象意

상의를 함축하고 있는 구성 선천 정위正位가 체요, 문점 당 해의 년/월/일/시에 의해 각 궁에 포진布陣되는 후천의 구성 상수가 용이 됩니다.

구성, 년/월/일/시/반의 별들이 어느 궁으로 들어가 어떠한 정황을 연출시키고 있는지를 살펴 사건의 추이를 추론해 내게 되지만, 선천 정위의 오행과 각 별들의 生/剋 관계는 물론 동일 궁위에 해주偕住하는 후천 상수들 간의 생/극도 함께 살펴야 한다는 것이지요. 이때. **후천 日/時 盤에서 심甚하게 파괴되는 궁과 상수가 있다면 선천 정위반의 상황을 반드시 살펴야** 합니다.

모든 경우가 그러한 것은 아니지만, 주거가 변동된다거나 사고, 질병 등으로 신체가 손상되는 사건들이라면 이미 년/월반에서 兇象이 前提되기 때문입니다. 그런데, 甲午 年 巳月 癸巳 日 戌時의 九星 來情, 日/ 時 盤에서는 칠적 금성이 심하게 파괴되어 있으나 년/월반에서는 아무런 징후徵候가 나타나 있지 않습니다.

그렇다면, 이러한 상황을 어떻게 판단해야 할까요???~

이미 앞에서 언급된바와 같이~
이 분의 건강 손상은, 어제~, 오늘의 문제가 아니라 이미 3~4년 전부터 있었던 일이 되는데, 2011, 辛卯 年이면 칠적 금성이 中宮에 입입하면서 六 乾宮과 칠적 금성의 정위正位 체體인 유궁酉宮이 파괴되기 때문입니다.

"구체적인 상황은 남편 분의 사주를 열어봐야 알 수 있겠습니다만, 남편분의 건강이 안 좋은 상태요, 금전적 손실로 어려움에 처해진 상태시네요"~

"남편 분께서는 창작/ 기획력 등 아이디어가 좋으며 대외적, 인지도認知度도 있으며 꼭, 실속이 있었고, 무엇인가를 알려야 하는 공공성의 속성을 갖거나,

빛~, 조명과 관련되는 전문직 분야에
계셨던 모양입니다"!!!~
"금전문제는 문서화된 현금이니 증권 투자와 관련되지 않았나
십구요"!!!~
"금년 중, 하반기경에 가택 변동과 관련되는
문서의 움직임이 있게 되는데, 금전적 손실이 따른다거나
줄여서 가는 형국이 될 것입니다"~...

坤命으로 己 日干이면 사주의 구조가 어떠하든, 배연의 왜곡은
어찌 할 수 없는 현상으로 드러나게 되는데, 이는 배우자配偶者
의 사회적인 지위와 실권, 실속 여부와도 무관하며 자식이 어느
정도 성장하게 되면 남편의 일/ 사업에 起伏이 따르게 되는 구조
이기도 합니다.

"실속 없는 돈이, 적지 않게 깨져나가는 한 해가 되기도
하겠습니다."!!!~

그저 가끔~웃음기를 띠며 끄덕일 뿐, 아무 말 없이 주시만 하고
있더니...
남편의 사주라면서 내 놓았는데...~

다음은 위 命主의 配偶者 命 式입니다.
⊡丙午 大限/ 2014 甲午 年/ 58歲.

時			日			月			年		
			丁			壬			丁		
	戊			丑			子			酉	
戊	丁	辛	己	辛	癸	癸		壬	辛		庚
	攀			華			六			將	
68		58		48		38		28		18	8
乙		丙		丁		戊		己		庚	辛
巳		午		未		申		酉		戌	亥
地		年		月		亡		將		攀	驛

※年, 日柱 空亡; 辰,巳/ 申,酉.
※酉; 文昌/ 丑; 飛刃.

본 명주의~ 처되시는 분의 래정에서 "건강과 금전에 문제가 있을 것이다"~라고 했다면 四柱 命式에서는 어떠한 정황이 전개되고 있을까요!!!~

우선 그 부분을 살펴보겠습니다.

2014, 甲午 年이 58歲면, 丙午 大限이 시작되는 해가되므로, 丁未 運부터 살펴야 겠지요!!!~

대한은 해당 운을 행하는 기간 중에 작용하게 될, 새로운 운기가 조성된다는 것으로, 丁未 大限이면 천간으로는 비겁이요, 지지로는 식신운이 되는 바, 몸담고 있던 직장〈조직체〉에 대한 동요가 있게 되며 독립 사업을 꿈꾸거나 직장이 변동되는 등의 현상이 있게 됨을 의미하겠지요!!!~
이러한 현상들이 있게 될 것이라는 전제가 주어진 상태에서 運을 살필 때에는 다!!!~ 아시다 시피, 운〈운의 글자〉에 의한 사주, 실자實字들의 변화〈대한이든, 세운이든, 운의 글자가 旺者라는 사실도 잘~ 알고 계시죠~〉를 살피게 되는데, 年支의 재성 酉는 당연히 위축이 되고, 天干으로 전환시키면 未에 衰地. 月支의 子, 편관성은 원진이 되면서 癸는 墓地. 日支의 식신 丑은 丑-未 沖으로 子月이니 兒,失/ 時의 戌은 刑이면서 衰地가 됩니다.~

유년流年으로 甲午 年이면 비견 운으로 경쟁 현상이 따르게 되며 이러한 경쟁을 통해 자기 발전을 이루려는 현상이 전개 되는 운이요, 금전적인 면에서는 손실이 있게 되는 운이지요!!!~
동업, 합작을 꾀하거나 부부관계가 왜곡되기도 하겠죠.

이러한 정황들은 비겁의 운에 드러나게 되는 기본적인 현상들이 됩니다. 이런, 저런 것~ 다~ 떠나. . .~ 전제되는 기본현상!!!~
이렇듯~ 갑 일간이니 기본적으로 이러~ 이러한 전제들이 주어지겠구나!!!~

甲子 일주면 이러, 이러한~ 기본적 전제를 안고 살아가겠구나!!!~ 하는 식의, 무슨 일주든~ 비겁의 운이면..., 재 운이면..., 관운이면 기본적으로 어떠한 현상들이 들어나게 된다는 전제를 먼저 인지認知한 상태에서 본명이든, 운을 관觀하는 방식을 취하게 되면 한결 사주를 논하기가 간결하고 용이해 집니다.

재성인 酉는 午에 病地. 관성인 子는 午와 沖이면서 絶이요. 식신인 丑은 원진이면서 祿. 戌은 合이 되면서 旺地가 되고. . .
丙,巳- 戊,辰.戌/ 丁,午- 己,丑.未는 한 몸이므로, 위 命主는 비겁과 식상이 한 몸으로 돌아갑니다.!!!~

※丁酉 年 壬子 月, 己巳 日柱. 乾命※

時			日			月		年	
	戊			丁		壬		丁	
				丑		子		酉	
戊	丁	辛	己	辛	癸	癸		壬	辛		庚
攀			華			六		將	

68	58	48	38	28	18	8
乙	丙	丁	戊	己	庚	辛
巳	午	未	申	酉	戌	亥
地	年	月	亡	將	攀	驛

※年, 日柱 空亡; 辰,巳/ 申,酉.
※酉; 文昌/ 丑; 飛刃.

위 명주는 정축 일주이니 그 무엇보다 **"건강이 문제"**라는 전제가 이미 주어집니다.

여기서 잠시!!!~
사주를 논함에 있어, 래방 인의 사주~ 첫 자를 적어가면서 바로 이야기를 시작⟨=투사投詞⟩하는 방법으로는 자평 법으로 사주, 근/묘/화/실 상, 년/월/일/시에 자리하고 있는 별⟨십성 육친의 글자⟩의 상의象意를 그대로 읽어 내려가는 방식을 취하게 되는데, 이 경우, 년 주가 丁酉로 "이 분의 선조先祖〈조부가 됩니다.〉는 재물에 대한 의욕은 컸으나 큰 재산을 축적하기에는 어려움이 있었던 가문家門의 자손이시네요"~

"본인은 유, 소년기의 시절, 두뇌가 명석明晳하여 학습력은 좋았겠으나 학교 공부에 충실하기는 어려웠겠습니다."~

다음으로 월주는 壬子이니, "이후, 학문성이 증폭되면서 전공학과는 主로 法/ 行政/ 工學/ 商大/ 醫大 등과 關聯되는데, 년지의 재성이 공망이다 보니 공학이나 법학 쪽이었겠고, 직장은 대외적 인지도認知度를 갖으면서도 실속이 있는 좋은 직장과 인연因緣하셨겠구요"!!!~ 등이 되는바, 각, 글자들의 속성과 특징을 함축하고 있는 인자因子론과 좌표座標에 따른 육친성을 함께 고려考慮하는 방식이 되겠습니다.

각 인의 직업을 보다 간편하고 빠르게 읽어내는 방법은 사주 년/월주에 나타난 관성을 살피는 것으로, 위 命主는 月 干으로 正官인 壬水와 그 지지로 子水가 드러나 관이 간지로 세를 갖추고 있습니다.

관성이 간지로 勢를 갖추고 있다함은, 드러낼 만한, 많은 사람들이 잘~ 알정도의 인지도가 높은 조직체에 몸담고 있다는 것이요, 그러한 조직 내에서 실속과 능력/지위를 갖는다는 것이며 勢를 갖춘 천간의 정관은, 국가의 공공 기관이나 대기업체가 될 수 있다는 것이고, 정/편의 관성으로 드러났다는 것은 직업의 전변이 있음을 뜻하는 것이기도 합니다.

위 명주는 사주에 인성이 결여缺如되었습니다.
이렇듯 사주에 재/관은 드러나 있어도 인성이 무기한다는 것은
본 명주의 삶에 어떠한 영향을 미치겠습니까???~

*"事業/ 職場에 屈曲이 있게 된다"*는 것입니다!!!~
그러면, 이 분의 직업적 유형은 어떨까요!!!~

재성은 금전/재물을 취득의 대상으로 삼으며 경제행위를 전개하는 활동무대가 되고, 관성은 그 경제행위를 위해 수단으로 삼아 일하는 조직이나 단체의 사회적 정체성**(피상적으로 인식되는 신분/지위의 정도程度라 할 수 있는)**이라 할 수 있겠으며 食傷은 경제행위의 수단이 되므로 결국!!!~ 각 人들이 직업으로 삼는 具體的 形態/道具는 식상성을 통해 드러난다고 할 수 있겠습니다!!!~
위 명식에서 명주는 丁丑 日柱면서 직업이 형성되는 시기인 2大限은 정재/상관입니다.

※丁酉 年 丁丑 日柱의 命 式※

時			日			月		年	
	戊			丁		壬		丁	
				丑		子		酉	
戊	丁	辛	己	辛	癸	癸	壬	辛	庚
	攀			華		六		將	

68	58	48	38	28	18	8
乙	丙	丁	戊	己	庚	辛
巳	午	未	申	酉	戌	亥
地	年	月	亡	將	攀	驛

※年, 日柱 空亡; 辰,巳/ 申,酉.
※酉; 文昌/ 丑; 飛刃.

명주는 돈 벌이의 수단으로 식상을 쓴다는 것인데, 여기에 丑/戌 刑과 함께, 月支 子와도 어울리면서 丁丑은 백호/ 비인!!!~

- 360 -

따라서 기술, 기능성의 전문성!!!~, 위권威權의 속성을 갖추면서
丁/丑/子의 물상을 취하면 **교육/의약/정보/방송통신** 등의 분야가 됩니
다.

천간의 丁/壬 合은 根/苗/花/實 上의 좌표에 따른 年/月과 月/日
柱의 시점에서 작용력이 드러나며 월지의 藏干으로나 타 지지에
서도 木氣를 채우지 못하여 合化의 작용력은 없으며 壬水가 去
하게 되지만, 日干의 입장에서는 관을 취하는 것이 되겠지
요!!!~

명命/ 운運을 논함에 있어 **"명법 통합 요체"**에서 취하는 통합 통변
술에서는 "자평 명법"을 주로 하면서 "자미두수" 관법을 병용竝用
하게 되는데, 그중, 자미두수로는 두수의 최대 장점 중, 하나인
본인과 각, 육친의 성향적 특징과 대한, 세운〈流年〉에 암시되는
주동사主動事와 더불어 전공 학과와 건강 등을 참고하게 됩니다.

그러면 현장 상담에서 "두수"를 어떠한 방식으로 취하는지 살펴보
도록 하지요. 두수의 각 12 사안事案 궁宮 중, "명궁命宮"부터 보
도록 하겠습니다.

※두수 십간 사화※

	甲	乙	丙	丁	戊	己	庚	辛	壬	癸
化綠	廉	機	同	月	貪	武	陽	巨	梁	破
權	破	梁	機	同	月	貪	武	陽	紫	巨
科	武	紫	昌	機	陽	梁	府同	曲	府	月
忌	陽	月	廉	巨	機	曲	同相	昌	武	貪

위, 두수 십간 사화는 본명과 후천을 운용함에 있어 매우 중요한,
기본적 지식입니다.

丁酉 年生, 丁丑 日柱 乾命의 두수 명반입니다.

천상 타라. 파졸. 전택 乙巳	천량 녹존·홍란·음살·년해 관록 丙午	정/살 경양·천형·천사·과숙 녹복 丁未	령성. 천이 戊申
거문 태보 복덕 甲辰	丁酉 年生. 乾命 命主；祿存 身主；天同		本－生年支. 大限 天鉞.지겁.천곡.천사 질액 己酉
자/탐 천허.절공 부모 癸卯			천동 천공·천월 身宮/재백 庚戌
기/월 좌보.문곡.천무 命宮 壬寅	천부 화성.지공 형제 癸丑	태양 우필.문창. 부처 壬子	무/파 천마.천재.고진 자녀 辛亥

"자미두수"로 이 분은 **인/신궁의 기/월 조합**이므로 감성적이요, 정신적 측면으로는 예민함, 번거로움을 면하기 어렵고 다재다능, 박학다식博學多識한가 하면, **계교計巧**〈교묘한 생각＝ 꾀〉에 능하고, 자수성가의 명이요, 삶의 과정에 변화와 풍파가 따르기도 한다. 특히 이 조합은 돈, 금전에 대한 가치개념이 약하고, 시간적 측면에서 오는 손실이 크고, 뭔가 남다른 것!!! 새로운 것들에 대해 흥취興趣하며 남/녀 모두, 애정이나 혼인에 파절이 따르기 쉽다. 침착하고, 언어에 조리條理가 있으나 속내를 드러내 보인다거나 고민을 털어놓는 타입은 아니며 불필요한 일, 그러한 것에 매달리는 경향이 드러나기도 한다.

건명으로 자신감, 박력은 부족하지만, 성품이 온유溫柔하고 자상仔詳한 면이 있어 이성異性 어필 요소로 작용되며 여자들의 접근이 자연스럽게 이뤄질 수 있다 보니 도화의 현상으로 드러나기도 한다.

직업적 유형으로는 연구〈**학술 연구**〉, 기술직이나 재무감사/회계사/보험/공증의 업무 등과 참모의 직에 적합한 命이요, 모사某事를 행함에 있어 본인이 직접나선다거나 독립사업에는 매우 불리하며 만약 정계로 나간다면 뇌물 수수와 관련되는 건으로 시비, 송사에 휘말리게 된다. 라는 **"기본적인 전제 조건이 주어져 있다는 것"**이요,

타 궁에서도 주어진 별들의 속성, 함의에 의한 현상〈기본적으로 주어진 조건〉들이 드러나게 된다는 점에서 또한 같다는 것입니다.

이러한 정황은 두수 주성主星〈두수의 주성은 자미 계 6개 별과, 천부 계의 8개 별 등, 14개의 별이된다.〉 위주의 상황이요, 여기에 보좌, 살, 잡성들을 부가附加하면 문곡이 평지면서 천무가 기/월과 해주偕住하고 있으며 좌보의 보좌. 천괴, 녹존과 령성, 천공, 타라의 살성. 천요, 함지, 홍란, 천무 성 등의 잡성이 합〈자평의 삼합을 말함〉방과 대궁〈자평의 충沖〉궁으로 들어오므로 도화적 속성과 더불어 탈脫 세속적 성향이 내재內在하게 됩니다.

위는 명궁을 위주로 한 것이요, 위의 명반에서 보시듯, 자미두수는 명궁을 비롯한 12개 궁으로 나눠져 있으면서 각, 궁〈방房〉에 각각의 별들이 자리하고 있어 복잡한 듯, 어려울 듯!!!~ 보일 수도 있겠으나 명궁부터 형제, 부처, 자녀, 재백〈금전, 재물〉, 질액〈신체 건강, 질병〉, 천이〈대인관계〉, 노복〈가까운 친구, 동료〉, 관록〈직업, 사회적 정체성, 지위〉, 전택〈주, 부동산〉, 복덕〈정신적 측면〉, 부모 궁에 들어와 있는 각각의 별들을 위주로 하여 읽어내기만 하면 되는 것이...~ 오히려 명료明瞭한 통변을 할 수 있게 합니다.

계속해서 육친 궁 중, "兄弟 宮"을 보겠습니다.
형제 궁에는 주성인 천부성과 화성, 지공, 용지, 봉각 등이 자리하면서 旺地〈자평, 12운성의 왕지를 말하는 것임〉가 됩니다.

주성인 천부가 왕지에서 묘왕하여 천부성의 속성과 함의가 그대로 발현될 것이라 판단해서는 안 되는데, 그 이유는 경양, 타라와 화성, 지겁, 지공 등이 들어오기 때문인 바, 천부의 조합이 이러하면, 의록衣祿, 안정의 별이요, 금고金庫이자 재물財物 창고인 천부는 로고路庫, 공고空庫로 재물이 텅~ 빈, 빈 창고요, 채울 수 없게 되는가 하면, 사람이 허욕을 갖고 허세를 부리며 간교한 수단을 꾀하게 된다는 것입니다.

형제 궁에 화성이 좌하면서 양, 타를 만난다는 것은 모발毛髮이 곱슬이거나 구랫나루가 있다거나 몸에 털이 많다는 특징을 드러내며 입술이나 치아, 수족手足, 허리, 다리 등을 다칠 수 있고, 안면顔面에 금속류에 의한 상처를 남기게 된다는 것이기도 합니다.

여기에 잡성으로 용지, 봉각이 동궁하고 있어 피상적으로 드러나는 겉모습이나 똑똑함에 있어서는 자신을 앞선다는 의미가 되겠고, 형제 궁의 조합으로 볼 때, 이러한 현상들과 더불어 개성이나, 일, 또는 어떤 변화에 대처하는 능력~ 개창, 창업력 또한, 약하며 직업적 측면으로는 공무원이나 전문직에 적합한 구조가 된다는 것이지요!!!!~

덧붙인다면, 형제 궁의 조합이 이러한 상태에서 운에 의한 화기가 떨어진다면 해당 운에 신체 사고 등의 재액이 있게 되는데 <u>형兄/ 노노奴 선線〈형제와 그 대궁인 노복 궁을 서로 잇는〉</u>은 형제, 자매나 선, 후배, 대인 관계 등을 나타내면서 질액이나 신체 사고 등도 함께 알 수 있는 조합이기 때문입니다.

다음으로 "<u>부처 궁</u>"에서는 태양이 함약陷弱한 상태에서 衰의 地에 앉아 우필, 문창, 천희, 삼태, 봉고 등의 별과 동궁하는 조합이므로, 도량이 넓고 완벽을 추구하려는 경향이 있는가 하면, 언어 즉, 구변口辯을 업業으로 살아감이 적합하나, 언어에 직선적인 면이 있다 보니 대인관계에 문제가 수반되기 쉽고, 혼인에 장애가 따르는 조합이요, 직업적으로는 공직公職이나 교사〈교수〉, 변호사, 검사, 회계사, 한의사 등과 더불어 기계, 기술 분야와도 관련되며 정치성政治性을 갖기도 합니다.

丁酉 年 <u>건명乾命</u>〈=남자, 여자면 곤명坤命〉 丁丑 日柱의 부처 궁이니 이 분의 배우配偶〈妻〉는 이러한 모양과 정황을 갖게 된다는 것이요, 문창이 왕旺하니 지혜롭고 글 솜씨를 갖겠지만, 무엇보다 남성적 기질을 띠게 되며 애정, 혼인에 왜곡이 따르는가 하면, 제삼자가 개입되는 현상이 드러나게 된다는 것이기도 합니다.

다음은 "자녀 궁"입니다.!!!~

이 분의 자년 궁은 사/해의 무곡, 파군/ 천상 대조의 조합이니 그 자녀는 모험심을 갖으며 감정〈희.노.애.락〉과 생활에 기복起伏이 따르고 재물성취에 파동이 따르는 등, 노록분파勞碌奔波〈한 차례의 파산을 경험하기도 합니다.〉하며 자수성가를 이루게 되는데, 주로 기술, 예능 분야에서입니다. 또한, 이 조합은 총명하고 지혜를 갖추는가 하면, 기획, 분석력이 뛰어나며 세상사에 초연한 듯 하며 부해 보일 수 있으나 위에서 언급되었듯, 가산家産을 파破하는 등, 고생이 많은 구조요, 직업적으로는 기예, 기능 등 전문직이나 스포츠 분야와 인연하게 되는 구조입니다.

자녀궁의 무, 파가 모두 여성 성星이니 첫째 아이는 여아이기 쉽고, 천요, 고진이 좌하면서 공성들과 홍란을 대동하고 있어 미모를 갖추나 고독성을 내재內在하기도 합니다.
여기서 간과看過 할 수 없는 것은 天馬가 天妖와 동궁하고 있다는 것인데, 이러한 구조의 조합이면, 성적 욕구를 자제하기 어렵다고 하였으니. . .~

다음으로는 "부모 궁"을 살펴보겠습니다.

부모 궁은 卯/酉의 紫/貪 조합으로 성계의 조합이 이러한 구조를 이루면 그 궁이 무슨 궁이 되든지 대인 친화적이요, 사교력을 갖으며 도화의 속성이 함축되는가 하면, 독한 면이 있게 되고 파괴적이요, 언변에 능하며 예술성을 갖으며 합합 방方과 대궁〈沖宮〉으로부터 어떠한 보좌, 살, 잡성들이 들어오는가에 따라 탈속적이요, 승도를 가기도 한다는 기본적 전제가 부여되는 조합이 됩니다.

위 명반에서 부모 궁인 卯宮을 축軸으로 亥宮과 未宮, 그리고 酉궁의 별들을 잘 살펴보시면 공성空星〈절공, 천공, 지겁〉과 경양, 천형성이 들어옵니다.
구조가 이러하면, 탈속脫俗적 성향으로 들어나게 되지요!!!.

천상 타라. 파쇄. 대타.대곡 전택 乙巳	천량 녹존.홍란.음살.년해 관록 丙午	정/살 경양.천형.천사.과숙 노복 丁未	령성. 천이 戊申
거문 태보 복덕 甲辰	丁酉 年生. 乾命 命主; 祿存 身主; 天同		本-生年支. 大限 天鉞.지겁.천곡.천사 질액 己酉
자/탐 천허.절공 부모 癸卯			천동 천공.천월 身宮/재백 庚戌
기/월 좌보.문곡.천무 命宮 壬寅	천부 화성.지공 형제 癸丑	태양 우필.문창. 부처 壬子	무/파 천마.천재.고진 자녀 辛亥

두수 격국 중, 극거묘위極居卯位격은 卯/酉 宮에 자미가 좌하면서 타, 살성과 만나는 경우를 칭稱하는 것으로, 卯/酉 宮의 자미는 탐랑과 동궁하는 구조가 되는바, 여기에 화,령/겁,공이나 천형 등이 들어오면 종교나 철학, 공문空門에 들게 된다는 것입니다.

이 卯/酉궁이 명궁이라면 본인이, 자녀 궁이라면 자녀가..., 부모 궁이라면 부모가 그러하다는 것이죠!!!~
이처럼 두수는 본명 12궁을 체體로 하여 후천의 12궁이 될 수 있어 이러한 순환 원리를 이해한다면 두수를 보다 용이하고 명료하게 들여다 볼 수 있게 됩니다.
재차 말씀드린다면, 더 복잡하고 어려워지는 것이 아니고, 더 쉽고 명확明確한 논법이 된다는 것입니다.

계속해서 묘/유의 부모, 자/탐 조합을 살펴보겠습니다.

부모 궁이 십간의 癸 干 宮으로 탐랑 자自 화기化忌가 되는데, 이처럼 부모 궁이 자화기로 붕괴되면 양친 중, 한 분의 건강이 좋지 않거나 오관五官인 눈/코/귀/혀/피부 등에 상처를 남기기 쉽고, 부모를 일찍 잃을 수도 있다는 의미가 내포되는가 하면, 본인의 학업성적이 좋지 않음을 뜻하는 것이기도 합니다.

부모 궁의 조합이 이렇게 되면 부모의 덕은 있었겠습니까???~

육친 궁을 위주로 두수를 운용해 보았습니다, 만, 위에서 살펴본 육친 궁 이외의 타 궁 또한, 동일한 방식으로 논하게 됩니다.
예로 재백 궁이라면, 재백 궁에 들어와 앉아있는 별들을 주主로 하여 합, 충 궁의 별들을 참고하면 되는 것이지요!!!~
제, 2부 "두수 요결"에서도 언급되었으나 두수, 명반을 이해하고 선, 후천의 상호 작용에 의한 변화와 사건들을 읽어내기 위해서는 각, 별들의 상의와 더불어 12궁 자체自體에 내재된 함의含意를 숙지熟知해야 하므로 이곳에서 재再, 부기附記하여 앞, 뒤로 왔다~ 갔다하는 불편함이 없도록 하였습니다.

⊡命명 宮;

□한 개인의 면모/ 개성/ 성향/ 재화才華의 상이 드러난다.
□선천 운세, 명격의 영고성쇠〈타고난 인연/ 관록〉를 함축.
□타고난 정분〈心性〉, 인연/ 관록의 정황/ 뜻밖의 일.

▷父母〈相貌〉宮은 타고난 氣質과 관련된다.

⊡兄弟형제 宮;

□아와 형제/ 자매 간, 연분의 정도와 대응관계 즉, 상호간의 길/흉, 부조 등과 더불어 형제/ 자매의 명격/개성/재화의 상이 드러난다.
□형제궁은 역마 위이기도 하다.

▷명반에서 형제궁은 장남의 자리요, 역순하면서 차남/ 삼남의 순이 되고, 본인은 제외하며 자매는 부모궁에서부터 순행하며 장녀/ 차녀의 순으로 정해진다.

⊡夫妻부처 宮;

□배우자 명격의 고저/ 개성/ 재화의 상이 드러난다.
□아의 타고난 혼인 관/ 배우자의 상/ 조혼인지, 만혼인지 등과 더불어 혼인생활의 정황이 드러나는 곳이기도 하다.

⊡子女자녀 宮;

□자녀와의 연분과 길, 흉/ 자녀의 이성 인연, 도화의 정황을 논한다.
□자녀 명격의 고저/ 개성/ 재화/ 자녀의 유무 등을 논한다.
□의외의 재난/ 동업, 합작의 정황 등이 드러난다.

⊡財帛재백 宮;

□타고난 재운과의 연분, 기會와 더불어 아의 이재, 돈벌이 능력/재물 취득의 길/ 흉 등이 드러난다.
□혼인의 상대 즉, 배우자의 상이 드러나며 결혼 이후 부부 관계의 정황이 드러나는 곳이다.

⊡疾厄질액 宮;

□아의 신체 건강과 체질/ 질병/ 재액/ 뜻밖의 일이 드러난다.

□명주의 내면세계가 투영되며, 기질/ 성깔이 드러난다.

□힘들여 노력하며 몸으로 돈을 벌어들임을 상한다.

▷질액궁은 명궁과 공종하며 관록궁은 명궁의 기수위로 명궁과 일체〈福德궁 또한 命宮과 一體다〉가 된다.

⊡遷移천이 宮;

□출외 지에서 사고와 관련되는 정황 등과 더불어 역마 위요, 출외/ 외국/이민을 상한다.

□모든 대인관계에서의 득실, 길흉 등과 더불어 아에게 주어지는 기회의 여하/ 복록의 다소 등을 알 수 있다.

▷천이 궁은 후천, 즉 노년기의 운세가 드러난다.

⊡奴僕〈交友〉노복 宮;

□노복 궁은 대인관계에서, 주로 아와 아랫사람 간의 정황〈좋은 친구인가! 뭔한 친구인가!!!〉이 드러난다.

□노복 궁은 이성과의 인연/도화 등과 더불어, 동업/합작의 정황도 드러난다.

□대인과의 경쟁 위로, 승진/ 시험에서의 유/ 부리도 드러난다.

▷노복궁은 모든 대인관계의 정황이 드러낸다.

⊡官祿〈事業〉관록 宮;

□사업상황 및 환경의 길/흉과 더불어 승진/좌천/전업/실직/선거 운 등, 운세의 영고성쇠/ 관운의 길/ 흉이 드러난다.

□학업 운의 정황/ 학업, 시험 성적의 길/ 흉을 드러낸다.

⊡田宅전택 宮;

□명주의 가문/ 주거환경 및, 식구 구성원들 간의 상호관계와 더불어 조업의 유무, 길,흉의 가운이 드러나며 재물을 저장하는 재고 위이기도 하다.

□타고난 불동산의 유.무/ 다.소/ 조업/ 뜻밖의 일/ 이사/개점 등과

더불어 의외의 재난/ 가정 사/ 도화가 드러나기도 한다.

▷여명 전택궁으로 도화성이 동회하면 성생활이 난잡하고,
살성이 들어오면 난산일 수 있다.

·福德복덕 宮;

□복덕궁은 복기 궁이요, 명주의 인생관/품성/덕성/기호嗜好/조上의 음덕/ 인과응보의 상이 드러난다.

□한 개인의 정신적 향수위요, 추상적인 측면이 드러나는가 하면, 낙천적인가!!! 비관적인가!!! 두뇌는 영민한가!!! 우둔한가!!! 등도 알 수 있다.

▷복덕궁에서는 전생의 인과를 알 수 있으며 재난/사고/자살
등의 상이 드러나는 곳이요,
복덕 궁은 조부모의 궁 위이기도 하다.

·父母〈相貌〉부모 宮;

□부모의 음덕 및, 부친과의 연분이 드러나며 명 주의 두뇌, 지능지수의 정도 등과 더불어 기질/ 성격을 알 수 있다.

□부모 궁에서는 학업, 시험 운 등이 드러나기도 하다.

다음은 전공 학과와 직업적 측면을 두수에서는 어떠한 방법으로 파악하는지에 대한 논법입니다.

▷斗數, 職業 判斷法◁

각 命主의 職業은 本 命盤 財帛 宮 干의 四化를 活用하는 것으로 그 用法은 다음과 같습니다.

※財帛 宮 干의 化忌를 于先하며 祿〉權〉科의 順으로 取하게 되는데, 財帛 宮 干의 化 忌/ 祿이 命/財帛/官祿/田宅/疾厄 宮으로 들어 갈 때, 그 該當되는 별이 무슨 별인가로 判斷한다는 것입니다.

▷재백 궁 간에 의한 화기의 성요는 경제 행위로서의 직업이요, 화록은 취미/기호로, 학과 선정에 쓰임을 갖으며 관록 궁 간의 록/기로도 학과를 판단하게 됩니다.

자!!!~ 그럼~
다음의 명반을 통해, 이 분의 직업적 측면을 살펴볼까요!!!~.

※丁酉 年 生, 丁丑 日柱/ 乾命※

천상 타라. 파졸. 전택 乙巳	천량 녹존·홍란·음살·년해 관록 丙午	정/살 경양·천형·천사·과숙 노복 丁未	령성. 천이 戊申
거문 태보 복덕 甲辰	丁酉 年 生. 乾命 命主；祿存 身主；天同		本-生年支. 大限 天鉞.지겁·천곡·천사 질액 己酉
자/탐 천허.절공 부모 癸卯			천동 천공·천월 現, 大限 身宮/재백 庚戌
기/월 좌보·문곡·천무 命宮 壬寅	천부 화성.지공 형제 癸丑	태양 우필·문창. 부처 壬子	무/파 천마·천재·고진 자녀 辛亥

위 명반에서 재백은 경술 궁으로, 그 궁 간의 화록은 부처 궁의 태양이요, 화기는 재백 궁에 자自 좌坐하는 천동이 되므로 태양은 쓰임이 없고, 관록 궁 간의 록/기를 취해야 하는바, 화록은 천동, 화기는 염정입니다. 따라서 이 분은 천동성이 함축하는 학과와 직업 유형을 취해야 만족도, 성취감이 증폭 될 것이라는 것이죠!!!~

본 서, 제 이부, "두수 요결"의 60 성계 조합, 천동성의 학과, 직업, 사업적 유형에 기술記述되어 있듯, 천동의 전공 학과는 다음과 같습니다.

□文科면, 사범, 교육대/ 외국어, 사회복지, 심리학/ 호텔경영/ 법, 경영학.
□理科면, 식품영양, 가정, 아동복지학/ 한의대/ 의, 약대/ 수의학.
□藝/ 體能계열이면, 제과, 제빵/ 인테리어, 의류디자인/ 서예/ 성악과.
□職業/ 事業的 側面으로는 교사/ 의사/ 변호, 회계사.

작은 장식용품인 악세사리점/ 의류 대리점/ 놀이방/ 애완용 동물가게.
피부미용, 미용업/ 패스트후드점, 인테리어가 잘된 소규모의 커피 전문점/ 식당.
등이 된다는 것이지요!!!~

두수에서 "신체 질병"은 어떠한 방법으로 판단할까요???~

이번에는 계속하여 자미두수에서 대한을 논하는 방법과 연계連繫하여
이 분의 신체 질병이 어떻게 추론되는지???~
명반을 통해 논해 보도록 하겠습니다.

우선 본명 신궁과 질액 궁의 별들로 선천적 질병을 파악하며 大限과
해당 流年, 疾厄 坐 별들의 연계성으로 드러나는 질병을 판단하는 것
입니다.

※丁酉 年 生, 丁丑 日柱/ 乾命※

천상 타라. 파졸. 전택 乙巳	천량 녹존·홍란·음살·년해 관록 丙午	정/살 경양·천형·천사·과숙 노복 丁未	령성. 천이 戊申
거문 태보 복덕 甲辰	丁酉 年 生. 乾命 命主; 祿存 身主; 天同		本-生年 支. 大限 天鉞.지겁.천곡.천사 질액 己酉
자/탐 천허.절공 부모 癸卯			천동 천공.천월 現, 大限 身宮/재백 庚戌
기/월 좌보.문곡.천무 命宮 壬寅	천부 화성.지공 형제 癸丑	태양 우필.문창 부처 壬子	무/파 천마.천재.고진 자녀 辛亥

이 분은 자평 명리로 58세의 대한의 행하고 있는 구간區間이니, 두수
에서는 44~53세의 선천 재백/신궁이 대한 명궁이요, 간지로는 庚戌
宮이 됩니다.
해당 대한이 선천의 재백이자 신身궁을 행하므로, 이 대한에서는 단적
으로 신체 질병과 관련된다는 것인데, 경궁 干에 의해 천동이 화기가
되면서 자 화기로 체體인 선천의 재백/ 신궁이 붕괴되며 천월과 병부
가 동궁합니다.

천월과 병부의 별은 두수에서 질병 성星이지요!!!~

- 372 -

先天 疾病을 볼까요.!!!~
先天의 身體 健康은 本命의 身宮과 疾厄 宮을 살피게 됩니다.

선천 身宮이면 천동이요, 대한의 疾厄은 천상이므로, 허약한 체질로 태어났으며 음식 조절이 안 되고, 운동을 하지 않는다면 살이 찔 수 있으며 신체 건강은 主로 頭部와 관련되는 바, 스트레스에 의한 종기 형태로 드러날 수 있겠고, 귓병이 있을 수 있으며 대한에서는 비장/신장〈=콩팥〉/방광技能〈배뇨기계〉에 이상이 있게 되며 살성을 동반하고 있으니 사고에 의한 신체손상이나 위장질환이 따르게 된다는 것이요, 다시 궁 간에 의한 기성이 본명, 명궁으로 들어가므로 외상과 호흡기 계통이며 신장/심장질환이 있게 됩니다.
이러한 정황은 해당 대한에 건강관리가 안 되되면서, 후천적 요인에 의해 사고에 따른 傷身과 신장/ 호흡기계통의 질환으로 드러나게 된다는 것이 됩니다.

자평의 대한을 두수에 적용시키면, 58세 부터의 제 六 대한은 54~63세의 己酉 宮으로 선천 질액이 되는 바, 여전히 건강이 문제된다는 듯이며 이전 대한부터 건강이 안 좋았다는 것이 되겠죠!!!~
더욱이나 己酉 궁은 本 命主의 "出生 年 支 宮"이 됩니다.

자미두수 명반 상에 드러난 위 명주의 명궁과 형제, 부처, 자녀, 부모 궁에서 드러내고 있는 선천〈본명〉적 정황과 더불어 직업적인 측면과 후천 운인 대한을 취하여 신체 건강과 질병 문제들을 다뤄보았습니다. 앞에서도 언급했듯, 육친궁을 주로 하여 논해 보았으나 육친 이외의 타, 궁인 재백, 질액, 천이, 노복, 관록, 전택, 복덕 궁을 논하는 방법 또한, 동일하다는 점에 대해서도 말씀드렸지요.

다른 예를 통해 후천 운을 운용하는 방법에 대해 서술되겠지만, 위 명반에서 자평법의 48~ 57세 까지에 해당되는 庚戌, 본명 신身궁이면서 재백 궁인 제 5대한의 정황을 좀 더 보겠습니다.

대한이 신궁이자, 재백 궁을 행하므로 이번, 5대한에의 주동사主動事는 신체 건강과 금전 재물의 入, 出 문제와 관련된다는 것인데, 상황에 따라서는 관송사가 따르기도 하겠죠.

천상 타라. 파졸. 전택 乙巳	천량 녹존·홍란·음살·년해 관록 丙午	정/살 경양·천형·천사·과숙 녹복 丁未	령성. 천이 戊申
거문 태보 복덕 甲辰	丁酉 年 生. 乾命 命主; 祿存 身主; 天同		本-生年 支. 大限 天鉞·지겁·천곡·천사 질액 己酉
자/탐 천허.절공 부모 癸卯			천동 천공.천월 現, 大限 身宮/재백 庚戌
기/월 좌보.문곡.천무 命宮 壬寅	천부 화성.지공 형제 癸丑	태양 우필.문창. 부처 壬子	무/파 천마.천재.고진 자녀 辛亥

두수를 간편하게 읽어내는 또 하나의 방편은, 각 궁의 신/명주를 살펴 논하는 것인데, 다음의 예시에서 다뤄보기로 하고, 여기서는 대한 궁 간의 화/기를 운용하여 논해 보겠습니다.

대한 궁 간이 庚이니 화록-일〈태양〉. 화권-무〈무곡〉, 화과-부〈천부〉, 화기-동〈천동〉로 태양- 록/ 천동-기가 되는데, 화록은 원인, 발단이 되며 화기는 결과, 종결의 의미를 갖습니다.
태양은 대한, 재-복선이면서 본명 부-관선이요, 천동은 선천 재-복선 이면서 자 좌 자화기가 되는 바, 본인에 의해 자초自招되는 건강악화 와 금전적인 손실이 초래 된다는 것입니다.

지금까지 손님이 래방하였을 때, 문점을 청하게 된 당일의 주동사主動 事는 무엇인지!!!~, 즉, 래정來情으로부터~ 본명과 대한의 정황들을 어떠한 방식으로 읽어 내는지???~
체용과 일진 명반, 구성으로는 래정을!!!~, 자평과 두수로는 본명과 후천 운을 운용하는 기법으로 활용해 보셨습니다.

계속하여 다음의 예시를 살펴보시겠습니다.
예시의 전개 방식은 역시, 현장에서 취하는 상담 순서에 준하여, 래정 으로 시작!!!~
자평과 두수를 활용한 본명, 대한의 통변 방식으로 기술記述됩니다.

※體/用, 日辰 來情 四柱/ 83年 生, 坤命※

時	日	月	年
	乙	壬	癸
丑	酉	戌	亥

己	辛	癸	辛		庚	戊	丁	辛	壬	甲	戊
月			災			天			地		

65	55	45	35	25	15	5
己	戊	丁	丙	乙	甲	癸
巳	辰	卯	寅	丑	子	亥
驛	攀	將	亡	月	年	地

~三,九	~三,七	~三,五	~三,三	~三,一	日	月	流年
丙	乙	甲	癸	壬	乙	己	乙
戌	酉	申	未	午	酉	卯	未

戊丁辛辛		庚庚壬戊	己乙丁丁	己丙辛	庚	乙	甲己乙丁

	五	四	三	二	乙	二	三	四	五	
寅	丑	子	亥	戌	酉	申	未	午	巳	辰
旺	衰	病	死	墓	絶	胎	養	長生	浴	帶
劫	華	六	驛	攀	將	亡	月	年	地	天

空亡	軌離脱	目的事	落喪孤	風-淫		憎-暗	弔.寡		解決士	怨嗔祿

※乙未 年 卯月 乙酉 日 酉時, 九星 來情※

二/ 三XX	七/ 八	九/ 一
4. 文曲. 徵破 方.	9. 右弼. 退食 方.	2. 巨門 土 眼損 方.
一XX/ 二	乙未 年 三/卯月 四	五/ 六X
3. 祿存. 木 食神 方.	5. 廉貞 土 五鬼 方.	7. 破軍. 金 進鬼 方.
六X/ 七	八/ 九	四/ 五
8. 左輔. 官印 方.	1. 貪狼. 水 天祿 方.	6. 武曲. 金 合食 方.
九/ 九	五/ 五	七/ 七
4. 文曲. 徵破 方.	9. 右弼. 退食 方.	2. 巨門 土 眼損 方.
八X/ 八X	乙酉日 一/酉時 一	三X/ 三
3. 祿存. 木 食神 方.	5. 廉貞 土 五鬼 方.	7. 破軍. 金 進鬼 方.
四/ 四	六XX/ 六XX	二/ 二
8. 左輔. 官印 方.	1. 貪狼. 水 天祿 方.	6. 武曲. 金 合食 方.

□年, 空; 子/丑.   □日, 空; 午/未.
☑本命星; 八白 土星.   □來情 日, 空; 午/未.

20대 후반의 시기에 있었을 혼인의 연緣이 무산되었을 듯하니,
현재~ 미혼이실 것이요!!!~
오늘!!!~ 이렇게 제 사무실을 찾게 되신 이유도
남자!!!~ 혼인 문제일 듯하나, 이번에도 인연은 아닌 듯합니다.
금전적 손실도 있으실 거구요!!!~
혼인 문제로 인한 번거로움이 번복되다 보니~
근심, 고충이 크시겠습니다!!!~
그러나 내, 후년 사이에는 혼사의 즐거움이 있을 터이니
마음을 여유롭고, 편하게 하세요!!!~

먼저 체용 래정으로 보면 방문일이 본인의 일주와 복음伏吟이요, 년간이 비견, 시주時柱와도 복음이면서 酉酉 刑을 이룹니다.

손재가 따르며 울면서 헤어진다...~

이리되면 일진 래정은 사실 상, 확인의 의미가 없고 바로 구성 래정 반으로 검증을 해 봐야 하는데, 구성 년,월/ 일,시반 어디에서도 혼인을 단정할만한 조짐은 없습니다.
오히려 드러낼 만한 관계는 아니었던 것으로 보이며 일시반의 팔백 토, 艮宮으로 사록 목성이 들어와 있으나 동일 상수이니 삼벽 목성으로 변환되면서 분위기는 조성되는 듯, 하였으나 결국은 무산되는 형국이 됩니다!!!~

밝은 모습으로 들어왔으나 이내, 실망스런 낯빛을 감추지 못하며...~

...~ *그렇군요!!!~* ...~

이어 자평과 두수로 이 분의 본명과 대한의 흐름을 살펴보겠습니다.
이번에도 자평부터 보지요!!!~

時	日		月	年
	乙		壬	癸
丑	酉		戌	亥

己	辛	癸	辛		庚	戊	丁	辛	壬	甲	戊
月				災			天			地	

65	55	45	35	25	15	5
己	戊	丁	丙	乙	甲	癸
巳	辰	卯	寅	丑	子	亥
驛	攀	將	亡	月	年	地

우선 근/묘/화/실 상의 좌표에 의한 글자론으로 보면, 年 支의 인성으로 선조 대의 가권이 계승되는 가문이거나 유, 소년기에는 성장환경이 그리 좋지는 않았겠으나, 학문성이 증폭되면서 바르게 성장했을 것이요, 월지의 시기인 청년기에는 금전에 대한 바른 인식체계를 갖추게 되고, 일지의 청, 장년기에는 편관이다 보니 자식의 성장, 발전은 이뤄지겠으나 온전한 남편의 덕은 기대하기 어렵고, 맞으면서 사는 세월이 될 수도 있으며 시주로 편재가 나가 있다는 것은 신체 건강이 문제되기 쉽다는 것이요, 노년의 시기에도 사회활동을 전개시키게 됨을 의미한다는 것이 되겠죠!!!~.

또한, 이 명주는 년/월/일주가 모두 암합을 이루는 구조여서 육친관계가 왜곡되는 사주이기도 합니다.

년주의 癸亥는 계 간이 해중, 무토와 암합을 이루므로 5~ 부터인 계해 대한 중에 드러나게 되겠고, 월주의 壬戌은 임간이 술 중의 정화와 암합이니 좌표 상, 술이 동動하는 25~ 부터의 乙丑 대한 중에...~ 발현되며 일주인 乙酉는 을간이 유중, 경금과 암합을 이루고 있어 日 支의 유가 형, 충되는 시기에 사건화 되겠는데, 45~ 부터의 대한이 丁卯이니 제 五 대한 중에 있게 된다는 것이요, 이는 배연의 왜곡으로 드러나게 되겠지요!!!~

"드러나게 된다."~ "발현 된다"~ 라는 표현을 사용하였으나 실제적으로는 압합의 현상들이므로 암암리에~ 타인들에 잘 드러나지 않게...~

비밀스럽게 행行해지는 현상들이 되겠지요!!!~

위 명주는 坤命이므로 기본적으로 木/火의 陽氣가 勢를 갖춰야 하고, 그러한 운에 성취, 발전하게 된다는 전제가 주어집니다.
사주 구조적으로 보면, 인성이 년주로 있어 학문성이 증폭되고, 인내심을 키워가며 바르게 성장해 가겠으나, 년 주로 나가있다는 것은 타 육친성 보다, 쉽게 손상될 수 있음을 함축하기도 합니다.
년지가 인성으로 亥의 글자이니 寅이나 巳의 大/歲 運에. . .~

대한의 흐름은 亥/子/丑 북방, 水運으로 흐르면서 始 運은 亥/亥, 刑이요, 二 대한에도 日/時 支의 酉,丑으로 비합飛合된 巳에 의한, 巳/亥 沖 등으로 유, 소년기와 입시 공부에서도 어려움을 겪었겠지요.
해/자/축 水氣의 운을 행하면서 본명 년/월지는 戌/亥이니, 규정화되고 정定해진 대로 따라야 하는 학교 공부보다, 정신적, 철학적, 샤머니즘의 측면으로 편향되는 시기로 보냈을 터이니...~

25, 乙丑과 35, 丙寅 대한의 기간을 거치면서는 금전 활동을 전개시켜 나가지만, 성패의 굴곡을 경험하는 시기가 됩니다.
하지만, 곤명이라서 건명들이 느끼는 고충보다 그 정도가 그리 심하지는 않겠지요.

월주의 壬戌은 백호면서 괴강이요,~ 시주의 丁丑은 백호가 되는데, 임술 백호가 25~ 백호 대한과 형을 이루니, 직업적으로는 형刑적인 요소가 함축되겠는데, 戌字이다 보니 권력, 위압적 요소가 내재되는 의료, 제약, 보건/ 세무, 법무 등과 더불어 금융/ 교육과도 관련되는 분야와 인연하게 됩니다.

월주 괴강에 乙酉 관성의 絶地로 배연配緣에 조화를 이루기에는 어려움이 따른다는 조건이 부여附與되어 있기도 하지요!!!~

배연을 왜곡시키는 요인은 이뿐 아니라, 관성이 정, 편으로 과過하다는 것이요, 일지 酉가 묘/유 沖으로 酉 中, 경/신금이 뛰쳐나오는 45~ 정묘 대한의 시기에도 配緣의 왜곡사는 따르게 됩니다.
그렇다 하나, 丁卯 대한부터 사회적인 성취, 발전할 수 있는 운기가 조성되기 시작하며 그 이후는 곤명으로 巳/午의 여름, 火氣의 시기이니... 세상살이에 즐거움을 느끼며 살아가겠지요.

언어, 언변을 활용한다거나 정신적 측면이나 교육적 속성이 내재되는
업종의 사업을 전개하며...~

여기서 잠시~
위 래정에서 2~ 3년 이내에 혼인의 즐거움이 있을 것이라 했었는데,
어떻게 그러한 통변이 가능했는지에 대해 살펴본 후, 본 명주의 명/운
을 두수로 운용해 보도록 하겠습니다.

坤命으로 혼인이 이뤄지기 위해서는 식상을 동반하면서 관성이 들어와
야 하는 것으로, 34세가 되는 丙申 年이면, 상관인 丙은 乙 목에 욕지
가 되고, 丁酉 年이면 丁은 일간인 乙에 장생지가 되면서 혼인에 대한
욕구가 상승되며 丙申의 申은 편관인 辛에 旺, 정관성인 庚에는 관록
이요, 丁酉 年의 酉는 辛에 관록, 庚에는 왕지가 되면서 혼사가 가능
해 지는 것이지요!!!~
하지만, 사주에 실자實字로 드러난 관성은 편관인 酉金이요, 정관은
지장 간으로 유기有氣하여 남편 덕을 논하기에는 부족합니다.

명주 입장에서는 酉가 편관이면서 絶地이나, 편관은 地支로 有氣하면
서 세勢를 갖추므로, 남편 입장에서는 비록 대중적으로 인지도가 있으
면서 내세울만한 직장은 못 된다하더라도 실속은 있게 되지요!!!~
부인의 입장과는 무관한...~
그러한 삶을 살아가는 남편이라는 것이지요!!!~
부인이 어렵고!!!~, 어렵다 해도~ 남의 일인 양!!!~

자식과의 관계는 원만하겠지요!!!~
서로 이해되고, 공유共有되는 부분들도 많은...
위 명주의 부모덕은 어떠할 까요!!!~
비록 정재로 현금재산을 의미하지만, 戌字면서 왜곡되어...

그러면 이번에는 위 명주의 명/운을 두수로 논해 보겠습니다.

※癸亥 年 乙酉 日柱/ 83年 生, 坤命※

천동 문곡·천월·천마·천형·천무 재백 丁巳	무곡/ 천부 삼태·천관 자녀 戊午	태양/ 태음-科 태보·천곡 부처 己未	탐랑-忌 팔좌·천재/홍염 형제 庚申
파군-祿 홍란·대모·천사,·해신,· 질액 丙辰	癸亥 年 生. 坤命 命主; 文曲 身主; 天機		천기/ 거문-權 문창·천요, 명궁 辛酉
천괴·용지·봉고, 천이 乙卯			자미/ 천상 화성·지공·천희·음살·과숙 부모 壬戌
염정 우필·은광·고진·천월 노복 甲寅	경양·절공·순공 관록 乙丑	칠살 좌보·지공·천공·녹존 전택 甲子	천량 타라·령성·봉각·년해·천주 신/복덕 癸亥

위 명주는 卯/酉宮의 기/거 조합으로 酉宮이 명궁이면서 대궁은 空 宮 〈無 主星- 두수의 14주성이 들어와 있지 않다는 것〉이요, 辰宮의 **파군/홍란/ 대모/천사/해신** 등이 들어오며 삼합 방으로는 **천동/문곡/천월/천마/천형/천무/ 천허**의 별과 차성借星되는 **태양/태음/태보/천곡** 등이 함께 들어오는 구조 를 이루고 있습니다.

■**위에서 차성이란, 차성안궁借星安宮한다는 것인데, 두수 12 사안 궁 중, 어느 한 궁이 공 궁일 때에는 그 대〈충〉궁의 별을 끌어다 쓴다 는 것입니다.**
예를 들어 辰궁에 主星이 없다면 戌궁의 별들이 辰궁에 앉아 있는 것으로 본다거나, 寅궁이 비었다면 申궁의 별을 寅궁에 있는 것으 로 취급取扱하여 논한다는 것이지요.

묘/유의 기/거는 두뇌회전이 빠르고 구변口辯, 즉 언어言語, 말솜씨가 좋고 연구심을 갖습니다.

주관主觀, 자부심을 갖추며 고집이 있고, 하는 일에 대해서는 원칙을 적용합니다.
직업적으로는 언어를 활용한다거나, 전문, 기능/기술 분야에 적합〈**이러 한 분야에서도 주 고객은 이성일 때, 더 유리해 진다**〉하며 의외의 상해傷害〈**내가 다치거나 타인을 다치게 하는**〉가 따르기도 합니다.

명궁의 거문이 묘왕廟旺하다 하나 거문은 암성으로 시비구설이 따르게 되고, 천기와의 동궁이므로 정신적으로도 안정하기에는 다소의 어려움이 있게 됩니다.

여기에서 안정하지 못한다는 것은 주로 감정상의 파절破折을 뜻하는 것이며 혼인 생활에 조화가 어려워진다는 의미를 내포內包하기도 합니다.

또한, 이 조합은 어린시절 성장환경이 불우〈분파노고奔波勞苦〉할 수 있고, 경가파산傾家破産을 경험하기도 하는 구조요. 기/거는 묘/유의 同宮이거나 子/午의 대조對照이든, 자신의 행위에 대해 정정당당하지 못함이 있고, 초선종악初善終惡〈처음에는 좋으나 뒤에가서는 나빠지는〉의 현상이 드러나는 구조요, 말만 그럴듯할 수 있어 대타對他관계에서 화禍를 자초하기도 합니다.

위, 명주는 묘왕한 문창/문곡의 별을 갖고 있어 문학적 소질이 내재하며 천요를 품고 있어 미모를 갖추고 이성 어필의 요소로 작용됩니다.

천요의 별이 명궁이 좌하면서 도화, 살성들을 만나지 않는다면, 이성과 관련된다거나, 이성을 상대하는 업종이나 분야 등에서 생재生財의 방편으로 활용될 수 있습니다.

이 명주의 경우, 비록 타 도화나 살성이 다회多會하지는 않지만 곡/창과 홍염/홍란/천희 등의 협夾으로 도화의 속성이 드러날 수 있는 구조라고 보아야 겠지요!!!~.

앞서의 예시에서는 육친 궁을 위주로, 명반에서 그려내고 있는 정황들을 살펴보았으므로, 이번 명주로는 육친 궁을 제외한 재백/질액/천이/노복/관록/전택/복덕궁의 성계조합을 읽어 보도록 하겠습니다.

각 궁에 자리하고 있는 별들과, 합방으로부터 들어오는 별들을 함께 고려하여 읽어 내면 되는 것이므로 그 방법은 같습니다.~

두수가 어렵고 복잡하다는 인식들을 갖고 계실지 모르겠지만, 두수는 그 운용법을 알면 오히려 더, 간단, 간편하면서도 명료明瞭하게 명반을 읽어 낼 수 있는데, 만약 선천 명궁이 후천의 관록이나, 복덕 궁이라면, 선천 명궁의 상황이 후천의 관록이나 복덕 궁에서 드러난다는 것이니...~ 선천 반을 기저로 대한과 소한, 유년의 후천을 그대로 취하면 되는 것이지요!!!~ 기본적인 별들과 선천 반은 고정된 상태에서 운에 따라 각, 12궁이 자리를 바꿔가면서 사건/사고 등이 야기惹起되는 것이지요!!!~

이미 언급되었듯, 각 12궁에는 각각의 함의가 내포되어 있으니 선, 후천의 궁과 <u>流星〈유성이란, 대한과 유년에 의해 생성되는 별들을 말합니다〉</u>들이 서로 만나면서 드러나는 변화〈사건,사고〉들을 그대로 읽어내면 된다는 것이죠!!!~

이미 정定해진 틀〈폼;Form〉 안에서 일어나는 변화들을 끄집어내기만 하면 되는...~ 방식인 것입니다.

여전히 어려울 것이라고만 여겨지시나요.!!!~

번거로울 정도로 여러 번에 거쳐 말씀을 드리는 바는 무의식, 무비판적으로 우리에게 강요되고, 그렇게 인식되었을 수도 있겠다 싶어서 이지요!!!~

제가 본서를 통해 래정이 제외된, 명과 운을 다루는 방법에서 자평과 두수를 통합한 **"통합 통변 술"**을 제시하고 있습니다. 만~, 경우에 따라 래정과 자평, 래정과 두수를 취하는 방식으로 이분二分 될 수 도 있겠는데, 이는 각 인이 편하게 사용 하시면 되는 것이니 각 인의 몫이겠지요!!!~
하지만!!!~ 말씀드린바와 같이 굳이~ 두수를 어렵고, 복잡할 것이라는 선입관을 의도意圖할 필요는 없다는 것입니다.
자평의 기초지식을 갖추고 있다면, **"명법 통합 통변 술"**을 이해하고 현장에서 바로 취할 수 있는 기간은 5~ 6개월에서 최대 8개월 정도면 족足하며 <u>래정→ 자평→ 두수</u>의 순으로 학습체계가 이뤄져 있어 상담 진행을 통해 검증, 체험하시면서 "통합 통변 술"을 자연스럽고 쉽게 체계화 시키실 수 있으실 것입니다.

다른 관법들을 혼용한다는 것은 낯선 이국에서 온 외국이 불쑥 찾아온 것이 아니라, 잘 알고 반가운 베스트 프랜드를 나의 집으로 초대한 것과 같다고 할 수 있을 것입니다.

그것도 막무가내로 인위적으로 무작정 섞어 쓰는 것이 아닌!!!~
현실적 효용성을 갖는 장점들만을 유기적으로 체계화하여 운용하는 하는 방식이기 때문입니다.

더욱이나 본서를 구매하신 분들 중에는 이미 명법 전반에 대한 기본적 이해와 지식들을 갖추고 계신 분들도 있으실 것이므로 "통합적 통변술"의 필요성을 느끼고 계신다면, 혼용, 혼취한다는 것에 올 수 있는 방법 상~, 시간 상!!!~, 비용적인 부분에서의 부담감..., 등은 문제될 것이 없을 것입니다.

와우~
이런~ 괘도이탈이 길었네요!!!~
다시 돌아가, 위 명주의 두수!!!~ 재백 궁의 정황을 살펴보겠습니다.

다음에 제시되어 있는 두수 명반에서 재백 궁을 보죠!!!~

※癸亥 年 乙酉 日柱/ 83年 生, 坤命※

천동 문곡·천월·천마·천형·천무 재백 丁巳	무곡/ 천부 삼태·천관 자녀 戊午	태양/ 태음-科 태보·천곡 부처 己未	탐랑-忌 팔좌·천재·<u>홍염</u> 형제 庚申
파군-祿 홍란·대모·천사·,해신. 질액 丙辰	癸亥 年 生. 坤命 <u>命主</u>；文曲 <u>身主</u>；天機		천기/ 거문-權 문창·천요. 명궁 辛酉
천괴·용지·봉고. 천이乙卯			자미/ 천상 화성·지공·천희·음살·과숙 부모 壬戌
염정 우필·은광·고진·천월 노복 甲寅	경양·절공·순공 관록 乙丑	칠살 좌보·지공·천공·녹존 전택 甲子	천량 타라·령성·봉각·년해·천주 신/복덕 癸亥

위 명주는 재백 궁이 巳/亥의 同/梁 분거分居 조합으로 丁巳 재백에 **천동/문곡/천월/천마/천형/천무/천허** 등이 좌하면서 亥궁의 천량, 酉궁의 기/거, 丑 궁에서는 未궁의 일/월을 차성하는 구조입니다.

재백궁의 천동은 자수성가를 의미하며 정 간의 화기가 명궁으로 들어가니 근검절약하지만, 언제나 자신의 잇속만을 챙기려는 경향이 두드러지고 손해 보는 것에 대해, 참지 못하는 類型이기도 합니다.

- 383 -

재백 궁 간의 화기가 되는 별로는 명주의 직업적 측면을 알 수 있는 바, 거문 화기이니 변호사/ 외교 /평론/교육, 학술연구 분야/의약/ 역학. 중개/ 경매인/ 광고업/ 아나운서 등, 언론, 방송 계통/ 기자. 등과 관련됩니다. 더불어 생재生財의 수단으로, 문장이나 언변이 활용될 수 도 있겠으나 시비/구설 등으로 인한 번거로움이 수반되는 구조이기도 합니다.

동궁한 천마는 平地면서 양, 타를 만나고 있어 금전, 재물을 축적하기에는 부족함이 크겠죠!!~

다음으로 질액 궁을 보겠습니다.
질액은 병진의 파군으로 대궁으로는 자/상과 화성/지겁/천희/음살이, 합방으로는 경신의 탐랑 화기와 갑자의 칠살/좌보/지겁/녹존/천공의 별들이 들어옵니다.

파군의 신체 질병은 콩팥/빈혈/생식기 계통과 호흡기 계 질환이 되며 살성이 들어오는 구조이므로, 피부가 건조해진다거나 사지 四肢〈두 팔, 두 다리〉를 상傷할 수 있다는 의미가 됩니다.

천이 궁은 명궁의 대충 궁으로 공궁이니 명궁의 별들을 차성하며 합방으로 癸亥의 천량/타라/령성/천곡 등과 己未의 일,월/태보/천곡 등이 들어오는 구조입니다.
천이 궁에서의 성계 구조가 이러하다는 것은 대인이나 교우관계, 활동 처, 여행지 등에서 시시비비를 가려야 하는 등, 번잡한 일들이 많게 된다는 것이죠!!!~

노복 궁은 甲寅의 염정 독좌, 탐랑 대조에 壬戌의 자,상과 화성/지공/천희/음살 등의 별과, 戊午의 무,부와 삼태/천관의 별리 들어오는 구조이지요!!!~
노복 궁에서의 대인관계는 주로 아랫사람들과의 관계가 드러나는 곳으로 성계의 구조가 이러하면, 이들과의 관계가 좋을 수 없으며 손아래 지인知人 중에는 사업을 하는 이가 있겠으나 그 사업이 잘 된다고 볼 수는 없겠으며 예술성이나 정신생활을 중시하는 이가 있거나 도화적 속성과 탐욕, 투기성을 갖는 등 극단적 인간 관계가 드러날 수 있게 됩니다.

관록 궁은 乙丑이나 공궁으로 己未의 일,월을 차성하며 辛酉의 기,거와 문창/천요가 丁巳의 천동/문곡/천월/천마/천형 등이 들어오는 구조가 되며 乙 干의 태음 화기가 대궁으로 들어가 관록을 충하므로 직업 변동이 따른다거나 혼인 생활에 변화가 있게 된다는 것이죠!!!~
관록 궁에서는 일, 월을 반기지만, 차성하는 일,월은 세를 갖추고 있지 못하며 乙 干에 의해 태음 화기가 되므로 좋을 수가 없는 것입니다.

전택궁을 볼까요.!!!~
전택은 甲子 궁으로 칠살과 좌보/녹존/지겁/천공이요, 대궁에는 무곡/천부가 좌하고 있으며 합방으로는 庚申의 탐랑 화기와 팔좌/천재/홍염이, 丙辰으로는 파군과 홍란/대모/천사/해신 등이 좌하면서 전택으로 들어옵니다.

본명 전택과 형제, 질액 궁으로 변동/굴곡/파동이 따른다는 살/파/랑 구조를 이루고 있지요.!!!~ 더하여 공성과 손모/도화의 별들이 함께 들어옵니다. 전택에서 반기는 재성財星, 녹존이 전택에 들어와 있으나 온전하지 못하며 칠살이 왕지를 점하고 있으나 전택에서 반기는 별은 아니지요!!!~

이렇게 되면, 가택家宅에 안정을 구하기가 어렵고 가업家業 기울 수 있다는 의미가 함축됩니다.
전택의 칠살은 도시의 도로 주변에 주거하게 된다는 별이기도 합니다.

위 명주는 坤命으로 전택 궁이 육지면서 도화의 성계가 들어오고 있으니 성생활이 자유로울 수 있습니다.

다음은 복덕 궁입니다.
복덕은 癸亥로 身궁을 겸하고 있으면서 천량과 타라/ 령성이요,
대궁에는 천동과 문곡/천월/천마/천형 등이..., 합궁으로는 己未
의 일,월과 乙卯의 기거가 들어오는 구조를 이룹니다.

복덕 궁은 각 인의 정신적 향수와 내면의 세계가 투영投影되는
곳인데, 성계구조 이러하니 참으로 번잡스러워 지는데, 이는 정신
적 수양이나, 공문空門〈불문佛門〉, 공문孔門〈孔子의 학문〉/ 현공
학玄空學 등을 연구함으로써 순화시킬 수 있습니다.

자평법도 주어진 본명의 사주 여덟 자에 의한 상호 작용...,~
근/묘/화/실 상의 좌표에 주어진 글자..., 라든가~
대한으로 주어진 계절과 각 글자들에 의해...,~
을 간이기에...~, 계 간이기 때문에 기본적으로 주어지는 틀들이 있지
요!!!~

무엇보다 이러한 각 인들에게 기본적으로 부여되는 틀들을 숙지熟知하
고, 이렇게 기본적으로 주어지는 조건적 상황들을 主로 하며 각 운에
서 드러나게 될 유동적 사건들을 부가附加해 가며 사주를 파악해 나가
는 방식을 취하게 되면, 보다 간편하면서도 명료함을 높일 수 있게 되
는데, 이는 두수에서도 같습니다.

아니 어찌 보면!!!~ 두수는 이미 조건적으로 주어진 틀이 더욱 명료
화 되어 있다고도 볼 수 있습니다.
정형화되어 주어진 조건들을 읽어내기만 하면 되는 것일 수 있습니다.
더욱이나 두수에서는 명리와 달리, 애써 기교를 구사해야 할 필요도...
무리한 논리를 펴야할 필요도 없이. . .~

다음은 두수에서 기본적으로 부여된, 주어진 조건적 지식 중, 12궁 좌
안성安星, 즉, 각 별들이 12 궁 중, 어느 궁에 들어갔을 때, 가장 안
정적으로 쓰이며 어느 궁으로 들어가는 것이 좋다!!!~, 그렇지 않다
는 것 등입니다.

간단하고 보기 쉽게 도표로 정리해 보겠습니다.

※두수, 주요 12궁 좌 안성※

궁宮	안성安星
명命, 신身	※자미. 녹존/ ※문곡. 문창/ 화록, 화권
형제兄弟	※천기/ 자미. 천부. 천동. 천량. 녹존.
부처夫妻	자미. 천부. 천동. 천량. 좌보. 우필
재백財帛	무곡. 천부/ 자미. 염정. 천상. 녹존 ※무곡이 우선※
질액疾厄	자미. 천부. 천동. 문창. 좌보, 우필
천이遷移	자미. 천부. 천동. 천량. 천기. 일, 월. 문창, 문곡
노복奴僕	자미. 천부. 일,월. 보,필. 창,곡
관록官祿	※자미. 탐랑. 일,월. 염정. 천상/ 천부/ 녹존/ 창,곡
전택田宅	자미. 천부. 염정. 녹존/ ※태음
복덕福德	자미.천부/천동/ 천량/거문/ 보,필 ※천동이 우선※
부모父母	자미. 천부. 일,월/ 보,필/ 창,곡 ※천량

□참고 부가지식□

▫명궁이 양,타에 의해 협되면, 노록분파勞碌奔波요,
아무리 고생을 한다 해도 성취하기 어렵다.
▫신,명에 겁, 공이 단수하면서 함지면, 貧賤 短壽의 象이다.
▫화기성이 명궁에 좌면 대인들이 힘들어 지지만,
천이 궁이라면 대인들로부터의
시기/질투/음해/모함 등이 따르며 여기에 타 살이 가해지면
불측不測의 재난/ 관재가 따르게 된다.
▫양,타/화,령/겁,공 등의 살성은 대체적으로 모든 12궁에
좌함을 꺼리나, 무조건적이지는 않다.
▫ 명궁의 타라와 화,령은 재난災難을 초래하기 쉽고,
면免하기도 어려우며
겁,공이 수 명하면, 만사~ 되는 일이 없고,
금전 재물과 인연하기 어렵다.

이어서 위 명주의 현 대한은 어떠한 그림과 이야기를 담고 있는
지 살펴보지요!!!~

※癸亥 年 乙酉 日柱/ 坤命※

천동 문곡·천월·천마·천형·천무 재백 丁巳	무곡/천부 삼태·천관 자녀 戊午	태양/ 태음-科 태보·천곡 부처 己未	탐랑-忌 팔좌·천재/홍염 형제 庚申
파군-祿 홍란·대모·천사··해신. 질액 丙辰	癸亥 年 生. 坤命 命主; 문곡 身主; 천기		천기/ 거문-權 문창·천요. 명궁 辛酉
천괴·용지·봉고. 천이乙卯			자미/ 천상 화성·지공·천희·음살·과숙 부모 壬戌
염정 우필·은광·고진·천월 노복 甲寅	경양·절공·순공 관록 乙丑	칠살 좌보·지공·천공·녹존 **33~42** 전택 甲子	천량 타라·령성·봉각·년해·천주 신/복덕 癸亥

위 명주의 현 대한은 자평으로 25~34세의 乙丑이요, 두수로는 33~42세의 선천 전택 궁이 됩니다.
현 대한이 선천의 전택을 행하고 있다는 것은 전택 궁에 담겨져 있는 함축적 상의와 관련되는 일, 사건이 이 운에 드러나게 된다는 것입니다.

누누累累이 말씀드리지만, 선천은 후천의 체體로, 후천에 어떠한 일들이 전개될 것인가???~를 제대로 파악하기 위해서는 반듯이 선천으로 회귀回歸해야 한다는 것인데, 이는 두수에만 적용되는 것은 아니라는 말씀도 이미 드린바 있구요!!!~

전택 궁에는 어떠한 상의가 함축되어 있나요???~
"두수 12궁 함의"에서 언급되었습니다. 만, ~ 가문/조업/부동산의 유,무/ 다,소/ 유산遺産/ 주거환경/ 가족, 가정/ 도화 등이 관련됩니다.

위 명주는 33세의 여성으로 본명의 두수 구조가 이러하면 부동산이나 유산遺産 등의 문제 일 수는 없겠고,~
대한이 行하고 있는 본명 전택 궁에는 남성의 별인 칠살이 앉아 있으니!!!~.
남자문제요, 가정을 이룰 수 있겠는가!!!~ 하는 혼사의 문제가 이번 대한에 드러나게 되는 주동사가 된다고 봐야겠지요!!!~

전택의 갑 간 사화四化를 전개시켜 보면, 노복의 염정성이 화록이요, 화기는 부처 궁의 태양입니다.
역시 혼인 문제에 관심사가 집중되어 있습니다!!!~

두수!!!~
두수 또한, 타 명법들과 마찬가지로 그 관법과 기법들이 참으로 많습니다!!!~
그러나 자평도~, 두수도~,
아니, 대부분의 명법命法들이 그러하듯!!! 처음부터 이들에 대한 사전 지식〈좋은 책/ 양질의 공부법/ 좋은 선생 등에 대한〉 없이 공부하게 되는 경우가 일반적이다 보니~~~
세월가고~~~, 돈!!!~ 깨지고~~~

좋은 선생을 만나 제대로 공부한 케이스에 해당된다면 시간이 좀 걸렸다 해도 일단一旦!!!~이러한 분들은 참으로~ "복福"!!!~ 받은 분들이시지요!!!~
큰~ 복!!!~ 받으신 행운아들!!!~ 이실 겁입니다.
어쩌면, 역 공부보다 좋은 인연 만난다는 것이 더 어려운 것이 아닐까!!!~ 하는 생각도 많았었지요!!!~

세상사!!!~
참!!!~
그렇게 쉽지 않습니다!!!~
~ 물론!!!~ 전적으로 제 예기 입니다!!!~
되돌아보면, 허망虛妄하기도 합니다.!!!
이미, 그려진 그림이겠지만!!!~

. . . , 아무쪼록 성취하시길 바라며...

다음의 예시를 이어가겠습니다.

※ 實戰 例示- 3.

~~~ 전화 벨소리가 울립니다!!!~

여보세요!!!~ 철학관이죠~

예!!!~, 맞습니다.

예약해야하나요???~

아닙니다~, 그렇지 않습니다!!!~
예약을 원하시는 경우에는 그렇게 하고 있지만,...

그럼???~, 지금가도 되나요.!!!~
예!!!~, 그렇게 하십시오.!!!~

자녀분 문제로 답답하신 모양입니다. 만,~
그러지 않아도 되겠습니다.

네???!!!~

작성해두었던 상담지에서 래정을 보니 甲寅 일, 巳時였습니다.

※참고로 위 命 式은 述者가 상담 초기부터 사용해 오고 있는 폼으로
본명과 체/용, 일진 명반을 한 눈에 파악할 수 있도록 한 것과 구성
반을 사용하는데, 구성 래정은 년/월반과 그날의 오시부터 술시까지
를 미리 작성해 두었다가 다음 날 사용하는 방식을 취하고 있습니
다.
현장에서 활용하고 있는 명식표는 주요 일람표 뒤에 참고가 될
수도 있겠다 싶어 부기해 놓았습니다.

전화로 문의하신 분은 아래 命 式의 어머니셨으며 방문하신 시간
은 未時였습니다.

時	日	月	年
	丙	癸	己
未	戌	酉	未
己 乙 丁	戊 丁 辛	辛　　庚	己 乙 丁
華	天	災	華

68	58	48	38	28	18	8
庚	己	戊	丁	丙	乙	甲
辰	卯	寅	丑	子	亥	戌
攀	將	亡	月	年	地	天

~三,九	~三,七	~三,五	~三,三	~三,一	日	月	流年
甲	癸	壬	辛	庚	甲	己	丙
戌	酉	申	未	午	寅	丑	申
戊丁辛辛	庚	庚壬戊	己乙丁	丁己丙	甲丙戊	己辛癸	庚壬戊

	五	四	三	二	甲	二	三	四	五	
未	午	巳	辰	卯	寅	丑	子	亥	戌	酉
墓	死	病	衰	旺	官	帶	浴	長生	養	胎
攀	將	亡	月	年	地	天	災	劫	華	六
空亡	軌離脱	目的事	落喪孤	風-淫		憎-暗	弔.寡		解決士	怨嗔祿

※丙申 年 丑月 甲寅 日 未時, 九星 來情※

一/二	六/七	八XX/九X
4, 文曲. 徵破 方.	9, 右弼. 退食 方.	2, 巨門 土 眼損 方.
九/一XX	丙申 年 二/丑月 三	四/五
3, 祿存. 木 食神 方.	5, 廉貞 土 五鬼 方.	7, 破軍. 金 進鬼 方.
五X/六	七/八	三/四
8, 左輔. 官印 方.	1, 貪狼. 水 天祿 方.	6, 武曲. 金 合食 方.
五/四	一/九	三X/二
4, 文曲. 徵破 方.	9, 右弼. 退食 方.	2, 巨門 土 眼損 方.
四/三	甲寅日 六/未時 五	八/七
3, 祿存. 木 食神 方.	5, 廉貞 土 五鬼 方.	7, 破軍. 金 進鬼 方.
九/八X	二/一	七XX/六
8, 左輔. 官印 方.	1, 貪狼. 水 天祿 方.	6, 武曲. 金 合食 方.

□年, 空; 子/丑.   □日, 空; 午/未.
·□本命星; 三碧 木星.   □來情 日, 空; 子/丑.

위는 모친께서 따님의 문제로 문의하신 경우이기 때문에 그 따님의 명 식과 래정의 有關性유관성에는 괴리乖離가 있을 수 밖에 없겠으나, 그렇다고 하여 전혀 무관無關한 것만은 아니라는 것이요, 이러한 부분들에서 역易의 신묘神妙함이 드러난다고 할 수 있겠지요!!!~
상담을 청하신 모친의 따님에게 어떠한 일/ 사건이 있게 될 것이라는 . . . ~

당사자인 따님과 함께 방문하여 따님과 아드님에 대해서만 상담을 하셨지만, 본인의 사주에서도 이러한 연관성聯關性이 동했기 때문이라는 것입니다.

체, 용 래정을 보시면, 병신년으로 비견의 해이면서 地支의 申은 財星으로 본명에서 격각隔角으로 왜곡되어 있던 재성의 역할성이 강화되며 申 중, 壬水는 長生 地를 점하게 됩니다.

이러한 정황들은 위 명주가 丙申 年을 맞이하면서 금전/재물을 취하기 위한 사회활동성은 강화될 것이요, 이성의 출현과 더불어, 수태受胎를 의미하는 것이며 그 자식은 선대先代의 유업遺業을 승계하는 자식이 될 것이라는 것입니다.!!!~

구성 반을 보시면, 년/월반에서는 위 명주의 본명성인 삼벽 목성이 六 乾宮에서 사록 목성과 해주偕住하고 있으며 일/시 반에서는 삼벽 목성의 본궁인 震宮에 사록 목성과 함께 자自 좌坐 합니다. 전혀 무관하다고 볼 수만은 없지요!!!~

시간이 흐르면서 경험이 축적되다 보면, 크게 클로즈 업~ 되어 먼저 들어오는 글자가 있다거나!!!~ 글자 이전에 촉~ 이 먼저 작용되는 경우가 있게 되지요!!!~

이 경우는, 전화를 받으며 이미 작성되어 있던 래정을 보면서~
직감적으로 "자식문제네요!!!~"가 되었던 사례입니다.

계속해서 자평 법으로 논해보도록 하겠습니다.

※己未 年 79年 生, 丙戌 日柱, 坤命※

時			日			月			年		
	未			丙戌			癸酉			己未	
己	乙	丁	戊	丁	辛	辛		庚	己	乙	丁
	華			天			災			華	
68		58		48		38		28		18	8
庚		己		戊		丁		丙		乙	甲
辰		卯		寅		丑		子		亥	戌
攀		將		亡		月		年		地	天

위 명주는 根/苗/花/實의 사주 구조 상, 상관傷官의 별들을 年
柱로 두고 있으면서 공망空亡되었습니다.
자신을 드러내 표현하고 재주를 펼쳐보이고자 하지만, 나의 뜻과
천리天理가 같지 않다!!!~
육친 성을 떠나 글자 자체로도 "未"입니다.

곤명坤命이기 때문에 그 답답함이 덜할 수 있겠으나, 공망이기
때문에 어쩔 수 없는. . .~ 그런 세월들을 보내며 끊임없이 채워
가야 하지만, 그런다 해도 성취감을 갖기에는 더없이 부족할 수
밖에 없는!!!~

年柱와 月柱 사이에는 재성財星인 申字를 공협拱夾하게 되는데,
그 시기는 15~, 6세에서 20~, 21세의 구간이 될 것이요, 넓게
는 20대 초반에서 중반의 시기에 해당되겠지요!!!~

財/ 官의 유입誘入으로 여전히 이 시기의 학업은 왜곡歪曲되는
모습입니다.

대한大限의 흐름은 亥/子/丑의 북방 水運으로 旺/官/帶의 기운이 조성造成되고 있으나 그 분야는 정신적 수양이나 종교..., 예술적 측면으로 치우치게 됩니다.

丙 干에 戌 日支로 자 좌, 墓地에 백호 일주요, 거기에 미, 양 띠 人 이다보니 이별/신고/사고 등이 따르게 되고, 사회활동을 통한 성취를 이루기에도 어려움이 있으며 배연과도 조화를 이루기가 쉽지 않을 것이라는 전제적 조건이 주어진〈이미 附與된〉. . . ,～

이번에는 현 대한을 중심으로 살펴보겠습니다.!!!～
38～ 부터의 丁丑 運이 되지요!!!～
丙 日干이면서 丑 運이면, 기본적으로 재성인 庚,申 金氣와 비겁성인 丁,午의 火氣, 財星인 己, 丑.未인 土氣의 글자들이 庫/墓地가 됩니다.
거기에 丑이라는 글자가 갖는 정체성停滯性, 고충苦衷, 희생犧牲 등의 現象들이 드러나게 된다는 것이죠!!!～

※己未 年 79年 生, 丙戌 日柱, 坤命※

時			日			月		年		
			丙			癸		己		
未			戌			酉		未		
己	乙	丁	戊	丁	辛	辛		庚	己	乙	丁
華			天			災		華		
68	58	48	38	28	18	8
庚	己	戊	丁	丙	乙	甲
辰	卯	寅	丑	子	亥	戌
攀	將	亡	月	年	地	天

상관 운을 행한다는 것은 시행착오, 시기/음해/모함 등이 따르면서 관官을 상상하게 되지만, 십성 生/剋에서 生은 정正의 글자를 剋은 편偏의 글자들에 적용되는 것이므로 위 명주는 축 대한을 직업적 측면에서, 사회적 정체성正體性을 도모圖謀하는 시기로 삼아야 한다는 것입니다.

본명 사주에 드러난 관官성은 편의 壬水가 아닌, 正의 癸水이기 때문이죠!!!~

根/苗/花/實 上의 시기별로 본다면, 년지 미와는 충이 성립되면서 과한 식상을 어느 정도 해소해 주는 작용력을 하면서 공망의 해!!!~, 또한 해소되는 느낌을 가질 수는 있겠고, 月支 酉와는 三合의 글자 중, 비견比肩성인 巳火를 비합飛合하게 되지요!!!~

동업, 합작의 형태나 손재사가 따르는 현상과 더불어 비록 허자로 유입되지만, 주체적 경쟁력을 갖추는 데는 일조一助를 할 것입니다.

다음으로 日支의 7,8,9월의 시기에는 戌과의 刑으로 개고되면서 겁재인 丁火 火氣와 식상인 戌土의 土氣는 부담負擔으로 작용되겠고, 辛金의 正財星은 暗合이라는 형식으로 드러나게 되므로 타인他人들은 알지 못하는 금전적 취득이 있게 된다거나, 아비 벌 남자와의 이성문제가 야기될 수도 있겠죠!!!~

時柱의 시기이니 병신 년의 하반기인 10,11,12월이 되겠는데, 日支와 時支와의 刑을 沖하는 현상이므로 계획했던 일이라거나 모사某事를 수정해야 한다거나 사무실/점포를 이전해야 하는 등의 변동사 있게 되겠죠!!!~

자평에서 직업성을 규정規定짓는 별은 財/官과 더불어 食傷星이 되는데, 위 명주는 정재 격으로 부모에 의해 본인의 직업이 결정되기 쉬운 구조요, 식상성과 어울리고 있으며 이 식상의 별은 또다시 형刑의 속성을 내포內包하고 있어 금융/법무/세무/의료 등이라거나 가공/조립/숙박 등과 연관될 수 있습니다.
하지만, 재성인 酉金이 일지 식상 戌과 상응相應하고 있어 종교/철학/교육/골동품/경매/중개업 등이 되겠는데, 刑을 이루는 글자는 時支의 未土이므로 본 명주의 자식이 취하게 되는 직업도 위와 같은 분야가 될 것이라는 것이죠!!!~

방문하여 내~ 놓은 질문!!!~ 역시 딸이 이 나이가 되도록 결혼을 못하고 있는데, 어떻게~ 올해는 남자~ 만날 수 있겠는지!!!~ 와 더불어 현재 본인〈명주의 모친〉이 부동산 중개업을 하고 있는데, 딸〈동행한 딸의 명주〉과 같이하고 하고 있다!!!~ 잘 되겠는가〈둘이 부딪치지 않으면서 잘 해나갈 수 있겠는가???~ 하는〉!!!~ 하는 것이었습니다.

앞서 본 명주의 혼인에 대한 부분은 서술되었으니, 따님과 모친의 상응관계를 보면, 모친성인 인성이 년지의 未 중, 乙 목과 時柱로 드러나 있으면서 양지養地를 점하고 있으며 본인은 墓地에 앉아 있으면서 刑을 이룹니다.

무엇보다 본인이 타 글자들을 주도할만한 세歲를 갖추고 있지 못하며 月支의 正財格은 대체적으로 변화가 적은~, 안정성이 전제되는 직장이나 사업을 전개하게 되고, 가업을 계승繼承하는 형태로 드러나게 되므로 동업, 합작의 형식을 취하게 되지만, 서로가 감내堪耐해야 할 부분들이 남겨지겠죠!!!~

비록 丁丑 운을 主로 하여 살펴보았으나...,
위 명 식이 그려내고 있는 삶의 모습을 단편적斷片的으로 나마 조망眺望하며 부기附記해 보도록 하겠습니다!!~

우선!!!~ 위 명주는 왜???~
무슨 연유緣由로 혼인이 늦어졌을까??? 하는 것입니다.

혼인을 통해 한 가정을 이루고자 할 때, 사주에 주어져야 하는 기본적인 조건이 갖춰져야 하는데, 우선 남/녀 모두, 애정/혼인/생식/출산의 인자인 수기水氣가 드러나 있어야 한다는 것입니다.

이 水氣가 각 일간 별로 어느 육친성에 해당이 되 든 관계없이~

※己未 年 79年 生, 丙戌 日柱, 坤命※

時			日			月		年		
			丙			癸		己		
未			戌			酉		未		
己	乙	丁	戊	丁	辛	辛		庚	己	乙	丁
華			天			災		華		
68	58		48	38		28	18		8	
庚	己		戊	丁		丙	乙		甲	
辰	卯		寅	丑		子	亥		戌	
攀	將		亡	月		年	地		天	

혼인에 관심을 갖게 되거나 적극성을 느끼게 되는 시기는 재/관의 별이 식상의 별과 함께 어울릴 때가 됩니다!!!~

그러나 男/女모두 사주의 식상성이 손상되었거나 財가 드러나 있다 해도 官이나 식상의 별이 손상損傷되었다거나, 財나 官이 刑/沖/破/害/怨嗔/空亡 等으로 왜곡歪曲되어 있다면 혼인은 늦어지게 되는데, 위 명주의 사주를 보면 기본적 조건인 수기는 육친상, 관성이면서 月 干으로 갖추고 있기는 하나 생명력이 없으며 식상성인 土氣는 刑을 이루고 있습니다.

18세~ 부터의 대한으로 수기 유입流入되면서 月 干의 癸水 관성이 旺/官/帶지를 점하게 되니~ 이때, 혼인이 성사될 수 있었지 않았겠는가???~ 하실 수도 있겠습니다. 만, 식상의 별을 채우지 못하고 있지요!!!~
그러니 남자들을 만나기는 하나, 가정을 이루기 위한~, 내 아이를 낳아 줄만한 남자로 만나는 것이 아닌...~

뭐~ 그냥, 이성 친구로...~
...~ 출산문제를 살펴본다면, 본 명주가 혼인 후, 얻게 되는 첫 아이는 남아가 되겠으며 자식의 성취번영과 我와는 별개인 관계가 형성 될 것이라는 판단이 가능한 사주 구조입니다!!!~

- 397 -

모두冒頭에서도 언급되었듯, 사주를 쉬우면서도 간편, 명료하게 읽어낼 수 있는 기법은 年/月/日/時에 의한 根/苗/花/實의 구조를 宮柱〈宮星論〉와 글자론에 준準하여 각 육친을 대비하며 더불어 각 글자 간의 상응 관계를 살피는 것으로 根/苗/花/實에 의한 궁성 론을 제대로 이해하고 취할 수 있게 된다면, 각 인의 명과 운을 풀어낸다는 것이 어려운 과정만은 아니라고 여겨집니다.

대한인 경우라면 각 주마다 15~ 20년의 기간에 해당되므로 六대한이라면 년주는 6~ 25세 까지의 구간이 될 것이요, 월주는 26~ 45세, 일주에서는 45~65세의 구간이요, 시주에서는 66~ 이후의 구간이 될 것이며 세운이라면 년주는 그 해의 1,2,3월의 시기가 되는 것이고, 월주면 4,5,6월이, 일주는 7,8,9월, 시주는 그 해의 10,11,12월이 되는 것이죠!!!~

근/묘/화/실 상, 根의자리가 되는 年柱의 구간에서는 자신의 끼, 예술적 재능을 발휘해 내고자 하나???~ 생각과는 괴리乖離가 큰 답답함을 품어야 하는~, 때로는 부모에 반항도 하는 등...~ 그러면서 종교나 철학, 정신적 수양!!!~ 예술적 측면으로 관심이 치우치는 유, 소년기를 보내왔을 것이요!!!~

진학을 했다면, 중앙에서 제법 잘~ 알려진 국,공립 대학에 입학을 것이요, 전공은 경상 계열에서 경제, 경영학이나 무역, 금융, 회계학 등과 관련되겠지만, 관성이 세를 갖지 못하면서 월지의 酉, 財星 또한 격각으로 왜곡되어 있으며 인성이 공망된 글자의 장간으로 있다 보니...., 그러나 運에 의한 卯木, 인성이 생성되면서 가능성을 배제排除할 수 없습니다.

묘苗의 자리가 되는 月柱의 구간區間에서는 사회활동을 전개시켜 나가겠으나 정재라는 별의 속성이 매사에 적극적이라거나 강한 활동성과는 거리가 있게 되고, 酉字면서 재성이다 보니 금전적 측면으로 어떠한 결과물을 내고자 하는 시기가 될 것이요, 실제적인 실속도 따르겠으나 과정상의 어려움은 내재內在합니다.

묘苗의 구간 중, 丁丑의 丑은 庚,申/ 丁,午/ 己, 丑.未의 글자를 묻어버리지요!!!~

日柱면 좌표座標 상, 화花의 자리가 되지요!!!~
대한大限 상으로는 해/자/축 北方 水運을 끝내고 인/묘/진 東方 木運을 열어갑니다. 비록 바쁘고, 소리만 요란할 수 있다 해도 坤 命으로 木/火, 陽의 氣運은 반갑습니다.

대한 상으로는 48세~ 부터의 戊寅 運이 되겠는데, 戊/癸 합으로 인한 관성의 변화와 대한 支, 寅에 의해 日支 戌이 묶이는 답답 함이 따르게 되며 寅/戌에 의해 午火가 生成되면서 배연配緣의 왜곡이 있게 되는 시기가 되겠지요!!!~
더불어~ 주체적 독립성을 증폭시키며 문서 위주의 재물활동이 전개되는, 인성을 활용하는 새로운 시도試圖가 있기도 하는!!!~

58세~부터의 己卯 대한이면 대한 初에 편관 亥의 생성으로 관성 에 변화가 있게 되고, 60초반의 시기에 재성이 활성화 되는 현상 이 있게 되며 63~ 64세의 시기에는 卯/戌 합에 의한 食/財의 묶임과 더불어 왜곡된 애정사가 돌출될 수 있겠고, 65~67세의 시기는 사주의 시주 구간이 되므로 자식과 관련되는 문제가 되겠 지요!!!~

실實의 자리는 時柱로 말년의 정황이 드러나게 되는데, 어떠한 그림을 그려내고 있을까요!!!~
본명 사주에서 時柱는 未土의 구간을 살아가는 시기가 되며 대한 상으로는 68세~의 庚辰과 78세~의 辛巳 區間이 됩니다.

곤명으로 말년의 상관은 배우配偶의 활동성을 위축시킴과 더불어 외롭고 적막寂寞한 삶이 될 수 있다는 의미가 함축됩니다.
未 字는 지체, 답답함 등을 뜻하는 글자이나 위 명주는 坤命이므 로 字意에서 오는 害는 없는 것으로 봅니다.

다만, 일시지 간에 성립되어 있는 형의 작용력이 문제가 되겠는데, 위 사주는 지지가 식상과 재성만으로 이뤄져 있어 官/印의 안정이 어렵고, 年/時柱가 공망되었다 하나, 식상성의 과다過多와 戌/未 刑에 의해 식상의 번거로움은 더욱 증폭되며 이러한 현상들로 인로 因해 배연의 왜곡과 불필요한 번잡함, 헛수고가 많아진다는 것입니다.

???～ 그림이～ 그려지시죠.!!!～

※己未 年 79年 生, 丙戌 日柱, 坤命※

時			日			月			年		
			丙			癸			己		
未			戌			酉			未		
己	乙	丁	戊	丁	辛	辛		庚	己	乙	丁
華			天			災			華		
68		58	48		38		28		18		8
庚		己	戊		丁		丙		乙		甲
辰		卯	寅		丑		子		亥		戌
攀		將	亡		月		年		地		天

잠시!!!～ 刑/沖의 작용력에 대한 바른 이해가 있으시기 바라며 다시 한 번 부기해 본다면, 충은 깨지고 소멸된다는 의미가 있어 사주에 오행 상 과한 육친이 있을 때, 운에 의해 충된다면 과過함의 해害가 해소解消되는 것이요, 형은 증폭된다는 의미를 함축하므로 過한 오행이 刑을 이루고 있다면 그로 인한 폐해는 증폭되는바, 운에 의해 충될 때, 그 해는 다소의 해소解消될 수 있다는 것이 됩니다!!!～ 그러니까～ 증폭의 현상을 가져오느냐???～ 파괴, 감소의 현상으로 나타나느냐의 관점으로 본다면 말이죠!!!～

※다음의 표는 좌표를 이해하고 활용하시는데 참고가 될 수 있을 것입니다!!!

※四柱, 宮 柱〈位〉別 含意※

時〈實〉	日〈花〉	月〈苗〉	年〈根〉	干
配偶者. 子息	自身. 配偶者	父母. 兄弟	先祖. 祖父.	
末年 期	長年 期	青/ 長年 期	初年. 少年 期	
80 ~ 61歲	60 ~ 41歲	40 ~ 21歲	20 ~ 1歲	
冬〈陰;10~12〉	秋〈陰;7/8/9〉	夏〈陰;4/5/6〉	春〈陰;1/2/3〉	
子息/ 동생關係 *大門 밖 베란다.* *가게, 事業 場* *도로, 路上* 時間 手當.	*안방/ 居室* 주방 내 집 대문 日 當.	血肉- 父母, 兄弟 *家屋, 建物/* 文書 職場/ 上.下 關係 月 給.	前生/ 祖上, 家門 *땅/ 先山/* 墓 事業/ 職業 官廳 關係事. 金錢/ 큰 財物.	共 通
부하직원. 수하인	자신	중간 관리자	사주社主	
두 팔, 다리. 발 생식기. 엉덩이	몸통	어깨 흉부, 두 팔	머리	
두 時間	一日/ 24時間	한 달. 30日	1年. 365日	
未來	現在	現在完了. 過去	大 過去	
媤 家. 妻 家		親 庭. 本 家		
子息- 딸 後世	我의 家庭 配偶者. 妻 愛人	母. 兄弟. 夫 社會	祖母	支

※天干은 精神的 側面/ 名譽/ 貴/ 男子 六親.

地支는 實質的인 삶의 環境과 現實的 條件/ 일/ 金錢/ 女子 六親.

□天干의 十星, 六親이 實質的인 力量을 갖추기 위해서는 地支 正氣
에 通根할 때 비로소 可能하며 大體的으로 座標 上, 年/月에는 食/
財/印星이, 日/時에는 財/官星이 놓이는 구조라야 可하다.

다음은 위 명주의 命과 運을 두수로 살펴보겠습니다.

위 人人의 두수 명반은 다음과 같습니다.

정/탐 타라·령성·천마 관록 己巳	거문 지겁·녹존·천상 노복 庚午	천상 **本 - 生年 支·** 경양·천요 천이 辛未	동/량 천월·홍란·천공·천재 질액 壬申
태음 우필·화성지공·팔좌·과숙 전택 戊辰	己未 年生. 坤命 命主 ; 거문. 身主 ; 천상.		무/살 봉고·천관·절공 재백 癸酉
천부 문창·천형·봉각·년해 身宮/복덕 丁卯			태양 좌보·삼태 자녀 甲戌
천희·천무·음살·해신 부모 丙寅	자/파 태보·천허·파졸·순공 命宮 丁丑	천기 천괴·대모 형제 丙子	문곡·용지·천곡·천월 부처 乙亥

이번에는 명궁부터 부모까지 12궁 전체를 다뤄본 후, 후천 운을 논해보겠습니다.

먼저 命宮입니다.
본 명주의 **명궁**은 丁丑의 자미/파군이며 辛未의 천상/경양/천요와 己巳, 관록궁의 염정/탐랑/타라/령성/천마와 더불어 癸酉, 재백궁의 무곡/칠살/봉고/천관/절공이 들어오는 조합입니다.

이러한 구조를 하고 있다면 어떠한 조건이 전제되어 있을까요!!!
우선, 본 명주는 이상이 높고 자신의 행위에 대해, 책임을 질 줄 아는가 하면, 복수複數의 직업〈즉, Too- Job〉을 갖기도 합니다. 독단적인 면이 있어 대인관계의 조화에 어려움이 따를 수 있으며 대인對人들 또한, 자신을 멀리하는 경향이 있게 됩니다.

본서의 제 二部, "자미두수 요결" 중, "자미성" 부분에서도 언급되었지만, 辰/戌/丑/未 四庫地에서의 자미는 사람이 솔직하지 못하고 타인을 기만欺瞞하는 경향이 있으며 그가 행하는 베품, 자선 등은 선의적인 동기動機에서 출발된 것이 아닌, 자신의 목적을 위한 가식이기 쉬우며 그로 인한 관재官災가 따를 수 있다는 것입니다.

그런가하면 동탕動蕩〈변화 변동이 따르는〉의 현상이 있게 되고, 독선적인 면이 있으며 이성과의 연緣 또한 많게 됩니다.
특히 자/파 조합이면서 타, 도화의 별〈정,탐/곡,창/보,필/함지/옥 등...〉들이 들어오고 있어 애정사에 왜곡이 있게 되는데, 그 시기는 후천운으로 이들의 별들이 들어올 때가 되겠지요!!!~

게다가 경양/타라의 별이 천마의 별과 함께 들어오고 있어 신체를 상傷할 수도 있다는 암시暗示가 주어지기도 합니다.

命主는 곤명이므로 온화하고 귀貴티가 나는 품위를 갖추며 냉정하면서도 이지적理智的인 매력魅力을 소유所有하게 됩니다.

혼인의 대상對象으로는 자신을 인격체로써 존중할 줄 아는 남자, 사회적으로는 신분이나 지위가 어느 정도 갖춰진 남자라야 한다는 기준을 설정해 놓게 되지요!!!~

축/미의 자/파 조합이면, 직업적으로는 대체적으로 군,경,검 등의 공무원에 적합해지며 자신의 재능을 발휘해가며 살아가게 되고, 정신 신경적인 면에 예민함이 있는가하면 히스테리〈정신 분열 현상〉로 드러날 수도 있으며 건강상으로는 허리〈척추〉와 내장 기관이 부실不實할 수 있다는 것입니다.

丙子의 **형제** 궁에는 천기/천괴/대모의 별이 앉아있으면서 庚午의 거문/지겁/녹존/天傷과, 壬申의 천동/천량/천월/홍란/천공/천재. 戊辰의 태음/우필/화성/지공/팔좌/과숙/홍염 등의 별이 들어옵니다.

남자 형제〈천기는 두수에서 남성의 별입니다〉로, 나보다 잘났고, 머리도 좋습니다!!!~
그러나 對 他 관계에서 시비 구설이 다르겠고, 이성관계가 문란할 수 있다는 구조를 이루고 있는 것이지요!!!~

부처 궁은 乙亥로 無 主星의 空宮이면서 己巳의 정,탐/타라/령성/천마가~ 丁卯에서는 천부/문창/천형/봉각/년해 등이, 辛未에서는 천상/경양/천요의 별들이 들어오는 구조입니다.

두수!!!~ 명반에서 이와 같이 격각 궁으로 놓여있는 해당 궁은 명반의 명주와 무덕無德/박연薄緣의 뜻을 갖게 되는데, 이 명주는 격각隔角 궁으로 부처와 질액, 관록, 부모 궁을 자리 시켜 놓고 있어 이들과의 연이 박하다~ 약弱하다는 의미가 되겠죠!!!
공 궁인 경우에도 그러한 것으로 간주看做합니다!!!~

亥宮이면서 문곡!!!~, 고진~
그러면서 대궁과 합방으로부터의 도화, 살성의 회집會集!!!~
이미 자평에서도 배연의 왜곡이 드러났었습니다. 만, 자미두수에서는 좀 더~ 구체적으로 드러나는 배우자〈官星으로 남편〉의 현실적 정황을 보여주고 있습니다.!!!~

자녀 궁은 甲戌로 태양/좌보/삼태/천귀/천수/천곡이 자리하면서 戊辰의 태음/우필/화성/지공/팔좌/과숙/홍염, 庚午의 거문/지겁/녹존/天傷과 壬申 궁에서 차성해 온 천동/천량/천월/홍란/천공/천재의 별들이 들어오는 구조를 이루고 있습니다.

자평에서도 첫째아이는 남아男兒가 될 것임이 암시되었으나 자녀 궁에 태양이 들어와 있으니 아들이 되겠으나 현실 만족도 있어 생각과 현실이 다를 수 있어 불만족~ 공허함을 갖기 쉽겠으며 자기주장을 내세우는 경향이 있어 대인들로부터의 시비/구설이 따르는 구조입니다.
하지만, 드러나지 않는 우군友軍의 작용력 또한 만만치 않습니다.

재백 궁은 癸酉의 무곡/칠살/봉고/천관/절공 등이 좌하면서 丁卯의 천부/문창/천형/봉각/년해, 己巳의 염정/탐랑/타라/령성/천마와 더불어 丁丑의 자미/파군/태보/천허/파졸/순공 등의 별이 들어옵니다.

무엇보다!!!~ 재백으로 廟旺한 무곡이 들어왔다는 것은 참으로 큰~ 기쁨이 아닐 수 없습니다.!!!~

무곡 화록에 천마!!!~

재물창고에 금전이 쌓인다는 의미가 되기 때문이지요!!!~

하지만, 중년 이후가 될 것이라는 전제적 조건이 부여되어 있으며 살/공성이 혼재하므로 재물로 인한 분쟁이나 돌연한 소멸消滅이 따름이 있어 재물창고 관리가 잘되어야 한다는 것입니다.

더불어 재백 궁 간의 화성으로는 직업적 유형을 알아볼 수 있는데, 癸干의 화기는 탐랑성이요!!!~ 선천 관록 궁이되며 기 干의 화기는 문곡으로 이 명주는 학과와 경제행위로서의 직업 유형이 유사類似한 형태로 드러나고 있습니다.

교육/의료/보건/유흥, 위락慰樂/군,검,경 등 권력 형 기구/ 토목/ 목재/가구/지물/중게 등... 이 되겠지요!!!~

다음은 **질액** 궁으로, 壬申의 천동/천량/천월/홍란/천공/천재가 좌하며 충궁은 무 주성이면서 천희/천무/음살/은광 등이 앉아있고, 戊辰으로는 태음/우필/화성/지공/팔좌/과숙/홍염과 丙子의 천기/천괴/대모의 별들이 들어오는 구조입니다.

질액이 동/량 조합이면 하복부, 즉 허리 아래쪽으로 질병이 오게 되고, 신경 정신과 질환의 우울증, 정신분열 등, 신경쇠약 증세나 신장/방광/치질과 관련되며 살기, 도화의 별들이 회집되고 있어 성기 질환이나 임질/심근경색과도 연계됩니다.

천이 궁은 辛未로 천상/경양/천요의 별이 앉아 있으면서 丁丑의 자미/파군과 丁卯의 천부/문창/천형/봉각/년해, 乙亥는 無 主星이므로 己巳의 정,탐/타라/령성/천마 차성하는 구조입니다.

지인知人 중, 식, 복록이 여유로운 이가 있다는 것이요~ 뛰어난 미모는 아니라하더라도 이성적 매력을 느끼게 하는 사람이 라는 것이며 금속류에 의해 안면顏面을 다쳤거나 사고事故가 있을 수 있겠고, 고독성이 내재內在한다는 것이 됩니다.

노복은 庚午의 거문/지겁/녹존/天傷과, 丙子의 천기/천괴/대모~ 壬申 宮에서 차성해 온, 천동/천량/천월/홍란/천공/천재, 甲戌의 태양/좌보/삼태/천귀/천수/천곡의 별들이 들어오는 구조이죠!!~

노복 궁은 형제 궁과 대조하므로 주로 손아래 사람이나 고용인, 형제, 동료, 동업의 대인관계가 드러나게 되는데, 이러한 관계를 형성하고 있는 사람들의 수는 제법 될지 모르겠으나, 시비거 초래되고, 그 관계가 오래도록 지속되기는 어렵다. 라고 판단 할 수 있겠습니다.

관록 궁은 己巳의 염정/탐랑/타라/령성/천마와, 丁丑의 자미/파군 이며 癸酉의 무곡/칠살/봉고/천관/절공이 들어오는 구조를 이루고 있습니다.

관록 궁은 夫/官 線을 이루며 이, 부관 선에서는 배우자의 정황과 더불어 사회적 정체성/직업적 분야 등이 드러나게 되는데, 이 경우는 부처 궁이 무 주성이어서 그 의미가 증폭된다고 할 수 있습니다. 즉, 본 명주의 배우配偶와 본인이 취取하게 되는 직업적 측면에 유사함이 커진다는 것이죠!!!~

조합의 구조가 이러하면, 직업적 분야는 재백 궁에서 언급되었듯~ 교육/의료/보건/유흥, 위락慰樂/군,검,경 등 권력 형 기구/토목/목재/가구/지물/중게 등과 관련되며 배연에 조화를 이루기가 쉽지 않겠으며 주로 직장 생활보다는 사업 유형으로 나타나게 되고, 사업/직업적인 변동이 따르게 된다는 것입니다.

※己未 年 酉月 丙戌 日 未時/ 坤命※

정/탐 타라·령성·천마 관록 己巳	거문 지겁·녹존·천상 노복 庚午	천상 <u>本 - 生年支.</u> 경양·천요 천이 辛未	동/량 천월·홍란·천공·천재 질액 壬申
태음 우필·화성·지공·팔좌·과숙 전택 戊辰	己未 年 生. 坤命 命主 ; 거문. 身主 ; 천상.		무/살 봉고·천관·절공 재백 癸酉
천부 문창·천형·봉각·년해 <u>身宮</u>/복덕 丁卯			태양 좌보·삼태 자녀 甲戌
천희·천무·음살·해신 부모 丙寅	자/파 태보·천허·파졸·순공 命宮 丁丑	천기 천괴·대모 '형제 丙子	문곡·용지·천곡·천월 부처 乙亥

전택 궁은 戊辰의 태음/우필/화성/지공/팔좌/과숙/홍염과, 甲戌의 태양/좌보/삼태/천귀/천수/천곡 등과 더불어, 壬申의 천동/천량/천월/홍란/천공/천재, 丙子의 천기/천괴/대모의 별들이 들어오지요!!!~

전택 궁 또한, 재백궁과 유사한 재고財庫의 위位가 됩니다. 따라서 전택에 태음이 들와 앉아있다는 것은 재백에 무곡의 별이 들와 있는 것과 같이 매우 반가운 것이지요!!!~

하지만, 辰궁에서의 태음은 힘!!!~ 세를 갖추지 못합니다.

태음〈달〉은 밤하늘에 떠, 빛을 비추는 별이기 때문이지요!!!~

곤명이면 전택의 조합으로 性 생활의 일단一端을 들여다 볼 수 있는데, 적지 않은 도화의 별들이 모여들고 개방된 성 의식意識을 갖고 있을 수 있겠습니다.

또한, 진궁은 시간 상으로, 활동이 시작되는 7~ 9시의 시간대여서 달은 이미 그 빛을 상실한 상태가 되죠!!!~

이와 같이 두수는 각각의 별들이 12 궁 중, 어느 위位로 들어가는지!!!~, 세를 갖는지~ 그렇지 못한지???~ 등과 더불어 각, 별과 각 궁이 함축하고 있는 함의를 이해하는 것이 그 무엇보다 중요합니다.

무슨~, 무슨~ 파派~...무슨~, 무슨~ 법法~ 들 보다~ 우선 于先되어야 한다는 것이 저의 일관一貫된 생각입니다!!!~

이러한 두수의 기초적!!!~, 기본적 지식만이라도 제대로 학습되고 이해하고 있다면, 7~ 80%를 상회上廻하는 정도의 현장 상담력은 갖추게 되는 것이라 할 수 있을 것입니다.
명법은 그 어떤 방편〈자평,기문,구성,육임,두수 등...〉이 되었든, 기초적 지식을 제대로 이해하고 갖추는데 있다고 봅니다.
다만, 전택에 태음이 좌한다는 것은 번화하고 밝은 陽地보다는 陰地에 거주居住하게 됨을 뜻하는 것이요!!!~ 東南 方이 되겠지요...~

다음으로는 한 개인의 정신적 향수와 기호嗜好 등을 드러내 주는 **복덕** 궁을 살펴보겠습니다.
두수에서 복덕은 질액/관록 궁과 더불어 명궁과 일체一體로 간주看做하지요!!!~

丁卯, 복덕에는 천부/문창/천형/봉각/년해 등이 앉아있고, 癸酉의 무곡/칠살/봉고/천관/절공, 辛未의 천상/경양/천요, 乙亥는 無主星의 空宮이면서 己巳의 정,탐/타라/령성/천마를 차성하는 조합입니다.

위 명주는 복덕 궁이 신궁을 겸兼하는 구조이므로 복덕의 조합으로 후천의 운세와 신체 질병, 건강 등을 가름할 수 있게 됩니다.
비록 천부가 丁卯에서는 세를 갖추고 있지 못하지만, 천부의 별은 재백과 전택을 주관하며 재고財庫를 상징하는 별이어서 의록衣祿의 어려움은 없다 할 수 있겠습니다.
그러나 곤명으로 복덕의 천부는 배우자로 인한 즐거움을 느끼며 살아가기에는 부족함이 따른다는 의미가 되는 것이죠!!!~

복덕이 신궁과 겸하고 있어 담〈쓸개〉질환이나 신경, 정신계 질환과 더불어 사지四肢〈팔,다리〉를 상할 수 있다는 것입니다.

이제~ **부모**궁을 보도록 하지요!!!~
부모 궁이 무 주성인 空 宮이면서 壬申의 천동/천량/천월/홍란/
천공/천재 등을 빌려옵니다.

앞서서도 언급되었지만, 두수에서 격각 궁과 공 궁되는 <u>사안 궁
〈명궁부터~ 부모의 12개 궁〉</u>은 기본적으로 아와 무덕함을 뜻하는 것으로
취급하게 되는바, 본 명주는 부모와의 연이 도탑지 못함을 드러
내고 있는 것입니다.

병인 병지病地면서 해신解神까지 앉아있어 이러한 의미를 증폭시
키고 있으며 丙 干을 전개시켜보면 관록의 염정이 化忌가 되는
데, 이는 부모가 我의 직업, 배우자 문제에 집착/간섭한다는 뜻이
되지요!!!~

부모의 성 의식 또한 자유로울 수 있겠는데, 父 보다는 母親 쪽
이 그러하겠죠!!!~
부친은 오히려 탈속적인 면面을 보이게 됩니다.

이어서 위 명주의 후천 운 중, 38세~ 부터인 丁丑 대한의 정황
을 살펴보겠습니다.

자평의 丁丑 대한은 두수에서는 戊辰의 선천 전택 궁으로 선천
子-田 線~ 가정을 이룬다는 성가成家 위位를 行하고 있는 것이
죠!!!~.

전택은 <u>가정/부동산 문제/주거환경/의외 사</u> 등과 관련되는 宮 位입니다.
대한 명궁, 戊 干의 사화를 전개시켜볼까요!!!~
무 간이면 록/권/과/기는 탐/월/필/기가 되지요.
화록인 탐랑은 선천 부- 관선/ 대한 부- 질선이 되면서 38세인
병신년이므로 유년으로는 자-전선이 됩니다. 화기인 천기는 선천
형제/ 대한 재백이면서 유년 부- 관선이자 소한의 명궁이 됩니
다. 각, 궁선이 품고 있는 함축된 상의는 앞에서 말씀드렸으니...

그대로 읽어내실 수 있으시겠죠!!!~

어느 한 궁위에서 중첩重疊〈=선, 후천이 겹쳐진〉되는 선/후천 반을 읽어 내는 방법은 선천은 대한과 대한은 유년과, 유년은 선천과 대한, 소한과의 관계로 대비하여 공통〈동일 사안이 거듭되는〉되는 부분을 취하는 것입니다.

※ 己未 年 酉月 丙戌 日 未時/ 坤命 ※

정/탐 타라.령성.천마 관록 己巳	거문 지겁.녹존.천상 녹복 庚午	천상 本-生年支. 경양.천요 천이 辛未	동/량 천월.홍란.천공.천재 질액 壬申
태음 우필.화성지공.팔좌.과숙 전택 戊辰	己未 年 生. 坤命 命主 ; 거문. 身主 ; 천상.		무/살 봉고.천관.절공 재백 癸酉
천부 문창.천형.봉각.년해 身宮/복덕 丁卯			태양 좌보.삼태 자녀 甲戌
천희.천무.음살.해신 부모 丙寅	자/파 태보.천허.파졸.순공 命宮 丁丑	천기 천괴.대모 형제 丙子	문곡.용지.천곡.천월 부처 乙亥

上位에서 下位로, 다시 下位에서 上位로 올라가며〈本命으로의 回歸 과정을 통해, 사건이 구체화 되는 것이지요!!!~〉. . . ., ~

주요 명법命法〈자평/기문의 명법과 점법/육효/육임/매화역수/두수 등을 다뤄 본바 있음〉들을 통한 명과 운을 판단함에 있어 대동소이한 결과〈적중도〉를 보인다면!!!~

"현실적 실효성을 갖추면서도 학습법과 상담 실전활용에 있어~ 편리성과 간편함에서 앞서야 한다!!!~"는 기본 원칙하에 체계화 한 것이 "명법 통합 통변술"의 "명법 통합 요체"로, 통합 통변에서 취하는 두수의 영역營域!!!~ 즉, 그 활용 범위는 해당 대한이 선, 후천 반의 어느 궁을 행하면서 그 궁 간의 록/ 기는 어느 궁으로 비입 飛入되는가로, 그 대한에 드러나게 될 사건의 개요를 파악하는 선 까지요!!!~구체적으로 드러나는 발현사는 자평으로 확인하는 체계입니다.

물론!!!~ **"명법 통합 통변술"** 강의에서는 두수의 어느 코스를 선택하느냐에 따라 다소의 차이는 있으나 **자평/두수/구성**의 각각, 독립 강의의 강의교제〈**분권된 3권이 되겠죠!!!~**〉를 제공함으로써 현장 상담에 부족함이 없도록 하고 있습니다.

혹!!!~ **"명법 통합 통변술"** 의 학습법에 대해!!!~
이것도~, 저것도~ 아닌, 어중치기로 끝나버리는 거 아냐???~ 하며 의심~, 염려~ 하는 분들이 계시다면, 변죽만 울리는 허술한 학습체계가 아닌!!! 10여년 이상의~ 현장 경험을 응축凝縮시킨 결과물結果物임을 말씀을 드립니다.

결론적으로 보면, 결국!!!~ 래정은 체용 래정과 일진명반, 구성 래정을 활용하여 래정의 발현사를 검증하는 방식을 취하고 있어 문점의 목적사를 보다 구체화~ 즉, 적중 도를 높인 것이요!!!~

명, 운을 다루는 방편으로는 자평과 두수를 취하고 있으나 사실 事實!!!~ 자평은 전 과정을 학습하게 됩니다.
다만 자미두수를 취함에 있어서는, 위에서도 언급하였듯!!!~ 그 활용의 범위를 대한 궁 간 사화의 추이!!!~ 까지로 한정限定하였다는 것이죠!!!~

다음은 늦은 시간에 방문했던 여성분의 例입니다.
자평보다는 두수에 낯선 분들이 많을 터이니 단편적이지만, 두수
의 예를 몇 분 더 보겠습니다.

※ 實戰 例示 - 4.

本- 四柱

□ 庚 □ 丁
巳 辰 未 巳

※命主의 命式을 斗數로 보겠습니다.

거문- 忌 필·창·타라 전택 乙巳	염정/ 천상 지공·녹존·천요 관록 丙午	천량 경양·봉고·천재 노복 丁未	칠살 화성·천무·고진 천이 戊申
탐랑 지겁·천희·음살 流年 복덕 甲辰	丁巳 年 生. 坤命 命主; 祿存 身主; 天機		천동-權 보·곡·천월 질액 己酉
태음-祿 령성 부모 癸卯			무곡 홍란·은광·대모 재백 庚戌
자미/천부 천형·천귀·천관 命宮 壬寅	천기-科 천곡· 순공 형제 癸丑	파군 해신 身부처 壬子	태양 천괴·천마 자녀 辛亥

명반을 보겠습니다!!!
 무엇보다 寅/申의 자/부는 복록이 두터울 듯하지만, 실제로는
그렇지 못하고, 명호운렬〈命好運劣= 생각은 높은 곳을 향하지만, 현실은 낮
은 곳에 머문다.〉의 현상이 나타난다는 것입니다.

인궁의 자/부가 명궁이면서 絶地요, 화성과 공성이 들어오고 있
으며 생년 태세 支인 巳宮은 본명 전택이며 거문이 타라와 同居
하면서 化忌星으로, 살아있지 못합니다.
더욱이 천부의 功으로 해액解厄력을 갖는다고는 하나 육친과의
관계가 無情하고, 보/필의 扶助도 없다보니, 인생살이가 공허/고독해
질 수 있으며 아랫사람에 의한 모함/배신/시비/구설에 휩싸이기 쉽습
니다.

명궁 간의 록/권/과/기가 **천량- 노복/ 자미-명궁/ 좌보-질액/ 무곡-재백**
궁에 入하므로 정신적 스트레스에 시달릴 수 있는데, 그 원인은
대인관계에서 비롯되며 금전적인 문제가 개입됩니다.
庚辰 日柱면 배우자/자식의 덕을 기대하기 어렵고, 괴강에 라망
살이 중첩되다보니 **강금/송사/상신傷身/장애,지체** 등의 현상이 따를 수
있으며 건강하다가도 질병으로 고생하기도 하지요!!!~

위 명주는 乙巳 대한을 行하고 있던 時期로, 명반에서 乙巳 大限
의 情況을 보겠습니다!!!

※乙巳 大限, 本命 田宅. 子/田 線※

거문- 忌　　大限 필.창.타라 　　　　전택 乙巳	염정/ 천상 지공.녹존.천요 　　　관록 丙午	천량 경양.봉고.천재 　　　노복 丁未	칠살　　小限 화성.천무.고진 　　　천이 戊申
탐랑/ 지겁.천희.음살 　流年 복덕 甲辰	丁巳 年 生. 坤命 命主；祿存 身主；天機		천동-權 보.곡.천월 　　　질액 己酉
태음-祿 령성 　　　부모 癸卯			무곡 홍란.은광.대모 　　　재백 庚戌
자미/천부 천형.천귀.천관 　命宮 壬寅	천기-科 천곡. 순공 　　형제 癸丑	파군 해신　太歲 　身부처 壬子	태양 천괴. 천마 　　자녀 辛亥

45 35 25
壬 辛 庚
子 亥 戌

해당 대한은 선천 전택궁을 行하고 있습니다.
그런데, 乙巳 大限은 명주의 생년 태세 宮이요, 칠살이 居하면서
본명 천이궁인 당 해의 小限 宮과 암합이요, 선천 명궁과 對沖을
이루면서 巨/ 殺/ 申<u>(申宮은 팔문 중, 死門의 本宮임)</u> 火/陀요, **거문 화기**
/문창/우필/타라가 해주〈偕住〉하는 대한 궁위를 **겁.공/정.탐**이 협하고
있습니다.

성계의 구조가 이러하면 乙巳 대한 중, 신체재액이 발생하게 되는데, 主로 교통사고이거나 신경 정신성 우울증으로 心弱해 지는 現象으로 드러날 수 있으며 더불어 주시해야 할, 또 다른 현상은 자평의 辛亥 大限 문창 화기가 乙巳 大限 宮이요, 을사 대한의 천기 록과 태음 기가 본 명주의 명궁을 夾하는데 대한 子-田 線이며 선천 화기와 대한 화기에 의해 <u>선천 복덕/대한 형제/유년 명궁/소한 재백궁이 된다는 것</u>입니다.

따라서 어느 해보다 우울하고 재액이 따를 수 있는 한 해가 될듯 합니다. 록/기에 의해 협夾 된다는 것은 해당 궁위가 동動한다는 것이며 부정적 의미를 띠게 됩니다.

운의 四化를 운용할 때에는 사화가 出하여 入하는 궁의 암합과 충궁의 의미가 증폭되며 유년은 暗示的 現象을, 小限은 內的인 具體性을 갖습니다.

또 다른, 坤命의 두수명반을 한 번 더 보겠습니다!!!

※ 實戰 例示 - 5.

44~ 53 大限 천월·천마·고진 관록 丁巳	천기 녹복 戊午	자미/파군-祿 용지·봉각·년해 천이 己未	천형· 질액 庚申
태양· 문곡·음살 전택 丙辰	癸卯 年 生. 坤命 命主 ; 巨門 身主 ; 天同		천부-權 화성·천허 재백 辛酉
무곡/칠살 46小限 좌보·천월 복덕 乙卯			태음-科 문창·영성 자녀 壬戌
천동/천량 부모 甲寅	천상 경양·과숙 命·身宮 乙丑	거문-權 록존·천요 형제 甲子	염정/탐랑-忌 필·타·겁·공·무 부처 癸亥

밤 9시를 훌쩍 넘긴 시간에 전화가 울려... 받았더니!!~
소개로 알게 되었는데, 망설이다~ 이 시간에 전화를 하게 되었다며 많이 어색해 했던 분입니다.

약略하고, 명반을 보겠습니다!!!
癸卯 年 生으로 卯宮이 大限 부처면서 小限이요, 현 대한은 선천 관록입니다.

배우자 문제!!! 남편의 浮蕩性부탕성!!!~
선천의 부처궁이 亥宮이면서 성계조합이 이러하면, 참으로...

　　　　"남편 분으로 인한 정신적 스트레스... 속앓이가
　　　　　　　　　　　만만치 않으시겠네요."!!!~

하였더니~

그 문제로 전화했다며...~
..., ~

본 명주의 배우자는 戊戌 年 生입니다.

두수에서는 태세太歲 입괘법入卦法이라 하여, 대인간의 상호관계
〈남.녀/ 동료. 상사와의 관계/ 동업의 길/흉 등〉가 어떠한가??? 를 알아볼 수
있는 방법이 있는데, 그 방법은 다음과 같습니다.

自身의 本- 命盤에서 對人의 出生 年- 支에 該當되는 宮 位를 對
人의 太歲 入卦 宮으로 하며, 出生 年 干에 依한 四化 等을 考慮
하여 判斷하는 것으로, 대한/유년에서도 취할 수 있습니다.

본 명주의 명반에서 배우자의 戊 干은 노복 궁이 되며 생년지
인, 戌은 자녀 궁이 됩니다.

아래의 명반을 보죠!!!~

※癸卯 年 生. 坤命※

44~ 53 大限 천월·천마·고진 관록 丁巳	천기 배우자 生年 干 노복 戊午	자미/파군祿 용지·봉각·년해 천이 己未	천형· 질액 庚申
태양 문곡·음살 전택 丙辰	癸卯 年 生. 坤命 命主; 巨門 身主; 天同		천부-權 화성·천허 재백 辛酉
무곡/칠살　　46小限 좌보·천월 복덕 乙卯			태음 문창·영성 배우자 生年 支 자녀 壬戌
천동/천량 부모 甲寅	천상 경양·과숙 命·身宮/流年 乙丑	거문權 록존·천요 형제 甲子	염정/탐랑忌 필·타·겁·공·무 부처 癸亥

위 명조에서 노복궁이면 부처궁의 질액궁이 되고, 자녀궁은 부처
의 형제궁이 됩니다.

戊 干의 사화가 본 명반에서 어떻게 분포되는지 보겠습니다!!!
우선 戊 干의 화록- 탐랑/ 화권- 태음/ 화과- 필.태양/ 화기- 천기입니다.
정/탐과 우필이 관록궁으로 차성안궁借星安宮되면서 탐랑이 록/
기 沖破되며 천기 화기는 부처의 질액 궁이요, 대한의 양/타는
未/巳로 戊 干 宮이 침탈됩니다.

대한의 정황은 어떠한가요???~
이번 丁巳 대한 궁은 戊 干에 의한 羊/陀가 대한을 협하면서 본
명 해, 부처궁의 록/기가 沖/破되는 탐랑과 우필/겁.공/타라가 대한
궁으로 차궁借宮되고 있습니다.
결코 조화롭지 못한 배연配緣이요, 2009 己丑 년의 상담이었으
니 유년의 명궁이 본명 명궁과 중첩重疊되는 상황입니다.

命柱가 갖는 本來的인 문제를 안고 살아오다 丁巳 대한 中, 己丑
년이 되자 상담을 의뢰하게 된 것이지요!!!~
命宮이 身宮을 겸兼하면서 천상/경양/과숙/절공. . .

다른 예를 보겠습니다.

다음의 命式은 전공 학과를 물어온 坤命입니다.

※ 實戰 例示- 6.

※丙子年 生 己丑 日柱, 坤命※

時			日			月			年		
			己			壬			丙		
			丑			辰			子		
			己	辛	癸	戊	癸	乙	癸		壬
			攀鞍			華蓋			將星		
66		56	46		36	26		16		6	
乙		丙	丁		戊	己		庚		辛	
酉		戌	亥		子	丑		寅		卯	
年		月	亡		將	攀		驛		六	

□年, 空; 申/酉. □日, 空; 午/未.
□子, 申; 貴. □丑; 飛. □辰; 紅.

자평에서 初/中/高等學校 時節의 工夫는 座標 上, **年柱**를 위주로 하며 학과선택이나 직업적 유형을 판단할 때에는 사주의 년과 월주를 위주로 官官/인印으로 격을 이루고 있는지???~, 勢勢를 갖추고 있는지???~, 중화는 이루고 있는지???~ 등을 고려考慮하되 운運에 의한 간섭干涉을 주시注視해야 하며 문창/귀인/양인/건록의 유무有無도 함께 살펴야 합니다.

그러나 대부분, 년/월이 형/충/파/해/공망 등으로 훼손되기 쉽고, 이러한 상황에 놓여있는 경우!!!~ 사주에서 주어진 대로 학과나 직업, 사업을 전개해 나가는데 있어 변화와 왜곡이 따르게 되는 원인으로 작용되는 것이죠!!!~

이러한 때에는 사주의 왕자旺者를 취하게 되며 자평으로 판단하기 애매한 경우라면 바로!!!~ 두수에 의한 학과, 직업을 선택해 주시면 되겠지요!!!~

위 명주는 곤명으로, 坤命이면 사주에 火氣가 實字로 有氣하면서 勢를 갖춰야, 무엇을 해도 **성취/발전**을 기대할 수 있는데, 위 命式

에서는 年干으로 丙火가 드러나 있으나 **현실/실생활**의 모습이 드러나는 地支에서는 陰氣들로 채워져 있을 뿐, 陽氣가 결여缺如되어 있습니다.

運의 전개에 있어서도 26세 부터의 **대한<대운>**의 흐름이 丑/子/亥/戌/酉/申이 되지요!!!~ 이러한 상황은 본 命 主의 사회적, 금전적 성취가 늦어지고, 혼인/출산 等도 늦어지게 된다는 것이지요!!!~

己 日干으로 時의 申, 귀인貴人이 合으로 구제救濟되며 年의 子, 또한 貴人입니다.

백가지 어려움을 풀어주고, 귀인을 만나며... 한 자리 하는 귀하신 분들과 교류한다는. . . ,~

비록!!!~

坤命으로 四柱의 地支가 음기陰氣로 충만充滿되어 있으나 재성 귀인이지요!!!~ 그렇다 해도. . . ,~

귀인!!!~ 이라 해도, 좋을 수만은 없겠지요!!!~

학과 선정이라는 측면으로 본다면, 재생財生 관官, 官/印 소통으로의 연결 고리가 끊어져 있다 보니 年/月/日의 글자 中, 세勢를 갖는 인자를 취하여 학과든, 직업적 유형으로 활용해야 되겠지요!!!~

年 干의 丙火를 주시注視할 필요성이 있어 보입니다!!!~
丙火가 년으로 나가있고, 子에 의해 태지胎地가 되지만, 己土 陰干에 陽火면서 月支 辰에 관대지冠帶地가 되는데, 재성지財星地 위에 앉아있습니다.

丙火의 물상物像을 취하여 학과를 삼을 수 있으니, 예술 대, **디자인이나 신문 방송/문학/연극 영화학과** 등과 연계連繫되겠지요!!!~.
재財성과 인印성의 조화로 본다면 경제학이 될 수도 있고, 식품 영양, 아동복지, 사회복지, 교육학과도 가능합니다!!!~

주시해야 할 부분은 학과 선정에 애매한 구조를 이루고 있으나 입시 시기의 운으로 들어오는 인목寅木은 정관正官의 별이면서 병화丙火 인성의 장생지長生地로 힘이 되어주고 있다는 것입니다. 만약, 위에서 제시된 학과를 전공했다 하더라도 교육적 측면으로 활용되지 않는다면 변화와 파동이 따르는 등의 어려움이 있게 되겠지요!!!~ 아니면 음료나 커피, 간이 주류 등도~...

곤명으로 기己나 계癸를 아我〈나, 일간〉로 쓰고 계시는 분들은 기본적으로 배연配緣의 조화에 어려움이 따르게 되는데, 위 명주 또한, 그러하며 재물이나 자식에 집착執着하는 모습을 보일 수 있습니다!!!~

눈매가 촉촉하며 여자로써의 매력을 한껏 갖추겠으나~. . ., ~~~

※위 命 主의 命 式을 斗數로 보겠습니다.!!!~

정/탐 녹존·은광·파졸· 자녀 癸巳	거문 좌보·경양·령성·천곡 부처 甲午	천상 지겁· 大限 형제 乙未	동/량 우필·천재. 命宮 丙申
태음 타라. 재백 壬辰	丙子 年 生. 坤命 命主 ; 廉貞 身主 ; 火星		무/살 天鉞·천희 부모 丁酉
천부 지공·천요·홍란. 질액 辛卯			태양 화성·음살. 복덕 戊戌
문창·천무/고진. 천이 庚寅	자/파 천공·천상 녹복 辛丑	천기 本-生年支. 문곡·천주. 身宮/관록 庚子	천괴·천영 전택 己亥

전공 선택, 학과를 위주로 하여 보겠습니다!!!~
두수에서 명궁은 各 명주의 정체성을 드러내는 근간根幹이요, 궁간 사화는 當, 命主가 일생 추구하고자 하는 삶의 유형/패턴이 됩니다.

좀 더 부언附言한다면, 運의 정황을 논 할 때, 命宮 干의 四化가 해당 운의 어느 宮으로 들어가 어떠한 움직임을 보이고 있는지를 추적해 봄으로서 좀더 簡便하게 읽어 낼 수가 있습니다.

命宮을 보면 寅/申의 동/량 조합이요, 염정/탐랑의 별이 들어오 며 학과/직업적 유형을 알 수 있는 관록 궁에는 천기/문곡이 묘 왕廟旺하면서 그 干의 화기化忌는 命宮의 천동이요, 재백 宮 干의 사화四化로는 돈 벌이, 즉, 경제행위의 수단/방편을 판단하게 되는데, 재백 궁에는 태음이 좌하며 그 화기는 무곡이면서 재백 과 합합됩니다.

結局결국!!!~
同/梁과 機/月/武가 되며 <u>천동/문곡/천기</u>를 따르게 되는데!!!~
丙 干의 천동!!!~
천동이 이들과 조화를 이루면 책읽기를 좋아한다거나<u>〈물론!!!~ 교양서 나 전문서적이 아닌, 소설/수필/만화류 등의 기호성 잡지 류가 됩니다〉</u> 映像/映畵 等과 관련되며 규모가 크지 않고 실내 인테리어가 잘 된~ 제과 제빵이나 패스트후드Fast food점/ 커피 전문점 등과도 연계連繫 됩니다.

자평에서 혼인생활의 어려움이 있게 될 것이라 하였는데, 두수에 서는 어떠한 모양으로 드러나고 있는지에 대해서도 살펴보겠습니 다!!!~
각, 육친의 특징적 성향이나 아와 육친의 관계, 배연配緣 등에 대 해서는 계속적인 언급이 있었으니 바로 들어가 보죠!!!~

명궁이 인/신의 천동/천량 조합이면서 보좌/살성이 도화의 별들 이 <u>회집會集</u>〈모여든다는 뜻〉하고 있으며 전택 궁은 기해己亥가 되는데, 무無 주성主星이면서 역시 도화, 살성이 들어오고~
부처 궁에는 거문이 앉아 있으면서 경양/령성/천허/천곡~ 조합 이 이러하면 배우配偶의 안정은 기대하기 어렵습니다.!!!~
. . . ,~

곤명으로 천동의 특징은 그리 크다고 할 수 없다 해도 여자다운 매력을 갖는다는 것입니다.!!!~

낭만적浪漫的 감성感性!!!~,
예술적 감성을 지니며 천진한 아이와도 같은!!!~
미끈한 절세絶世의 미인은 아니라 해도~ 육체적으로 풍만하며 눈매가 흐르는!!!~

여기~ 까지 하고~~~

다음의 예를 보도록 하죠!!!~

※ 實戰 例示- 7.

※乙亥 年 丁酉 日柱, 坤命※

時			日			月			年		
丙			丁			辛			乙		
午			酉			巳			亥		
丁	己	丙	辛		庚	丙	庚	戊	壬	甲	戊
六害			災殺			驛馬			地殺		
70		60		50		40	30		20		10
戊		丁		丙		乙	甲		癸		壬
子		亥		戌		酉	申		未		午
年		地		天		災	劫		花		六

위의 명 식도 본 명주의 어머니께서 딸의 입시문제를 물어 오신 경우입니다.

올 해 고등학교를 졸업하는데~애가 공부를 안 합니다!!~
전문대라도 갈 수 있겠는지???~ 무슨 과를 가야할지???~
애가~ 공부는 안하고 그림에만 관심이 있어서...~
~~~

그러시군요!!!~
중학교를 졸업할 시기부터~ 였겠습니다.!!!~
하지만, 그리 걱정하실 필요는 없으시겠습니다!!!~

자녀분이 따님이기 때문인데,~ 여자로 사주의 구조가 이러하면
사회활동을 전개시켜 나가며 성취, 발전을 이루는데 별 어려움이
없는 기본적 조건을 갖추고 있습니다!!!~

다만~, 그 분야는 방송,언론/전자,통신/광고/화장품/예술/연예계
쪽일 때, 그 성취도나 만족감을 높일 수 있을 것입니다!!!~

따라서 전공학과는 미대, 디자인 계열이 되겠습니다!!!~
사년 제는 어려움이 있겠고, 여대가 될 듯합니다!!!~

정리정돈이 안 되죠!!!~

~~~ 정말 미치겠습니다.
자기는 가꿔대면서..., ~ 지~ 방房은~~~

타인들이 볼 때, 따님께서는 귀貴스러움을 느끼겠습니다!!!~

성격상으로는 희喜노怒의 감정 변화가 빠를 수 있으며
술을 마시게 되면, 부어라~, 부어라~ 가 될 수도 있겠는데,
특히!!!~ 3~ 40대 시기의 절제 없는 음주는
위험을 초래할 수 있어 주의가 요구됩니다!!!~
일찍~, 일찍!!!~ 귀가歸家를 해야 하는 시기입니다!!!~
신체적 자유를 억압받게 된다거나 돌발적 사고/수술 등이
따를 수 있기 때문입니다!!!~

.., ~~~

예!!!~ 고맙습니다!!!~

요즈음은 術士 분들의 사주를 보는 시각이 이전보다는 많이 여유롭고, 유연柔軟해져 굳이 격, 용신에 구애拘碍받지 않는 분들이 많아진 듯하여 참으로 반가운 현상이라 여겨지는데...,~

위 내용들은 좌표 상, 근/묘/화/실의 년/월/일/시에 앉아 있는 각각의 글자들을 보고 그대로 말씀드린 것입니다!!!~

성격적 측면은 돼지라는 글자가 갖는 일면一面이 되고, 희/노의 감정변화는 사주에 화기火氣가 득세하기 때문이며~ 미대, 디자인 계열로 선정해 드린 이유는 정丁이라는 글자가 일간日干을 점하면서 거기에 월지가 사화巳火이기 때문이요!!!~
귀貴 띠가 나는 것은 사주에 드러난 글자 중, 酉와 亥가 귀인이기 때문이며~
부어라~~~가 되는 것은 丁酉 일간이 갖기 쉬운 단면이요!!!~
3~40대의 사고는 겁살, 재살의 구간이 되기 때문입니다!!!~

무슨~~~, 격!!!~, 용신!!!~
이전以前에 각, 명주에게 주어진 전제적 기본 조건을 먼저 이해하고 그대로 읽어 내려가면 되는 것입니다.

제가!!!~
위 명주의 현실과 동떨어진~ 터무니없는 소리를 늘어놓은 것이겠습니까???~
아니지요!!!~
현실 상황과 그대로 맞아 들어간다는 것입니다!!!~
물론~ 100%는 안 되겠지만...,
이러한 관점觀點은 모든~ 사주를 파악하고 읽어낼 때, 적용되는 기본적이고, 선제적先制的인 기법입니다!!!~.
이후~,
계절별 운기에 의한 운의 정황 등과, 각 글자간의 상응관계 즉, 〈합/형/충/파/원진 등...〉에 의해 현실적으로 드러나게 되는 사건, 사고 등~ 을 적시摘示하는 ....~ 방식의...,~

그러면 이어서, 두수로 살펴볼까요.!!!~

위 명주의 두수 명반입니다.

태음-忌 지겁.지공.천마.천허 천이 辛巳	탐랑 천사.천주 질액 壬午	거문/천동 좌보.우필.천곡.절공 재백 癸未	무곡/천상 천월.음살.봉고.천복 자녀 甲申
염정/천부 문창.경양.령성.천요.홍란 노복 庚辰	乙亥 年 生.　坤命 命主；巨門 身主；天機		태양/천량-權 은광.파쇄 부처 乙酉
화성.녹존.천귀.용지 관록 己卯			칠살 문곡.천희.천재.천수.해신 형제 丙戌
파군 타라.고진.천월 전택 戊寅	삼태.팔좌.비렴 복덕 己丑	자미-科 천괴.천월.태보.천공 부모 戊子	천기-祿 천무.봉각.년해 명/신 丁亥

두수에서 위 명주의 명궁은 신身궁을 겸兼하면서 丁亥의 천기요,
천무/봉각/년해의 별이 해주偕住〈함께, 동궁〉하고 있습니다.

대 충궁인 辛巳에서는 태음이 지겁.지공/천마/천허와 함께하며
己卯에서는 을유의 태양/천량을 차성하고, 癸未에는 천동/거문/
좌보/우필/천곡/절공이 앉아 있으면서 身.命으로 회집會集되는
구조입니다.

천기라는 별에 함축되는 의미는 어떠할까요.!!!~
우선 두뇌회전이 빠르고 총명함을 갖추며 임기응변에 능합니다.
다재다능하며 잔재주, 꾀, 간사함이 내재하기도 하지요.
사유체계思惟體系가 일반적이지 않은 색 다르다거나, 다른 세계
주로, 정신적 측면이 되는데 종교, 철학이나 현공玄空학, 령계靈
界 등과 연계됩니다.
천기는 대표적인 선성善星이요!!!~ 동성動星에 속하는 별이도
합니다. 하지만, 천기의 변동은 피상적皮相的으로 드러나는 행위
적, 가시적可視的 현상의 변화가 아닌!!!~ 정신적 측면의 분주
奔走함을 의미하지요!!!~

겉으로 보기에는 온화하고 냉정冷靜해 보이지만, 급한 면이 있어 충동적衝動的이요, 심적인 갈등과 파동波動이 따르게 된다는 것입니다!!!~

또한, 생각이 많다보니 사소한 것에 매이기 쉽고, 무엇을 해도 끝을 맺기보다 중도에 계획을 변경하다거나 포기하는 현상이 드러나게 되고, 정도正道보다는 사도邪道를 취할 수 있으며 천기는 남/녀 모두, 애정사나 혼인문제에 왜곡이 따르기 쉬운 별이기도 합니다.

혼인의 연緣으로는 건명인 경우, 그 대상이 어린 여자일 수 있고, 곤명坤命이면 년 하下의 남자 일수 있으며 거명으로 천기는 승려~, 곤명으로 천기는 무속인과 연계되기도 하죠!!!~

그런가 하면, 천기는 도박성賭博星이기도 한데, 여기서의 도박은 투기적 의미가 아닌, 그저 즐기는 정도가 되며 금전에 대한 가치개념價値槪念이 약하다 보니, 금전적으로나 시간적 손실이 자초自招되는 별이기도 합니다.

직업적으로는 아이디어를 창출해 내는 일/직종이나, 기획/설계/연구개발/참모/중게의 직職에 적합하며 직접적으로 나선다거나 독자사업은 불리합니다!!!~

위 명주는 명궁의 천기가 생 년에 의해, 화기化忌가 됩니다.

천기, 화기가 된 것이지요!!!~

건명乾命〈=남자〉으로 천기 화기는 혼인의 왜곡으로, 혼인 전,후로 도화가 따를 수 있음을 의미하는 것이요!!!~

금속이나 기계, 차량〈자동차.전차.기차 등〉 등에 의한 사고로 드러날 수 있고, 곤명〈=여자〉인 경우라면 생리불순과도 관련됩니다.!!!~

별이 주체적主體的 힘!!!~, 세를 갖추지 못하는 평平/함陷의 지地에 놓인다는 것은 각각의 별들에 함축되어 있는 의미들의 긍정적인 측면보다, 부정적으로!!!~ 부정적인 측면의 의미들이 증폭된다는 것이기도 합니다!!!~

명궁의 화기〈또는 자自 화기〉!!!~,

※두수에서 自 字가 붙으면
그 별이 앉아 있는 궁의 궁 간에 의해 화기가 되는 것을 말하며
12궁 모두에서 같고, 록/권/과/기 모든 사화 또한 같습니다.

명궁의 화기는 기본적으로 자존심이 강하고 이기적인 면이 있는 가 하면, 우월감과 열등감!!!~ 피해의식이 공존共存하기도 하며 자신의 전문성!!!~ 재주, 면허/자격증 등을 활용하여 보다 빨리 성취하고자 하나!!!~ 뜻이 제대로 이뤄지지 않으면 세상살이가 상대적으로 어려워 질 수도 있지요!!!~.

명궁에 화기가 좌坐 할 때의 직업적 분야로는 문화,예술/ 교직/ 연구/정밀과학 분야이거나 남들이 기피忌避하거나 희소성稀少性 이 높은 업종, 물품. 또는 업종의 변화가 빠른 할인 판매/외판/노 점상/중개업/오술五術 등과 더불어 자영업인 경우라면 필히 현금 장사가 되어야 합니다!!!~

명궁에서 자화 기忌가 생성되면, 자기주장이 강하다보니 대, 타 관계에 어려움이 있게 된다거나, 그들로부터의 시비/구설/시기 등이 따를 수 있으며 남들보다 몇 배의 노력의 필요을 한다는 것 이기도 하지요!!!~

다음은 위 명주의 학과를 물어 오신 모친의 명命 식式입니다.

※丙午 年 壬申 日柱, 坤命※

時			日 壬 申			月 己 亥			年 丙 午		
戊	癸	乙	己	乙	丁	己	乙	丁	丁	己	丙
				驛馬			劫殺			將星	
61		51	41		31		21		11		1
壬		癸	甲		乙		丙		丁		戊
辰		巳	午		未		申		酉		戌
月		亡	將		攀		驛		六		華

□年, 空; 寅/卯.　□日, 空; 戌/亥.
□酉, 亥; 貴.　　□午; 羊刃.

본 명주는 근/묘/화/실 상의 년/월/일/시에서 정, 편의 재성財星이 년주年柱로 나와 있습니다.

부친이 사고 등으로 왜곡되기 쉽다!!!~
시기적으로는 소년기의 시절이 되겠다!!!~ 가~ 되며 병오丙午 재성이 왕지旺地를 점하고 있어 제왕적帝王的 부친이었을 수 있습니다.
또한, 부모 덕 없겠으며 남편의 덕, 또한 기대하기 어렵다!!!~ 가 되겠죠!!!~

정관의 별인 기토己土를 천간으로 올려놓았으나 공망이다 보니 속앓이가 따르는 남편이다!!!~
직장으로도 볼 수 있으니 인지도가 높은!!!~, 누구나 다~ 알만한 좋은 직장에 다녔다는 것이 되나~ 직장생활은 실속이 없었다!!!~ 직장 내, 직위나 업무적인 면에서. . . ,~ 다루는 업무는 법, 행정과 관련되는. . . ,~

위 명 식에서 21세~ 부터의 丙申 대한을 살펴볼까요.!!!~
인성 운을 행하게 되면, 무엇보다 활동성이 위축萎縮되면서 문서
나 인허가, 임대사업 등과 관련되며 학문적인 발전이 이뤄지는
시기가 되죠!!!~

대운 지 신이 들어오면서 신 중, 관성인 戊/ 비겁인 壬/ 인성인
庚이 함께 들어오면서 본명 사주의 인성인 경금은 冠帶地, 신 중,
무토 관성은 病地가 되며 비겁인 임 수는 長生地를 점합니다.

일지로 인성과 관성, 비겁이 암장暗藏되면서 대한의 신에 의해
대체代替되는 현상이 있게 되며 申/申에 의한 식상의 별, 인寅의
생성生成으로 이 대한에 퇴직과 혼인이 있게 됨을 예견豫見할 수
있습니다.

관성의 별이 정관이면서 천 간로 들어나 있으나~, 공망에 의해
왜곡되었으니. . . ,
보기에는 그럴 듯해도~~~
속 타는 남편입니다!!!~
혼인은 23세인 무진戊辰년에 만났을 것이요!!!~ 27세가 되는
壬申 年에 이뤄졌을 것입니다!!!~

본인의 사주 구조가 이러하면서 위, 따님이 乙亥 年 生이니!!!~
자연분만이 아닌~, 수술을 통한 출산〈帝王切開〉이 되겠죠!!!~

그렇다면, 병신 대한 중에 혼인한 배우配偶는 월 간의 정관성인
己 土가 되겠습니까???~,
아니라면 해 중, 戊 土가 되겠습니까???~

일단!!!~ 공망 맞은 정관이니 편관 화되기가 쉽고, 혼인 이후로
부터~ 을미 대한의 기간을 활동성이 위축된 상태에서 가정 경재
에 별 도움이 되지못하고 공부나 하는 세월을 보내왔다면, 편관
성인 亥 중, 戊土를 배우로 취했다는 것이 됩니다!!!~

다음은 51세부터 전개되는 癸巳 대한의 정황을 살펴볼까요.!!!~
재성으로 편재 운이 되는데, 재財 운에는 사회활동이 증폭되면서
인성은 위축되는 현상이 드러나게 되지요!!!~

년 간 편재 병을 록지, 지지의 정재 정화는 왕지가 되며 운지의
사와 년지 오에 의해 관성인 미토가 생성되는데, 이 미, 기토 또
한 사에 왕지가 됩니다.
병,사는 戊, 辰,戌과 한 몸이요, 정,오는 己, 丑,未와 한 몸이 되
기 때문이지요!!!~

월/시지의 亥 水 중, 비견 壬水는 絶地, 식상성인 甲木은 巳에 病
地가 되며 일지의 편인 申, 庚金은 巳에 長生, 申 중, 편관 戊土
는 사에 祿地가 됩니다.
따라서 직업적 정립定立이 이뤄지면서 금전적으로도 발전/성취를
이루는 시기가 되겠죠!!!~

그러니까!!!~ 계사 대한에는 편의 재/관과 편의 인성을 활용해
야 한다는 것이기도 합니다!!!~

운을 판단할 때에는 본명 사주의 실자實字로 존재하는 글자들이
운의 글자와 어떠한 상응작용을 일으키며 12운성 상으로는 어떠
한 운동성을 갖게 하는지를 살펴야 한다는 것이지요!!!~

그러면 이번에는 두수를 통해 이 분의 명/운을 살펴보겠습니다.

※丙午 年 生, 壬申 日柱. 坤命※

천동 녹존.천형.천무.태보.천재. 천이 癸巳	무곡/ 천부 경양.천사 질액 甲午	태양/ 태음 천공 재백 乙未	탐랑 천마.고진 자녀 丙申
파군-祿 타라.천귀.봉각.년해.과숙 노복 壬辰	丙午 年 生. 坤命 命主：巨門 身主：火星		천기/ 거문-權 천월.천요.홍란 부처 丁酉
문곡.천희.천희 관록 辛卯			자미/ 천상 지겁.음살.용지 형제 戊戌
염정 우필.령성..삼태.순공.홍염 전택 庚寅	봉고. 대모 복덕 辛丑	칠살 좌보.화성.지공. 팔좌.천곡 부모 庚子	천량 문창.천괴 명궁 己亥

두수에서 위 명주의 명궁은 己亥의 천량/문창/천괴요, 대 충 궁
으로는 癸巳의 천동/녹존/천형/천무/태보/천재 등과 辛卯에서는
丁酉의 천기/거문/천월/홍란/천요를 차성하며 乙未의 태양/태음/
천공의 별들이 들어오는 구조를 이루고 있습니다.

천량의 별은 음덕蔭德/ 감찰監察/ 의약醫藥/약물藥物/ 청고淸高/
노인老人성이요, 원칙原則/ 변론辯論/ 탄핵彈劾/ 종교宗敎/고독
孤獨性을 함축含蓄하며 복福과 수명壽命을 주관主管합니다.

천량성은 청고함을 지키고 명예와 원칙을 중시하며 공명정대함을
추구하는 별이다 보니 직업적 측면으로는 공공기관이나 공공복리
와 관련되는 일/사업이라거나 재무/회계 등과 더불어 종교/철학/
현공학/신선술에 적합適合해 지는데, 특히 천량은 의약/종교의
별이라서 신,명이나 관록/복덕 궁에 안주安住하게 된다면 더욱
그러합니다.

천량성의 음덕성은 어떠한 위험에 처했을 때, 그 위험으로부터
벗어나거나!!!~ 재앙이 닥쳐도 해소된다거나!!!~ 부모로부터
유산을 받게 되는 등, 위험/역경逆境/고충을 겪은 이후, 비로소
안정을 이루게 되는 별이기도 합니다!!!~

성향적 특징으로는 이지적이요, 일을 행함에 있어서는 신중하게 처리하고 결단력을 갖추는가 하면 사고사고, 상상력이 풍부하고 책략策略에 능하며 어떤 어려움이나 역경에도 두려워하지 않지만 행동이 민첩하지 못하고 뒤로 미룬다거나 일에 임박臨迫해서야 전력하는 경향이 있게 됩니다.

필요성을 느끼지 못하거나 자신이 추구하는 바와는 다르다고 생각되는 것/ 일 등에 대해서는 무관심/등한시等閑視하는 경향이 짙은 별이기도 하지요!!!~

또한, 천량은 어린 시절부터 어른스럽다는 소리를 들으며 성장하게 되고, 자신의 입장이나 원칙을 고수하려는 경향이 있어 대 타 관계에 어려움이 따를 수 있으며 나이를 더해 갈수록 완고頑固해지는 경향이 있습니다.

위 명주는 사해의 동/량 조합이면서 곤명이라 표탕지명飄蕩之命 등, 부정적으로 보기 쉬우나~ 巳/亥의 同/梁이라 하여 무조건적으로 그리 판단한다는 것은 매우 위험한 속단速斷이기 쉽습니다. 巳/亥의 同/梁으로 표탕지객이 되려면 무엇보다 천마를 만나야 하므로 이를 확인해야 한다는 것이죠!!!~

위 명주는 천마와 양/타를 모두 벗어난 상태에서 기,거/ 보,필/ 곡,창 등이 들어오고 있어 원칙성과 종교/철학/ 신비적 성향이 증폭되는 현상으로 나타나게 됩니다.
또한 대궁의 천동 화록은 게으를 수 있어 만년에 이르러 안정할 수 있음을 암시하는 것이기도 하지요!!!~

이어서 자평에서 21세~ 부터였던 병신 대한의 정황이 두수에서는 어떠한 상황을 그려내고 있는지 보겠습니다.
두수에서의 丁卯 대한은 선천의 부처 궁이면서 신身궁을 겸하고 있습니다.

부처 궁의 천간은 정丁으로 화록은 태음이 되며 화기는 거문이 되지요!!!~

대한이 선천 부처궁을 행하면서 선천 부처의 화록이 선천 재- 복선이면서 대한 부처로부터 출발하여 선천의 부처 궁으로 되돌아 온 거죠. 그러면서 선천 관록을 충파합니다!!!~
따라서 정묘 대한의 주主된 발동사는 혼인과 직장문제가 되는 것인데, 재- 복선에서는 금전의 출입과 정신적 향수, 추구하는 바가 드러나는 곳이기도 하지요!!!~

참고적 측면에서 좀~ 더 보겠습니다!!!~
선, 후천의 사화四化 취용기가 되겠는데, 본 명주는 병 년생으로 생년의 사화는 천동 화록/ 천기 화권/ 문창 화과/ 염정 화기가 됩니다. 대한의 록/기는 태음 화록/ 거문 화기였구요!!!~

선천의 화록과 대한 화록에 의해 선천 부-질과 대한 자-전 선이 발동되며 선천의 화록과 후천의 화기에 의해서는 선천 재-복선이면서 대한의 부-관선이 동動하게 되지요!!!~

선, 후천 사화에 의해 어느 한 개의 궁이 발동된다는 것은, 명반 12지지의 삼합 궁 중, 두 개의 궁으로 록/기 들어갈 대, 나머지 한 개의 궁이 피동被動된다는 원리에 따르는 것입니다.
동한다는 것은 문제화된다는 것이요!!!~, 사건화되어 현실적으로 드러날 수 있음을 의미하는 것 이구요!!!~

위의 정황은 혼인과 출산으로 이어짐을 의미하며 자녀의 출산은 수술을 동반한다는 것입니다.
이 부분을 좀 더~ 명확하게 보여주는 곳은 선천의 자녀와 전택의 정황을 통해 알 수 있는데, 위 명주의 자녀 궁을 보시면, 살/파/랑 구조를 이루면서 염정과 경양, 타 살들이 들어오고 있어 자녀 출산 시의 제왕절개을 암시하고 있습니다.
잠시~ 두수 논論 법法의 한 단면을 보여드렸습니다.

다음으로는 53세~ 부터인 갑오 대한을 보겠습니다.
선천 부-질 선을 행하면서 갑 간에 의한 록/기는 선천 전택, 대
한 재-복선과 선천 재-복선이면서 대한의 부-질선이 됩니다.

※丙午 年 生, 壬申 日柱. 坤命※

천동 녹존·천형·천무·태보·천재. 천이 癸巳	무곡/ 천부 경양·천사 <u>대한</u>. 질액 甲午	태양/ 태음 천공 재백 乙未	탐랑 천마·고진 자녀 丙申
파군-祿 타라·천귀·봉각·년해·과숙 노복 壬辰	丙午 年 生. 坤命 命主; 巨門 身主; 火星		천기/ 거문-權 천월·천요·홍란 <u>대한</u> 부처 丁酉
문곡·천희·천희 관록 辛卯			자미/ 천상 지겁·음살·용지 형제 戊戌
염정 우필·령성..삼태·순공·홍염 전택 庚寅	봉고·대모 복덕 辛丑	칠살 좌보·화성·지공·팔좌·천곡 부모 庚子	천량 문창·천괴 명궁 己亥

두수 명반의 정황을 읽어내기 위한 기초요!!!~ 기본적 지식은
각, 별들과 궁宮 선線의 상의象意를 파악하고 재대로 이해하는
것임을 여러 번 언급한 바 있습니다.

갑오 대한의 상황이 이러하다면, 어떻게 읽어내야 할까요.!!!~
번거로움, 번잡함 등이 따르겠지만, 금전/재물적인 측면의 발전,
성취를 이룰 수 있다. 가 되겠지요!!!~

또 다른 다음의 예를 보시죠!!!~
坤命입니다.

※體/用, 日辰 來情 四柱※

時			日			月			年		
			癸			乙			丙		
	辰			未			未			午	
戊	癸	乙	己	乙	丁	己	乙	丁	丁	己	丙
	月			攀			攀			將	

65	55	45	35	25	15	5
戊	己	庚	辛	壬	癸	甲
子	丑	寅	卯	辰	巳	午
災	天	地	年	月	亡	將

~三,九	~三,七	~三,五	~三,三	~三,一	日	月	流年
甲	癸	壬	辛	庚	甲	己	乙
戌	酉	申	未	午	午	卯	未
戊丁辛辛	庚	庚壬戊	己乙丁	丁己丙	丁己丙	乙	甲 己乙丁

	五	四	三	二	甲	二	三	四	五
亥	戌	酉	申	未	午	巳	辰	卯	寅	丑
長生	養	胎	絶	墓	死	病	衰	旺	官	帶
劫	華	六	驛	攀	將	亡	月	年	地	天
空亡	軌離脱	目的事	落喪孤	風-淫	障壁煞	憎-暗	弔.寡		解決士	怨嗔祿
	<X>	<X>	<XX>		<X>	<X>	<☆>	<☆>	<△>	<X>

※九星, 來情※

二/ 三XX	七/ 八	九/ 一
4, 文曲. 徵破 方.	9, 右弼. 退食 方.	2, 巨門 土 眼損 方.
一XX/ 二	乙未 年 三/卯月 四	五/ 六
3, 祿存. 木 食神 方.	5, 廉貞 土 五鬼 方.	7, 破軍. 金 進鬼 方.
六X/ 七	八/ 九	四/ 五X
8, 左輔. 官印 方.	1, 貪狼. 水 天祿 方.	6, 武曲. 金 合食 方.
九/ 七	五/ 三	七/ 五
4, 文曲. 徵破 方.	9, 右弼. 退食 方.	2, 巨門 土 眼損 方.
八/ 六	甲午日 一/未時 八	三/ 一
3, 祿存. 木 食神 方.	5, 廉貞 土 五鬼 方.	7, 破軍. 金 進鬼 方.
四/ 二XXX	六XXX/ 四	二/ 九
8, 左輔. 官印 方.	1, 貪狼. 水 天祿 方.	6, 武曲. 金 合食 方.

※年, 空; 寅/卯.
　日, 空; 申/酉.　※來情 日, 空; 辰/巳.
▢本命星; 七赤 金星.　▢月 命星; 三碧 木星.

甲午 日의 방문이므로 食/財/官이 動합니다.

　　　　　열심히~ 분주奔走하게 살아가고 계시네요!!!~
　　　　근면, 알뜰하신 분인데, 금전/재물적인 측면으로는
　　　　　　　　　　　　　　　　손실이 따르겠습니다.
　　　　　그 원인 중에는 남편 분도 한 몫 하시겠구요.~
　　남편 분과의 관계도 썩 좋다 할 수만은 없는 인연이다 보니...

　　　　심적~, 육체적!!!~ 고통이 따르시겠습니다!!!~
　　　　　　흉터를 갖고 계실 수도 있겠구요!!!~

네..., ~ 그렇습니다!!!~

　　　　　　　　　　　　　　　현재!!!~
　　　　금전적인 면은 괜찮아 보입니다. 만,!!!~
　　　하고 계시는 일에 대한 만족감이 약하시네요!!!~
　　　장사는 된다하나 좀!!!~ 답답~ 하시겠구요...,

　　　　　　　다른 생각도 있으시고~
　　음식물을 다루고 계시는데, 국수나 라면, 떡 볶기 류
　　　　　　　　　　　일 듯싶습니다.!!!~
　　　큰!!!~ 욕심 없이 만족해하며 살아가십시오!!!~

네!!!~
어떻게???~
..., ~
사실 노점 장사지만, 좀!!!~ 되는데, ...~
바꿔볼까???~, 어쩔까???~

- 435 -

계속 장사는 잘 될지!!!~ 하여~

그러시군요!!!~
팔자에 없는 길을 가고 계시는 것은 아니니,
잘!!!~ 될 것입니다.
지금의 노점 형태로 3~4년 더하시고!!!~
그 이후에는!!!~
번듯하지 않고 크지 않게, 지금처럼 기호식품을 다루시더라도
건강을 생각하는 약밥, 건강 차, 건강 술 등을 곁들이는,
퓨전 방식으로 하시되,
가게는 개방형 구조를 이루도록 하여 운영해 보세요!!!~
만족감~
수입 면에서도 더 나아질 것입니다.
어차피!!!~
그 때 쯤 이면 그러한 변화가 주어질 것 이구요!!!~

. . . ~

체,용 래정에서 乙未 年의 乙 食傷의 별은 본명 月, 日支 未에서 투透 간干한 것이니 먹고 사는 문제, 밥 그릇 문제요!!!~ 己土 는 官~ 즉, 夫星과도 연계되며 丁火 午 財星은 당일의 日支로 드러나 있습니다!!!~ 따라서 본인 입장에서는 식/재/관이 당해 의 주요 관심사로 여겨진다는 것이죠!!!~

말 띠 생이 午, 말의 날에 방문하여 금전적인 측면은 그리 나쁜 상황이 아니나, 본명 월, 일로 드러나 있는 관성이 체,용 래정의 년/ 시로 드러나 있어 官에 의한 번거로움, 고충이 암시되고 있 는 상황입니다!!!~

일진과 구성 래정을 볼까요.!!!~
일진 래정에서도 부성夫星인 官星은 여전히 본 명주를 괴롭히고 있는 상황이며 구성반을 보면, 우선 본 명주의 본명성인 칠적금

성이 년반에서는 離 宮에서 팔백 토성과 함께하면서 八/八 대충으로 변화의 뜻을 암시하고 있으며 金氣의 칠적 금성이 離 火 宮에 들어와 있어 안정적이지 못합니다.

월 반에서는 八 艮 宮에 놓이는데, 함께하고 있는 六白 金星이 破殺로 파괴되어 변화를 시도하더라도 긍정적인 결과를 가져오지는 못한다!!!~ 라는 뜻이죠!!!~

일/시반에서는 본명성인 七赤 金星이 二 坤宮에서 五黃 土星과 함께하나 相生의 관계를 이루고 있어 흉으로 볼 수 없고, 四 巽 宮에서는 九紫 火星과 함께하면서 본 궁〈巽 木宮〉과 剋의 관계지만, 극을 당하는 입장이 아니므로 이 역시 흉한 상황은 아니지요!!!~
나름 신용을 얻으며 소득을 이뤄가고 있다!!!~ 그러나 만족스럽지는 못할 것이요!!!~ 夫星의 번거로움은 여전하다!!!!~

七赤 금성의 本宮인 兌 宮에는 三碧 목성과 일백 수성이 들어와 있어 현재의 상황이 실속적이지는 못함을 그려내고 있습니다.

<u>※丙午 年 生, 乙未 日柱. 坤命※</u>

時			日			月			年		
			癸			乙			丙		
辰			未			未			午		
戊	癸	乙	己	乙	丁	己	乙	丁	丁	己	丙
	月			攀			攀			將	
65		55		45		35		25		15		5
戊		己		庚		辛		壬		癸		甲
子		丑		寅		卯		辰		巳		午
災		天		地		年		月		亡		將

□年, 空; 寅/卯. □日, 空; 申/酉.
□未; 飛刃. □丑; 羊刃. □巳; 貴人.

癸 일간으로, 癸未 일주日柱 곤명坤命입니다.

남편 덕~, 없다!!!~
애정사~, 금전 측면으로 왜곡歪曲이 있게 된다!!!~
배우자로 인한 고충이 따르고, 건강이 문제될 수 있으며 흉터를
남기기도 한다!!!~
금전, 재물에 대한 욕구欲求는 크겠으나 성취하기에는 어려움이
따른다!!!~
위 명주에게 주어진 전제적前提的, 조건條件이죠!!!~

年과 월주에 의해 巳火, 재성이 생성되며 月과 日支에 의해서는
丑, 편관의 글자가 도충倒沖됩니다.
재성과 관성의 부담負擔이 커집니다.
오행의 중화中和를 심하게 왜곡시키고 있지요!!!~
한 마디로 년/월주의 시기에는 부부와 직업, 남편으로 인한 번거
로움. 고충!!!~, 번잡함에 시달린다!!!~ 가 되는 것이죠!!!~

관성의 번거로움은 근/묘/화/실 상, 日柱의 시기까지 지속持續되
겠는데, 본 명주는 건명乾命이 아닌!!! 곤명이므로, 그나마 견뎌
내며 살아가고 있는 것이겠지요!!!~

月/日/時支로 중첩重疊<거듭되는>되는 편관은 어떻게 읽어내야 하겠
습니까???~
직업이 그런대로 안정된다면, 남자~, 남편!!!~
남편 문제가 그런대로 유지維持되고 있다면, 직업적인 변화, 고충
이 큰!!!~ 모습으로 드러나게 됩니다.

본명 대비對比, 대한의 흐름을 보면, 35세~ 부터의 辛卯 대한에
서 45세~ 庚寅 대한 이후!!!~ 그러니까 55세~ 부터의 己丑
대한부터는 어려움이 더 해질 수 있겠는데, 그나마 대한의 지지
丑에 의해 본명의 未, 관성이 沖으로 관의 부담을 어느 정도는
덜어주는 효과를 기대 할 수 있으며 관이 교체交替되는 현상이

있게 되겠죠!!!~

이!!!~ 沖에 의한 관성의 교체가 긍정적 현상으로 드러나게 하려면, 현 업종에서 분식위주가 아닌, 주류酒類위주로 하되~..., 일반적인 술 류類가 아닌 칵테일 류로~, 단순한 술에 가공加工이 가加해진 형태가 되거나 음식인 경우라도, 일반적인 음식이 아닌!!!~ 건강 요리식의 패턴으로 경영되어야 한다는 것입니다!!!~

※다음은 위 命 主의 두수 명반입니다.!!!~

천상　　小限 우필·녹존/파졸·화성. 복덕　癸巳	천량　本－生年支 문창·경양·천요. 전택　甲午	정/살　　流年 령성·지공·천공. 관록　乙未	문곡·천마·천무·천상·고진. 노복　丙申
거문 태보 　　　부모　壬辰	丙午 年 生. 坤命 命主；文曲. 身主；火星.		좌보·天鉞·홍란. 천이　丁酉
자/탐 지겁·천희·천월 　命宮　辛卯			천동 은광·용지·천사. 질액　戊戌
기/월 천형·삼태. 형제　庚寅	천부 대모 부처　辛丑	태양 팔좌·천귀·곡·허. 자녀　庚子	무/파　　大限 천괴·천곡. 身/재백　己亥

위 命主는 坤命이면서 癸 日干이다보니~ 배연配緣의 불안不安이라는 기본적 조건을 갖습니다.

배우자의 왜곡이 자미두수에서는 어떻게 드러나고 있는지를 볼까요!!!~
부처 궁이 丑/未에 천부가 坐하면서 대모大耗星과 同 宮합니다.
천부가 대모와 함께 있으면서 공성과 살/파의 회조會照..., 잔소리 심할 수 있고, 여자가 바삐 살아가며 벌어들이는 돈을 없애는 등으로 인한 고충이 크다...,~

계속해서 좀 더~ 보겠습니다.

위 명주는 辛卯의 자미/탐랑이 지겁/천희/천월 등의 별들과 동궁하는 구조입니다.

대 충궁은 공 궁이면서, 己亥〈재백이 신궁과 겸하고 있슴〉의 무곡/파군과 천괴/천곡이, 乙未의 염정/칠살과 령성/지겁/천공이 들어오는 조합이지요!!!~
이러한 구조의 조합을 이루게 되면, 대인 사교성을 갖으며 유흥성이 증폭되는가 하면, 금전에 대한 욕구가 강하게 되고, 자신의 이익만을 취하려는 경향이 있게 됩니다.
비록~ 여자의 몸을 갖고 있지만, 남성적 기질을 함축되기도 하지요!!!~.

위 인人의 사교성은 불필요한 지출로 드러날 수 있으며 감춰진 왜곡된 애정사가 있을 수 있겠으며 남/녀를 불문하고, 살/파/랑〈칠살/파군/탐랑의 별이 삼방으로 들어오는 구조〉 조합은 기본적으로 성패의 기복起伏이 따르게 되는 구조입니다!!!~

두수에서는 특히 육살성六殺星〈경양,타라/화성,령성/지겁,지공〉의 쓰임과 작용력에 대한 주시注視가 필요하므로, 본서의 제 二部 "두수요결" 중, 이들에 대한 학습과 이해의 중요성을 말씀드리며 명주의 명궁으로 겁, 공의 별들이 함께 모여들고 있다는 것은 조건이 부합附合되는 시기에 삶의 양상樣相이 바뀔 수 있음을 예측豫測할 수 있는 정황情況을 조성造成시키기도 하지요!!!~.
이러한 논법은 명반을 읽어낼 때, 적용되는 일관된 기법技法이기도 합니다.

방문 당시의 대한인 己亥 선천 재백/신身궁의 시기를 볼까요.!!!~

身宮은 후천의 운기와 신체 건강이 드러낸다고 하였습니다.
본 명주는 선천적으로 귀/방광/허리와 관련되는 질환이 따르기 쉬운 체질로, 살찌기 쉬우면서도 허약할 수 있고, 두부頭部〈머리〉

에 종기腫氣〈피부 염증이나 부스럼〉가 있게 되며 생식기계로도 질병이 있을 수 있는가 하면, 중년中年 이후로는 호흡기 계통이나 외상이 있게 됩니다.

그런데 현 대한이 신궁을 행하고 있으니 이번 대한 구간 중에 이러한 질병들과 관련된 수술을 하게 될 가능성이 증폭되는 것이지요!!!~ 그러면!!!~ 대한이 재백 궁을 행한다는 것은 무슨 의미를 갖는 것일 까요???~

우선 재백 궁은 금전의 입入/출出과 경제적 환경/발發,파재破財 등의 정황이 드러나는 곳으로, 우선, 재백에 재성財星인 무곡이 앉아있다는 것은 즐거운 것이죠!!! 하지만, 손모의 별인 파군과 해주偕住하면서 살성이 회집하여 그 즐거움은 상당히 반감半減된다는 것입니다. 그렇다 해도, 대한의 己 干에 의해 무곡이 화록이 되고, 녹/마를 동반하고 있어 욕심을 버린다면 서운하지만은 않겠습니다.

한 가지 더~ 살펴봐야 할 것은!!!~ 이 대한이 살/파/랑 운을 행하면서 화,탐/령,탐의 횡발橫發조합〈순식간에 큰 금전을 이룬다는 뜻〉을 이룬다는 것인데, 아쉽게도 타 살성의 침탈侵奪로 횡발은 기대하기 어렵습니다.

하나만, 더 볼까요.!!!~
다름이 아닌!!!~ 자녀 궁을 보려고 하는 것인데, 이 분은 자녀를 제왕절개帝王切開로 낳았을 것이라는 거죠!!!~
어떤 연유緣由였겠습니까.???~
다름이 아닌!!!~庚子 자녀 궁으로 경양/타라의 별이 들어오고 있기 때문입니다.
六 殺星이 갖는 작용력을 주시해야 하는 이유입니다!!!~
자녀의 제왕절개 출산이 자평에서는 어떠한 모양으로 드러나고 있는지!!!~ 잠시~ 더 살펴본 후, 다음의 예시로 넘어가도록 하지요!!!~

※丙午 年 生, 癸未 日柱 坤命※

時			日			月			年		
			癸			乙			丙		
辰			未			未			午		
戊	癸	乙	己	乙	丁	己	乙	丁	丁	己	丙
月			攀			攀			將		
65		55		45		35		25		15		5

65	55	45	35	25	15	5
戊	己	庚	辛	壬	癸	甲
子	丑	寅	卯	辰	巳	午
災	天	地	年	月	亡	將

위 사주에서 혼인과 출산이 있게 되는 운은 25세~ 부터의 壬辰 대한이 됩니다.

곤명이면, 관기官氣와 식상食傷의 별이 들어오는 운기運氣 일 때, 혼인에 대한 생각이 발동發動되기 때문입니다.
壬辰 運을 행하게 되면서 辰 中, 식상성인 乙木과 官星이 戊土가 활동성을 갖게 되는데, 진 중을 목과 무 토가 모두 관대지冠帶地 를 점합니다.
혼인에 대한 욕구가 활활~ 하겠지요!!!~
그렇다고 하나???~ 여기까지는~ 출산시의 제왕절개와는 무관 無關합니다.

위 명주는 月支와 日支가 未로 축자를 생성시키게 되는데, 이 축 자는 계 일간의 양인이 되며 관성과 식상의 별에 의해 도충되었 으며 또 다른 이유는 대한의 地支 辰이 시주의 진과 辰/辰 刑을 이룬다는 것이지요!!!~

양인과 형의 공통적 작용력은 상흔傷痕~ 칼!!!~ 수술!!!~

자!!!~
이제 그만하고, 다음의 예를 보죠!!!~

늦은 식사를 마치고 여유로이 음악을 즐기고 있는데~
안녕하세요!!!~ 하며 문 열리는 소리가 들린다.

몇 달 전에 방문하셨던 분인 듯합니다.
전에 뵈었었죠!!!~ 앉으세요!!!~ 잘~ 지내셨구요!!!~
~ 제가 기억력이 참으로 없다보니. . . 생년이~. . .

네~ 70년 음, 7월... ~

다음은 70년 7월생의 사주 命式과 래정 반입니다.

※體/用, 日辰 來情 四柱※

時			日			月			年		
			己			甲			庚		
			巳			申			戌		
			丙	庚	戊	庚	壬	戊	戊	丁	辛
				亡			驛			華	

63	53	43	33	23	13	3
丁	戊	己	庚	辛	壬	癸
丑	寅	卯	辰	巳	午	未
天	地	年	月	亡	將	攀

~三,九	~三,七	~三,五	~三,三	~三,一	日	月	流年
丙	乙	甲	癸	壬	庚	己	甲
戌	酉	申	未	午	寅	巳	午
戊丁辛辛	庚	庚壬戊	己乙丁	丁己丙	甲丙戊	丙庚戊	丁乙丙

	五	四	三	二	庚	二	三	四	五	
未	午	巳	辰	卯	寅	丑	子	亥	戌	酉
帶	浴	長生	養	胎	絕	墓	死	病	衰	旺
攀	將	亡	月	年	地	天	災	劫	華	六

空亡	軌離脱	目的事	落喪孤	風-淫	障壁煞	憎-暗	弔.寡		解決士	怨嗔祿
	＜X＞	＜XX＞	＜XX＞	＜X＞	＜X＞	＜X＞	＜☆＞		＜☆＞	＜△＞ ＜X＞

三**XX**/ 四	八/ 九	一/ 二
二/ 三	甲午 年 四/巳月 五	六/ 七
七/ 八	九**X**/ 一	五/ 六**X**
二/ 五	七/ 一	九**X**/ 三 2. 陰 火
一**XX**/ 四 3. 陽 木	庚寅日三/ 申時 六	五/ 八
六/ 九**X**	八/ 二	四/ 七**XX**

※年. 空; 寅/卯.
　日. 空; 戌/亥.
※來情 日. 空; 午/未. ⊡本命星; 三碧 木星.

그랬군요!!!~ 하면서 작성되었던 래정 반과 대조하여...

　　　　　"교육 분야의 사업을 시도하시려는 듯~ 하십니다, 만~,
　　　　　　　　　　　　　　성사되기 어렵겠습니다."~
　　　　　"더욱이나 주도권이 나에게 있지 못합니다.
　　　독자적 사업이 아닌, 제 삼자와 관련된 상황이라면 더욱
　　　　　　　　　　　　　그렇겠습니다."!!!

하니~

그래요???~~~ 하면서. . .~
바로, 이 사람이 사업을 넘겨주겠는지???~ 아니면 자신이 생각
을 바꿔야 할지~ 어떻게 해야겠느냐고 하며. . .~,

체용體用 래정으로 보면 당일 일지에서 투透 간干한 甲木 관성이
絕地요, 유년의 년간으로 드러나 있으면서 死地가 되며 傷官 星
인 申金은 일진 래정의 일진 충의 글자가 되었습니다.

구성 래정 년/월반에서 본명성인 三碧 木星이 사업, 대인관계의 巽궁에 좌하여 깨져 있는데, 본명성을 깨는 오황토성은 사업궁인 건궁에 들어와 있으며 함께하는 월면성안 육건 금성은 體인 본궁에 앉아 있지만, 당 해의 파살破殺에 의해 깨집니다.

본서의 3부, 구성기학의 실용적 활용지식에서 언급하고 있지만 이사나 혼인/사업/시체 건강/사고 등, 일단, 그 해에 움직임/변동의 암시暗示가 전제前提되야 하는 사안들은 일/시반 이전에 년/월반에서 이미 그 조짐兆朕이 드러나게 되는바, 구성 래정 년/월반에서 위와 같은 정황이 전개되고 있다는 것은~ 본인이 생각하기에는 내 생각<사업을 인수받을 수 있을 것이라는~>대로 될 것 같겠지만, 결국에는 무산霧散된다는 것이지요!!!~
래정이 사업의 가부可否였으니 그 답答은 이미 년/월반에서 나온 바나 같습니다.

계속해서 일/시반을 살펴볼까요.!!!~
일반에서는 삼벽 목성이 중궁에, 시반에서는 곤 궁에 들어와 있으면서 붕괴崩壞됩니다.
사업궁인 육건 금궁에는 사록 목성과 칠적 금성이 들어와 있으면서 붕괴되었습니다.

년/월반이나 일/시반에서 삼합에 의한 구제구제가 이뤄지고 있으니 가능한 것으로 판단할 수 있는 것???~ 아니냐!!!~ 하는 분들이 계실 수도 있겠으나!!!~ 삼합선이라도 진/술/축/미 궁에서의 구제력救濟力은 그 작용력이 미약微弱하다는 것입니다.!!!~
그러나 자평의 대한이 43세~ 부터의 卯 木 官運을 行하면서 甲木이 제왕지帝旺地를 占하고, 印星인 巳火는 浴地가 되는데, 坤命으로 卯/寅의 運은 양기陽氣가 주관하므로 성취/발전을 이루는 흐름이 됩니다.!!!~

12신살로는 년살年殺의 운을 행하는 구간입니다.
무슨 의미이며 어떻게 읽어내야 할까요.!!!~

맞습니다!!!~

이번 대한에 사업을 운영하게 되지만, 올해〈甲午 年〉는 아니고, 관성인 목기木氣가 사死/묘묘墓/절絶/태지胎地를 지나 양養, 장생長生의 지지地를 점占하는 무술戊戌, 기해己亥 년에 가능하다!!!~

기묘 대한의 구간을 행하면서 자신의 정체성과 존재감을 정립해 나아간다!!!~ 라고 할 수 있겠지요!!!~

위 명주의 사주를 좀 더~ 살펴보도록 하지요!!!~

※甲戌 年 生, 己巳 日柱 坤命※

時			日			月			年		
			己			甲			庚		
			巳			申			戌		
			丙	庚	戊	庚	壬	戊	戊	丁	辛
				亡			驛			華	
63		53		43		33		23		13		3
丁		戊		己		庚		辛		壬		癸
丑		寅		卯		辰		巳		午		未
天		地		年		月		亡		將		攀

위 명주는 년주가 공망이면서 년/월이 격각이요, 월과 일에서는 형을 이루고 있습니다.

공망지가 격각을 이루고 있다는 것은 공망의 해로움을 어느 정도나마 해소解消시킬 수 있겠지만, 어려움은 여전하겠죠!!!~

술戌이라는 글자는 일간 입장서 볼 때, 식상성인 신금과 인성인 정화丁火의 역량이 크며 술 토로서의 토기土氣는 미약합니다.

따라서 학교공부에 어려움이 따르게 되고, 성장 환경도 좋았다고 볼 수는 없겠죠!!!~

공부가 지체되거나, 반복되는 등의 번거로움〈휴학이나 복학의 현상으로도 드러납니다.〉이 따르게 되는 것이요, 월/일지의 사巳/신申 형刑으로

답답함이 담보擔保된 학업이 계속적으로 이어져왔다!!!~ 라는 해석이 가능해지지요!!!~

대한의 흐름도 진辰/묘卯/인寅의 동방 목기木氣의 운으로 진행되면서 본명의 인성印星을 생조生助하고 있어 번거로움은 수반되겠지만, 교육 분야의 길을 계속 가게 될 것입니다!!!~

형刑을 이루고 있는 상관의 별이 천간으로 관성을 올려놓고 있으면서 갑 목의 글자이므로 교육에서도 일반적인 교육 분야가 아닌 전문성!!!~ 예술, 표현성이 가미加味된 전문 기술이 활용되는...
이 분은 곤명으로 사주에 수기水氣〈이 사주에서는 수기가 재성이기도 합니다〉가 결여된 상태에서 식상과 관성이 훼손毀損되었습니다.
배우자와 자식의 연緣이 왜곡되어 있다는 것이지요!!!~

배우자!!!~, 자식과의 연을 맺기에 어려움이 따르는 사주 구조를 이루고 계시네요...~

. . . ,~ 네!!!~
아직 결혼을 못하고...~

어머니와 같이 생활하고 계시구요!!!~

~. . , 네!!!~

월지月支와 형刑을 이루는 일주의 기사己巳는 정신적 고충!!!~
어려움이 따르는 모母와의 동거同居를 의미하기도 합니다!!!~

이어서 위 명주의 사주를 두수로 살펴보겠습니다.

파군/무곡-權 문창.홍염 복덕 辛巳	태양-祿 화성.지공. 전택 壬午	천부 천월/타라.천요. 관록 癸未	천기/태음-科 천마.녹존/령성 노복 甲申
천동 우필/지겁.천허. 부모 庚辰	庚戌 年 生. 坤命 命主; 文曲 身主; 文昌		자미/탐랑 문곡/경양. 천이 乙酉
천형. 命宮 己卯			거문 本-生年 支 좌보. 질액 丙戌
천무.음살.용지.천주 형제 戊寅	염정.칠살 천괴.삼태.팔좌.파졸 身 부처己丑	천량 봉각.해신 자녀 戊子	천상 천희.태보/천공. 재백 丁亥

명궁이 무 주성이면서 천형이 자리하고 있는데, 天刑이라는 별은 업력業力〈因果應報의 뜻으로 自身이 살아온 바에 따라 하늘로부터 주어지는 責務와 같은 뜻〉星으로, 고극孤克/원칙原則/형상刑傷, 형벌刑罰, 관비官非, 소송訴訟/의약醫藥/승도僧徒/산명술算命術 等과 관련되며 고독성孤獨星이면서 僧侶의 길을 가는가 하면, 질병疾病으로는 소아마비를 意味하는 별이기도 합니다.

그런가하면, 천형天刑이 입入 신身/명命하면 명주가 태어나면서 父母가 힘들어 지거나 父母나 혹은 兄弟가 온전하지 못하다거나 고독/형극/질병/요절夭折하는 현상으로 드러날 수 있으며 천이 궁에 좌하면서 겁劫.공空/경양擎羊/화성火星 등을 만나면 강도요, 폭력배盜賊輩로 보기도 하지요.

※坤命으로 천형이 함지陷地인 丑/未에 坐하여 주성主星없이 단單 수守 명命하면서 사살과 탐랑/목욕 등과 동회同會하면 부모를 떠난다 거나, 배다른 형제가 있음을 뜻하며 혼인 이후, 형부刑夫/극자剋子 의 현상이 드러나는 등, 배연配緣의 조화調和가 어려워집니다.

따라서 천형이 명궁인 명주命主는 의약, 의술을 익히고 활용한다 거나 심신수련을 생활화함으로서 피避 흉凶, 개운開運의 길을 열 어 갈 수 있다는 것이지요!!!~

조금 더 보죠!!!~
위 명주는 무 정성에 협 궁인 형제궁은 病地요, 無 主星이면서
천무/음살/용지. . . , 등이 좌하며 **천기/태음/령성**. 이 차성안궁
借星 安宮됩니다.

本 命宮이 비었으니 대궁對宮의 **자/탐/곡/양**과 戌 宮의 **거문**도 들어
옵니다. 즉, 70년생 본인이나 형제 중, 외계外界와 通하는 정신
구조精神構造를 이루고 있다는 것이요, 형제 궁은 母 宮이기도
하니 모친母親이 그러할 수도 있다는 것입니다.

본인보다는 모친이나 다른 형제 중에 그러한 이가 있겠습니다.

정正/편偏의 십성으로 각, 육친의 정황을 살피는 자평과는 달리,
두수는 어느 한 육친을 보더라도 해당 궁에 포진되어 있는 별들
과각 별들의 묘廟/함陷 등을 참고 할 수 있다는 점에서 좀 더
세밀細密한 파악把握이 가능해 집니다!!!~

이어, 해당 大限을 보도록 하겠습니다.
자평의 己卯 대한은 두수 명반에서 본명 명궁이요, 43~ 52세의
정해丁亥 대한은 선천 재백 궁이면서 천상이 안자있으며 丁 干의
화기는 선천 질액이면서 본명, 출생 년 지 궁의 거문입니다.

천상성은 의록衣祿의 별이면서 문서와 학문,증서,인장印章〈도장〉의
상의象意를 갖습니다.
따라서 이 대한 중에는 학문이나 문서 등과 관련되는 금전 출입
의 현상이 전개된다!!!~ 는 것이죠!!!~

좀 더 진행시켜 보죠!!!~
대한의 사화와 유년, 소한의 상응관계는 어떠한 현상을 드러내고
있는지???~

대한 정丁 간干의 화록은 선천 형- 노선의 태음으로 본 명주의 갑오 년, 소한 궁이면서 유년은 소한의 부-관선이 되며 화기는 거문으로 선천 질액이면서 유년의 부-관선이 되는데, 유년 명궁이 소한의 부- 관선이면서 유년 갑甲 간干에 의해 붕괴되었고, 유년의 부- 관 선 또한 쌍기와 권權/기忌로 충파됩니다.

직업과 관련되는 불안정!!!~, 번거로움~, 시비, 구설 등이 되겠지요!!!~

이렇듯, 래정으로 시작하는 상담 방식은 래방 인이 무엇 때문에 오게 되었는지를 主 관점으로 하여 그 목적과, 해당 사안의 추이를 제시하는 방식으로 상담을 종료시킬 수 있다는 편리함을 갖습니다. 하지만 대부분, 래정 만으로 끝낼 수 없는 경우가 있고, 또한 그렇게 매번 간단하게 상담을 종료시킬 수는 없는바, 래정에 뒤이어 두수와 자평 명리로 본명 사주가 갖는 구조적 특징과 근래에 살아온, 그리고 앞으로 살아갈 2~3년 내의 현상들과 더불어 직업유형을 主로 한, 삶의 패턴을 제시하게 되는데, **명법 통합 요체**에서는 본명 사주와 당일 문점 사주를 對比하는 體/用 래정과 일진 래정〈일명 낙화론이라고 하는...〉/구성 래정술 등, 이러한 래정부터~ 자평 명리와 자미두수, 매- 역수를 활용하여 本命과 大, 歲運의 정황을 읽어 내는, 통합적 관법觀法으로서의 활용기법을 소개하고 있습니다.

더불어 많은 부족함에 覺 人들의 苦言과 배움을 請하는 바이며 아무쪼록 큰 성취이루시기를 기원합니다.
언제가 될지 期約할 수 는 없습니다.~ 만!!!~,
다음에는 **"명법 통합 요결"** "실전實戰 실예實例"로 찾아뵐까합니다.

※다음은 명법의 주요 참고 지식과, 두수의 확장擴張된 지식들을 부기附記하여 학습에 도움이 되도록 하였습니다.

수고 많으셨습니다.
감사합니다!!!~.

▷※부가 참고 지식※◁

※대한 별, 직업 유형※
※유형별 직업 형태※

※大限, 季節 別 職業類型※

春	寅	전기. 전자/ 통신. 항공. 토목. 건축/ 목재. 가구/ 지물. 섬유/ 출판. 인테리어. 장식. 교육/ 의료〈鍼〉. 법무. 세무/ 종교인. 경,검/ 판. 검사/ 자동차.
	卯	건축.설계/ 조경/ 장식. 인테리어.디자인/ 의류. 섬유.방송.언론/ 교육. 유치원 탁아소 등, 육영사업. 화훼/ 약초/ 채소. 과일 법 관련〈主- 判事〉. 모자. 귀막이. 등 중, 저가 주니어 보온 용품.
	辰	※이것저것 다 모아놓은 雜貨요. 綜合 字가 붙는 일/ 會社다※ 물과 관련되는 업종. 양식업. 민속주. 토속주. 막걸리. 분식집. 식당/ 제과. 제빵/ 교육.기획. 연구분야. 홍보. 이벤트업/ 건축. 건설업/ 토건.
夏	巳	전기. 전자. 통신/ 조명기구. 자동차. 항공. 선박/ 주유소/ 도시가스/ 화학. 영화 관련업/ 화장품/ 안과. 안경점. 첨단무기/ 의료/ 법무. 세무. 이동수단. 여행 등, 역마성 업종 분야.
	午	▷솔직, 담백, 公共性. 숨길 것이 없다!!! 방송. 언론/ 연예인/ 교육/ 금융업계. 전기. 전자. 통신/ 음향. 조명/ 인기. 유행 업. 컴퓨터 분야/ 방사선 및 첨단 과학 분야. 운송 수단인 자전거. 바이크. 택시/ 자동차 부품. 스포츠 분야. ※번화가. 시장. 도로변※
	未	도서, 출판업/ 서점/ 문화, 예술업계. 농산물/ 식품가공업/ 종묘상/ 꽃집/ 부동산업. 섬유, 織物〈의류. 이불 등 . .〉/ 보육업. 중개업. 중간상인/ 증권거래소/ 창고업.
秋		권력성 형벌. 법률. 세무/ 군〈空輸部隊〉. 경. 검. 행정직 공무원/ 금융/ 의료. 의약품/ 치과의.

	申	자동차. 항공. 선박/ 기계, 금속, 철강/ 건설, 광산업. 건강성 식품류/ 과일, 건과류/ 배우, 화가, 소설가.
	酉	※판단, 심판, 살상의 속성※ 군. 경. 검/ 약사, 간호사/ 정형외과, 치과의. 금융, 회계, 경리/ 시계, 보석상/ 정밀기계/ 기계공학. 과일, 건과류, 곡물, 냉동, 숙성식품/ 주류업. 공무원〈地位가 높은〉/ 구도자/ 작가, 예, 체능/ 건설업.
	戌	※未,戌生-"열심히 사세요." 戌 大運; 山으로, 外國으로~※ 군. 경. 검/ 보안, 경비업/ 종교, 신앙인(목사, 스님). 교육, 철학교수/ 약국, 제약회사/ 합창단, 그룹사운드. 토목, 도로, 제방공사/ 위생업〈휴지〉/ 도사. ※月支 食傷이 戌; 의료,법무,세무/ 숙박업,찜질방/ 실내골프장 등.
冬	亥	※식록, 금전과 인연이 많으나 금전관리가 안된다. 뒤죽박죽!!! 무역. 수산업〈養殖〉/ 주류도매/ 음식, 유흥/ 임대업. 오락업/ 유류업/ 의료〈산부인과〉. 수의사/ 탐험가. 연구원. 천문학자/ 정신적 측면의 교육, 종교, 철학. 목욕탕, 찜질방, 숙박업/ 의류, 세탁/ 냉, 난방업. 음악관련- 주, 가수/ 건축, 광산업.
	子	※애정왜곡, 삶의 고충이 많다※ 정신. 종교. 교육. 연구, 개발/ 유전공학. 정보, 통신/ 컴퓨터. 해양, 해운, 외교/ 의료〈산부인과- 방광. 신장. 자궁/ 비뇨기과〉. 의약/ 현악기〈기타, 바이올린〉/ 판사/ 정치가/ 밀매업자.
	丑	군, 경, 강력계 형사/ 귀금속/ 금융업/ 세무. 경리. 철도. 기차 등, 운송업/ 기계/ 차량정비/ 창고업. 냉동업/ 골재사업/ 환경 미화원/ 봉사직. 정신적 측면의 교육, 연구직/ 의료〈主- 産婦人科〉/ 봉사.
土運		도예/ 골동품/ 장례업. 매매. 알선斡旋. 중개업/ 경매競賣/ 토건업. 농업, 목축업/ 외교관/ 군, 경/ 경비. ⊡괴강, 백호 운⊡; 사관학교/ 경찰/ 간호/ 세무 대. ⊡백호 운⊡; 목축/ 운수/ 의료계통.

▷ ※ 類型別 職業形態 ※ ◁

·토목, 건축업·

四柱 內 財星이나 偏印이 土星이거나 木星일 때로,
金 日柱면 **木 財星/ 土 印星일 때**요,
木 日柱면 **土 財星/ 水 印星일 때**가 된다.
※**金 日柱**로 財/寅의 글자가 卯/未字로 드러나면
土木/建築과 因緣한다.
▷四柱 內 財/官을 驛馬로 쓴다거나 辰,戌/ 丑,未의 刑이
成立되면, 日柱와 關係없이 흙을 材料로 삼아 財物을 取한다.

·부동산업·

食傷이 弱하거나 傷官 中心의 財가 없다거나
食傷과 財星이 土氣인 境遇가 되는데,
不動産은 資格證을 活用하는 것이므로
四柱에 財星은 없어도 微弱하게나마 印星이 있어야 하며
刑/ 沖에 依한 損傷이 없어야 한다.
※四柱에 印星이 弱하게라도 有氣하면서 食傷이나 財星이 金氣면
金銀房이다.

■仲介業은 土多/ 合多인 境遇에 該當된다■

■법률 서비스■

·檢事·; 偏官＋ 傷官＋ 印星.
※이때 偏官은 羊刃煞이거나 刑煞〈三刑煞〉이어야 하며
檢事는 水 日柱에 많다.
·判事·; 判事 또한 **偏官＋ 傷官＋ 印星**의 構造가 되는데,
判事인 境遇,
羊刃이나 刑煞/ 寅. 申. 巳. 戌의 글자가 드러나야 한다.

·사회복지 관련업·

社會福祉의 職業 群은 **食神**+ **官星**으로
食神보다는 **官星**이 더 **優勢**해야 한다.
그러나 社會福祉 中에서도 **育英事業** 쪽이라면
官보다 食傷星이 優勢하면서 官/印 疏通이 이뤄져야 한다.

·교육 직·

教師. 教授. 學院講師 等.⟨⟨⟨**食傷; 教師/ 印星; 教授**⟩⟩⟩
教育職種은 基本的으로 **食傷星과 印星이 得勢하면서**
官星이 關聯⟨有氣/ 무리 짓는⟩되는 構造를 이룬다.
食傷+**印星**+**正財**+**官星**으로 官星은 **年/月**에 座함이 좋다.
※위에서 **食傷이 없다면 "行政職"**이다.
※敎授로 任用되려면 弱하게라도 **官星**이 있어야 하는데,
官이 無力함에도 任用이 되었다면 **藝/ 體能** 쪽이다.
※敎育職에서도 **特殊敎育/ 特殊學校** 等인 境遇에는
官星이나 食傷의 별이 刑/ 沖 된다.

※藝, 體能은 食傷이 旺하면서 印星과 무리 지을 때다※

※四柱에서 印星은 뚜렷하나 官星이 微弱하면서
食傷이 有氣하면 象徵性 敢鬪職이요, 發展的 意味가 弱하며
普通 **研究職/ 資格證을 活用하는 側面**으로 나타난다.

◾※四柱의 **官星**이 **正官**이면 어느 職業 群이든 **國立**이요,
偏官이라면 **私立**이되며 天干으로 드러나면 **中央**⟨首都⟩이요,
地支의 글자로 有氣한다면 **地方**이 된다※◾

☐**教職**은 官星과 財星이 드러나지만,
學院 講師職은 無 官星에 偏財로 有氣한다.
◾**教師**◾; **食傷**+ **印星**+ **正財**+ **官星**.
◾**講師**◾; **食傷**+ **印星**+ **偏財**.

·교육, 학원사업·

學院은 길러내는 屬性을 가지므로
食傷星과 더불어 印星이 드러나야 하는데, 食傷이 더 優勢하다.
※**식상+ 인성**에서 食傷이 傷官이면
藝, 體能이나 **創作/ 料理/ 디자인** 等 美術學院이 된다.
※四柱에 **食傷과 印星이 드러나 있으면서**
印星이 强化될 때, 學院事業으로 나타난다.

·건강식품·

印星+ 傷官+ 財星의 構造를 갖는다.
이때, **傷官이 刑이면 藥이 飮食으로 健康/韓方 食** 等이 되며
財星이 刑이면 醫療的 用度가 包含된다.

·섬유, 의류·

纖維, 衣類는 五行 上 **木을 食傷星**이나 **財星**으로 쓰며
亥.卯.未 年生으로 **寅/卯/辰**의 글자가 드러나면
纖維/衣類/裝飾/패션/디자인 系統이다.

·가구점·

印星+ 財星⟨偏財가 된다⟩.
■**印星+ 財星**⟨正財⟩은 "賃貸事業"이 된다.

·유흥 음식업·

※遊興은 主로 **水多**에 **傷官+ 財星**의 構造가 된다※
食神星은 主로 **主食**이 되며 食神이 空亡되었다면
嗜好食品/ 料理/ 바람이 가득 들어 같거나 구멍 난 食品이요,
傷官星은 커피/ 와인⟨主 칵테일 류⟩/ 요리/ 빵/ 과자/ 피자 等
加工된 嗜好食品類가 된다.

※四柱에 食神, 傷官星이 모두 드러나 있다면
이들이 混合된 形態 즉, 晝間에는 食神星의 主食을,
夜間에는 傷官星의 料理/ 술 中心으로
運營하는 方式을 取하게 된다는 것이다.

·유통업·

流通의 前提條件은 財星＋ 印星이 드러나야 하는 것으로,
正財星이면 汎用性〈먹고 입고 日常에 必要한 一般的 消費財〉의
基本 衣食住와 關聯되는 生必品이 되며
偏財星은 流通의 꽃으로 景氣나 外部環境에 依해
騰落이 決定되는 奢侈性 製品들이 된다.

□財星과 食傷星이 關聯되면 生産과 加工을 거쳐 流通되는
直營流通이요,
□財星과 官星이 關聯되면 큰 組織과 連繫되는
代理店 形態의 流通이 되며
■財星＋ 食傷＋ 官星이면 製造/ 流通/ 納品을
모두 하는 類型으로 나타난다.

※販賣中心으로 이뤄지는 每場, 프렌차이즈 形態의 流通이라면
官星이 드러나며 더불어 比劫이 有氣하면 競爭要素 따르는
汎用性의 一般製品이요,
四柱에 比劫이 드러나 있지 않다면 競爭要素가 적은
個性이 드러나는 製品을 다룬다는 것이 된다.

□四柱에 食傷星이 없다면 製造, 流通〈製造 納品〉은 안 되며
一般的인 店鋪 事業은 比劫을 갖고 있게 된다.

※大體的으로 食品은 正財에 가깝고, 偏財는 景氣에 依해
影響받는 奢侈性, 裝飾品들과 金銀, 寶石類가 되며
電子製品은 正/偏에 關係없이 木이나 火 五行에 屬하는
글자들 中, 寅/ 巳를 財星으로 삼을 때, 電氣/ 電子가 된다.

·이발, 미용업·

이, 미용업 또한 **木氣**를 **財星**으로 쓰는 **境遇**가 많은데,
卯字가 **食傷**이나 **財星**으로 쓰일 때도 그러하며
食傷星과 **財星**이 **刑**될 때에도 같다.
特히 **辛 日柱**로 **食/財**가 **卯 木**字이면서 **刑**일 때
이, 미용업이 많다.

·숙박, 목욕업·

宿泊/ 沐浴業 等의 **賃貸業**은 앉아서 돈〈金錢〉을 벌어들이는
類型으로 無 食傷에 **財星＋ 官星＋ 印星**이 **關聯**되며
賃貸 事業에는 **遊興/ 레저/ 敎育 賃貸** 等의 **形態**가 있게 된다.
□宿泊/ 沐浴 等의 **遊興賃貸**는 **偏印**과 **財星**이 **關聯**되며
正印＋ 財星이면 **單純賃貸**나 **認許可 事業** 等에 **該當**된다.

·제조, 임대업·

製造는 **食傷＋ 財星/ 食傷＋ 羊刃**의 **構造**요,
賃貸業인 **境遇**는 **印星＋ 財星**이 된다.

□**貿易**은 **無土, 水 不足**에 **巳. 亥**가 **有氣**할 때다.
※巳; **航空機**. ※亥; **船舶**.

·병원, 의료업·

病/ 醫院은 資格證이 있어야하므로 四柱에 **印星**과 **官星**이 드러나야
하며, 官星이 弱하더라도
財星이나 **官星**이 **刑/羊刃/白虎/魁罡** 等과 **關聯**되야 한다.
즉, **印星＋ 財星＋ 官星**에서
財/官이 **刑/ 羊刃/ 白虎/ 魁罡** 일 때다.

·의약·

藥師 또한 **資格證**이 있어야하므로 **印星**이 必要하며
印星 + 財星 + 食傷의 構造를 이룬다.

·문구류·

四柱에 **印星이나 文昌星의 干涉**이 있을 때다.

·편의점·

印星 + 財星〈正財가 된다〉.

·종교, 전문가·

神父. 牧師. 似而非 教主 等.
主로 天干으로 **官星이 弱**하게 드러나면서
印星과 더불어 食傷星이 有氣해야 한다.

※宗敎家인 境遇, 四柱의 官星이 空亡되는 例가 많으며
地支로는 子.丑／ 寅.卯／ 戌.亥의 글자가 많다.

■※八字에 드러난 武器〈大勢〉※■

양인／ 귀인／ 刑／ 도화〈年煞〉／ 寅.申.巳.戌／ 천라지망.
이들은 12運星의 세력과 무관하며 직업유형의 우선조건을 점유占有 한다.

※日支 未 基準 未來 4辰 目的으로 보는 職業※

辛未 日柱일 때의 例.

辛

亥 戌 酉 申 未

日支 未 基準 未來 4辰 目的, **戌을 沖하는 글자인 辰**이 職業이 된다.

Memo

▷斗數두수 參考참고 附加知識부가지식◁

□두수의 확장된 참고 부가 지식□

※소한 취용기.

※소한의 상충.

※소한 순, 역.

※소한이 흉한 경우.

※대, 소한의 작용력.

※소한, 유년.

※소한과 유년 태세의 작용력.

※두군.

※두수 짝성, 도화, 해액성.

※쌍태아 판단.

※유아 간명법.

※윤월생 간명.

※형제, 자매위 잡는 법.

※래인 궁.

※생년지 궁의 함의.

※대인관계 판단, 칠성점 위.

※태세 입괘법.

※명, 신궁. 명, 신주.

※대, 소한, 유년의 기한 궁.

※신, 명 대충.

※두수 12궁 함의.

※12궁 좌, 녹.권.과.기.

☆小限 取用技☆

小限은 運을 판단함에 있어 流年과의 상응관계를 살펴야하지만, 流年
보다 더욱 주시해야 할 필요가 있다.
小限이 先天의 무슨 宮을 行하면서 大限/ 流年의 무슨 宮 位가 되는
지!!!~ 小限의 三方으로 들어오는 별들의 吉,兇/ 廟,陷/ 生,旺 等과
더불어 小限宮의 四化를 살펴야 하는데, <u>小限 宮 干의 化 祿.權.科가</u>
<u>小限의 三合 位로 들어오면 이를 일러 소한小限 삼기三奇</u>라 한다.

※小限 相沖※

■小限이 先天 盤의 身宮과 對沖을 이루거나, 大限과 相沖되는 宮을
  行할 때에는 커다란 사건이 突出될 수 있는 확률이 매우 높아진다.
  더군다나, 大/小限의 干支가 白虎殺이면서 이러하다면 血光之災의
  象이요, 對沖이 아니라 하더라도 大限/小限/流年 支가 白虎殺 支를
  行〈三合을 이루면 더욱 그렇다〉한다면, 災厄/死傷 등의 위험이 따르게
  된다.

□小限 順/ 逆□
※男命은 順行, 女命은 逆行한다※

※小限이 入한 宮位가 該當 小限의 命宮이 되고, 逆順하면서 兄➝夫妻
  ➝子女~......父母宮이 된다.

⊡大/ 小限이 對宮에 入하여 相沖하는 運 일 때에는 매우 불리해지지
  만 流年 태세太歲는 무관無關하다.

□小限은 本命과 大限을 體로하며 小限을 用으로한다□

따라서 小限이 本命 夫妻宮이며서 大限의 官祿宮과 重疊된다면 配偶
者나, 職業과 關聯된 문제가 表出된다.
또한, **小限이 本命 兄弟宮이면서 大限의 財帛과 重疊한다면 兄弟**
와 財物에 관련되는 일이 發現되는데, 이 位가 武,殺 組合이면서
流年의 擎羊이나 他 煞에 의해 沖된다면 財物로 因한 兄弟間의
分爭事가 表出되는 것이며 다른 경우에도 이와 같은 방식으로 관
觀한다.

- 小限에 劫/ 空이 坐하면 破財다.
- 　　〃　　擎羊이 坐하면 刀傷이 따른다.
- 　　〃　　陀羅가　〃　모든 일이 不順하다.
- 　　〃　　天相과 擎羊이 座하면 小人과 女子들로 因한 害가 從.
- 　　〃　　天刑이　座 하면 官災訟事, 傷事가 따른다.
- 　　〃　　太陰이　〃　桃花事가 따른다.
- 　　〃　　巨門이　〃　孤獨, 心思不安,
- 　　〃　　煞星이　〃　外傷이요, 七殺이 同宮이면 더욱.
- 　　〃　　破軍과 他 煞이 座하면 每事가 不利하다.
- 　　〃　　天馬, 流馬/ 日,月 等이 會照하면 變動數다.
- 　　〃　　自 化忌면 意外의 災難이 있다.
- 　　〃　　府-相을 만나면 吉祥이다.
- 　　〃　　太陰과 擎羊이 座하면 女人을 잃는다.
- 　　〃　　太陰이 座하고 陷地이면서 大限이 重疊되면 喪事有終.
- 　　〃　　流昌이 座하면 試驗에 合格한다.
- 　　〃　　天貴가 座하면 陞進 發財한다.
- 　　〃　　祿存이 座하면 好氣의 轉機다.
- 　　〃　　擎羊과 紅鸞이 座하면 愛人이 變心한다.
- 　　〃　　을 補,弼이 夾하면 不動産을 買入한다.
- 　　〃　　이 四敗支〈桃花支;子/午/卯/酉〉를 行하면 桃花가 從.

□運에서는 流年 太歲보다 小限의 作用力이 더욱 强하다.
따라서, 當 해의 吉,兇/ 成,敗는 小限 12宮과 本命/大限盤의 重疊으로 논하며 流年은 本宮과 그 對宮〈本宮과 對宮 干의 轉化 祿/ 忌〉만을 考慮고려한다.

▷小限이 兇한 境遇◁

※小限을 火,鈴/ 天傷,天使/ 流年의 羊,陀가 夾할 때.
※ 〃 을 羊,陀/ 劫,空/ 哭,虛의 沖破를 받을 때.
※ 〃 과 大限이 沖照하면서 煞이 同會할 때.
※ 〃 이 辰/戌에 坐하여 大限과 沖照하면서 七殺을 만날 때.
※ 〃 에 七殺이 坐하면서 流年과 沖照하는 경우.
※ 〃 에 孤嗔과 寡宿이 會合되면 喪夫/喪妻의 象이다.
※三丘 五墓位를 行하는 小限.

□三丘 五墓位□

※寅.卯.辰 月 生으로 丑 位,

※巳.午.未 月 生으로 辰 位,

※申.酉.戌 月 生으로 未 位,

※亥.子.丑 月 生으로 戌 位를 行할 때.

▷大, 小限 作用力◁

⊡大- 小限이 辰/ 戌의 天羅 地網宮에 相互 分居되면 兇하다.

⊡大- 小限이 同宮하여 流年 太歲를 沖하면 兇하다.

⊡大限이 天傷, 小限이 天使位를 行하면 兇하다.

⊡大- 小限이 同宮할 때, 劫/空이 들어오거나 流年의 喪門/白虎/弔客
等이 會合될 때.

⊡大限이 擎羊位, 小限이 陀羅位를 行하거나,

⊡   〃   地空/ 小限이 地劫位를 行하면 兇하다.

☆小限, 流年☆

⊡斗數 命盤에서 先天 命/ 身宮이 對沖을 이루거나, 後天 大限, 小限/
流年의 命宮이 先天 命/ 身宮의 相沖 位를 行하면 重疊되는 宮/星曜
의 象意와 關聯되는 事件이 드러나게 되며 後天 命宮인 大限, 小限/
流年 命宮이 各各 對宮에 坐하여 相沖하는 運에는 大體로 兇兆를 띠
게 되는데, 四, 馬/ 庫地에서의 沖이라면 더욱 注視해야 한다.
이러한 경우에도, 後天 命宮이 先天의 무슨 宮과 重疊되는지로 發現
事의 類型을 파악할 수 있다.

■少限과 流年의 相互 作用力■

※流年과 小限이 沖照하면 兇하다.

※   〃   辰/ 戌位로 相互 分居하면서 沖/ 照하면 兇하다.

※流年과 小限이 同宮하면서 大限과 沖照하면 兇하다.

※流年이 陀羅/ 七殺 位를 行하는데, 小限이 擎羊/天刑 位를 行하면
兇하다.

※流年이 地劫位를 行하면서, 小限이 地空 位를 行하면 兇하다.

※流年이 天傷位를 行하면서, 小限이 天使位를 行하면 兇하다.

流年 宮에서 本命 生月 數만큼 後進하여 다다른 곳이 斗君이며, 보다 쉬운 方法이 있으니, 本命〔寅〕位에 坐한 本命의 宮 名과 同一한 流年 宮이 그 해의 斗君이 된다.

※斗君으로는 月運을 보며, 月建〈＝太歲〉의 天干-化忌가 本命과 그 달의 무슨 宮인가를 觀해야 하는데, 流年 斗君宮 干의 化忌가 入하여 沖하는 宮位가 斗君의 무슨 宮이면서 몇 月인가로 그 해〈流年太歲〉에 發生되는 表出事의 發生 月을 알 수 있다.

※流年 斗君 쉽게 찾는 法※

※先天 命盤 12 宮 中, 寅位에 坐한 該當 事項 宮과 同一한 流年 盤의 事項 宮이 그 해의 斗君 즉, 一月이 된다.
※流年 斗君이 該當 大限의 무슨 宮인가를 注視하라!!!

⊡斗君은 그 해의 一　月이면서 그 달의 命宮이요,
　　　　　　　　二　月은 그 달의 兄弟,
　　　　　　　　三　月은 그 달의 夫妻......
　　　　　　　　十二月은 그 달의 父母宮이 된다.

☆正 曜☆:

자미, 천부/ 천기, 천량/ 태양, 태음/ 무곡, 칠살/ 천동, 천량.
천동, 거문/ 염정, 탐랑.

☆輔 佐☆:

좌보, 우필/ 천괴, 천월/ 문창, 문곡/ 녹존, 천마.

☆殺 星☆:

경양, 타라/ 화성, 령성/ 지겁, 지공.

☆雜 曜☆:

홍란, 천희/ 함지, 대모/ 용지, 봉각/ 은광. 천귀/ 삼태, 팔좌/ 고신, 과수.
천곡, 천허/ 천복, 천수/ 태보, 봉고.

☆雙星은 三合, 六合星은 暗合으로 만날 때 그 영향력이 증폭된다.

☆桃花星도화성☆;

정,탐/ 홍란,천희/ 천요/ 함지/ 대모 以外 두수에서의 도화성은 水星
으로, 天同/ 太陰/ 天相/ 破軍/ 右弼/ 文曲/ 化科 等도 桃花의 屬性을
갖는다.

☆解厄星해액성☆;

일,월/ 동,량/ 창,곡/ 녹존/ 괴,월 등은 解厄力을 갖지만 동,량/ 녹존,
화록이 于先이다.

☆雙胎兒쌍태아 判斷☆

□先, 出生 兒는 出生 時를 그대로 取하며 後, 出生 兒는 先, 出生 兒 出生 時의 沖 時를 적용適用시킨다.

즉 先 出生 兒의 出生 時가 寅시라면 後 出生아의 出生 時는 申時를 取한다는 것이다.

☆幼兒유아 看命法☆

□一歲는 命 宮/ 二歲는 財帛宮/ 三歲는 疾厄宮/ 四歲는 夫妻宮/ 五歲는 福德宮/ 六歲는 官祿宮을 命宮으로 取하는데, 각 年齡에 該當되는 宮과 對宮으로 惡煞이 多侵하면 事故의 危險이 따른다.

☆閏月윤월 生 看命法☆

※무조건 다음 달로 본다.

만일 七月 十五日 生이라면, 八月을 取하어 八月 十五 日을 取한다.

☆兄弟형제 姉妹자매 宮 잡는 法☆

※命盤에서의 兄弟宮은 長男으로 보며 一位씩 逆行하면서 둘째, 셋째가 되는데, 死亡者가 있을 때에는 한 칸 건너뛴다.

즉 兄弟宮이 첫째/ 夫妻宮이 둘째/ 子女宮이 셋째가 되는 것이다. 姉妹는 父母宮을 첫째로 보며 一位씩 順行하고 流産/ 死亡者는 따지지 않는다.

☆來因래인〈元神, 辰〉宮☆

□本命, 生年 干에 該當하는 宮으로, 過去 因緣의 通路요, 한 個人의 個性〈사상, 내면의 심리, 성격〉等이 나타나며, 對人關係의 人緣/變化 等을 본다.

·來因, 元辰宮〈이하 元辰宮으로 表記〉의 影響力은 强하며 한 個人이 태어날 때, 天氣 즉, 하늘로부터 부여받은 生命力으로, 이 元辰 宮이 沖/ 破 받게 된다면 生命에 災害가 있게 되는 危險이 따른다고 본다. 여기에서 한 個人의 生命力이 갖는 特徵은 영혼/ 의식/ 정신적 사상. 잠재력. 개성〈성격〉. 내면적 성질의 有機的 統合體로, 命/疾/官祿에 해당되면서 生年 四化 星에 依해 動力을 가질 때 작용력을 갖는다.

※命盤 12支 宮位 中, 子/ 丑宮은 來因 宮으로 쓰지 않는다.

☆因果인과 宮☆

※先天〈生年〉化忌 坐 位를 因果宮이라 한다※
　이 因果宮의 田宅宮에 該當되는 宮을 因果의 庫라 하는데, 因果의
庫位가 因果宮을 沖하면 兇하며, 이 因果宮이 災劫線인 兄- 奴線과
重疊되도 兇한데, 또 다시 化忌가 加해지면 그 兇意는 加重된다.

☆來因〈元神, 辰/ 生年 天干〉宮☆

生年〈本命〉天干이 斗數 12宮 中, 1.命/ 5.財帛/ 9.官祿宮에 坐한다
면, 苦生하며 스스로 自立하여 金錢을 取得하게 된다는 意味가 內在하
지만, 반듯이 富를 누리며 享受한다는 뜻은 아니다.
이 경우, 自身의 財祿이 結局은 兄弟/ 子女/ 친구/ 父母 等에게 돌아
가는 現象이 發生될 수 있다. 따라서 生年 干은 兄/ 奴/ 夫妻宮 等에
坐하는 것이 我에게 有利하다.

大體的으로 生年의 祿/ 權/ 科星이 1.命/ 5.財帛/ 9.官祿/ 10.田宅에
坐하면 我〈本人〉에 有利한 狀況이 되지만, 다른 나머지 宮에서는 他人
이 有利해지는데, 兄/夫妻/子女/奴僕/父母 等이 된다.

☆生年 支宮 含意☆

※生年의 地支宮의 宮 職과 星曜는 命盤에 影響을 미치는데, 出生 年
支 宮位로 官祿宮이 들어오면 一生 事業에 힘쓴다는 뜻이되는데, 他
宮인 경우에도 이와 같이 논한다.
또한, 生年 支 宮을 運이 行하면, 누구나 波動이 甚해지고 小, 流年
이 重疊된다면 그 影響力은 倍加되는데, 先天의 化忌 宮과 化忌 坐
宮의 始 干 宮은 先天的으로 破壞된 것으로 본다.

※ 對人關係〈因緣法, 宮合 等〉判斷 ※

☆七星點칠성점 訣☆

·七星點位는 命宮에서 生月까지 逆行〈天位〉한 後, 生日까지〈地位〉順行하며, 다시 그 곳에서 生時까지〈人位〉逆行하여 到着된 곳이 七星定點으로, 七星 定點 位의 宮 干 四化를 使用한다.

※各 七星占 位의 四化를 取하므로, 사람마다 格局의 高/低와 幸運의 吉/凶을 자세히 알 수 있으며 命盤이 같다고 命運이 같아지는 것은 아닌 것이다.

■天位〈生月〉는 人生에서의 中點 事項位요,
■地位〈生日〉는 天人合一의 媒介役割을 하며
■人位〈生時〉는 살아가면서 發生하는 吉/凶의 問題며 日常生活의 稟質에 影響을 주는 곳이다.

·二人 以上 來訪했을 때·

出生, 年/月/時가 同一한 境遇라 하더라도 出生 日이 다르면 七星點位는 반드시 다르게 된다. 따라서 各 人의 命盤에서 七星定點 位 宮 干의 宮位 四化를 使用하는 것이다.

※七星點의 天.人 合一은 天位인 月定點과, 人位인 時定點을 媒介하는 地位의 日定點이요, 運에서의 天人合一은 天位인 本命과 人位인 流年을 媒介하는 地位의 大限이다.

☆太歲태세 入卦訣입괘법☆

※太歲 入卦法은 我와 配緣〈宮合〉뿐만 아니라, 廣義의 因緣法으로, 我와 對人의 相互關係〈男/女 愛情/ 同業/職員과 事業主 間 等〉를 들여다 볼 수 있으며 運에서도 取用된다.

※表出法※

自身의 本-命盤에서, 對人의 出生 年- 支에 該當되는 宮位를 對人의 太歲 入卦宮으로 定하며, 出生 年 干 宮의 四化와, 對人의 出生 年에 依한 祿存 및 羊,陀/ 魁,鉞과 配緣을 論하는 境遇라면 紅鸞,天喜/咸池 等도 함께 考慮하며 本人의 大限- 流年과의 對應關係도 함께 參考하여 判斷한다.

☆命,身宮. 命,身主☆

■**命宮**; 한 個人의 思想/ 氣質/ 性格 等이 나타난다.

■**身宮**; 〃 價値判斷/ 行爲의 表現 等, 後天的인 發展狀況 等이 나타난다.

※命과 身宮이 對沖을 이루면 兇象으로, 서로 葛藤/反目하며 번뇌煩惱하는 現狀이 있게 되는데, 이때 두 宮位 中, 어느 한 宮이 空宮인 경우라면 그렇지 않다.

□命/ 身宮은 좋으나 **福德宮**이 **兇**하다면;
  名利를 成就해도 고통스러워한다.
□命/ 身宮은 좋지 못하지만 **福德宮**이 **吉**하다면;
  겨우 먹고 살아 갈만 하지만 즐겁게 살아간다.
※身宮은 12宮 中, **명/부처/재백/천이/관록/복덕궁**으로 飛入된다.

☆斗數 命盤에서 命/ 身宮이 對沖을 이루면 어떤 事件이 發生될 수 있는 蓋然性이 높아지는데, 이렇게 先天 命/身宮이 對照하면서 後天 大限, 小限/ 流年의 命宮이나 疾厄宮이 先天 命/身宮의 相沖 位를 行 할 때에는 反目/ 갈등葛藤/ 煩惱 等이 따르게 된다. 그러나 어느 한쪽이 空宮이라면 그 兇은 해소된다고 본다.

☆命主명주/ 身主신주☆

※命柱는 先天, 身柱는 後天 運과 더불어 個人의 身體條件인 體格/ 身體健康을 主管하며 特히 身柱는 신체건강과 관련된다.

무곡	파군	무곡	염정	천기	화성	천상	천량
염정	*12宮主 星.*		문곡	문창	*身主 星.*		천동
문곡			록존	천동			문창
녹존	거문	탐랑	거문	천량	천상	령성	천기

■命盤의 各 12支 宮主〈12地支〉는 各各의 命/ 身柱 星을 갖게 되는데, 이때 命/ 身柱 星은 本宮과 各 宮 主 位의 三方 四正 內에 坐할 때 影響力을 갖으며 本宮과 三方을 벗어나 있다면 그 意味는 弱해진다.

⦁命主 星은 命宮을, 宮主 星은 各 宮 支를 基準한다.

各 宮主 星은 該當 宮主 星이 飛入한 宮과 密接한 關契를 갖게 되며 該當 별이 갖는 象意가 더욱 드러나게 된다.

乙未 年 生이면 命主 星이 祿存이되는데, 命盤에서 이 祿存星이 父母宮으로 들어갔다면, 命主 人은 父母와 매우 特別한 關契를 形成하게 된다는 것으로, 特히 祿存이 갖는 象意인 금전/재물과 관련되는 문제가 드러나게 되는데 비록하게 된다.

命主 星인 祿存이 坐한 父母宮이 비록 命主 星의 本宮인 命宮의 三方에서 벗어나있다 해도 그 意味가 消滅되는 것은 아니다.
더구나, 父母宮에 녹존이 파군성과 해주〈偕住; 함께 머물다〉하고 있다면 〈실제로는 閑地인 염정과 旺地인 녹존/파군이 同住한다〉 녹존은 금전/재물의 별이요, 파군은 손모/파재를 의미하므로 此命의 父母는 적지 않은 財物을 탕진蕩盡하였을 것이요, 父母宮은 乙未 年生의 命主 星인 祿存이 坐하는 宮이어서 本人 또한 큰 財物을 모으기는 어려울 뿐만 아니라 財政的으로 어려워지면 父母에게 도움을 請하는 等 依支하는 現狀이 있게 된다.

만약 命主 人의 命宮이 卯/ 酉 宮이라면, 命主〈= 12宮主〉星은 文曲이 된다. 그런데 이 文曲星이 夫妻宮으로 들어가 化忌가 되었다면, 위 人은 平生 配偶者나 愛人과의 關契가 좋을 수만은 없으며 運에서 夫妻宮이 좋지 않은 狀況이라면 그 運에 該當 象意의 兇象은 더욱 드러나게 되는데 文書와 연관되는 災難으로 드러나게 된다.

·身主 星은 身宮을 基準한다.

身主 星이 身宮의 三合 位나 疾厄宮으로 飛入되면, 該當별이 象徵하는 疾病은 더욱 두드러지게 되며, 疾厄 宮의 宮主 星이 飛入되는 宮位 또한 缺하기 쉬운데 그 要因은 該當 별의 象意에서 온다.

만약 身主星이 天相이면서 疾厄宮으로 들어갔다면 신장.방광.요추.척추와 관련되는 疾病이 있게 된다.
그런데, 이 疾厄宮의 身主星이 疾厄의 三方 中 兄弟宮으로 들어 兇星〈물론 잡성도 포함시켜야 한다〉과 해주偕住하게 된다면 該當 되는 궁/성의 象意가 兇象으로 드러나게 된다.

12宮 中 注視해야 할 또 다른 宮主 星은 奴僕宮 主星으로, 만약 奴僕宮의 宮主 星이 自身의 本宮인 奴僕宮에 坐한다면, 그 궁/별의 象意가 갖는 影響力은 커질 수밖에 없는데, 이는 다른 경우에도 같다.

乙未 年 生으로 武曲이 奴僕宮의 宮主 星이면서 戊子 大限이면 奴僕에 自 坐한 武曲이 貪狼 化祿과 同宮하면서 天梁과 財帛宮에서 同宮하는 天機가 化忌가 된다. 따라서 이 大限에 고용인/아랫사람과의 金錢問題로 破財하게되는데, 該當 大限 中 破財의 現象이 現實的으로 드러나는 것은 壬戌 年이며 本命 命宮이나 財帛宮에 殺星이 布陣해 있는 경우라면 더욱 確實하다.

※이 命/身主는 生忌〈先/後天 干의 化忌〉와 12支 小 化忌 間의 相應關契로 事件의 推移를 읽어내는 主論法에서 活用된다.

☆命主명주, 身主신주☆

命柱는 先天, 身柱는 後天 運을 主管하게 되는데, 特히 身柱는 身體健康과 關聯된다.

命盤의 各 12地支는 各各의 命/ 身柱 星을 갖게 되는데, 이때 各 宮柱의 命/身柱 星은 各宮柱位의 三方 四正 內에 坐할 때 影響力을 갖으며 이 命/身主는 生忌〈先/後天 干의 化忌〉와 12支 小 化忌 間의 相應關契로 事件의 推移를 읽어내는 主論法에서 活用된다.

□命/ 身柱 活用〈先天 盤〉□

※命宮 無正曜인 경우에는, 命柱를 借用한다.

☆命主는 先天, 身主는 後天을 論한다.
☆명주는 陽地〈즉, 자/인/진/오/신.술〉에, 신주는 陰地〈즉, 축/묘/사/미/유/해〉에 좌해야 음/ 양이 조화되어 매사가 순조로우나, 그렇지 않으면 막히고 지체遲滯되며 性格 또한 陰沈, 過强하다.

☆신/명주는 出生 年/干과 同一한 宮에 坐 함이 좋다.
☆명/신주는 廟旺/吉地〈즉 살성이 아닌, 長生/ 帝旺과 동궁 함〉에 坐 함이 좋다.

☆명주가 명궁에 坐하면 先貧하나, 後富한다.

☆명/신주가, 命, 遷에 坐하거나, 괴/월과 동궁〈또는 명/신주의 後 一位〉
하면 일생 귀인의 조력이 따른다.

☆명/신주가 형/노선에 坐하면 일생 他人의 도움으로 살아간다.

☆명/신주가, 재백,관록에 좌하거나, 녹존, 화록과 동궁하면 富貴한다.

☆명/신주가 복덕궁에 坐하고, 無煞이면 안락(安樂)하다.

☆명/신주가, 겁/공과 同宮하면 모든 試驗에 不利하며 食生活이 困難
하다.

☆명주가 고진孤辰, 과숙寡宿과 동궁하면 平生 나의 진심을 알아주는
이가 없다.

■命／身宮에 대한 바른 理解■

□命과 運을 제대로 把握하려면, 命宮과 身宮을 잘 알아야 하는데, 命
이 順行이면 身은 逆行, 命이 逆行이면 身은 順行하는데, 命과 身은
곧, 天과 地이므로 命은 하늘의 理致요, 地는 땅의 理致여서, 命과
身을 함께 봐야한다.

※命/身은 각각 合〈暗合〉三合〉/沖/夾으로 보며 各 運에서는, 命/身의
運을 따로 살펴야 한다.

즉, 命宮과 身宮을 中心으로 각각의 12事案 宮을 逆/順布하여 推論
해야 하는 것이다.

□命〈하늘,天〉은; 형제/부처/자녀/전택/복덕/부모궁,

□身〈땅,地〉은; 재백/질액/천이/노복/관록궁을 主한다.

"化權은 該當 四柱의 力= 힘의 主體다."

※命盤을 볼 때는 各 宮의 四化를 中心으로 보며 命宮에서는 運命的
側面을, 身宮에서는 疾病的 側面을 推論한다.

※身/命이 모두 吉하면 富貴雙全의 象이요, 命宮이 다소 兇하다 해도, 身宮이 吉하면 취재聚財에 어려움이 따르지만 좋은 命으로 본다. 그러나 命宮이 吉하다 해도, 煞이 多會하면 平生 辛苦貧寒하다.

☐命宮이 吉하고, 身宮이 兇하면 早發早了요,
　　 〃 兇하고, 　　〃 吉하면 晚發晚成의 象이다.

※六 吉星이 命/身을 夾할 때, 命/身으로 吉星이 多會하면 더욱 吉하나, 無 吉星에 煞이 多集하면 오히려 兇함이 加重된다.
※六煞星이 身/命을 夾할 때, 命/身으로 吉星이 多會하면 그 兇氣는 無力해지지만, 煞이 多集하면 오히려 兇함이 加重되는데, 特히 羊, 陀는 더욱 兇하다.

·六煞星·; 양,타/ 화,령/ 겁,공.
·吉　星·; 자,부/ 일,월/ 보,필/ 창,곡/괴,월/ 록,권,과.

※該當 運이 多少 兇하다 하다하더라도 本命의 命/身이 모두 吉하면 그 兇함이 解消되나, 運이 生忌 宮을 行하거나 生忌 宮이 兇하면 本命의 身/ 命이 모두 吉하다 해도 兇을 制壓할 수는 없다.
※本命의 身/ 命이 陷地이거나, 煞이 同臨하면서 衰/絶地에 坐하면서, 運에서도 兇煞이 會集되면 災難刑傷이 重하다.
身/命이 同宮하면 비교적 고집이 세며, 吉/兇의 作用力이 더욱커지게 되는데, 坐 宮이 吉하면 더욱 좋아지고, 兇하다면 兇氣가 더욱 加重된다.
※該當 運으로 煞이 들어 올 때, 陷弱의 별들이면 兇하나, 廟旺하다면 오히려 發展 할 수 있다.

※ 大/ 小限, 流年의 忌 限〈生忌〉宮 ※

- 子年 生은 大.小限과 流年이 午와 寅,申 位를 行하면 兇.忌하다.
- 丑年 生은   〃   午와 七殺 位를 行하면 兇.忌하다.
- 寅年 生은   〃   申과 巳,亥 位를 行하면 兇.忌하다.
- 卯年 生은   〃   酉와 巳,亥 位를 行하면 兇.忌하다.
- 辰年 生은   〃   辰, 戌 位를 行하면 兇.忌하다.
- 巳年 生은   〃   巳 位를 行하면 兇.忌하다.
- 午年 生은   〃   丑 位를 行하면 兇.忌하다.
- 未年 生은   〃   亥, 酉 位와 四墓〈辰/ 戌/ 丑/ 未〉宮의

擎羊을 行하면 兇.忌하다.
- 申年 生은 大, 小限과 流年이 寅과 火,鈴 位의 逢行을 兇忌한다.
- 酉年 生은   〃   酉와 羊,陀 位의 逢行을 兇忌한다.
- 戌/亥年 生은 大, 小限과 流年이 辰,戌과 羊,陀位의 逢行를 兇忌.

·身/ 命 對沖·

※身, 命이 長生/ 帝王地에 坐한다 해도 羊,陀/ 火,鈴/ 劫,空/ 七殺/ 破軍/ 廉貞/ 化忌 等 他 煞이 對沖하면 壽限이 짧아지는데, 特히 羊,陀/ 火,鈴/ 劫,空/ 七殺/ 破軍/ 廉貞/ 化忌면 十歲를 넘기지 못하고 夭折하며 福德宮이 衝破되도 그렇다.

廉貞은 他 煞이 加會될 때 그렇다.

- 身, 命이 子/午 宮이면서, 羊.陀/火.鈴/劫.空이 相互 交叉分居하면, 財物이 消失되며, 素服을 입는다.
- 身,命이 丑/未 宮이면서, 羊.陀/火.鈴/劫.空이 相互 交叉分居하면, 口舌/ 官災訴訟이 따른다.
- 身, 命이 寅/申 宮이면서, 羊.陀/火.鈴/劫.空이 相互 交叉分居하면, 散財한다.
- 身, 命이 卯/酉 宮이면서, 羊.陀/火.鈴/劫.空이 相互 交叉分居하면, 損財요, 사람이 흩어진다.
- 身, 命이 辰/戌 宮이면서, 羊.陀/火.鈴/劫.空이 相互 交叉分居하면, 疾病/ 落傷 等의 傷害다.
- 身, 命이 巳/亥 宮이면서, 羊.陀/火.鈴/劫.空이 相互 交叉分居하면, 血光之災다.

☆斗數 12宮 坐 生年 四化☆

■命宮 坐, 化 祿/權/科/忌■

□命宮 坐 生年 化祿□
※총명하고 재주가 뛰어나며 食/財/福祿이 있다.
※대인 인연에 主動的이요, 개방적이며 타인을 돕고 베푼다.

□命宮 坐 生年 化權□
※주관/개성/자부심이 강하고, 일에 원칙이 있으며 勢를 장악, 行하기
  를 좋아한다.
※재주가 좋고, 전문기술을 갖추며 시비. 관재 등에 시달릴 수 있는가
  하면 뜻하지 않은 事故를 당하기도 한다.

□命宮 坐 生年 化科□
※명예. 체면을 重視하며 감수성이 풍부하고, 선천적으로 체질이 약한
  편이다.
※사람들을 돕고, 베풀기를 좋아하는가 하면 무엇을 배워도 한 번에
  깨우치는 등, 총명하고 박학하고 대인과 親和力을 갖는다.
※일을 行함에 있어 계획적이며 주로 試驗으로 벼슬을 얻는다.

□命宮 坐 生年 化忌□
※자신이 바라는 바와 現世가 서로 다를 수 있어 삶이 순조롭지 못할
  수 있고, 이기적이요, 자존심이 강한가 하면 열등의식 또한 강하다.
※불필요한 일에 집착하는 경향이 있고 독단적이요, 내성적이며 재능
  이 있어도 기회가 주어지지 않음에 대한 분노가 함축되기도 한다.
※男命은 財.官에, 女命이라면 정서와 혼인생활에 문제가 따른다.

■兄弟宮 坐, 化 祿/權/科/忌■

□兄弟 宮 坐 生年 化祿□
※형제간에 정이 깊고, 서로 도우며 食/財를 얻게 되는데, 형제 궁은
  田宅의 財帛이 되므로 부동산을 통한 식/재의 取財가 되기도 한다.

※兄弟 宮 坐 生年 化權□
※형제/자매간에 다툼/衝突이 있기 쉽고, 형제/자매가 책임자의 지위
  에 있다거나, 전문직으로 살아감을 의미하며 나보다 재주, 재능이
  뛰어나다는 뜻이다.

□兄弟 宮 坐 生年 化科□

※형제/자매가 서로 和睦하며 主로 學業으로 재물을 얻음을 의미하며 형제/자매가 나의 貴人이라는 뜻이다.

<u>※兄弟宮의 化科는 異性 因緣이 좋다는 것이요, 나를 도와주는 이들이 많다는 뜻이기도 하다.</u>

□兄弟 宮 坐 生年 化忌□

※형제가 서로 過度하게 신경을 쓴다거나 아낀다는 의미요, 그들에게 무엇인가 빚을 지고 있다는 潛在意識이 있어 그들을 돕고, 고생을 代身하려한다는 의미가 함축된다.

※형제/자매와 시비에 시달린다거나, 幼年期에 형제와 생리사별을 할 수 있음을 의미하기도 하는데, 이러한 兇을 弱化시킬 수 있는 방법은 서로 分居하는 것이다.

■夫妻宮 坐, 化 祿/權/科/忌■

□夫妻 宮 坐 生年 化祿□

※부부가 서로 有情하며 혼인 以後, 食/財가 더욱 발전하게 됨을 의미하며 主로 配偶者에 의依한다.

<u>※夫妻 宮의 化祿은 自由戀愛에 依한 結婚을 意味하며 婚姻의 因緣이 일찍 찾아들지만, 早婚하는 것은 아니요, 配偶者와의 緣이 돈독함을 의미하기도 하지만, 配偶者 또한 他人들과 私交關係가 좋음을 의미하기도 하는 것이다.</u>

<u>※夫妻 宮의 化祿은 配偶者가 美貌는 아니라는 것이요, 男命으로 男性 星, 女命으로 女性 星이 夫妻宮에 坐하면 고독한 命이 된다.</u>

※星辰의 男, 女/ 五行※

女性曜	星辰	紫微	武曲	廉貞			※擎羊-火/金
	五行	己土	辛金	丁戊			※陀羅-金
	星辰	太陰	巨門	破軍	右弼	文曲	※火星/鈴星-火
	五行	癸水	癸己辛	癸水	水	水	※地劫/地空-火
男性曜	星辰	天機	太陽	天同	廉貞		※廉貞;
	五行	乙木	丙火	壬水	丁戊		丙干- 女性
	星辰	天府	貪狼	天相	天梁	七殺	左輔	文昌
	五行	戊土	甲.癸	壬水	戊土	丁庚	土	金

여기서 ※擎羊-火/金 ... ☆火金相戰➡大兇 부분 정리:

- ※擎羊-火/金
- ※陀羅-金
- ※火星/鈴星-火
- ※地劫/地空-火
- ※廉貞; 丙干- 女性
- ☆火金相戰➡大兇

■祿存, 化祿; 土/ 化權; 木/ 化科, 化忌; 水.

□夫妻 宮 坐 生年 化權□

※男命으로 男性 曜, 女性으로 女性 曜가 入宮하면 고독하다는 것이요, 부부지간에 不和가 있기 쉬움이며, 배우자가 나보다 재능이나 능력이 뛰어남을 의미한다.

※당사자들 보다는 양측, 부모에 의해 혼인이 成事된다거나, 婚前姙娠인한 혼인일 수도 있다.

※배우자가 勢를 行使함을 의미하며 배우자를 두려워하는 경향이 있게 됨을 의미하기도 한다.

□夫妻 宮 坐 生年 化科□

※부처가 서로 和睦하며 다정하고 온화한 배우자요, 배우자가 곧 나의 貴人이라는 뜻이다.

※夫妻 宮에 男命으로 男性 星, 女命으로 女性 星이 坐한다면 婚姻에 不利하며 孤獨하다는 意味요, 夫妻의 化科는 兄弟, 姉妹나 친구, 동료들이 紹介된 婚姻이라는 뜻이기도 하다.

□夫妻 宮 坐 生年 化忌□

※부처궁에 男命으로 男性 星, 女命으로 女性 星이라면 고독하다는 뜻이며 化忌가 坐하는 구조면 혼인 이후, 我의 事業이 순조롭지 못하다는 의미가 된다.

※배우자에게 무엇인가 빚지고 있다는 잠재의식을 갖고 있어 잘 대해 주려하고 그의 고생을 대신하려하지만, 서로의 생각이 같지 않고, 부부의 緣이 돈독敦篤하지 못하다.

※혼인의 과정이 순조롭지 못할 수 있으며 晩婚이어야 한다.

※夫妻 宮의 化忌로 早婚이면 相對方에게 값비싼 代價를 치러야하는 現象이 따르게 된다.

■子女宮 坐, 化 祿/權/科/忌■

□子女 宮 坐 生年 化祿□

※자녀를 얻은 이후, 식. 재록이 늘어난다는 의미로, 자녀가 財庫를 帶同한다는 것이요, 同業으로 財祿이 取得된다는 뜻이기도 하다.

※밖에서의 인연, 특히 이성 인연이 좋으며 桃花가 따름이다.

□子女 宮 坐 生年 化權□

※子女의 性別은 子女宮 坐 星辰의 男. 女로 判斷한다.

※동업. 합작형식의 사업을 하게 된다는 뜻이다.

※유년기에 자녀의 反抗心이 强해, 자녀 양육에 어려움이 따르게 된다는 뜻이기도 하다.

□子女 宮 坐 生年 化科□
※자녀가 聰明/伶俐하다는 의미요, 자녀가 나의 貴人이라는 뜻이다.
※他人과 親和하며 特히 異性 間의 緣分이 좋음을 의미한다.

□子女 宮 坐 生年 化忌□
※자녀에게 빚을 지고 있다는 潛在意識이 있어 자녀를 특별히 아끼지
  만 자녀와 緣이 薄하며 출산이 순조롭지 못하고 뒤늦게 자식을 얻게
  된다는 뜻이다.
※사업이 순조롭지 못하고, 재물취득에 어려움이 따른다.
※동업은 내가 出資를 해야 하는 등, 좋을 것이 없으며 禁하는 것이
  좋고, 小規模의 現金장사여야 한다는 의미다.
※子女宮의 化忌는 意外의 災難. 災厄이 發生될 수 있으므로 특별한
  留意가 필요하다.

■財帛宮 坐, 化 祿/權/科/忌■

□財帛 宮 坐 生年 化祿□
※財物이 있다는 의미요, 금전 취득에 바쁘고 돈 버는 것을 좋아한다
  는 의미이나 금전 관리〈理財〉 능력이 부족하며 理財에 밝지 못하다
  는 의미가 된다.
※財帛宮은 夫妻의 夫妻로 配偶者의 桃花, 外情 等이 드러나는 곳이기
  도하다.

□財帛 宮 坐 生年 化權□
※금전취득에 대한 의욕이 강하다는 뜻이요, 돈이 있다는 의미가 되며
  특히 專門技術로 벌어들이게 된다는 뜻이다.
※돈으로 돈을 벌어들이는 등, 과감한 방식으로 돈을 벌어들이며
  錢財〈理財能力〉 運用力이 뛰어나다.

□財帛 宮 坐 生年 化科□
※理財에 계획적이요, 金錢運用의 능력을 갖는다.
※수입이 안정적이고, 일생 금전문제로 인한 어려움은 없다는 의미요,
  主로 급여생활을 하게 되는데, 교직. 회계 등이 된다.
※財帛宮은 夫妻의 夫妻位로, 肉體에 對應하는 宮이다.
  따라서 財帛 宮에 化科가 坐하면, 夫婦之間이 和睦하다는 뜻이나,
  先天 財帛에 生年의 四化가 坐하면서 또 다시 離心力 自化가 生成되
  면, 혼인생활에 변화가 따르게 된다.

□財帛 宮 坐 生年 化忌□
※부지런하고 절약하며 고생스럽게 애써 재물을 취득하게 된다는 의미
요, 금전을 重視하고 수전노와 같다는 뜻이다.

■疾厄宮 坐, 化 祿/權/科/忌■

□疾厄 宮 坐 生年 化祿□
※어린 시절 疾病/災難이 많은 등, 키우기 어렵다는 의미로, 이러한
경우의 解厄법은 養子로 들거나 佛門. 玄空. 修道僧이나 巫 人으로
살아가는 것이다.

□疾厄 宮 坐 生年 化權□
※성격이 강하고 他人과 타협하지 않으려하며 疾厄의 化權은 責任者.
長級을 의미한다.

□疾厄 宮 坐 生年 化科□
※疾厄宮은 命宮과 一體로, 疾厄宮의 化科는 내가 총명하며 풍취風趣
〈風度 = 男性的 風采와 行爲. 風情 = 女性的 溫情〉가 있다는 뜻이다.
※內, 外面의 調和를 이루는 성격이요, 감성이 풍부하나 고민이 많고
체질이 虛弱하다는 뜻이기도 하다.
※命宮은 皮相的으로 드러나는 個性이요, 疾厄은 內面的 側面을 의미
한다.

□疾厄 宮 坐 生年 化忌□
※성정이 솔직하고 바르며, 혼인 以後에는 부모와 분거分居하는 것이
좋다는 것이요, 타고난 체질이 虛弱하고 수액水厄을 당하기 쉽다는
뜻이다.

■遷移宮 坐, 化 祿/權/科/忌■

□遷移 宮 坐 生年 化祿□
※外出을 좋아하고, 出外地에서 貴人의 助力/人祿이 따르며 食. 財祿
을 얻는 等, 좋은 機會를 만나게 된다는 뜻이다.
※遷移의 化祿은 晩年, 老年期의 財祿이 좋다는 의미이기도 하다.

□遷移 宮 坐 生年 化權□
※血緣〈故鄕〉地에서는 一生 成就하기 어렵고, 出外 地 재주와 才能을
잘 드러내며 밖에서 信任신임을 얻는다.

※遷移宮의 化權은 出外하여 對人과 摩擦/ 다툼이 있기 쉬운데, 이러한 現象은 自身을 너무 드러낸다거나 傲慢함에서 초래되는 결과다.

□遷移 宮 坐 生年 化科□
※남녀 모두, 出外 地에서의 일이 순조로우며 風趣가 따르는가 하면, 일을 行함에 計劃性이 있고, 나를 도와주는 貴人이 많다는 뜻이다.

□遷移 宮 坐 生年 化忌□
※天性과 하는 일에 어긋남이 있어 現世에서는 機會를 얻기가 어렵다는 것이요, 一生 貴人의 扶助를 얻기도 어렵고, 外部에서의 일 또한 순조롭지 못함을 의미한다.

■奴僕宮 坐, 化 祿/權/科/忌■

□奴僕 宮 坐 生年 化祿□
※친구, 동료와 親和하며 그의 도움으로 食. 財祿을 얻음이요, 일반직장이나 기업, 또는 創業으로 財를 取한다는 의미다.
※奴僕宮은 夫妻의 疾厄으로 夫妻의 身體位가 되므로, 男命으로 女性의 별, 女命으로 男性의 별이 坐하면, 配偶者에게 肉體的 桃花가 있게 되는데, 化祿이라면 더욱 그러하다.

□奴僕 宮 坐 生年 化權□
※친구 간에 마찰. 충돌이 있게 되며 친구나 동료의 재주/재능이 나보다 뛰어나다는 뜻이다.
※奴僕宮은 夫妻의 疾厄으로 夫妻의 身體位가 된다.
따라서 奴僕宮에 男命으로 女性의 별, 女命으로 男性의 별이 坐하면, 肉體的 桃花가 따르게 된다.

□奴僕 宮 坐 生年 化科□
※내가 친구. 동료들과 親和/配慮한다는 뜻이요, 남녀 모두 풍취가 있다는 것이며 친구. 동료가 곧 나의 귀인이라는 뜻이다.

□奴僕 宮 坐 生年 化忌□
※金錢關係를 重視하지 않는 경향이 있으며, 친구, 동료와는 金錢去來를 禁하는 것이 좋다.
※친구/동료에게 빚이 있다는 潛在意識을 갖고 있어 그들에게 잘 대해주려고 한다는 뜻이다.
※奴僕宮은 夫妻의 疾厄〈＝身體〉位로 이 奴僕宮에 男命으로 女性 星, 女性으로 男性 星이 坐하면 桃花가 있게 된다.

□官祿 宮 坐 生年 化祿□

※학생이라면 학업 運이 좋으며 학업 성적 또한 좋다는 의미다.

※사업 運이 좋음이요, 직장/사업상의 人祿으로 得財한다는 뜻이다.

※官祿宮의 化祿은 命理 上, 正財에 屬한다.

□官祿 宮 坐 生年 化權□

※신사업 개창에 능하거나 신제품 개발에 수완手腕을 보이는가 하면, 사업 운영과 人才管理에 재능을 발휘하며 指導力을 갖는다는 뜻이요, 權勢를 잡는다는 뜻이기도 하다.

※人祿과 桃花가 따른다.

※官祿宮의 化權은 企業의 經營人. 會社의 責任者〈社長〉의 格을 이루며 外交官의 職을 隨行수행하기도 한다.

※先天 官祿 宮에 化權이 좌하는 宮 位를 流年이 行하면 昇進을 의미한다.

□官祿 宮 坐 生年 化科□

※직업이 안정적이요, 사업운영에 뛰어난 능력을 보이는데, 主로 기획計劃. 교육. 참모의 職에서 그러하며 직업/사업 측면에서 나를 돕는 이들이 많은가 하면 功名이 따른다는 뜻이다.

※官祿宮의 化科는 一生 學習〈배우고 익히는〉하는 것을 좋아하며 학업 과정이 順調순조로움을 의미한다.

□官祿 宮 坐 生年 化忌□

※직업에 변화. 변동이 많으며 혼인생활에도 變數가 따르게 된다.

※稀少性있는 물품이나, 流動性을 갖는 소규모 현금장사가 적합하다는 의미가 된다.

※流年이 先天 官祿 坐 化忌 宮을 行하면, 學業을 中斷하거나 休學. 職業轉換 또는 장사를 접는 現象이 있게 된다.

■田宅宮 坐, 化 祿/權/科/忌■

□田宅 宮 坐 生年 化祿□

※가족과 親和하며 自手成家로 재산을 취득한다는 뜻이요, 사업이나 장사로 財祿을 얻게 됨을 의미하는 것이며 제 4대한에 이르러 不動産을 所有하게 된다는 것이다.

※曾祖 父의 陰宅 位〈墓자리〉가 되기도 한다.

□田宅 宮 坐 生年 化權□
※부동산을 사들이고 소유한다는 뜻이요, 집안을 돌보며 室內를 華麗
　하게 裝飾한다는 것이며 家權을 장악하려하므로, 가족들과 다툼이
　일기 쉽다는 의미가 된다.
※田宅宮이 化權이면 專門品目이나 高級 品種을 取扱해야하며 사업의
　變換이 빠르다.

□田宅 宮 坐 生年 化科□
※主로 한 곳에 눌러앉아 살아간다는 의미요, 居宅이 쾌적. 정결. 소박
　하며 古風스런 멋이 있다는 의미다.
※가족이 서로 화목하며 家內에 문학적 情緒가 흐른다는 뜻이다.

□田宅 宮 坐 生年 化忌□
※家運이 순조롭지 못하고, 수전노의 성향을 보이며 부동산 구입 시,
　현금이 부족하게 된다거나 부동산과 관련된 財産權 問題가 발생될
　수 있음이다.
※4대한에 이르러 부동산을 구입하게 된다는 것이요, 그 이전 까지는
　移徙를 자주하게 됨을 의미한다.

■福德宮 坐, 化 祿/權/科/忌■

□福德 宮 坐 生年 化祿□
※복덕 궁은 한 個人의 人生觀이 드러나는 宮으로, 복덕궁의 化祿은
　총명하고 이해력이 뛰어나며 생활에 興趣와 福을 누린다는 뜻이요,
　자선을 좋아하며 베풀수록 食. 財. 福祿이 커진다는 의미다.

□福德 宮 坐 生年 化權□
※잠재의식. 主觀이 강하며 祖父母도 그러하다.
※福祿과 향수享受를 누리며 支出에 果敢하다는 의미이기도 하다.
※福德 宮의 化權은 한가로이 悠悠自適하기는 어렵고, 애써 努力해야
　한다는 의미요, 이러한 以後 비로소 享福할 수 있다는 뜻이다.

□福德 宮 坐 生年 化科□
※품성이 좋고 낙천적이요, 지혜와 복록이 있으며 돕고 베풀기를 좋아
　한다는 의미다.
·福德宮 또한 疾厄. 官祿과 함께, 命宮과 一體로 본다.

□福德 宮 坐 生年 化忌□

※조상의 蔭德을 기대하기 어렵다는 것이요, 삶에 여유를 얻기 어렵고, 고생이 많으며 내려준 福이 있어도 누리지 못한다는 뜻이다.

※心性이 어둡고, 쉽게 自殺을 감행할 수도 있으며 종교인, 또는 동양오술로 살아가야 한다는 의미이기도 하다.

■父母宮 坐 化 祿/權/科/忌■

□父母 宮 坐 生年 化祿□

※두뇌가 총명하고 옛것에 興趣하며, 개방적임을 의미한다.

※내가 부모와 緣分이 있으며 부모의 財祿과 蔭德을 얻는다는 뜻이요, 出生, 血緣地에서 발전하며 공공기관과 관련하여 식. 재록을 얻게 된다는 뜻이다.

※父母宮은 文書宮이요, 국가. 국가기관. 국가제도/ 공공기관/ 학교/ 단체 등과 관련된다.

□父母 宮 坐 生年 化權□

※부모가 權威的, 적극적이요, 성미性味가 불같다는 뜻이며 내가 부모에게 순종하는 편이지만, 부모와의 의사소통에 어려움이 따른다는 것이다.

※父母 中 어느 쪽이 權威的인가는 星辰의 男.女로 判斷한다.

※父母의 化權은 是非.官災가 따를 수 있으며, 幼年期에 出外하여 다칠 수 있는데, 이는 父母의 對宮이 疾厄이기 때문이다.

□父母 宮 坐 生年 化科□

※부모의 성격이 꼼꼼하고, 옛것에 대한 興趣가 있으며 근심憂愁이 많다는 뜻이다.

※父母宮은 머리를 뜻하므로 父母宮의 化科는 命主가 聰明하고 學習能力이 좋다는 의미이기도 하다.

□父母 宮 坐 生年 化忌□

※부모나 자기 자신이 現實的이요, 利己的이며 고집스럽고 말 주변이 없다는 것이며 부모를 생각하고 孝誠이 있으나, 부모와 생각하는 바에 差異가 있음을 의미한다.

※父母宮은 文書宮 이기도하여, 父母宮이 化忌라면 他人의 保證을 서는 일은 絶對절대 禁금해야 한다.

★ 두수격국斗數 格局 ★

※저는 한 때, 두수 격국을 취하지 않았었습니다.
  그 용법이 모호模糊하게 여겨졌었기 때문이었지요!!!~
  그러나 각 별들의 묘함, 충파 등을 고려한다면 명료성明瞭性을 갖추
  면서, 활용가치가 높은 또 다른 두수 관법이 될 수 있을 것입니다.
  하여 좀!!!~ 많은듯하나 따로 정리하여 두수학습에 도움이 될 수
  있도록 하였습니다.

  무조건 외우려하기 보다, 실제 명반에 적용시켜가며 이해를 하시는
  방식을 취하시다 보면 자연스럽게 익숙해 질 것입니다.

☆극향리명極嚮離明 格☆

紫微가 午宮에 坐하면서 無 會殺인 경우로, 그 기품이 당당하며 종신토록 官貴하는데, **보좌성과 녹존.천마.화록** 등이 회합될 때 그러하다.

□午宮에서는 紫微뿐 만아니라, 태양. 천량이 坐하는 境遇에도 吉格을 形成되는데, 太陽이면 自身을 드러내 보이려는 傾向이 있으며 天梁이면 나치게 고증考證〈어떤 사실이나 내용을 따지는〉하려는 모습을 보인다.

☆극거묘위極居卯位 格☆

묘/ 유 宮에 자미가 坐하면서 煞星이 들어오는 境遇다.

卯/酉의 紫微는 貪狼과 동궁하므로, 도화범주桃花犯主가 成立되는데, **화.령/겁.공** 등의 살성이 모여든다면 空門에 들게 되며 天刑이나 華蓋 等이 회집되면 **종교.철학** 等으로도 나타난다.

☆자부동궁紫府同宮 格☆

寅.申 宮의 紫/ 府가 命宮인 경우로, 富貴/ 功名함을 일컫는데, **좌보.우필**의 扶助가 있어야 한다.

□貴와 富를 主管하는 紫, 府가 同宮하므로, 이 두 별의 長點이 더욱 증폭될 듯싶지만 紫微의 進步/創造性과 天府의 保守/守成的인 성향으로 인한 갈등과 부조화가 따르게 된다.

※現世의 紫府 同宮은 本來의 意味보다는, 그 成就됨이나 知名度 等은 축소縮小된다고 보아야 한다.

☆귀성협명貴星夾命 格☆

자.부/ 일.월/ 보.필/ 괴.월/ 창.곡 또는 **록.권/ 록.과/ 권.과** 等이 命宮을 夾하는 경우로, 命宮에는 兇. 煞星이 없어야 하며 이 格은 主로 **글.문장**으로 공명하거나 財祿을 누리게 된다.

이때 命宮으로 천귀/ 은광 等이 會照하면 各 試驗이나, 考試에 有利해지며 官運 또한 吉하다.

☆사정동림四正同臨 格☆

자.부.일.월이 廟旺地에 坐하면서 命宮인 境遇로, 輔佐 吉星이 加해지면 그 氣槪가 雄飛하며 功名/작록爵祿〈높은 관직과 재물〉을 누린다.

☆보필공주輔弼拱主 格☆

자미가 守 命하면서 輔佐星이 夾하거나 회집되는 경우로, 公, 私職에서 직위를 얻는다.

□現世에서는 國家의 高位部署나 大企業 等의 秘書職에 該當된다.

☆군신경회君臣慶會 格☆

인.신.사.해의 자.부.상 組合이면서 보.필/괴.월/녹존이 회집되는 경우로,
他 煞星의 간섭이 없다면 그 官貴가 높다.

☆기량가회機梁加會 格☆

天機와 天梁이 墓旺 地인 辰/ 戌 宮에 坐하는 境遇다.
이 격은 神妙한 智略으로 世上을 놀라게 하며 兵權을 掌握한다는 조합
이 되는데, 辰宮이 좀더 유리하다.

☆기량 회양타機梁 會羊陀 格☆

진/술이나 축/미궁의 기.량이 경양과 타라를 만나는 경우로, 孤獨/刑傷
의 組合이다. 따라서 이 조합이 六親宮에서 이뤄지면 해당 육친에 그
러한 현상이 있게 된다.
特히 坤命이면서 丑/未宮의 天機나, 巳. 亥의 機/梁이면서이 格이 成立
되면 婚姻이 不美해 진다.

□이 格은 機.梁/羊.陀 조유형극만견고〈早有刑剋晚見孤〉라 稱하며 寅/
申의 機.月이나, 巳/亥宮의 天梁이 羊/陀를 만나는 경우에도 成立된다.

☆기.월.동.량機.月.同.梁 格☆

인/신 宮의 기.월 조합으로, 寅宮 보다는 申宮의 機.月 이 좀더 有利하
다. 보.필/ 괴.월의 扶助가 있다면 富貴할 수 있으나, 조상으로부터
의 德은 기대하기 어렵고 자수성가해야 하는 조합이다.
□이 格은 主로 글/문장으로 富를 이루게 되며 公企業이나 大企業에서
實務를 관리하는 총무부서의 직을 맡게 된다. 하지만 責任을 전가하
거나 職權을 남용하는 등으로 財物을 貪하는 現象이 드러나기도. . .

☆금찬광휘金燦光輝 格☆

太陽이 午宮에 坐하면서命宮인 경우로, 부귀가 雙全함을 의미한다.

☆일월동명日月同命 格☆

卯宮의 양.량과 亥宮의 태음이 會照하는 命 無 正曜의 未宮이 命宮인
경우이거나, 巳宮의 태양과 酉宮의 태음이 회조하는 丑 宮의 천량이
命宮인 경우로, 이 格을 이루면 일찍부터 문학적 재질을 발휘하며 官
貴〈높은 官職〉를 누리게 된다.

☆일조뇌문 日照雷門 格☆

묘 宮의 **태양/ 천량**으로, 生時가 낮 時間帶여야 한다.

早年에 벼슬에 오르며 富貴를 누린다는 組合으로, 文昌과 동궁하면서 祿星을 만나는 **陽.梁.昌.祿**이 成立되어야 上格이다.

□이 格은 主로 考試 等의 各 試驗과 學問研究에 有利한 組合이지만 모든 格 構造에서 그렇듯 일조뇌문 또한 他 殺星의 干涉이 있게 되면 破格으로 오히려 삶이 힘들어지는 現象이 나타난다.

☆단지계지 丹遲桂枝 格☆

태양이 **진.사/ 태음이 유.술**宮에 坐하는 경우로, 輔佐 吉星이 加해지면 **일찍부터 권세와 富貴**를 누린다.

☆일월병명 日月竝明 格☆

천량이 축궁에 坐하는 境遇로, **사, 유궁**의 廟旺한 **태양/ 태음**이 회조하는 조합이 된다.

※더불어 **축.미궁**의 **일.월** 組合도 포함되는데, 丑宮보다는 未宮의 日. 月이 더 有利하며 이 격은 동시에 **단지계기격**이 된다.

☆이요동림 二曜同臨 格☆

축/미의 **일.월**이 遷移가 되면서 對宮의 命宮이 無 正曜인 경우로, **화-권/과**가 동회하면, **문/무**로 현달顯達〈이름을 얻음〉한다.

☆일월협재 日月夾財 格☆

축.미 宮의 무. 탐이 **일/월**에 依해 夾되는 경우로, 丑宮이 더 有利하며 財富를 누린다.

이때 丑. 未의 武.貪이 財/ 田/ 福德이면 더욱 그렇다.

☆일월반배 日月反背 格☆

태양은 **신.유.술.해.자**에서 태음은 **인.묘.진.사.오**宮에서 그 빛을 發하지 못하는데, 이렇게 日/月이 함지에 坐하는 경우를 反背라 한다. 하지만 **辰宮의 太陰이나, 亥宮의 太陽이 吉化를 만나면서 煞星의 衝破가 없다면, 오히려 兵權을 장악**하는 等 吉格을 이룬다.

□反背 地의 日/月이 煞星을 만나면 主로 六親과의 不和刑剋으로 나타나며 太陽의 反背는 官災口舌이, 太陰의 反背면 음해/도난 등으로

나타나는데, 여기에 羊/陀가 加해진다면 그 흉은 더욱 증폭된다.
<u>反背 地</u>의 日/月이 갖는 또 다른 특징은 도화성이 하나라도 들어오면 쉽게 桃花를 일으키게 된다는 것이다.

☆*목압뇌경木壓雷驚 格*☆

묘/유 宮의 **무곡/ 칠살** 組合으로, 일조뢰문/목압사상/목압뇌경은 모두 사고가 빈발하는 구조로, 타 살성이 들어오면 더욱 그러하다.

☆*장성득지將星得地 格*☆

무곡이 **廟旺地**인 **진.술.축.미**地에 坐하는 경우로, 他 煞星이 없으면서 **화- 록/권**이 加해져야 하는데, 이 格이 성격되면, 그 기세가 당당하며 武職에서 공명하거나 財富가 영화롭다.
※이 格은 **무곡수원武曲守垣 格**이라고도 하며 **축.미**宮의 **무.탐**은 **탐무 동행격**이라 別稱하기도 한다.

☆*무탐수신武貪守身 格*☆

축/미궁의 **무.탐**이 **명/신궁**인 경우로, 吉星의 부조가 없다면 비록 <u>苦生</u>이 따르지만, 末年에 이르면 <u>富貴</u>를 누릴 수 있다.
□武曲은 基本的으로 고독성/ 육친 간의 무덕함 따르는 별이다.

☆*무탐동행武貪同行 格*☆

축/미의 무/탐 組合으로 兵權을 쥐거나, 文職이면 監察 織에서 현달하며 칼을 다루는 業種〈主 외과 의사 等〉에 종사하기도...
※이 조합으로 창.곡이 회조하면 博學多能하며, 보.필을 함께 만나면 <u>官貴할 수 있으나, 武曲 化忌와 동궁하거나, 他 煞星이 들어오면 災厄이 따른다.</u>
□武曲 組合은 先天的 富命이지만, 先苦後聚한다는 特徵을 갖으며 主로 中年 以後가 된다.

※이 格을 이루면서 財帛이나 福德宮에 <u>祿/ 權星</u>이 坐하면 영화로움은 더욱 증폭되지만, <u>겁.공</u>이 동회한다면 財物을 모으기 어렵고, 破財하기 쉽다.
□이 照合으로 火星/鈴星이 同會하면, 아울러 <u>火.貪/ 鈴.貪格</u>이 성립되는데, 이 경우에는 동궁보다 대조對照하는 것이 더 有利하다. 하지만, 他 煞星이 加해지면 破格된다.

☆재음협인財蔭夾印 格☆

인.신宮의 **무.상**組合을 말하는 것으로, **명/재/관/전택**宮이면 더욱 吉하며 富貴함을 뜻한다.

※무곡은 財를, 천상은 印을 主하는데, 蔭德을 상징하는 천량이 이러한 두 별을 夾하기 때문이다.

물론 他 煞이 없어야 하며 天相이나 天梁 좌 궁이 命宮이면서 無 煞이면 음인공명蔭印拱命格이라 하는데, 이때에는 巳宮의 천상과 子宮의 천량이 더 有利하다.

☆재여수구財與囚仇 格☆

무곡이 坐 守命하면서 **재백**宮〈財帛이면서 身宮이어야 한다〉의 염정이 化忌가 되는 境遇인데, 主로 **빈천貧賤/ 손재損財/ 재파財破**의 現象이 드러난다.

※재여수구 格은 다음의 경우에도 成立된다.

後天 運의 命宮이 先天 武曲 化忌 좌 위를 행하면서 財帛 宮의 廉貞이 化忌가 되거나, 후천 運의 命宮이 武曲 좌 위를 行하면서, 財帛宮의 廉貞이 化忌가 될 때다.

☆마협재록馬夾財祿 格☆

천마가 守 命하면서 **무곡**이나 **녹존** 또는 **화록**이 夾〈편협이라 해도〉하는 경우로, 천마나 무곡/祿星이 廟旺하면 더욱 吉한데, 이 格이 成格되면 **재물/곡식**이 쌓인다.

☆재인협록財印夾祿 格☆

身/財/官 宮에 祿存이나 化祿이 坐하면서 **무곡**과 **천상**이 이들 身/財/官 宮을 夾하는 경우가 되는데, 이 格이 成格되면 高官大爵〈직위가 높은 관직〉의 子孫일 수 있으며 各 試驗이나 考試등에 有利하고, 富貴를 누릴 수 있다.

□武/ 相은 寅/ 申의 互.日과 同.梁 組合을 夾한다.

☆鈴.昌.陀〈擎〉.武, 한지투하限至投河 格☆

영성+ 문창+ 타라〈경양〉+ **무곡**이 동궁, 회조하는 경우로 水厄을 의미하나, **스스로에 依한 挫折/ 交通事故 等의 災厄. 手術. 가스폭발. 비명횡사. 비행기 추락사. 자살**〈익사 사〉 等을 뜻한다.

□이 格은 武曲이 辰/ 戌宮에 좌하면서 鈴星/文昌/羊.陀가 同會하는 경우가 代表的이며 他 惡殺의 衝破가 重하다면 生死와 관련되는데, 化忌가 모여들면 더욱 그러하다.

⊡命.身.疾.遷移 宮에서 成立되면 더욱 重하다.

☆화길반귀化吉反貴 格☆

천동이 戌宮에 좌하는 丁年 生이거나, **거문**이 辰宮에 坐는 辛 年 生인 경우로, 중년 이전에 명예를 얻으며 官貴〈높은 官職〉를 누린다.

☆월생창해月生滄海 格☆

자궁의 **동.월**〈천동.태음〉 조합이 **명궁**이나 **전택궁**이면, 총명함과 더불어 清秀美麗하고 우아한 기품을 지니며 **異性으로부터** 扶助가 따른다. 그런가하면 대체적으로 대인관계가 유연하며 재물과 명예가 따른다.

☆동월우살同月遇殺 格☆

월생창해와는 달리 **동.월**이 陷地에 좌하면서 他 煞이 加해지는 경우로, **오궁**의 **동.월**이나, **묘궁**의 **태음**과 **유궁**의 **천동**인 때에도 그렇게 본다. 이러한 경우, 일이 지체遲滯되거나, 장애障碍 등으로 막히는 현상이 드러난다.

☆형수협인刑囚夾印 格☆

자.오宮의 **정.상**組合으로 擎羊이 동회하는 경우을 칭稱한다. 印星인 天相과 囚星인 廉貞이 동궁하면서 擎羊을 만나기 때문에, 이 格이 성격되면 **시비/관재.송사** 등이 따르게 된다.
⊡坤命이면 그 배우자가 病弱하다거나 外道할 수 있으며 本人에게는 유산流産/ 낙태落胎가 따를 수 있다.
※묘.유 宮에서는 천상과 정.파가 對照한다.

☆목압사상木壓蛇傷 格☆

卯/酉 宮의 貞/破 조합으로, 事故로 因한 상해傷害/부상負傷/재액災厄 등이 따르는 格 구조다.

☆염정문무廉貞文武 格☆

염정이 廟旺地에 坐하면서 역시 廟旺한 문창이나 문곡을 만나는 境遇가 該當된다.
이 格은 文武를 겸兼하며 현세에서는 작은 지방도시의 학교 장이나, 中. 小企業을 경영하며 살아가기도 한다.
그러나 **會照하는 紫微가 空亡 星을 만나는 境遇라면, 玄空學**이나, 神仙術/ 哲學的 興趣를 갖게 된다.

※염정은 축.미의 정.살/진.술의 정.부/인.신의 염정 組合 일 때 廟旺하다.

⊡염정은 性情이 眞實되지 못하고 開倉. 突破力이 不足하며 外華內貧의 경향이 있게 되는데, 卯.酉宮의 貞. 破. 相 조합이라면 下級 職의 탐관오리貪官汚吏일 수 있다.

☆웅성조원雄星朝垣 格☆

염정이 **미**宮이나 **신**宮에 坐하는 때로, 未宮에서는 **정.살**/ 申宮에서는 **염정**이 **독좌**한다.

※權星朝垣格이라고 하며 命宮에서 이러하면 성정이 强하고 武職에서 공명, 부귀를 누릴 수 있다.

☆웅수건원격雄宿乾垣 格☆

축/ 미궁의 **정. 살** 組合으로, 富를 성취하지만, 他 煞의 간섭이 없어야 하며 丑宮 보다는 未宮이 더 有利하다.

□이 格은 辛苦 이후 실권하며 主로 공무원⟨일반적 교사⟩에 可하다. 昌.曲이나 도화성과 회합되면 예술계통이요, 일반 급여 생활자라면 中. 上層의 민간기업에 근무하게 된다.

☆살공염정殺拱廉貞 格☆

丑 未宮의 **정.살**이나, 辰.戌의 **정.부** 組合으로 殺星이 同會하면, 幼年에 貧困과 災殃이 따르기 쉽고, 그 뜻을 成就하기 어려우며 夭折할 수 있는 構造를 이룬다.

☆**자.오**의 정.상이 양.타와 同會하면 형수협인刑囚夾印으로 **시비/분란/도박/소송** 等이 있게 되며 桃花星이 加해지면 酒色으로 因한 破財의 現象이 드러난다.

□午宮의 貞.相이면서 火.鈴/劫.空/天刑 等이 회조되면, 水厄을 당하기도 한다.

☆**묘.유** 宮의 정.파가 명/질/천이면서 天刑이나, 화.령/겁.공/양.타 등이 회조되면 교통사고/투신자살 등의 災厄이 따른다.

☆**진.술** 宮의 정.부는 廉貞의 組合 中 가장 안정적인 구조를 이루며 財.富를 누리게 되는데, 辰宮보다는 戌 宮이 좀 더 유리하다. 하지만 보수성이 强하고, 개창력이 부족하다보니 현세에서는 불리할 수 있다. 또한 이 구조는 羊.陀와 동회하므로, 교통사고가 따를 수 있으며 부부지간의 성격적 불화로 因한 外道가 따를 수 있다.

☆축.미 宮의 정. 살은 富를 이룰 수 있으며, 미궁의 정.살은 웅수건원
雄宿乾垣格으로 財富할 수 있지만, 煞.忌.刑星이 회집되면 길 위에
시체를 묻는다는 노상매시路上埋屍가 된다.

☆인.신 宮의 정/ 탐으로 廉貞이 化忌가 되면, 양.타와 同會한다.
이 조합은 夫婦之間에 성격 차로 因한 불화/원망이 따르며 이때 그
妻는 有婦男과의 外道가 持續的으로 이어진다.
그렇다고 하여 夜半逃走 까지 實行하는 것은 아니다.

☆사.해 宮의 정.탐 또한 財富를 이룰 수 있지만, 그 뜻을 成就하기가
어렵고, 財物이 소실되는 현상이 따른다.
男蕩. 女 多淫이라 하여 八道를 流浪하거나 他 桃花星과 어울리면
感情에 不利함이 따고 婚姻生活이 어려워지며 이 組合으로 煞星〈特
히 정.탐 화기/ 천형/ 양.타〉이 會集되면, 身體損傷이나 手術로 나타
나기도 한다.
※*이 組合은 무/ 살 運에 大發하기도 한다.*

☆노상매시路上埋屍 格☆

□丑/未 宮의 貞/殺이 命/ 遷/ 疾厄宮이면서 他 殺. 忌. 星과 회집되
는 경우로 교통사고/ 客死 또는 수술/출산 등이 따른다.

☆부상조원府相朝垣 格☆

天府와 天相 星이 命宮으로 會合되는 경우로, 德이 높고 富貴를 누린
다는 組合이다.
※이 府相朝垣은 자/ 오 宮의 紫微가 命宮이거나, 진/ 술 宮의 武曲이
命宮인 경우가 有利하며, 묘.유의 자.탐이 對宮에 좌하는 境遇 또한
부상조원이 成立된다. 하지만 煞이 加해지면 破格이며 이러한 現象
은 다른 境遇에도 같다.

☆월랑천문격月郞 天門 格☆

太陰이 亥宮에 坐하면서 生時가 밤 時間 帶여야 한다.
秀麗한 文章으로 四海에 이름을 알리며, 官貴와 財福을 누린다는 이
格은 동시에 日照雷門이 성립된다.
※現世에서는 主로, 詩. 書. 畵 等 人文/ 藝術分野에서 有利하다.
□他 煞이 모여들면 破格이요, 桃花星과 合하면 쉽게 도화에 빠져들
수 있다.

☆풍류채장격風流綵杖 格☆

貪狼이 寅宮에 坐하면서 陀羅〈경양도 該當된다〉와 同宮하거나, 亥宮의 陀羅와 暗合하는 경우가 해당되는데, 감정 상의 困憂로 因한 桃花로 나타나게 되는데, 火星이나 天刑과 동회하면 情欲은 더욱 증폭된다.

☆화탐. 령탐火貪. 鈴貪 格☆

辰.戌.丑.未에서 貪狼이 火星이나 鈴星과 同宮하는 境遇로, 축.미궁이 더 좋다.

貪狼이 化祿이면서 **화.령**과 同宮 할 때가 最上이요, 化祿없이 동궁하거나 **화.령**이 會合하여 들어오는 경우는 그 다음이 되는데, 主로 橫財를 뜻한다.

□이 格은 橫發/財富를 뜻하지만, 化忌나 劫.空 等 他 煞星이 加해지면 橫破의 현상으로 나타난다.

☆작사전도. 분골쇄시〈作事顚倒.粉骨碎屍〉 格☆

일이 뒤집히며 시체는 찢겨지고 뼈는 가루가 된다는 뜻으로, 寅.申.巳.亥의 貪狼이 曲/ 昌을 만나는 境遇다. 여기에 他 煞과 化忌가 加해지면 요절을 의미하기도 하며 特히 巳. 亥의 貪狼이면 더욱 兇하다.

□巳.亥 宮의 貞. 貪 組合은 煞. 忌. 刑. 耗가 없어야 安定할 수 있으며 그렇지 못하면 男 浪蕩, 女 多淫의 現象이 나타난다.

☆석중은옥격石中隱玉 格☆

巨門이 子/ 午宮에 坐할 때가 해당되는데, 거문이 化祿이나 化權이 될 때, 第 一이요, 祿存과 동궁하거나 六 吉星이 동회할 때에도 成立된다.

※이 格은 地位/ 名譽가 높으며, 그로부터 財物이 蓄積〈큰 財物을 모으기도 한다〉되지만, 한 차례의 고난을 경험한 이후, 뒤늦게 성취한다.

※이 組合으로 태양 화권과 문곡 화과가 會照하면 中年 以前〈30~40대〉에 成就하기도 한다.

特히 이 組合은 是非/口舌 等에 휘말릴 수 있어 나서는 것을 삼가야〈地位가 높을수록 그렇다〉하며 羊.陀/ 火.鈴 등의 煞星이 회조하면 破格이요, 六親이 온전치 못하거나 無德한 現象이 드러난다.

☆명주출해明珠出海 格☆

丑宮의 거.동이 未宮으로 借星되면서 卯宮의 양.량〈일조뇌문/ 일출부상격이 된다〉과 亥宮의 태음〈월랑천문격이 된다〉이 회합되는 경우요, 이 組合이 他 殺星이나, 천동화기/거문화기 等을 만나면 시기/질투猜忌嫉妬의

現象이 드러난다.

※이 格은 明珠出海와 더불어 日照雷門/ 月朗天門格이 성립되는데, 命宮으로 창.곡/ 보.필이 회조될 때를 吉로 보며 主로 考試에 합격하는 등, 시험試驗에 유리하다.

☆거일동궁巨日同宮 格☆

인/ 신 宮의 거.일이 坐 守 命하는 境遇로, 官貴顯達함을 뜻하는데, 輔佐星과 더불어 녹.권.과星이 會合된다면 더욱 吉하다.

※이 組合의 特徵은 是非口舌에 휘말리기 쉽다는 것인데, 이는 後天的 修養으로 解消할 수 있으며 現世에서는 정치/ 법률/ 언론/ 출판 等에 적합하며 異族 星이 强해 무역이나 외국인을 상대하는 일,사업/ 외국인 회사에 다니는 等의 現象으로 나타난다.

※이 格은 寅/申의 巨.日뿐만 이니라, 巳宮의 太陽과 亥宮의 巨門이거나, 午宮의 太陽인 경우도 해당된다.

☆거봉사살巨逢四煞 格☆

거문이 坐 守 命하면서 多煞 즉, 화.령/ 겁.공/ 양.타가 會照하는 경우로, 吉星의 扶助가 없다면, 平生 勞碌하거나 是非口舌/官災訟事 等이 따르는 等의 兇格으로, 六親宮에서 그러면, 該當 六親에 兇象이 드러나며 男.女 모두 邪淫하며 外道를 일삼다가 死亡한다는 兇 格이다.

※이 格이 자미/ 녹존 等의 별을 만나면 그렇지 않고, 現實的으로는 시비/ 손실/ 실패 等으로 나타나며, 化忌나 巨門이 化忌가 되면 더더욱 그러하여, 관재/ 송사가 따르기 쉽다. 하지만, 법률. 관/ 송사와 관련되는 업종에 종사한다면 이를 해소解消할 수 있다.

□巨門이 羊. 陀를 만나면 男女 모두 奸邪하고 淫亂하며, 火. 鈴을 만나는 거巨. 화火. 양羊 또한 兇格으로 他 煞星이 加해지면 스스로 목을 매거나 外地에서 死亡하는 등 生死와 관련되는데, 이 조합으로 劍.警 等의 職이면 그 兇을 解消할 수 있다.

※거문은 **자.오/ 진.술/ 사.해**에서 獨坐하며 **묘.유**에서는 기.거/ **축. 미**에서는 거.동/ **인.신**에서는 거.일이 동궁하면서 對照한다.

☆음인공신蔭印拱身 格☆

身宮이나 田宅宮으로 天相과 天梁이 同會하는 境遇가 되는데, 他 煞星의 간섭이나 空亡되지 않는다면 富貴雙全의 命이다.

☆수성입묘壽星入廟 格☆

天梁이 午宮에 坐하면서 命宮이 되는 경우로, 그 氣象이 당당하고 一生 官貴와 榮華를 누리며 長壽한다는 組合이다. 그러나 문창. 문곡 等, 六 吉星의 扶助와 더불어, 他 煞星이 없어야 하는데, 特히 양.타는 兇하다.

※**천량/태양/자미**는 午宮에 坐하는 것이 좋지만, 午宮에서의 이 별들은 他人들로 부터 오만함과 타인을 무시하는 경향이 있는 것으로 보일수 있어 명성과 지위가 오를수록 대인관계에 어려움이 초래되는 현상이 드러난다.
※이 組合은 종교/철학/신선술/신비물에 흥취하는 성향이 있는가 하면, 방약무인〈함부로 말하고 行動하는〉하는 경향이 있어 孤立無援을 자초하기 쉬우며 현실로부터 도피하는 형태로 나타나기도 한다.

☆천량공월天梁拱月 格☆

천량과 태음은 恒常 三方으로 만나게 되는데, 천량과 태음의 두 별이 命/ 身으로 分居하면서 陷地가 되는 때이다.
이 경우 삶이 안정되지 못하고 도처를 유랑하며 고빈하게 살아가거나 家産을 탕진하며 양.타가 加해진다면 풍속風俗을 해치며 坤命이라면 빈한음란貧寒淫亂하다.

□主로 이 組合은 孤獨하고 貧 下賤하며 酉宮의 陽. 梁으로 文曲 化忌와 火.鈴이 들어오면, 약물에 中毒〈수면제/마약/본드/농약 등〉되거나 농약을 마시는 飮毒自殺을 敢行할 도 있으며 福德 宮에서 이러하다면 似而非 宗敎에 빠지는 現象으로도 드러난다.
□天梁은 巳.申.酉.亥가 陷地요, 太陰은 酉.戌.亥.子.丑이 旺地다.

※天梁이 巳.亥, 太陰이 寅.申 宮에 坐하면 淫亂/下賤하다.
그러나 陷地가 아닌 **천량/ 태음**은 衣祿의 象이다.
※巳.亥 宮의 **정탐**은 **자.파/ 무.살**을 만나는 구조로 성격이 예민하고 강렬한 면이 있으며 人生에 변화가 많은 조합으로, 비록 그 출신이 미약하다 하더라도 4~ 50대 以後, 발복을 기대 할 수 있다.
※太陰이 卯位면 반배, 巳宮이면 천휴天休라 하며 陷地의 太陰은 性質이 좋지 못한데, 이러한 陷地의 太陰이 天梁을 만나면 **고독. 형극**하는 天梁의 영향 을 받게 된다.

☆문량진기文梁振紀 格☆

천량이 廟旺 地에 坐하면서 역시 廟旺한 문곡과 同會하는 경우로, 이 두 별이 同宮하면 高位 職에도 오를 수 있다. 하지만, **두 별은 孤剋하는 現狀과 더불어 鑑察의 별이어서** 他人들에 依해 시기猜忌. 질시嫉視를 받기가 쉽다.

※천량은 묘궁의 **양.량**/ 축.미의 **천량**/ 진.술의 **기.량**/ 자.오의 **천량**일 때 廟旺하다.

☆칠살조두七殺朝斗 格☆

七殺이 墓旺地인 寅.申 宮에 坐하면서 命宮인 경우로, 每事를 성취할 수 있으며 貴함과 수복을 향유하며 寅宮의 七殺은 **칠살앙두**〈七殺仰斗〉라고도 한다.

※寅.申의 七殺 以外에 子.午의 七殺 또한 七殺朝斗가 되며, 모든 경우 **보.필**/ **괴.월**/ **창.곡** 등이 회합되야 삶이 영화로울 수 있으며, 煞星이 加해지면 破格이다.

⊡坤命으로 七殺이면, 婚姻에 不利함이 따른다.

☆영성입묘鈴星入廟 格☆

破軍이 자/ 오궁에서 坐 守 命하는 境遇로, 威權 顯達한다.

이 조합으로, 化權이나 祿存/ 化祿이 들어오면 더욱 吉하다.

※이 조합은 成敗의 波動이 따르며, 어려움을 극복해 내는 등에서는 그 能力을 發揮하기 쉽지만, 對人 處世에는 能하지 못하는 面이있다.

☆명무정요命無正曜 格☆

命宮에 主〈正〉星이 無 坐하는 경우로, 어린 시절 성장환경에 결함이 있거나, 어린 시절 질병/고독/빈한할 수 있다. 그러나 양.타/ 화.령/ 겁.공 등 殺星이 회조할 때 그러한 현상이나타나는 것으로 보며 命無正曜인 경우에는 對宮이나 命主星을 借用한다.

☆명리봉흉命裏逢兇 格☆

겁/공 等 空星이 坐 守 身.命하면서 無 吉星인 경우로, 每事에 성패가 따르는 등 성취에 어려움이 따르며 吉星의 扶助가 없다면, 모든 것이 헛될 수 있다.

※이 組合은 淸閑 孤獨한 삶을 살아감이 오히려 可하며 화.령/ 천마가 會照하면, 삶이 더욱 외로워진다.

※이 格으로 도화 성계가 모여들면, 연예계통에서 성취함을 얻기도.

☆삼기가회三奇加會 格☆

命宮으로 화록. 화권. 화과의 三 奇星이 會合되는 경우로 化祿이 守命하는 구조가 좀 더 有利하며 富貴와 功名이 따르게 되는데, 이 格은 **명. 재백. 관록궁에서 成立되는 것을** 上으로 본다. 이 境遇에도 殺星의 衝破가 있으면 破格으로, 직위는 있어도 실권이 없거나 허명인 경우가 많게 된다.

☆좌귀향귀坐貴向貴 格☆

괴.월이 축/ 미궁에 坐하면서 命/ 遷이 되는 경우로, 이 格이 成格되면 靑貴 榮華를 뜻하는데, 廟旺한 태양.천량과 태음이 會照하는 未宮이 더 有利하다.

☆천을공명天乙拱命 格☆

괴. 월이 命宮에 坐하는 境遇로, 문장에 뛰어나고 考試 等 各 시험에 有利하며 청년기에 과거급제요, 官貴한다.

☆문성공명文星拱命 格☆

文星은 主로 **문곡.문창/화과/용지.봉각/천재/박사** 等을 말한다. 여기서는 **文昌이 亥.子.丑 宮에서 坐 守 命하는 境遇**로, 人文 學에 조예造詣하며 시험에 有利한 조합으로 論한다. 그러나 文昌이 化忌면, 늘 試驗에 떨어지는 現象이 나타난다.
□亥.子.丑 宮의 文昌으로 羊.陀/ 火.鈴/ 劫.空 등의 煞星이 회합되면 試驗에 불리해 지며 기에技藝/ 공에工藝로 살아간다.

☆문성우협文星遇夾 格☆

命/ 身 宮의 문곡이나 문창을 양.타/ 화.령/ 겁.공/ 화기 等이 夾하는 경우로, 成就되는 것 없이 百苦千難하며 試驗에도 실패한다는 조합이다. 비록 財帛 宮의 情況이 吉하다 해도 貧寒함을 免하기는 어려우며 商業이나 技藝로 나아가는 것이 有利하다.

☆쌍록조원雙祿朝垣 格☆

祿存과 化祿이 分居하면서 命宮으로 會合되는 경우로, 財富 功名한다는 조합이다.
□財-官/ 財-遷/ 官-遷의 方式으로 祿存과 化祿이 分居되는것이 吉하며 煞星이 加해지면 破格이 된다.

☆**록합원앙祿合鴛鴦垣 格**☆

命宮에 祿存 化祿이 동궁하거나, 命宮에 祿存이 坐하면서 化祿이 會照한다거나, 化祿이 守 命하면서 祿存이 會合될 때로, 文武 또는 財政〈武〉/政治 등에서 財富하며 榮華를 누린다.

□夫妻宮에 化祿이 坐하면서 命宮으로 祿存이나 化祿이 들어오는 경우라면, 妻로 因한 得財를 의미한다.

☆**권록순봉權祿巡逢 格**☆

화록이나, 녹존이 化權 星과 守 命할 때를 稱한다.

이러한 境遇라면, 組織 內에서 主로 회계업무를 맡게 되는데, 天機가 化祿이거나 武曲이 化權이면 이런 性向은 더욱 증폭된다.

☆**과명회록科名會祿 格**☆

命宮에 化科星이 坐하면서 祿存이나 化祿이 會合되는 境遇로, 글 솜씨가 뛰어나며 官貴를 누린다는 組合이 되는데, 현세에서는 主로 공직/교육직에 可하다.

※祿存이나 化祿이 暗合하면서 化科가 회조하면, 이름을 알리고 財物이 들어오게 되는데, 축. 미의 자미. 파군 화록이면서 子宮의 天機 祿存으로 化科가 加해지는 境遇 등이 해당된다.

☆**과권대공科權對拱 格**☆

化權과 化科의 두 별이 遷移/ 財帛/ 官祿宮으로 會合되는 경우가 해당된다.

이 격은 文章으로 이름을 얻거나 각 시험에 유리해 지는데, 他 科文星〈곡.창/화과/천재/박사/용지.봉각〉들이 加해져야 그러하다.

□命宮에 化科星이 坐하면서 祿存이나 化權이 會照하는 境遇에도 成格하며 化科星만 있을 뿐 科文星들이 無存하거나, 科文星만 있을 뿐, 化科星이 없는 狀況이면 求學을 좋아하는 현상으로 나타난다.

☆**좌우동궁左右同宮 格**☆

命宮에 보.필이 同宮하는 境遇로, 現世에서는 자선 사업체나 救濟 事業에 임하게 되며 국영 기업체의 간부가 되기도 한다.

☆**좌우수원左右守垣 格**☆

보. 필이 坐 守 命하면서 他 科文星〈곡. 창/화과/천재/박사/용지. 봉각〉이 會合될 때를 稱하는 것으로, 官貴〈高位 職에 이름〉를 누릴 수 있다.

※보.필이 同宮하는 축. 미인 경우에는 左右同宮, 또는 좌우동원격左右
同垣格이라고 한다.

☆문계문화文桂文華格☆

축. 미궁에 창. 곡이 坐하면서 命宮이 되는 경우로, 卯.酉 時에 出生한
者라야 한다.
祿存이나 화, 록/권/과 等, 吉星이 會照해야 하는데 主로 문학. 학문.
예술 系統이 可하며 分析力/ 學習 能力이 뛰어나다.
⊡坤命으로 이 格이면 婚姻 以後 配緣이 틀어질 수 있으며 有婦男과
통정通情하기도 한다.

☆보공문성輔拱文星 格☆

문창이 坐 守 命하면서 좌보가 對照하는 경우로, 기개가 곧으며 관찰
직〈현세의 市長 정도〉을 맡는다.

☆명리봉공命裡逢空 格☆

命宮이 亥宮으로 겁.공과 偕住하면서 吉星의 扶助가 없는 경우로, 청빈
고독하며 성취하는 것이 없게 된다.

☆과성살집科星殺集 格☆

命宮에 化科星이 坐하면서 양,타/ 화.령/ 겁.공/ 화기 等의 煞星이 夾/
會集되는 境遇〈녹존과 과성이 동궁해도 그렇다〉로, 능력을 제대로 발휘하기 어려
울 뿐만 아니라 對人들에 依한 질시嫉視/저해沮害가 따르는 等 苦生이
많게 된다. 더욱이나 이 格이 成立되면 契約이나 文書 上의 시비/장애
障碍가 초래되기 쉽다.

☆괴월흉충魁鉞凶沖 格☆

命宮에 괴.월이 坐하면서 他 殺이 회집되는 경우로, 경양이나 겁.공이 加
해지면, 대인관계에 결함〈惡人을 만나기 쉬운 等〉이 있게 되고, 痼疾
病이나 他 疾患에 시달릴 수 있으며, 試驗에도 不利함이 따른다. 하지
만, 無 煞에 녹.마가 本命에서 동궁하거나 대조하는 상태에서 運으로
또 다시 녹.마가 들어온다면 우수한 성적으로 시험에 합격함을 의미.
▢녹마교치가 成立되려면 녹존과 천마가 身/命에 동궁해야하며 分居하
거나 어느 한쪽이 없는 單 守라면, 수전노〈천마가 없는 상태에서 녹존만
이 單守할 때〉가 되거나 변화/변동이 심해질 뿐이다.
　　　　▢福德 宮에서 녹마교치가 成立되면 晩年에 이르러 財富를 누린다.

☆관살입명官殺入命 格☆

命宮이 無 正星이면서 官祿宮으로 殺星이 동회할 때로, 직업적 변화/
변동/파직/면직/명퇴 等이 따른다.

이 格은 主로 公務員에 可하다.

☆문성암공文星暗空 格☆

命宮에 창.곡이 同宮하거나 夾/ 照하면서 他 科星이 加해지는 경우가
되는데, 일찍부터 높은 官職에 오르는 等, 昇進에 有利하지만 他 煞星
의 侵犯이 없어야 하며 그렇지 않다면 破格이다. 만약 겁.공/양.타에
依해 夾되면 貧賤하게 살아가지만, 命宮의 主星이 廟旺하면서 록.권.과
가 加해진다면, 양.타/ 겁.공이 夾한다해도 兇하지만은 않아, 申宮의
廉貞/ 午宮의 七殺 조합이거나, 未宮의 貞.殺 조합이면서 輔.弼이 加해
지면 오히려 대귀대부大貴大富로 논한다. 하지만 劫.空/ 羊.陀에 依해
夾되면서 命宮의 主星이 化忌인 경우라면, 貧賤夭折의 象이다.

☆馬頭帶箭 格마두대전격☆

午>卯>酉宮에서 擎羊이 獨坐하는 境遇로, 보.필/괴.월/녹.마等이 會照
하면 威權하며, 武官으로 貴顯한다고 보는 組合이나, 흔히 조폭<깡패>
에게서도 많이 나타난다. 그러나 富貴는 오래가지 못하며 이 조합으로
他 煞星의 衝破가 있게 되면, 六親과 不和 刑剋하며 잔질殘疾/ 身體障
碍/ 夭折을 뜻하기도 한다.

※마두대전을 이루는 또 다른 조합으로는 午宮에서 貪狼과 擎羊 同宮
  하거나, 天同과 擎羊 同宮하는 경우다.

☆화.양/ 영.타火.羊/ 鈴.陀 格☆

火星이 擎羊이나 陀羅를 만난다거나, 鈴星이 陀羅와 會合하는 경우에
는 이살제살以煞制煞되어 오히려 큰 成就를 이루게 되는데, 이들이 廟
旺한 상태에서의 동회여야 한다.

□火星이 擎羊과 巨門을 만나거나, 巨門이 火星<혹은 령성>이나 擎羊
  <혹은 타라>을 만나면 巨.火.羊<거.령.타> 格으로 종신액사終身縊死
  를 이뤄 신체재액이 있게 되는데, 主로 교통사고/목매자살 하는 등
  의 현상으로 나타나며 化忌의 회합이 있게 되면 더욱 그러하다.

☆양인입묘擎羊入廟格☆

辰.戌.丑.未宮에 擎羊이 坐하면서 他 吉星이 扶助하는 경우가되는데,
이 格이 성립되면 主로 무직으로 나가며 권위權威가 오른다.

擎羊이나 陀羅가 廟旺地에 坐하면서 火星과 同宮하는 경우로, 어떠한 어려움도 극복克復하고 위권威權을 갖추게 된다. 하지만 반드시 고초 苦草의 歲月을 경험해야 한다.

▷羊. 陀는 辰·戌·丑·未에서 廟旺하다.

※陀羅＋火星의 組合보다는 擎羊과 火星이 동궁하는 경우가 더 有利 하며 貪狼을 만나면 그 력량은 발휘되지 못한다.

▷ ※看破간파要諦요체 ※ ◁

※다음은 현장에서 통합 통변 술을 유용하게 활용할 수 있는 지식과 도표화한 일람표 들입니다.

▢두수 주요 부가지식, 알림표▢ ☆斗數, 六合☆

※天機.破軍/ 太陽.天府/ 武曲.太陰/ 天同.貪狼/ 廉貞.天梁※

■獨自星 系; 紫微/ 巨門/ 天相/ 七殺〈수시로 他星과 六合을 이룸〉

▷雙星은 三合, 暗合星은 暗合 宮으로 만날 때 그 影響力이 크다.

☆主要 雜星 廟/ 陷☆

星辰		擎羊	陀羅	火星/ 鈴星
宮	廟/旺	辰/ 戌/	丑/ 未	寅/ 午/ 戌
	得.利益			巳/酉/丑. 亥/卯/未
	陷	子.午.卯.酉	寅.申.巳.亥	申/ 子 /辰

	廟	陷
天刑	寅.卯. 酉.戌	丑. 未
天妖	卯. 酉.戌	〃

※地劫; 辰.戌地에서 廟旺하고, 他 地는 無用.

※地空; 丑.寅.巳.午.酉地에서 廟旺하고, 子.卯.辰.申.亥에서 陷.

女性曜	星辰	紫微	武曲	廉貞			※擎羊-火/金
	五行	己土	辛金	丁戊			※陀羅-金
	星辰	太陰	巨門	破軍	右弼	文曲	※火星/鈴星-火
	五行	癸水	癸己辛	癸水	水	水	※地劫/地空-火
男性曜	星辰	天機	太陽	天同	廉貞		※廉貞; ↳丙干-女性.
	五行	乙木	丙火	壬水	丁戊		☆火金相戰➔ 大兇
	星辰	天府	貪狼	天相	天梁	七殺	左輔 / 文昌
	五行	戊土	甲.癸	壬水	戊土	丁庚	土 / 金

■祿存, 化祿; 土.　　■化權; 木.　　■化科, 化忌; 水.

☆北斗星은 運 中➔ 前半期, 南斗星은 後半期에 吉/ 兇 作用.

　　　　　※南/ 北斗星이 斗君과 만나는 境遇에도 위와 같다.

▫北斗星; 紫微, 武曲, 廉貞// 貪狼, 巨門, 破軍.
　　　　左輔, 右弼// 文曲// 祿存// 擎羊, 陀羅.

▫南斗星; 天機, 天同// 天府, 天相, 天梁, 七殺// 天魁/ 天鉞.
　　　　文昌// 火星, 鈴星.

▫中天星; 太陽, 太陰.

※陽男, 陰女는 南斗星, 陰男, 陽女는 北斗星이 吉하다.

☆木星; 天機. 貪狼.　　　　☆火星; 太陽. 廉貞. 七殺.

☆土星; 紫微. 天府. 天梁.　　☆金星; 武曲. 天同.

☆水星; 天同. 太陰. 貪狼. 巨門. 天相. 破軍.

天干	甲	乙	丙	丁	戊	己	庚	辛	壬	癸
天魁	未	甲	酉	亥	丑	子	丑	寅	卯	巳
天鉞	丑	子	戌	酉	未	申	未	午	巳	卯
文曲	酉	申	午	巳	午	巳	卯	寅	子	亥
文昌	巳	午	申	酉	申	酉	亥	子	寅	卯
擎羊	卯	辰	午	未	午	未	酉	戌	子	丑
祿存	寅	卯	巳	午	巳	午	申	酉	亥	子
陀羅	丑	寅	辰	巳	辰	巳	未	申	戌	亥

運支	子	丑	寅	卯	辰	巳	午	未	申	酉	戌	亥
紅鸞	卯	寅	丑	子	亥	戌	酉	申	未	午	巳	辰
天喜	酉	申	未	午	巳	辰	卯	寅	丑	子	亥	戌
天馬	寅	亥	申	巳	寅	亥	申	巳	寅	亥	申	巳

☆火星/ 鈴星→ 出生 年 支 基準 ⊡流年에서도 取한다.

　　　　　　▷寅.午.戌; 丑/ 卯　　▷申.子.辰; 寅/ 戌.
　　　　　　▷巳.酉.丑; 卯/ 戌　　▷亥.卯.未; 酉/ 戌.

咸池; 寅.午.戌-卯/　申.子.辰-酉/　巳.酉.丑-午/　亥.卯.未 年-子位

天哭; 午宮에서 起 子하여 流年 支까지 逆行.

天虛;　　　　〃　　　　.　〃　　　　順行.

　　　　　　　　　　　　　▷血刃◁;. 流年 夫妻宮에 入.

七星點; 命〈本/ 流年〉宮에서 生月까지 逆行〈天位〉한 後, 生日까지〈地位〉
　　　　順行한 다음, 다시 生時까지〈人位〉逆行하여 到着된 곳.

■太歲 12神- ※男/ 女모두 流年 支부터 順行※

☆喪門; 流年 福德宮에 入/　　　☆白虎; 喪門의 對宮〈流, 財帛에 入〉

☆弔客;　〃　夫妻宮에 入/　　　☆官符; 弔客의 對宮〈流, 官祿에 入〉

☆死符;　〃　奴僕宮에 入.

☆病符;　〃　兄弟宮에 入→ 流年 支 後 1位.

■博士 12神→ 流年 祿存位부터 陽男陰女~順行, 陰男陽女~逆行.

☆小耗; 祿存 前/後 4位 入/　　　☆大耗; 小耗의 對宮〈10位에 入〉.

☆病符;　〃　9位 入/　　　☆官符; 祿存 前/ 後 12位 入.

宮支	子	丑/亥	寅/戌	卯/酉	辰/申	巳/未	午
命主	탐랑	거문	녹존	문곡	염정	무곡	파군

身主	화성	천상	천량	천동	문창	천기
宮支	子/午	丑/未	寅/申	卯/酉	辰/戌	巳/亥

宮支	子	丑	寅	卯	辰	巳	午	未	申	酉/戌/亥
小化忌	寅.申	午	巳	亥	辰.巳	丑	酉		火鈴	羊.陀

※運/ 流神※

生/ 流年	子	丑	寅	卯	辰	巳	午	未	申	酉	戌	亥
태세〈月健〉	子	丑	寅	卯	辰	巳	午	未	申	酉	戌	亥
화혈〈火血〉	丑	寅	卯	辰	巳	午	未	申	酉	戌	亥	子
구교〈勾狡〉	卯	辰	巳	午	未	申	酉	戌	亥	子	丑	寅
비재〈飛財〉	午	子	辰	丑	戌	未	亥	申	酉	寅	卯	巳
폭패〈暴敗〉	未	申	酉	戌	亥	子	丑	寅	卯	辰	巳	午
혈인〈血刃〉	戌	亥	子	丑	寅	卯	辰	巳	午	未	申	酉
권설〈卷舌〉	酉	戌	亥	子	丑	寅	卯	辰	巳	午	未	申

☆**라망살**〈天羅,地網/ 出生 年 基準〉; 運이 **辰/戌**位를 行할 때.
↳戌年 生 **男**으로 亥年/亥位, 亥年 生 **女**로 戌年/戌位를 行➡ 天羅. 男.
 辰年 生 〃 巳年/巳位, 巳年 〃 辰年/辰位를 行➡ 地網. 女.
　　　　　　　　　　　　　　※天羅의 兇이 더 甚※
※男은 天羅, 女는 地網을 꺼리며 貞,貪/ 巨/ 殺,破와 羊,陀/火,鈴 等
을 만나면 死亡.

☆태세〈月健〉; 太歲+ 太歲에 他 煞 加면 ➡ 破敗, 甚하면 死亡.
☆화혈〈火血〉; 本- 田宅坐, 流火血+火,鈴+ 他 煞이면➡ 火災.
☆구교〈勾狡〉; 勾狡/太陰〈=貫索〉+廉貞/七殺/破軍/四殺/化忌➡ 自殺.
☆비재〈飛財〉; 飛財+ **녹존,화록**/ 무곡에 他 吉星 加면 ➡ 橫財.
☆폭패〈暴敗〉; 暴敗+ 他 煞이면 家庭이 깨지고, 哭聲.
☆혈인〈血刃〉; 血刃이 身,命/官/遷/福德宮을 行하면서 +他煞이면➡
　　　　　刀傷之血.
　　　　　夫妻/ 子女宮에서 이러하면 夫妻之離/ 子女之亡.
　　　　　父母宮이면 孝服事.
☆권설〈卷舌〉; 本- 疾厄宮에 坐면서 他 煞 加면➡ 聾兒〈귀머거리〉.

※十干 四化※

	甲	乙	丙	丁	戊	己	庚	辛	壬	癸
化祿	廉	機	同	月	貪	武	陽	巨	梁	破
權	破	梁	機	同	月	貪	武	陽	紫	巨
科	武	紫	昌	機	陽	梁	府同	曲	府	月
忌	陽	月	廉	巨	機	曲	同相	昌	武	貪

※時 盤 作成法※

※九星 時盤은 日盤을 基準한다.

日 \ 時		子	丑	寅	卯	辰	巳	午	未	申	酉	戌	亥
順行	子.午.卯.酉	1	2	3	4	5	6	7	8	9	1	2	3
	辰.戌.丑.未	4	5	6	7	8	9	1	2	3	4	5	6
	寅.申.巳.亥	7	8	9	1	2	3	4	5	6	7	8	9
逆行	子.午.卯.酉	9	8	7	6	5	4	3	2	1	9	8	7
	辰.戌.丑.未	6	5	4	3	2	1	9	8	7	6	5	4
	寅.申.巳.亥	3	2	1	9	8	7	6	5	4	3	2	1

※時命 星 찾기※;
□2006年 陽曆 11月 1〈甲午〉日 巳時라면 아직 冬至 以前이므로 逆行
이 며 時命 星은 四綠 木星이 된다.

⊡出生, 問占 日이 冬至부터~ 夏至 前日이면; 順行, 陽遁,
⊡出生, 問占 日이 夏至부터~ 冬至 前日이면; 逆行, 陰遁한다.

▷冬至; 그 해 12月 中旬부터 夏至〈5月 中旬〉前 까지~ 順行.
▷夏至; 그 해 5月 中旬부터 冬至〈12月 中旬〉前 까지~ 逆行.

☆12運星 判斷法☆

※胞胎法 上, 衰/病/死/墓地 일지라도 四柱 中和 上 該當 六神이 忌神
이라면 吉 作用으로, 長生/旺/胎地라 해도 忌神이라면, 該當 六親은
兇으로 論한다.

※三合 日, 吉 方/ 吉 色※

⊡申.子.辰 日; 北方 位. 검은 색, 검은 색의 衣服.
⊡巳.酉.丑 日; 西方 位. 백색, 흰 색계통의 衣服.
⊡寅.午.戌 日; 南方 位. 붉은 색, 적색계통의 衣服.
⊡亥.卯.未 日; 東方 位. 청색, 푸른색 계통의 衣服.

위 方位와 色相은 운동경기/ 시험/ 면접/ 도박 등에도 적용됨.

巽 宮, 四綠 木. 象数 - 4 晩春~初夏/07~ 11時 늦봄, 초여름. 바람. 草木 繁盛期. 도로. 통로/ 출입구. 냉방기. 창틀 옆. 辰. 巳/ 東南 方. 사업, 대인, 거래 신용, 혼인, 번영 宮.	離 宮, 九紫 火. 象数 - 9 夏 節期/ 11~ 13時 여름. 南風. 무지개. 태양. 무더위. 서재. 책장/ 화장대. 조명기구 근처. 午/ 南 方. 명예, 학문, 마찰, 비밀탄로 宮.	坤 宮, 二黑 土. 象数 - 2 晩夏~初秋/13~ 17時 늦여름. 초가을. 서리 흐리고 고요한 날씨 옷장. 네모난 상자, 주머니 안. 未. 申/ 西南 方. 집, 가정, 점포 직업, 직장 宮.
震, 三碧 木. 象数 - 3 春 節期/ 05~ 07時 봄. 東風. 회오리. 천둥. 번개. 지진. 해일 목제품. 전화. 전기, 전자제품 옆. 卯/ 東 方. 계획, 시작, 설계 사기, 폭로 宮.	中 宮, 五黃 土. 象数 - 5 ※換節期※ 中 央 태풍. 천재지변. 大災殃. 한파. 냉해. 병충해. 거실. 화장실. 쓰레기통. 쓰레기장.	兌 宮, 七白 金. 象数 - 7 秋 節期/17~ 19時 가을. 西風. 해질 무렵. 식품, 음료수 옆. 벌어진 틈, 공간. 酉/ 西 方. 유흥, 소비, 연애 구설시비. 재물 宮.
艮 宮, 八白 土. 象数 - 8 晩冬~初春/01~ 05時 늦겨울, 초봄. 흐림 變化의 時期. 의자. 소파. 침대. 문. 조끼 주머니. 창고/ 계단, 승강기. 丑. 寅/ 東北 方. 변화, 부동산, 저축 재산, 상속 宮.	坎 宮, 一白 水. 象数 - 1 冬 節期/ 23~ 01 時 겨울. 어두운 밤. 北風. 비. 구름. 안개. 지하실. 씽크대/ 냉장고/ 수도 하수구. 子/ 北 方. 자식. 부하. 고난. 질병. 이성. 색정 宮.	乾 宮, 六白 金. 象数 - 6 晩秋~初冬/19~23時 늦가을, 초겨울. 맑은 날씨. 暴風雨 옥상. 가방. 핸드백. 자동차/ 금고/ 외투. 戌. 亥/ 西北 方. 법률, 법규, 성취, 종교 宮.

현관. 出入口. 도로, 철로, 선로. 다리,橋脚. 숲. **새장. 새 파는 상점.** **목재 하치장.** **우동, 국수, 장어집.** **선착장.** **비행장, 공항.** **우체국.**	등대燈臺. 화려한 곳. 화재현장 검사, 檢問所. 시험장 선거장. 競賣場. 책방, 文具店. 학원 **백화점. 악세사리점.** **학교. 경찰,소방서.** **도서관. 국회의사당.** **증권거래소. 기도원**	平遠. 들판. 공원. 공터. 埋立地 不動産(논,밭,대지) 농촌. 산 중턱 土窟. 빈민굴. 씨름장 **곡물창고. 공장**→ 시멘트, 기와, 도자기 本籍地. **일터. 노동조합.**
震源地. 화약고. 射擊場. 싸움터. 시끄러운 곳. 가로수. 靑瓜市場. 庭園樹 판매장. 나무울타리 쳐진 곳 **음악 연주회장.** **공연장. 강연장.** **전화국. 발전소.**	황야. 荒蕪地. 전쟁터. 汚染地帶. 化粧室. 쓰레기장. **폐기물 처리장.** **도살장.** **사형장. 화장터.** **음침, 추잡한 곳.** **안방, 홈그라운드.**	低地帶. 도랑. 屈曲河川. 양계장. **예식장. 음식점** **유흥, 향락업소**→ 오락실, 다방, 클럽, 카바레, 러브호텔. 레저 관광지대.
산. 山 頂上. 寺刹. 墓地. 정원형태의 인공 산. 돌담, 돌층계. 階段 문. 터널. 휴게소. 境界線. 교차지점. **창고. 건물. 가옥.** **증, 개축한 家屋.** **여관, 숙박업소.**	강. 河川.연못.漁場. 우물. 沐浴湯. 온천. 해수욕장. 주유소. 寢室. 賣春. 춥고, 어두운 곳. 北極. 동굴. 무덤. 습지.下水溝.화장실 **고향. 친정. 본가.** **병원.소방서.형무소**	도심지. 繁華街. 시장 軍部隊. 武器庫. 高地帶. 職場. 金庫. 경마장. 운동경기장. **고급주택가. 빌딩.** **왕릉.불당.교회.** **유적지.관공서.학교.** **박물관. 박람회장.** **극장. 증권거래소.**

長女. 家庭主婦. 中年婦人〈30~50세〉 貿易, 輸出業者. 旅行, 航空社. 仲介, 仲媒, 競賣士. 국수. 우동. 장어집. 택배업. 가스업자. 木材關聯業. 紙物鋪 個人敎習所. 案內人 迷兒. 家出 者.	次女. 美男, 美女- 西洋. 中年女人〈20~35세〉 學者. 知識, 藝術人 小說, 書畵家. 易述人 演劇, 映畵, 女俳優. 稅務, 會計, 法務士. 新聞, 雜誌社. 出版, 廣告業. 眼鏡. 寫眞. 代書業 이, 미용. 照明器具	母, 妻. 年上 女. 老婆 産婆. 産婦人科 醫. 雜貨商. 陶瓷器商. 中, 古物品商. 小規模 製造業. 手工業者. 美匠工. 土木, 建築業. 同僚, 知人. 愛人. 競爭者. 庶民. 貧困層 勞動者. 農民. 群衆
長男. 美男, 美女-東洋. 靑, 長年〈30~50세〉 著名人士. 庭園師. 放送關聯業. 漫談家 音樂家. 歌手. 노래방 엔지니어. 靑瓜物商 發電, 電力 關係職. 進步的 思想家. 初校敎師. 총포상 사기꾼. 허풍쟁이.	帝王. 先輩, 元老. 古物商. 建物 撤去業 高利貸金. 痲藥密賣 醱酵食品業. 屠殺業 警備, 警護員. 쓰레기, 분뇨 처리업. 葬儀社. 屍身 處理業 不具者. 露宿者. 獨裁者. 暴力輩. 强盜. 절도범. 死刑囚	막내 딸. 小女. 年下 女, 愛嬌 女. 銀行, 證券, 金融業者 中等敎師. 齒科醫師 講師, 辯護士. 作曲家 俳優, 탈런트. 巫俗人 飮食業. 遊興業. 沐浴湯. 전당포 後妻. 酒家, 花柳界 女 婚外 姙娠婦. 離婚女
막내아들〈20~이하〉 少年. 父子. 兄弟. 친인척. 相續人. 山寺의 스님. 不動産 賃貸, 分讓業 宿泊, 倉庫, 保險業. 駐車場業. 登山家. 賣買, 仲介人. 始發, 終着驛. 驛務員 건물 리모델링업.	次男〈中男〉. 어린사람〈15~30세〉 僧侶. 哲學者. 著述家. 彫刻家. 密輸業者. 물장사. 酒類販賣業. 賣春業 姙娠婦. 情夫. 賣春婦 盜賊. 逃亡者. 脫營, 脫獄囚. 露宿者. 乞人. 溺死者	父. 夫. 老人, 윗사람 貴人. 權力家. 聖人 大統領. 長官. 將軍. 頭目. 社長. 校長. 資本, 投資家. 技術者 自動車, 器械, 金屬業 軍人, 警察. 公務員 寶石商. 易述人 外國人. 僧侶 과일상. 政治家.

호흡,氣管支. 식도. 대, 소장. 頭髮. 좌측 손. 氣管支, 呼吸氣疾患 감기. 담석증. 내장질환. 탈장 等, 모든 장 질환. 근육통. 모발질환, 탈모. 비듬 等.	심장.腦〈머리〉기능 눈. 귀. 乳房. 보고 듣는 판단기능 적혈구, 백혈구. 근,난시. 노안. 색맹 뇌일혈. 혈압질환. 두통. 발열. 정신질환 심근경색. 일사병. 화상.	위장.腹部. 비장. 皮膚. 우측 손. 식욕부진. 위궤양. 구토증. 복막염. 위암 위하수, 경련. 변비, 설사. 근육질환. 불면증. 피부질환. 여드름. 주근깨.
간. 담〈쓸개〉. 咽喉部〈성대〉. 발. 관절. 神經系. 간염. 천식. 惡寒, 경련. 足痛. 咽喉部 障碍. 신경통, 류마티스. 관절염. 타박상. 感電 위산과다. 히스테리.	腹部. 五臟六腑로, 〈심장. 폐장. 신장. 비장. 간장〉 모든 身體部位. 악성 전염병. 에이즈. 모든 신체 질환, 암 질환. 毒劇物 自殺.	구강〈입안〉. 혀. 齒牙. 우측 폐. 가슴. 신장. 구강질환. 치통. 폐결핵. 폐혈증. 타박상. 刀,劍 傷. 생리불순. 십이지궤양. 花柳病. 반신불수.
코. 귀. 좌측 발 척추. 등, 허리. 身體 筋肉, 돌출부. 손, 발의 關節. 축농증. 중이염. 등, 허리 통증. 류마티스. 피로에 의한 질환 파상풍. 소아마비.	신장. 방광. 性器.요도.精液. 음부.子宮.난소. 엉덩이. 肛門. 치질. 성질환. 냉증. 당뇨. 알콜중독. 우울증. 생리불순. 노이로제 빈혈. 습진.	頭部. 목. 顔面 身體의 主 骨格系. 척추. 心腸. 동맥. 좌측 폐. 우측 발. 심장, 혈압질환. 두통. 중풍. 뇌막염 골격계 질환. 골절. 발육부진. 高所墜落. 交通事故

☆一 坎水; 자식. 부하. 고난. 질병. 이성, 색정 宮☆

※秘密, 尾行, 密愛※ 奸計 함정, 詐欺, 배반, 패배.　　※暗※
암흑,밀매,密輸,은닉. 꿈. 夜學, 密計, 의심/ 고민,우울, SEX, 임신.
秘策/ 구멍/ 投身自殺/ 비밀스런. 속이다. 차가운. 豫感能力 ※哲學※
※사라지다, 숨다. 失戀/ 고민, 낙담/ 盜難/ 차다, 차이다.

☆二 坤土; 집, 가정, 점포, 직장, 직업. 부동산 宮☆

※勞動,근면,勞力※ 완고/ 겸손, 온후. 검약 ※貞節/ 養育, 飼育.
근심, 걱정/ 優柔不斷,태만. ※無能※　　　　※오래되고 낡고, 묵은※
주위 깊음, 用意周到/ ※選擇의 葛藤. 心中複雜.　　　※지연, 지체※
※끈기. ※成家, 살림 차림.　　　　※값싼,헌집/ 應하다, 요구하다.

☆三 震木; 계획, 시작, 설계, 사기, 폭로 宮☆

※새로운 出發,始作.意慾,計劃,開業,發展※.　　놀라운 일,　※事故※
口舌,失言, 虛言,詐欺, 협박. 相爭/ 驚, 怒. ※昇進, 出馬.
※소식. 所聞. 말하다※ 討議/ 落下傘人事. 公薦, 講演, 傳言.言爭.
漏電,감전/소리,노래/ ※소리만 요란,實體는 없음※　　※龍頭蛇尾※
아이디어/ ※情報전달,放送廣告/ 成長, 活氣　　　　※첫눈에 반함※

☆四 巽木; 대인, 상거래, 신용, 혼인, 번영 宮☆

※評判, 信用, 對人關係※ 먼 곳. 旅行, 出張. 住居移動. 乘, 下車.
物品交流/ 商去來,무역,장사/ 賣買, 契約/ 私交.　　　※소개팅※
整理整頓/매듭/資格. 입찰 資格을 얻음 ※實質的 利益, 所得※
成熟, 完成.早熟 ※婚談,婚姻/通知.報告/物件의 定理整頓/ 風. 空氣.
※긴 것- 길, 道路.파이프/ 운반. ※誤解※ 어긋남.

☆中, 五 黃土; 욕심, 부패, 고질적인 것, 죽음 宮☆

强한 慾心/物品,食品의 腐敗. ※四面楚歌, 함정※ 반역/도난,失職.
도, 파산/ 災難,事故死,殺人/ 麻藥密賣,中毒.　　　※過去事 再發※
痼疾病/ 테러, 破壞, 戰爭. ※暗. 自殺.屍身. 葬禮式.
墓地. 죽음. 死者. 鬼神. 저승. 익숙한 장소. 일.　　　※事業失敗※
名譽毁損. ※難治病, ※疾病- 再發/ 痼疾的 問題※ ※僞造※
反逆억지情事. 絶望. ※中立※

☆六 乾金; 법률, 법규, 권력, 개혁, 성취, 종교 宮☆

권위,권력,財力,强硬. ※官公署·上級 機關※ ※資本家. 큰 자본※
큰 建物, 큰 會社. 큰 病院. 大企業/ 雄大.事業/ 존경. 하늘.
國家. ※首腦部. 간부, 總 責任者. 貴人. 高級, 上流層, 비싼.
投機. 勝負. 器械修理/ 搜査, 재판, 判決 ※特許權. ※戰爭.
投資, 擴張, 發展. 拔擢/ 退社/ 總 責任者. 貴人 ※천생연분※
※宗敎※ ※身分上昇※ 成就/ 기부/ 강경. 決斷. ※機械類 修理
※交通事故. 手術※

☆七 兌金; 유흥, 소비, 연애, 시비구설. 재물 宮☆

遊興,私交, 各種 宴會. 음식,과일,酒色/ 웃음.애교 ※연애결혼※
입, 말〈會話〉.甘言.達辯/ 是非,言爭. 심한 不評. 不注意. 劫奪.
차용금. ※銀行·돈; 現金,지갑※ 財物/ ※돈 關聯 相談. 유혹.
過多支出/ ※趣味. ※過食/ 缺陷. ※포장,수리. ※工事. ※手術※
※機械, 金屬 加工.

☆八 艮土; 변화, 부동산, 저축, 재산, 상속 宮☆

改革,轉職〈業〉. 停止. ※산처럼 쌓여 있는※. 축적,倉庫,저축,※通帳※
不動産, 相續,受領人/ 후계,繼承. ※보험. 更新. 斷折. ※전환점※
※始, 終의 交叉地點※ 階段/旅館/침대. ※환경/生死가 變함※
※변심. 引受引繼. 連續性/ 무덤. 狹路/ 換錢. 滿期, 完了/ 背反.
閉店, 休業/ 休息, 再起,復活. ※宗敎, 山神. 故鄕.
※入札資格- 得※ ※오래된 것➜ 後에 問題發生 無〈없음〉.

☆九 離火; 명예, 학문, 문서, 마찰, 탄로, 이별 宮☆

學文,공부,研究,知識/ 書冊.職位,名譽 ※도장※ ※文書, 契約※
※文書問題. 信用保證/ 印刷廣告/ 口舌,官災, 訴訟. ※秘密綻露※
이별, 離婚/ ※수표.카드.신분증※ ※熱, 빛/ 映像.繪畫/ ⊡放火⊡
裝飾,奢侈, 華麗.※精神世界, 信仰/ 진찰. 再 手術. 藥. ※熱愛※
유명세. 측량. ※特許. 秘密綻露. 사건의 규명. ※항의. 忿爭
※義務. 權利. ※脫退, 辭職.

■**상속 여부**■

本命에 有氣하는 月煞이 沖되지 않으면서 月煞 大運을 行할 때.

■**혼인성사**■

大體的으로 本人이 丑 年生이면 子/丑 年月日, 戌年 生이면 酉/戌年.月.日에 成事된다.

■**부부화해에 좋은 날**■

▷男命; 本人의 日干 基準 正財 日辰의 하루 前 날,

▷女命; 日干 基準 正官 日辰의 하루 前 날 謝過하라!!!

■**干支 同行 日**■

和解, 對人交際에 吉한 날이다.

干支 同行 大運이면 再 結合이 이뤄지는 時期요,

또한 두 가지 일을 벌려놓은 狀態로, 한 가지 일에 專念하도록 권하라!!!

■**별거/ 이혼**■

來訪 日辰의 落花가 本命 四柱의 正財면서 現 大運을 行하면 離婚/ 別居.

■**절대로 떨어지지 않는다**■

本人의 空亡에 해당되는 生年 人을 만나면 絶對로 떨어지지 않는다.

同伴自殺을 敢行하더라도...

■**외정/ 바람**■

來訪 日辰 上, 落花와 그 沖 因子가 本命 四柱에 共存하면 現在 바람을 피우고 있음이며 相對는 落花 因子의 띠 人이다.

※本命과 大運으로 共存해도 그렇다.

■**구직, 청탁**■

本命 四柱 現 大運 字에 該當되는 六親/띠 人 또는 相對方의 띠에 該當되는 日辰 日에 부탁하라!!!

■**금전차용**■

女命이면; 偏官 月/日에, 婚姻한 狀態라면 正官의 月/日이요,

男命 〃; 偏財 月/日에, 婚姻狀態라면 正財 月/日에 行하라!!!

※동생에게라면 劫財 日이요, 딸에게라면 傷官 日이 된다.

■**사업상 수입/ 지출의 단위**■

來訪 日辰 基準 過去 四辰의 因子에 該當되는 先天數다.

※**先天數**- ▷甲己,子午; 九/　　▷乙庚,丑未; 八/　　▷丙辛,寅申; 七/

　　　　　　▷丁壬,卯酉; 六/　　▷戊癸,辰戌; 五/　　▷巳亥; 　　四.

■**수입/ 차용성사**■

相對 去來者의 生年 前日에 가라!!! 즉 相對가 戌年生이라면 酉日이다.

■**전세금 환불**■; 偏印 月/日 에 可能하다.

■**사기/ 도난사**■; 大運 上 丑 大運은 詐欺, 盜難事가 빈번.

丑의 三合인 巳/酉/丑 大運에도.

■**파재/ 재파**■; 六害/ 怨嗔 運에 그러하다.

■**장수하는 명**■; 本- 四柱 月支에 食神/ 正,偏財가 坐하거나 그 六親星이 空亡이면 더욱.

■**수술**■

-本命 魁彊 日柱로 刑殺을 만나는 運이나 日干 基準 羊刃이 本命에 存在하면서 羊刃과 合되는 運이 들어 올 때 手術한다.

-本命에 存在하는 白虎/ 魁彊이 合/ 刑되는 運에도 그러하다.

■**정신착란**■

1- 本命 四柱가 木多 土弱이거나, 自刑 또는 刑煞이 過多한 境遇.

2- 火가 없는 四柱로, 火가 運으로 들어올 때 그러하다.

■**시험 합/불합격**■

落花 來情 過, 二辰의 因子가 四柱 또는 現 大運에 存在하면 合格이요, 居住地 基準 流~ 太歲의 過 二辰 方의 學校이거나 攀鞍煞 方이면 合格이요, 太歲 基準 前 三辰인 喪門/ 過 三辰의 弔客이 四柱에 存在하거나, 반안살의 反對 方向, 또는 天殺方의 學校면 不合格이다.

■**아我를 괴롭히는 자**■

落花 來情 未來 五辰이 現 大運인 境遇, 該當 因子에 에로가 발생되고 그로 因한 苦痛이 따르며, 그 原因은 過 二辰 年生에 있다.

※來訪 당시 本命 日柱 基準 未- 五辰〈궤도일탈〉 因子가 存在하면 該當 六親은 죽을 고비를 넘겼거나, 死亡의 厄이 있는 것으로 본다.

■**탈선적〈非正常的〉혼인**■

生 年 基準 過去 五辰이 正, 偏의 財/官 年의 成婚은 脫線的〈非正常的〉인 婚姻이다.

■**출국**■

來 人이 出國여부를 물어 왔다면, 來訪 日辰의 過, 三/五辰의 三合 運에 出國이 可하다고 말하라!!!

■**휴업/ 휴전**■

大運과 歲運의 關係가 怨嗔관계면 開店 休業狀態요, 休職하게 된다.

※**원진살**- 四柱 命式 中, 子-未/ 丑-午/ 寅-酉/ 卯-申/ 辰-亥/ 巳-戌.

■**암 발생**■

四柱 內, 白虎,魁彊이 存在할 때. 이 白虎,魁彊이 六合/沖되는 運이 들어 올 때 主로 癌이 發生된다.

※四柱에 白虎/魁彊이 存在하는 命은 머리가 좋으나, 각종 疾患〈불치병, 암 등〉이 따른다.

■**女命 大運**■

-女命으로 四柱에 將星煞이 存在하면 獨身者가 많으며, 天煞/ 將星煞 大運을 行하면 그 配偶者가 外國으로 가거나 하는 等으로 홀로 살게 된다.

-女命으로 六害煞이나, 正印 大運이 들어오면 홀로되는 경우가 많다.

- 〃 傷官 大運이 들어오면 사람이 變한다. 男便을 우습게 여긴다.

※<u>三煞方</u>※; 申.子.辰 年; 巳〈南東〉. 午〈南〉. 未〈西南〉.
　　　　　　　巳.酉.丑 年; 寅〈東北〉. 卯〈東〉. 辰〈南東〉.
　　　　　　　寅.午.戌 年; 亥〈北西〉. 子〈北〉. 丑〈東北〉.
　　　　　　　亥.卯.未 年; 申〈南西〉. 酉〈西〉. 戌〈北西〉 方.

※<u>大將軍 方</u>※; 亥.子.丑 年; 酉〈西南〉.
　　　　　　　　寅.卯.辰 年; 子〈北〉.
　　　　　　　　巳.午.未 年; 卯〈東〉.
　　　　　　　　申.酉.戌 年; 午〈南〉 方.

※三煞方은 葬事 當日, 亡人의 影幀을 놓아서는 안 되는 方位요, 大將
　軍 方은 修造나 動土를 禁하는 方位로 <u>移徙의 吉凶과는 無關</u>하다.

·九宮 方所 法에 依한 移徙方位·

巽宮, 四綠 木. 象數 - 4 晩春~初夏/ 07~ 11時 文曲星/ 徵破. *辰.巳 / 東南 方.*	離 宮, 九紫 火. 象數 - 9 夏 節期/ 11~ 13時 右弼星/ 退食. *午 / 南 方.*	坤宮, 二黑 土. 象數 - 2 晩夏~初秋/ 13~ 17時 巨文星/ 眼損. *未.申 / 西南 方.*
震, 三碧 木. 象數 - 3 春 節期/ 05~ 07時 祿存星/ 食神. *卯 / 東 方.*	中宮, 五黃 土. 象數 - 5 ※換節期※ 廉貞星/ 五鬼. 中 央	兌宮, 七白 金. 象數 - 7 秋 節期/ 17~ 19時 破軍/ 進鬼. *酉 / 西 方.*
艮宮, 八白 土. 象數 - 8 晩冬~初春/ 01~ 05時 左輔星/ 官印. *丑.寅 / 東北 方.*	坎 宮, 一白 水. 象數 - 1 冬 節期/ 23~ 01 時 貪狼星/ 天祿. *子 / 北 方.*	乾 宮, 六白 金. 象數 - 6 晩秋~初冬/ 19~ 23時 武曲星/ 合食. *戌.亥 / 西北 方.*

※坤命은 二黑 坤宮에서 1歲를 始作하여 當年의 나이 宮까지 위 九宮
　을 順行하며 乾命은 三碧 震宮에서 1歲를 始作하여 當年의 나이 宮
　까지 九宮을 順行한다. 九宮 方所 移徙方位는 이러한 方法에 依해
　算出된것으로 다음의 表와 같다.

九宮方所	一白坎宮 天祿	二黑坤宮 眼損	三壁震宮 食神	四綠巽宮 徵破	五黃中宮 五鬼	六白乾宮 合食	七赤兌宮 進鬼	八白艮宮 官印	九紫離宮 退食
坤命當年年齡	9.18 27.36 45.54 63.72 81.90	1.10 19.28 37.46 55.64 73.82	2.11 20.29 38.47 56.65 74.83	3.12 21.30 39.48 57.66 75.84	4.13 22.31 40.49 58.67 76.85	5.14 23.32 41.50 59.68 77.86	6.15 24.33 42.56 60.69 78.87	7.16 25.34 43.52 61.70 79.88	8.17 26.36 44.53 62.71 80.89
乾命當年年齡	8.17 26.35 44.53 62.71 80.89	9.18 27.36 45.54 63.72 81.90	1.10 19.28 37.46 55.64 73.82	2.11 20.29 38.47 56.65 74.83	3.12 21.30 39.48 57.66 75.84	4.13 22.31 40.49 58.67 76.85	5.14 23.32 41.50 59.68 77.86	6.15 24.33 42.56 60.69 78.87	7.16 25.34 43.57 61.70 79.88
五黃 中央	天祿	眼損	食神	徵破	五鬼	合食	進鬼	官印	退食
六乾 西北	眼損	食神	徵破	五鬼	合食	進鬼	官印	退食	天祿
七兌 西	食神	徵破	五鬼	合食	進鬼	官印	退食	天祿	眼損
八艮 東北	徵破	五鬼	合食	進鬼	官印	退食	天祿	眼損	食神
九離 南	五鬼	合食	進鬼	官印	退食	天祿	眼損	食神	徵破
一坎 北	合食	進鬼	官印	退食	天祿	眼損	食神	徵破	五鬼
二坤 西南	進鬼	官印	退食	天祿	眼損	食神	徵破	五鬼	合食
三震 東	官印	退食	天祿	眼損	食神	徵破	五鬼	合食	進鬼
四巽 東南	退食	天祿	眼損	食神	徵破	五鬼	合食	進鬼	官印

※天煞 方※;

申. 子. 辰 年〈年 生〉; 未〈西南〉

巳. 酉. 丑 年〈年 生〉; 辰〈南東〉

寅. 午. 戌 年〈年 生〉; 丑〈東北〉

亥. 卯. 未 年〈年 生〉; 戌〈北西〉 方.

·※平生 移徙 兒 方〈＝ 天煞方과 同一〉※·:

申. 子. 辰 年〈年 生〉; 未. 申〈西南〉.

巳. 酉. 丑 年〈年 生〉; 辰. 巳〈南東〉.

寅. 午. 戌 年〈年 生〉; 丑. 寅〈東北〉.

亥. 卯. 未 年〈年 生〉; 戌. 亥〈北西〉 方.

※太白 煞※;

太白 煞은 當日 移徙나 出行을 禁하는 方位로, 該當 方位에서는 損財 數가 따른다는 흔히 損 있는 날이라 指稱되는 方位를 말한다.

※陰曆 日을 基準한다※.

1. 11. 21; 卯〈東〉.

2. 12. 22; 辰. 巳〈南東〉.

3. 13. 23; 午〈南〉.

4. 14. 24; 未. 申〈西南〉.

5. 15. 25; 酉〈西〉.

6. 16. 26; 戌. 亥〈北西〉.

7. 17. 27; 子〈北〉.

8. 18. 28; 丑. 寅〈東北〉 方.

□9.19.29/ 10.20.30 日은 損 없는 날로 太白 煞과 無關하다.

⊡日常的 移徙 吉/ 兇 方⊡:

出生 年	吉 方	兇 方
1954. 1963. 1972. *1981.1990. 1999. 2008.*	南方 北西 方.	共通 適用 東. 西. 東北 方.
1953. 1962. 1971. *1980. 1989. 1998. 2007.*	南. 南西 北方.	
1952. 1961. 1970. *1979. 1988. 1997. 2006.*	南西 北西 方.	
1951. 1960. 1969. 1978. *1987. 1996. 2005. 2014.*	南西 方.	
1950. 1959. 1968. 1977. *1986. 1995. 2004. 2013.*	東南. 南 南西. 北方	
1958. 1967. 1976. *1985. 1994. 2003. 2012.*	東南. 南 北方	
1957. 1966. 1975. *1984. 1993. 2002. 2011.*	東南 方.	
1956. 1965. 1974. *1983. 1992. 2001. 2010.*	東南. 南西 方.	
1955. 1964. 1973. *1982. 1991. 2000. 2009.*	東南. 北. 北西	

※메모※

※生氣福德 主要 擇日 吉/凶 早見※

乾命	坤命	子	丑寅	卯	辰巳	午	未申	酉	戌亥
2.10.18. 26.34.42. 50.58.66. 74.82.90.	3.10.18. 26.34.42. 50.58.66. 74.82.90.	화해	절체	절명	유혼	천의	복덕	귀혼	생기
3.11.19. 27.35.43. 51.59.67. 75.83.91.	2.9.17. 25.33.41. 49.57.65. 73.81.89.	유혼	복덕	천의	화해	절명	절체	생기	귀혼
4.12.20. 28.36.44. 52.60.68. 76.84.92.	8.16.24. 32.40.48. 56.64.72. 80.88.96.	귀혼	천의	복덕	생기	절체	절명	화해	유혼
5.13.21. 29.37.45. 53.61.69 77.85.93.	15.23.31 39.47.55. 63.71.79. 87.95.	천의	귀혼	유혼	절명	화해	생기	절체	복덕
6.14.22. 38.46.54. 62.70.78. 86.94.	7.14.22. 30.38.46. 54.62.70. 78.86.94.	복덕	유혼	귀혼	절체	생기	화해	절명	천의
7.15.23. 31.39.47. 55.63.71. 79.87.95.	6.13.21. 29.37.45. 53.61.69. 77.85.93.	생기	절명	절체	귀혼	복덕	천의	유혼	화해
1.8.16. 24.32.40. 48.56.64. 72.80.88	5.12.20. 28.36.44. 52.60.68. 76.84.92.	절체	화해	생기	복덕	귀혼	유혼	천의	절명
9.17.25. 33.41.49. 57.65.73. 81.89.97	4.11.19. 27.35.43. 51.59.67. 75.83.91	절명	생기	화해	천의	유혼	귀혼	복덕	절체

※모든 擇日에서 月은 陰曆을 基準하며, 보고자 하는 本人의 나이는 立春 基準, 通常의 나이〈음력적용 만나이가 아니다〉를 適用한다.

※黃/ 黑道 吉, 凶 定局※

該當, 年.月.日.時	1, 7 寅, 申	2, 8 卯, 酉	3, 9 辰, 戌	4, 10 巳, 亥	5, 11 午, 子	6, 12 未, 丑
靑龍黃道	子	寅	辰	午	申	戌
明堂黃道	丑	卯	巳	未	酉	亥
金櫃黃道	辰	午	申	戌	子	寅
大德黃道	巳	未	酉	亥	丑	卯
玉堂黃道	未	酉	亥	丑	卯	巳
司命黃道	戌	子	寅	辰	午	申

※兇神으로는, 천형/주작/백호/천뇌/현무/구진/흑도로, 위 圖表에서는
取하지 않았다.

※보는 법※

한 例로, 己丑 年 5月 中으로 婚姻날을 잡으려 한다고 하자.
그렇다면, 위의 圖表 年. 月. 日. 時의 丑 줄에서 五月에 該當되는 午
자가 있는지를 봐야하는데 없다.
따라서 己丑 年의 五月은 婚姻에 좋지 않은 兇달이라는 것이니 吉月에
該當되는 寅. 卯. 巳. 申. 戌. 亥 月 中으로 擇해야 한다.
하여 九月인 戌月로 잡았다면, 날짜로는 몇 日이 吉日일까???
같은 方法으로 戌 줄의 辰. 巳. 申. 酉. 亥. 寅 日 中에서 擇하면
되는 것이며 亥日을 擇했다면, 時는 亥줄 中, 午. 未. 戌. 亥. 丑.
辰 時 中에서 擇하면 되는 것이다.

※生年 地 別 甲旬 條件※

年	子. 午. 卯. 酉	辰. 戌. 丑. 未	寅. 申. 巳. 亥
生 甲 旬	甲子/ 甲午	甲辰/ 甲戌	甲寅/ 甲申
病 甲 旬	甲寅/ 甲申	甲子/ 甲午	甲辰/ 甲戌
死 甲 旬	甲辰/ 甲戌	甲寅/ 甲申	甲子/ 甲午

※위에서 生甲 旬은 吉/ 病甲 旬은 平/ 死甲 旬이면 兇하다.
하지만 陰宅에 該當하는 移葬이라면 死甲 旬이 吉하며 病甲
旬이 平이요, 死甲 旬은 兇하다.

※六十 甲子※

旬中	六十　甲子
甲子	甲子. 乙丑. 丙寅. 丁卯. 戊辰. 己巳. 庚午. 辛未. 壬申. 癸酉
甲戌	甲戌. 乙亥. 丙子. 丁丑. 戊寅. 己卯. 庚辰. 辛巳. 壬午. 癸未
甲申	甲申. 乙酉. 丙戌. 丁亥. 戊子. 己丑. 庚寅. 辛卯. 壬辰. 癸巳
甲午	甲午. 乙未. 丙申. 丁酉. 戊戌. 己亥. 庚子. 辛丑. 壬寅. 癸卯
甲辰	甲辰. 乙巳. 丙午. 丁未. 戊申. 己酉. 庚戌. 辛亥. 壬子. 癸丑
甲寅	甲寅. 乙卯. 丙辰. 丁巳. 戊午. 己未. 庚申. 辛酉. 壬戌. 癸亥

※月建 吉神※

吉神	1	2	3	4	5	6	7	8	9	10	11	12
月財	午	卯	巳	未	酉	亥	午	卯	巳	未	酉	亥
解神	申	申	戌	戌	子	子	寅	寅	辰	辰	午	午

·擇日하는 方法·

※于先 生氣 福德法을 適用하여 選擇된 吉日을 다시 黃黑道 吉凶 定局
과 生年 支 別→ 甲旬法→ 月建 吉 凶神 順으로 適用시켜 선택하되,
黃黑道 吉凶 神까지만 을 取해도 별탈은 없는 吉日로 본다.
特히, 이사. 혼인. 개업. 고사.기공식.상량식.천도제.안장.입비.사초.
等에 그러한데, 黃道의 吉日은 年.月.日.時의 順으로 適用시킨다.

·生氣福德 의 吉, 凶 解釋·

吉, 凶無		
吉, 凶無	絶體	피로/ 스트레스/ 과음, 과식/ 우환. 사고 등.
	遊昏	실물/ 좌절/ 헛수고/ 송사 무익(헛 송사) 등.
	歸魂	방해/ 틀어짐/ 사기/ 낭패/ 허위 등.
大凶	禍害	시비/ 도난, 실물/ 서류제출/ 송사/ 관재구설 등.
	絶命	낙마/ 교통사고/ 부상/ 수술 등.
大吉	生氣	구직/ 시험.계약.상담/ 혼인/ 개업/ 약속/ 투자,청탁 등.
	天醫	질병치료/ 수술/ 침/ 수금/ 구재.거래/ 투자. 청탁 등.
	福德	교제/ 연회/ 고사/ 창업/ 약혼/ 투자. 청탁/ 여행 등.

※위에서 大 凶 日인 禍害, 絶命 日에는 該當 事案들을 一切 禁해야 한다.

	子	丑	寅	卯	辰	巳	午	未	申	酉	戌	亥
餘	壬	癸	戊	甲	乙	戊	丙	丁	戊	庚	辛	戊
中		庚,辛	丙			壬,癸	庚	己	乙	壬	丙,丁	甲
正	癸	己	甲	乙	戊	丙	丁	己	庚	辛	戊	壬

	해중海中 金		노중爐中 火		대림大林 木		노방路傍 土		검봉劍鋒 金		空／四,亡	
一	甲子	乙丑	丙寅	丁卯	戊辰	己巳	庚午	辛未	壬申	癸酉	戌亥	水
	浴	衰	長生	病	冠帶	帝旺	浴	衰	長生	病		

	산두山頭 火		간하澗下 水		성두城頭 土		백랍白蠟 金		양유楊柳 木		空 亡	
二	甲戌	乙亥	丙子	丁丑	戊寅	己卯	庚辰	辛巳	壬午	癸未	申酉	無
	養	死	胎	墓	長生	病	養	死	胎	墓		

	천중泉中 水		옥상屋上 土		벽력霹靂 火		송백松柏 木		장류長流 水		空 亡	
三	甲申	乙酉	丙戌	丁亥	戊子	己丑	庚寅	辛卯	壬辰	癸巳	午未	金
	絶	絶	墓	胎	胎	墓	絶	絶	墓	胎		

	사중砂中 金		산하山下 火		평지平地 木		벽상壁上 土		금박金箔 金		空 亡	
四	甲午	乙未	丙申	丁酉	戊戌	己亥	庚子	辛丑	壬寅	癸卯	辰巳	水
	死	養	病	長生	墓	胎	死	養	病	長生		

	복등覆燈 火		천하天河 水		대역大驛 土		차천釵釧 金		상지桑柘 木		空 亡	
五	甲辰	乙巳	丙午	丁未	戊申	己酉	庚戌	辛亥	壬子	癸丑	寅卯	無
	衰	浴	帝旺	冠帶	病	長生	衰	浴	帝旺	冠帶		

	대계大溪 水		사중沙中 土		천상天上 火		석류石榴 木		대해大海 水		空 亡	
六	甲寅	乙卯	丙辰	丁巳	戊午	己未	庚申	辛酉	壬戌	癸亥	子丑	金
	官祿	官祿	冠帶	帝旺	帝旺	冠帶	官祿	官祿	冠帶	帝旺		

※五行 進退／12胞胎※

季 節〈月令〉		※月支〈月令=季節〉對比-各 十星,六親의 進／退 進氣〈=旺.相〉 ／ 退氣〈=休.囚〉					
		木 甲/乙	火 丙/丁	陽-土 戊=辰.戌 火와同	陰-土 己=丑.未 水와同	金 庚/辛	水 壬/癸
春節	寅	旺	相	相	休	囚	休
	卯	旺	相	相	休	囚	休
	辰	休	旺	旺	囚	相	囚
夏節	巳	休	旺	旺	囚	相	囚
	午	休	旺	旺	囚	相	囚
	未	囚	休	休	相	旺	相
秋節	申	囚	休	休	相	旺	相
	酉	囚	休	休	相	旺	相
	戌	相	囚	囚	旺	休	旺
冬節	亥	相	囚	囚	旺	休	旺
	子	相	囚	囚	旺	休	旺
	丑	旺	相	相	休	囚	休

同柱 地支	甲.寅	乙.卯	丙.巳 戊.辰.戌	丁.午 己.丑.未	庚.申	辛.酉	壬.亥	癸.子
長生	亥	午	寅	酉	巳	子	申	卯
浴	子	巳	卯	申	午	亥	酉	寅
冠帶	丑	辰	辰	未	未	戌	戌	丑
官〈祿〉	寅	卯	巳	午	申	酉	亥	子
帝旺	卯	寅	午	巳	酉	申	子	亥
衰	辰	丑	未	辰	戌	未	丑	戌
病	巳	子	申	卯	亥	午	寅	酉
死	午	亥	酉	寅	子	巳	卯	申
墓	未	戌	戌	丑	丑	辰	辰	未
胞〈絶〉	申	酉	亥	子	寅	卯	巳	午
胎	酉	申	子	亥	卯	寅	午	巳
養	戌	未	丑	戌	辰	丑	未	辰

(月令柱 十星六親)

※五行 別 含意※

五行	木	火	土	金	水
季節	春	夏		秋	冬
地支	寅.卯	巳.午	辰戌/丑未	申.酉	亥.子
天干	甲.乙	丙.丁	戊.己	庚.辛	壬.癸
時間	朝 아침	晝 낮		夕 저녁	夜 한 밤중
方位	東	南	中央	西	北
五氣	風	熱	濕	燥	寒
色相	靑	赤	黃	白	黑
六神	靑龍	朱雀	句陳.螣蛇	白虎	玄武
位置	교외/ 조용한 곳	번화가/ 밝은 곳	사통팔달 중심가	공장지대/ 소란한 곳	물가/ 어두운 곳
職務	文官	藝術	農業	武官	海産業
五味	酸 신맛	苦 쓴맛	甘 단맛	辛 매운맛	鹹 짠맛
五臟	肝臟간	心臟심장	脾臟지라	肺臟허파	腎臟콩팥
六腑	膽쓸개	小腸.三焦	胃밥통	大腸	膀胱
疾病	風. 神經系	視力.血液	皮膚.糖尿	骨格	精子
五性	仁愛	强猛	寬容	殺伐	柔和
信仰	儒學공자학	크리스트교	土俗信仰	佛敎	道學성리학
性向	生産. 繁殖. 推進.	宣傳. 活動的	仲介. 和解. 노력	收穫. 支配. 統治	貯藏. 計劃.智略
性品	仔詳	明朗.活潑	寡默	銳利	음큼함

※三焦 는 육부의 하나로 上. 中. 下焦로 나뉘는데,
上焦는 심장 위/ 中焦는 위경 속/ 下焦는 방광 위에서 음식물의
흡수, 소화, 배설을 돕는 기관이다.

☆日柱 對比 時間 早見表☆

	1961年8月/10日 以前 出生 者	1961年8月/10日 以後 出生 者	四柱- 日干				
			甲/己	乙/庚	丙/辛	丁/壬	戊/癸
子	오후00시-01시 前	左側 時+30分.	甲子	丙子	戊子	庚子	壬子
丑	오전 01시- 3시	〃	乙丑	丁丑	己丑	辛丑	癸丑
寅	〃 03시- 5시	〃	丙寅	戊寅	庚寅	壬寅	甲寅
卯	〃 05시- 7시	〃	丁卯	己卯	辛卯	癸卯	乙卯
辰	〃 07시- 9시	〃	戊辰	庚辰	壬辰	甲辰	丙辰
巳	〃 09시-11시	〃	己巳	辛巳	癸巳	乙巳	丁巳
午	〃 11시-13시	〃	庚午	壬午	甲午	丙午	戊午
未	오후13시-15시 前	〃	辛未	癸未	乙未	丁未	己未
申	〃 15시-17시	〃	壬申	甲申	丙申	戊申	庚申
酉	〃 17시-19시	〃	癸酉	乙酉	丁酉	己酉	辛酉
戌	〃 19시-21시	〃	甲戌	丙戌	戊戌	庚戌	壬戌
亥	〃 21시-23시	〃	乙亥	丁亥	己亥	辛亥	癸亥
子	〃 23시-00시	〃	丙子	戊子	庚子	壬子	甲子

※summer- time 實施期間

1984년	5월	31일	00시-	9월	12일	24시 까지.
1949년	4월	3일	-	〃	24일	〃
1950년	4월	1일	-	〃	23일	〃
1955년	4월	6일	-	〃	21일	〃
1956년	5월	30일	-	〃	29일	〃
1957년	〃	5일	-	〃	21일	〃
1958년	〃	4일	-	〃	20일	〃
1959년	〃	4일	-	〃	19일	〃
1960년	〃	1일	-	〃	17일	〃
1987년	〃	10일	02시-	10월	11일	03시 까지.
1988년	〃	8일	〃 -	〃	9일	〃

※판단 법※

訪問 日 基準 三合 日을 지은 後, 내일〈未來 日〉은 吉/ 좋은 것/ 吉事 等으로, 어제〈過去/ 지난 日〉은 흉/ 좋지 못한 狀況으로 判斷하는 方 法으로 **訪問〈묻는 날〉日子가 重要**하다.

즉 問占 人이 訪問한 日子의 三合 日을 基準하여, 내일의 問題를 묻는 다면 吉한 것으로, 어제의 因子에 속하는 일을 묻는다면 兇한 것으로 보는 것이다.

내일〈未來 日〉	오늘〈訪問 日〉	어제〈過去 日〉
亥.卯.未 日	寅.午.戌 日	巳.酉.丑 日
·진취적이요, 희망/ 의욕이 있다. ·좋은 가문, 학력/ 경제력 좋다.	■내일로 어지며 **나쁘지 않다.** ■보통수준의 吉이다 ■處世術이 좋다.	·힘이 빠진 상태요, 의욕/희망이 없다. ·가문/학력/경제력이 좋지 않다.
	日辰 沖	
	申.子.辰 日	

※日辰 沖 日의 現狀※
※狀況 判斷이 않되거나, 誤謬를 犯한다.
※어찌 할 바를 모르고 彷徨/망설인다.
※能力하다. ※돈 없고, 職場도 없는 狀態다.
※亡한 狀態, 亡한 사람이다.

☆<u>戌 日에 말띠 人이 訪問하여 事業이 잘되겠는지 물어왔다</u>. . .
丙戌이면 寅.午.戌로 三合을 지으므로, 말 띠인 午生 人이 오늘의 日辰, 寅. 午. 戌 日로 좋다고 判斷한다.
☆<u>戌 日에 사위감으로 어떻겠느냐고 물어왔는데 男子가 용 띠라고 한다</u>. . .
寅.午.戌 日 날, 용띠가 어떻겠느냐???~ 를 살펴야 하는데, 龍 띠 辰은 오늘의 沖 因子이므로 배필配匹로는 적합하지 않다는 것이다. 현재 돈 없고 職場이 없는 狀態요, 家門도 좋지 않다.

※아래의 명식 표는 상담 초기부터 제가 사용해 오는 상담 서식의 예 例로, 참고가 될 수도 있겠다 싶어 부기附記합니다.
우선 앞 것은 본명과 래정으로 위 예시에서 제시된 바 있고, 다음 것은 구성 년,월/일,시반의 예로 하루 전 작성해 놓았다가 사용하시

면 편리합니다.
각 인人에 따라 변용變容하여 사용할 수 도 있겠지요!!!~.

※ 年 月 日 時 / 年 月 日 時 訪問.　　命※

時	日	月	年
(공란)	癸	乙	丙
辰	未	未	午
戊 癸 乙	己 乙 丁	己 乙 丁	丁 己 丙
月	攀	攀	將

65	55	45	35	25	15	5
戊	己	庚	辛	壬	癸	甲
子	丑	寅	卯	辰	巳	午
災	天	地	年	月	亡	將

~三,九	~三,七	~三,五	~三,三	~三,一	日	月	流年
甲	癸	壬	辛	庚	甲	己	乙
戌	酉	申	未	午	午	卯	未
戊丁辛辛		庚庚壬戊	己乙丁	丁己丙	丁己丙	乙	甲己乙丁

	五	四	三	二	甲	二	三	四	五	
亥	戌	酉	申	未	午	巳	辰	卯	寅	丑
長生	養	胎	絶	墓	死	病	衰	旺	官	帶
劫	華	六	驛	攀	將	亡	月	年	地	天
空亡	軌離脫	目的事	落喪孤	風-淫	障壁煞	憎-暗	弔.寡		解決士	怨嗔祿
	<X>	<X>	<XX>		<X>	<X>	<☆>	<☆>	<△>	<X>

⊡五行 中和⊡　　□木;　　　□火;　　　□土;　　　□金;　　　□水氣;

※참고 메모※

六/ 六	二/ 二	四/ 四
4. 文曲-陰 金/ 陰 木. 徵	9. 右弼-陽 金/ 陰 火. 退	2. 巨門-陰 火/ 陰 土. 眼
五/ 五	辛卯 日 七/ 午時 七	九XXX/ 九XX
3. 祿存-陽 木/ 陽 木. 食	5. 廉貞. 五鬼	7. 破軍-陽 火/ 陰 金. 進
一/ 一	三/ 三X	八/ 八
8. 左輔-陰 木/ 陽 土. 官	1. 貪狼-陽 水/ 陽 水. 天	6. 武曲-陰 水/ 陽 金. 合
六/ 七	二/ 三	四/ 五
4. 文曲-陰 金/ 陰 木. 徵	9. 右弼-陽 金/ 陰 火. 退	2. 巨門-陰 火/ 陰 土. 眼
五/ 六	辛卯 日 七/ 未時 八	九XXX/ 一
3. 祿存-陽 木/ 陽 木. 食	5. 廉貞. 五鬼	7. 破軍-陽 火/ 陰 金. 進
一/ 二XXX	三/ 四	八/ 九
8. 左輔-陰 木/ 陽 土. 官	1. 貪狼-陽 水/ 陽 水. 天	6. 武曲-陰 水/ 陽 金. 合
一/ 九	六/ 五	八XX/ 七
4. 文曲-陰 金/ 陰 木. 徵	9. 右弼-陽 金/ 陰 火. 退	2. 巨門-陰 火/ 陰 土. 眼
九/ 八	丙申 年 二/ 卯月 一	四/ 三X
3. 祿存-陽 木/ 陽 木. 食	5. 廉貞. 五鬼	7. 破軍-陽 火/ 陰 金. 進
五X/ 四	七/ 六XX	三/ 二
8. 左輔-陰 木/ 陽 土. 官	1. 貪狼-陽 水/ 陽 水. 天	6. 武曲-陰 水/ 陽 金. 合
六/ 八	二/ 四XX	四/ 六
4. 文曲-陰 金/ 陰 木. 徵	9. 右弼-陽 金/ 陰 火. 退	2. 巨門-陰 火/ 陰 土. 眼
五/ 七	辛卯 日 七/ 申時 九	九XXX/ 二
3. 祿存-陽 木/ 陽 木. 食	5. 廉貞. 五鬼	7. 破軍-陽 火/ 陰 金. 進
一/ 三X	三/ 五	八/ 一
8. 左輔-陰 木/ 陽 土. 官	1. 貪狼-陽 水/ 陽 水. 天	6. 武曲-陰 水/ 陽 金. 合
六/ 九	二/ 五	四/ 七
4. 文曲-陰 金/ 陰 木. 徵	9. 右弼-陽 金/ 陰 火. 退	2. 巨門-陰 火/ 陰 土. 眼
五/ 八X	辛卯 日 七/ 酉時 一	九XXX/ 三
3. 祿存-陽 木/ 陽 木. 食	5. 廉貞. 五鬼	7. 破軍-陽 火/ 陰 金. 進
一/ 四	三/ 六XX	八/ 二
8. 左輔-陰 木/ 陽 土. 官	1. 貪狼-陽 水/ 陽 水. 天	6. 武曲-陰 水/ 陽 金. 合
六/ 一X	二/ 六	四/ 八XX
4. 文曲-陰 金/ 陰 木. 徵	9. 右弼-陽 金/ 陰 火. 退	2. 巨門-陰 火/ 陰 土. 眼
五/ 九	辛卯 日 七/ 戌時 二	九XXX/ 四
3. 祿存-陽 木/ 陽 木. 食	5. 廉貞. 五鬼	7. 破軍-陽 火/ 陰 金. 進
一/ 五	三/ 七	八/ 三
8. 左輔-陰 木/ 陽 土. 官	1. 貪狼-陽 水/ 陽 水. 天	6. 武曲-陰 水/ 陽 金. 合

一／ 一	六／ 六	八XX／ 八XXX
4. 文曲- 陰 金/ 陰 木. 徵	9. 右弼- 陽 金/ 陰 火. 退	2. 巨門- 陰 火/ 陰 土. 眼
九／ 九 3. 祿存- 陽 木/ 陽 木. 食	*丙申 年 二／寅月 二* 5. 廉貞. 五鬼	四／ 四 7. 破軍- 陽 火/ 陰 金. 進
五X／ 五 8. 左輔- 陰 木/ 陽 土. 官	七／ 七 1. 貪狼- 陽 水/ 陽 水. 天	三／ 三 6. 武曲- 陰 水/ 陽 金. 合
一／ 九	六／ 五	八XX／ 七
4. 文曲- 陰 金/ 陰 木. 徵	9. 右弼- 陽 金/ 陰 火. 退	2. 巨門- 陰 火/ 陰 土. 眼
九／ 八 3. 祿存- 陽 木/ 陽 木. 食	*丙申 年 二／卯月 一* 5. 廉貞. 五鬼	四／ 三X 7. 破軍- 陽 火/ 陰 金. 進
五X／ 四 8. 左輔- 陰 木/ 陽 土. 官	七／ 六XX 1. 貪狼- 陽 水/ 陽 水. 天	三／ 二 6. 武曲- 陰 水/ 陽 金. 合
一／ 八	六／ 四XX	八XX／ 六
4. 文曲- 陰 金/ 陰 木. 徵	9. 右弼- 陽 金/ 陰 火. 退	2. 巨門- 陰 火/ 陰 土. 眼
九／ 七 3. 祿存- 陽 木/ 陽 木. 食	*丙申 年 二／辰月 九* 5. 廉貞. 五鬼	四／ 二 7. 破軍- 陽 火/ 陰 金. 進
五X／ 三 8. 左輔- 陰 木/ 陽 土. 官	七／ 五 1. 貪狼- 陽 水/ 陽 水. 天	三／ 一X 6. 武曲- 陰 水/ 陽 金. 合
一／ 七	六／ 三	八XX／ 五
4. 文曲- 陰 金/ 陰 木. 徵	9. 右弼- 陽 金/ 陰 火. 退	2. 巨門- 陰 火/ 陰 土. 眼
九／ 六 3. 祿存- 陽 木/ 陽 木. 食	*丙申 年 二／巳月 八* 5. 廉貞. 五鬼	四／ 一 7. 破軍- 陽 火/ 陰 金. 進
五X／ 二XX 8. 左輔- 陰 木/ 陽 土. 官	七／ 四 1. 貪狼- 陽 水/ 陽 水. 天	三／ 九X 6. 武曲- 陰 水/ 陽 金. 合
一／ 六	六／ 二	八XX／ 四
4. 文曲- 陰 金/ 陰 木. 徵	9. 右弼- 陽 金/ 陰 火. 退	2. 巨門- 陰 火/ 陰 土. 眼
九／ 五 3. 祿存- 陽 木/ 陽 木. 食	*丙申 年 二／午月 七* 5. 廉貞. 五鬼	四／ 九XX 7. 破軍- 陽 火/ 陰 金. 進
五X／ 一 8. 左輔- 陰 木/ 陽 土. 官	七／ 三X 1. 貪狼- 陽 水/ 陽 水. 天	三／ 八 6. 武曲- 陰 水/ 陽 金. 合
一／ 五	六／ 一	八XX／ 三
4. 文曲- 陰 金/ 陰 木. 徵	9. 右弼- 陽 金/ 陰 火. 退	2. 巨門- 陰 火/ 陰 土. 眼
九／ 四 3. 祿存- 陽 木/ 陽 木. 食	*丙申 年 二／未月 六* 5. 廉貞. 五鬼	四／ 八 7. 破軍- 陽 火/ 陰 金. 進
五X／ 九X 8. 左輔- 陰 木/ 陽 土. 官	七／ 二 1. 貪狼- 陽 水/ 陽 水. 天	三／ 七XX 6. 武曲- 陰 水/ 陽 金. 合

一／ 四	六／ 九	八XX／ 二
4. 文曲-陰 金/ 陰 木. 徵	9. 右弼-陽 金/ 陰 火. 退	2. 巨門-陰 火/ 陰 土. 眼
九／ 三	丙申 年 二／申月 五	四／ 七
3. 祿存-陽 木/ 陽 木. 食	5. 廉貞. 五鬼	7. 破軍-陽 火/ 陰 金. 進
五X／ 八X	七／ 一	三／ 六
8. 左輔-陰 木/ 陽 土. 官	1. 貪狼-陽 水/ 陽 水. 天	6. 武曲-陰 水/ 陽 金. 合
一／ 三XX	六／ 八	八XX／ 一
4. 文曲-陰 金/ 陰 木. 徵	9. 右弼-陽 金/ 陰 火. 退	2. 巨門-陰 火/ 陰 土. 眼
九／ 二X	丙申 年 二／酉月 四	四／ 六
3. 祿存-陽 木/ 陽 木. 食	5. 廉貞. 五鬼	7. 破軍-陽 火/ 陰 金. 進
五X／ 七	七／ 九	三／ 五
8. 左輔-陰 木/ 陽 土. 官	1. 貪狼-陽 水/ 陽 水. 天	6. 武曲-陰 水/ 陽 金. 合
一／ 二X	六／ 七	八XX／ 九
4. 文曲-陰 金/ 陰 木. 徵	9. 右弼-陽 金/ 陰 火. 退	2. 巨門-陰 火/ 陰 土. 眼
九／ 一XX	丙申 年 二／戌月 三	四／ 五
3. 祿存-陽 木/ 陽 木. 食	5. 廉貞. 五鬼	7. 破軍-陽 火/ 陰 金. 進
五X／ 六	七／ 八	三／ 四
8. 左輔-陰 木/ 陽 土. 官	1. 貪狼-陽 水/ 陽 水. 天	6. 武曲-陰 水/ 陽 金. 合
一／ 一X	六／ 六	八XX／ 八XX
4. 文曲-陰 金/ 陰 木. 徵	9. 右弼-陽 金/ 陰 火. 退	2. 巨門-陰 火/ 陰 土. 眼
九／ 九	丙申 年 二／亥月 二	四／ 四
3. 祿存-陽 木/ 陽 木. 食	5. 廉貞. 五鬼	7. 破軍-陽 火/ 陰 金. 進
五X／ 五	七／ 七	三／ 三
8. 左輔-陰 木/ 陽 土. 官	1. 貪狼-陽 水/ 陽 水. 天	6. 武曲-陰 水/ 陽 金. 合
一／ 九	六／ 五X	八XX／ 七
4. 文曲-陰 金/ 陰 木. 徵	9. 右弼-陽 金/ 陰 火. 退	2. 巨門-陰 火/ 陰 土. 眼
九／ 八	丙申 年 二／子月 一	四／ 三
3. 祿存-陽 木/ 陽 木. 食	5. 廉貞. 五鬼	7. 破軍-陽 火/ 陰 金. 進
五X／ 四	七／ 六XX	三／ 二
8. 左輔-陰 木/ 陽 土. 官	1. 貪狼-陽 水/ 陽 水. 天	6. 武曲-陰 水/ 陽 金. 合
一／ 八	六／ 四XX	八XX／ 六X
4. 文曲-陰 金/ 陰 木. 徵	9. 右弼-陽 金/ 陰 火. 退	2. 巨門-陰 火/ 陰 土. 眼
九／ 七	丙申 年 二／丑月 九	四／ 二
3. 祿存-陽 木/ 陽 木. 食	5. 廉貞. 五鬼	7. 破軍-陽 火/ 陰 金. 進
五X／ 三	七／ 五	三／ 一
8. 左輔-陰 木/ 陽 土. 官	1. 貪狼-陽 水/ 陽 水. 天	6. 武曲-陰 水/ 陽 金. 合

·子平 命理·
※박일우님의 낙화론/ 12신살론.
※설진관님의 낙화- 사계단법 동영상 C.D.
※Jk강의 님의 강의록/ 명학오의.
※온 북스/ 계의신결- 최국봉 님 저.
※명문당/ 상리철학- 조명언 님 저.
※삼한/ 물상활용 비법- 이학성 님 저.
※도가/ 명리 일진 래정법- 김인순. 박수진 님 저.
※남각문화출판사/투파 십간체용 사주학- 김남용 님 저.
※청화 학술원/ 박청화의 실전 명리학 시리즈 중,
　정진반, 상.하/ 부모,형제 운/ 학습,학업 운/ 직업 운 등,
※지금원/ 사주명리학의 신지식- 김애영 님 저.
※네이버 블로그/ 동우재산방 역학연구소의 천간과 지지의 특징.
※네이버 블로그/ 동심제- 유성수 님의 육친과 직업.
※다음 블로그/ 우암선생의 사주이야기 중,
　　　　　간지의 특성. 육친의 확장과 특성 외,

·九星氣學·
※동반인/ 백리길 여행으로 운명이 바뀐다- 배 성현 님 저.
※가림/ 구성학의 기초- 문 길여 님 저.
※생활문화사/ 구성학 비법- 추 송학 님 저.
※명문당/ 구성학 입문- 김 명제 님 저.
※동학사/ 구성기학- 이 승재 님 저.

·紫微斗數·
◇명문당.
※사주비전 자미두수- 한중수 님 저.
※사주비전 자미두수 정해- 김우제 님 저.

◇문학 아카데미.
※신령스러운 자미경 외- 김석훈 님 저.

◇동학사.
※알기 쉽게 풀어 쓴 자미두수- 박종원 님 저.

◇성보사.
※자미두수 금전과 건강- 이승전 님 엮음.

◇삼한.
※운명으로 본 나의 질병과 건강상태- 오상익 님 저.

◇대유학당.
※심곡비결- 김선호 님 저.
※자미두수 전서 상, 하- 김선호 님 역.

◇네이버 카페.
※자미두수 초보교실- 왕 초보 님. 프라시드 님. 칠파블 님의 글.
※명리두수- 네잎 클로버 님의 글.

◇다음 카페.
※석벼루의 기문둔갑 이야기- 석벼루 님의 글.

※以外,
  本人 所藏의 命理/ 九星學/ 紫微斗數 受講 資料 및,
  著者나 出處가 明確하지 않은, 多數의 命 法 資料.

《《《編著, 講義 者 略歷》》》

東洋 易 哲學, 占星術 學術院. "운" 출산/ 학과/ 직업 연구실
潤" 易 天文 哲學館.
010. 5380. 7644

⊡戊戌 年 生.
⊡大學에서 哲學과 獨 文學을 晚學.
⊡自身의 삶과 現實에 대해 懷疑하며 수년간 易 哲學에 興趣하다,
　戊寅 年 定式으로 入門, 戊寅 年 末부터 相談.
　※한 중수 先生님과 이 영수 先生님으로부터 師事.
⊡子平命理/ 奇門遁甲/ 九星氣學/ 紫微斗數/ 六壬/ 六爻/ 梅花易數 等
　을 探索.
⊡傳來 易學의 現實的 實用性과 더불어 旣存 敎授, 學習法 대한 問題
　點을 풀어내고자 命 法의 相互 有機的 統合을 試圖.
　※2011년 "命法 統合 了訣"
　　"두수로 들여다보는 우리네 인생살이" 저작권 등록.

□저술서□ ;
※명리 통합 통변 요결.
※명리 요결.
※두수로 들여다보는 우리네 인생살이.
※두수 요결.

□동양 점성술 역 철학 학술원 강의□

※각, 강좌 안내에 앞서...

□명리를 비롯한 대부분의 경우, 각~ 명법〈두수/기문/구성...〉들이 초급/중급/상급 등으로 분류, 또는 분반되어 학습되는 경우가 대부분인 듯합니다.
이러한 학습법과 교수敎授 방식들에 대해, 한~ 동안, 골몰해 본적도 있었습니다.
만~, 이 부분에 대한 저의 소견은 이미 토로한 바 있으며 저의 방식을 고수하고 있습니다.

우리는 세상을 살아가면서 오류나 시행착오를 최소화하기 위해 세상을 먼저 살아가고 계시는 어르신들이나 선, 경험자들의 말씀을 경청/참고해야 할 필요가 있다는 것을 너무나, 잘~ 알고 있지만 그 또한 쉽지만은 않지요.

사실, 세상을 살아가면서 무엇을 알게 되고, 인정하기 위해서는 직/간접적인 체험을 거치며 스스로 느껴지는 바가 있어야 가능한 것, 이기 때문이겠지요.

돌이켜 보면, 저 또한, 너무나도 답답하고 미련스러운 시간들을 보냈었고, 그러면서 알게 되고, 느껴진!!!~, 더불어 얻게 된~, 귀한 깨달음도 있었습니다.
무엇보다 학습, 교수방식의 전환이 이뤄져야 함과, 현장에서의 상담 패턴에서도 다~ 맞춰야지~, 이번에는 내~ 한 방에 보내리~... 라는 등의 욕심에서 벗어나 여유롭고, 보다~ 자유로운~ 상담이 될 수 있었다는 것이지요.

적어도 명법〈명리학〉은 기본 지식에 속하는 십 간 십이지와 육친, 몇몇 신살 정도가 공부되었다면, 그 이후부터는 활용지식!!!~ 즉, 각 인의 명/운과 어떻게 살아갈 것인지에 대한 조언〈일/사업의 유형, 나가야 할 때와 물러서야 할 때 등과 더불어 배우配偶를 비롯한 각 육친과의 인연/ 우리의 삶에서 최대관심사 중, 하나인 학과선택과 직업의 형태 등~에 대해〉, 등을 제시해 줄 수 있는, 다시 말하면, 상담 현장에서 필요로 하는 현실적 실용성과 효용성을 갖는 지식들로 학습되어야 한다는 것이지요!!!

십 간 십이지와 육친, 주요 신살 등도 또한, 교수법에 따라 상담에서 바로 활용될 수 있는 방식을 취할 수 있는 바!!!~, 이에 대해서는 생각의 각도를 조금만 달리해 본다면 어렵지 않게 이해될 수 있을 것입니다.

명리학이 창시創始된 이래, 우리 실생활의 한 분야로 연구/탐구/활용되어온 것이 일~ 이백년도 아닌, 수천 년이 됩니다.
지나온 세월들이 이러할 진대, 상상~ 그 이상의 탐구와 현장 경험을 거치며 주옥같은 지식들의 축적이 있었을 것임은 쉽게 미루어 헤아릴 수 있을 것입니다.

그럼에도 불구하고, 우리의 학습법과 교수법教授法은???~

물론~ 이론적 연구 대상이 아닌, 실사구시實事求是를 목적으로 하는 경우라는 것을 전제前提합니다.

여전히 어렵게..., 이러한 왜곡〈"명법은 어렵게 공부해야 한다는 것은 전적으로 타당한 견해요, 맞는 말이다" 라고 인정하기에는 무리가 따른다는 것이 저의 입장입니다〉이 당연한 듯~ 인식되고, 무의식적으로 받아들여져 왔으며 의도된 것이었든, 아니든~ 이와 유사한 방식의 학습법들이 대물림을 이어오며 오늘날 까지 지속되고 있습니다.

따라서 양측〈강의자와 수강자〉은 이러한 문제들에 대해 한 번쯤은, 오픈된 마인드로 객관적인 질문을 던져봐야 하는 것 아닐까 하는 것이지요!!!~

수강을 하고자 함과, 강의의 목적은 그 출발점이 같아야 한다고 생각하는데, 우선 수강의 목적은 선先 학습/체험자들에 의해 축적된 노하우를 전수傳受함으로서 불필요한 시간적 소모를 줄이기 위함일 것이요, 강의의 목적도 또한, 이와 동일한 사고思考의 발로發露에서 기인起因해야 한다는 것입니다.

앞서, 언급하였듯~
명법命法을 이론적 연구 대상이 아닌, 실사구시實事求是를 목적으로 한다면!!!~,
사고思考의 전환轉換!!!~
교수자나, 학습자 입장에서도 발전적 사고思考의 전환轉換이 필요하지 않은가~ 합니다.

자!!!~ 학습/교수법에 문제가 있었다고 생각되셨다면,
이제~, 이~ 문제를 어떻게 정리整理해야 할 것인가는 각 인人의 몫이겠지요!!!~

결코, 절정의 실력을 갖추고 있지는 못합니다만~,
무한정이 될 수 있는 시간, 세월의 흐름,
시간이 흐를수록 누적될 수 있는 금전적 부담!!!~
이러한 시행착오가 되풀이되지 않았으면 하는 小小한 바램으로, 짧지만은 않은 시간들을 보내며 얻을 수 있었던 **명법命法**〈자평/두수/매, 역수 등...〉**의 활용지식과 기법**들을 공유共有하고자 강의를 전개하고 있습니다.

맛~ 보이기 정도의 수준이 된 듯하여, 민망함을 갖게 됩니다만, 공부에 참고가 될 수도 있지 않을까 하여 몇!!!~ 안되지만, 예시 글들을 함께 올려 보았습니다.

아무쪼록 역학이라는 임수壬水의 바다에 뛰어드신, 모든 분들의 성취를 기원드립니다.

□동양 점성술 역 천문 학술원 각, 강좌안내□

※본, 학술원의 전 강좌는 철학관 개업〈현장 술사〉을 목적으로 하는 분과,
현 업에 계시지만, 다소의 부족감을 느끼고 계시는 분들을 대상으로,
이론의 서술이나 연구가 아닌, 현장 상담용 활용지식 위주로 진행되며
각, 강좌의 수강 인원은 5~6인 이하로 제한됩니다.※

□이미, 2011〈辛卯〉년, **"명법 통합 통변술"**을 선보이며
명리학〈명법命法〉"학습법"과 "교수법"의
새로운 페러다임〈paradigm〉을 제시한바 있는 본 학술원에서는
모든 명법命法의 현실적 실용성과 효용성을 중시重視하며
현장 지식위주의 학습, 교수법!!!~
비효율적 수강 기간의 현실화〈단축短縮〉!!!!~
상대적으로 부담 없는, 저렴低廉한 수강료!!!~
로, 이웃 같이 편한 역학인들의 학술적 교류처가 되고자 합니다.

※■과목별 강좌안내■※

■구성기학■
□매주, 월요일□; 〈〈〈기초~ 실전지식※래정, 점법/ 방위/ 개운※〉〉〉.
　　※A코스; 오전, 10;30~ 13;00〈2개월/ ₩450,000〉※
　　※B코스; 오후, 14;00~ 16;30〈2개월/ ₩450,000〉※

■자미두수■〈〈〈두수!!!, 실전지식/ "두수 즉간 즉결" 활용기!!!〉〉
※A코스; **매주, 월요일**. 오후/17;00~20;00〈1개월/ ₩350,000〉※
※B코스; **매주, 토요일**. 오전/10;30~13;00〈3개월/ ₩700,000〉※

▫본 강좌는 현재, 현장 술사로 계시는 분들 중,
상담에 두수를 병용竝用하고 싶지만, 자미두수를 처음부터 배워 써먹기에는
시간!!!~, 경제적인 문제 등, 이런 저런 연유緣由로
두수에 대한 아쉬움만을 남기고 계신 분들을 위한, "두수!!!~ 활용" 코스로,
본 강좌의 강의 교재인 "두수 즉간 즉설"을 사용하여 래방 인들에게
자미두수로 알 수 있는 특, 장점인 각, 육친의 성향!!!, 성격적 특징과 더불어

최적의 전공학과와 직업. 단적으로 들어나는 대한, 세운의 주요 발현사!!!~
선, 후천으로 드러나는 질병 등을,
바로 적시해 줄 수 있도록 한, 두수 활용!!!~ 학습강좌입니다.

※두수를 전혀 모른다 해도, 상담에 바로 활용할 수 있도록 하자!!!
바로, 이것이 본 강좌의 개설 의도입니다!!!~

■자평명리■

□매주, 금요일□; 《《《명법 입문, 기초~ 실전 활용지식》》》.

　　※A코스: 오후/ 13:30~ 16:30〈3개월/ ₩2,500,000〉※

　　※B코스: 오후/ 17:30~ 20:30〈3개월/ ₩2,500,000〉※

　　　《《《첫 달: ₩1,000,000/ 이후, ₩750,000×2》》》

　　　　《《《일시불: ₩2,100,000》》》

▷이론 연구가 아닌, **현장용 지식 습득**은 3개월 정도면 **가능합니다.**◁
※명법, 활용 지식들이 체계적으로 정리된 교재〈상담서〉가 함께 제공되며
부족함이 느껴진다면, 상담에 어려움이 없도록, 보충을 실시합니다!!!~

□매월 1/ 2/ 3째 주. 토요일□; 《《《2개월 단위, 순환 코스》》》

　　※일일 3~ 5시간 종료/ 각, **사안별 통변기**!!!~※

※**홀수** 번; 홀수 달, 1,2,3째 주/ **짝수** 번; 짝수 달, 1,2,3째 주※

·※각 사안별 강좌〈수강료는 각, 항목별 표기〉※·

※아래의 전 강좌는 본 강의자의 저술서인 "자평 요결"과
"두수 요결〈4번 수강〉"을 강의 교재로 활용하며 무료로 제공됩니다.※

1. **현장에서 바로 취하는 간지 자상과 좌표상의 십성 육친 활용기**!!!
　　《《《오후. 15:30~ 19:30. ※1일 약, 3시간 종료※ ₩45,000》》》

2. **현장에서 바로 취하는 간지 자상과 간지 합슴.충沖.파破 운용기**!!!
　　《《《오후. 15:30~ 19:30. ※1일 약, 3시간 종료※ ₩45,000》》》

3. 무슨 일주이든, **본명/대한/세운**의 기본基本 운세가 즉시 파악된다.
　　육갑 일주 별, 통합 운세〈본명/대운/세운〉 판단기!!!~
　　《《《오후. 15:00~ 20:00. ※1일 약, 4시간 종료※ ₩70,000》》》

4. 래방 인이 출생 시를 모르고 계신다면???, 방법이 없을까요!!!~
   두수를 전혀 몰라도, 사주 프로그램에서 자미두수가 실행된다면~
   간단하게, 바로!!! 해결할 수 있습니다.《《《**"자미두수 요체" 제공**》》》
   자미두수로 해결하는 출생 시 찾는 법!!!~
   《《《오후. 15:30~ 19:30. ※1일 약, 3시간 종료※ ₩50,000》》》

5. **천간/지지/지장 간으로 드러난,**
   육친〈주, 식/재/관〉의 양태와 직업적 형태 판단기!!!~
   《《《오후- 15:00~ 20:00. ※1일 약, 4시간 종료※ ₩70,000》》》
   ※관, 공직/민간 기업체.
   ※교육/사회복지 분야〈**교사/교수/학원강사/사회 복지사 등**〉.
   ※법률〈**판사/검사 등**〉/의료/의약/금융 분야.
   ※군/경/검 등, 권력형 분야.
   ※생산/가공/조립 분야.
   ※운수/항공/해운/전기,전자,컴퓨터/건축,건설/방송,언론/기계,금속.
   ※의류/가구/식품〈**건강,기호식품 등**〉/유통/이,미용/숙박/종교/유흥업.
   ※기타 분야.

6. **묘墓/고庫에 대한 이해와, 진/술/축/미 운세 통변기**!!!~
   《《《오후- 15:30~ 19:30. ※1일 3시간 종료※ ₩50,000》》》

□**매월 마지막 주, 토요일**□;
                허자虛字!!!~ 버려야 할 기법技法인가???~
   사주에 드러나지 않은 실기實氣!!! 虛字 활용기活用技~.
   《《《오후- 14:00~ 19:30. ※1일 5시간 종료※ ₩100,000》》》

□**매월 마지막 주, 일요일**□; ※오후/ 14:00~ 19:30※
   ※일일, 5시간 종료. ■**통합 래정기**■ ₩150,000※
   《《《**일진 래정/ 구성/ 체용 래정**》》》

※각 강좌의 요일과 시간은 변경될 수 있습니다※

□명법 통합 상담사 코스□

·강좌 명·; "사주四柱 명법命法 통합統合 요체要諦"

자평 명리, 허자; 4개월.
두수; 3개월.
통합 래정; 1개월.

※수강료※; 첫 달; ₩1,500,000.
이후, 500,000✗7개월.
□일시불□; 4,500,000.

☆동양 점성술 역 천문 학술원. 동양東洋 역 천문 철학관☆
□"潤" Life Care Center∕ O.S.P Laboratory□

"潤" 자녀∕ 학과∕ 직업 연구실.

《《《010. 5380. 7644》》》

Offspring; 자녀.
Subject; 학과.
Profession; 직업.

"사주 명법 통합 요체"

출간 기념!!!~

통합統合 상담사相談士

마스터 코스

Project프로잭트!!!~

자평명리. 허자론: 3개월.

자미두수: 1개월

통합 래정〈구성/체,용/일진〉기: 1개월

50% 대 할인!!!~

총, 5개월 종료,

2017년 까지, 한시적 시행.

※수강료※; 매월 ₩600,000

⊡일시불⊡; ₩2,500,000.

※본 마스터 코스의 구성체계는 본서 "명법 통합 요체"의
목차 구성과 동일하며
"자평"/ "두수"의 개별 강의교재가 함께 제공됩니다.

주요 명법命法!!!~

〈자평/기문의 명법과 점법/육효/육임/매화역수/두수 등〉들을

통한 명命과 운運을 판단判斷함에 있어서는

그 무엇보다 현실적 적확성的確性에서 앞서야 하며

대동소이大同小異한 결과〈적중도〉를 보인다면!!!~

"현실적 실효성을 갖추면서도 학습방법과 실전활용에 있어~

편리성과 간편함에서 앞서야 한다!!!~"는

기본基本 원칙原則하에 체계화體系化된 것이

본서本書!!!~ **"명법 통합 요체"**로,

혹!!!~ **"명법 통합 통변술"**의 학습법에 대해!!!~

이것도, 저것도 아닌, 어중치기로 끝나버리는 거 아냐!!!~

하며 의심~, 염려하는 분들이 계시다면,

변죽만 울리고 마는 허술한 학습체계가 아닌!!!

10여년 이상의~ 현장 경험과 연구, 탐색을 통해 얻어진

인고忍苦의 결과물結果物임을 말씀을 드립니다.

사주四柱 명법命法!!!

이제, **"통합統合 통변술通辯術"**입니다.

시작도!!!,

마무리도!!!~

모든 분들의 역술적 성취를 기원 드립니다.

학술원 강의교재 대공개!

현장 실전	사주명법통합요체	定價 38,000원

2016年 6月 10日 인쇄
2016年 6月 15日 발행
　편 저 : 방외사(方外士)
　　　　　"潤(윤)"역 천문 학술원
　발행인 : 김 현 호
　발행처 : 법문 북스
　공급처 : 법률미디어

１５２-０５０
서울 구로구 경인로 54길4(구로동 636-62)
TEL : 2636-2911~3, FAX : 2636~3012
등록 : 1979년 8월 27일 제5-22호
Home : www.lawb.co.kr

▌ISBN 978-89-7535-355-0 93180
▌이 도서의 국립중앙도서관 출판예정도서목록(CIP)은 서지정보유통지원시스템 홈페이
　지(http://seoji.nl.go.kr)와　국가자료공동목록시스템(http://www.nl.go.kr/kolisnet)
　에서 이용하실 수 있습니다.(CIP제어번호: CIP2016013543)
▌파본은 교환해 드립니다.
▌본서의 무단 전재·복제행위는 저작권법에 의거, 3년 이하의 징역 또는
　3,000만원 이하의 벌금에 처해집니다.

법률서적 명리학서적 외국어서적 서예·한방서적 등

최고의 인터넷 서점으로

각종 명품서적만 제공합니다

각종 명품서적과 신간서적도 보시고

정보도 얻으시고

홈페이지 이벤트를 통해서

상품도 받아갈 수 있는

핵심 법률서적 종합 사이트

www.lawb.co.kr

(모든 신간서적 특별공급)

대표전화 (02) 2636 - 2911

학술원 강의교재 대공개!

주요 명법(命法)!!!
<자평/기문의 명법과 점법/육효/육임/매화역수/두수 등>들을
통한 명(命)과 운(運)을 판단(判斷)함에 있어서는
그 무엇보다 현실적 적확성(的確性)에서 앞서야 하며
대동소이(大同小異)한 결과<적중도>를 보인다면!!!
"현실적 실효성을 갖추면서도 학습방법과 실전활용에 있어 편리성과 간편함에서 앞서야 한다"는
기본(基本) 원칙(原則)하에 체계화(體系化)된 것이
본서(本書)!!! "명법 통합 요체"로
혹!!!~ "명법 통합 통변술"의 학습법에 대해
이것도, 저것도 아닌, 어중치기로 끝나버리는 거 아냐! 하며 의심, 염려하는 분들이 계시다면,
변죽만 울리고 마는 허술한 학습체계가 아닌!!!
10여년 이상의 현장 경험과 연구, 탐색을 통해 얻어진
인고(忍苦)의 결과물(結果物)임을 말씀을 드립니다.

사주(四柱) 명법(命法)!!!
이제, "통합(統合) 통변술(通辯術)"입니다.
시작도, 마무리도

모든 분들의 역술적 성취를 기원 드립니다.

93180
9 788975 353550
ISBN 978-89-7535-355-0

38,000원